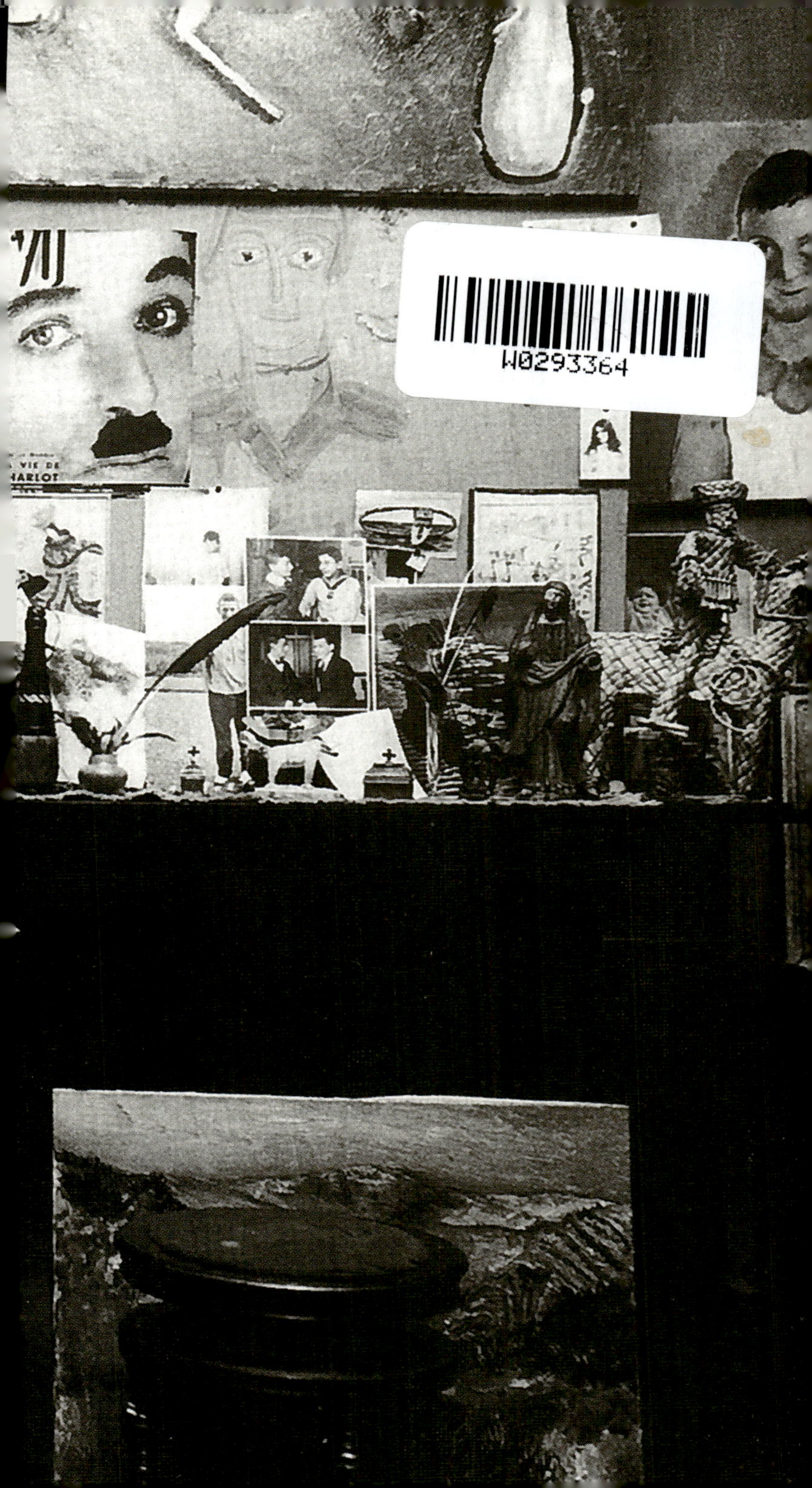
A VIE DE
HARLOT

Erwin Blumenfeld ☆ Einbildungsroman

Die Andere Bibliothek

Herausgegeben von Hans Magnus Enzensberger

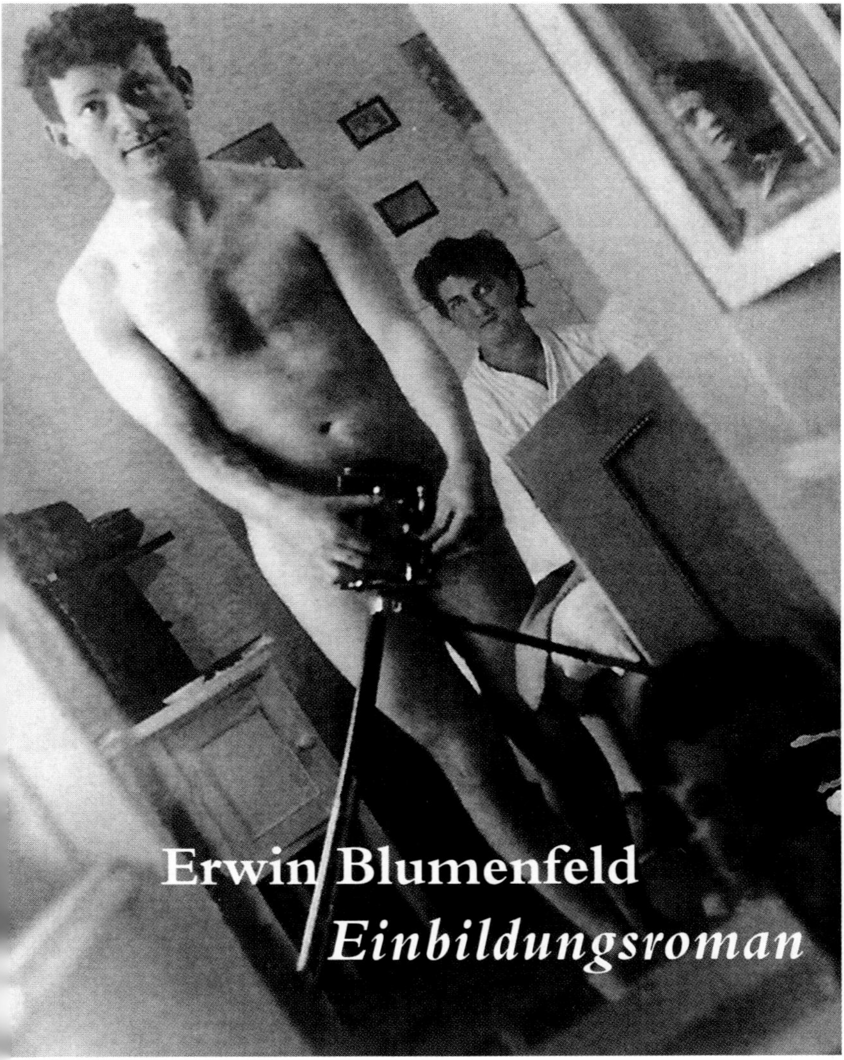

Erwin Blumenfeld
Einbildungsroman

Selbstportrait mit Frau Lena,
Tochter Lisette (im Spiegel)
und Sohn Henry (unten rechts).
Zandvoort, ca. 1930.

EICHBORN VERLAG *Frankfurt am Main 1998*

ISBN 3-8218-4162-3.

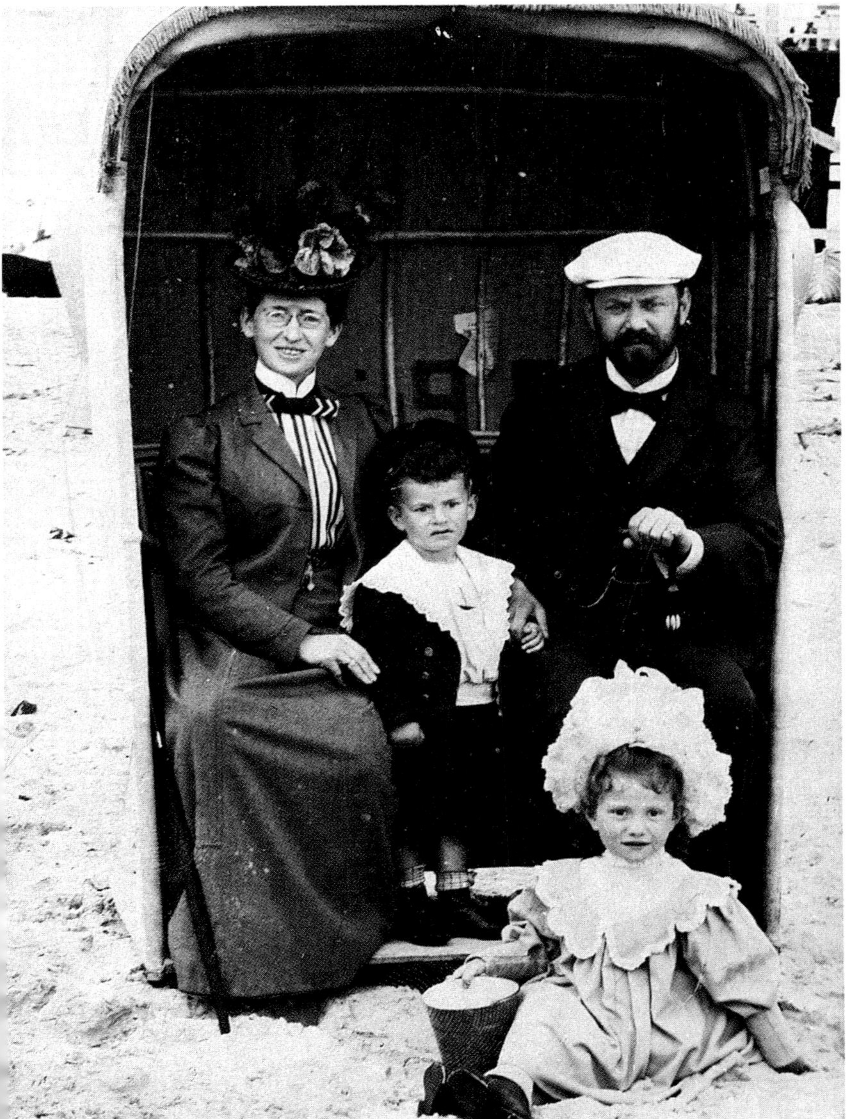

Papa, Mama,
meine Schwester Annie
und ich am Strand.
Ahlbeck, 1900.

1 Vorgeburtliche Erziehung. Vor viel zu vielen Jahren, als die Menschen noch mehr oder weniger die Sprache der Vögel verstanden, trottelte ein Droschkenkutscher unter urgemütlichem »Zieh, Schimmel zieh! Du bist ein gutes Vieh!« meine späteren Eltern von der Königlichen Oper, Unter den Linden, nach Haus in die Wilhelmstraße. Angeregt waren sie im geschlossenen Zossen dabei, sich auseinander zu setzen. Papi, wieder mal zum nicht endenwollenden Liebestod Tristans verurteilt, hatte, trotz funkelnagelneuen Fracks versucht einzuschnarchen. (In der Untertertia schnitt ich auf: »Als ich noch nicht mal ein geiler Gedanke meines Vaters war, wurde ich bereits Antiwagner!«) Jedenfalls schob man mich in der finstern Mitternacht des 5. Mai 1896 ohne viel Federlesen in mein erstes KZ. Neun Monate lang in Isolierzellen gekrümmt und angebunden, begann ich, unter unmenschlichsten Lebensbedingungen zum Tode verurteilt, sterben zu lernen (In den Zwanzigern fragte man: »Vorgeburtliche Erziehung, ist Ihnen das ein Begriff?«). Konzentrationslager *Mutterbauch:* subtropische Dunkelkammer: ungemütlich feucht, unzureichend ventiliert. Entwicklungsmöglichkeit: unbefriedigend, zum Teil mangelhaft: ungenügend! Mein Schicksal: von Dunkelkammer zu Dunkelkammer. Mit andern Worten: Ich bin ein Stänker.

Mein Gedächtnis, mit dem ich zu renommieren pflege, läßt mich auch in puncto meiner Zeugung im Stich: Bin ich ein Interruptus, ein Überläufer oder gar ein gewolltes Kind? Bin selbst nur teilweise dabeigewesen, was mich mit dem Rest der Menschheit verbindet; was nicht tröstet. (»*Der* Erwin ist nie ganz dabei, er läßt sich gehn, ist zerstreut, neigt zu häufigen Albernheiten.«) Natürlicherweise fließt einem der Schöpfungsakt so selbstverständlich ins Fleisch und Blut, daß man ihn vergißt. Kommen nur noch Varianten unterbewußter Ur-erinnerungen: Cadenza ad libidum, die Variationen kennen wir, haben immer nur *ein* Erlebnis, unser Leben, und sind auf der Suche nach dem uns verschlossenen Thema. Sobald man gezeugt ist, ist's aus mit der Willensfreiheit (»Die ich meine, gibt es keine.« Ringelnatz).

Während ich auf der Toteninsel Manhattan im Augiasstall New York vergebens versuche, mein Schäfchen ins Trockene zu bringen, blindschleicht bereits das Alter, der Steinerne Gast, heran. Selbst wenn ich diesen Krampf vorausgesehen hätte, wäre nichts dazwischen gekommen. Immer war ich zu jung, zu feige, zu konventionell. Der Weg zum Himmel ist mit faulen Ausreden gepflastert. Nicht mal meiner Eitelkeit glückte es, mich »jung, mit Weinlaub im Haar, in Schönheit sterben« zu sehen (Ibsen war *die* Modekrankheit kurz vorm Blinddarm). Lebenslang tobte ich meinen Selbstmord dramatisch aus: Vitalität. Bis heute mußte jeder sterben, doch Unsterblichkeit steht vor der Tür. Rette sich, wer kann! Wird's mir noch gelingen, das Zeitliche zu segnen?

Geschickt verband Mama ruhelose Zappeligkeit mit der üblen Gewohnheit unvorhersagbar eckiger Bewegungen. Mein Gefängnis verengte sich zusehends. Zu lange schon hatte ich Fötus gespielt. Eines Abends riß unsre Geduld. Ich versuchte mich rauszustrampeln. Kein Ausweg vom Regen in die Taufe, als ängstlich durch die Muttermeerengen ans Licht der Welt gepreßt zu werden. Mütter trennen sich ungern, besonders von Söhnen. Wär's nach ihr gegangen, säß ich heut noch in der Patsche. Ihr unausgesetztes »Ein intelljenter Mensch langweilt sich nie« ödete mich zu Tode. Dazu schlug ihr Herz derartig taktlos, daß ich beschloß, mich schnellstens selbständig zu machen, mich zu etablieren, mein eigenes metronomisch sechzig Mal per Minute ticken zu lassen. Bis heut hat es über zweihundertmillionenmal seine verdammte Pflicht und Schuldigkeit getan. Ich wurde pathologischer Zähler und Erzähler. Erst gegen Ende dieses Buches, mit siebenundsechzig, hatte ich meinen ersten Infarkt.

Die in erhöhter Alarmbereitschaft wartende Hebamme Frau Ladislawa Kuhlmai wurde hinzugezogen. Sie kniff mir bösartig ins weiche Kleinhirn, was mich in solche Wut versetzte, daß Mama mit Krämpfen reagierte, die mir das Leben endgültig verpesteten: Wehen setzten ein. An der Kuhlmai habe ich mich gerächt: Als zwei Jahre danach mein jüngerer Bruder erwartet wurde, ging Mutter zwecks Vorbesprechung in die Wohnung dieser Weisen Frau am Molkenmarkt. Indes die Damen über die Mysterien der Geburt tuschelten, begoß ich in einer dunklen Zimmerecke imaginäre Rosen. Rache ist süß. Für diese dichterische Freiheit bekam ich eins auf den Podex, denn alle Schuld rächt sich auf Erden. Meistens.

2 Der Medizinmann.

Während das Fruchtwasser vielversprechend rieselte (drinnen donnernder Riesenreinfall bei Schaffhausen), ertönte draußen lustiges Schellengebimmel zu gedämpftem Hufschlag im Schnee. Grabesernst entstieg seinem kohlrabenschwarzen Mietsschlitten unser nach Entwürfen von Etcetera Hoffmann angefertigter Hausarzt, auf dem Fuße gefolgt vom bärbepelzten Kutscher, der das Handköfferchen mit den Folterinstrumenten (Zangen und Brecheisen) ins Haus zu tragen hatte, was unter dem Stand eines studierten Herrn gewesen wäre.

Doktor Ludwig Grunwald: schwarzer Zylinder (Angströhre), dunkelgrünes Tiroler Lodencape, schwarzer Gehrock (ein Wilder trägt einen Gehrock von Palmblättern, ein Konfirmand dagegen Palmblätter von Gehrock), gelbe Sämischlederhandschuhe, rötlicher Vollbart, von allem etwas. Im Sommer jodelte er, wie jeder andere Berliner Medizinmann mittels Rucksack und Alpenstock quietschvergnügt angeseilt, doch nicht ganz schwindelfrei, von Bergspitze zu Bergspitze, daß einem die Haare zu Berge stiegen! Ein Watzmann-Jungfrau-Eierspezialist, beseelt vom Lawinenehrgeiz, wenigstens einmal vom Pizpalü über Grindelwald in die *Vossische Zeitung* abzustürzen. Den langen Winter durchfiedelte er mit drei Kollegen Quartette, respektive mit zweien Trio con brio, Brahms, Beethoven, Schubert. Sein Wahlspruch: »Prophylax is de Kunst!« Rezepte schrieb er in Hieroglyphen, etwas für alle, jedem das Seine. Salbungsvoll regelte er sämtliche Stuhlgänge im Handumdrehn mittels Wienertränkchen, Klistierspritzen, lauwarmen Ein- und Ausläufen. Zum Stopfen gab's Wasserschokolade ohne Zucker, gegen Verstopfung Rhabarbara und Rizinüßchen. Im Pulsfühlen war er schwach. Ich dagegen war stark im Thermometern; lange bevor ich Zahlen kannte, verstand ich es, jede gewünschte Temperatur zu haben. Man fieberte damals ausschließlich rektal. Bauchgrimmen, Blähungen und Brechreiz bekämpfte er beharrlich mit Balsam, Baldriantropfen und Brausepulvern. Kamilleneukalyptusmentholpfefferminzentee mit Hoffmannstropfen erleichterte leichtes Leibweh. Bei schwererem wurde der Wurmfortsatz rausgenommen. Hämorrhoiden unterband er mit Bismolanstuhlzäpfchen, mit denen ich, wahrscheinlich unter dem höchstverderblichen Einfluß von Max und Moritz, Gäule auf der Straße päppelte. Aufgesprungene Hände massierte er mit Nitroglyzerin (und Zucker, das knallt!!), Hexenschüsse und Ziegenpeter heilte er durch Handauflegen, verbunden mit siedendheißen Senfkompressen und Rotegrützebeuteln. Bei Appetitlosigkeiten und Apathie gab's im Himbeersaft drei Tropfen Salzsäure, deren Macht sich zischend auf Mamas Marmortischchen erwies. Bei Schwächen je nachdem Tauben- oder Haferschleimsüppchen mit einem halben geschlagenen Zuckerei. Nahm die Schwäche zu und der Patient ab, gab's Somatose und Sanatogen in Puderform. Bei chronischer Blutarmut Eisen im Spinat nach Lebertränen. Bei Krakehlkopf verordnete er fleißiges Gurgeln mit Emsersalz, nachdem ein silberner Löffelstiel schmerzhaft die belegte Zunge unterdrückt hatte, damit man nicht AAAAA sagen konnte (wer A sagt, muß auch Schloch sagen!). Bei Keuchhusten gab's Pertussin, bei Schnupfen den modernen Bazillentöter Formamint, bei Bronchialkatarrh eine halbe Zitrone in lauwarmem Wasser mit einem Teelöffel Scheibenhonig, je einer halben Aspirin-, Antipyrin- und Pyramidontablette mit enganschließendem Prießnitz im Schwitzkasten. Bei doppelseitigem Lungenspitzenkatarrh wurde der Patient aufgegeben. Kopfweh verscheuchte er – leider immer nur vorübergehend – mit Windbeuteln und leichten Migränepulvern, Gerstenkörner mit Ichthyolsalbe und Bleiwasser, schwere Augenleiden mit dem so kostbaren Aqua destillata, gemischt zu gleichen Teilen mit Borwasser. Wenn alles nichts half, mußte der unbezahlbare Spezialist Professor Silex konsultiert werden, der ein Auge zudrückte: Guter Rat ist teuer! Bei den damals so beliebten Ohnmachten und leichteren Todesfällen half Salmiakgeist: Nachbarin, Euer Fläschchen! Wie einem der beißende Geschmack des Geistes die Tränen in die Augen trieb! Ich begriff, daß die teuren Toten stinken, weil sie den Salmiakgeist aufgeben: geistlos werden. Skrupellose Kinder wurden solgebadet, das beißt! Warzen wurden von Höllensteinen gefressen oder weggebetet. Gegen Furunkel und Sommersprossen gab's Hefe. Gegen Aufregungen aller Art erst einen Teelöffel Zuckerwasser, dann ein paar ungeduldige Ohrfeigen. Wenn beides nicht half, mußte man in der Ecke stehn und wurde danach bibbernd ins Bett gestoppt. Der Zweck des Goulardwassers war unklar. Schützte man Ohrensausen vor, hatte man sich schnurstracks in eine Zimmerecke zu begeben und Onkel Doktor zischte mit der Hand vorm Mund, damit man nichts verstehen konnte: »Kleiner Schafskopf, Artillerie, Schokolade!« Verstand man nichts, dann war's doppelt vereiterte Mittelohrentzündung, die er mit kochenden Öleingüssen kurierte, nachdem er angedroht hatte, nötigenfalls Trommelfelle durchzupieken. Bevor man mit einer dicken Backe zum richtigen Zahnarzt Herrn Doktor Walschock gebracht wurde, der hinkte, zog und bohrte (sein linkes Bein war zehn Zentimeter zu kurz, das rechte dafür gottseidank zehn Zentimeter länger!), wurde zu Haus Myrrhentinktur oder Idjottinktur raufgeschmiert. Mama selbst zog mit Leidenschaft und Schtrippe den verkehrten Zahn. Statt pinkeln sagte Onkel Doktor, der feine Pinkel, »urinieren«; wortspielend begriff ich, wie die Nieren funktionieren, und machte Pipi ins Bett.

Für, oder gegen, ein jährliches Pauschquantum von hundertfünfzig Mark visitierte Onkel Doktor die ganze Familie, gesund oder krank (Dienstpersonal miteinbegriffen), alle vierzehn Tage von oben bis unten, hinten und vorn, innen und außen. Wie alle antisemitischen Assimilationsjuden war er gegen Vivisektion. Als Zugabe durften wir zweimal jährlich von Doktors Eckfenster, Friedrichstraße, Ecke Koch, Seine Majestät den Kaiser und seine sieben Söhne bejubeln (ich weiß, er hatte nur fünf, doch sie sahen viel zahlreicher aus), wie sie nach der großen Herbst- respektive Frühjahrsparade an der Spitze schwarzweißrot bepuschelter Garderegimenter siegreich zum Schloß zurückritten.

3 Niederkunft. Heut erquickte unser lieber Hippokrates sich zunächst mal wie gewohnt an einem stärkenden Gläschen feurigen Tokaierweins mit beiliegendem Leibnizkeks. Dabei sprach er meinem vor Aufregung Zigarren essenden Herrn Papachen Mut zu. Papa trabte, die Glocke deklamierend, durchs Herrenzimmer: »Die Frucht muß treiben!« (In der Quinta wurde ich wegen Albernheit aus der Klasse geschickt, weil ich über diesen Witz lachen mußte.) »Der Mann muß hinaus ins feindliche Leben!« nahm Äskulap persönlich und schlich mit seinem Hörrohr bekleidet ins Wohnzimmer, um eine akute Schwangerschaft zu diagnostizieren, der nur durch sofortige Entbindung abzuhelfen sei. Kurzentschlossen streifte er die Wildlederhandschuhe (»Lebe glücklich, lebe froh, wie der Mops im Paletot!«) von seinen haarigen Händen. Damals war jede Niederkunft ein Kampf bis aufs Messer um Leben und Tod. Hände hat Onkel Doktor sich selten gewaschen. Keine Hand wäscht die andere. Dies wurde erst eine Generation später von Dr. Knox erfunden.

Bibbernd nahte mein letztes Stündlein. Zum ersten Mal im Leben stöhnte ich Balzacs »Seulement Bianchon pourrait me sauver!« Man bugsierte mich höchst dilettantisch ins blutige Dasein. Als ich erstaunt am Ausgang die Einladung las: »Lasciate ogni speranza, voi ch'entrate!«, war's zum Umdrehn zu spät. Bis zu diesem Augenblick hatte ich alles von drinnen, blind, in völliger Abhängigkeit von landesüblichen Nabelstrangkonventionen mitgemacht. Erstaunlich, wie schmerzlos der Abschnitt war. Richtiges Wehwehchen verursachte später das Durchschneiden der ideologischen Nabelstränge. Nun war ich auf mich allein angewiesen, ein selbständiges Spielzeug der Mutter Natur: *meiner* Natur! Ein Mann, ein Sklave, moralischer Brüllaffe, degeneriertes Raubtier: homo sapiens. Während mir staunend die Augen aufgingen, stand alles Kopf, verschwommen, out of focus, wie in der Kamera: weibliche Bewegungen in Fleischtönen, in hellen Traumgraus, Graublaus, ohne Sinn. Den entdeckte ich erst später: *Mama!*

So wurde ich an einem mir unvergeßlichen Dienstagmorgen, dem 26. Januar 1897, halbzerquetscht, sprachlos, am Ende meiner Kräfte, splitternackt und hochachtungsvoll an die frische Luft gesetzt. Man fand, ich müßte atmen, und schlug mich auf den Rücken. Karbolgeschwängerter Lysolgestank, rinnsteingemischt mit frischem Pferdeäppeldampf: Berliner Luft:

»Das ist die Berliner Luft, Luft, Luft,
Die hat 'nen besondern Duft, Duft, Duft!«

Die blutrünstige mittelalterliche Hebamme schmetterte mit lachender Muttertrompete: »Ein Mann!« in die Welt. Papa entflog das geflügelte Wort: »Voilà un homme!«, was der Arzt, während er tollpatschig die Nachgeburt rauszerrte, mit »Ecce homo« ins Lateinische übersetzte. »Sieht das Hutzelmännchen alt aus!« erleichterte sich beseligt Mama, und da sie gern Redensarten verballhornisierte, fügte sie hinzu: »Da hätten wir mal wieder den Bock zum Gärtner gemacht.« Ich, glücklich, meine Mutter los zu sein und meinen lieben Eltern zu gefallen, wußte, es würde nicht von langer Dauer sein. Statt mich im Inferno, meinem neuen Vaterland, wie neugeboren zu fühlen, war ich völlig zerschlagen. War ich etwa ein Prinz auf der Erbse? Ich beschloß, es mir nicht anmerken zu lassen. Der ich mir vorgenommen hatte, die Menschheit entsetzlich lieb zu haben, ward abgestoßen von dieser überflüssigen Volksversammlung. Kann man nicht einmal in aller Ruhe geboren werden?

Im Anfang ist alles häßlich. Schönheit will in strenger Schule gelernt sein. War das etwa die Venusbergpredigt, von der der kleine Casanovalis neun Monate sehnsuchtsvoll geträumt hatte? Man badete mich in kochendem Wasser, schrubbte Mutterpech ab (Mutter hat Pech gehabt!), pfefferte mich auf die Wickelkommode, ölte mich, zuckerte mich mit Pechs antiseptischem Babywundstreupuder (Nur echt mit Pfeilring!), schmierte steinharte Lazaarsche Zinkpasta aufs zarte Kinderpopochen, wickelte mich zu steif in ein zu enges Steckkissen, hopp! in die weiße Eisenwiege: Jugendstilhygiene. Winselnd verkroch ich mich vor heranschleichenden neuen Sachlichkeiten aus dem Trauma der Geburt in den Traum des Lebens: vom Angsttraum zu Ångström. Endlich mutterseelenallein versuchte ich mich strampelnd in meinen allerersten tausendjährigen Schlaf zu brüllen, aus dem ich nie ganz erwacht bin: durch herrlichscheußliche Welten eines weltbürgerlichen Lebens, hin und her durch Sprachen, Länder, Kriege, Frauen, Labyrinthe, Abenteuer, Bücher, Schönheit, Dreck, Weisheiten, Dummheiten, Lügen, Wahrheiten, Schlüssellöcher: à voir n'est ce pas l'avoir? savoir? Lynkäus, zum Sehen geboren, zum Schauen bestellt, blinder Voyeur, tauber Lauscheur: der Lauscher an der Wand hört seine eigne Schand. Photographe par excellence: *veni:* ich kam, *vidi:* ich sah, *nie* siegte ich. Meine Niederlage fiel mit den Weltuntergängen zusammen. Ein vor Freude jauchzender Papa galoppierte aus dem Herrenzimmer herein, meine erste Ruhe zu stören und seinem Thronfolger den ersten schmatzenden Kuß auf die Stirn zu drücken. Bewundernd schnaufte er: »*Schnootiesauton!*« Das wollte Griechisch sein mit niederrheinischem Akzent. Jede Stadt sprach damals ihr eignes Griechisch. Das reinste wurde in Lehrte gesprochen. Mein Vater litt darunter, überhaupt keins zu sprechen. *Schnootiesauton* sollte heißen: erkenne dich selbst! Ich horchte, gehorchte, meinen Körper abtastend; wie einst Adam Evchen erkannt hatte, erkannte ich mein Seelchen, mein Schicksal: zum Tod verurteilt. Warum? Wieso? Weshalb? Und wann? Lange vor Freud und Leid und Jung und Alt begann meine mitleidslose Selbstanneliese: *Sine ira et studio.* (Blumenfeld Studio Inc., 222 Central Park South, New York 19, N.Y.) Ich wollte: leben: die Welt mit meinem Geist infizieren. Meine Situation fing an, prekär zu werden.

4 EPITAPHE. Pour tuer le temps suchte ich Grabschriften für meinen schwarzen Marmorkatafalk: Shakespeares Abschied vom Sturm des Lebens:

»Now my Charmes are all ore-throwne
and what strength I have's mine owne
which is most faint: – – – –
now I want
Spirits to enforce: Art to inchant,
and my ending is despaire,
Unlesse – – – –«

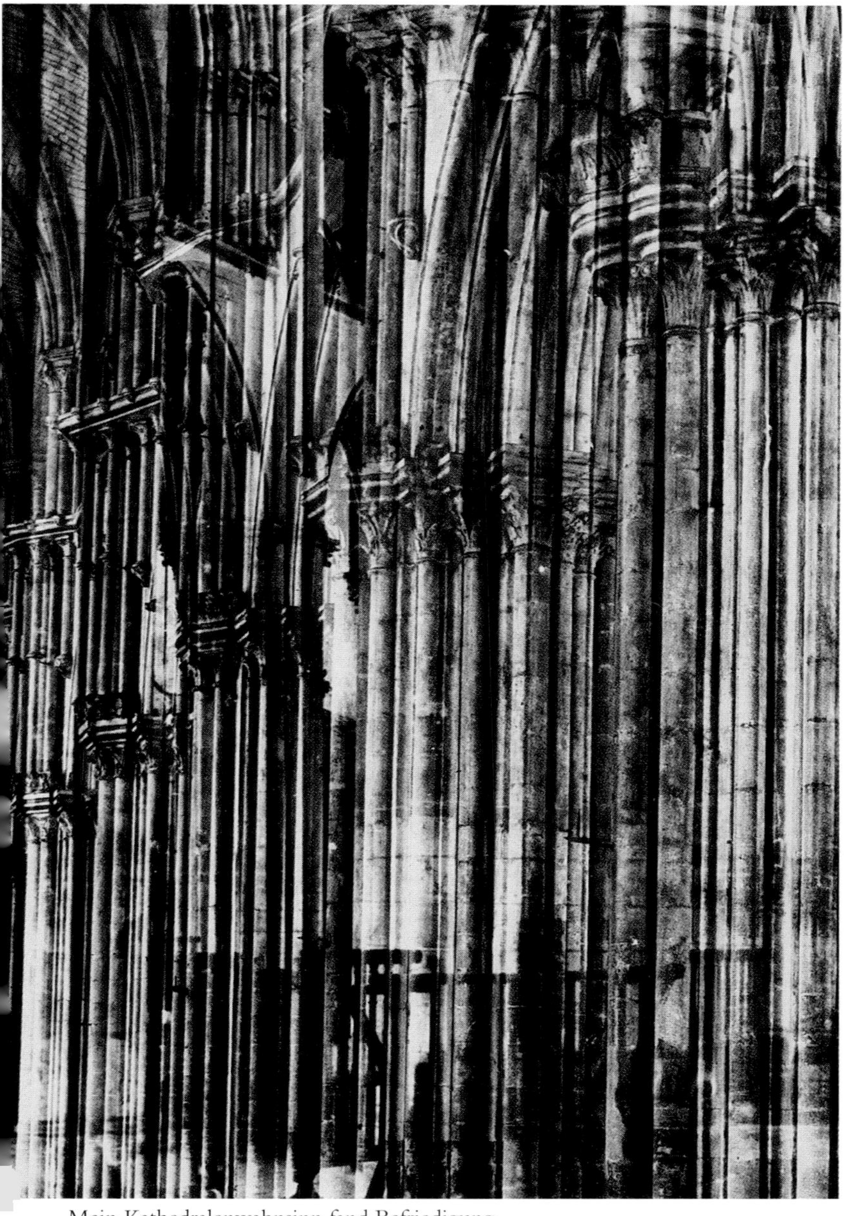

Mein Kathedralenwahnsinn fand Befriedigung
beim Photographieren. Rouen 1937.

oder Pascals: »Les hommes sont si necessairement fous, que ce serait fou par un autre tour de folie de n'être pas fou!« oder Voltaires: *»ecrlinf«:* écraser l'Infame! Niedertracht zermalmen! Vergebens wollte ich mich von meiner Muttersprache losrütteln.

Mich trieb eine enzyklopädistische Manie. Da ich nicht *alles* wissen konnte, wollte ich *über* alles wissen. *Mein* Kampf: Soll ich à la Montaigne, Voltaire, Diderot, Schopenhauer, Nietzsche auf Wahrheitssuche gehen und Schwindel entlarven, oder soll ich, meinem wunderrabinischen Hang zur Mystik und Mystifikation folgend, Scharlatan, Zauberkünstler, Magier, Medizinmann, Falschspieler werden wie Cagliostro, Casanova, St. Simon, Houdini?

Während Wilde im Reading Gaol (Jail) den bitteren Liebesbrief an seinen Bosie, Lord Douglas, komponierte (von seinem Verleger zu *de profundis* kastriert), und während die guten Schwestern Elisabeth Förster Nietzsche und Isabelle Rimbaud geschäftig den literarischen Nachlaß ihrer in den Wahnsinn geflüchteten Brüder am Verfälschen waren (wie immer eine Periode der Fälschungen), betrat ich, à la recherche de l'absolu, de l'absolution, die Geltungsbedürfnisanstalt *Welt* (man wird ersucht, die Kleider vorm Verlassen der Anstalt zu ordnen!) und vertiefte mich in mein Kardinalproblem »Isoliertheit im All«. Einsamer Stern am Himmel, der so übervölkert scheint. Fanatisch verbiß ich mich in mich selbst und meine damals noch zum Anbeißen appetitlichen Fingernägelchen.

Die Zeit drängt. Ich habe Weltuntergangszauber für etwaige Nachwelten festzuhalten. Weltgeschichte: Krankheitsgeschichte: Sagenfabrikation: Lügengewebe, dem keine Fliege entkommt.

»Tout finit par les commencements.«

5 NOMINA SUNT OMINA. Ohne meine Zustimmung hatte man mich nach dem Sohn eines befreundeten Trauerhutfabrikanten benannt. Jener abgeleckte Streber Erwin Mühlberg war Primusomnium des Grauen Klosters (feindliches Gymnasium), was man mir dauernd vorhielt. Wegen dieses Musterschülers habe ich den peinlichen Namen

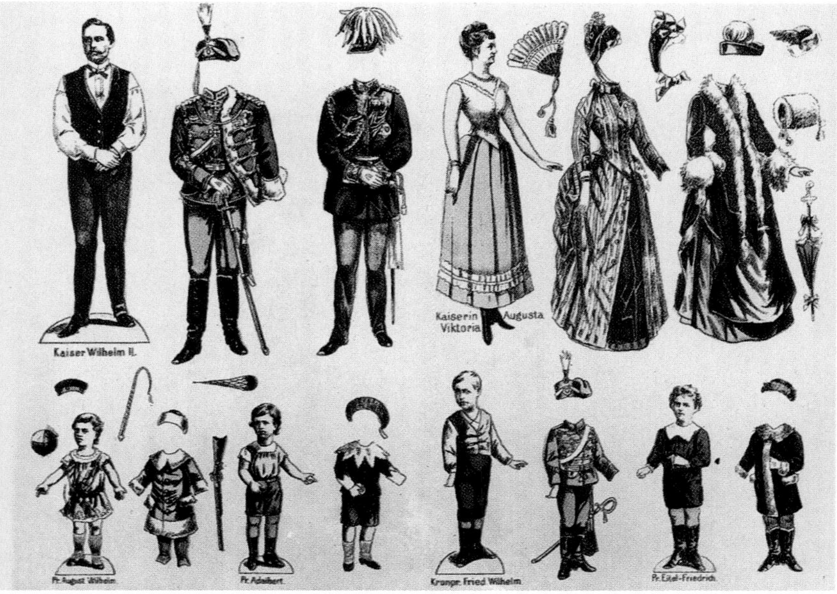

Kaiser Wilhelm II. mit Familie.
Neu-Ruppiner Bilderbogen, 1899.

Erwin (der Ernste) lebenslang mit mir rumzuschleppen. Daß ich Großpapa Blumenfeld zu Ehren außerdem noch Moses (Mausché) getauft war, verheimlichte man mir und der Welt. Andererseits scheint der heilige Erwin, Architekt des Straßburger Münsters, mitverantwortlich zu sein für mein übertriebenes Interesse an Kathedralen, Orgeln, Kirchenfenstern, Rosetten, Oblaten, Hostien, Weihrauch, Weihwasser, Nonnenpfürzchen, Märtyrern, Reliquien, Gebetsmühlen, Rosenkränzen, Beichtstuhlgängen, befugten Sarabanden und unbefugten Tokkaten, (gotischescapegothic, dorisch, ionisch, ironisch) barocken Passacaglien, Pavanen und ähnlichen kadavresken Kinkerlitzchen, Kaleika, Fisematenten und Hokuspokus.

Meine Geburt hatte sich programmgemäß unter günstigstem Horoskop, Aquarius, positiver Wassermann, am Vorabend von Kaisersgeburtstag vollzogen. Ich kann von Glück reden, daß man mich nicht Wilhelm genannt hat. Wilhelm der Zweite, von Gottes Gnaden Reisekaiser (sein Papa war der Weise, sein Großpapa der Greise Kaiser) *in* Deutschland und König *von* Preußen (das *in* und *von* war eine provinzlerische Protokollfrage), regierte nämlich alles, einschließlich meiner Jugend. Eine andauernd kindisch beleidigte Schnurrbartmajestät (*»Es ist erreicht«*-Schnurrbartbinde vom Hoffriseur Habe). Damals war die ganze Welt ständig beleidigt. Ein theatralischer Travestit, halbverkrüppelt, mit der geschichtlichen Mission, die Welt unter vergoldetem Marschallstab den herrlichen Tagen Herrn Hitlers entgegen zu führen: *Es ist erreicht!*

6 MAMA. Meine Mutter, Frau Emma, geborene Cohn (am 11. Dezember 1869 zu Stettin entweder Oder im Pommerland ist abgebrannt, unter dem Motto »Eine jutjebratne Jans is eine jute Jabe Jottes«), war in der Tat äußerst eng jebaut. Skrofulösspinösrachitisch: englische Krankheit. Onkel Doktor verschrieb Bleuelsche Stahlpillen mit verrosteten Schiffsnägeln in Rotwein, gefolgt von Solbädern: Zu Stahl sollt Ihr werden, zu Stahl, zu Stahl! Noch schlummerte das ABC der Vitamine in der Zeiten Schoß. Wegen ihrer hervorragenden Flachbusigkeit – wo die Brosch ist, ist vorn – wurde schon fünf Monate, bevor ich das Licht der Welt erblickte, ein Kontrakt mit der »Beruflichen Ammenvermittlungsstelle am Belleallianceplatz« abgeschlossen. Gegen eine Anzahlung von fünfzehn Mark verpflichtete sich diese, ab Januar 1897 eine »gut milchgebende« Spreewälderin bereit zu halten. Nach vergeblicher Milchsuche bei Mama schrie ich: »Je meurs de faim auprès de la fontaine!« und wurde einem mehr oder weniger übertriebenen Ammenbusen angelegt. Mehr Inhalt, weniger Kunst! Essigsaure Tonerde, gemischt mit Malzbier: Milch! Von der wetterwendischen Muttersprache meiner Amme ist mir nur ein einziges Wort geblieben: Oblüschmerüsch! (Nicht etwa: Sonne, du klagende Flamme, sondern: Leck mir am Arsch!)

Selbst während der schwersten Gebärmanöver balancierte Mama resolut ihren am Goldkettchen hängenden Kneifer (Zwicker, Pince-nez) auf ihrer blauweiß überpuderten hochroten Nase. Eine hochintelligente, hochinteressierte, hochintellektuelle, hochstehende Frau mit vorzüglichem Riecher, von Beginn an darauf aus, mich vor Mutterkomplexen zu bewahren. Gottdank hab ich sie nie, nicht einmal durchs Schlüsselloch, nackend gesehn. Sie hatte kaum einen Körper und legte keinen Wert darauf. Statt Muttersöhnchen zu werden, hab ich Tiefseeforschungen an ihrer Unterwäsche im Wäschekorb unternommen, bin Hosenfetischist geworden. Leider hat die Hose der Frau ihr Mysterium verloren. Die Perversität von gestern ist die Norm von heute. Seneca hat es kürzlich gesagt: Quae fuerant vitiae, mores sunt.

Trotz einer andauernd erwähnten Mitgift von 100000 Emmchen, die Mutti (ebenfalls Emmchen genannt, was zu Verwechslungen führte) 1893 zu einer Glanzpartie gestempelt hatte, wurde die Ehe meiner Eltern nie als Geldheirat, sondern schlechthin als ideale Ehe hingestellt. Mutti war nicht gerade sportlich. Sie besaß zwar einen Tennisschläger mit zwei Bällen im Netz, doch sie konnte weder geben noch nehmen. Ihr einziger Sport bestand aus allwöchentlichen Armenbesuchen. Bewaffnet mit einem Strohkörbchen, worin eine viertel Flasche Rotwein, ein Viertel Suppenhühnchen, ein halbes Stück Seife, geschmackvoll eingewickelt in einen sauerriechenden, ausrangierten Waschlappen, verstaut lagen, suchte sie die Armen heim. Alle Damen meiner Jugend erleichterten ihre Gartenlaubengewissen mit solchen Wohltätigkeiten. Das gehörte zum Comme-il-faut-Ton. Außerdem war Mama eine Prinzipienreiterin: Hohe Schule! Prinzipiell war sie *für* das hochmoderne Dreikindersystem (ich war wütend, als drittel Beweis dafür zu dienen), *für* fortschrittliche *Pee-Ef-Ha* (Pestalozzi-Fröbelhaus) Erziehung (Lettehaus) anhand von Geduldspielen. Prinzipieller noch war sie *gegen* die lebensgefährliche *»Freie Liebe«* und ihre Folgen. Felsenfest an sprichwörtliche Erziehung glaubend, lehrte sie, immer leicht schadenfroh:

»Schadenfreude ist die reinste Freude, denn: Wer andern eine Grube gräbt, fällt selbst hinein. Vorsicht ist besser als Nachsicht, Unkraut verjeht nicht, durch Schaden wird man klug, wer zuletzt lacht, lacht am besten (aber die wenigsten lachen zu guter Letzt), wer den Schaden hat, braucht für den Spott nicht zu sorgen, Spinne am Morgen bringt Kummer und Sorgen, morgen, morgen, nur nicht heute, nach getaner

Arbeit ist gut ruhn, Morgenstunde hat Gold im Munde, am Golde hängt doch alles, der Mann, der das Wenn und das Aber erdacht, hätt' sicher aus Häckerling Gold schon gemacht, Gold und Silber hab' ich gern, Reden ist Silber, Schweigen ist nicht alles Gold was glänzt dort im Walde im Sonnenschein, die Sonne bringt es an den Tag nicht vor dem Abend loben, denn der Seege kommt von oben, Glück und Glas, wie leicht bricht das, wer selbst im Glashaus sitzt, wem's juckt, der kratze sich, er hört nicht das Gras wachsen hier unter dem wechselnden Mond, der Schein trügt, doch der monatliche Wechsel ist beständig, Armut ist keine Schande, Not lehrt beten, und arbeete und arbeete und arbeete. Wie wird man am schnellsten reich? Ehrlich währt am längsten, Polyp so lang du lüben kannst, eines ziemt sich nicht für Aale, eine Schwalbe macht noch keinen Sommer, was dem einen sein Uhl, is' dem andern sein Nachtijall, jedes Tierchen hat sein Pläsierchen, was dem einen recht ist, ist dem andern billig, wer die Wahl hat, hat die Qual, Qualität ist alles, ernst ist das Leben, heiter ist die Kunst, Selbsterkenntnis ist der erste Schritt zur Besserung, mit dem Hute in der Hand kommt man durchs ganze Land, wer nicht hören will, muß fühlen, Gefühl ist alles, Name ist Schall und Rauch, Papier ist geduldig, mit Geduld und Spucke fängt man eine Mucke, steter Tropfen höhlt den Stein, Gesundheit ist die beste Krankheit, maladie est sans T, mais santé n'est pas sans T, Müßiggang ist aller Laster Anfang, aller Anfang ist schwer, und was Hänschen nicht lernt, lernt Hans nimmermehr, jung verkalkt, alt getan, was ein Häkchen werden will, krümmt sich beizeiten, kommt Zeit kommt Rat, guter Rat ist teuer, wenn Herr Berg nicht zum Propheten kommt, muß der Prophet zum Berg kommen, Bescheidenheit ist eine Zier, doch weiter kommt man ohne ihr, frisch gewagt ist halb gewonnen so zerronnen, wer nicht wagt, gewinnt nicht, eile mit Weile, Undank ist der Welten Lohn, es wird nichts so heiß gegessen, wie es gekocht wird, Hunger ist der beste Koch, der Mensch ist, was er ißt, die dümmsten Bauern essen die dicksten Kartoffeln, was sich leckt, das liebt sich, wo ein Wille ist, ist auch ein Weg, weg mußt Du, Deine Uhr ist abgelaufen, Eigenlob stinkt, geteilte Freude ist doppelt gemoppelt, was Du nicht willst, das man Dir tu, das füg' auch keinem andern zu (kategorischer Imperativ für die reifere Jugend!), wenn manschermann wüßte, wer manscher Mann wär', würd' manscher Mann manschem erweisen mehr Ehr', wer einmal lügt, dem glaubt man nicht und wenn er auch die Wahrheit spricht, qui s'excuse s'accuse (immer vorwurfsvoll!), kleine Ursachen, große Folgen, kleine Kinder kleine Sorgen, große Kinder große Sorgen, einmal ist keinmal, alle für einen, keiner für Alleballe, aufgeschoben ist nicht aufgehoben, Ende gut alles gut undsoweiter undsomehr!«

Eine ausgesprochene Phrasendreschmaschine. Als Anhängerin vergoldeter Mittelwege äußerte sie sich gern mit zu gewählten Worten in hochgebildet klingenden Gemeinplätzen. Statt: »Meine Kinder wachsen« sagte sie: »Mein Nachwuchs befindet sich in der schwierigen Periode des Wachstums«, wobei sich ihre Nase spitzte. Konferierte sie mit einem Lehrer über mich, wozu sie Halbtrauer anlegte, besprach sie den »schwierigen Knaben«. Zu meiner größten Wut studierte sie »Erzieher Försters« psychologischpädagogisches Meisterwerk *Wie erziehe ich meinen Sohn Benjamin?*, was sinnlos war, da ich Erwin hieß.

Keine Sekunde ihres Lebens war sie untätig, meistens im Haushalt. Sie war gegen Schlampamperei und ausgesprochen geschmackvoll: voll von auserlesenst schlechtem Geschmack, gipfelnd in der unumwundenen Garnierung ihrer Hüte, deren Früchtestilleben, drapiert von hanebüchenen Pleureusen, alles Vergängliche zu einem Gleichnis verunstalteten. Sie neigte zu Kaiserjagdwürsten, Quillajarinden, Soxhletapparaturen, Freiübungen, Villenkolonien (sie war besessen von *Besitzungen!*), Schnittmustern, Gänseweißsauern, Pumphosen, Pumpernickel und saurer Milch in »Satten«, dunkelbraunen Samt- und weißen Matrosenanzügen und Wollstrümpfen mit würgenden Gummistrumpfbändern, die einem das Leben verekelten, Schwarzwurzeln, die sie uns als frischen Spargel weismachte (womit sie mir Spargel verleidete), Eatoncollars, Tropenkollers, juckender Jägerunterwäsche, zu falschen Haarstücken (Chignons), die ihr die Frisöse täglich unter Gezänk kunstvoll anzustecken hatte, zu Schweißblättern, Fischbeinkorsetts, zu eingehenden Zimmerpälmchen und Araucarien, zu leichtzerbrechlichen, langstieligen Kristallpokalen:

Römern, die, aus einem Spiegelschrank strahlend, ihr Leben fristeten. Sie war entschieden gegen Wegwerfen. Jeder Papierschnitzel wurde in der Rumpelkammer aufgehoben und unter ihrer Oberaufsicht dem regelmäßig mit seiner Hundekarre auftauchenden Lumpenhändler für ein paar Pfennige verkauft. Meistens war sie gegen Zwielicht.

Von Zeit zu Zeit – nie, wenn sie alleine war – versuchte Mama als Blaustrumpf (die Frau des Blaubart?) hüstelnd und ungeschickt (unjeschickt läßt jrießen!) eine Damenzigarette, Manoli Gibsongirl mit garantiert echtem zweiundzwanzigkarätigem Goldmundstück, zu rauchen. Das war Emanzipation zu meinem Ärger. Zu meinem Entzücken wußte sie am Nähtischchen aus einem Häkelkörbchen komplizierte Handarbeiten in die Welt zu zaubern, Madeiralochstickerei, Makrameeklöppeleien, womit sie sogenannte Brisebices (Briessbiess), süßlich-scheußliche Hängegardinchen häkelte, das Verhängnis unserer Salonfensteraussichtslosigkeit. Ich saß an ihren Rock geschmiegt auf einem Fußbänkchen und hing an ihren Lippen, denen Märchen entträufelten: meine Einführung in die Weltliteratur.

Fühlte sie sich etwas Bedeutendes sagen, sowie bei sozialen Funktionen, oder bevor sie mir quängelndem Quälgeist mit dem Kriegsgeschrei *Willstepatzigsein* »eine laatschte«, verschiefte sich ihr farbloser Mund. Links übereinandergepreßt verschmälerten sich ihre Lippen, wobei sich der rechte Mundwinkel zum durchlöcherten Ohrläppchen hinanzog. Dasselbe Schauspiel bot sich mir, wenn sie beim Schlächter Frankenstein *den* Rostbief (Ecke Blume) bestellte, oder wenn sie jemanden jemandem vor Aufregung verstottert vorzustellen versuchte. Alles nur Verlegenheit, Verlogenheit, sie nannte es errötend Dilemna. Papa sagte: »Missa Dilemna!«

Wie jede praktische Berlinerin der Gründerjahre staatlich konzessionierte Zurückzurnaturschwärmerin, hielt sie sich mit gewissem Recht für die Miterfinderin der frischen Luft. Kein letzter Ferientag ohne ihr »Kinda, noch *einmal* tief Atem holen!« Alle Doppelfenster standen dementsprechend mitten im kalten Winter nachts sperrangelweit offen.

Wir wurden abgehärtet. Sie schwor auf Fichtennadelbäder, doppelsohlenkauendes Nashorn, Rizinusöl und bezog sich

Mama,
1905.

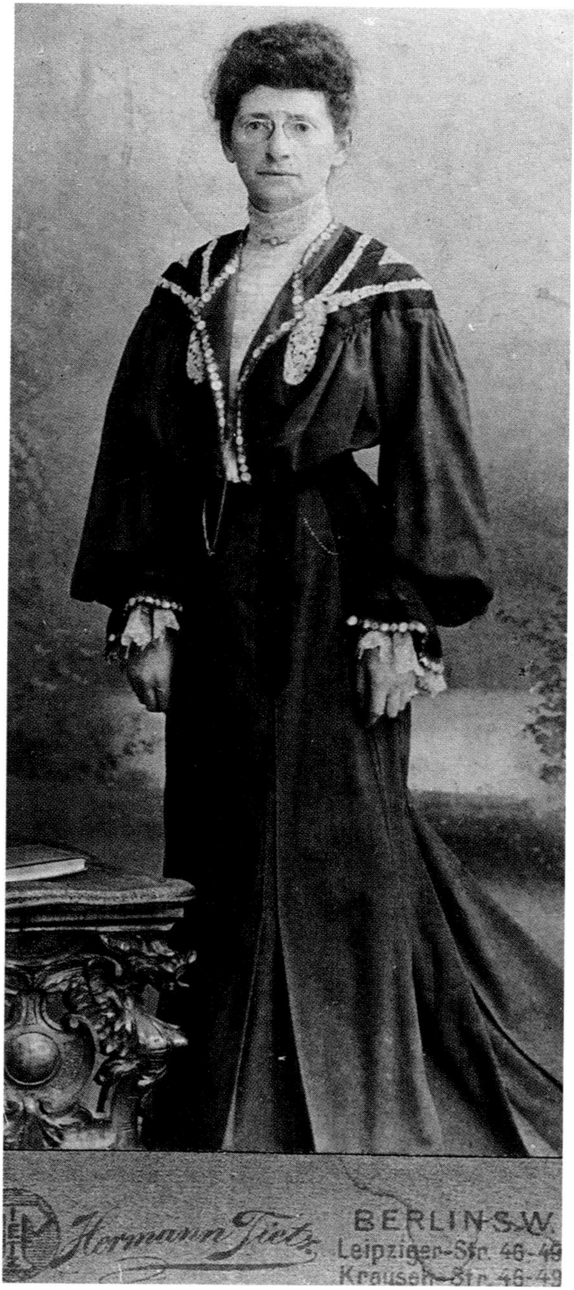
Hermann Tietz
BERLIN S.W.
Leipziger-Str. 46-49
Krausen-Str. 46-49

gern auf den Naturmenschen Nagel, der in härenem Gewand den Grunewald durchtrabte. Papa: »Sie trifft den Nagel auf den Kopp!« Was das mit Mamas Antwort: »Die Waffen nieder!« zu tun hat, weiß ich nicht. Gemäß ihren organisatorischen Anordnungen wurde das Bad am Samstagabend, immer vielzuheiß, gefolgt von immer vielzukalter Brause ohne hinterheriges Abtrocknen, zur Kulturtat.

Nichts konnte sie bei Sonnenuntergängen abhalten, ihre eigene Nase scherzend runterzureißen: »Sei mir gegrüßt, mein Berg mit dem rötlich strahlenden Gipfel!« Soweit verstieg sich ihr Humor. Zurückhaltend brüstete sie sich, sich zweite stellvertretende Vorsitzende des »Hausfrauenvereins für Frauenstimmrecht der Frauen besserer Stände des Halleschentorbezirks« nennen zu dürfen. Selbst Papa hochachtete sie dafür, wenn auch mit der Ironie männlicher Überlegenheit. Mit scharfer Zunge schrieb sie vorbildliche Familienepisteln, im erhebenden Gefühl, von Stettin bis Essen vorgelesen zu werden. Ihre ergreifend humorvollen Kondolenzbriefe wurden auswendig gelernt. Von ihr habe ich, schnell und schlagfertig zu verurteilen, ohne zu wissen, worum es sich handelt. Als ich noch keine drei Jahre alt war, fand sie, daß ich mich zu verliebt an ihre Röcke hängte. Um mir übertriebene Anhänglichkeit rechtzeitig abzugewöhnen, heftete sie mich, einer petergogischen Gebrauchsanweisung folgend, mit einer Sicherheitsnadel an sich. Dabei hat sie mich in ihrer Kurzsichtigkeit mit der Nadel gepiekt. Gutgemeint.

7 PAPA. Trotz ihrer Grundverschiedenheit fand ich meine Eltern sprechend ähnlich. Vielleicht, weil sie uns drei Kinder gemeinsam hatten, vielleicht auch nur, weil ich dachte, dies müßte so sein.

Mein Vater, Albert Blumenfeld, geboren am 1. Dezember 1860 zu Essen, wo jeder an der Ruhr stirbt, schmierte, wie fast alle damaligen Väter, hoffnungslos grauenvolle Quacksalben (Arsenik mit Jlasschplitta) gegen die französische Krankheit, die ihn sein kurzes Leben lang unter erpressenden Gewitterwolken beben ließ. Ein bedeutender Seelöwe mit Denkerstirn, allmächtig, allwissend, der mich von Beginn an

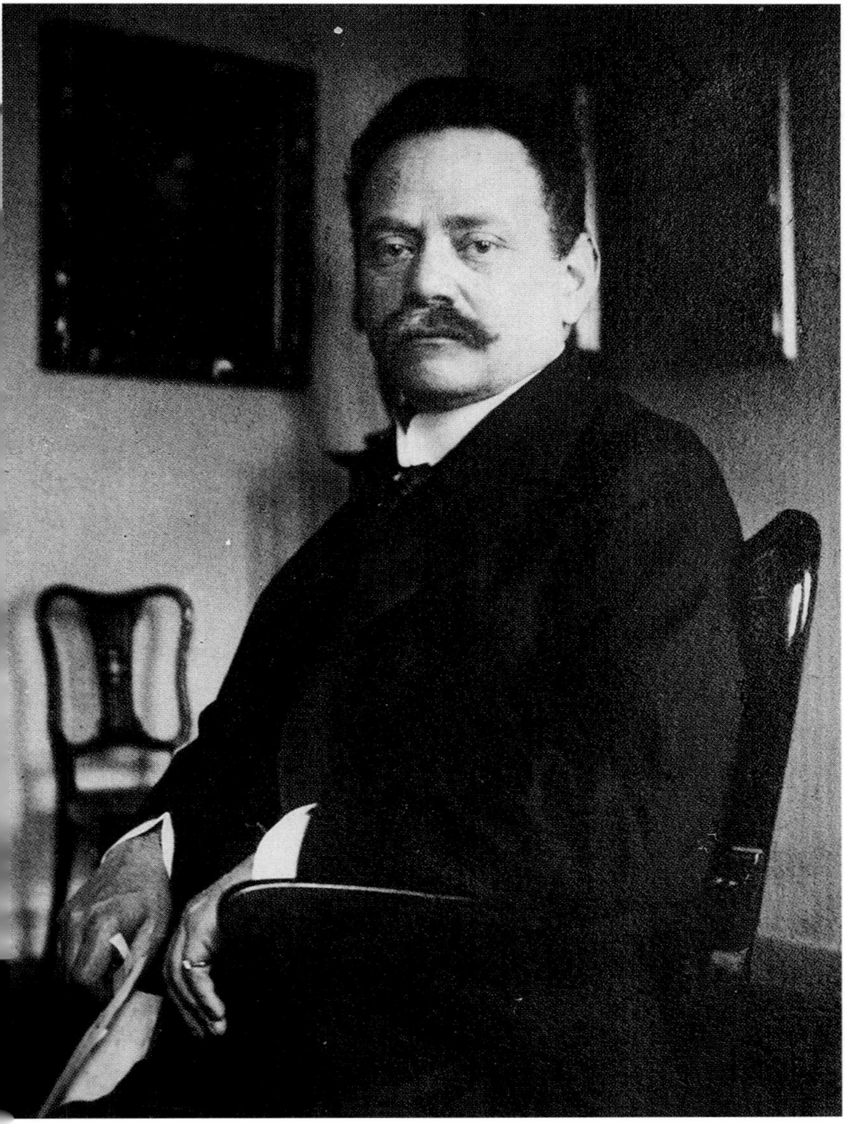

Mein Portrait von Papa
zu seinem fünfzigsten Geburtstag,
1910.

fühlen ließ, daß ich ihm mein Leben zu verdanken hätte. Als erster Mitinhaber der Firma Jordan & Blumenfeld, eines der führendsten Schirmhäuser des Reiches, wenn nicht der Welt (das führendste hieß Victor), in Sonnenschirmen, Regenschirmen, Entoutcas und Spazierstöcken, Engros & Export, Berlin SW 19, Kommandantenstraße 12/13, Telephonamt Eins, 13 133, beschirmte er uns unter der Devise »Regen bringt Segen«. Trotz steter Bemühungen, als Großindustrieller angesehen zu werden, hat er's mit Ach und Krach kaum zum hochreellen Kaufmann gebracht. Ehrenamtlich fungierte er als »Kaufmannsrichter und vereidigter Sachverständiger der Schirmbrangje bei den Kgl. Preußischen Landgerichten Eins und Zwei und beim Kammergericht«, was auf seiner Visitenkarte prangte, während er chronisch darunter litt, nie zum Handelsrichter ernannt worden zu sein, als welcher er seinen beredten Gerechtigkeitssinn hätte ausleben können. Ehrenämter waren teuer, besonders für Juden. Schon ein popliger Kommerzienratstitel kostete Tausende.

Im preußischen Dreiklassenwahlsystem – nicht zu verwechseln mit der Dreiklassenlotterie – hatte man, je nach Vermögens- und Wohnungslage, keine, eine, zwei oder drei Stimmen. Papa war Wähler zweiter Klasse; auch Eisenbahn fuhr er leider nur Zweiter! In intimerem Freundeskreis beim Skat (Herz mein Herz, warum so traurig? Caro heißt der Hühnerhund! Ässkens raus und Zehnkens mang!) war er zweistimmig liberalmonarchistischer Demokrat, betont fortschrittliche Mitte, nie links, nie rechts! Sobald eine Uniform auftauchte, schwenkte er das Gespräch auf die Ultramontanen, die damaligen Sündenböcke. Die Angst vor Uniformen und Spitzeln hat auch mich nie verlassen. Einer seiner Skatkumpane, der alte Kegel-, Fahrrad- und Logenbruder, Genosse Lissenheim, Kartonnagefabrikant, war der erste *Sozi* meines Lebens, las den *Vorwärts*, wurde als *Roter* ausgelacht. Ich konnte nichts Rotes an ihm entdecken, ebensowenig wie an den Dienstmädels, die weinten, wenn sie'n Roten hatten, und wenn sie keinen hatten.

Pünktlich wie seine Glashütte (Chronometer mit Pedigree), die aufsprang, wenn ich pustete, sprang Papa jeden Morgen punkt halbacht als vollbärtiger Pflichtmensch mit Autorität und aufgekrempelten Hosen ungeschickt auf das vom Hausdiener Hermann festgehaltene Fahrrad und radelte ins Geschäft, wo er mit eisernem Fleiß und unermüdlicher Energie im Schweiße seines Angesichts saures Brot zu verdienen trachtete, damit seine arme Frau und wir geliebten Kinderchen nicht zu verhungern brauchten. Statt sich einzugestehen, seinen Beruf verfehlt zu haben, tobte er sich aus: Wann immer ich ins Geschäft kam, ihn abzuholen, war er dabei, jemanden unter Gebrüll rauszuschmeißen: »Von Ihnen lasse ich mich noch lange nicht durch den Kakau ziehn, Sie Kaffer, Sie müssen mich erst mal richtig kennen lernen, mit mir ist nicht gut Kirschen essen, nehmen Sie sich furchtbar in acht, Sie Trampeltier, daß ich Ihnen nicht sämtliche Knochen im Leibe zerbreche (er hat nie jemandem ein Haar gekrümmt), *da* ist die Tür, machen Sie, daß Sie rauskommen, aus meinen Augen, Banause, und lassen Sie sich gefälligst nie wieder blicken, Sie Hornochse!« Warum der kaffrige Hornochse rausflog, hab ich nie gewußt. Wenn er lange genug gewinselt hatte, ließ Papa sich erweichen, ihm zu gestatten zu bleiben. Jeder Angestellte flog durchschnittlich zweimal monatlich raus, arbeitete jedoch schon seit mindestens fünfundzwanzig Jahren bei Jordan & Blumenfeld, was ihm eine silberne Remontoiruhr oder einen Regenschirm mit Silberzwinge eintrug. Obwohl ich begriff, daß all dies nur Theater war, hatte ich Angst, selbst eines Tages als hornochsiges Trampeltier rauszufliegen. Dazu ist es nie gekommen. Papa starb, als ich sechzehn war. Die Hochkultur des Anschnauzens hat sich in Weltkriegen und Atomexplosionen verloren.

Von Papa lernte ich, daß Handwerk wegen seines goldenen Bodens hochzuachten sei, wir geistigen Arbeiter jedoch auf die Handwerker herabzusehen hätten. Geist stand überm Körper. Schillers Handschuh geht nicht über Goethes Faust. Es war ein Zeichen von Bildung, ungeschickt zu tun; so wurde man's. Gebückt hat sich Papa nur in Fällen allerhöchster Not. Er war steif, hat zeitlebens weder Hammer noch Amboß angerührt, ließ sich bedienen wie ein gelähmtes Kind. Je mehr er verwöhnt wurde, desto verwöhnter wurde er. Wir Kinder waren stolz auf seine Vorrechte: *Er* bekam zwei Eier zum Morgenkaffee (»Jeder Mann ein Ei, der brave

Schweppermann zwei!«), wir nur ein halbes, *er* bekam jeden Morgen allen Schmant, wir nur am Sonntag einen Teelöffel, *er* bekam Mohnknüppel und Hörnchen, wir Wasserschrippen, *er* schmierte dick Butter drauf, nahm von allem, ohne zu fragen, wir durften nicht mal fragen. Selbst auf dem Klo hing für ihn ein Beutel mit Watte, hartes Zeitungspapier für uns. Sonntagmorgens stand auf seinem Stuhl ein gestärktes Oberhemd, steif wie ein Brett, in das ihm von Mama, die vor Geschicklichkeit umkam, hineingeholfen werden mußte. Zweimal wöchentlich wechselte er mit ihrer Hilfe Kragen und Manschetten (Stulpen). Seinen Schlips zu einem Plastron formulierend, faselte sie von der Tücke des Objekts. Unter allem trug Papa enganliegende graubeigemelierte Jägerkombineeschens (combinaisons). Die Unterklasse trug abwaschbare Gummikragen an papierenen Kotzbrettchen. Das aus der Neuen Welt heranrückende Maschinenzeitalter verdrängte den morgendlichen Barbier und die Bartbinde. Papa hielt Schritt mit der Zeit, sein Bart verschwand unter Tränen.

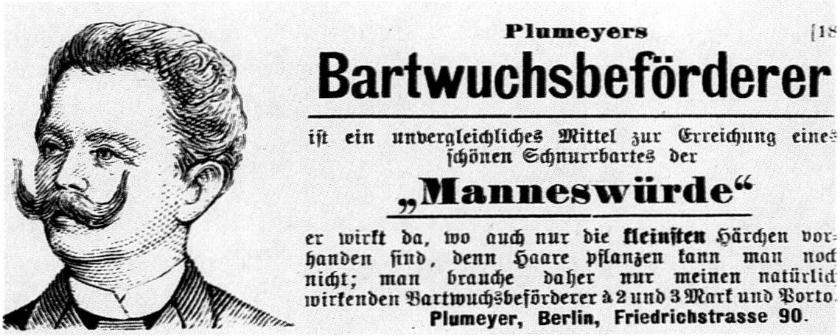

Zeitungsannonce, 1903.

Mama schwang siegestrunken King Gillettes Sicherheitsrasierapparat zur Bluthochzeit. Erst als blutige Anfängerin und betränte Hekuba, später hat sie's auch nicht gekonnt.

Das Persönlichste an meinem Lavater war sein Gang. Wie ein trunkener Seemann, gewissermaßen symmetrisch auf beiden Beinen hinkend (weil die Erde rund ist, erklärte er), torkelte er schwerfällig von links nach rechts, begleitet von undefinierbarem Händekrampfen. Es hing eng mit Plattfußeinlagen zusammen. Der Sonntagsmorgenspaziergang mit ihm in Zylinderhut und engtailliertem Tuchpaletot mit Samtbeschlägen war eine Tortur. Er ging mir viel zu langsam und packte mich schmerzhaft bei der Hand, um mich am Wegrennen zu hindern. Aus Geschäftsrücksichten glaubte er den Spazierstockfetischisten raushängen zu müssen, trug jeden Tag einen neuen. Das Prunkstück seiner Sammlung, ein zum Spazierstock gedrechseltes Nashorn, war untragbar, ruhte in Watte. Zu Reklamezwecken hatte man auch mich mit einem Spazierstöckchen gesegnet, das ich durch Stolpern zu zerbrechen wußte. In Spazierstöcken habe ich Weltrekorde gebrochen.

Papas Gewohnheiten waren heilig. Seinen Polstersessel mit gedrechselter Armlehne hat außer ihm niemand besessen, nichtmal postum. Jungfräulich gefaltet wartete morgens neben seiner Kaffeetasse die Tante Voß. Wer hätte gewagt, sie vor ihm zu berühren! Die *Königlich Preußische Staatlich Privilegierte Vossische Zeitung für Staats- und Gelehrte Sachen* überschattete alles. Leser des *Berliner Tageblattes* straften wir mit Verachtung. Papa studierte *die Voß*, mit Leitartikeln, Rezensionen, Reichstagberichten, Feuilletons, Familienanzeigen und rätselhaften Börsenseiten, deren Zahlen seine Stimmungen magisch beeinflußten. Kein Buchstabe blieb ungelesen, hinterher las er zwischen den Zeilen. Nach dem Mittagessen zog er sich mit der *B. Z. am Mittag* ins Rauchzimmer zurück, um ein knappes Viertelstündchen, von halbdrei bis zehnvorvier zu schlummern. Vorm Einschnarchen paffte er sein Zimmer voll hellblauen Qualms einer echten Hamburger Havanna mit Sumatrasanddeckblatt: *Leuchtegold-Perfecto-Claro*. Wir hatten auf Zehenspitzen rumzuschleichen. Ruhe ist die erste Bürgerpflicht.

Im engeren Familienkreis, dessen Mittel- und Höhepunkt er war, galt Papa als überragender Intellektueller. *Denn er las.* Las als Kulturtat nicht nur die Voß, er las Schiller. Anhand seines Schillerlexikons wurden Theseusstadt, Aulisstrand, Phocis und Spartanerland mittels farbiger Landkarten lebendig. Daneben studierte er unentwegt Bismarcks kornblaue Gedanken und Erinnerungen, Bebels Reden, Carl Schurz, Eugen Richter, Sven Hedins Tibetreise, Heines *Harzreise* und die ersten drei Seiten von Zolas *Germinal* auf französisch. (Der Rest blieb unaufgeschnitten.) Zwischendurch warf er uns stöhnend vor, *seine* Eltern hätten nie die Mittel gehabt, ihn, den einzigen Sohn unter sieben Kindern, Gymnasien und Universitäten absolvieren zu lassen. Statt dessen hätte er schon mit vierzehn bei Katz Gebrüder in Elberfeld als Posamentenlehrling konditionieren müssen. Sein Spleen: höhere Bildung. Genauer: klassische allerhöchste Bildung, mit wirklichen geheimen Geheimräten erster Klasse, versiert in beiden Rechten, nationalökonomische Probleme auf lateinisch zu debattieren. Sein unerfüllter Lebenstraum: Kommers! Genug des Pandektenwälzens! Farben zeigen! Kein Kneifen, Schwefelbande! Ein burschikoser alter Herr läßt sich nicht von Philistern frotzeln! Kommentmäßig in vollem Wichs einer schlagenden Verbindung nach dem Frühschoppen auf dem Paukboden der schmißbedeckten Bonner Borussen (!) seinen Mann stehn. Papa mißbilligte die jüdisch-berlinerisch schlagenden (!!) Verbindungen (!) *Sprevia* (!!!) und *Barkochba* (!!!!) Ausrufungszeichen stehen für Schlägerei! Nach blutstrotzender Säbelmensur (Terzen, Quarten, Quinten, Musik!) steigt der Landesvater: Unter Absingung des Hochgesanges »Alles schweiget, jeder neiget« spießen die Chargierten ihre Stürmer feierlich auf die Plempe. Danach reiben die krassen Füchse unter gekreuzten Rapieren Humpen spritzigen Gerstensaftes zackig zum Salamander, daß es kracht: *»Ad exercitium salamandri salamandrorum salamander incipitur!«* Zum Ausklang plätschern die Zechkumpane meinem bemoosten Papa noch einen ganz speziellen Schmollis hinter die Weste: O Bierulk! Bierpapst! Bierhalle! Bierzeitung! O Krambambuli, O Alma Mater! O kreuzfideler Studio! Juppheidiheidallala! O alte Burschenherrlichkeit! O Gaudeamus Isidor! So frei und ungebunden, wohin bist du entschwunden?!

In Ermangelung derartiger Sensationen schwelgte Papa in erstklassischem Jägerlatein: Diesoldatenhabensäbel. Auch sprach er richtiges Latein: Mensch sana in corpore sano. Rex pulex in Africam et multum in plus: Der König floh nach Afrika und fiel ins Meer. »Plenus venter non studet libenter«, übersetzte er: Probieren geht über Studieren. Dazu ritt er ständig auf irgendeinem ausgefallenen Wort herum, das er ebenso sinnlos wie unerwartet ins Gespräch oder ins Schweigen hineinbrüllte. Nach einigen Wochen, wenn auch er selbst genug davon hatte, brachte er eine neue, noch unbegreiflichere Wortkomplikation aufs Tapet, wie: »Kuropatkin«, »Parallelepiteton«, »Ons Wilhelmientje«, »Calta Palustris = die Sumpfdotterblume«, »Labmagen oder Pansen«, »Tasmania *auch* Van Diemensland«, »Bab-el-Mandeb«, »Stelle anheim«. Dieser menschgewordene Büchmann berauschte sich mit vorweltlichem Pathos (ethos potetos = die Kartoffelseele) an *geflügelten Worten*. Es lag an der Zeit: Ganze Volksstämme verständigten sich ausschließlich mittels derselben, bildeten sich ein, das sei Bildung. Alles geschah unter Mottos und Devisen, bis der Devisenhandel alles vermottete. Zu früh ernstgenommene, nie verstandene Phrasen führten meine Generation durch ein zitatenreiches Leben dem Heldentod in die Arme. *Dulce et decorum pro patria mori*, wennmöglich mehrere Male. Mir ist's gelungen; *es ist vollbracht*. Papa zitierte viel und falsch, gruppierte gern verschiedene Zitate zu neuen Effekten. Es imponierte ihm, daß sein Lieblingsgenie Schiller sich selbst zu widersprechen wagte. Immer mit Stentorstimme herausgeschmettert: »Ehret die Frauen, sie flechten und weben himmlische Rosen ins irdische Leben, denn das Weib ist falscher Art und die Arge liebt das Neue!« »Zahlen beweisen« und »Zahlen beweisen gar nichts« wurde gefolgt von »quod erat demonstrandum!« Zusammenhänge waren ihm klar, mir unklar. »Schnellfertig sind die Juden mit dem Wort« wurde gekuppelt an »Schnell wie der gierige Hai reißet die Fluten entzwei!« Morgens, mittags, abends mußten wir den Grafen von Habsburg über uns ergehen lassen:

»Von des Lebens Gütern allen
Ist der Ruhm das höchste doch
Wenn der Leib in Staub zerfallen
Lebt der große Name noch.«

Es stand für uns außer Zweifel, daß es um den großen Namen Blumenfeld ging. Wir waren Idealisten.

Eines Sonntags entpuppte sich Papa vor unsern Augen als genialer Dichter. Unter Anschwellung seiner Stirnadern ließ er seinem Goldfüllfederhalter Poesie entfließen:

»Vater mit dem Stullensack
Mutter mit dem Kinderpack
Und die Tante, die charmante
Mit dem Kleinen linkswärts rannte.«

Papa hatte Humor. Er war kein Spaßvogel, sondern ein todernster Mann, der seinen Ernst mit Witz verbrämte. Oft konnte er lachen, bis er vor Lachen nicht mehr konnte. Über Schwächen anderer, manchmal sogar über seine eigenen. Wehe aber denen, die sich erdreisteten, sich über ihn lustig zu machen! Selbst Mama durfte sich dies nur nach allergrößten Vorsichtsmaßregeln in Form einer Schmeichelei erlauben. Dann zitterten alle, auch Papa.

Witz, das Manna meiner Jugend, war jüdisches Privateigentum: Ein Goi versteht ihn nicht, der kleine Moritz kennt ihn schon. Nur Juden wußten Witze zu erzählen. Nur Juden beherrschten die Kunst, im rechten Augenblick richtig zu lachen. Nur Juden verstanden, mit wenigen Worten eine Pointe zu formulieren, die das Unterbewußtsein kitzelt. Kurzgeschichte als jüdische Kunst: Kerr, Kraus, Kafka. Aphoristisches Denken: Heine, Freud. Mit Gettohumor versuchte man, Pogromgespenster wegzulachen. Um sich zu beweisen, daß man selbst ein sauberer Assimilant war, ließ man im Witz den Ostjuden im Dreck verkommen. (Der ertrinkende Ostjude: »Nebbich ich verschwimm!«) Meine Lieblingswitze waren die vom Wunderrabbi. Brachte Papa einen »Neuen« mit nach Haus, wurde wochenlang kaum von etwas anderem gesprochen. Jahrelang rotierten dieselben Witze, durch Wiederholung wachsend. Über Papas Witze mußten wir am meisten lachen, besonders über seine häufigen Blähungen, die er als »Telegramm aus Darmstadt« ausgab:

»Der Vater furzt
Die Kinder lachen
Wie kann man mit ner Kleinigkeit
Doch soviel Freude machen.«

Viele Witze verstand ich erst, nachdem ich ein paar Jahrzehnte über sie gelacht hatte. »Heiraten auch Kamele?« »*Nur* Kamele!« Wortspielerische Scherzfragen entzückten mich,

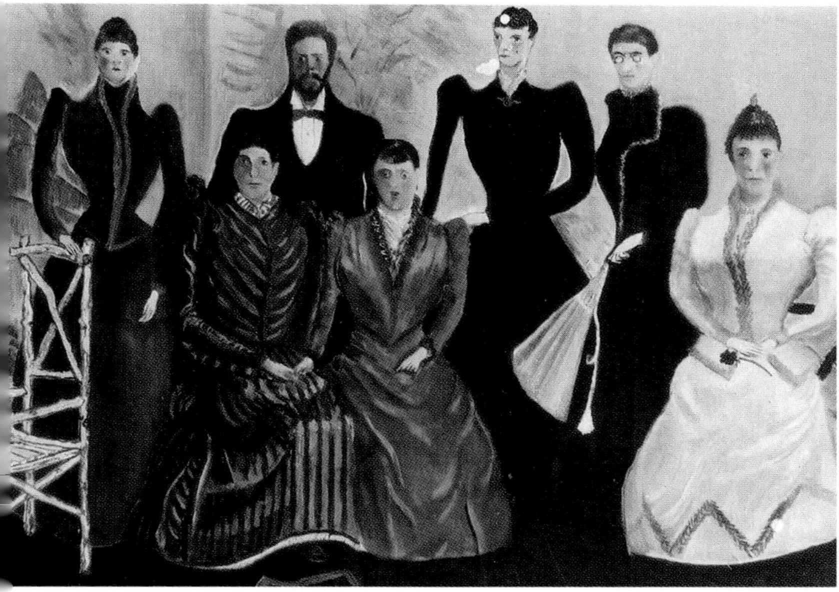

Das TANTENBILD (Papa mit seinen sechs Schwestern) malte ich in Holland 1926 nach einem alten Photo. Das Bild ist im Krieg aus dem Kunstsaal VAN LIER verschwunden. Wo hängt es heute?

verdarben mich. »Der Unterschied zwischen einem Pudding und einem Epileptiker?« »Der Pudding liegt in Zucker und Zimt, der Epileptiker liegt im Zimmer und zuckt!« Immer wieder wurden dieselben Rätsel aufgegeben, Schillers Regenbogen mindestens zweimal wöchentlich.

Wie im Lachen war Papa Großmeister in der Kunst des Stöhnens. Nach zu gierig beim Sektfrühstück in der *Traube* verschlungenem Gurkensalat, seinem Leibgericht, oder nach animiertem Herrenabend beim *Austernmayer* mit unvermeidlich anschließender Kolik lamentierte er tagelang bei zugezogenen Gardinen und Spezialisten, als nahe sein Ende. Onkel Doktor wetteiferte mit Mama, die sich in eine Seufzerbrücke verwandelte, ihm Kamillentee, Opiumtropfen, Eisbeutel, Wärmekrucken und Stechbecken zu applizieren. Auch wenn er gesund war, stöhnte sich Papa jammernd in den Schlaf: »Der gute arme, arme Vater!«

Papas Kindheitserinnerungen kannte ich inwendig und auswendig, so oft hat er sie zum besten gegeben. Leider hatte er nur zwei. Erstens, wie er am 2. September 1870 wegen des Sieges von Sedan schulfrei vom Scharpiezupfen, die Hose im Stiefelrohr, nach Hause rannte. Zweitens, daß ein Knabe seiner Klasse Karl Genauer hieß, was sich wie Karlchen Auer anhörte, worüber alle lachen mußten. Mama hatte keine Kindheitserinnerungen, weil die damals noch nicht Mode waren. An Idolatrie ihrer eigenen Eltern überboten sich die meinen. Von ihren Großeltern wußten sie gar nichts.

8 ELTERNTRÄUME. Man hatte Großes mit mir vor. Papa hatte sich in den Kopf gesetzt, seinen Stammhalter Journalist werden zu lassen, um so der Welt allmorgendlich mit einem Leitartikel zu imponieren. Daß später mal Tausende Blumenfeld-Photos publiziert werden würden, lag außerhalb seiner Gedankenwelt. Ich hatte Elternträumen zu entsprechen, hatte hervorragend intelligent zu sein, wortgewandt, literarisch beschlagen, belesen, geschmackvoll, hochmusikalisch, taktvoll, hochgebildet, nicht eingebildet, berühmt, nicht berüchtigt, weder herablassend noch unterwürfig, ein sympathischer vorbildlich edler bescheidener restlos reinlicher leutseliger sportlicher moderner Jude, würdiger Nachkomme Heinrich Heines, kein Phantast, sondern ein hochinteressanter leichtverträumter problematischer Philandroop, ein Idealist, kein Nihilist, ein tiefer Denker (Rodin), ein Lebensbejaher, kein Verneiner, kein Jasager, kein Versager, ein Freund der Künste, aber kein Künstler (sind Hungerkünstler; ein Maler ist ein Malheur), kein Schmierfritze, kein Schmutzfink, keine Schlafmütze, kein Schloddrian, kein Schlappschwanz, kein Simpel, weder Über- noch Untermensch, aber vor allem keine Durchschnittsware, sondern ein untadliger individueller Ehrenbürger dieser Welt, proper und adrett, nie salopp, ein aufgeweckter Ehrenmann, der sein Herz auf dem rechten Fleck trägt, ein Wahrheitsapostel, bereit für die Brusttöne seiner Überzeugungen den Märtyrertod sterben zu wollen, ohne es je dazu kommen zu lassen, ein liberaler Libertin der goldenen Mitte, ein kerngesunder durch und durch durchdachter Skeptiker (Mama sagte Keptiker), der weiß, was er sagt und was er nicht sagt, und ohne immer das

letzte Wort haben zu müssen, eine ebenso einnehmende wie unbestechliche Persönlichkeit mit hohen Einnahmen, integer bis zum Äußersten, jeder Pfennig selbstverdient, ewentwell durch Einheirat, wie Papa im Schweiße seines Angesichts, ein gewichstes Finanzgenie, Syndikus gigantischer Großunternehmen, Stütze der besseren, wennichtgar der besten Gesellschaft, Großmeister zahlreicher Logen, Kultur- und Nobelpreisträger, Doctor honoris causa sämtlicher Universitäten, hochangesehen von Zeitgenossen und Nachkommen, denn wer den Bestien seiner Zeit genug getan, der hat gelebt für alle Zeiten! Doch vor allem hatte ich ein ewigdankbarer Sohn meiner heißgeliebten Eltern zu sein, nur von dem einen Wunsch beseelt, dereinst ihren Lebensabend respektvoll zu vergolden. Mit einem Wort: ein Kretin.

Als Gegenleistung versprach mir Papa die komplette vierundzwanzigbändige Prachtausgabe von *Brehms Tierleben* in Halbfranz mit Goldschnitt. Ein Versprechen, das er oft gegeben und nie gehalten hat, ebensowenig wie das, mich meinen Doktor der Nationalökonomie und der höheren Handelswissenschaften auf der Handelshochschule von Genf absolvieren zu lassen. Wofür ich ihm ebenso dankbar bin wie dafür, daß er mich weder Staatsanwalt noch Konsistorialrat, noch Bergbau- und Hütteninspektor hat werden lassen.

9 Grosspapa Moses und Grossmama Lisette.

Großvater Moses Blumenfeld, oft und vergeblich Matthias oder gar Mattatias genannt, war ein altdeutscher, alldeutscher Jude, geboren am 12. Dezember 1821 (Flauberts Geburtstag) in Schwerte an der Ruhr mit einem Stammbaum, der stolz bis ins siebzehnte Jahrhundert nach Fürth in Bayern reichte. In Essen, der Stadt des schwulen Kanonenkönigs Krupp, hat er jahrzehntelang als biderber mosaischer Schullehrer und Prediger gesalbt, gelehrt und beschnitten. In der 48er Revolution war er zwar nicht märzgefallen, doch wurde er immerhin zusammen mit Carl Schurz und Hammacher in Festungshaft geworfen. Dies war nicht »ehrrührig«, wurde betont, so konnte er von seiner Familie und von seinen Schülern als Märtyrer und Freiheitskämpfer verehrt werden.

Sein wahrer Ruhm stammte daher, daß er im Jahre 1846, seiner Zeit weit voraus, das Ausspucken von Kautabak in der Synagoge untersagt hatte. Fünfzig Jahre danach wurde die alte Schützenstraße zur Blumenfeldstraße ernannt, die höchste Ehre, die unserm Namen widerfahren ist. Unter Hitler wurde sie Streicherstraße, heute heißt sie wieder Blumenfeldstraße.

Nach Großpapas Ableben hingen in Mamas Salon in vergoldetem Gipskästchen hinter Glas auf Purpursamt vier Orden und Ehrenzeichen, die ich stolz auf seiner lebendigen Heldenbrust hatte wippen sehn: das Eiserne Kreuz zweiter Klasse für Nichtkombattanten am weiß-schwarzen Bande, der Rote Adlerorden vierter Klasse und zwei kleinere vergoldete Medaillen. Lebendigste Erinnerungen an diesen Großpapa, wie ich ihm 1901 auf Ferien in Eisenach, während er friedlich im Grase schlummerte, Raupen in den greisen Bart setzte. Ich hielt sie für Seidenraupen, sah Großmama bereits in einem selbstgesponnenen Seidenkleid und erntete Undank: Kopfnüsse. Großpapa trug würdevoll einen ununterbrochen von liebenden Händen gebürsteten dunkelgrauen Bratenrock, der immer fleckig war. Als ich fünf war, starb er, am 9. Januar 1902, mir seine Sextanerblase hinterlassend, an gebrochener Prostata. Seitdem lamentierte Papa von »Vaterselig« und zitierte wehleidig Claudius: »Ach sie haben einen guten Mann begraben und mir war er mehr!« Oft und gern versuchte ich, seine Witwe, Großmamachen Lisette (nach ihr nannte ich meine Tochter), mit Küssen und Liebkosungen zu trösten. Jeder, sie selbst einbegriffen, fand sie eine hochansehnliche Patriarchin. Sieben Kinder hat sie zur Welt gebracht, wovon außer mir kaum was übriggeblieben ist. Sie zierte sich mit alten Spitzen, roch nach Lavendel, Patschuli, Apfelsinen, Rosenwässern, Kampfer. (»Auf dem Dampfer riecht's nach Kampfer und wer riecht nach Kampfer dort? Ganz gewiß der alte Lord.« Wedekind) Parfums sind verblümte Urinerinnerungen, Urin stinkt nach Urinstinkten, sagt Urahn *Uranus*, der Ur Anus. Großmama tat sich besonders hervor in Matzeklößchen und Mürbeküchlein. »Mürbekuchen kann ich noch essen, wenn der Leichenwagen schon vor der Tür steht!« Geheimrezepte, die sie mit ins Grab genommen hat. Unter meinen Küssen meckerte sie verliebt abwehrend: »Bitte nicht doch, Onkel Leeeser (ein Kußonkel ihrer Kindheit)!« Sie war um 1825 geboren, in Bonn am Rhein, und von Nönnkes in einer Klosterschule katholisch (tooflemonu) erzogen worden. Großmamas Mutter, Fanny van Geldern, war die jüngste Schwester von Heines Mutter Elisabeth (Betty) van Geldern, woraus ein Familienstolz erwuchs, der auch mich nicht verschont hat, obwohl ich diesen kinderlosen, an der Syphilis gestorbenen Urgroßonkel mit Abertausenden jüdisch-deutschen Manufakturenkeln gemeinsam habe.

10 GROSSPAPA HENRY. Chajim Cohn war um 1830 geboren (er war nicht sicher, in welchem Jahr) in Dobrzijn an der Drina, an der russisch-ostpreußischen Grenze zwischen Gollup und Rejpin. Sein Vater Itsche dawnete als Talmudgelehrter in Schul. Sein Großvater war Wunderrabbi, daher meine Intuition. Als Dreizehnjähriger floh er, um nicht russischer Soldat zu werden, per Segelschiff in sechzig Tagen nach Amerika, nannte sich Henry und fing in New York als Peddler und Selfmademan an, verdoppelte bereits in der *ersten* Woche sein Anfangskapital von einem Dollar, wurde reich im Goldrush als Besitzer einer Spielhölle mit dem schönen Namen *Pokerflat* in St. Louis, Kalifornien, wurde danach noch reicher als Warenhausbesitzer in der Mormonenstadt Salt Lake City und kehrte 1855 nach good old Europe zurück, um sein jugendgeliebtes Cousinchen Rosa Cohn, Urgroßnichte Meyerbeers und ebenso unmusikalisch, zu heiraten. Ein pergamentenes, temperamentloses, schmallippiges Mäuslein mit Hörrohr und dem dazugehörigen Mißtrauen, garantiert unerotisch, das ihm sechs komplexbesetzte Kinder schenkte. Großpapa kaufte eine Weinpanscherei I. Mentzel & Cie. in Stettin an der Oder, nur zwei Eisenbahnstunden von Berlin, doch tief in der Provinz, heute tiefer noch in Polen.

Von Großpapa habe ich die Leidenschaft, auf Türme zu klettern, »Worcestersauce shaking before taking« (meine ersten englischen Worte), Bowlen zu brauen, an der Börse zu verlieren, und Nägelknabbern. Bis *ich* kam, war *er* König der Nägelbeißer. Seine drei Söhne taten's ihm fanatisch nach. Meine Böses ahnende Mama schmierte mir frühzeitig vorwurfsvollen Wermut auf die Finger. Wermut wurde mein Leibgericht. Sie sprach zu oft zu ernst und zu eindringlich ununterbrochen über meine Untugend, versuchte es mit Bestechung, Erpressung und Entziehung des Taschengeldes, des Gutenachtkusses, des Apfelkuchens mit Schlagsahne und mit Handgreiflichkeiten. Sie fing an lästig zu werden. Nichts half. Endlich knabberte sie selbst, um mich abzuschrecken. Mit stolzer Bescheidenheit darf ich mich heut rühmen, Großpapa in dieser Kunst übertroffen zu haben. Nicht in seinen andern Funktionen: Mit saftiger Sabbatwürde war er vielfacher Ehrenvorsitzender der jüdischen Gemeinde von Stettin, Pasekow und Heringsdorf und mit wichtigtuerischer Geheimniskrämerei Großmeister einer Freimaurerloge. Er priemte, schnupfte Tabak, besaß eine Phiole mit selbstgefundenem Goldstaub aus Kalifornien; an seiner Uhrkette baumelten ein elfenbeinerner Ohrenschmalzlöffel und ein echtes Bergkristall als Berlocken. Er hat ein naivfreundliches Büchlein über seine Werdejahre in Amerika geschrieben, das zu seinem achtzigsten Geburtstag von seinen Söhnen gedruckt wurde. Von seiner Harmlosigkeit habe ich ebensowenig geerbt wie von all dem Geld, das er seinen fünfzehn Enkelkindern, bezahlbar zehn Jahre nach seinem Tod, hinterlassen hat. Er starb friedlich 1916, mitten im Krieg. Die Erbschaft wurde von der Inflation und von seinen vorbildlich geschäftsblöden Söhnen restlos weggespült. Als eine Trillion Mark den Wert eines amerikanischen Cents erreichte, hatte ich dankend einen Scheck von drei Millionen Mark zu quittieren. Ein Abonnement auf sämtliche Klassiker inklusive *Beckers Weltgeschichte* hatte Großpapas Bücherschrank zum Brechen vollgestopft. Ausgesucht häßliche braunrote nie gelesene Kalikobände mit goldgepreßtem »Henry Cohn«. Auf Großpapas Klosett hing Klosettpapier, bedruckt mit klassischen Zitaten. So entlud sich sein Interesse an geflügelten Worten: »Klanglos zum Orkus hinab«, »Erreicht den Hof mit Müh und Not«, »Papier ist geduldig«, »Da unten aber ist's fürchterlich«, »Der Apfel ist gefallen«. »Durch diese hohle Gasse muß er kommen«, »O meine Tat ist faul, sie stinkt zum Himmel«, »Offner Mund und offnes Herz sind zwei gute Gaben, aber offnen Leib dabei muß der Mensch auch haben«, »Das Leben ist wie eine Klosettbrille: man macht viel durch«, »Das Leben ist wie ein Kinderhemd: kurz und beschissen«, »Zum Reisen muß man Schuhe haben, zum Scheißen muß man Ruhe haben!« »Alle Wohlgerüche Arabiens können diese Hand nicht reinwaschen.«

Man erwähnte oft und gern, er wäre bis ins höchste Alter (siebenundachtzig) ein Schürzenjäger gewesen. Ich jedenfalls habe den Achtzigjährigen mit Hilfe meiner ersten elektrischen Taschenlampe, die er mir tags zuvor geschenkt hatte, nachts beim Onanieren ertappt. Ein idealer weißbärtiger Großpapa mit haargeöltem Haupt, der mir jedesmal, wenn er kam, was Schönes mitbrachte. Wenn er abfuhr, schenkte er mir zum Trost eine Mark; »eine kleine Beleidigung«, nachdem ich ihn einmal, als er sie mir in die ausgestreckte Hand drückte, gebeten hatte, »mich nicht zu beleidigen«. Er konnte mir nicht oft genug abfahren, wenn's auch jedesmal weh tat, »adschö« zu sagen (beinahe so schwer wie »ja« und »danke«!). Ich benötigte das Geld so dringend zur Befriedigung meiner Leidenschaften. Einmal war es meine Notizbuchsammlung, einmal Samen für meinen botanischen Garten, einmal für Briefmarken.

Anläßlich seines siebzigsten Geburtstags habe ich mich mit drei Jahren zum ersten (und beinah auch zum letzten) Mal

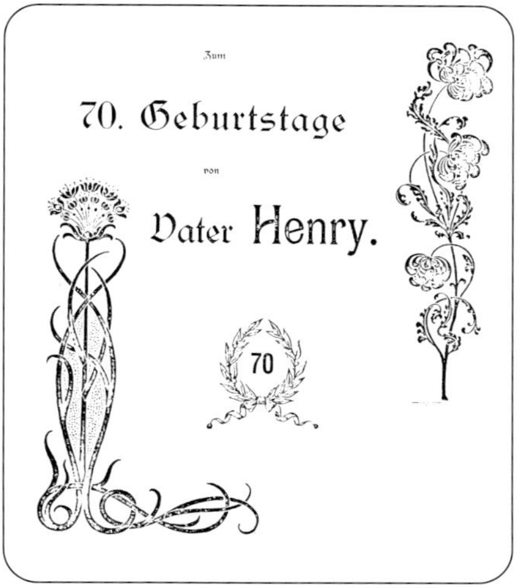

im Leben sternhagel besoffen. Der Damenchor der Synagoge war zur Geburtstagshymne vollzählig angetreten, zweiundvierzigstimmig die Himmel des Ewigen Ehre rühmen zu lassen. Dafür wurden die Sängerinnen großzügigst mit Sherry, Port, Ungarwein und süßlichen Damenlikören regaliert. Um Kinderliebe an den Tag zu legen, ließen mich die Damen an ihren Gläschen nippen. Während der galante Jubilar die Gäste die Treppe hinunter führte, schlürfte ich die Reste aus allen Gläsern. Danach kullerte ich heulend die Treppe runter, wurde zu Bett gebracht und schlief meinen ersten Rausch aus. Bei Jack London – schicker ist der Goi – wär's der Anfang eines alkoholischen Ruhms geworden. Ich hatte keine Anlage zum Trinker.

Großpapa und ich liebten uns innig. Bis ich einmal ohne Kopfbedeckung, wie alle Jungen meiner Klasse, mit ihm auf die Straße gehn wollte. Dieser Verstoß gegen amerikanische Sitten mißfiel ihm sehr und beendete die erste große Freundschaft meines Lebens. Mir blieb eine Abneigung gegen Hüte, Freunde, Familie, Gesellschaft, Amerika.

11

HEINZ. Klar seh ich die Nacht, in der das zwanzigste Jahrhundert zur Welt kam. Ich selbst hatte am 22. Dezember 1899 ein Brüderchen bekommen, dessen Beschneidung, wie die des Christkindes, feierlich am Nachmittag vor Sylvesterabend stattfinden sollte. Vom Kinderzimmer aus, das zum Servierzimmer avanciert war, bestaunte ich, in meinem Bettchen stehend, das wilde Durcheinander: Kerzen und Tanten und Speiseeis und Tränen und Großväter und Gelächter, begossen mit deutschen Sekten, »Kupferberg Gold« und »Henkell Trocken«. Köche mit hohen weißen Mützen tranchierten getrüffelte Fasanen in vollem Federschmuck, während Rabbiner mit hohen schwarzen Mützen Beschneidungsmesser wetzten. Halb träumend kletterte ich von meinem Beobachtungsstand herab, schlich unsichtbarer als ein Indianer auf Zehenspitzen hinter dem schwarzen Rabbi durch den dunklen Hinterkorridor ins dunkelgrüne Herrenzimmer, von da durchs rote Berlinerzimmer in den seidenen Salon, wo ich mich hinter die mandelgrüne Samtgardine verkroch. All die ernsten Männer unter Zylinderhüten murmelten geheimnisvolle Geheimsprachen hinundher. Jeder kam mir bekannt vor, doch jeder sah heut anders aus und benahm sich anders. Ich war zu klein, immer versperrte mir jemand die Aussicht. Das wenige, das ich sehen konnte, verwirrte sich zu einem blutigen Traum. Erst sechzig Jahre später fand ich in Montaignes Italienischem Reisetagebuch (30. Januar 1581) die Bestätigung: Der Messermann schnitt mein kleines Brüderchen, wozu alle sangen. Großpapa gurgelte mit Wein, dunkelrotem Wein aus silbernem Becher, und lutschte dann Blut aus meinem Bruder. Danach wedelte er dem neuen kleinen Juden Weihrauch ums Näschen, daß er des Heiligen Geistes teilhaftig werde. Dies Mysterienspiel unter Aufsicht des Rabbinats war die allererste Theatervorstellung meines Lebens. Lange glaubte ich an Ritualmordsgeschichten. Ein Fressen für Traumdeuter! Kaum zurück in meinem geliebten Bett, schlief ich, bis mich meine anläßlich der Jahrhundertwende besonders tief dekolletierte Lieblingstante Bronja (Bronislawa) um Mitternacht ans Fenster hob. Über die knallenden Raketenwunderkerzen auf der schneebedeckten Straße staunte ich ins unergründliche Dekolleté meiner jungen Tante, wozu alle Glocken läuteten, und mußte weinen. Ich verstand wie immer: alles und nichts. So ist's mein Leben lang geblieben: nichts und alles! Prost Neujahr 1900!

Das frischgebackene Brüderchen Heinz war von rosa Marzipan. Noch waren Penisneid und Ödipuskomplexe nicht in aller Munde. So machte er mir viel Spaß, bis er, achtzehn Jahre alt, in den letzten Wochen des Ersten Weltkriegs im August 1918 bei Jaulgonne an der Marne den Heldentod fürs deutsche Vaterland, das jüdische Familienleben und den Irrsinn der Welt starb. Der schwerste Verlust meines Lebens. Wen die Götter lieben, den nehmen sie früh zu sich. Heutzutage scheinen sie die Menschen weniger gern zu haben, denn sie lassen sie, trotz Wasserstoffbomben und Krebsen aller Arten, länger und länger leben. Bruder Heinz verband goldenen Humor mir primitiver Lust für Gold und Geschäft. Die Schule interessierte ihn weniger als das Leben. So bekam er schlechte Zensuren und dreimal wöchentlich Nachhilfestunden. Nach seinem Tod erfuhr ich aus seinem Tagebuch, wie er gleich im Anfang dem Nachhilfelehrer gesagt hat, daß seine Stunden schlecht und keine drei Mark wert seien. Er machte ihm den Vorschlag, seine Zeit besser zu verwerten und den Betrag mit ihm zu teilen. Sollte er hiermit nicht einverstanden sein, dann würde er einen Schüler und dreimal wöchentlich anderthalb Mark verlieren. Der Lehrer ließ sich überzeugen, und Heinz verdiente wöchentlich vier Mark fünfzig und genug freie Zeit, um dies schwerverdiente Geld im Kintopp zu verjuxen. Auch poetisch drückte er seinen Humor aus: Zu Onkel Georgs fünfzigstem Geburtstag hatte er eine Überraschung ersonnen: ein Gedicht, das niemand vorher sehen durfte. Diese versiegelte Überraschung ging per Post nach Stettin. Resultat: jahrelange Familienfehde. Das Gedicht: »Onkel Georg, mit der behaarten Brust, freu Dich, daß Du keine Scheiße fressen mußt!« Kurz und kräftig für einen Zehnjährigen. Ein verschmitzter Pfiffikus. Um rauszufinden, ob Papa wirklich allwissend war, bediente er sich eines einfachen Experimentes: Papa hatte zwei Handtücher, eins für oben, eins, mit einem Knoten, für unten. Heinz vertauschte den Knoten, beobachtete und entdeckte Papas Allunwissenheit. Heinematz hatte einen mir fremden Hang zur Wandervögelei (der mitschuld an seinem frühen Ende wurde). Sonntagsmorgens um fünf zog er in Pfadfinderverkleidung in Gruppenformation in den Grunewald. Als Lehrling im Knopfhaus Seliger & Co. war er ungeheuer tüchtig und avancierte täglich. Öfters fehlten Knöpfe.

12 ANNIE. Meine selige Schwester Annie begann als gar niedliches kleines Mädchen, bald putzig, bald patzig – Papas Augapfel. Leider wurde sie jeden Tag etwas weniger niedlich, bis sie mit dreizehn zu einer unausstehlich miesen Bisse verwelkte. Zu einer befehlshaberischen alten Zicke mit Stoßzähnen und Sommersprossen, zu einem kratzbürstigen Neidhammel, den ich haßte. An ihr erlebte ich meine ersten Konflikte mit dem schönen Geschlecht. Sie tat sich furchtbar wichtig, daß sie anderthalb Jahre älter war als ich, und brüstete sich damit, ein Weib zu sein, was ihr angeblich mystisch-mythologische Rechte und Reize verlieh. Ich hatte ihr zu

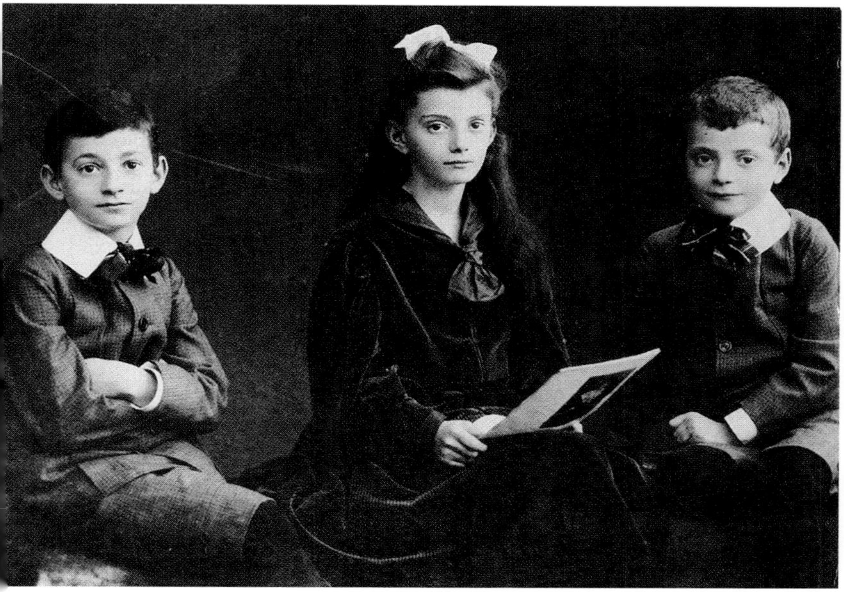

Erwin, Annie, Heinz, 1904.

gehorchen, hatte sie galant zu bedienen, besonders wenn ihre Freundinnen es sehen konnten. Zur Belohnung war sie anmaßend falsch, verriet mich, wo sie konnte, schmeichelte sich katzenfreundlich ein bei Eltern, Kinderfräuleins, Dienstbolzen, Freunden und Feinden. Wenn sie im Spiel am Verlieren war, änderte sie nachträglich die Spielregeln. Es war mir unklar, ob sie nun eigentlich ein Ekel war oder furchtbar nett (heute heißt das: Ambivalenz). Mit ihren Launen wurde ich fertig: Als ich vier war, weigerte sie sich standhaft, nach verrichteter Notdurft vom Nachttopf zu steigen, um mich an die Reihe zu lassen. Sie blieb sitzen: passive Resistenz. Worauf ich ihr nach zweimaliger Warnung mit vollstem Recht auf den Kopf pinkelte. Wutschnaubend fauchte sie: »Das sollst du büßen!« Die Eltern waren beide aus. Als sie nach Hause kamen, tunkte die wutspritzende Petze, wie Weiber nunmal sind, ihre inzwischen längst trockenen Haare rasch in den vollen Nachttopf, um plärrend beweisen zu können, was ich verbrochen hatte. Die Eltern glaubten ihr, und ich wurde streng bestraft, bekam vierzehn Tage lang keine Schlagsahne auf meine Apfeltorte. Es war eine Lust, Annie zu hassen.

Im Backfischalter (vierzehn Jahr und sieben Wochen ist der Backfisch ausgekrochen) gründete sie mit ihren Freundinnen ein Kränzchen unter dem Motto »Gutes Üben, Schönes Lieben«. Annie hatte es auf sich genommen, Holztafeln mit diesem Spruch in Brandmalerei zu verzieren. Ich half dabei; wie das in strotzender Häßlichkeit brannte! Das Kränzchen hatte einen süßlichen Vorgeschmack von »Mädchen in Uniform«. Wie jeder deutsche Jüngling in Arkadien geboren war, kam jede deutsche Jungfrau aus Lesbos. Dies beobachtete ich mit atemlosem Interesse durch das etwas erweiterte Astloch eines Kleiderschrankes, in dem ich mich vor der geheimen Zusammenkunft der Freundinnen versteckt hatte. Nachdem die jungen Damen sorgfältig die Zimmertür verriegelt hatten, entkleideten sie sich gegenseitig zärtlich und liefen in Spitzenhöschen (teils offen, teils geschlossen) herum. Sah ein Knab ein Höslein stehn. Wobei sie sich voll Stolz, oder Neid, ihre Entwicklungsbusen zeigten. Wer den größten zeigen konnte (Gerti Jakobi) wurde von jeder anderen geküßt. Das gehörte zum Ritual des Kränzchens. Dazu wurden Lieder gesungen: »Froh wie die Libell am Teich« oder »Mädchen klein, Mädchen fein«. Einmal wurde ich abgefaßt, weil ich im Schrank wegen Mottenpulvers niesen mußte. Standgericht wurde über mich verhängt. Zur Strafe mußte ich vor Annie, Grete Manes, Gerti Jakobi, Lotte Seliger, Edith Lewin und Marga Kühn auf den Befehl »Auf die Knie, Sklave!« erst einen tiefen Diener machen, dann ein Knie beugen und sagen: »Bitte vielmals um Entschuldigung, gnädiges Fräulein!«, worauf mir das Leben geschenkt wurde. Welche Erniedrigung! So wurde ich eingeweicht in die Mysterien von Lesbos, Samos, Kios und Kos, verliebte mich in junge Lesbierinnen und wurde Voyeur.

Die immerlachende Gerti lud mich lachend ein, Donnerstag nachmittags nach der Religionsstunde zu ihr rauf zu kommen, da wären ihre Eltern bestimmt immer aus. Ihr Vater war Korsettvertreter. Wir spielten Verkleiden, wobei sie mich Korsetts anprobieren ließ und sich selbst meine Jungenssachen, die ihr komisch eng waren, anzog. Es machte ihr mehr Spaß als mir, und sie mußte furchtbar lachen. Ich genierte mich. Gerti aber bekam so rote Bäckchen und leuchtende Augen, daß ich ihr gern jeden Donnerstag den Gefallen tat. Herkules und Omphale.

Mit allen Kränzchenschwestern (außer mit Margot Kühn, der einzigen Nichtjüdin) habe ich irgendwannmal »platonisch poussiert«, obwohl sie alle viel älter waren als ich; zwei Jahre in dem Alter sind eine Generation. Ich liebte und haßte sie, wie ich meine Schwester haßte. Annies beste Freundin war die schöne Grete Manes, deren Vater, Onkel Willy, Papas bester Freund war und dessen Mutter die beste Freundin meiner Großmutter Lisette war.

Eine langweilige Geschichte, die immer wieder aufgetischt wurde. Gretes Mutter, Tante Marie, dick, klein und häßlich, machte mir den Hof. Ihr ältliches Kinderfräulein Eulalie Hoffmann, genannt Hoppi, wurde mit ihr im Bett abgefaßt und rausgeschmissen, was mich, ohne daß ich die Zusammenhänge verstand, faszinierte.

Annie lernte später Stenographie und Schreibmaschine und wurde Privatsekretärin. Erst eines Großadmirals Schräder, der ihr unter die Röcke faßte, worauf sie ebenso stolz wie beleidigt war. Danach arbeitete sie für den berühmten Hautarzt (Geschlechtskrankheiten) Dr. Blaschko und tat sich widerwärtig wichtig mit der Rettung gefallener Mädchen, was sie Abolition nannte. Sie starb als Polizeiassistentin in Hamburg am 24. Juni 1925, bevor sie dreißig war, jämmerlich tuberkulös, mehr oder weniger demivirgo intacta. Friede ihrer Asche!, die vielleicht noch immer in der Gepäckaufbewahrungsstelle am Bahnhof Zoo in Berlin schlummert. Annie hatte mich in einem ihrer vielen allerletzten Willen gebeten, da ich an der Nordsee wohnte, eigenhändig ihre Asche ins Meer zu streuen und dabei Nordseelieder von Heine zu singen. Es war Inflation und ich kaufte hintenrum vom Krematorium eine Konservenbüchse mit der Asche meiner Schwester für zehn Billionen Mark (war es wirklich *ihre* Asche?). Bevor ich nach Holland zurückfuhr, wollte ich noch einen bei Kantorowitz in der Joachimsthalerstraße hinter die Binde gießen und deponierte das Paketchen im Bahnhof Zoo. Als ich es im letzten Moment vor Abgang des Zuges abholen wollte, war es unauffindbar. Ich hatte abzufahren. Noch heute wartet Annies Asche auf mich, oder besser, auf die Nordsee.

13 KINDERSPIELE. Vor allen Spielen kamen die Kunststücke des Kindes: Koppstehn, Kabolzschießen, Faxen machen, Grimassen schneiden, Zungenspitze ins Nasenloch stecken, Bauchrollen, Bauchreden, Bauchtanzen, seinen Namen mit gelber Tinte in den Schnee schreiben, stundenlang Atem anhalten (mit Mogeln), seltsame Geräusche fabrizieren (ich wollte mit dem Hintern sprechen: Töne kommen, doch die Zunge fehlt), stottern, schielen, stinken, hinken, sich taubstumm, scheintot stellen, sterben und auferstehn. Ich war Meister in allen Künsten. Die offiziellen Gesellschafts- und Kreisspiele verachtete ich: Häschen in der Grube, Zeigt her Eure Füßchen, Die Tiroler sind lustig, Stille Post, Reise nach Jerusalem, Der Hahn, der Hahn und nicht die Henne, Verwechselt das Bäumelein, Was bringt die Zeitung, Feuer, Wasser, Kohle, Lebende Bilder und Scharaden. Alles dumme Kindereien.

Mein Geburtstag war am 26., der des Kaisers am 27. Januar. Infolgedessen wurde alljährlich am Abend meines Geburtstages die Generalprobe für die Kaisersgeburtstagsfestbeleuchtung abgehalten: An allen Fenstern Berlins hatten Kerzen vor Freude über Seine Majestät traurig runterzubrennen. Hab nie einen lustigen Karneval gesehen, nichtmal traurig waren sie, und das lag nicht *nur* an mir. Früh lernte ich Feste meiden. Zu Kindergesellschaften wurde ich umständlich gewaschen und in einen weißen Matrosenanzug gequält, um dann als Schwarzer Peter einen Bart angekohlt zu kriegen, was weh tat und nie mit rechten Dingen zuging. Immer mogelte man gerade mir die fatale Karte in die Hand. Dann wurde ich hochgehalten und von allen Kindern ausgelacht. Lache ist süß! Krampfhaft hielt ich in meiner Hosentasche die spitze Nadel bereit, mit der ich unsichtbare Löchlein in den aufgeblasenen Gummigasball, das teuerste aller Geburtstagsgeschenke bohrte, wonach er langsam sein junges Leben aushauchte. Tut man's geschickt, kommt außer dem Gas nichts raus. Das Schwerste: beim Verhör uninteressiert dreinzuschauen, ohne rot zu werden. Dazu muß man konzentriert an seinen eigenen Tod denken. Nie ist ein Verdacht auf mich gefallen. Gasbälletöten ist – wenn auch in etwas gemilderter Form – noch heute mein liebstes Gesellschaftsspiel.

Mein schöpferischer Trieb lebte sich im Kaputtmachen von Spielsachen aus. Die »Zerstörungswut der Blumenfeldschen Kinder« wurde sprichwörtlich. Am heiligen Weihnachtsabend schlitzte ich gleich nach der Bescherung dem Schaukelpferd den Bauch auf, um zu sehen, wie es von innen aussieht, denn auf das Innere kommt es an!, sagte Mama. Es bewies sich, daß Schaukelpferde keine Seele haben; statt Blut kam Stroh raus. Mit größter Präzision schraubte ich Mamas neuen Perlmutteropernkucker aus Paris fachgemäß auseinander. Als er sich nicht wieder zusammensetzen lassen wollte, schmiß ich verzweifelt den ganzen Klimbim aus dem Fenster in den Hof, was mir erst eine Tracht Prügel und später den Ehrentitel »Erwin Schraubendreher« eintrug. Zum Trost erfand ich ein »echtes« Blumenfeldspiel: *Auf die Schränke!* mit anschließendem Einbruch: Alle Kinder mußten gleichzeitig auf Mamas großen Kleiderschrank klettern und auf demselben rumtrampeln, bis er durchkrachte und alle zwischen den Kleidern landeten. Mama hatte ein gelbes Abendkleid von Drécoll aus Paris, der Rest war von Herpich, Gerson, Israel, Kersten & Zu Teuer aus Berlin, oder von der Hausschneiderin, *der* Geballe. Jedes Kind durfte das Kleid, in das es gefallen war, anziehn. Machte besonderen Ulk, weil ich den Schrank vorher doppelt verriegelt hatte, damit die Türen von innen aufgebrochen werden mußten. Am Ende waren die Kleider zerfetzt, und der Schrank und Mama hatten ihren Nervenzusammenbruch.

Fanatisch, wie ich Gesellschaftsspiele haßte, liebte ich Spiele zum Alleinspielen: Mit Ankersteinbaukästen baute ich romantische Ritterburgen und Wolkenkuckucksheime, in denen Bleisoldaten meinen Befehlen gehorchten. Mit ein oder zwei Kerzen erreichte ich spielend Lichteffekte, denen ich heute mit zuvielen Lampen vergebens nachstelle. Wo sind die Schatten von damals? Mais où sont les neiges d'antan? Die Dampfmaschine mit Spiritusheizung und Dampfpfeife versetzte mich in Trance, die Laterna Magica mit blakender Petroleumlampe projektierte Fata Morganas, chemische Experimente verwandelten mit Hilfe der vier Elemente das Kinderzimmer in einen alchimistischen Schweinestall. Als Höhepunkt hing über Mamas Nachttisch die Hausapotheke.

So hoch, daß sie getrost den Schlüssel im Schloß stecken ließ. Ich mußte nur auf einen aufs Bett halsbrecherisch balancierten Stuhl klettern, um zwischen buntbeklebten Pappdöschen, gefüllt mit todsicheren Pulvern, Flakons zu finden mit animierenden Totenschädeln über gekreuztem Gebein: *Gift!* (Versuche mich!) Pillen wurden in Säuren gelöst, daß es siedete, brauste, dampfte, zischte, wie wenn Wasser und Feuer sich mengt, bis zum Himmel spritzte der dampfende Gischt und wurde in Tropfenfläschchen gefüllt, die bereits als Abführmittel gegen Bleichsucht etikettiert waren. Niemand kam hinter meine Machenschaften, niemand kam um. Im Flirt mit Belladonna, Lysol, mandeläugiger Blausäure, Äther und Arsen habe ich mich mithridatisiert, was mir in späteren Gaskriegen und Dunkelkammern zugute kommen sollte. Ich berauschte mich an aromatischen Namen und Gestänken, die mich noch heute in Versuchung führen. Daß mein Dämon mich lebenslang aus dem Labyrinth der Rauschgifte hat halten können, liegt wohl daran, daß ich schon berauscht geboren bin.

Jedesmal wenn ein schwarzbepuschelter Leichenzug herangetrottet kam, zerrten uns die Kindermädchen in den ersten besten dunklen, übelriechenden Hausflur, um den Kleinen die nackte Tatsache des Todes zu verheimlichen. Dagegen durften wir ungehemmt vom Salonfenster aus die über die Wilhelmstraße kriechenden Prachtleichenzüge Mommsens, Anton von Werners, Adolph von Menzels bewundern. Beerdigungsspiele wurden unsere Leidenschaft. Meistens begann es mit einer Gehirnoperation, die ich, Professor B., in von hinten zugeknöpftem Nachthemd an meinem armen Brüderchen Heinz unter Zuhilfenahme sämtlicher Instrumente meines Reißzeugs zu vollziehen hatte. Ich stoppte ihm Watte in alle Löcher, klebte Hühneraugenpflaster über Augen, Münder, Ohren, manipulierte mit geübter Hand Pinzetten, Sonden, fischbeinerne Korsettstangen, Frauenduschen und Brennscheren. Zur Schädeltrepanation mußte ich bei Heinzens Dickkopf zum Hammer greifen. Krankenschwester Annie, in weißem Unterkleid, assistierte mit nassen Handtüchern. Rotes Tintenblut floß in Strömen. Stolz verkündete ich: »Operation gelungen, Patient tot!«, wobei Heinz röchelnd den Geist aufgab. Darauf folgte eine gründliche Leichenwäsche, kitzlige Arbeit, mit anschließender Einbalsamierung. Eine Mixtur von grüner Seife, Vaseline und Mostrich verlieh dem Leichnam einen gelblichen Glanz. Darüber wurde die schwarze Sophadecke geworfen, das Leichenpaket auf ein zum Sarg erhobenes Plättbrett gelegt und liebevoll mit welken Blumen, vorzugsweise Immortellen, bestreut. Da die Leiche nichts mehr zu tun hatte, durfte Heinz aufstehn und sich als Leidtragender beliebt machen. Seine Überreste wurden danach ins offene Grab geschüttet, drei Hände voll Blumentopferde nachgeworfen, die tiefverschleierte Annie daran gehindert, dem Sarg nach in die Grube zu springen, wonach ich, nun als Rabbiner, in von hinten zugeknöpftem Wintermantel eine schmerzbewegte Leichenrede hielt, bis alle ihre vorher unter der Wasserleitung benetzten Taschentücher weinend unter den Augen auspreßten und sich beim Kondolieren vor Lachen nicht mehr halten konnten: »Herzlichstes Beinkleid!« Zum Leichenschmaus: dickgeschmierte Blutwurschtschtullen.

Leichenkult ist älter als Zirkus. Der Clown kam nach dem Priester. Aus der tragikomischen Notwendigkeit, stinkende Überbleibsel hygienisch zu beseitigen, entwickelte sich ein Billiondollargeschäft. Die Verbrennung der lustigen Witwe, wie so manche schöne alte Sitte, ist Erfindung medizinischer Hofnarren. Man soll die Hinterbliebenen feiern, wie sie fallen. Wie man mich wegräumen wird, läßt mich kalt.

14 Ängste. Herr Trauerhutfabrikant Adolph Mühlberg, jenes andern Erwins Vater, ein ekelerregendes, bronzekrankes Urtier, fand Spaß daran, sich an mich zu schleichen, um mir feuerspeiend zuzuraunen, daß er mich lebend mit Haut und Haar verspeisen werde, nachdem er mich zuvor kunstgerecht zerlegt hätte. Sahen meine Eltern hin, dann tat er furchtbar nett und überhäufte mich mit Katzenzungen, Streicheleien und Schokoladenplätzchen. Fand er mich allein, dann drohte er mit dem Schlimmsten. Einmal wär's beinah dazu gekommen. Unter dem Vorwand, mir schöne Sachen zu zeigen, lotste er mich in seinen Keller. Da wartete bei

Kerzenschein eine Schlachtbank, umhängt von Beilen, Sägen, Folter- und Mordinstrumenten. Der Unhold wetzte seinen Fuchsschwanz, Zahn um Zahn, wozu er erschütternd grölte: »Mein Töchterlein liegt auf der Totenbahr!« Mord mit Gesang: deutsches Melodrama. Er war Leierkastenvirtuose. Als ich Blut aus seinem Munde tropfen sah, entwand ich mich dem Riesen, kroch zur Tür, raste um mein Leben die Kellertreppe rauf, rannte, rannte, rannte durch die dunkle Schneenacht von der alten Jakobstraße durch die Kommandantenstraße, Lindenstraße um den Belleallianceplatz rum zur Wilhelmstraße nach Haus: gerettet! Unbemerkt verkroch ich mich, bibbernd vor Kälte, in mein Lieblingsversteck unterm Bett, beschloß, nie wieder zum Vorschein zu kommen, und schlief ein. Überall wurde ich gesucht. Endlich fand man den verlorenen Sohn, und Papa sicherte mir freies Geleit und Straflosigkeit zu. Sobald ich raus war, brach er sein Versprechen und verprügelte mich dafür, daß ich tapfer mein Leben gerettet hatte. Mama höhnte obendrein: »Der Junge ist psychopathologisch, erst spielt er den Wildenmann, dann mimt er Verfolgungswahn, ein resoluter Petagoge sollte diesem ausgekochten Gewaltsmenschen die Mucken austreiben. Der Schnösel gehört in ein Heim für schwierige Knaben.« Hinterher brachte mir Papa im Namen von Herrn Mühlberg ein Kistchen Schokoladenzigarren. Moderne Erziehung. Stolz verweigerte ich die Annahme und aß sie trotzdem. Als ich mich nicht bedanken wollte, hättet ihr die Wut der Eltern sehen sollen! Wenn die Zigarren nicht in meinem Magen gewesen wären, hätten sie sie mir wieder weggenommen. Ich bin nicht nur gegen moderne Erziehung, ich bin gegen Erziehung.

Im langen Winter war's eiskalte Nacht in Berlin mit allerhand Schnee und doppelt vereiterten Frostbeulen, die dem kleinen Erwin entsetzlich wehweh taten. Dazu hatte er in immer zu engen Schuhen auf immer zu losen Schlittschuhen auf dem nie ganz zugefrorenen Neuen See im Tiergarten schlittschuhzulaufen, denn Sport mußte getrieben werden: *Navigare necesse est, vivere non.*

Eine andere Tortur war das Haareschneiden. Nichts half, man schleifte mich durch die Friedrichstraße zum Frisör

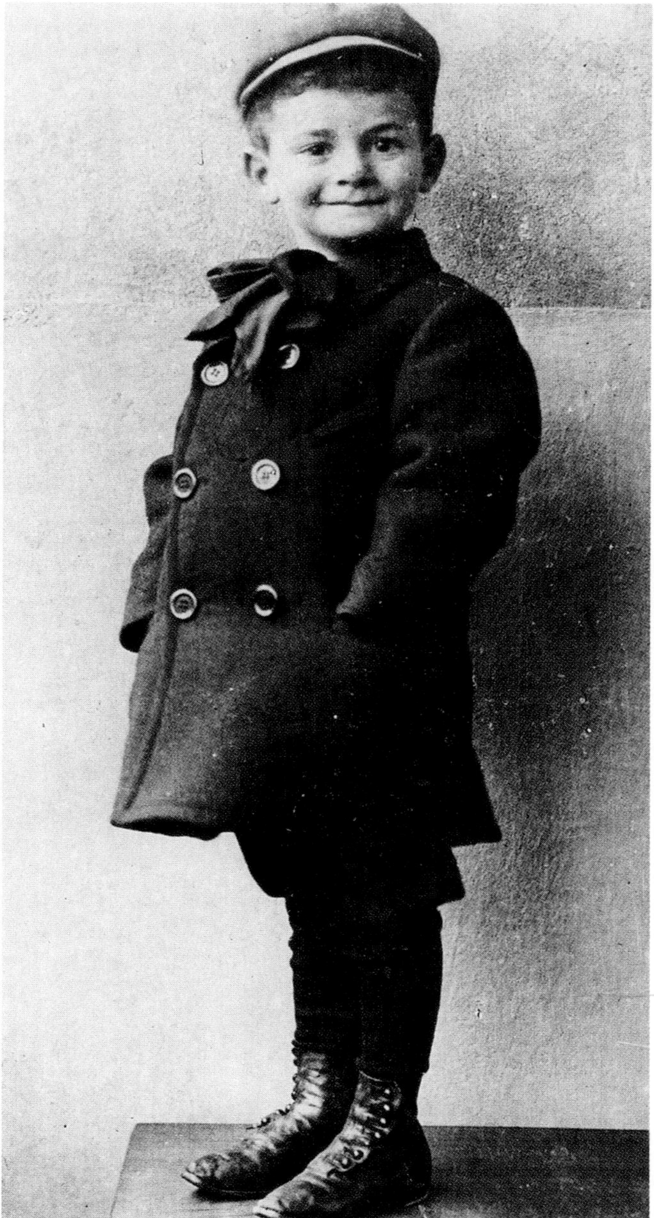

Ich als fünfjähriger Steppke, photographiert von Onkel Carl, der mir später meine erste Kamera schenkte.

Backofen, der mich – wie er mir wiederholt versicherte – in den Backofen schieben würde, wenn ich mir nicht mucksmäuschenstill meine Locken abschneiden ließe. Wie ich mich auch wehrte, fesselte man mich mit einem weißen Leichentuch an einen hohen Stuhl. Um mich herum fuchtelten wilde Männer mir Messern und Scheren Schaum um leblose Männerköpfe, sämtlich leichentuchgebunden. Ich hatte zu warten, bis die Reihe an mich kam. Sollte ich mir etwa auch so schweigsam ergeben meinen Hals durchschneiden lassen? Der hinterlistige Herr Backofen, ein Skelett mit graublondwilden Locken, totentänzelte, wenn niemand hinsah, an mich heran, einen langen funkelnden Dolch in der Hand, um mir ins Ohr zu flüstern: »Solltest du dich unterstehn zu schrein, dann schneid ich dir statt der Haare den Kopf ab!« Darauf hatte ich gewartet. Nichts in der Welt konnte mich nunmehr davon abhalten, aus Leibeskräften zu brüllen, bis alles vorüber war und ich erstaunt lebendig auf der Straße stand, stolz, wieder mal mit Schreien mein Leben gerettet zu haben. Von nun an schrie ich schon auf dem Weg zum Frisörladen. Später, als ich lesen konnte, entdeckte ich gegenüber, am Eingang einer *deutschen* Weinstube (Friedrich-, Ecke Koch) die Einladung: *Juden raus!* (In Florida 1943 ein Neonplakat: *No dogs! No jews! No niggers!*) Ich hatte gelernt, mir etwas darauf einzubilden, daß wir das auserwählte Volk sind, das schon seit Tausenden Jahren gehaßt wird, weil es immer lesen und schreiben konnte. *Jehoua* und *Eliahou*, die unaussprechlich hochheiligen Namen des Judengottes, enthalten sämtliche Vokale; und ich bin stolz, ein lesender und schreibender Jude zu sein.

Berlin wurde damals heimgesucht von Polizisten, Tanten, Urningen (schönstes Wort der deutschen Sprache!), Lustmördern, Sittlichkeitsverbrechern, Strolchen, Boofkes, Piefkes, Dichtern und Denkern, Richtern und Henkern und all den andern Lumpenhunden der Deutschen Unterwelt, die 1932 Oberwelt wurde. Als vierjähriger Steppke lernte ich mit meiner zwei Jahre älteren Schwester spielend buchstabieren und lesen (kurz bevor ich zur Schule kam, verlernte ich es wieder). Als erstes Wort entzifferte ich an der Litfaßsäule: *Mord!* Ich wußte nicht, was es bedeuten sollte, daß ich so traurig wurde…

Meine Jugend war besessen von den schaurigsten Lüsten der Angst. Allein auf der Straße, gab's kein ruhiges Gehen, immer nur Rennen, Rennen, Rennen. Niemand durfte mir meine Todesangst anmerken, ich hatte unbesorgt lustig zu scheinen, denn Mörder lieben traurige Kinder, und alle Erwachsenen waren Mörder. Alle. So lernte ich schneller rennen als irgendein anderes gehetztes Tier durch den sadistischen deutschen Märchenwald von Grimm, Bechstein, Hauff, Etcetera Hoffmann und Struwwelpeter (vom Irrenarzt Hoffmann) durch Gudrunleiden im Märzenschnee, vorbei an Fallada, der du da hangest, durch Rosa von Tannenburg und die Ostereier von Schmidt und durch die zweifelhafte Nibelungentreue an den Ufern des Rheins. Der Name Xanten am Niederrhein bezaubert noch heute meine Träume. Atemlos konnte ich mich vor Hexen, Mördern, Zigeunern und Zauberern in Schränken und Mauerritzen verstecken. Mit Hilfe einer Tarnkappe machte ich mich auf der von gelbblaugasfackelnden Irrlichtern ärmlich beleuchteten, nach Wanzen stinkenden Hintertreppe unsichtbar. Ich ließ meinen Atem stillstehn, aber wie pochte mein kleines Herz in schöpferischer Angst, da ich wußte, daß der schwarze Mann da, der Rattenfänger, unter seinem langen schwarzen Mantel einen Sack trägt. Im Sack war der Fuchsschwanz, die lange scharfzähnige Säge. »Kleina, willste mit mir jehn!« befahl herrischflüsternd der Haarmann. Wenn er mich gefangen hatte, knebelte er mich und stopfte mich in den Sack, den er auf seiner Handkarre in einen dunklen Keller rollte, wobei er pfiff: »An einem Baume, da hängt ne Pflaume, die möcht ich gerne haan!« Wenn die Eltern nicht innerhalb neun Stunden zweitausend Mark Lösegeld (in Gold) hinter die Kirchhofsmauer der Bellealliancestraße deponierten (meistens taten sie es aus verständlicher Sparsamkeit – war ich denn zweitausend Mark wert? – immer erst, wenn's zu spät war), sägte er mir meinen kleinen Kopf ab, den ich so lieb habe, weil ich ohne ihn nicht leben kann. Niemand außer mir konnte das verstehen. Bloß nicht atmen, leise sein, nicht da sein, damit ich am Leben bleibe. Die Angst vorm Schwarzen Mann hatte ich bei der französischen Bertha gelernt, einem brünetten Kindermädchen, das »oui« sagen konnte. Auch sang sie rührendschön das

Lied: »Es schwimmt eine Leiche im Landwehrkanal«. Nachts wagte ich nicht, die Augen zu schließen, damit ich jede Gefahr vorzeitig entdecken konnte. War ich endlich verängstigt eingeschlafen, fielen Träume über mich her, blutrünstiger als die Schrecken des Tages. Jedes Geräusch des Hauses, jede Erinnerung übersetzte der Traum ins Grauenvolle. Dazu fraßen mich kleine hellgrauweiße Würmer von innen auf, langsam strechend und geheimnisvoll. Onkel Doktor diagnostizierte: Menschenwürmer! Man fütterte mich mit greulich graubrauner Würmerschokolade, gräßlich und erfolglos: Ich war mager, blaß, gehetzt, voller Sorgen und Würmer: ein nervöses Kind. Mama hatte zu früh und zu oft den großen Wunsch geäußert, ich solle meinen »kleinen Wunsch« nicht ins Bett machen. So wurde ich noch mit fünf Jahren jeden Morgen mit einem Todschreck in einem nassen Bett wach: Man verachtete mich als Bettnässer. Zur Strafe – und zum Schutz! – legte man mir eine schmachvoll stinkende Gummiunterlage unters Laken und erzählte es jedem. Man drohte sogar mit einem gerade in Mode kommenden Übel, dem sogenannten Kinderpsychologen. Vor diesen Medizinmännern hatte ich eine so gesunde atavistische Abwehr, daß ich eine Geheimmethode erfand (die ich auch heut noch nicht preisgeben kann), Laken so zu trocknen, daß keine gelbgrünen Ringe bleiben, so daß niemand nichts nachweisen kann. Gleichzeitig lernte ich, Sorgen für mich zu behalten, zog mich reserviert in mich selbst zurück.

Im Anfang, als ich noch gar keine Hosen trug, habe ich mir, nur aus Angst, mir in die Hosen zu machen, in die Hose gemacht. Ich zitterte vor Menschen und Möglichkeiten, vor Gegenständen, vorm Sichtbaren, Unsichtbaren, vor Geräuschen, vorm Unhörbaren. Aus der Sprache, aus einem Sterbenswörtchen gebar sich die Angst. Angst, Analphabet zu bleiben, lebenslang, während alle andern lesen können, Angst, ewig Kind zu bleiben, Angst, alt und kindisch zu werden, Angst, jung zu sterben, Angst, alt zu sterben, grundlose Angst vor Abgründen, vor Tiefen, unbegründete Angst vor Untiefen (ist Untiefe flach?), Angst vorm Auffallen, vor Gefallsucht: Wurde ich gelobt, kamen mir Tränen (mit neun weinte ich, als Frau Fiegel, die Mutter eines Schulfreundes – ihr

Busen bleibt mir unvergeßlich –, auf mich weisend ihrem Mann sagte: »Ce garçon est un génie.« Sie wußte nicht, daß ich Französisch verstand.). »Une louange est une injure à l'orgueil«, Valéry. Wurde ich getadelt, kamen mir Tränen der Angst, fallengelassen zu werden (der Erwin ist aus Gefallsucht ausgefallen!), Angst, in Fallen zu fallen, reinzufallen, Angst, mir zuviel gefallen zu lassen, Angst, Zuvielen zuviele Gefallen tun zu müssen (kein Mensch muß müssen und der Erwin müßte?), Angst vorm Verfallen, Zerfallen (hat Einfälle wie ein altes Haus), Angst, bekannt zu werden, vor den Bekannten, vorm Unbekannten, Angst, unbekannt zu bleiben, verkannt zu werden, anerkannt zu werden, süße Angst, denn das wahre Genie bleibt unerkannt. Ich hatte Angst, ausgelassen zu sein, ausgelassen zu werden, aussätzig unausgesetzt ausgesetzt zu werden (der Erwin hat an allem was auszusetzen!), im Morast versumpfen, im Treibsand versanden, gegen den Strom schwimmend ertrinken, anstößig sein, verstoßen werden, rumgestoßen werden, im Stich gelassen, verraten und verkauft werden (Joseph von seinen Brüdern). Unheilbar erkrankt langsam dahinsiechen (Gedankenschwund: Mutta gib mia die Sonne!), dann mutterseelenallein, blind, lahm, taubstumm, als bucklig verachteter Waisenknabe am elfenbeinernen Bettelstab von Tür zu Tür durch die Welt betteln, ausgelacht am Hungertuch nagen, mißverstanden, erniedrigt und beleidigt, demütig um Entschuldigung bitten zu müssen für unbegangene Freveltaten (Erbsünde). Von Bluthunden gehetzt, gebissen, zerfleischt und zerrissen werden (seit ich versucht hatte, Waldmann, dem Dackel, zum Spaß den Schwanz auszureißen, wofür er nach meiner Hand geschnappt hat). Angst vorm Hundefänger, der, schwarz wie der gefürchtete Schornsteinfeger, vom Hinterperron seines Hundewagens lässig Lasso schwingt, als sei er aus auf tolle Hunde; in Wahrheit sucht er *mich!* Angst vor professionellen Schnelläufern, die in gestreiften Badeanzügen ihr rennendes Unwesen treiben; noch heut zuckt's in mir, wenn so ein Schnelläufer schnell läuft. Angst vorm Militär. Soldat werden müssen, gemustert, eingezogen, ausgezogen, eingesetzt, abgesetzt, gedrillt, degradiert werden: Spießruten laufen; bei gedämpftem Trommelklang (wie weit ist die Stätte, der Weg wie lang!) werden dem Deserteur die

Epauletten von den Schultern gerissen; geblendet werden, ewig unschuldig wegen Hochverrats standrechtlich zu lebenslangem Tod verurteilt werden: lebendig gedreivierteilt gerädert durch den Strang autodafiert guillotiniert (King Gillette) gekreuzigt werden (King Jesus!), weil man Jude ist, danach scheintot (ohne Totenschein) lebendig begraben werden (damals gang und gäbe), niemand hört mein Schreien und Klopfen, wenn ich im Sarg irrsinnig erwache; tobsüchtig werden, dafür zur Strafe in eine Zwangsjacke gezwängt werden, das erschwert das Ausbrechen (aus Irrenanstalten wird man nie entlassen); verbluten, verstinken, Tropfen um Tropfen: Mensch sein! Hat man alles gesund hinterm Rücken, fängt's wieder von vorne an. Ewigschreckliche Wiederkehr: das Leben: »A tale told by an idiot full of sound and fury signifying nothing.« Immerhin Stoff für Bücher. Ist nicht die Weltliteratur, sind nicht alle Künste nur ein bescheidenes Kompendium der Angstspiele der Kindheit?

Ständig grübelte ich, wie all dem vorzubeugen sei. Man fand den frühreifen Knaben gesegnet mit viel zu lebhafter Phantasie (»seine Einbildungskraft geht mit ihm durch«). Man mokierte sich über den drolligen Melancholikus. Man sprach von Weltschmerz, Werther und Wurstwaren, das Wort Masochismus kam auf. Durch sorgenvolle und sorgfältige Experimente fand ich die raffinierten Techniken der alleinseligmachenden Kunst des Einschlafens, die mich lebenslang vor Schlafpillen und Ärzten bewahrt hat. Meine erste Maitresse half mir dabei zärtlichweichergebenzutraulich anschmiegsam, ohne zuviel Eigenwillen. Sie war mein Kopfkissen. Nur selten betrog ich sie mit dem Federbett (im kalten Winter). Allabendlich liebkoste ich diese Geliebte, bis wir beide zusammen selig einschliefen. Treu begleitete sie mich durch den Ersten Weltkrieg, im Westen nichts Neues, und desertierte ebenso treu mit mir im Dezember 1918 nach Holland, wo sie, als ich heiratete, diskret ihr Geschlecht veränderte und »kaptijntje« (Kapitänchen) wurde. Erst 1940 im unmenschlichsten französischen KZ von Vernet d'Ariège wurde es mir von einem Teufelsinselsträfling unterm Kopf weggestohlen.

Die unwiderstehliche Magie des »Schlafkindchenschlaf, du fällst in ew'gen Schlaf« bewährt sich immer neu im Hin und

Her des Liebesspiels der Wellen, hinauf und hinunter, vor und zurück, bis es kein Zurück mehr gibt aus dem Abrakadabra dieser Wellen, bis man sanft entschlafen ist. Zählen, zählen, zählen, unendlich langsam lange langweilige Zahlen zählen, Zahlenreihen runterleiern, langsam mit dem Riesengriffel Riesenzahlen auf Riesentafeln malen, bis der Traum mich umschlingt, der Herr des Schlafes. Der Schlaf, nie ohne Traum, wurde zur besseren Hälfte meines Daseins: Kein Tag vergeht, ohne daß ich staune, wie der Bettler, der jede Nacht träumt, daß er König ist, dasselbe Leben führt wie der König, der jede Nacht im Traum ein Bettler ist. Der wahre Bettler ist der wahre König. Leider gibt es weder wahre Bettler noch wahre Könige. »Au plus eslevé trone du monde, si ne sommes nous assis, que sur notre cul«, Montaigne. Im Traum habe ich Einfälle, erfinde ich, durchschaue ich, dichte ich, frei von den Ketten der Vernunft. »We are of such stuff dreams are made on.« Bleibt kein Ausweg, dann fliege ich ad astra, himmelan: Flucht in den Flug. Sursum corda. Technisch nicht ganz leicht: Schon im Wasser sind wir zu schwer. Ikarus ist infolge eines Konstruktionsfehlers abgestürzt. Man muß seinen Winkel kennen (ändert sich mit den Jahren), man hat sein eigenes Parallelogramm der Kräfte zu beherrschen, langsam tief atmen, langsam gleichmäßig die schwere Luft mit den Fußspitzen treten, schwebend der Erde entsteigen. So wird man Libertin: allnächtlich unerwartet wildschöne Träume, Labyrinthe, die an einem hängen bleiben. Beim Erwachen verduften sie ins Nichts. Viel Wunderbares gibt es in der Welt, doch nichts ist wunderbarer als der Traum. Nie habe ich im Wachsein seine Gestaltungskraft erreicht.

15 Tabus und Totems. Noch waren die offiziellen Tabus nicht klassifiziert und ratifiziert. Statt dessen war im Elternhaus einfach alles totem und verbotem. Verbieten machte den Eltern einen Heidenspaß. Kinder hatten widerspruchslos zu parieren. Die Erwachsenen machten Gesetze, um überlegen zu bleiben, und mißbrauchten ihre Autorität. Wenn die nicht ausreichte, drohten sie mit der Polizei. Das half. Ich hatte Schiß. Der Schutzmann (blau eingewickeltes

Abführmittel mit der »Jrienen Minna«, dem grünen Wagen) beherrschte die Welt. Noch heut hilft mir die Erinnerung an den Schutzmann morgens als Abführmittel.

Die Eltern waren jedenfalls weit unwissender als wir Kinder. Was sie in der Schule gelernt hatten, stimmte nicht mehr, außerdem hatten sie's vergessen: dumm geboren, nichts dazugelernt! Jedoch am Elternwort zu zweifeln war Todsünde! Dies Axiom schien durch ihre tagtäglichen »kleinen Notlügen« – sagten sie eigentlich je die Wahrheit? – nicht erschüttert zu werden. Wehe aber uns armen Kinderchen, wenn *wir* mal versuchten, uns von der Wahrheit zu entfernen – wozu hatten wir unsere Phantasie? –, wehe uns, wenn wir uns gegen das soundsovielte Gebot (nie habe ich die Nummern der Gebote auseinanderhalten können) versündigten! Schon mit sechs hatten wir die zehn Gebote vorwärts und rückwärts runterzuleiern. Während die christlichen Nummern anders liefen als die jüdischen, blieben die Gebote verwirrenderweise dieselben. Bevor ich den Unterschied zwischen Lügen und Stehlen verstand, begriff ich bereits, daß ich nicht ehebrechen durfte, fand mich selbst zu jung dazu. Früh wurde einem der Verstand getrübt.

Mystische Heiligkeit wurde dem Brot unterlegt. Papa bekam einen Tobsuchtsanfall, als ich ihm übermütig eine Sechserschrippe, um die er gefragt hatte, übern Tisch zupfefferte.

Religion lebte komplizierte Doppelleben: Die Eltern glaubten, Freidenker, gläubige Atheisten, moderne Juden zu sein, erhaben über primitiven Aberglauben; doch wir Kinder hatten unglaubhaften Unsinn als ewige Wahrheit hinzunehmen. Ich bin noch keinem Menschen begegnet, dem ich habe glauben können, daß er an Gott glaubt; wohl vielen, die es einen glauben machen wollen. Religion als Taschenspielertrick, mit höheren Mächten einträgliche Beziehungen zu unterhalten. Vorsehungen zu bestechen, ein Auge zuzudrükken, Religion als Gleichung mit dem Unbekannten, als »Perfect crime« des Seelenspießers.

Jeder weiß, daß derselbe Gott, der die stärkeren Armeen siegen läßt, nur dem hilft, der sich selbst hilft. Ich wollte diesen senilen bigotten Judengott *nicht* walten lassen, der uns auserwählt hat, ermordet zu werden, dazu noch von dummen Gojims. Ich wollte diesen geisteskranken Verbrecher entlarven und entthronen, wollte ihn zwingen, mitsamt seinem Herrn Sohn abzudanken, denn er war seiner Aufgabe nicht gewachsen: Seine Schöpfung ist ein Kunstfehler. In höchst verdächtiger Allwissenheit läßt dieser Sadist, der alle Perversitäten auf dem Gewissen hat, die Menschheit leiden. Wär' ich allmächtig, allgütig, allwissend, ich hätte weder Bucklige noch Lustmörder erfunden. Dieser ewige Rabenvater im Himmel behandelt uns, sein auserwähltes Volk, wie Auswurf. Wie benimmt er sich zu unauserwählten Völkern? Sollten wir etwa aus Angst, damit er's nicht noch schlimmer treibt, vor ihm auf die Knie fallen?

Wir Kinder mußten selbstverständlich beten, da half kein Sträuben. Das Tischgebet rasselten wir in einem einzigen Atemzug runter: *Liebergotthabdankfürspeisundtrankamen!* Das Gutenachtgebet hingegen wurde mit gefalteten Händchen und geheuchelter Demut möglichst in die Länge geflüstert, um den Tag noch etwas auszudehnen, belohnt mit einem Gutenachtkuß: *Ich bin klein mein Herz ist rein soll niemand drin wohnen als Gott allein Amen!* Danach durften die Hände rätselhafterweise nicht mehr unter die Bettdecke. *»Warum?«* »Weil der Liebegott es ungern sieht!« *»Warum?«* »Darum, ungefragte Kinder gehören untern Tisch, wer viel fragt, bekommt wenig Antwort!«

Mich faszinierte an Gottesdiensten, zu denen ich anhand von Großeltern und Dienstboten verschleppt wurde, der Geschäftsteil: Klingelbeutel mit Ablaßbrief. Später, im Puffbetrieb der rue Chabanais, begriff ich beim Nationalcashregistergeklingel die Wahlverwandtschaft von Liebe und Kasse. Religion is a fortune. Himmelhochstapelei, von allerhöchster Hand manipuliert, Bauernfängerei, Blackmail an Einfaltspinseln, die selig sind, geistig arm zu sein. Der Papst lebt herrlich in der Welt, der Gläubiger lebt von den Millionen der Gutgläubigen. *Amen!*

Die wirklichen Heiligenbilder meiner Jugend waren mit des Kaisers Profil geschmückte Goldstücke: Gold beherrschte die Welt: Wo du nicht bist, Herr Organist, da schweigen alle Flöten! Geld war unaussprechlich heilig. In Gegenwart der

Kleinen wurde prinzipiell nie, das heißt immer über Geld gesprochen. Dabei wurde regelmäßig ein geheimnisvoller Geschäftsfreund namens Saldo erwähnt, den ich nie kennengelernt habe. Im Notfall jedoch, und das war täglich bei Tisch, bedienten sich die Eltern der geheimen Auszeichnung von Jordan & Blumenfeld (*Utvorzichd, U = 1, T = 2*, usw.), die mir bald geläufig war. »Aaalisss, die faule Sau, hat sich bei Herpich einen Breitschwanz für T Mille geleistet, wer steckt dahinter? Wer hält sie aus? Wessen Verhältnis ist sie?« Verwirrende Doppelsinne, auch ich sah gern nach ihren Verhältnissen (Proportionen), trotzdem ich sie nicht aushalten konnte. Man lebte in guten Verhältnissen (»Dank sei Gott kann ich von mir sagen, daß ich in Verhältnissen lebe, daß mein Verhältnis von mir sagen kann: Gott sei Dank!« sagte Pallenberg in der »Sache mit Lola«.) »Is se verlobt? Gegen wen? Was bekommtse mit? Eine Neigungsehe? Wo hamsesich kennengelernt? Unterm Schattjen (jüdischer Heiratsvermittler) Kastanjenbaum! Massel und Broche! (Glück und Segen!)« Aaaliss, die faule Sau, war Filialleiterin eines klandestinen Schirmladens von Papa in der Tauentzienstraße. Aaaliss, eine vollbusige Wespentaille, war beinah die einzige »geschiedene Frau« (schuldlos geschieden!) meiner Jugend. Bei Nennung ihres Namens wurde gelächelt. Diese Hexe von Endor roch nach Zimt, Nelken, ägyptischen Zigaretten, parfümierten Schweißblättern und allen andern unanständigen Wohlgerüchen Arabiens. Hinterm Laden in ihrem muffigen Zimmerchen stand ein verrunzeltes rotes Plüschsopha, das sichtlich so viel durchgemacht hatte, daß es mir leid tat. Sonntagvormittags war der Laden offen, obwohl niemand je sonntags einen Schirm kauft. Papa ging hin, den Umsatz vom Sonnabendverkauf einzukassieren. Davon bekam Mama Wirtschaftsgeld. Es ärgerte mich, aus der Hand der faulen Sau zu fressen. Dazu mußte ich lange vorn im Laden warten. Papa fand es angemessen, daß sein Sohn sich für Schirme interessiere. Stundenlang rechnete er hinten bei verriegelter Tür mit der faulen Sau ab. Wenn er dann endlich atemlos verärgert, über unbefriedigende Geschäfte stöhnend rauskam, sah Aaaliss, die faule Sau, ramponiert aus, als hätten sie sich geschlagen.

Verlogen spielten sich die Eltern als schuldlose Opfer des Sündenphallus auf und versteckten ihre Scham hinter einem Wall von Geheimnissen. Geheimnisse sind Macht, darum dürfen Kinder keine haben, müssen den lieben Eltern immer sofort alles erzählen, damit die was zum Tratschen haben und sich in der Öffentlichkeit mit ihrem tiefen Einblick in die Kinderseele wichtig tun können. Bevor man reif ist für eigene Geheimnisse, muß man hinter die der Großen kommen: Man hat sich hinter Vorhängen zu verbergen, an Wänden zu lauschen, durch Schlüssellöcher zu kucken (»den Unterschied von Mann und Frau sieht man durchs Schlüsselloch genau«, Ringelnatz), und aus Bewegungen von Nachtschatten zu kombinieren, was im Elternschlafzimmer eigentlich vorgeht. Beim ersten verdächtigen Geräusch preßte ich mein Ohr ans Schlüsselloch, um zu entdecken, daß die Nacht ihre eigene Akustik hat. Oder sollte es tieferliegende Gründe haben, daß Mama nachts eine Oktave höher, Papa eine Oktave tiefer flüsterte? Coloraturo contra basso buffo. Wahrscheinlich sprachen sie nachts in Geheimschrift. (Lange bevor ich schreiben konnte, interessierte ich mich für sympathetische Tinten: Pipi plus Zucker erscheint, wenn erhitzt, braun auf Papier. Vorzüglich, um geheime Botschaften, sogenannte Palimpseste, aus Kerkern zu schmuggeln.)

Sechs war für mich eine Zahl, Wahl, Qual: sex + 6 = 12. Ich wußte vom Sechsualleben, daß es aus einer exkrementalen Sauerei bestand, einer Hinterlist, deren sich Mütterchen Natur bedient, um die Schweinebande Menschheit à tort et à travers am Leben zu erhalten. Existenz als niedrigste Form des Daseins. Besonders unanständig war der Körper zwischen Nabel und Knie. Haare waren fragwürdig, der Busen der Frau abhängig, der des Mannes sinnlos, Verdauung war grauenvoll unappetitlich, unsittlich. Geschlechtsverkehr war für Hunde und Unterklassen. Von vornherein stand für mich fest, daß meine Eltern sich nie zu dergleichen Perversitäten, unvereinbar mit jüdischem Familienleben, hätten herablassen können. Sie waren zu hochstehend, geschlechtslos, wie Engel. Das weniger hochstehende Bidet im Elternschlafzimmer wurde mir als Fußbadewanne vorgestellt und blieb's sein Leben lang. Lügen haben kurze Beine.

Mama hielt sich für eine unübertreffliche sexwelle Aufklärerin. Als ich nicht mehr an den Klapperstorch glauben wollte, versprach sie mir als Geschenk zu meinem neunten Geburtstag die vollste Wahrheit – und hielt Wort. An der Krone des wie immer etwas zu trockenen Geburtstagsbaumkuchens baumelten, von ihrer eigenen Hand in gotischer Zierschrift kalligraphiert, Ludwig Fuldas aufschlußreiche Verse:

»Wir wissen nicht woher wir stammen
Wir wissen nicht wohin wir gehn
Wir finden uns im Raum zusammen
Bevor wir in der Zeit vergehn!«

Darunter: »Fortsetzung folgt nächstes Jahr! Mutti!« Im nächsten Jahr schob sie die Enthüllung des verschleierten Bildes von Sais abermals auf und verkroch sich hinter das mir so verhaßte antienzyklopädistische Lohengrin-Gralmotiv »Nie sollst du mich befragen!« Sexwalwissen war für Sexwalwissenschaftler, Professor Magnus Hirschfeld oder Professor Krafft-Ebing, nicht fürs breitere Publikum, geschweige denn für Kinder. Glücklicherweise sah ich im selben Sommer am Ahlbecker Strand eine Frau mit einer entsetzlichen Rückennarbe aus den Fluten tauchen und wußte, woher wir kommen.

Von seiner alljährlichen Schirmeinkaufsreise nach Paris brachte Papa außer grotesken Spitzensonnenschirmen, unter denen Mama sich geniert auf der Straße zu zeigen hatte, hellgrünes Toilettengelée von Roger & Gallet und »Quelques Fleurs«-Parfum von Houbigant. Es roch nach: »Ich weiß was, was du nicht weißt«: ein Gesellschaftsspiel um Wissen, Besitz, Liebe. Dazu passende Theatergläser mit Perlmutterkomplexen. Hinter alldem steckten neue Geheimnisse: Tränen, Komödien, Versöhnungsfeste. Bei Tisch wurde Erotisches diskret auf französisch verschleiert. Die Eltern sprachen, ohne sich zu verstehn, schlecht und recht affektiert französisch und kamen sich raffiniert pikant vor. Mama glänzte mit: »Öfföff kelacksche«! Ei ei, was seh ich! Früh folgerte ich, Erotik sei ein schlüpfriges Geheimnis, wie Toilettengelée mit Paris verbunden. Accentaigu-Lächeln zu einem Accentcîrcônflêxe-Doppelsinn, hauptsächlich für Männer, da Weiber näherbesehn kein Geschlechtsteil haben. –

Ich hatte also die Sprache der Liebe zu lernen. Zu diesem Zweck verliebte ich mich in Annies französische Gouvernante, Mademoiselle Réséda Ansermier, dreimal wöchentlich nachmittags. Sie duftete wie ein dralles Maiglöckchen, trug überall offen und versteckt Grübchen, und verbarg einen lustvoll beweglichen Busen kokett hinter Spitzenjabots, die ich gern ordnete, um so spielend Französisch zu lernen. Auch lehrte sie mich, die Lebenswurzel an ihrem Genick zu finden. Dabei mußte man sehr vorsichtig sein, es nicht zu brechen, aber auch nicht kitzeln. Im Handumdrehn lernte ich Französisch, wie man es in Lausanne spricht. Mademoiselle Réséda Ansermier sagte, es sei besser als das von Paris. Hunger ist der beste Koch, Liebe die beste Lehrerin, nicht nur Sprachlehrerin. Am Tag, an dem Mademoiselle uns verließ, verließ mich auch mein Französisch.

Als zehnjähriger Revolutionär schmiß ich männlich mit Nietzsche um mich. Mamas Respektstage machten mich respektlos. Anläßlich ihrer allmonatlichen Migränetränen predigte ich: »Wenn du zum Weibe gehst, vergiß die Peitsche nicht!«, worauf sie zu einem ganz harmlosen Rohrstöckchen griff, dem Schnoddrian die Flegeljahre auszutreiben. Einmal postierte ich mich fingerdrohend vor Papa mit der Forderung, sich nicht fort, sondern hinauf zu pflanzen. Da glotzte er mich freundlichen Froschauges an und tippte lachend an seine Stirn: »Idjooot!« Unvoraussagbar, ob ich wegen meiner Berliner Schnauze einen gerührten Kuß oder eine gehörige Tracht Prügel kriegen würde. Die Inkonsequenz der Eltern war anziehend. Geschlagen haben sie mich selten, doch immer ungerecht und im falschen Augenblick, unter dem Motto: »Wer nicht hören will, muß fühlen!«

Einmal jährlich habe ich meine Eltern aus folkloristischen Gründen verhauen dürfen. Am ersten Mai krochen wir morgens ins brutwarme Elternbett. Abends zuvor hatte Hausdiener Hermann Zweige mit zartgrünen Blättchen gebracht, zu kleinen Ruten gebunden, mit denen wir die Eltern stäupen durften. Mir war's zu symbolisch, die Ruten waren zu klein.

Warum müssen Eltern wortbrechen? Warum haben Eltern so gräßliche Freunde? Warum sind Eltern langweilige Wiederkäuer, die immer nur wiedersagen, was sie immerwieder gesagt haben? Warum gehören Eltern immer vorigen Generationen an? Warum sind sie unmodern, veraltet, peinlich verkalkt? Meine Kinder stellen sich dieselben Fragen.

Es fiel mir nicht auf, daß meine Eltern ausschließlich mit Juden verkehrten. Wahrscheinlich merkten sie es selber nicht. Nicht etwa mit dreckigen ostjüdischen Polacken oder Galiziern, sondern mit unseresgleichen: großstädtischen, weltgewandten, zivilisierten deutschen Israeliten (ein Israelit ist ein verschämter Jude, ein Jude ein unverschämter Israelit), die nichts von Religion wissen wollten. Dabei verachteten sie jeden abtrünnigen Glaubensgenossen, der ein »Eintrittsbillett in die europäische Kultur«, (den Taufschein) erworben hatte (»schmadden hat er sich lassen!«). Höchst selten verlief sich ein Goi in unsre Wohnung. Dann wußte man sich überhaupt nicht mehr zu benehmen. Ausländer waren Sehenswürdigkeiten, die man mit albernen Ehren überlud, da man sich nicht mit ihnen verständigen konnte. Um die Verständigung aller Völker zu beschleunigen, lernte Mama Volapük, ein Esperanto, das man nach sechs Stunden fließend sprechen konnte. Leider konnte es niemand verstehn. Zwischen 1897 und 1913 brachten folgende Ausländer Glanz in unsre Hütte: *eine* echte Belgierin, Eujeentje Paradis aus Bruxelles (geborene Wolf aus Köln), *eine* echte Französin, Rosa Lion aus Lille (geborene Cohn aus Essen), die hatte einen Star mit Brille und einen Sohn André, auch mit Brille. Onkel Louis Cohn, der echte Onkel aus Amerika, Salt Lake City, Utah (geboren in Dobrzijn an der Drina), Großpapa sprechend ähnlich, kam alle fünf Jahre »übern großen Teich«, mit seiner Frau, Tante Harriet, mit falschen Zähnen zum Rausnehmen, made in USA, und Tochter Edna, zwei Meter hoch, die im Mormonentabernakelchor sang und unverheiratet war. Das war unsere internationale Welt. Um uns unsichtbare Mauern; die Welt ist ein Getto: borghetto. Vergnügte Parias in splendid isolation. Die Eltern wiegten sich in Illusionen: Ein Jahrhundert der Emanzipation hatte für immer den Gettogestank und das Pogromgespenst aus Deutschland nach Osten vertrieben, wo es hingehörte. So verblendet vegetierten wir im dunkelsten Mittelalter. Heine hatte im *Wintermärchen*

Deutschland eine Latrinenzukunft vorausgesagt. Grillparzer prophezeite 1850: »Der Weg der neueren Bildung geht von Humanität durch Nationalität zur Bestialität.« Ich war kein Prophet: Selbst hinterher wollte ich nicht vorausgesehen haben, daß die Vernichtung von sechs Millionen Juden im Namen des Deutschen Volkes zur Großindustrie werden konnte. Alles wurde verwertet: ausgebrochene Goldzähne, Frauenhaar, Kinderhirn, Kadaverseife. Sechs Millionen, die ich keine Sekunde vergessen kann und will, selbst wenn ich dem schönsten deutschen Mädchen in die Augen sehe. Die Angstträume meiner Kindheit, in denen die Deutschen mich zu Tode quälten, waren kein Verfolgungswahn, wie meine Eltern mir beruhigend einzureden versuchten, sondern germanische Wirklichkeit.

16 IWAN. Auch damals machte Rußland in Pogromen. Großcousin Iwan (ein Schwestersohn von Großpapa Henrys Stiefbruder Itsche aus zweiter Ehe mit der Base einer Muhme) hatte sich 1906 aus Dobrzijn an der Drina nach Berlin geflüchtet, wo der Mischpoche nichts andres übrig blieb, als ihn mit verächtlichfreundlicher Zurückhaltung aufzunehmen. Sonntags durfte er sich bei uns sattfressen, wobei man ihn bei jedem Happen schmecken ließ, wieviel feiner wir Berliner Juden waren als die dreckigen Tefillenträger aus dem Osten (er trug gar keine Tefillen). Welche Gnade, daß er, der mauschelnde Schnorrer (er mauschelte nicht, er schnorrte nicht, doch er roch seltsam), an unserer Tafel sitzen durfte, statt beim Gesindel in der Küche. Ich fand es unverzeihlich, wie untertänig der Vierzehnjährige alles hinnahm. Er bekam ein klägliches Taschengeld in Papas Schirmfabrik, wo er Spazierstöcke in ein Musterbuch zu zeichnen hatte. Dazu legte er einen Spazierstock auf ein Blatt, zeichnete den Umriß und kolorierte eigenhändig das Kunstwerk, unvergleichlich schöner als der Stock selbst, denn: Iwan war ein Künstler. Sonntagnachmittags zu Hause malten wir zusammen Wasserfarbengemälde. Welche Lust! Ich gab die Idee, er das Talent: Berge, sich im Bergsee spiegelnd, Rügens Kreidefels, der Königsstuhl, sich beim Sonnenuntergang in der Ostsee spiegelnd. Malend erzählte Iwan, wie die Kosaken vom Pferd runter mit der Nagaika die Juden gepeitscht hatten. Kunst war das Gegenstück zur Knute, ich verfiel der Kunst. Bald konnte ich allein Felsen malen, die sich in Wässern spiegelten.

Mit fünfzehn bekam Iwan automatisch seinen Ausweisungsbefehl als »lästiger Ausländer«, emigrierte nach Amerika und lebt heute als geiziger vermögender Engländer in Liverpool: Sir Irving Sommerfield, vormals Irving Saturday, vormals Iwan Sonnabend, vormals Jitzrock Schabbes. Alle paar Jahre kommt er nach New York, unterwürfig, wie vor sechzig Jahren, obendrein etwas beleidigt. In ihm beobachte ich mich im Urzustand, als Gorilla zwischen Sündfluten Kulturen durchkletternd.

17 WILHELMSTRASSE 140. Unser Haus war der ideale Hintergrund für wilde Mysterienspiele: Raub, Mord und Totschlag. Zwei Häuser, hufeisenförmig um einen Hof rum aneinandergebaut. Am Vorderhaus der Vorderhof, am Hinterhaus dagegen der Hinterhof. Jedes der Häuser maßte sich an, Vorderhaus zu sein. Man spielte Höfling, machte sich gegenseitig höflich den Hof, hofierte sich, verachtete sich: Gesellschaft. Jeder Hof hatte seine eigene Hofsprache, seine eigenen Hofnarren. Mit Recht sah der Vorderhof, in dem die Pumpe stand, verächtlich herab auf den Hinterhof. Alfried Rektors Vater zum Beispiel war Ajentenscheißer, und wir hatten einen Taubstummen, Otto Jakobi, der konnte beinah sprechen und war sehr stark, während der Hinterhof nur einen Buckligen mit schlechtem Charakter aufzuweisen hatte, aber Großadmiral von Tirpitz kam öfters heimlich Großadmiral von Holle besuchen. Heiterbucht und Schmachsund aus Strindbergs *Traumspiel*, getrennt und verbunden durch den Garten, umzäunt von einem Lattenzaun (mit Zwischenraum hindurchzuschaun), an dem man sich jede Hose, alt und neu, zerriß. Der Garten wurde noch verkleinert durch ein Gartenhaus, welches sich an das Vorderhaus lehnte. Der Garten selbst bestand aus einem halben Nußbaum, dessen bessere Hälfte morsch abgefallen war. Seine

Wurzeln bildeten die Wurzeln des Vorderhauses. Eine spärliche Rüster lieferte die des Hinterhauses. Herr Hermann Sendtke, unser Portier, hatte mich dies gelehrt, denn ich war sein Liebling (Papa gab ihm Trinkgeld dafür). Herr Sendtke grölte schöne Lieder: »Das schöne Kleid, das weiße, und hintendran hackt Scheiße!« »Daß du mich liebst, das weiß ich, auf deine Liebe schei..nt der Mond!« »Was nützt des Menschen Ungeduld, wenn er sich nachts ins Bette pullt, was nützt des Menschen großer Geist, wenn er sich in die Hosen scheißt.« Seine Lieder waren immer beschissen, wie die deutsche Volksseele. Aus einem Kellerloch am Tor des Hinterhauses Königgrätzerstraße 67 tyrannisierte er beide Häuser in Filzparisern mit seiner erlauchten Gemahlin, Frau Sendtke. Sie nährten sich von Wasserhasen und Stinkkäse. Durch eine Fensterluke beobachtete er, wer schellte, und öffnete nur dem, der sich mit Trinkgeld seine Gunst erkaufte. Dies Durchgangshaus verkürzte einen Umweg. Gern übernahm ich den Posten des Zerberus: streng und gerecht. Allen, außer mir, war das Betreten des Gartens untersagt. Im Herbst gab's ein paar Walnüsse, das Köstlichste, was ich je gegessen habe. Herr Sendtke wollte mich verleiten, dazu Regenwürmer zu essen. Obwohl er mich einen Feigling schalt, konnt ich's nicht übers Herz bringen. Dabei zeigte er mir, wie Blut rauspritzt, wenn man sie zerquetscht, und wie jedes Stück, wenn man sie zerschneidet, weiterlebt: ewiges Leben. Das Gartenhaus bestand nur aus einem Zimmer. Vierteljährlich, wenn der Mietzins fällig war, wohnte der junge Herr Püschel, unser Hausbesitzer, in demselben. Er war Pfarrer in Prenzlau und war Herrenhuter und Johanniter Ordensritter. Ein großer Feistling, der immer düster vor sich hinsah, nur zu mir lächelte er einladend freundlich. Ich durfte in sein Zimmer kommen und spielen, wenn er Quittungen schrieb. Die Gardinen waren immer zu. Im Halbdunkel hing ein ganz dünner, schwarzer Degen mit kreuzförmigem Griff, der mich hypnotisierte. Einmal, als ich aus dem Garten eine Nuß holen wollte, rief er mich in sein Zimmer. Da stand er in einem riesigen schwarzen Samtcape mit aufgenähtem weißen Kreuz und hatte einen großen schwarzen Krempenhut mit runterbaumelnder Straußenfeder, wie ein Märchenritter zum Anstaunen. Ich fragte: »Warum trägt eigentlich ein Herrenhuter einen Damenhut?« Da lachte er komisch und ließ mich seinen Säbel halten. Als ich ihn bescheiden bat, mir denselben zu schenken, schlug er seinen Ordensrittermantel auf und stand verkleidet da, im Korsett mit Spitzenhosen, wie Mama. Ich mußte über diesen Scherz lachen und erschrak zugleich. »Wenn du den Säbel haben willst, mußt du ihn dir hier aus meiner Scheide holen.« Er war gar nicht mehr freundlich. Es fing an mich zu langweilen und ich sagte, Mama warte auf mich zum Vesper. Er drohte: »Wenn du aus der Schule plauderst, was wir hier gespielt haben, dann bist du ein Lügner und wirst mit diesem Säbel totgestochen.« Seitdem war mir der junge Herr Püschel nicht ganz geheuer.

Im Durchgangshof standen zwei Müllkästen, die tagsüber mit stinkenden Abfällen und rauchenden Schlacken überfüllt wurden. Morgens, nach Leerung durch zwei aschfarbige mythologische Riesenmüllkutscher mit heroischen Lederschürzen, lehrte mich mein angebeteter Portalrat Sendtke eine edle Parforcejagd. Fachkundig, wie in allem, was er tat, ließ er die Mäuse und Ratten der letzten Nacht aus den Fallen in die hohen runden Eisentonnen springen. Feierlich bewaffnete er mich mit einer viel zu schweren Eisenstange und hob mich an den hohen Tonnenrand, von wo aus ich die armen Biester mit dem schweren Brecheisen zermalmen sollte. Es sah einfacher aus als es war, denn sie rannten um ihr zähes Leben, und ich war zu schwach und ungeschickt, mein Mordinstrument zu manipulieren. Um mich für meine Tollpatschigkeit zu strafen, schleppten die blutigen Schädlinge ihre rausgequetschten Eingeweide verzweiflungsvoll quietschend hinter sich im Kreis herum, und Herr Sendtke wurde wütend. Ich mußte ihn um Verzeihung bitten, dann wippte er sich wieder gemütlich ne Priese in die Neese, gab mir auch einen Schnupf, führte mir hilfreich die Hand und spaltete fachmännisch jedes Tier mittendurch, wobei er lachend bemerkte: »So sollen die Judenratten, das Ungeziefer des Menschengeschlechtes ausgerottet werden! Und du, Erwin, wirst ein deutscher Mann!« Ich traute mich nicht, den Eltern davon zu erzählen, sie würden entweder böse auf Herrn Sendtke sein oder mir nicht glauben oder mich bestrafen. So hielt ich besser meinen

Mund. Von dieser deutschen Männlichkeit war ich fasziniert angeekelt. Erster Einblick in den Sport des Genozides. Einmal sogar versuchte Herr Sendtke, als er besonders angeheitert war, mich mit der Eisenstange zu erschlagen. Unten im Vorderhaus war nämlich eine Durschtillation, da kümmelte er oft und gern. Als er mit der Stange kam, dachte ich, er mache Spaß, als er mich aber in den Müllkasten werfen wollte, rannte ich weg.

Vor den Müllkästen standen, wie Galgen, die Teppichstangen. Da kloppten die Dienstmädchen, die Staubtücher eng ums Haar gewickelt, mit Teppichklopfern stinkende Staubwolken aus uralten Persern. Einmal organisierte ich für die Knaben beider Häuser ein Wettpinkeln über die Teppichstangen, wobei die Mädchen (um sie vor Minderwertigkeitskomplexen zu bewahren) als Schiedsrichter fungieren durften. Schon eine Stunde zuvor hatten wir Jungens uns ordentlich mit Brauselimonade vollgepumpt (wo nichts drin ist, kann nichts rauskommen). Gerade war ich dabei, alle Welthöhenrekorde zu schlagen, da kam, feige von hinten, Mama und zerschlug auf meinem Hintern einen nagelneuen Spitzensonnenschirm zu Splittern. Herausfordernd drehte ich mich um und bat sie vor allen Kindern: »Bitte schlag mich doch noch mal, wenn's dir solchen Spaß macht!« Beschämt zog Mama ab. Blamage für Jordan & Blumenfeld. Mama hatte eine Sammlung von über hundert Regen- und Sonnenschirmen.

Auf dem Hof übten wir soziale Unterschiede: Kaiser, König, Edelmann, Bürger, Bauer, Bettelmann, spielten Räuber und Gendarm, Geheimpolizei, Herr und Sklave, Zeck und Verstecken, Murmel, Kreisel, Trudelreifen, Fliegender Holländer und Indianer. Mein Interesse für Knallerbsen, Stinkbomben, Juck- und Niespulver war negativ. Eine Leidenschaft für Flitzbogen will ich nicht ableugnen. Wir hochherrschaftlichen Kinder der herrschenden Klasse absolvierten höhere Lehranstalten. Höhere Töchter besuchten höhere Töchterschulen. Koedukation gab's noch nicht. Höhere Knaben holten sich als Gymnasiasten mit der Obersekundareife das »Einjährige«, hatten damit als »Einjährigfreiwillige« nur ein Jahr zu dienen und konnten Offiziere werden, befehlen.

Proletenkinder gingen auf Gemeindeschulen, wonach sie drei Jahre lang als hundsgemeine Muschkoten dienen mußten, um danach bestenfalls Briefträger, Hausdiener, Rollkutscher, Straßenfeger, Fabrikarbeiter, Verbrecher oder Bettler zu werden. Die Welt stand ihnen offen.

Der Vorderaufgang war »Nur für Herrschaften! Bediente haben die Hintertreppe zu benutzen!« An der Vordertür klingelte man elektrisch mit einem Fingerdruck auf einen Knopf, die Tür sprang auf, und der Vorderaufgang strahlte in übertonter Sauberkeit mit von blitzblanken Messingstangen gestrafftem Läufer. An der Hintertür zog man an einer Strippe, und es bimmelte. Die dunkle Hintertreppe verkam im Dreck. Wir Kinder hatten hintenrum zu gehn, wurden den Dienstmädchen in die offenen Arme getrieben. Vorne gab's Kalbsbraten, hinten in der Küche Schweinernes. Seit allerfrühesten Tagen hatte ich einen Hang fürs Küchenpersonal (ein jeder Jüngling hat nunmal), das gegen die Elterntyrannei revoltierte; und einen Abhang gegen Kinderfräuleins, die aufwärts schielend selbst bald Herrschaft werden wollten. Dienstmädels hatten keine Zukunft; Zigeunerinnen lasen sie ihnen aus den Händen.

Mama ließ mich mit zweieinhalb zum ersten Mal allein und ging unbesorgt auf die Verreise. Das sollte ihr schlecht bekommen. Die Dienstbolzen indoktrinierten mich. Als Mama nach einer Woche zurückkam, sollte ich sie in vollem Ornat (Sonntagsanzug) an der Vordertür empfangen. Ich gab vor, sie nicht zu kennen: »Jehn Se weg, Olle, Se sind doof!« Mama gelobte reuevoll unter Migränen, mich nie wieder allein zu lassen.

Als ich vier war, wurde eines schönen Morgens der Geldbriefträger im Bett unserer Köchin Olga Ziem von einem Schlaganfall hinweggerafft. Der Ärmste hatte nicht mal seine Hose an. Die Seeges (Dienstmädchen) schliefen zu dritt auf dem Hängeboden – eine Art Hundehütte mit Fensterluke –, zu dem man von der Küche aus auf einer Hühnerleiter klettern mußte. Ich dachte, er hieße Hängeboden, weil man sich da erhängt. Da ein Erwachsener in diesem Verschlag nicht aufrecht stehen konnte, war man zum Liegen gezwungen. Schwer vorstellbar, wie drei gesunde Brocken auf den zwei

Eisenbettstellen schlafen konnten. Dafür war's da oben immer schön warm, volle Nachttöppe standen rum, es stank bombastisch nach Menschenvieh. Herr Geldbriefträger Schulz trug einen respekteinflößenden Vollbart (van Gogh hat ihn gemalt) nebst einer Stahlbrille. Er hatte mich gern und ließ mich auf seinen Knien Hoppahoppareita spielen, mit seinem Bart als Pferdeleine. Die Aufregung mit Geschrei und Polizei, die in meiner Gegenwart die Geldbrieftasche versiegelte, war großartig. Der wirklich geheime Sanitätsrat Doktor Saatz wurde hinzugezogen. Der wohnte uns gegenüber Hochparterre rechts (rechts war feiner als links!) und hatte ein Verhältnis mit der berühmtesten Hofschauspielerin, Amanda Lindner, worüber seine Frau unausgesetzt in ein Spitzentaschentuch weinte, wobei sie mir vertraulich aufregende Geschichten von Wassersnöten erzählte, in denen Wiegen schwammen. Neugierige Nachbarn und Krankenwagen gingen ein und aus. Obendrein wurde die Köchin Olga, als ob sie noch nicht genug Verdruß gehabt hätte, mit Ach und Krach rausgeschmissen. Mama wuchs über sich selbst hinaus, überwirklicher als Papa wies sie mit ausgestrecktem Finger, streng und unwiderruflich, wie die ewige Gerechtigkeit, auf die Tür und schrie: »Da ist die Tür!« Der tote Geldbriefträger, eine anerkannt schöne Leiche, sah so ernst aus, und alle im Haus grinsten. Für mich ein Mysterium; echte Rätsel haben keine Lösung. Ich versuchte, das Los der armen Dienstmädchen zu bessern, indem ich ihnen hinterbrachte, was die Eltern bei Tisch über sie sagten. Wenn's nicht genug zu berichten gab, erfand ich, denn ich wußte genau, was die Eltern hätten sagen können. Ich erfand, log und litt unter diesen atemberaubend gefährlichen Intrigen. Und ich genoß es. Denn es war stärker als ich: Ich hatte den Unterdrückten beizustehn gegen die herrschende Klasse und hatte wie ein Journalist täglich Neuigkeiten zu liefern. Ich liebte die Mädchen, die den Busen hatten, der Mama fehlte, und den Mut, der mir fehlte, frech zu Mama zu sein. Um mein Gewissen zu beruhigen, hatte ich dann und wann auch meiner Mutter zu hinterbringen, was die Küche über sie dachte. So wurde ich double agent provocateur. Aus dieser Hintertreppenkultur keimte eine aufregende Hintertreppenerotik. Unwiderstehliche Kolporteure verkauften an der Hintertür Hintertreppenromane, deren wöchentliche Lieferungen die Mädchen verschlangen. Auf diesem Misthaufen blühte die deutsche Literatur der Jahrhundertwende. Ella Tiersch (nur Papa durfte sagen: Tierscheißtsie) hatte den wunderbarst weichen wackligen Wabbelbusen der Welt und dazu einen wabbligen Wackelpopo. Sie lehrte mich ein Geduldspiel, zum Dank für geheime Neuigkeiten, das nur auf dem Hängeboden gespielt werden konnte, und nur, wenn die Eltern beide aus waren. Amalia sang Schmiere in der Küche: Wenn sie still wurde, nahte Gefahr: Nach den Spielregeln versteckte Ella an einer sehr geheimen Stelle ihres Körpers, zum Beispiel ihrem Dutt, einen Sechser, den ich zu finden hatte; deshalb hieß dieses Spiel nämlich »Pinkelsechser«. Sie legte sich auf ihr unaufgemachtes Bett (da niemand je in diesen Olymp kletterte, nahm niemand sich je die Mühe, die weißrotkarierten Betten, die einmal monatlich frisch bezogen wurden, ordentlich aufzumachen). Hatte ich endlich die Münze gefunden, bekam ich einen Kuß und durfte sie behalten. Ich wußte natürlich immer ganz genau, wo sie war. Da aber Suchen soviel seliger war als Finden, so suchte ich lange und gründlich und überall, wobei ich die interessante Entdeckung machte, daß die Frau mehr Schlupfwinkel aufzuweisen hat als der Mann. Danach vertauschten wir die Rollen: Ich mußte mich aufs Bett legen, und Ella suchte. Die konnte nie was finden. Oft wurde es zu kitzlig, denn man durfte weder lachen noch sprechen, wer sprach, hatte verloren. Nachdem wir unermüdlich bis zur gegenseitigen Ermattung Pinkelsechser gespielt hatten, erfand Ella eine das Suchen erschwerende Variante: Man mußte sich erst gegenseitig ausziehen, da es ersichtlich viel schwerer ist, ein Geldstück am bloßen Körper zu verstecken. Einmal gut versteckt, ist es kaum zu finden. Da es kein reines Glücksspiel war, sondern Fingerfertigkeit mit Nachdenken, habe ich es immer gefunden. Beseelt vom Ehrgeiz, geschickt zu sein, bin ich's beinah geworden. Tiefer Ernst liegt oft im kindlichen Spiel.

18 Uhrmacher Gieritz. Uhrmacher Gustav Gieritz trug einen schwarzgewachsten Spitzbart (wie Robert der Teufel), ein Glasauge (wie alle Uhrmacher), ein Holzbein und zwei dazugehörige Krücken. (Es ist unwahr, daß ich diese Krücken im Keller versteckt habe!) Gern sah ich ihm zu, wenn er am offenen Fenster an der Straße Uhren reparierte. Er sprach wenig, aber einmal schmierte er mir uhrplötzlich und völlig unerwartet, ohne den geringsten Grund, einen schleimigen schwarzen Popel aus seiner Nase auf meine Hand. Das erzählte ich weinend meinen Eltern. Als am nächsten Sonntagmorgen die Klingel läutete, wußte ich, daß es der Satan war: Gustav Gieritz, im schwarzen Bratenrock mit gestriegeltem Spitzbart, Holzbein und Krücken. Er sagte ernst, daß ich ein Lügner sei und daß er mir auf sein heiliges Ehrenwort keinen Popel aus seiner Nase angeschmiert hätte. Dann schlug er sich mit der Faust auf die Brust und fragte: »Sehe ich Ehrenmann so aus, als ob ich einem frechen kleinen Judenlümmel einen Popel aus meiner Nase auf die Hand schmieren könnte?« Meine Eltern verneinten, ließen mich im Stich. Ich fand, daß er wohl so aussah, aber er sprach mit einem solchen Brustton der Überzeugung, daß selbst ich zu zweifeln anfing. Als er weg war, lachten sich die Eltern so tot über diese Sonntagskomödie, daß sie sich nicht dafür interessierten, ob sie ihm oder mir glauben sollten. Ich fand nichts komisch und philosophierte lange darüber, ob Wahrheit eine glaubhafte Lüge, Lüge eine verkrüppelte Wahrheit sei oder ob beide dasselbe wären: ein Spiegelbild mit umgekehrtem Vorzeichen. Warum sollte sich der kleine Erwin solche Popelei ausdenken, aber auch: Warum sollte Uhrmacher Gieritz so hundsgemein sein? Die reine Wahrheit: Er hat mir den Nasenpopel auf die Hand geschmiert. Damals schon gab es keine Möglichkeit, dies zu beweisen. Heut, nach sechzig Jahren, gibt es außer mir niemanden auf der Welt, der Gieritz gekannt hat. Ich schwöre, daß die Geschichte wahr ist.

19 Schule. Im Anfang war das Wort. Welches Wort? Ich begriff, daß das nicht wahr war, nichtwahr? Im Anfang war das Spiel. Liebes Spiel. Liebeswortspielerei: »Ein

Neger mit Gazelle zagt im Regen nie!« Hin wie her, Dichtung (Schopenhauer soll dies ausgeknobelt haben). Sollte es gerade mit einem radegebrochenen Wort angefangen haben? Oder mit einem Wortwitz? Im Anfang kam das Wunder des Alphabets: A + B = C. Zu Endegutallesguterletzt kam das erste Wort. Mir fiel es schwer, anzufangen zu schprechen. Wenn ich *ich* sagen wollte, wurde *isch* ausgelacht. Was war was? Niemand wollte mir eine Antwort geben. Sie taten, als ob sie nicht wollten, aber sie konnten nicht. Was ißt man? Was ist Mann? Ist man toll? Ißt man eine Tollkirsche oder eine Kirche? Mit Wurm oder mit Turm? Heut noch verwechsle ich feige Datteln und geile Feigen. Anfangs wollte ich im Sprachlabyrinth dieser Wortspielhölle fast verzagen und dacht, ich lernt es nie. Warum muß ich schprechen wie die andern, die nie hinhören, warum darf isch nisch lissspeln, so süß für die Zunge? Warum darf isch nich meine eigene Schprache für mir alleine haben? Sprachen sind Geheimsprachen, die niemand versteht, sind unaussprechlich gefährlich, sagen nie, was ich sagen will. Sagen's immer nur ungefähr. Wie drückt man sich aus? Bin ich wirklich *ich?* Öfters bin ich doch auch *meiner mir mich* und *mein*, nie *dein*. Bin ich immer derselbe Idem? Wer weint da im Lachspiegel? Nicht ich! *Wer* steckt dahinter? *Isch* bin hier! Bin ich einmalig, einfach? Doppelt kompliziert? Vielfach? Werde ich im Spiel mit Trudelreifen je reifen? Es ist ein Reif gefallen. Hinfällig. Im Anfang gab mir das Wort, die drohende Sphinx, unlösbare Rätsel auf, an denen ich denken lernen mußte oder untergehn. Das Wort zwang mich in Konventionen, lehrte mich lügen, lachen, leben. Lange dauerte es, bis es mich schprechen lehrte, länger noch, bis ich lernte, das Maul zu halten. Mangels Sprachtalent bin ich meiner Muttersprache treu geblieben, meinem Großberlinerjahrhundertwendischen Mittelstandshochdeutsch (in welchem Jargon diese Kapitel geschrieben sein wollen). Als ich anfing zu lesen, waren Buchstaben und Worte Hieroglyphen. Wo war der Sinn? Den mußte ich auf der Schule lernen. Ich konnte es vor Wissensdurst gar nicht aushalten, bis ich endlich mit sechs auf die Vorschule des Askanischen Gymnasiums geschickt wurde. Trotz Mamas Drängen habe ich morgens vor der Schule nie einen

Happen runterwürgen können, aus Angst, wegen Zuspätkommens geschaßt zu werden.

Unser Gymnasium war humanistischpreußisch (Russia mit einem P davor). Devot heuchelten die Lehrer und Schüler, an einen reformiertevangelischprotestantischen Herrn Jesus zu glauben. Sie glaubten nur an den Kaiser und an Erfolg. Die Jungfrau Maria wurde als Witzblattfigur und Katholikin ausgelacht. Die wahre Landesreligion war der alleinseligmachende Patriotismus. Das bloße Summen der Marseillaise wäre Hochverrat gewesen, die Internationale war undenkbar. Ein auf die Spitze getriebener Haß zwischen Lehrkörper und Gymnasiasten diente als Vorbereitung auf Leben und Tod fürs Vaterland. Schüler und Lehrer hetzten sich gegenseitig in den Selbstmord. Beim Ausbruch des Ersten Weltkriegs war jeder aufs Schlimmste gefaßt. Grausamfreundlich begeistertes deutsches Heldenvieh, das erst für Wilhelm singend, danach Siegheil für Adolf ins Verderben gerannt ist. Außer meinem besten Freund Ravel habe ich keinen Jungen meiner Klasse je wiedergesehn. Wahrscheinlich sind sie alle mausetot. Für mich jedenfalls sind sie's: Albrecht, Allner, Arnold, Artz, Behrendt, Bersau, Bissing, Blumenfeld, Davidson, Diederichs, Gerbode, Hagen, Hauß, Harvard, Heinrich, Herbst, Jakobson, Joseph, Kirsch, Klauer, Lademann, von Ledebour, Lebrun, Lilienthal, Makowsky, Nast, Niering, Orlt, von Papart, Rahm, Roelofsz, Schattschneider, Schultze I, Schultze II (rothaarige Zwillinge), Seidenschnur, Storm, Völker, Warnatsch, Wolfheim und Zimmer. Daß ich die Namen dieser vierzig Dreschochsen für immer im Kopf habe, ist meiner damaligen Notizbuchleidenschaft zu verdanken. Mein ganzes Taschengeld ging in kleine, in Kaliko oder Segeltuch gebundene Büchlein, von denen ich nie genug haben konnte. Für jeden Schüler führte ich ein Notizbuch, in das ich jede seiner Antworten mit plus oder minus eintrug. Ebenfalls verzeichnete ich, mit roter Tinte, jedes Prädikat jeder schriftlichen Arbeit jedes Schülers. Dies war meine Hauptschultätigkeit. Lernen war Nebensache. Ich ahnte, daß die Ungerechtigkeiten, die ich aus Märchen, Sagen und von Schwester Annie kannte, auch im Leben vorkommen, und wollte errechnen, warum Schüler vor- und nachgezogen wurden.

Im ersten Schuljahr war ich der Beste der Klasse. Betragen: lobenswert. Aufmerksamkeit und Fleiß: sehr gut! Alles andere: sehr gut! Haltung der Hefte leider nur: gut! Zwölf Lobe, kein Tadel, keine versäumte Stunde, keinmal zu spät gekommen: ein Musterschüler. Trotzdem wurde ich nicht Erster, sondern Dritter. Juden sollten sich nicht vordrängen. Ich begriff Gerechtigkeit als willkürliches Gesellschaftsspiel.

Dann ging's bergab mit meiner Moral: Mit jeder Klasse verschlechterten sich meine Zensuren. Betragen: nicht ohne Tadel. Brief von meinem Ordinarius an meinen Vater: »Der einst so gehorsame Erwin versucht wiederholt, den Unterricht durch *Zischen* zu stören. Möge ihm dieser Hinweis zur Warnung dienen und vor künftigem Tadel bewahren! Allerhochachtendster Brauer.« Derselbe Brauer hatte mir in der dritten Vorschulklasse ins Poesiealbum geschrieben:

»Was Dir die Pflicht geboten hat
Das zu erfüllen sollst Du streben
Dann wandelst Du den rechten Pfad
Dann wirst Du froh und glücklich leben.

Dies wünscht dem kleinen Erwin der ihn recht liebhabende Vorschullehrer Brauer.« Den ersten Tadel bekam ich in der Quinta. Bis dahin nur Lobe, einmal vielleicht einen Tadelstrich. Drei Tadelstriche brachten einen Tadel, für drei Tadel mußte man eine Stunde nachbleiben, für zwei Stunden Arrest erhielt man das »consilium abeundi«, den Rat abzugehen: Man wurde rausgeschmissen. Ein Tadel wurde ins Klassenbuch eingeschrieben, obendrein in mein Ordnungsheft, das Papa unterschreiben mußte, was einfach war, da ich Handschriften gut nachmachen kann. Den ersten Tadel bekam ich, weil ich mein Latein nicht präpariert hatte. Ich war gegen Hausarbeiten, doch der Realität eines Tadels nicht gewachsen. Zwei Tage vorher war Hauß nach einer Krokodilsträne sein Tadel erlassen worden (sein Vater war Präsident des Kgl. Preußischen Patentamtes). Mich ließ der ungerechte Pauker so lange heulen, bis mich die Klasse auslachte; erlassen wurde mir nichts. Wie konnte ich meinen Eltern solche Schmach antun? Selbstmord schien das Naheliegendste. Als ich eine dreiviertel Stunde zu spät zu Hause zum Essen auftauchte, bekam ich einen derartigen Anschnauzer fürs Zuspätkommen, daß der Tadel rätselhafterweise völlig in den Hintergrund gedrängt wurde.

Vom Katheder herunter wurden wir klassenbewußt gemacht. Schon zu Haus hatte ich mich geschämt, wie die Eltern reichen Freunden den Hof machten, wohingegen sie von ärmeren Bekannten übertriebenen Respekt einkassierten. Hier in der Schule lernten wir Fundamente sozialer Beziehungen: *Du* hast *mich* zuerst zu grüßen, denn ich duze Leute, die dich nicht mal ignorieren würden, folglich werde ich es weiter bringen als du! Montagmorgens nach dem Gebet »Unser Anfang sei im Namen des Herrn, der Schimmel und Pferde gemacht, Amen« wurde das »Nationale« jedes Knaben verlesen: Nierings Vater (Wähler dritter Klasse) war Omnibusschaffner und katholisch, was man ihm ansah: Es gibt ein Pfaffengesicht. Auch sah man ihm an, daß er Freischüler war: zu arm, Schulgeld zu bezahlen, wofür man ihn verachtete. Unter dröhnendem Gelächter errötete Rudolf Herbst,

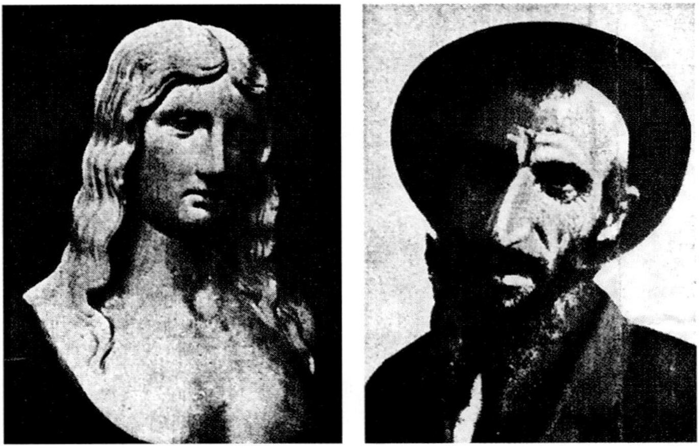

Bild 267. Wo Judentum gedeiht, muß Deutschtum vergehen. Wo Deutschland blüht, muß Israel verwelken.

Was Felix Dahn aus geschichtlichem Weitblick bereits vor einem halben Jahrhundert vorausgeahnt hat, wurde nun schicksalsschwere Entscheidung für Österreich:

„Auf! Rührt den Geist und rührt die Hände,
Seid stark und zäh und treu wie Stahl!
Denn täuscht Euch nicht, das wird das Ende:
Deutsch oder jüdisch[1]) heißt die Wahl!“

[1]) Im Urtext heißt es „russisch“, doch dem Sinne nach „asiatisch“, heute mit jüdisch-bolschewistisch gleichbedeutend.

denn er war ein uneheliches Kind, wofür er wöchentlich an den Pranger mußte. Ernst Albrecht Behrendt dagegen wurde angestaunt: Sein Vater war Präsident der Königlichen Preußischen Staatseisenbahn, mit Amtswohnung im Potsdamer Bahnhof (vom Eßzimmer sah man auf den Friedhof der Märzgefallenen herab). Behrendts Großvater, ein getaufter Jude, hatte die Dreieinigkeitskirche in der Königgrätzerstraße gestiftet und war hoffähig geworden. Zu Behrendts siebtem Geburtstag wurde ich zu einer Kindergesellschaft eingeladen. Seine Mama stellte mich erst auf den Geburtstagstisch und dann den erwachsenen Gästen vor: »Einer von unsre Leut!« Alle klatschten, ich weinte gerührt.

Um den vorhandenen Antisemitismus wachzuhalten, hatte uns unser Herr Direktor, der Studienrat Professor Doktor Busse, die komischste Karikatur eines Ostjuden als Religionslehrer aufgetischt. Dr. Jizrock Jannowitz mauschelte Operettenjiddisch. Die christlichen Schüler brandmarkte er als »Anhänger der Tochterreligion«. Wenn dieser fast blinde Zittergreis sich mit weinerlicher Stimme zum Schlußgebet seinen zerschlissenen Zylinderhut aufstülpte, in den einer von uns vorher eine Flasche Kaisertinte (fließt blau, trocknet tiefschwarz) gegossen hatte, lachten wir uns naß, während die Tinte langsam über seinen weißen Ziegenbart kollerte.

Das Wichtigste nach Religion war Turnen zwecks körperlicher Ertüchtigung. In bräunlichen Turnanzügen, riemenlosen Zwangsjäckchen mit Armbinde, auf der als Vorläufer der Swastika die vier F's leuchteten: *Frisch Froh Fromm Frei!* Die Turnstunden in der Periode zwischen Turnvater Jahn und Baldur von Schirach waren umrankt von alldeutschem Liederkranzkäse mit schwulen Untertönen in der linken Hand, das Land der Griechen mit der Seele suchend. Dazu diente das stinkende »Häuschen« (die Pißbude) auf dem Schulhof. Turnwart Marquart hat 1903 mit vier Jahren Zuchthaus dran glauben müssen. Wir Vorschulklepper taten, als wüßten wir weshalb, und lachten uns in der Turnhalle beim Klimmzug, auf der Kletterstange oder beim Keulenschwingen verschmitzt ins Fäustchen. Im Speerwerfen, Kugelstoßen, Bockspringen, am Barren und am Pferd war ich mittelmäßig, Freiübungen und Riegenturnen lagen mir nicht, desto mehr Hoch-

und Weitspringen, Barlauf, Drittenabschlagen, Dauerlauf und wilde Feldspiele am Sonnabendnachmittag auf dem Tempelhoferfeld. Schwimmen lernten wir in der Volksbadeanstalt Dennewitzstraße, wo es stank wie im Affenhaus. Die Kunst war, ins Schwimmbad zu pinkeln, ohne daß der Bademeister was merkte. Waghälsen gelang noch Schlimmeres. Bei allem wurde gesungen: im Gleichschritt mit Sturmgebrüll und Wogenprall die Wacht am Rhein und Lützows wildeverwegene Jagd mit Echoeffekten. Bei meinem Lieblingslied »Imma langsam voran, imma langsam voran, daß der Krähwinkler Landsturm nachkommen kann!« konnte ich vor Lachen nicht mehr Schritt halten.

Ich war verächtlich klein mit etwas zu großem Kopf. Da ich federleicht war, konnte ich schnell rennen. Aus Übermut schmiß ich mich in vollem Lauf auf die spitzen Pflastersteine. Meine ganze Jugend durch blutete ich immer irgendwo und lachte der Wunden im stolzen Vorgefühl der juckenden Narben. Bei Klassenkämpfen warf ich mich aus purer Angst mitten ins Schlachtengetümmel, um alles zu vergessen, vor allem mich selbst: ein feiger Held. Ich übertrieb. Kein Spiel war wild genug. Bei einer Schneeballschlacht flog mir ein eisiger Schneeball mit voller Wucht ins Auge. Seitdem habe ich Angsthase keinen Ball mehr fangen oder werfen können.

Trotz meiner navigatorischen Begabung blieb mir der Ruderverein des Askanischen Gymnasiums verschlossen. Juden durften ja auch nicht ins Offizierskorps. Aus demselben Grund brachte ich es, ungeachtet hervorragender Leistungen am Reck (fast wäre mir einmal eine Riesenwelle geglückt), nur zum zweiten Vorturner der vierten Riege. Beim Schauturnen, wo die Eltern zukuckten, beschämend.

Unter ständiger Angst, es nie zu lernen, lernten wir fließend deutsch lesen und schönschreiben wie gestochen, in gotischer Schrift:

»Die Hörner des Ochsen sind hervorragend.«

Orthographie:

»Hinter L N R, das merke ja,
Steht niemals TZ, nie CK!«

Wir lernten Axiome, Dogmen, Definitionen, Unsinn: Gehen ist fortgesetzt verhindertes Fallen. (Ist Leben fortgesetzt verhindertes Sterben?) Ich vernarrte mich in sprachliche Verschrobenheiten, in grammatikalische Spitzfindigkeiten. Subjekt, Prädikat, Objekt, Attribut, adverbiale Bestimmung des Raumes, des Ortes und der Zeit. Wir lernten mit verteilten Rollen deklamieren: »Glocke«, »Taucher«, »Bürgschaft«. Wir lernten auswendiglernen, meistens Gedichte als Strafarbeit. Bis heute hab ich noch nicht gewagt, ein Wörtchen davon zu vergessen. »Man lernt, um zu vergessen«, ohne zu lernen, wie man vergißt. Eins hab ich gelernt: wie man lernt. Wir lernten, daß Deutsch die schönste, reichste, einzigste Sprache dieser Welt ist:

»Muttersprache, Mutterlaut
Wie so wonnesam, so traut!«

Wir lernten langweilige Aufsätze, mindestens vier Seiten lang, über langweilige Themen schreiben. Wir lernten Geschichte, aus Zahlen bestehend: 3, 3, 3, Issus Keilerei, 768 bis 814 Karl der Große, 1618 bis 1648 Dreißigjähriger Krieg, 1870 bis 1871: der Krieg von achtzehnhundertsiebzig bis achtzehnhunderteinundsiebzig. Tief im Mittelalter blieben wir stecken, die Neuzeit war politisch nicht einwandfrei. Sieben Jahre lang büffelten wir Latein, sieben lange Stunden jede Woche. Caesars *Bellum Gallicum* als Schlafmittel. Man übersetzte Worte, ohne zu einem Sinn zu gelangen. Wir lernten alle unvergeßlichen Lateinregeln:

»a ab abs e ex und de
cum und sine pro und prae

männlich sind die Worte all
auf or und os und r
auf s sofern der zweite Fall
hat eine Silbe mehr

als neutra man sich merken muß
die Worte auf ar ur und us
die Worte mit der endung e
und die auf a c l n t

doch juventus virtus salus servitus senectus palus
merces seges quies auch
arbor weiblich sind im Brauch.

die Worte mit der Endung is
sind feminini generis
auch die mit x und as
und s und o
und s mit Konsonant davor
brauch so

was man nicht deklinieren kann
das sieht man für ein neutrum an

neutra sind: vas das Gefäß
os oss iter ver und aes«

Gleichzeitig lernten wir spielend das ABC der Liebe: »Albert Brachte Clementine Durch Einen Finstern Gang Hinunter In Keller Legts Mädchen Nieder Okulierte Pokulierte Quetschte Rammelte Stemmte Tippte Und Vögelte Wohl Xmal Ym Zwielicht.«

Ebenso erfolgreich wurde uns Griechisch verleidet. Zwei Jahre durch Xenophons *Anabasis*, bis man entgeistert: »Talassa, talassa, H_2O, H_2O!« schrie. Mit dem unvorhersehbaren Endresultat, daß ich vierzig Jahre später ein tiefes Interesse – ohne zu große Kenntnis – für klassische Sprachen habe. Das müßte das »Kleine Aas« wissen – ein tausendjährig bösartiger Zwerg, Professor Dahms (»Ich bin der kleine Pelikan und habe weiße Hosen an!«), der versucht hatte, uns mit einem Rohrstock Begeisterung für die Schönheiten des Ablativus absolutus, des Gerundiums und des Gerundivums (A. c. I. war leicht) einzupauken. Französisch lernten wir mit Berliner Akzent und neidischer Verachtung, die jeder biedere deutsche von Tellheim jedem falschspielerischen welschen Hochstapler *(corriger la fortune)* Riccaut de la Marlinière entgegenzubringen hat (aus Lessings Minna von Barnhelm, dem langweiligsten Lustspiel, das die Deutschlehrer mit Erfolg zu einem Glanzstück deutschen Humors gestempelt haben). Englisch war fakultativ, da Englisch keine Sprache war, sondern ein Handelsidiom.

Bei der Zensur wurde es nicht angerechnet. Es war nur von gewissem Interesse für die bemitleidenswerten Schüler, die später in den Kaufmannsstand zu sinken hatten. Wir lernten, daß der an sich unleserliche Shakespeare erst durch die deutsche Meisterübertragung von Schlegel und Tieck zu seiner wahren Bedeutung gelangt sei.

Wir lernten in den langen Schuljahren falsche Begeisterung, aber keine fremde Sprache. Wir lernten, daß »Gebirge trennen, Meere verbinden« (Blut ist dicker als Wasser), aber wir lernten nicht, daß Sprachen mehr verbinden. Das lernte ich im Leben, dumm und stumm in fremden Landen.

Ich versuchte, hinter die Eigentümlichkeiten meiner Denkapparatur zu kommen: *Warum* war ich gut in Physik, schlecht in Chemie, gut in Geometrie, schlecht in Algebra, warum lagen mir grade Zahlen besser als ungrade, warum ist eins einfacher als zwei, warum konnte ich besser addieren als subtrahieren, besser multiplizieren als dividieren, warum war ich stark im Kopfrechnen, schwach in Brüchen?? Potenzieren ging noch, Wurzelziehn tat weh, bei Logarithmen versagte ich, von Sinus, Cosinus, Tangens, Cotangens ganz zu schweigen. Indikativ war leichter als Konjunktiv, Aktiv leichter als Passiv, Perfectum leichter als Futurum exactum, Dur leichter als Moll. Nord und Süd fand ich im Schlaf, Ost und West machen mir noch heut im Wachzustand Mühe. Ein vorzüglicher Erdkundelehrer (Professor Kraetsch, genannt Krikrakrä) half: »Wer Ost und West verwechselt, bekommt beim ersten Mal einen Tadel, beim zweiten Mal eine Stunde Arrest und beim dritten Mal fliegt er!« Infolgedessen hat keiner von uns je gewagt, sich zu irren. (»Girren ist menschlich«, schrieb ich im Diktat; ich dachte, Herr Brauer stelle eine seiner gefürchteten Fallen.)

Unsere Erziehung war darauf aus, uns zu Offizieren, Beamten, Idioten und Helden zu machen. Man war Deutscher, Deutscher über alles. Man war Preuße, kennt ihr meine Farben. Man war markiger Brandenburger: heilige Dreieinigkeit. Knorke. Nie war ich Deutscher. In Wahrheit war ich nur Berliner und bin's geblieben, immer nur Berliner. Genauer: Südwestberliner und Westwestberliner. Die andern Stadtviertel waren Ausland. Holländer wurde ich nie; in siebzehn

Jahren kaum Amsterdamer. Franzose war ich nie, immer nur ein Montparnos, de la rive gauche. Ich bin kein Amerikaner, nur leidenschaftlicher New Yorker, Midtown-Manhattan. Ich bin Großstädter in gewissen Stadtteilen großer Städte. Vaterländer sind mir fremd. Naturschwärmerei war obligatorisch, obwohl man die Natur höchstens von Landpartien mit'm Kremser kannte. (»Der alte Brauch wird nicht gebrochen, hier dürfen Familien Kaffee kochen!«) In Heimatkunde (Geographie für Vorschulklepper) lernten wir, daß Berlin bei weitem die schönste Weltstadt sei. Ehrfurchtsvoll hatten wir vorm Märkischen Museum den Roland von Berlin, den Stadtphallus, zu bestaunen. Wir lernten die Namen der Straßen, die die Friedrichstraße kreuzen:

»*Unter den Linden*, da tanzen die *Bären* und sprachen *französisch*, da kamen die *Jäger* und schossen die *Tauben* und setzten den *Mohren* die *Krone* auf. Darüber wurden die *Leipziger Kraus* und trieben den *Koch* durch die *Puttkammerstraße* zum *Halleschen Tor* hinaus.« Wir lernten, obwohl wir es schon auswendig konnten, wie überlegen wir Berliner sind und daß es ein Fluch ist, als Kleinstädter, wenn nicht gar als Bauer!!, geboren zu werden. Provinzler und österreichische Lackl hat man auszulachen, besonders wegen ihrer Sprache. Dialekte sind Gebrechen, für die man selbst verantwortlich ist. Sächsisch, bayrisch oder ostpraißisch sind schaißlich. Das Schlimmste ist *mauscheln*, mit den Händen reden. Berlinern dagegen hat seinen unwiderstehlichen Charme. Wir waren höherstehend. Selbst auf die Wolkenkratzer lernten wir als lächerliche Aufschneiderei herabsehn, denn bei uns durften die Häuser wegen zu geringen Wasserdrucks und zu kurzen Feuerwehrleitern einundzwanzig Meter nicht übersteigen.

Deutschland, mein Wintermärchen, habe ich nur vom Erdkundeunterricht und der jährlichen Ferienreise gekannt. Die kleinste Reise schon wurde zur größten Katastrophe mit wochenlangen unfaßbar schwierigen Vorbereitungen. Mama verwandelte sich in einen Umstandskommissar, probepackte tagelang vielzuviele Koffer, Kisten, Pappkartons, Plaidrollen, Thermosflaschen etcetera. Es wurde hin und her, ein- und umgepackt mit Wiegen, Wägen, komplizierten Reservationen, Billettschaltern, Transporten, alles im Einvernehmen mit dem Hausarzt. Unausgesetzte Angst vor den Aufregungen des Umsteigens mit stehengelassenem Handgepäck und verpaßten Zügen. Angst, aus dem falschen Zug zu steigen. Keine Reise ohne Tränen. Zweimal jährlich (Oster- und Michaelisferien) reiste ich nach Stettin zu den Großeltern, um verwöhnt zu werden. Großpapa überbot sich, mir jeden Tag etwas zu bieten. Das Hafenviertel hatte eine verbotene Straße: die Lasterdie! Dreimal in meiner Jugend war ich in Essen: Schlote, Gewerkschaften, Hochöfen, Schlacken, Zechen, Kuxen. Am Eingang des verbotenen Viertels las ich anläßlich des Eucharistenkongresses: »Kommt herbei, ihr Katholiken, hier könnt ihr für drei Mark heut ficken!« Jedes Jahr gab's eine *Großeferienreise!!!* In die überfüllten Berliner Ostseebäder: Binz, Heringsdorf, Misdroy, Sellin. Im Nordseebad Norderney bin ich am ersten Tag verlorengegangen und vom Ausrufer ausgerufen worden. Auf dem Wattenmeer wurde ich seekrank. In Müritz gab's Millionen Mücken, noch kein DDT. In Kösen, an der Saale hellem Strande, wo Annie in Salinen Solbäder nehmen mußte, habe ich mit meiner Schippe einen degenerierten und gehaßten Cousin Werner beinah totgeschlagen, weil er von meinem Barren nicht runtergehn wollte. In Friedrichroda im Thüringer Wald hieß der Berg »Gottlob«, und Annie hat einen Diabolopreis gewonnen, weil ich als Schiedsrichter gemogelt habe. Der König von Bulgarien hat zugeschaut. Auch habe ich meinem schlafenden Vater aus Versehen und Ungeschicklichkeit ein Diabolo mitten auf die Stirn geschleudert. Es tat ihm furchtbar weh und mir furchtbar leid. Ein diabolisches Jahr. In Weimar bewunderte ich das Goethehaus und beschloß, später selbst hellbraune Möbel mit grünen Überzügen zu haben. Je länger die Eisenbahnfahrt, desto größer das Glück. Anfangs glaubte ich noch, daß man durch Liliput fuhr, alle Menschen sahen so klein aus vom Zugfenster, besonders in Bückeburg. Ausländer waren Traumländer. Johannisbad in Böhmen, Besteigen der Schneekoppe, auf der dänischen Insel Bornholm wohnte ich einer Lebensrettung durch einen tapferen, adligen Schwimmer bei. Die junge Frau, der er das Leben gerettet hatte, küßte ihn zum Dank. Außerdem gab's da Patentklosetts zum Rausziehen mit rubinroter Samtbrille, die ich nie wieder gesehen habe. In Zandvoort-Bad in Holland heilte die Nordsee meine ekelhafte Furunkulose (Papas Syphilis?), und ich bekam einen rosigen Vorgeschmack meiner Hollandzukunft. Ich begeisterte mich an den Grachten von Amsterdam, an Rembrandts *Nachtwache,* an Gerard Dous Kerzen und verliebte mich in Hollands Wolken.

Auf einer späteren Ferienreise im wunderschön verregneten Monat Mai des Jahres 1960 kam ich, über ein halbes Jahrhundert nach meinen Schultagen, zurück nach Berlin, das inzwischen, mehr noch als ich, zur unumstritten allerhäßlichsten Ruine der Welt avanciert war. Wie auf meiner Hochzeitsreise wohnte ich im Hotel am Zoo, Kudamm (Fürsten rausjeschmissen, Nazis drinjelassen). Zum ersten Frühstück (Gegenstück zum letzten Abendmahl) wurde mir im Namen der Hoteldirektion eine »eisgekühlte Orange, saftgepreßt im Silberpokal« (»Seppvaständlich Appelsinen aus Israel, Herr Blumenfeld!«) serviert, *echter* Bohnenkaffee (ich hatte vergessen, daß es falschen gab) mit frischer Sahne, Mohnhörnchen, Semmeln, Knüppeln, Schrippen, westfälischem Schinken und Käseplatte. Unter leichtem Sprühregen machte ich mich auf den Marsch von WW (dem Neuen Westen) à rebours nach SW (Südwesten, wo meine Wiege stand). Gleich um die Ecke zeugte eine stehengebliebene Säule von verschwundener Pracht der häßlichen Fasanenstraßensynagoge. Übriggebliebene Berliner Juden hatten eine Gedenktafel angebracht, hebräisch, darunter deutsch: *Du sollst deinen Nächsten lieben wie dich selbst!* (3. Buch Mosis, Kap. 19, Vers 18) Als ich diese photographierte, kam ein Vater mit zwei Söhnchen an der Hand, und einer fragte: »Wat knipst der da?« Der Vater kam näher, las laut die Inschrift und verkündete befriedigt: »Ick habse jern, wennse bescheiden sind!« Mich, den besiegten Sieger, packte ein sentimentaler Katzenjammer, wie ich durch den Trümmerhaufen der zerschlagenen Götzen meiner Kaiserjahre stolperte; allen voran die Kaiserwilhelmgedächtnisruine (zerschossen steht ihr gut!). Café Größenwahn: weg. Die Tauentzienstraße, strahlende Poussierallee meiner Pubertät, war zu einem provinzialen Jahrmarkt herabgesunken. Das KaDeWe, Kaufhaus des Westens, unverändert im Messelstil von 1910, hat jeden Glanz verloren. (Als es eröffnet wurde, bewunderte ich hier die Flugmaschine, mit der Blériot 1909 erstmalig den Ärmelkanal in siebenundzwanzig Minuten überflogen hatte.) Wo das Haus Ansbacherstraße 56 gestanden hat, in dem Papa 1913 gestorben ist, beginnt mein Schulweg. Jeden Stein hab ich gekannt. Wo sind die Steine? Das Häusermeer von damals ist nun ein dürres Grasfeld mit chaotischen Haufen. Selbst der Himmel war angefressen. Plötzlich ein Schreck: Mein Ortssinn, mein Brieftaubeninstinkt, auf den ich mir viel einbilde, hatte mich verlassen: Die Siegessäule, die ich zum ersten Mal in meinem Leben von hier frei sehen konnte, stand mit der frischvergoldeten Viktoria 45° westlicher als in meiner Erinnerung. Als ob der Arc de Triomphe plötzlich auf dem Montmartre stände. Erst zwei Jahre später erfuhr ich, daß Herr Hitler die Siegessäule zum Großen Stern umgepflanzt hatte. Am nächsten Morgen vollendete ich die sentimentale Pilgerfahrt zu meiner Schule: am Landwehrkanal lang, unter blühenden Kastanien. Die Spreezillen wurden nicht mehr von wilden Männern mit langen Krücken geschoben, sondern waren motorisiert. Vorbei am lugubren Hafenplatz, wo einst Strolche hausten. Bei der gelblichen Riesenruine des Anhalter Bahnhofs hörte die Welt auf. Dahinter auf freiem Feld, unbenagt vom Zahn der Zeit, standhaft und fest: mein Askanisches Gymnasium. Weggebrannt war der spatzenzwitschernde Efeu, die scheußlichste Backsteinkaserne funkelte in lichtem Ocker wie Kinderscheiße. Die Gegend: negative Natur, kein einziges Haus. Selbst das grüneiserne Café Wellblech (Pinkelhäuschen), Großbeeren-, Ecke Halleschestraße, hatte dran glauben müssen. An der falschen Ecke starrte eine neue Litfaßsäule trostlos in die Mondlandschaft mit Pusteblumen.

Das Askanische allein stand grauenvoll streng, langweilig Respekt einflößend, wie die Seele des Herrn Direktor. Als ich wagen wollte, diesen Komplex zu photographieren, schien vom Klassenfenster der Untertertia O im zweiten Stock das Gesicht einer jungen Dame einladend auf mich herabzuschauen. Jede Hemmung und meine Jahre vergessend, stürmte ich die Granittreppe hinauf, der unerhörten Tatsache eines weiblichen Wesens in meiner Klasse nachzuspüren. Auf mein bescheidenes Klopfen schrie eine unwirsche Paukerstimme: »Rein!« Dreißig zwanzigjährige Berliner Gören, in Blue Jeans und Rollkragenpullover zu Cowgirls amerikanisiert, grinsten mich teilnahmslos an. Der Klassenraum starrte unverändert, weg war der Gipskaiser, die Gaslampen waren elektrifiziert. Nach wie vor thronte dasselbe Katheder unter derselben Schiefertafel, auf die der junge Lehrer kreidete: »Deutsche Kunstseiden erobern die Welt durch hervorragende Güte.« Mich brüllte er ohne jede Güte an: »Waswollnsie?« Ich versuchte, menschlich zu interessieren: »Vor fünfzig Jahren habe ich in dieser Untertertia gesessen.« Hohngelächter der Mänaden. Der Lehrer hob verächtlich seine Arme: »Wie Sie gesehn haben dürften, wertes Opfer eines Weltkrieges, ist dies kein Gymnasium, sondern seit altersher die ›Kaufmännische Gewerbeschule für weibliche Textilangestellte des Mehringplatzbezirkes‹!« (Mein alter Belleallianceplatz!) Als ich versuchte zu widersprechen, bat er Fräulein Schulz, den Schulwart Schultze zu holen, um diesen Störenfried rauszuleiten. Dabei versetzte er der Luft einen symbolischen Fußtritt. Fehlte mir die Geistesgegenwart, allein rauszugehn, oder war ich darauf aus, einen andern Angsttraum meiner Kindheit in Erfüllung gehn zu sehn? Jedenfalls kam ein kleiner Mann mit der roten Mütze eines Eisenbahnvorstehers und setzte mich an die frische Luft.

20

Jadis et Daguerre. Als ich mit zehn wieder mal mein Latein nicht präpariert hatte (Caesars Rheinbrücke mit verteufelten Vokabeln), schützte ich beim Aufstehn, um Schule zu schwänzen, entsetzliche Leibschmerzen vor, unten rechts. Mir fehlte nichts, doch Onkel Doktor diagnostizierte ohne weiteres die hochaktuelle lebensgefährliche Blinddarmentzündung. Bereits drei Stunden später hatte mir die in größter Eile hinzugezogene Blinddarmautorität, Professor Roetter, meinen Wurmfortsatz rausgeschnitten. Es wurde rumerzählt, daß die Operation dreihundert Mark gekostet hatte. Ich begriff den Wert einer Diagnose und beschloß, im Leben gesund zu bleiben, was mir aus Angst vor Ärzten gelungen ist. Beim Erwachen aus der Narkose im Hedwigskrankenhaus beugte sich eine schwarzweißverkleidete mittelalterliche Nonne, Schwester Bonaventura, über mich und küßte mich auf die Stirn. In der Aufregung hatte man zu Hause ein Spitzennachthemd meiner Schwester in mein Köfferchen gepackt. Als dann die sich liebend über mich neigende Religiöse unter mein Hemd fühlte, ob ich wirklich ein Mädchen sei, ergriff mich ein schwarzweißlesbischer Schauer. Diese Leidenschaft wurde von einer photographischen Klappkamera verdrängt und vertieft, sublim sublimiert, um später zu meiner Photoerotik zu verschmelzen. Den Photoapparat, neun mal zwölf mit Extrarapidaplanatlinse, Mattscheibe, rotem Gummiball, Metallkassetten und Stativ, bekam ich von Onkel Carl, einem fortgeschrittenen Amateurlichtbildner, zum Lohn für heldenhaftes Leiden ohne zu klagen. Seit Urzeiten war ich hypnotisiert von photographischer Apparatur. Das Format 9 x 12 ging mir derartig ins System, daß es zu meinem Verhältnis wurde. Als ich dreißig Jahre danach in den USA in 4 x 5 denken mußte, litt ich mehr darunter als unter der New Yorker Sommerhitze.

Mit der Entdeckung der chemischen Zauberei, der Licht- und Schattenspielerei und des zweischneidigen Positiv-Negativproblems begann mein Leben. Ich startete als guter Photograph. Um sofort diese kleine Maschine auf die Probe zu stellen, ob sie wirklich imstande war, alles aufzunehmen, was ihr vor die Linse gesetzt wurde, komponierte ich ein Stilleben kompliziertester Formen: Der Moses von Michelangelo, eine halbgeschälte Kartoffel auf dem Schoß haltend, in welche eine Zahnbürste gebohrt war, stand auf der aufgeschlagenen Doréschen Prachtbibel. Darüber stützte Bruder Heinz mit Mamas Zwicker und Papas Bartbinde seinen Kopf auf einen umgestülpten Nachttopf, Mamas gerolltes Korsett in geballter Faust. Von diesem Experiment zu den Reklamephotos für die amerikanische Industrie, die mir vierzig Jahre später zweitausendfünfhundert Dollar per Bild einbrachten, war's nur ein kleiner Schritt. Diese erste Aufnahme entwickelte ich sofort auf dem Elternklosett bei rotem Kerzenlicht. Zitternd wiegte ich die Glasplatte in einem mit Pyrogallolentwickler überfüllten Suppenteller. Die neue weiße Klosettbrille war auf ewig braun gebrandmarkt, und ich wurde dementsprechend bestraft. Das Negativ jedoch war tadellos. Ich druckte bei

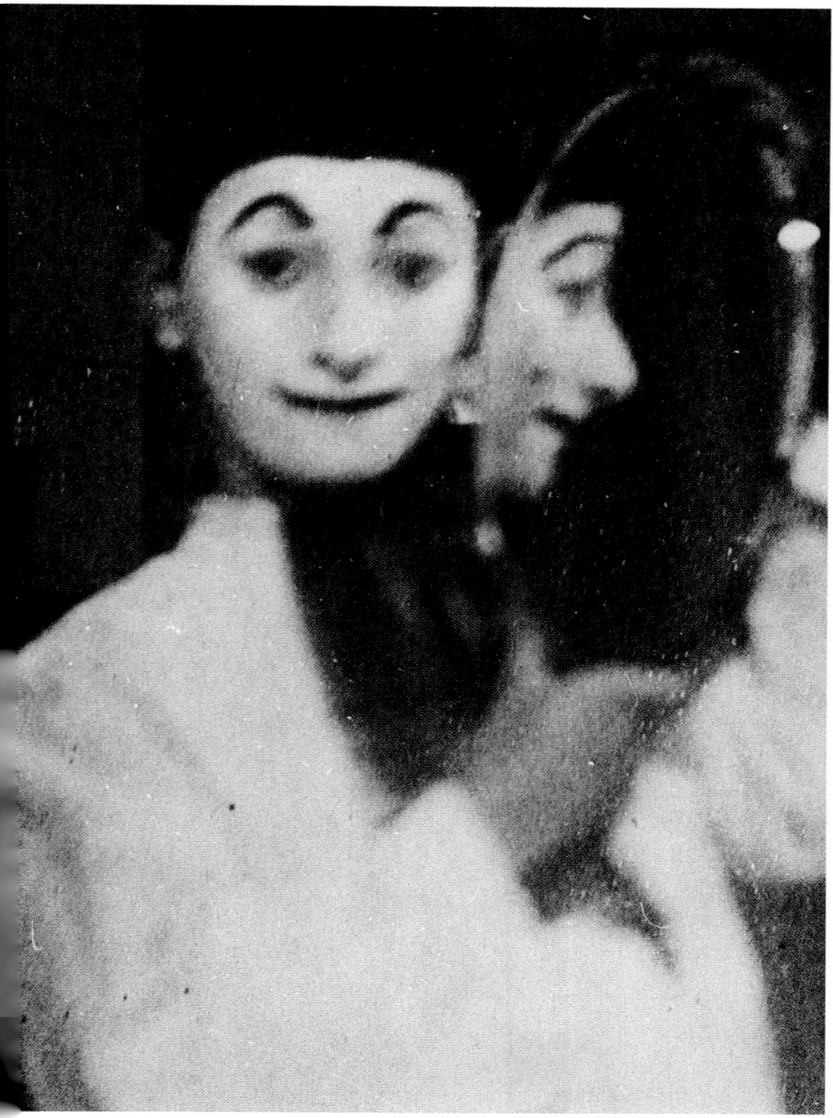

Mein erstes Selbstportrait als Pierrot, 1911.

Sonnenlicht ein Positiv auf Celloidinpapier mit Goldfixiertonung: Ich war Photograph.

Knipsen war noch kein Beruf, sondern mehr ein kostümierter Sport, wie Radeln, Alpensteigen, Tennisspielen und Autofahren. Ein Berufsphotograph war ein kläglicher Nebbichthiosaurus (Hjalmar Ekdal in Ibsens *Wildente*). In abgetragener Samtjacke mit fettiger Lavallièrekrawatte und schmuddligen Nebenabsichten verschob er umständlich Gardinchen mit einer Stange, um das Licht zu lenken. Ungeschickt schob er einem mit Schweißhänden den Kopf hin und her, um ihn endlich peinlich in eine Kopfklammer zu klemmen, wonach man, wenn er hinterm schwarzen Tuch: *Bitte recht freundlich!* (auf Französisch: le petit oiseau!) winselte, nur noch mit den Augen zwinkern konnte. Resultat: verwackelte Photos. Unvorstellbares Wunder der Neuen Welt, daß ich dermaleinst mein Brot in diesem Jammerlappenberuf würde verdienen können.

21 Mein bester Freund.

»Der Mensch hat nichts so eigen / So wohl steht ihm nichts an, / Als daß er Treu erzeigen / Und Freundschaft halten kann.« (Simon Dach)

Bis zum ersten Schultag war der Mond mein einziger Begleiter, an ihm hing meine Liebe, ohne mondsüchtig zu sein, obwohl dies Mode war. Blieb ich stehen, dann stand auch er still, wie ein gutdressierter Hund, bis ich weiterging. Mit den flackernden Ficksternen flirtete ich, kannte sogar ein paar Schönheiten beim Namen: Arkturus Bootis, Beteigeuze, Orion, Sirius, Cassiopeia, Wega Lyrae, Altair Aquilae und die Plejaden. Am ersten Schultag aber berauschte ich mich nach sechs entbehrungsreichen Jahren an der Phantasmagorie, endlich den Freund für eine ew'ge Freundschaft gefunden zu haben. Nichts könnte uns je auseinanderreißen. Weder Erwin Seidenschnur, dem langes, blondes Pagenhaar auf die Schultern fiel, noch Walter Lebrun, der mit seiner eleganten Maman fließend französisch sprach, denn er war Hugenotte. Ravel Roelofsz dagegen war Holländer. Schon sein Name zog ungeheuerstes Interesse auf sich: Er war der einzige Ravel auf der ganzen Schule, hieß so nach einem reichen französischen Cousin Raoul. Kein Tag verging ohne Erörterungen, warum man das *oe* von Roelofsz wie *u* auszusprechen hatte. So nahm Ravel sogleich eine Sonderstellung als Sachverständiger in holländischer Aussprache ein, und in holländischer Kunst: Wan Daik! Ravel, wie wir alle in Berlin geboren, war der einzige Holländer unter fünfhundertneunundsiebzig Askaniern. Holländisch sprach er nicht. Ausländer waren Raritäten, was übersehen ließ, daß er Jude war. Arrogant bescheiden (eine holländische Tugend) ließ er sich als Sehenswürdigkeit anstaunen.

Die Roelofsz hatten das Privileg usurpiert, endgültig zu entscheiden, was echt, was ehrlich, was Kunst und was Kitsch war. Zu Haus war ich nur leichterem Familienschwindel ausgesetzt gewesen. Nun sauste ich mit fliegenden Fahnen in den Hinterhalt ungeahnter Prätentionen des Roelofszclans. Jener Reitersmann schlug tot vom Pferd, als er erfuhr, daß er nachts den zugefrorenen Bodensee überquert hatte; *mir* schaudert's noch heute, wie ahnungslos ich in diesen Mahlstrom menschlichen Schwindels hineingestrudelt bin, in diese Schule der Verlogenheit mit gepumpten Idealen und gestohlenen Ideen.

Ravel war ein hypokritisches Duckmäuslein mit treuem Lächeln, ehrlich wie ein deutsches Geschichtsbuch. Er wußte Geist vorzutäuschen, genial zu tun à tout prix, zu imponieren, und ich fiel drauf rein: Ich vergötterte ihn. Über seinem auffallend blassen Mopsgesicht flatterte eine Künstlertolle im Winde. Bei seiner Beschneidung war angeblich was schief gegangen: Er hatte seine Vorhaut gegen eine grünlichbleiche Matthias-Grünewald-Hautfarbe eingetauscht. Seine Augen waren hellgrau. Alle, besonders seine Eltern und er selbst, fanden ihn ein bildschönes Genie und ließen es jeden wissen, besonders mich. Obwohl ich gar nicht häßlich war, wurde mir erst im Familien-, dann im weiteren Freundeskreis die schmeichelhafte Rolle des häßlichen Freundes zuteil. Abstoßend häßlich hatte ich zu sein, dabei ungeheuer geistreich, mit einem Schuß von Bosheit, alles auf ihren Befehl. Meine zerbissenen Fingernägel wurden als Schaustück rumgezeigt. Scherzend warfen sie mir vor, daß ich keinen Buckel hatte. Als mit der Pubertät mein kleines Näschen anfing, eine große Nase zu werden, und entbehrliche Kalauer auf sich zog, hatte ich als Cyrano, roter Itzig, Zwerg Nase und Abner der Jude zu fungieren. Diese Rolle des Glöckners von Notre-Dame wäre unerträglich gewesen, hätte das Spieglein an der Wand mir nicht versichert, daß die Sippe mich nur verunstaltete, um sich selbst zu verschönern. Hanswurst in einem Schmarren, gespielt in einer Schmiere: Leben. Eine Glanzrolle, mir, dem großen Mimen, auf den Leib geschrieben. Komischerweise sind solche Machinationen nachhaltig: Ein halbes Jahrhundert danach noch hielten mir Nachkommen der Roelofsz, die es von ihren Eltern hatten, vor, wie berühmt häßlich ich seinerzeit gewesen sei. Photos beweisen das Gegenteil.

Bei Kerzenschein mischten wir unser Blut zwecks Blutsbrüderschaft, was entscheidende Schlagschatten auf die späteren Kapitel meines Lebens werfen sollte. (Man schlage mit Mamas härtester Haarbürste kräftig auf den mit Wasser benetzten Handrücken, schwinge die Arme wild im Kreis herum und mische das herausperlende Blut mit Maraschino aus Papas Likörschränkchen.) Mit diesem Blut handilluminierte Ravel eine schwerversiegelte Urkunde. Unsere Devise: »Durch dick und dünn!«: ▮+▮. Ich schwur einen Meineid, es geheim zu halten, dachte, dies sei der heiligste aller Eide. Da dies anläßlich der Ermordung Cäsars stattgefunden hatte, grüßten wir uns fortan mit erhobener Rechten schreiend: »Iduuuus!«, worauf der andere zurückzubrüllen hatte: »Martiae!« Klassische Einbildung. *Nimm vor des Märzens Iden dich in acht!*

Bei Ravels herrschte ein unstillbares Bedürfnis nach Witz, mehr noch nach Witzen zum Weitererzählen, Geist zum Rumreichen. Die jüngeren Kinder des Hauses – es gab zwei ältere und zwei jüngere, zum Rumreichen – hatten zu früh schon mundgerechte Bonmots zu liefern, und jeder ihrer Torheiten wurde humorvoller Tiefsinn unterschoben. Geistvoll in der Wiege, falsch im Leben. Erstaunt fand ich hier ein dankbares Publikum für jeden Blödsinn, der mir von den Lippen kam. »Junge, du weißt gottseidank gar nicht, wie geistreich du bist!« Ebenso geschmeichelt wie erniedrigt fühlte ich mich, wenn ich meinen eigenen Mist, unmittelbar nachdem ich ihn produziert hatte, verdreht, verhunzt, mißverstanden und verdünnt als Originalfamilienschöpfung wieder mitanhören mußte. Man hatte vergessen, daß ich der

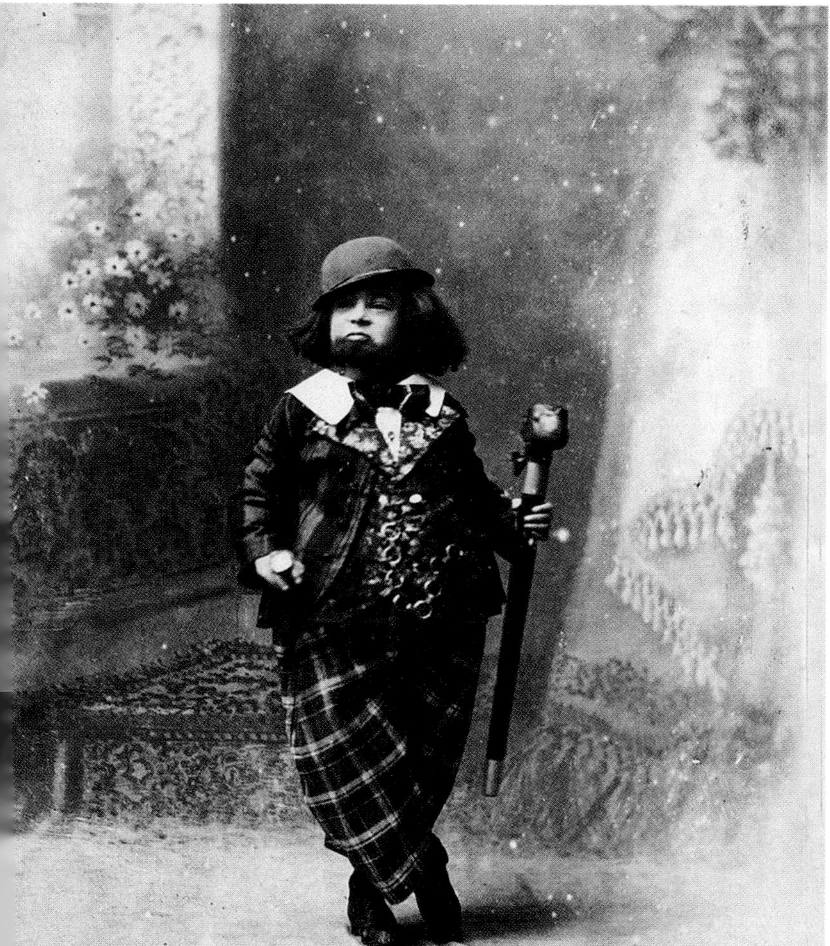

»So ernannte mich diese
Familie zu ihrem Witzbold,
Hofnarren und Mitesser.«

Autor war. Eine widerwärtige Welt verlogener Werte. Mich konnten sie nicht dazu bringen, meine eigenen Geschichten zu wiederholen, das beleidigte meinen Künstlerstolz. Verwundert entdeckte ich, wie jeder Unsinn für einen, der es nicht zu genau nimmt, Tiefsinn wird. Ich nahm's zu genau und wurde als Wortklauber gerügt. Ich hörte mich Weisheiten verzapfen, von denen ich nichts wußte, wurde Familienimprovisator. Parthenogenetisch gebar ein Wort das andere. Ohne je eine Philosophiestunde gehabt zu haben – ich war doch erst zehn! –, war ich imstande, als Professor Fictus Schwangro, Erkenntnistheoretiker, eine Stunde lang über das Thema »Die Welt ist tief, aber negativ« zu dozieren. Die ganze Familie lauschte in lachendem Staunen, überzeugt, ich hätte keinen Schimmer von der Unanständigkeit des Namens. Kinder sind Pornographen. Unter stürmischem Beifall schloß ich mit »Sterben ist der schönste Tod!« Ravel schrieb angestrengt keuchend jedes Wort mit. Ich hatte ihn schon vorher als den Erfinder schöpferischen Stöhnens bewundern gelernt. Das war, als er mit Geächz und Buntstiften einen Christbaum auf die Klassentafel gezaubert hatte, wofür er sich von Lehrern und Schülern (selbst anderer Klassen!) mit überbetonter Bescheidenheit als teilweisen Miterfinder des Weihnachtsbaums bewundern ließ. So ernannte mich diese Familie zu ihrem Witzbold, Hofnarren und Mitesser (Roastbeef) und versuchte gleichzeitig, einen Proletarier aus mir zu machen, den man unmöglich feineren Leuten vorsetzen konnte. Obendrein forderte man von mir Dankbarkeit dafür, mich zum Vertrauensposten eines Familienclowns degradiert zu haben.

Ravels Vater Roelof Roelofsz war Pelzhändler in der angesehenen Firma Roelofsz & Roelofsz. Außer in erlesensten Edelpelzen machte er in religiösen Freiübungen und in Imitationen. Er war teilweiser Miterfinder eines falschen Imitationspelzbesatzes »Iltis Kolinsky« (halb Karnickel, halb Kandinsky), der kilometerweise an die Damenkonfektion abgesetzt wurde, was mit sich brachte, daß die ganze Familie teilweise davon lebte, sich mit fremden Federn zu schmücken. Falsche Bildung, falsche Einbildung. Der pelzhändlerische Papa hatte sich, seiner angebeteten Gattin (die ihn verachtete), seinen wunderbar genialen Kindern, seiner Konkurrenz und der Welt tagtäglich neu zu beweisen, daß er, obwohl er Niederländer und dazu noch Israelit war, in Berlin niemandem in nichts nachstand. Die holländischen Juden schrieben die Tatsache, daß sie seit Hunderten Jahren unverfolgt waren, ihrer Überlegenheit über alle andern Juden zu. Die andern waren weder patriotisch, ehrlich, bescheiden, anpassungsfähig, noch wußten sie sich in anständiger Gesellschaft zu bewegen. Holländische Juden dagegen wurden in der ganzen Welt als einwandfreie Musterbürger akzeptiert. Leve de koningin!

Einmal jährlich fuhr der Pelzjäger mit karierter Jockeymütze und Tabakspfeife als Reiseonkel John Bull verkleidet über Amsterdam *Erster Klasse* nach London. Von da brachte er die neuesten Operettenschlager *(Mikado)* falschsummend mit und immer wieder dieselbe Anekdote, wie sein Freund Captain Bigsby hoch zu Roß über die Wohnungstreppe ins Eßzimmer hineingaloppiert kam. Beim Erzählen dieser Episode spitzte sich sein Mündchen, wie die Münder der zuhörenden Familie, als ob sie alle »Böhnchen« sagen wollten, woran ich mich nicht sattsehen konnte. Dieser Familienzug hat sich bis heut erhalten.

Ravels Meeli (der Vater war Peeli), Muttlein, Ellinor, Eleonora, Nora, träumte sich vom Geschlechte der ewig unverstandenen großen kleinen Frau: *Nora oder das Puppenheim* von Ibsen plus Theodor Fontanes *Effi Briest*, Romanidol der Berliner Jugendstilgründerjahre, Rebecca West minus Hedda Gabler: Irene Triesch, die Duse des jüdischen Familienlebens. Als Tochter eines verkrachten Häuserspekulanten machte sie in sozialer Wichtigtuerei. Ungebildet, arrogant, verschmökert, schwärmte sie elegisch vom Geist der Kunst, womit sie meinte, daß alle Künstler für sie zu schwärmen hätten. Ungeduldig wartete sie auf den ehrfürchtigen Handkuß zitternder Klavierlehrer, um sie dann, empört über diese Zudringlichkeit, zu ohrfeigen. Als vollkommen selbstverständlich setzte sie voraus, daß jedes Lebewesen, Mann, Weib, Kind oder Hund hoffnungslos unerwidert sie anzubeten hätte. Sie, die herrlichste aller Idealgestalten, Traum aller Künstler von Sacher-Masoch bis Henner, in schwarzem Samtkleide mit langen weißen Glacéhandschuhen. Als ich elf war, faßte sie mich ab, wie ich die Bücher auf ihrem Nachttischchen inspizierte: Casanova, Maupassants *Yvette* (auf deutsch, sie sprach nicht französisch), *Justine* von Marquis de Sade, die *Kreutzersonate* von Tolstoi, *Sappho* von Daudet, *Frau Warrens Gewerbe* von Shaw, *Ein edles Blut* von Wildenbruch und Courths Mahlerei. Halb schmollend, halb verweisend befahl sie mir mit vor Erregung zitternder Stimme, ins Schlafzimmer zu kommen, wo ich diese haarsträubende Indiskretion begangen hatte. Zur Sühne mußte ich ihr den beflorstrumpften Fuß küssen. Zu dieser Szene trug sie Unterwäsche: enganliegende schwarze Directoires (Mozarthöschen, haute noveauté! Sprich: hoot nuvoote). Listig verband Frau Potiphar Schmeichelei mit Beleidigung: Während sie mich zum Zeichen der Verzeihung auf die Stirn küßte (wobei sie, sich selbst im Spiegel bewundernd, flüsternd rezitierte: »Du siehst dich lächelnd an, Eleonore, und siehst dich selber an und lächelst wieder! Was hast du, laß es eine Freundin wissen…«), ohrfeigte sie mich, natürlich symbolisch, mit ihrem abgestreiften Glacé, wobei sich ihre Nase verschiefte: »Jungchen, diesmal hast du mir sehr weh getan. Es fragt sich, ob sowas je wieder gutzumachen ist. Dieser Vorfall hat unter uns zu bleiben. Du, mit deinem Moses-Mendelsson-Köpfchen, bist kein Kind mehr. Eigentlich dürftest du mich von nun ab ›Gnäfrau‹ titulieren!« Ich war pornographisch zu unbelesen, den Charme dieser Situation zu erfassen. Die Erotik entging mir, ich fand es albern, grinste.

Keine jungfräuliche Mutter hat je ihren Heiligenschein mit unverschämterer Scheinheiligkeit zur Schau getragen. Süßergeben lächelnd ließ sie sich mit vorbildlich niedergeschlagenen Augen (von ihr hatten's die Kinder) an jedem Freitagabend (Schabbes) als Prinzessin Sabbath vom liebfrömmelnden Gatten mit herausfordernder Demut vorm Roastbeef segnen. Dabei paßte sie auf, ob es mir gelang, ernst zu bleiben. Ich biß mir die Lippen. Die Roelofsz übertrafen uns an Frömmigkeit. Aus Gewissensbissen gab's bei uns zu Haus keinen Schinken am Jomkipper. Roelofsz aßen bereits am Sonnabend keinen. Auch nannten sie die Synagoge Tempel, was heiliger klang. Zu Weihnachten leuchtete bei ihnen der Weihnukkabaum. Im Gegensatz zu den Frauen des Volkes hatte Ravels Mutter ihre Kinder nicht etwa im Bauch, sondern unter ihrem Herzen getragen. Als sie dafür von ihrem Gatten beim Jüngsten eine einfache doppelte Perlenkette (vom Hofjuwelier natürlich) bekam und ich bei Tisch fragte: »Sindse echt?«, antworteten empörte Blicke. Nachher belehrte mich Ravel: »Bei uns ist alles echt! Mama würde von Simili sofort einen Hautausschlag kriegen: Meine Mutter ist eine Dame!«

Eines Morgens, wir waren schon vierzehn, kam Ravel zitternderregt zur Schule. In der ersten Pause befahl er mich ins »Häuschen«, um mir ein Staatsgeheimnis anzuvertrauen, von dem Leben und Tod abhinge: Seine Mama sei gestern schlittschuhlaufend auf dem Neuen See durchs Eis gebrochen und fast ertrunken (was in diesem Tümpel unmöglich war). Ein Schutzmann habe ihr das Leben gerettet und sie in einer Droschke nach Haus gebracht. Der Hausarzt hätte strenge Bettruhe verordnet. Da Peeli auf Geschäftsreise war, hatte Meeli Ravel gebeten, die Nacht bei ihr im Bett zu verbringen. Als ich fragte, wie es gewesen sei, fand Ravel, es habe gestunken! Zehn Jahre später behauptete er, sich an nichts zu erinnern. Ich hätte mir die Geschichte wie gewöhnlich aus den Fingern gesogen.

Ravel hatte natürlich auch eine Lieblingstante. Làlà, die sich als ältere Zwillingsschwester seiner Mutter geltend machte. Statt von Fleisch und Blut waren diese eleganten Parallelerscheinungen von Samt und Seide, schwarz, mit engem Perlenschnürchen um die etwas zerknitterten Hälse. Beide trugen das gleiche Breitschwanzmäntelchen, dieselben Glacéhandschuhe, hielten sich für unwiderstehlich, waren unausstehlich. Tante Làlà hieß für Intime einfach Làlà. Onkel Fritz, berühmt durch den Witz: »Das Schiff Meta hat am Heck ein Leck!«, nannte sie öfters Olàlà. Niemand wagte zu lachen. Sie war die kinderlose, schuldlos geschiedene Witwe eines verkrachten Bankrotteurs und tobte ihre Mutterinstinkte hemmungslos an den Kindern ihrer gehaßten Schwester aus. Sogar auf mich erstreckten sie sich. Sie wohnte neben dem Askanischen und gabelte uns kameradschaftlich nach der Schule auf, um uns in ihrem etwas zu engen Appartement (einer saß auf dem andern) mit Apfelkuchen, Zitronenlimonade und ernsten Gesprächen vollzustopfen. Bei ihr konnten wir uns ungeniert über unsere Eltern beschweren und fanden größtes Verständnis. Oft trafen wir da einen imposanten jungen Hausfreund in Gehrock mit Zylinder und feschem Schnurrbart. Wir waren überzeugt, Herr Doktor Bortz sei ihr Günstling. Auch Ravels Mama war ihm wohl, er gehörte zur Roelofszschen Roastbeefrunde. Dieser Dandy fand Gefallen an mir, was mir sehr gefiel. Nach dem Freitagabendzauber bei Roelofsz erklärte er mir auf dem Nachhauseweg das Leben. Er wollte nicht glauben, daß meiner scharfen Beobachtungsgabe die Tragikomödien im Hause Roelofsz entgangen waren, die Rivalitäten der Schwestern, die Beschränktheit des Vaters, die Vergötterung der Kinder. Ich hatte nichts davon gesehen, er öffnete mir die Augen. Ich bewunderte ihn aus Dankbarkeit. Freund Bortz starb, sechsunddreißig Jahre alt, in den ersten Monaten des Krieges 1914 innerhalb von drei Tagen an einer Lungenentzündung. Ich schrieb Làlà den ersten Kondolenzbrief meines Lebens, vierseitig, der mir Lob, Anerkennung und einen schreckeinjagenden Dankeskuß auf die Stirn eintrug. Ich gefiel mir in der Rolle des Witwentrösters, flirtete vielleicht sogar mit der Idee der Thronfolge. Nur mit der Idee; an Làlà selbst hatte ich kein Interesse; ich hatte Angst vor ihr. Nach Doktorchens Tod sahen wir einmal Ravels Vater untergefaßt mit Làlà auf der Straße. Als sie uns bemerkten, lösten sie sich geniert voneinander. Ravel und ich zogen die Möglichkeit in Betracht, sein Vater hätte hier biblische Pflichten zu erfüllen.

Ravels Frühreife bestätigte Karl Kraus' Aphorismus: »Aufgeweckte Jungen, unausgeschlafene Männer!« Schon mit zwölf machte er niedliche Vorübungen in Perversitäten: Bei Abenddämmerung schlich er in den Tiergarten und jagte hinter dreckigen Bettelweibern her (er nannte sie Vetteln!), um ihnen mit Mamas Glacéhandschuhen auf die Brüste zu klatschen. Er konnte mir den Sinn davon nicht erklären und tat mystisch. Damals beschwerte sich seine Mutter telephonisch bei der meinen, ich hätte mit ihrem Ravelchen über Fortpflanzung gesprochen. Derartige Unanständigkeiten hätten in Zukunft ein für allemal zu unterbleiben. Wenn nicht, würde sie sich genötigt sehen, ihrem Sohn den Umgang mit mir zu untersagen. Heikle Fragen wie die der sexuellen Aufklärung ihres Ältesten nehme sie persönlich in die Hand.

Nach dem Einjährigen wurde Ravel, um den Träumen seines von Ehrsüchten zerfressenen Elternpaares gerecht zu werden, Kunstmaler. Malte aus allen Schulen: genial, aber talentlos. Gemaltes hatte hübsch auszusehn, Lob zu ernten, Preise zu erhalten. L'art pour l'admiration: mutual admiration society. Sein Kunstgestöhn wuchs mit den seelenvollen Augen seiner Kundinnen auf seinen Porträts proportional zur sozialen Bedeutung des Objekts und der Bezahlung. Er klammerte sich an Namen, schwärmte für alles, was ihm zu ermöglichen schien, sich im Schatten der Titanen zu sonnen. Kleiner Leute großer Mann, legte er vor Jüngern Kunst in Vorträgen endgültig fest: »Impressionismus – Eindruck von außen! Expressionismus – Ausdruck von innen!« (War das nicht von Herwarth Walden vom *Sturm?*) Leider war unser Erfolgsanbeter ebenso farbenblind wie ideenarm. Keinen Einfall hat er zur Welt gebracht, nur geborgt, gestohlen: zart nachempfunden. Auf erfolgloser Suche nach persönlichem Stil machte er in Imitationen. Zwanzig Jahre nach Chagall ließ er Kühe durch die Luft hopsen, fünfundzwanzig Jahre nach Vincent Kohlfelder im Winde wogen, dreißig Jahre nach Modigliani schnitt er lange Gesichter. »Art only begins where imitation ends« (Wilde). Als selbst Müllers kleiner Landschaftssucher keine Motive mehr lieferte, griff Ravel zu Abstraktionen. Nachdem ihn alle Ismen von der Hand gewiesen hatten, wurde er sensationell und malte für eine Amsterdamer Kunsttentoonstelling ein geöffnetes Wasserklosett mit Inhalt. Somit dürften wir Ravel Roelofsz mit Recht als teilweisen Miterfinder der Popart betrachten, wie er sich selbst als Fünfzigjähriger in einem seiner selbstverlegten Schriftchen bescheiden als teilweisen Miterfinder der Photomontage anpries.

Es lag seiner Großmannssucht, die Not seiner blassen Haut und der wasserhellen Augen zur Tugend höherer Rasse zu proklamieren. Das war ebenso deutsch wie jüdisch wie holländisch (drei auserwählte Völker). Ähnliche Atavismen und falsche Analogien trieben ihn in Wald- und Wiesenmystik. Süßlächelnd fing er an zu christeln: Kutte und Bart. Heutzutage trägt einer seine Schamhaare nur im Gesicht, um in aller Munde zu sein. Als es bei Ravel zu dem in seiner herausfordernden Unanständigkeit alles kombinierenden Vollbart nicht langte, gab er das Bartrennen beleidigt auf, rasierte sich schlecht und recht und stürzte als schlipsloser Bauhausschüler in eine Hokuspokusreligion aus dem Gutenmorgenland: *Mazdaznaan*. Ein hochstapelnder Sexualverbrecher *Zaraduscht* Hanisch fungierte als Hoherpriester dieser weißblonden Herrenrassenhunde. Atemübungen in härenem Gewand, geweiht durch Menstrualblutstropfen einer Basler Jungfrau, bereiteten mit gezwiebelten Knoblauchdünsten Verzückungen im Morgentau. Anschließend warf Ravel sich blindekuhdummfanatisch der aufkommenden Mode der Schwarzhemden an den Hals, schmeichelte sich, Benito zu ähneln, brachte es sogar zu einer Strophe Giovinezza; bei seiner Sprachtalentlosigkeit eine Spitzenleistung. Selbst Adolf Schicklgruber billigte er, bis ihm dieser persönlich auf die Pelle rückte. Mein bester Freund versank mit unserer ew'gen Freundschaft im Morast der Niederlande. In den letzten dreißig Jahren habe ich diesen Sumpftartüff kaum wiedergesehn. Vor ein paar Jahren hat er mich noch ein allerletztes Mal unter Geröchel als abstoßend runtergekommenen alten Juden skizziert, so wie er mich als Knabe hat sehen wollen.

22 L'ÉDUCATION SENTIMENTALE. Vorgeburtlich hatte mir, wie es deutsche Romantik befahl, von himmlischer Liebe geträumt. Als platonischer Erotomane kam ich zur Welt. Mit aller Liebe liebte ich nur die Liebe, liebte *alle* Frauen, nie *eine*. Sobald es persönlich zu werden drohte, ging's schief. Aus Angst vorm Weibchen, flüchtete ich ins Ewigweibliche. *Sie*, meine platonische Idee, war eine schlanke Märchenprinzessin mit sehnsuchtsdunklen Mandelaugen, langem offenen Haar, zarten Händen, Knospenbusen, keusch bis ins Grab. Wortlos verstanden wir uns, fern von Mißverständnissen, in unendlich tiefen Augenblicken, und wußten das Unsagbare. Wir litten Schönheit, starben vergeistigt, im Jugendstil. Ich glaubte an die notwendige Kupplung von Liebe und Schönheit, ausschließlich reserviert für junge, edle Menschen, die aus lauter Schönheit gut sind. *Kaloika-*

gathoi. Daß alte Lüstlinge (über dreißig!) sich an Liebe vergreifen könnten, war pervers.

Als Photograph entdeckte ich widerstrebend, daß hellblaue Strahlenaugen meistens kurzsichtig sind. Ein klassisch vollendeter Busen gibt nicht unbedingt die beste Milch. Erst zu allerguterletzt gewann ich durch Ovids »Echo und Narzissus« einen Einblick in die tragischen Wechselwirkungen zwischen Schönheit und Liebe: die Fabel vom vollendetschönen Jüngling, der nicht imstande ist zu geben, und seines Pendants, der Nymphe Echo, die nur wiedergeben kann: zwei Impotenzen der Seele.

1. Bevor ich mich ins Freie wagte, übte ich mich im Kinderzimmer an unserm Fräulein, Tante Trude, der geliebten Tuttimaus, die dabei nicht ganz jung war (achtundzwanzig). Ein Kinderfräulein darf man, wenn man sie nett findet, ungeniert abtatschen und knutschen, was ich gerne tat. Ihr Vater war Puderfabrikant, und sie roch danach. Sie trug winzige Pockennarben, die ich wegzuküssen versuchte. Zum Dank lehrte sie mich den Schmetterlingskuß und Modellierbogenkleben. Als Mamas jüngster Bruder, Onkel Bruno, von einer »Studienreise« (er brachte ein Photo mit, das wir Kinder nicht sehen durften, auf dem er zwischen zwei nacktbrüstigen Hula-Hula-Schönen stand) aus Amerika zurückkam, setzte er sich in eine Zimmerecke und starrte meine Tuttimaus so lange an, bis sie ihn heiratete. Ich war neun, gegen diese Ehe und habe ihm nie verziehen, daß er meine Geliebte todunglücklich gemacht hat. Er hat mir auch nie verziehen, hat mich im Ersten Weltkrieg wegen versuchter Fahnenflucht denunziert und vor ein Kriegsgericht bringen wollen.

2. Wie nach nackten Frauen sehnte ich mich verstohlen nach einem »Künstleratelier«. Erst viel später beschwingte mich das Wort Studio. Mit neun Jahren besuchte ich an der verführerischen Hand meines Kinderfrolleins zum ersten Mal so ein Atelier (des Malers Leo Prochownik), wo sich hastig Nacktes hinter einen Wandschirm verzog. Umrisse ließen mich Trude Borgzinna ahnen, eine Cousine unseres Fräuleins, die im Verdacht stand, Akt zu stehen: nackt zu stehen. Wenn ich ihr danach begegnete, erröteten wir beide. Sie konnte kaum

ahnen, daß ich sie spielend mit den Augen anundauszuziehen wußte, daß mir bekannt war, daß sie unanständig war. Denn ich hatte ihre Unterwäsche schamlos zerknautscht sich auf dem Ateliersofa sühlen gesehn. Darüber trug sie ein noch viel durchsichtigeres Sommerkleidchen aus Millefleursvoile. Besonders bei Gegenlicht. So formte sich meine Lust, Transparentes zu durchschauen.

3. Im Sommer 1908, als Wabash an der New Yorker Börse krachte, hatte ich auf Großenferien in Grehmsmühlen jeden Morgen die Zeitung vom Zug zu holen, damit Papa und Großpapa ausrechnen konnten, wieviel sie verloren hatten. So fand ich Trude Rosenbaum aus Essen, die für ihren Vater dasselbe zu tun hatte. Wir fühlten uns voneinander angezogen. Ein himmelblaues Satinband umwand ihr Blondhaar. Sie war mit neun erstaunlich reif für ihr Alter. Ich hätte mit ihr über alles reden können, doch fehlte mir der Mut. Wir tauschten Erfahrungen aus. Sie hatte Tanzstunden, vielleicht einen Geliebten. Meinem Ferienprogramm zufolge hatte ich mich in sie zu verlieben. In schwanker Barke ruderte ich sie über den See. Mit mutigem Ruderschlag verjagte ich eine giftige Wasserschlange, die ihr nach dem Leben trachtete (ein Aal??). Zum Dank sang sie mir »Puppchen, du bist mein Augenstern«, alle Strophen. Eine Träne näßte ihr Auge. Sollte auch ich vor Rührung weinen? Nein! Außerstande uns anzublicken, sahen wir beide weg. Zitternd schlossen wir die Augen, wären fast ins Wasser gefallen. Tags darauf fuhr sie ab. Zum Abschied reichte sie mir wortlos die Hand. Es war zuviel. Allein weiterrudernd träumte ich ihrer. Nach den Ferien ließ ich mir nur für sie hundert Visitenkarten lithographieren. Auf eine wollte ich p.f.c. (pour faire connaissance) und auf eine zweite p.p.c. (pour prendre congé) schreiben. Beide würden durch einen Lakaien in Livree an ihrer Tür in Essen abgegeben werden. Als ich zwei Jahre später nach Essen kam, habe ich keinen Lakaien auftreiben können; habe Trude nie wiedergesehn. Manchmal, wenn abends am Columbus Circle (»Wo die weißen Wasser plätschern«) eine fette Emigrantin an mir vorbeiwatschelt, durchzuckt es mich: Trude Rosenbaum?

4. Es wurde so viel von Liebe gesprochen und geschrieben, daß mir platonisch warm ums Herz wurde. Paula Levy hatte eine mich bezaubernde Mutter, flott, reich, elegant, russisch. Da ich mich nicht traute, mich in eine zweiunddreißigjährige verheiratete Frau zu verlieben, verknallte ich mich in ihre Tochter, nicht schön, doch pikant. Paula jedoch wurde bereits von meinem Schulfreund Walter Seliger hofiert; damit war's aus.

»Die Liebe ist ein Omnibus
Auf den man immer warten muß
Und kommt er endlich angesetzt
Dann ruft der Schaffner laut: Besetzt!«

5. Die nächste Liebe durchliebte ich gemeinsam mit meinem besten Freund Ravel. Geteilte Liebe schien doppelte Liebe: Mit Hilde, einer höheren Tochter, ebenso schön wie reich, hatten wir einmal zusammen im Tiergarten Trudelreifen gespielt (dazu trug sie einen Strohhut, genannt Kiepe); wir beschlossen, sie zu lieben, gingen von nun an täglich stundenlang unter ihrem Fenster am Lützowufer auf und ab, um ihres Schattens gewahr zu werden. Bald kannten wir alle Schatten der Familie und liebten sie: Hilde, ihr liebreizendes Schwesterchen Ilse, sogar den Bruder Fritz, trotzdem er aufs Lackstiebelgymnasium ging. Wir kamen uns wie Dantes vor. Jede Woche schickte ich ihr zwei anonyme Briefe. Montags: »Mein Schwan singt noch im Tod Penthesilea« und donnerstags: »War das das Rosenfest, das Du versprachest?« Nach monatelangen Vorbereitungen gingen wir zum Angriff über: Einer von uns beiden hätte Hilde auf dem Schulweg anzusprechen. Das Los fiel auf mich.

Ich lernte krampfhaft die gemeinsam redigierte Frage auswendig. Errötend verstellte ich ihr den Weg: »Glauben Sie etwa oder bilden Sie sich ein, wir seien in Sie verliebt?« Sie antwortete: »Nein.« Sprachlos über diese Schlagfertigkeit zog ich mich zurück. Ich habe im Leben kein Wort mehr mit unserer großen Liebe gewechselt.

6. Ravels prononciert bildschöne Schwester Carola, zwei Jahre älter als wir, blond mit kornblauen Augen, liebte ich,

wie man nur mit vierzehn oder fünfundsiebzig lieben kann. Nach Sitte der Sippe war sie genial, schrieb präraffaelitisch anämische Poesie. Kurz vor Sonnenaufgang starb sie nach herzzerreißenden Fehloperationen an einem Gehirntumor. So unschuldig und so jung, daß man von der »Schuld der Väter« wisperte, womit man den Vater meinte. Während sie gelähmt am Wegsterben war, versuchte ich ihr in meiner Glanzrolle als Närrchen ein verzerrtes Lächeln zu entlocken. Eine Sterbende zu lieben schien höchstes Glück. Ravel und ich hörten im Nebenzimmer, wie der Autopsist Carolas Köpfchen absägte (Flötenspiel ist Mondschein fürs Ohr. Jean Paul). Wir hatten uns vorgenommen, Tasso zu deklamieren, und versagten. Was sind die Leiden des jungen Herrn von Werther neben den Schmerzen eines Vierzehnjährigen!

7. Meine erste Beerdigung: Frühlingserwachen. Über Carolas frischem Grab umarmte mich in tiefem Schmerz ihre beste Freundin, wobei sie ihr Zünglein in meinen Mund steckte. Ich hielt dies für ein jüdisches Totenzeremoniell und lohnte ihr Gleiches mit Gleichem. Diese althergebrachte Sitte linderte meinen Schmerz: O daß ich tausend Zungen hätte! Um dergleichen religiösen Riten nachzuspüren und mich gleichzeitig zu entsentimentalisieren, nahm ich von nun an öfters an irgendwelchen fremden Beerdigungen teil, ohne jenem archaischen Brauch wieder begegnet zu sein.

8. Treffpunkt mit Mädels der Charlottenschule war »Die Mengel« am Magdeburger Platz, wo wir fast täglich Mohrenköpfe, Negerküsse, Windbeutel, Napoleonschnitten, Drops, Lakritze und Sahnebaisers naschten.

»Aber Schatz, wo ist denn dein Sahnebaiser
Was mach ich mit'm Tee ohne Sahnebaiser
Das Leben hat für mich keinen Zweck
Wenn ich nicht meine Schlagsahne leck!«

Da fand ich mit fünfzehn das zwölfjährige Lottchen. Sie war eine alte Jungfer, simulierte, ohne Dostojewski gelesen zu haben, hysterisch-epileptische Anfälle, ließ sich im vollen Naschladen platt auf die Erde fallen. Ich plante ein Essay

»Das Seelenleben der Häßlichen«. Verfiel ihrer quadratischen Konstruktion. Sie jedoch liebte nur meinen besten Freund Ravel und schrieb mir zum Trost ins Poesiealbum: »Laß uns doch Brud' und Schwester sein!« Als ich sie voriges Jahr in New York wiedersah, war aus ihr ein monumentaler umgekehrter Pythagoras geworden. Bei der Begrüßung schmiß sie ihre hundert Kilo in Gegenwart meiner Familie platt auf den Teppich. Hütet euch vor Jugendlieben!

9. Auf den letzten Sommerferien vorm Zusammenbruch der Familie, in Johannisbad in Böhmen, hatte ich mich bei einer Konfettischlacht dazu hinreißen lassen, einer aufreizenden Gertrud Samosch eine Handvoll Konfetti tief in den tiefen Ausschnitt ihres enganliegenden schwarzen Satinkleides zu stecken. Ich entdeckte, daß sie nicht wie Mama ein Korsett trug, sondern einen warmen Busen mit pikanten Spitzchen. Statt der erwarteten Ohrfeige bekam ich den ersten wilden Kuß meines Lebens, an den ich immer zurückdenken mußte, wenn ich Photos der berühmten Tänzerin Valeska Gert sah. Dies erzählte ich 1937 in Paris vorm Café du Dôme dem ehemaligen Café-Größenwahn-Löwen Pavel Barchan, als er aufsprang, um mit Berliner Grandezza von anno dazumal der verwitterten Megäre Valeska Gert die Hand zu küssen. Des Rätsels Lösung: Valeska Gert *war* Gertrud Samosch. 1943, im Krieg, habe ich sie in New York photographiert, wo sie in der Bowery völlig verkommen im schwulen *Beggars cellar* ihre ehemaligen Schlager tanzte. Als ich sie dann noch einmal im Jahr 1965 im Fellini-Film *Giulietta* als altes Medium sah, hab ich beinah einen Herzschlag bekommen.

10. Lillys volle Zöpfe hatten's mir angetan. Auf einer Tiergartenbank wollte ich mein Glück versuchen, nachdem wir endlos gesprochen hatten. Als sie die Arme hob, mich zu umarmen, sah ich unter ihrer ärmellosen Waschbluse in ihrer Achselhöhle schweißverklebte Härchen und war böse mit der Natur, der ich nicht gewachsen war. Abgestoßen ließ ich Lilly sitzen und schrieb zu Hause diese Heinerei:

»Als ich damals wonnetrunken
All mein Lieb ihr wollte sagen

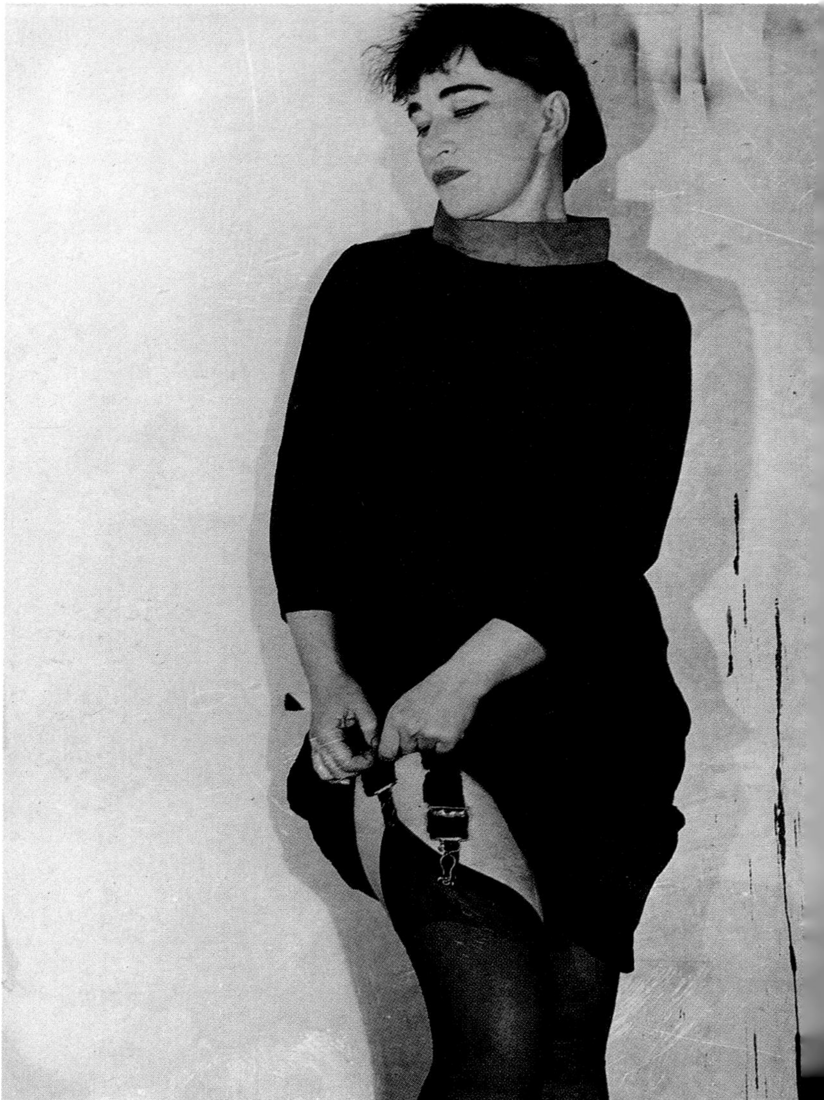

Valeska Gert.
New York, 1943.

All mein Leid ihr wollte klagen
Hat sie aus dem Mund gestunken
Wahrscheinlich lag's am Magen!«

Ich dachte, es ginge in der Poesie mehr um den Reim, weniger um die Wahrheit. Vergebt mir, ihr Lillys!

23 MIETZE. Unter Gaslampen, die ein verlumpter Laternenanstecker mit einer langen Stange entflammte, sonnten sich die nach Figurinen von Félicien Rops klassisch ausstaffierten Freudenmädchen. An jeder Straßenecke lauerte der Tod in perverser Verkleidung. Berlin wimmelte von diesen aufreizend klapprigen Talerfosen in durchbrochenen schwarzen Seidenstrümpfen (nur Dirnen trugen solche) auf hochhackigen enggeschnürten Lackstiefeletten (angefertigt nach masochistischen Träumen), in noch enger geschnürten Korsetts. Die Huren von 1910 erfüllten Mutterkomplexe der Väter, Erinnerungen an die Damen von 1870 wachrufend, wie mich die Wespentaillen von 1947 an die Prostituierten von 1910 erinnerten. Ich unterlag dem Charme der Perversität, fühlte mich wie eine Reinkarnation von Baudelaire, von dem ich nur den Namen kannte. Diese Wesen waren nicht imstande zu gehen, sie trippelten. Selbst zum Stehn waren sie zu eingezwängt. Den vollgestopften Wattebusen balancierten sie mit dem nach hinten rausgedrückten Wackelpopo, die Ellbogen weitab von der Taille. Als Aushängeschild baumelte neben dem Regenschirm eine riesige, fettglänzende schwarze Lacktasche, zum Schlagen. Weißgepudertes Gesicht, schwarzgemalte Augen über flammenrot getupften Wangen. Sie sprachen nicht wie menschliche Wesen, sondern zirpten wie Liebeshexen mit Zischlauten aus klassischen Walpurgisnächten. Sie schubsten Männer und machten dabei schnalzende Zungenbewegungen zu seltsamen Gebärden. Das war Lust! Sie fürchteten nichts als die Sitte(npolizei), ihren Louis (Zuhälter) und die französische Seuche (Syphilis). Meist strichten sie zu zweit und gruppierten sich malerisch an Straßenecken, überwacht von Louis, der Sitte und der Syph. Straßenprostitution schien mir überirdisch himmlische Liebe. Wedekinds Konfession:

> *»Wieviel lieber wär ich eine Hure*
> *als an Ruhm und Glück der reichste Mann!«*

Mit zwölf kam eine heiße Sehnsucht, ein einziges Mal eine solche Dame mit Liebeserklärungen zu erobern und von ihr zurückgeliebt zu werden. Mit fünfzehn nahm ich mir nach heldenhaften Kämpfen ein Herz und drei Mark (vom Taschengeld erspart) und wagte an der Ecke Schillstraße einer vollschlanken Blondine, die ich seit langem studiert hatte (man *muß* Frauen kennen!), zuzuflüstern: »Fräulein, ich liebe Sie!« Das Blut stieg mir in den Kopf, am Ende meiner Kräfte starrte ich sie an. Sie reagierte mit interesseloser Verachtung: »Quatschnichkrause, haste fümf Märker?« Ich hatte nur drei! Lieblos geschäftlich kommandierte sie: »Schatz mach Kasse, Polente, Kies, aba fix!« Ich nahm den Taler aus der Tasche, ohne ihn loszulassen. Sie wurde weicher: »Wat sollick mit dia machn? Schwanz bürsten, oda uffde Brust scheißn? Wie wärs mitm Pietzenritt, alswennsdeschwebst?« Ohne mir ihr Menü anzuhören, antwortete ich glühend: »Fräulein, ich liebe Sie!« Sie sagte: »Quatschmitsooße! Is mia schnuppe!«, nahm mich untern Arm und brachte mich schnurstracks zur Nettelbeckstraße zweiundzwanzig. Ein unerwartet harter Schlag: In diesem Haus wohnten nämlich Lewins, ekelhafte Skatfreunde der Eltern, mit deren ekelhaften Kindern wir befreundet sein mußten. Wenn die mich hier auf ihrer Treppe mit meiner Geliebten abfaßten, bliebe mir nichts, als mir sofort das Leben zu nehmen (»Ein edles Blut«). Schrecklich, daß Liebe und Bürger im selben Haus wohnen. Es gab kein Zurück. Zu tief war ich bereits in den Morast der Verworfenheit eines Roué gesunken. Mit fünfzehn war ich kein Kind mehr, war ein Mann, ein Lebemann. Ich wollte nächtlich am Busento lispeln. Mietze verachtete mich, weil ich noch wie ein Schuljunge aussah, und ich wollte ihr beweisen, daß man mit fünfzehn Mann ist. Mit List und Verstand hatte ich sie zu verführen, wenn nötig mit Gewalt. Danach würde ich ihr auf den rechten Weg zurückhelfen. Denn ich habe die Gewohnheit, Menschen das Leben zu retten! (Bismarck) Nichts lag mir ferner als Unsittlichkeit; vergeistigen wollte ich sie. Dankbar wird sie mich umhalsen. Sie fand Erwin einen schönen Namen. War es gefährlich, daß sie meinen Namen kannte? Umständlich schloß sie die Haustür auf. Ewigkeiten. Vorsichtig kletterte ich hinter ihr die dunkle Treppe rauf in die Unterwelt. Ein Fehltritt konnte mir das Leben kosten. Lewins! Wie ein Kind an Mutters Rock hängte ich mich an ihren Mantel. Glücklich vorbei an Lewins Wohnung im dritten Stock. Danach mußte ich das Schweigen brechen und fragte, was sie lese. »Haltefresse!« sagte sie, »ick lese Krümel ausm Arsch!«, und öffnete ungeschickt die Wohnungstür der vierten Etage. Verpestete Luft! Sie tickte geheimnisvoll an Zimmertüren, schob mich in eine dunkle Dachkammer, ging wortlos raus und ließ mich allein in der Nacht eines fremden Zimmers. Unnett! Wo war der kleine Liebesgott mit seinen herzigen Flügelchen? War Lust so traurig? Endlos sprach sie im Nebenzimmer mit Männern, als sei ich nicht da. Ich verstand ihre Sprache nicht. Rauchend kam sie zurück und steckte eine Petroleumlampe an, viel natürlicher als in all den naturalistischen Dramen von Hauptmann, Halbe, Holz, Gorkis *Nachtasyl*. Das Wort Surrealismus war noch nicht geboren. Unbekannte bezaubernde Trostlosigkeit: Milljöh! Ein Vogelbauer hing da, ohne Vogel. Sie war wohl keine Liebhaberin von Vögeln. Eine aufgewühlte Matratze, aus deren aufgeschlitztem Bauch Stroh quoll, lag auf der verbogenen Messingbettstelle. Eine umgeworfene Wasserkanne hinter einem übervollen Hexenkessel, aus dem Miasmen stanken. »Bei mia uffm Eima!« erklärte sie und tat's schamlos, erschreckend natürlich, wie ich's noch nie gesehen hatte. Als sie ihren Taler verlangte, wollte ich mich nicht neppen lassen: »Wollen Sie bitte erst so gut sein, sich zu entkleiden?« »Warum?« fragte sie bissig. »Weil ich gern mal ein weibliches Geschlechtsteil von innen besichtigen möchte.« Um die Erotik zu vergrößern, hatte ich meine Lupe mit fünfmaliger Vergrößerung mitgebracht. Auch wollte ich tiefere Einsicht in tierische Salze gewinnen. »Ich kenne alles ziemlich genau aus dem *Großen Meyer*, aber ich kann mir keine greifbare Vorstellung vom Kitzler machen. Genauso undeutlich ist mir der Unterschied zwischen der oberen und der unteren Schamlefze. Vom Schwangerschaftskalender weiß ich wahrscheinlich mehr als Sie, denn in Naturkunde habe ich immer eine Eins!« Anschließend erkundigte ich mich nach dem Befinden ihrer Gebärmutter. Sie staunte offenen Mundes. Mein Wissen schien ihr zu imponieren. »Raus mitm Taler, sonst ruf ick meim Bräutijam ausm Nebenzimma, der wird dia mitm Beil den Scheitel jradeziehn!« Ich wunderte mich, daß sie verlobt war, und händigte ihr drei Wochen Taschengeld aus, enttäuscht, denn ich hatte gehofft, sie würde sich mir aus Liebe hingeben. Ich faßte gleichzeitig den Entschluß, mir Rollschuhe zu kaufen und von nun an morgens zur Schule zu rollen, statt mit der Elektrischen, der Sechsundneunzig, zu fahren. Freude schöner Götterfunken kostet schönes Geld, besonders mit einer Schönen aus Elysium. »Wat nu?« gähnte sie, als ob ich langweilig wäre. Ich bestand darauf, sie solle sich mit meiner Hilfe völlig entkleiden. Nach einem tiefgehenden Gespräch würden wir uns dann trotz gesellschaftlicher Differenzen lieben können. »Du mußt mir möglichst mit allen Einzelheiten erzählen, wie du deine Unschuld verloren hast, und warum du ein Freudenmädchen geworden bist. Zum Dank werde ich dir danach Goethes ›Gott und die Bajadere‹ rezitieren, wenn du willst, mit verteilten Rollen. Ich bin ein großer Schauspieler, du darfst nicht darüber sprechen.« Und schon fing ich an: »Mahadöh, der Herr der Erde kam herab...« »Sei nich blöd«, sagte sie, »wenn du mir noch zwei Mark schenkst, ziek mia aus und du darfst dir meine Muffe bekieken. Schatzi sei lieb!« Als ich gestand, daß ich keinen Sechser mehr hatte, knöppte sie plötzlich ganz schnell ihren Mantel auf, ließ ihn mit einem Ruck auf die Erde gleiten und stand vor mir, ohne Bluse, gepfercht in ein fleischfarbenes Korsett in einem speckigschwarzen Zanellaunterrock: War sie etwa schwanger? Grausige Natur und Kunst! Mir blieb die Spucke weg. »Tüll drüba und nischt drunta!« sagte sie, wobei sie behutsam, als täte es ihr weh, zu meinem Entsetzen Watteknäuel, die sie scheinbar zum Schutz zwischen Korsett und Busen gestopft hatte, herausnahm. War ihr Busen geschwollen? Er sah so gewaltig aus. Mir wurde es zuviel. Rote Flecken strahlten in der Nacht, Gefahr!, überall sah ich rote Flecken tanzen, bekam es furchtbar mit der Angst zu tun: Das war Syphilis! War ich schon angesteckt? Verängstigt wollte ich wegrennen. Sie wollte mich nicht unverrichteter Sache ziehn lassen, verschloß die Tür und steckte den Schlüssel in ihre Lacktasche, verwandelte sich in ein Tigertier im Raubtierhaus, räkelte sich müde aufs Bett, streckte einladend ihre Zunge nach mir und fing lippenleckend an, in ihrer Gräßlichkeit gefährlich schön auszusehen. Zu spät! Mein Beschluß war genommen: Dreimal sagte ich nein, wobei ich mit meiner rechten meiner linken Hand mein heiliges Ehrenwort gab. Ich war ein Mann! und sagte höflich, doch entschieden: »Lassen Sie mich bitte gehn, Sie wollen mich doch nur zum Spaß verführen!« »Kleina, sei nich unjezogen!« »Nochmals, lassen Sie mich bitte gehn!«

Als sie nicht reagierte, trat ich ans Fenster, als wollte ich um Hilfe schrein. Ich wußte, wie unmöglich das war: Lewins Haus, die Schule, der gute Name! War ich ein Sittlichkeitsverbrecher? »Ziehst du dir aus, zieh ick mia aus«, sagte sie. Stumm fing ich gerade an zu wanken, da kam ein ungeduldiges »Wer-nich-will-der-hat-schon«, und sie stand auf, sich vorm Spiegel anzuziehn, als sei sie alleine. Sie bürstete ihr dreckiges Strohhaar, streute Puder unter die Arme, übers Gesicht, überall, schmierte Rouge auf die Wangen und sah verkäuflich aus wie zuvor an der Straßenecke. Wieviel anziehender ist eine halbangezogene Frau als eine angezogene, als eine ausgezogene! Sie ging nochmals ins Nebenzimmer, ließ mich wieder endlos allein, ich hörte Lachen, über mich?

Danach schlichen wir die Treppe runter, an Lewins vorbei. Mietze öffnete die Haustür, gab mir einen verachtungsvollen Schubs: »Türme, Paket!« Und ich rannte, ein unschuldiges schuldiges kleines Kind zurück in die Welt, nach Haus, ohne daß ich gewagt hatte, die Dame zu berühren. Die ganze Geschichte hatte keine halbe Stunde gedauert.

So endete das herrlichste Abenteuer meiner Kindheit. In Wirklichkeit endete es nie: Zu oft navigierte ich um Mietzens Nuttenparade, sie wiederzusehen, ihr Freund zu werden. Sie jedoch, die mir so viel war, kannte mich nicht mehr. Wie jeden Unbekannten zischte sie mich an: »Kleena, willstemal?«

24 KÜNSTE. Was trieb mich besseren Justemilieuknaben stetig zu jenem rivegauche Ufer, von dem alle Wege gen Montparnasse aufsteigen? Es kann nicht *nur* am Busen meiner Amme gelegen haben, unter dessen Einfluß sich diese Sucht nach Goldenen Schnitten entwickelt hat. (»Der erstmalig vorgelegte Brustwarzenabstand diktiert lebenslang Verhältnisse.«) Da war ein raffinierter Hang zu Finessen, die Lust zur Anekdote, der Drang zu gestalten, stimuliert durch das Verbot des Judengottes, kein Bildnis zu machen und keinerlei Gestalt… Da war die Angst, ob ich es selbst je zu einem persönlichen Geschmack bringen würde. Unter gutem Geschmack stellte ich mir eine Konstante vor, einen Platinmeterstab in einem unterirdischen Gewölbe in Paris, geheimnistuerisch überwacht von intellektuellen Snobs. Nur mit Empfehlungen reicher Protektorinnen könnte man in diese exklusive Welt eindringen. Ungesehen, wie das meine Art ist, verliebte ich mich als Kind in Paris, und *da* kam mir, erst mit vierzig, die Einsicht, daß Geschmack nur Vorgeschmack ist. Geschmack kommt vom Schmecken. Amerikaner haben keinen; als Babies werden sie mit geschmacklosen »Formulas« zu geschmacklosen Babes großgepäppelt. Geschmack läßt sich nicht aus Büchern lernen, nicht mal aus Kochbüchern. Von Anfang an hatte ich Leibgerichte (und bin ihnen treu geblieben): Bierkalteschale, Leberwürste, Spickgans, Lachsschinken, Preiselbeeren, Gänsegrieben, Pumpernickel, Worcestersauce, Weiße mit Schuß, saure Kirschen, Kartoffelpuffer mit Apfelmus, Lappenbiefstück und Bratkartöffelkes, gebrannte Mandeln, Mokka. Ich haßte seit jeher: Reis, Roquefort, Nudeln, Königsberger Klöpse, Kalbsleber, Falsche Hasen, Linsensuppe, Gorgonzola, Buttermilch, Erdnüsse und Tee. Außer Geschmacksverirrungen hatte ich Geschmackslaunen: Heut schmeckt mir Spinat, morgen schmeckt er mir nicht; es liegt nicht nur am Spinat.

A priori war mir klar, daß schöpferischer Trieb von Längen- und Breitengraden abhängt, daß Temperaturen Temperamente zeugen, daß kein Genie je südlich vom Äquator zur Welt kam, daß Wasserfarben am Nordpol einfrieren und daß die Sahara arm an Kunstschlittschuhläufern ist. Ich wußte, daß Kunst nach Brot geht. Früh ahnte ich kulturelle Zusammenhänge zwischen Cheops- und Mayapyramiden, suchte und fand Ähnlichkeiten überall. Begabt war ich, doch in keiner bestimmten Richtung: Ich schwankte zwischen Feuerwehrmann, Philosoph, Müllkutscher, Arzt, Rabbi, Schauspieler. Ich wußte, wenn auch nicht ganz sicher, daß ich kein Genie bin, und teilte Papas Auffassung: Genialität kommt nur bei Männern vor: Männer erfinden, kämpfen, verdienen, haben Sorgen. Frauen dagegen gebären, kochen, führen Haushalt und machen Handarbeiten, ohne zu wissen, was sie tun, wie zum Beispiel: Mama. Spielend lernt man sprechen, singen, dichten, denken; sammelt Eindrücke, imitiert, bevor man wagt, Eigenes hervorzubringen. Stil kommt später, oder nie.

25 MUSIK. Im Anfang kein Wort ohne Klang, kein Lied ohne Worte. Klavierübungen tonleiterten klimpernd durchs Haus. Wie verwunschene Unken warteten Ammenmärchen im bodenlosen Ziehbrunnen der Urgefühle. Ton. Melodie. Wort. Aus einem tiefen Grunde: Volkslied: Tiefsinn.

Rührend krächzte die Harfenjule auf Hinterhöfen, vor Kälte bibbernde Kurrendenknaben in schwarzen Capes sangen tieftraurigverstimmte Choräle, und stelzbeinige Invaliden humpelten mit Leierkästen, auf denen als Türken ausstaffierte Äffchen zur Blauen Donau walzten, bis man ihnen schließlich einen in Zeitungspapier zerknitterten Pfennig runterschmiß. Die Dienstbolzen heulten Tag und Nacht wehleidige Sentimentalerotik:

»Zwei dunkle Augen
Ein Popo im Mund
Sind all mein Glück
Zu dieser Stund!«

(Es hieß: »ein purpurner Mund«, fast wär ich Popofetischist geworden.) Von den beneidenswerten Straßenkindern, die jenseits von Gut und Böse tun konnten, was sie wollten, lernte ich verbotene Gassenhauer:

»Du bist verrückt mein Kind, du mußt nach Dalldorf hin
Wo die Verrückten sind, da is es jutjenuch für DICH!«

»Wenn meine Frau sich auszieht
Wie die dann aussieht
Dann hatse falsche Zeene
Und krumme Beene!«

»Sie hat'n Floh
Sie hat'n Flohrentiner Hut!
Sie is'ne Sau
Sie is'ne saubre Frau!«

»Meine Frau, die frißt jern Sülze
Und wennse keine kricht, dann brülltse.«

»Hastenich den kleinen Cohn jesehn?
Jrade sah ick ihn vorübajehn
Seine jriene Jacke
Schmierta sich voll Kacke
Und nu schtinkta wundascheen!«

»Mein liebes Fräulein Backhaus,
wo is denn hier das nächste Kackhaus?
Mir is ja schon so ach und weh,
ick kann schon nichmehr jradestehn!
Jehnse rechtsrum, jehnse linskrum, jehnse imma jradeaus,
Dann sehnse schon von weitem so ein kleines jrienes Haus!«

Solche Lieder durften wir nicht singen, doch wenn wir sie sangen, lachten alle.

Jeden Morgen marschierten unter unsern Fenstern die Maikeewa (erstes Garderegiment zu Fuß) zum Tubaton des Weltgerichts im Stechschritt zum Exerzierplatz. Wir Preußen hatten seit hundert Jahren keinen Krieg verloren und ließen es die Welt wissen. Ich bewunderte Husaren, Ulanen, Dragoner, doch vor allem Pasewalker Kürassiere mit vergoldeten Adlern auf versilberten Helmen, hoch zu Roß hinter ihrem vollbärtigen Hexenkesselpauker auf stolzierendem Appelschimmel. Ich wurde Militarist mit Papierhelm auf meinem Hoppa-hoppa-Reiter-Steckenpferd.

Im Gegensatz zu den Dienstmädels, die sich auf Kreuzbergbänken von fremden Männern knutschen ließen, trafen sich die Kinderfräuleins heimlich mit Kavalieren in lauschigkühlen Kirchen. Während sie pianissimo tuschelten, übten Organisten fortissimo immer dieselben Orgelstücke, die mir später als Urerinnerungen früheren Daseins seltsam vertraut waren. Die C-Dur-Tonleiter, unkompliziert eindimensional im Viervierteltakt, war meine Lieblingsweise. Noch heut zweifle ich an der Existenzberechtigung von D-Dur, ganz zu schweigen von Moll-Perversitäten. Selbst in Tönen bleibe ich Voyeur. Mein Lieblingsinstrument war selbstverständlich die Pauke, obwohl ich schon damals kein Taktgefühl hatte. Auch die Eltern waren vorbildlich unmusikalisch. Mama spielte mit zwei Fingern falsch Klavier, und Papa grölte im Klosett: »Auf in den Kampf, mir juckt die Säbelspitze!«

Alle vierzehn Tage, wenn das Dienstpersonal Sonntagsausgang hatte, nahmen uns die Eltern, weil sie uns nicht allein zu Haus lassen konnten, zu den Sonntagsnachmittagsabonnementkonzerten in die Philharmonie mit. An Tischen wurde zu Bach, Beethoven, Brahms Bockbier getrunken. Die Musiker waren als Kellner verkleidet. Ich stand unterm Podium des Kapellmeisters und bewunderte den Pauker, der wild drauflosschlagen konnte. Warum gibt es keine Tokkaten für Pauken allein? Mein zweites Lieblingsinstrument war die Zither. Wenn ich meine Schwester Annie von der Burtin (eine der höchsten höheren Töchterschulen: die Selekta saß empört auf der Empore in der Aula!) abholte, kamen wir am Spielwarenschaufenster des Kaiserlichen Hoflieferanten Lechleitner vorbei, bei dem der Kaiser immerzu Schaukelpferde für seine Söhne kaufte (Friedrich Wilhelm, August Wilhelm, Eitelfritz, Waldemar, Sigismund, Oskar). Da verknallte ich mich auf den ersten Blick in eine Appenzeller Akkordzither, sah mich bereits zu meinem eigenen Spiel in Gemslederhöschen schuhplattlern. Gegen Weihnachten fieberphantasierte ich von Zithern, bis Mama weich wurde. Jetzt kommt ein furchtbarer Charakterzug: Eine Stunde vor der Heiligenabendbescherung sah ich durchs Schlüsselloch die Appenzellerin unterm Christbaum liegen. Zitternd schlich ich zu Mama und hörte mich sagen, ich würde viel lieber eine Dampfmaschine mit Liegekessel, Wasserstandsglas, Sicherheitsventil und Dampfpfeife haben. Damals war Umtausch unmöglich. Knecht Ruprecht, meiner Cousine Ada sprechend ähnlich und ähnlich sprechend, brachte mir also das Prachtinstrument, nicht ohne vorhergehende Erpressungsmanöver, mich wegen Nägelknabberns in seinen Sack zu stecken, was ich mit energischem Brüllen zu verhindern wußte. Nach wenigen Minuten hatte ich das zartbesaitete Instrument lebenslänglich verstimmt. Zitherspielen lernte ich nie.

Meine eigenhändige musikalische Bildung sollte durch Klavierstunden gefördert werden. Herr Klavierlehrer Ziehlesch kostete fünfzig Pfennig weniger als durchschnittliche Klavierlehrer (er machte es für zwei Mark), hatte eine Spaltnase und stank sauer aus dem Mund. Mit gelbem Bleistift schlug er unbarmherzig Takt auf meine kalten Finger, ohne meinen Anschlag zu verbessern. Nach drei Jahren erfolgloser Quälerei wurde er von Fräulein Liebmann abgelöst. Die hatte einen samtartigen schwarzen Schnurrbart, keinen Schimmer von Musik und stank bitter aus dem Mund. Ihr Unterricht ging systematisch darauf aus, mich instand zu setzen, meine Eltern an Geburtstagen vierhändig mit meiner Schwester zu Tränen zu rühren. Es hatte klassisch zu sein, zu schwer, mit Pralltrillern! Dabei mußte ich aufstehn, um aufs Pedal zu treten. Fräulein Liebmann liebte Wagner. Ich protestierte gegen diesen Radauantisemiten. Sie belehrte mich: »Der Dichter steht auf einer höhern Warze als auf den Zinnen der Partei!« In der Tat trug sie eine Warze im Nasenflügel. Zu Papas Geburtstag mußten wir die Tannhäuserouvertüre, zu Mamas die Lohengrinouvertüre vorspielen. Zur Belohnung durfte ich wählen, was ich zu meinem eigenen Geburtstag spielen wollte. »Gar nichts«, sagte ich. Als sie mich zwang, wählte ich Mozart. »Mozart ist soo zart!« sagte sie, »für Barokokotand bist du zu erwachsen! Zur Strafe wirst du dir Clementis ›Schule der Geläufigkeit‹ vorspielen!« Danach versuchte sie, sich in mein Herz mit einem Arpeggio Glissando wiedereinzuschleichen. Vor der nächsten Stunde verbarg ich die Noten im Bauch des Klaviers. Mit Fräulein Liebmanns Kommen setzte verzweifeltes Suchen ein: auf den Schränken, unterm Teppich, hinter der Bibliothek, überall, bis ich schließlich das Piano von oben öffnete, um erstaunt die Noten rauszuziehn. Fräulein Liebmann hatte durch ihre Stahlbrille zugeschaut und bemerkte

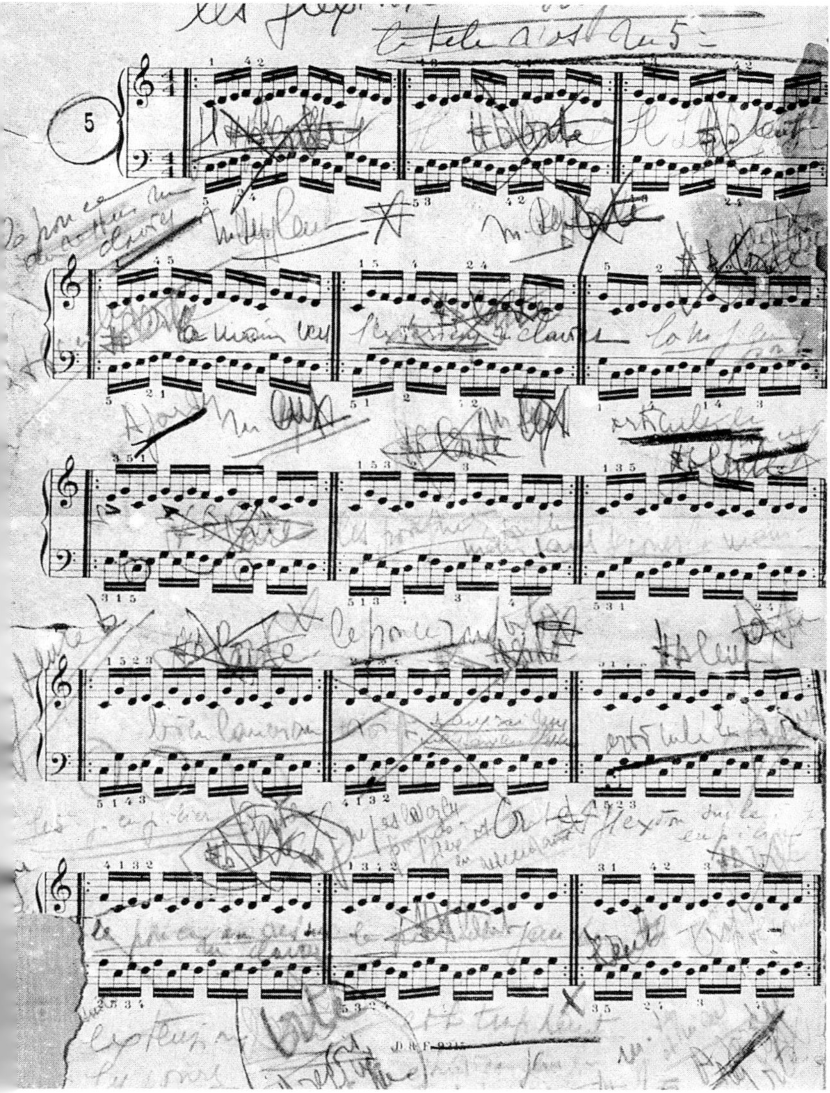

Orgien einer Klavierlehrerin, Paris, 1936.

seelenruhig: »Dies Spiel ist genauso alt wie das Pianospiel. Alle Schüler finden immer nach einer Viertelstunde die Noten im Klavier.« Es ist ihr nicht gelungen, meine Musikliebe zu zerstören. Diese wuchs sogar mit meiner ersten Oper. *Zar und Zimmermann* von Lortzing im Lortzingtheater. Da gab's an jedem Sitz eine kleine elektrische Lampe zum An- und Ausknipsen (damit man im Dunkeln das Programm lesen konnte), viel interessanter als Musik. Bei meiner zweiten Oper, *Fra Diavolo*, gab's gottseidank dieselben Lampen. Bei »Marthamartha, du entschwandest« von Freiherrn von Flotow hatte ich mich an die Lämpchen gewöhnt und fand Opern langweilig komisch. Warum sangen so häßliche Sänger, was besser ungesagt geblieben wäre? Warum wiederholten sie durcheinanderquasselnd, was sowieso niemand verstand? Meine erste lampenlose Oper, *Carmen*, mit *der* Destin, war eine Enttäuschung. Wie konnte sich ein Stierkämpfer in eine so fette Kuh verlieben?! Dünner war das Cherubinchen der Lola Artot de Padilla, und ich verliebte mich in Mozart. Sofort komponierte ich meine einzige Oper *Semiramis* in sechs Akten (warum immer nur fünf?). Ich kam bis zum vierten Takt der Ouvertüre (stark beeinflußt von *Fra Diavolo*), sowie zum Text der Auftrittsarie des Pharao:

»Bringt mir Zeitvertreib, ihr Diener
Ruft mir meine Zaubrer her!
Frohe Feste will ich feiern,
Lange sah ich sie nicht mehr!
(bis!)«

Zu Hause hörte ich keine gute Musik, mußte dreißig Jahre warten, bis ich meinen Durst nach Melodien an den übervollen Brüsten von Grammophon und Radio stillen konnte. Im Anfang des 16. Jahrhunderts wurde der kleine »que-saisje?« Montaigne auf Anordnung seines Papas allmorgendlich von einem Schlafkammerorchester geweckt. Mich weckt mein Radio jeden Morgen um sieben Uhr dreißig leise mit Barockmusik, in Pianissimos, die es früher nicht gab, und Tag und Nacht läßt sich jede Sekunde Mozart aus der New Yorker Luft melken.

26 THEATER. *»Donnawetta / Mang de Bretta / Sitzt n Kata / Macht Theata.«*

Leichtfertige Kindermeechens verführten meine ersten Schritte zum Bockbierfest in die Hasenheide, wo ich in dunklen Schmierentheatern unverständliches Zeug belachte, beweinte, beklatschte. Zum Zirkus führten mich die Eltern zur Belohnung, wenn ich artig war. Es gab zwei Zirkusse: Zirkus Busch und Zirkus Schuhmann. Da verstand ich alles, besonders die Clowns, nur nicht, was sie sagten. Am aufregendsten war, wenn die Manege unter Wasser gesetzt wurde und Krokodile tanzten. Leider durfte ich nur zu Kindervorstellungen, wo niemand aufgefressen wurde und keine Akrobaten abstürzten, um sich das Genick zu brechen. Vor allem aber war Berlin eine Theaterstadt. Den Brettern, die die Welt bedeuten, verfiel ich gänzlich im Sommer 1905, nachdem mich Max Reinhardts *Sommernachtstraum* in Shakespeares Märchenwälder gedreht hatte, in denen die wasseräugige Gertrud Eysold als Puck um die Wette mit elektrischen Glühwürmchen Traumnächte durchschwebte. Ich mußte zur Drehbühne, wollte selbst kleine Sommernachtsträumchen in die Welt setzen, Stücke schreiben, in denen ich allein, in selbstentworfenen Kostümen und Dekorationen sämtliche Rollen unter eigener Regie kreierte, um hinterher als sarkastischer Kritiker mitleidlos meine eigene Aufführung runterzureißen. Ein reiches Leben!

Klassische Dramen sah ich zuerst in vorbildlich schlechten, drittklassig besetzten »Nachmittagsvorstellungen für Schüler höherer Lehranstalten zu ermäßigten Preisen«. Richtiges Theater mit berühmten Schauspielern war abends, zu spät, zu teuer, und ich war zu jung. Um ohne Billett in ausverkaufte Premieren reinzukommen, bediente ich mich einer List: In meinem Barmizwohanzug, mit wild in die Stirn gebürstetem Haar, die Schulmappe gerollt unterm Arm, stürmte ich an den Logenschließern vorbei, so überzeugt, ein bedeutender Theaterkritiker zu sein, daß ich niemals angehalten worden bin. Ich durchstand den Abend im Stehparkett (»Stehsitz«), schrieb nachts im Bett eine vernichtende Kritik im Stil Kerrs oder Schlenthers und stürzte mich am nächsten Morgen auf die Zeitung, um rauszufinden, ob ich recht gehabt hatte.

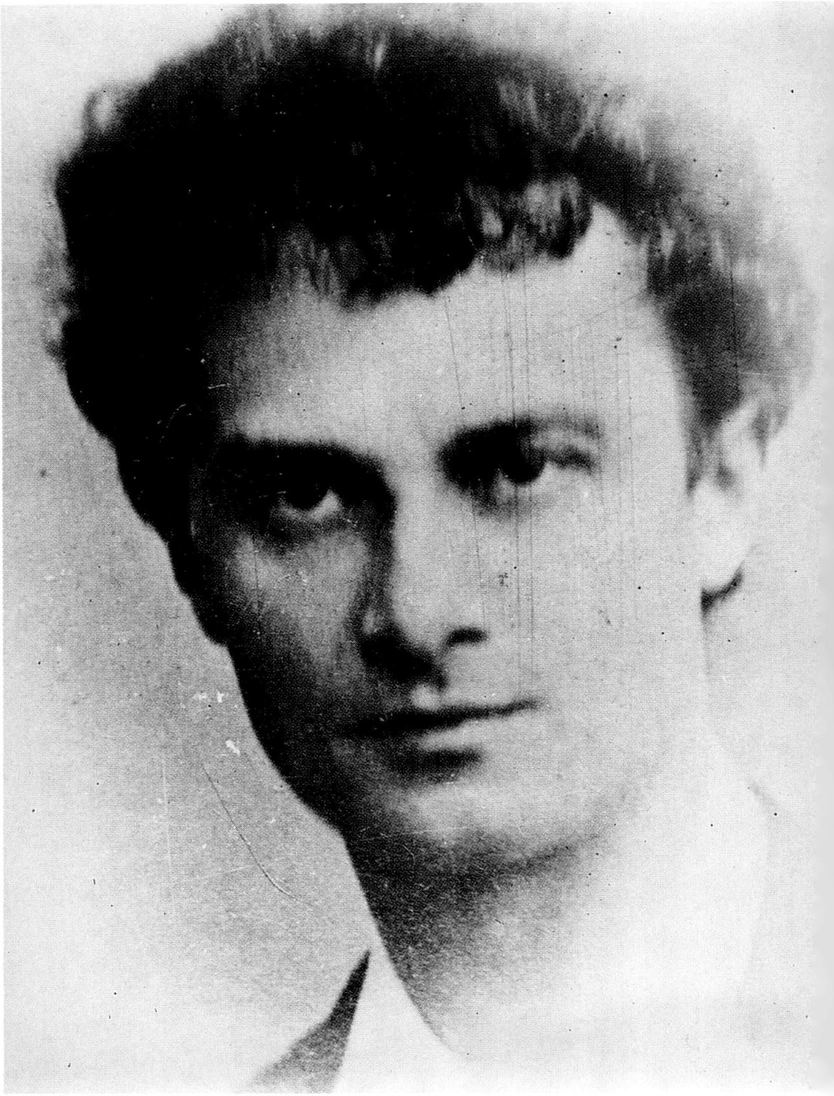

Angeblich unveröffentlichte Amateuraufnahme
von Joseph Kainz, die er meiner Cousine Frieda Cohn
verehrt haben soll.

Ich schwärmte für Reinhardts Helden Moissi, der mit schiefgehaltenem Lockenkopf in hysterischem Singsang die Herzen stahl, imitierte ihn besser als er selbst, sprach mit noch falscheren Betonungen als er, legte meine Knabenstirn in tiefe Theaterfalten und schminkte mir mit Leichners Fettschminken schwarze Augenränder rings um die Augen. Bald konnte ich andere Schauspieler nachmachen, sogar Kainz, Matkowsky, Sommerstorff, die ich nie gesehen hatte. Mühsam lernte ich Monologe auswendig und tat, als hätte ich nach flüchtigem Durchblättern meinen *Hamlet* im Kopf. Weh den Gästen, wenn sie mich *nicht* zwangen, »wider Willen« meine Schauspielkünste vorzuführen! Ich buhlte um Beifall, den ich zu verachten vorgab. Niemand verstand, niemand konnte verstehn (selbst ich nicht), was sich in den Tiefen meiner Künstlerseele abspielte. Unverstandensein gehörte zu den Notwendigkeiten meiner Jugend, meines Lebens, meiner Zeit.

27 Der Spiegel.

Die Vorbereitung auf die bildenden Künste vollzog sich im Elternhaus. Zwischen unzähligen Schlüsseln lag in Mamas Schlüsselkörbchen einer mit verschnörkeltem Messingkopf, der ihren eingemotteten Salon vor uns verschloß. Nur bei besonderen Gelegenheiten wurde das Allerheiligste geöffnet. Bevor die Überzüge von den Seidenmöbeln genommen wurden, gab's gründliches Großreinemachen mit Sauerkrautmassage des Teppichs. Mit diesem Schlüssel riegelte ich mich heimlich bei zugezogenen Gardinen in diese heiligen Hallen, mein erstes Museum. Da hing auf mandelgrüner Papiertapete mit echter Seidenmoirédamassépressung ein Riesenölgemälde, von Papa kunstkritisch als »Schinken« klassifiziert: *Der Hirtenknabe* von Professor Franz von Lenbach, originalkopiert in der Münchner Pinakothek von Mamas bester Jugendfreundin Elise Mentzel aus Stettin (von deren Vater Großpapa Henry seine Weinpanscherei besonders vorteilhaft übernommen hatte). Ein Hirtenknabe sonnte sich unter vielzublauem Himmel auf vielzugrüner Wiese, lebensgroß, lebensmüde. Deutsche Pastoralromantik von 1900. Ohne Krafft-Ebings gesammelte Märchen gelesen zu haben, war mir klar, daß dieser alldeutsche Krafft-durch-Freudenknabe ein Berufsonanist war, der es mit dem neben ihm liegenden verrosteten Taschenmesser so lange übertrieben hatte, bis er seinen Pimmel wie ne Wurststulle auf- und zuklappen konnte. Ein schwerer Goldrahmen erhöhte die Unanständigkeit der Situation. Rechts daneben rief Böcklins unvermeidliche *Toteninsel* in gräulich-grünlicher Kupfertiefdruckgravüre einen gewollt tiefen Eindruck hervor. (*»Wer was bei Jahndorf kauft, bringt nichts von Wertheim!«*) Zwischen Guido Renis *Aurora* in Zwölffarbendruck und einer halbentblößten Sepiaschönheit von Henner, die mich mit ihrer die Brüste verhängenden Haarpracht zum Haarfetischisten bürstete, schlug die Standuhr mit Doppeldomgongglockenschlag feierlich verkehrt die Stunde. (Zu diesem Zweck kam wöchentlich Uhrmacher Gieritz. Sobald er weg war, machte ich seine Arbeit ungeschehen.) An der gegenüberliegenden Wand hingen goldgerahmt, von derselben Elise Mentzel nach Photos gemalt, die blutleeren Porträts der Eltern meines Vaters neben dem sich im Bergsee spiegelnden schneebedeckten Watzmann von Achenbach, gleichfalls von Elise Mentzel. Vor der sich verschämt entblößenden *Phryne* und dem schamlos grinsenden *Hille Bobbe* von Frans Hals standen auf bronzebeschlagenen Jugendstilpiedestalen Nippsachen: der *Moses* von Michelangelo mit Grünspan (zweiter Kegelpreis), der *trunkene Faun, Antinoos* (Marmorimitation), der *Dornauszieher* (rosa Alabaster), ein *Merkur* (Kunstbronze-Grips), der *Sämann* von Meunier (vom Personal zum Geschäftsjubiläum). *Pasiphae* und *Iphigenie auf Tauris in Aulis* (Gravüren) erweckten mythologische Fragen, die nur durch unverständliche Erektionen beantwortet wurden. Auf dem Salontischchen lag Nietzsches *Zarathustra*, ungelesen.

Das wirkliche, das wahre Wunder jedoch war der Riesenspiegel, der zwischen den zwei Salonfenstern, umrahmt von raffiniert gerafften olivgrünen Samtgardinen, die Wand beherrschte. Mama hatte mich gelehrt, das Auge sei der Spiegel der Seele. Auge in Auge beobachtete ich die meine, saß stundenlang auf dem waschechten sächsischen Smyrnateppich vorm Salonspiegel und schnitt Grimassen, um zu reifen, alt auszusehen, meine Seele zu entdecken. Obwohl ich inzwischen das Gegenteil gelernt haben dürfte, bleibe ich überzeugt, daß hinter dem durchsichtigen Glas ein Leben in einer anderen Welt vor sich geht. Wir sind Doppelgänger. Ohne Spiegel wär ich nie Mensch geworden. Narren nennen das Narrzissuskomplex. Ohne Spiegel keine Kunst, ohne Echo keine Musik.

Als ich mit elf Jahren zum ersten Mal eigenhändig die Freuden der Lust an mir ausprobierte, nachdem ich mir zuvor mein heiliges Ehrenwort gegeben hatte, dies metabolistische Experiment nur ein einziges Mal aus rein wissenschaftlichen Motiven auszuführen, kniete ich Autovoyeur vor dem Spiegel, um den bedeutsamen Augenblick des Auftauchens von dunkellila Ringen unter meinen Augen, die mich unzweideutig zum Lebemann stempelten, zu observieren. Statt dessen schlossen sich meine Augen und mir ging der Sinn des Wortes *Liebestod* auf. Erstaunt fand ich danach im Jenseits des Spiegels mein altes Gesicht zurück. Hatte ich doch gefürchtet, daß jeder mir mein »Verbrechen am keimenden Leben« ansehn würde! Die angsteinjagenden Theorien über die Gefahren der Selbstbefleckung hatte ich aus *Meyers Großem Konversationslexikon*, das hinter Schloß und Riegel vollgestopft mit den faulsten Pferdeäppeln der Erkenntnis in Papas Bücherschrank auf mich lauerte. Gierig entnahm ich dem *Großen Meyer* unterm Bett oder bei Kerzenschein auf dem Klo verbotenes Wissen. Alles war so mystisch verworren geschrieben, daß ich es als pornographische Religion hinnahm: *Credo quia absurdum.* Ich glaubte, weil es Unsinn war, wie der Jude Herr Onan in der Wüste eigenhändig die Onanie erfunden hat, die früh zu doppelt vereiterter *Tabes dorsalis*, der gefürchteten Rückenmarkschwindsucht führt, von welcher der völlig entkräftete Knabe nach langen qualvollen Leiden durch vorzeitigen Tod erlöst werde. Ich zog die Konsequenzen: Sobald ich mit meinen Eltern, dem Leben oder mir selbst unzufrieden war, nahm ich freudig mein Schicksal in die eigne Hand und versuchte, mittels der im *Meyer* angegebenen Methode meinem jungen Leben ein Ende zu bereiten. Oft und gern habe ich zu diesem Mittel greifen müssen, ohne je zum gewünschten Ziel gelangt zu sein: Ich bin dabei stets in tiefen Schlaf gefallen.

Was trieb mich in die Künste? Sexualtrieb mich. Die ersten visuellen Anregungen sog ich aus Papas Witzblättern. Wöchentlich wiederkehrende Reize derselben Demimondainen in Spitzenhöschen regelten mein Selbstbefriedigungsprogramm. Zugleich wurde ich auf die Damenkonfektion vorbereitet:

»Männe hak mir mal die Taille auf
ich komm nicht bis oben rauf!«

Franz von Reznicek lehrte mich im *Simpli(cissimus)* fachgemäß eine verlegene Blondine am Bettrand zu entkleiden. Von Ernst Heilemann erfuhr ich aus den *Lustigen Blättern*, wie ein vollschlankes Gschpusi beim Schampus im Separée mit einem Chevaulegerleutnant ihrem Ollen Hörner aufsetzt. In der *Jugend* gab mir der pervertierende Beardsleyimitator Franz Ritter von Bayros Privatstunden in der Verführung Minderwertiger durch grausamkorsettierte Messalinen in Straußenfederornat unter Zuhilfenahme unanständiger Affenpinscher. Jeder deutsche Knabe von damals hat anhand dieser Liebesgöttinnen dieselbe Onanierschule durchlaufen – mit verschiedenen Resultaten.

Kunst und Natur sind eines nur. Beginnend in den Panoptikums (Passage- und Kastans-), wo ich die Siamesischen Zwillinge, Dr. Agha, die schwebende Jungfrau, Liliputaner, den Riesen Machnow, die Hafeneinfahrt von New York, verstaubte Wachsfiguren in Schreckenskammern, frühzeitig in Alkohol ersoffene Fötusse und andere Abnormitäten anstaunte, ging's über die lebendigbewegte Kunst des Theaters zur erstarrten Museumskunst. Vorher durchlebte ich noch dreidimensional im Kaiserpanorama alle Phasen der Kreuzigung Seiner Majestät des Heilands bei bengalischer Beleuchtung auf dem Berge Golgatha, d. h. Schädelstätte. Auf einer danebenliegenden Schädelstätte, d. h. Feldherrnhügel, grüßten Moltke, Bismarck, Roon begeistert ihren weisen Kaiser Wilhelm I. mit Familie, wozu im Vordergrund ein sich mit Mühe halbaufrichtender Grandier salutierend verblutete.

Mein erstes richtiges Museum war das Postmuseum, wo sämtliche Briefmarken der Welt in Glaskästen ausgestellt waren. Leider war ich zu klein und konnte nichts sehen.

Da gab's aber sonntags eine Sondervorstellung, wo Röntgenstrahlen geschmuggelte Taschenuhren in versiegelten Päckchen entdeckten. Danach wurden Gardinen zugezogen. Lange stand man im Dunkeln, bis über ein benäßtes Laken vielzuschnell etwas flatterte, das mit allgemeinem *Aaaahhhh!* begrüßt wurde. Papa hob mich hoch, damit ich besser sehn konnte. Erst hinterher, nachdem man es mir ausführlich erklärt hatte, war ich unter Tränen imstande, das Gesehene zu erkennen: Möwen im Flug: mein erster Film. Warum der im Postmuseum gezeigt wurde, war mir nie deutlich. Niemand ahnte eine neue Kunst.

Zweimal jährlich mußte ich mit Papa in die nach Öl stinkende »Große Berliner Kunstausstellung«, wo deutsche Anekdotenmalerei ihr Unwesen trieb. Süßliche Boudoirszenen wechselten mit imposanten Schlachtenbildern, rauher Kriegslärm mit heiteren Früchtestilleben. Mir lag der Genremaler Professor Eduard Grützner, Meister der geilen Mönche: Eine üppige Sennerin serviert dem feisten Prior, der ihr schmunzelnd in den prallen Hintern kneift, eine dampfende Gans. Darunter, auf ein Goldplättchen graviert: *»Ein fetter Braten«*.

Von den »großen« Kunstmuseen erwartete ich ungestörte Befriedigung meiner erotischen Interessen. Meine Museumsleidenschaft wuchs dementsprechend, so daß meine Eltern sich genötigt sahen, den »jungen Herrn Drippe«, Sohn von Papas Schneider, zu dingen. Dieser arme, aber kunstferne Student hatte mit mir gegen ein bescheidenes Taschengeld allsonntäglich ein Museum zu durchgehen. Erst in die »kleinen« Museen: ins Völkerkundemuseum mit peruanischen Federwundern und Mumien, ins Naturkundemuseum mit versteinerten Baumriesen, ins Kunstgewerbemuseum mit langweiligen Porzellangeschirren, in die kaiserlichen Marställe mit allen Kutschen aller Zeiten, ins Zeughaus mit allen Orden auf allen Uniformen, ins Hohenzollernmuseum mit ausgestopften Monarchen, ins Märkische Museum für Heimatkunde, in die Urania, wo man für fünfzig Pfennig Entrée wertvolle Instrumente kaputtexperimentieren konnte, wenn niemand hinsah. Am langstieligsten war das Berg- und Hüttenbaumuseum. Da war's aus mit meiner Geduld, und ich ertrotzte mir die »großen« Museen.

Die Marmorsplitter des Alten Museums links liegenlassend, stürzte ich mich in die Nationalgalerie, wo mich gleich im Eingang gigantische Mackart-Orgien vergeblich zu verführen trachteten. Ich suchte Intimitäten mit einer beseelten Schönheit. Im Hintergrund kleinerer Nebensäle schimmerten französische Impressionisten, zitternd, wie warme Luft, die man nur durch die Brille eines Temperamentes verstehen konnte: *Re Noir* = das schwarze Reh! Entzückt suchte und fand ich Daubignys roten Punkt, den ich bei *Co Rot* vermißte. Erfüllung aller Wunschträume kam von den Alten Meistern im Kaiser-Friedrich-Museum, die, durch transparente Schleier noch nackter, unverschämt Schönheit zeigten, welche meine verschämten Eltern mir hatten vorenthalten wollen: Botticellis *Venus im Goldhaar* und Cranachs *Lukretia* mit Dolch öffneten mir unschuldig obszön den Venusberg ihrer Erotik. Mit männlicher Entschlossenheit bekannte ich mich als Knabe zu den Fetischen meines Lebens: Augen, Haare, Busen, Mund. Meinem Thema verfallend, spiegelte ich mich im *Jungbrunnen* von Cranach dem Jüngeren, wo scheußliche Greisinnen von links in ein viereckiges Brünnlein klettern, dem sie, von Jünglingen vor geöffneten Purpurzelten galant erwartet, als anmutige Jungfraun nach rechts entsteigen. Eine Mischung von Malerei und Dichtung: *avant et après*. Nie habe ich eine junge Göttin angestaunt, ohne mir auszumalen, wie die Zeit diese verführerischen Zauberinnen in alte Hexen verwandelt. Oft habe ich im Musée du Louvre vor einer mittelalterlichen Skulptur gestanden: »Von Würmern angefressener Kadaver einer Edelfrau« (Burgund, 13. Jahrhundert). Der tiefste literarische Eindruck zu diesem Thema: François Villons »Les regrets de la belle Héaulmière«. Mein Beitrag zu diesem Kapitel der Tragédie Humaine ist eine Aktaufnahme der siebzigjährigen Carmen, die fünfundvierzig Jahre zuvor für Rodins *Le baiser* posiert hatte. Beim Höllenbrueghel fand ich erstaunt das Grauen meiner eigenen Nächte zurück: danse macabre, Hexensabbat, Inferno, Mord, und auf den ersten Blick wurde ich für immer ein Bewunderer des Meisters Hieronymus Bosch. Ich erzählte mir Geschichten, die ich in den beseelten Augen Rembrandts las, und fühlte mich Dichter.

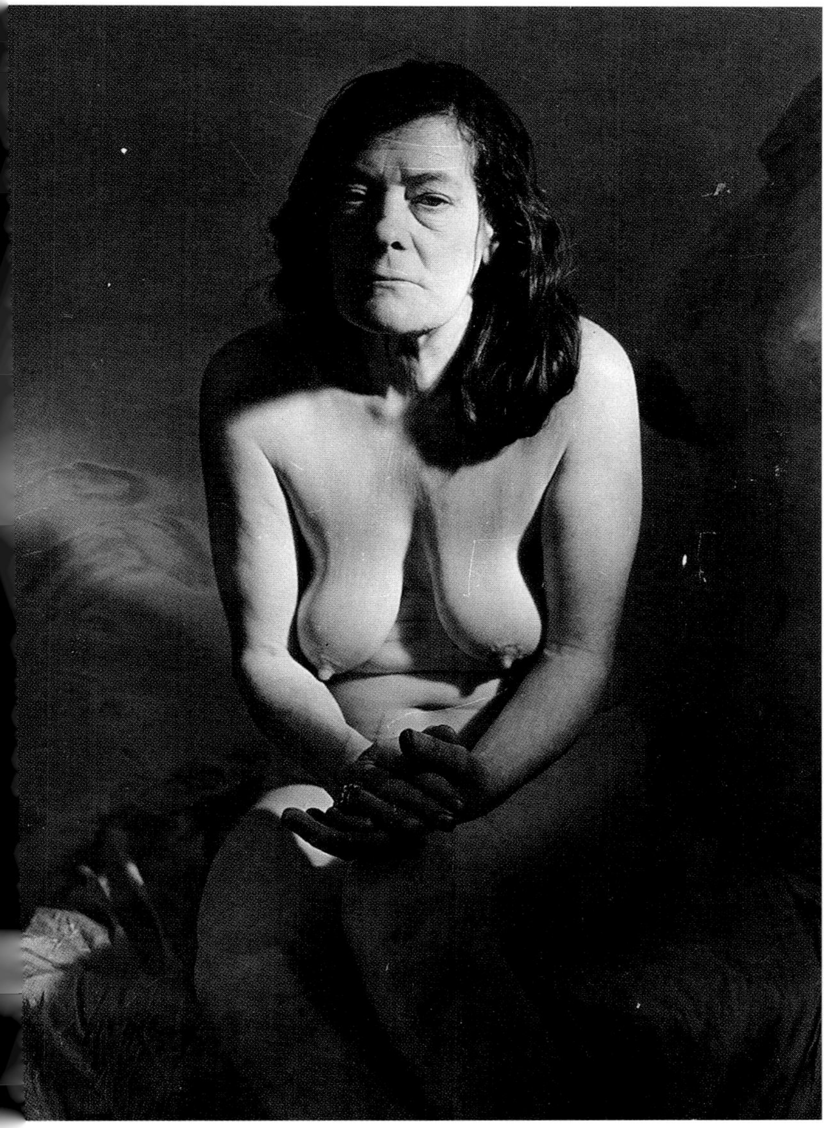

Carmen, 1882 Rodins Modell zum »Kuß«, photographierte ich, als sie siebzig war (Paris, 1937). Zehn Jahre später ist sie beim Posieren tot vom Podium gefallen.

28 Poesie und Prosa. *»Übchen / Bübchen / Rübchenzahl / Übchen / Bübchen / Knoll / Zibberdibibberdibonika / Zibberdibibberdiboll« // »In der bimbambolschen Kirche / Geht es bimbambolisch zu / Da tanzt der bimbambolsche Ochse / Mit der bimbambolschen Kuh / Und die bimbambolsche Köchin / kocht den bimbambolschen Brei /* Und du bist frei!«

Wortverspielte Abzählreime taten es mir früh an. Ich war gegen ungereimtes Zeug. Mich begeisterten Gedichte, die man deklamieren konnte, ohne sie zu verstehen. François Villon, den Poeten meines Lebens, entdeckte ich erst mit vierzig. Nie aber habe ich entdeckt, warum Frankreich keine Groteskpoesie hat, keinen Morgenstern, keinen Ringelnatz, nicht mal *Struwwelpeter* oder *Max und Moritz,* während es in England wenigstens gereimte Schweinigelei, die göttlichen Limericks gibt.

Von Märchen und Heldensagen war ich über *Lederstrumpf* mit der Pubertät beim *Grafen von Monte Cristo* angelangt, beim Roman. Mich packte die Lesewut. Mindestpensum: ein Buch per Tag. Ich verschlang viel, verstand wenig, genoß alles; wagte nicht mal, mir einzubilden, ich verstände etwas. Kunst thronte zu hoch auf dem Olymp klassischer Überheblichkeit, um von einem Untertertianer verstanden zu werden. Ich traute mich nicht, ein Wort zu überspringen, denn gerade dieses Wort konnte die Lösung des Welträtsels enthalten. Was das Welträtsel aber war, fand ich nicht einmal in den *Welträtseln* von Professor Ernst Haeckel. In der Buchabteilung des neueröffneten KaDeWe sprang mir aus Franz Bleis Anthologie *Das Grauen* Edgar Allan Poe's »Schwarze Katze« (von Kubin gezeichnet) ins Gesicht und jagte mich in die Welt der nekromantischen Kurzgeschichte. Ich rannte nach Haus, selbst eine zu schreiben: Ein eminenter Arzt entdeckt das Serum der Genialität und spritzt es seinem neugeborenen Sohn ins Hirn, worauf dieser sofort unheimlich genial wird (Primzahlen, Sanskrit, Quadratur des Zirkels, Kamasutra und die Veden). Den Vater packt Eifersucht. In einem Anfall von Wahnsinn tötet er das geniale Baby und piekt sich selbst mit derselben Nadel ins Kleinhirn, wonach er mit endlosem Schrei den Geist aufgibt. Diese Geschichte las ich Freunden, »der Klicke«, bei Kerzenschein, Zigarettenqualm und Cherry Brandy vor, wobei ich meine Entsetzensschreie derartig in die Länge zog, daß die eifersüchtigen Klickenbrüder statuarisch festlegten, kein Schrei dürfe eine Minute überschreiten. Um mich zu rächen, schrieb ich eine Novelle, die ein fünf Minuten langes Schweigen enthielt.

»Was liegt an meinem dreizehnten Geburtstag, wenn nur mein tausendster gefeiert wird!« schrieb ich in mein Tagebuch. Ich verachtete, was Berlin verschlang, war Antibestseller. Ein sicherer Instinkt (früher nannte man das Schutzengel) legte meine intellektuelle Erziehung in die Hände Wedekinds, Strindbergs und Dostojewskis. Ohne sie wär ich ein anderer Mensch geworden, ohne sie wäre die Welt eine andere geworden.

29 Barmizwoh.

Als eine Volksbibliothekarin mir mit dreizehn Weiningers *Geschlecht und Charakter* verweigerte, weil sie mich für unreif hielt, beschloß ich, mir eine eigene Bibliothek anzulegen mit sämtlichen Werken sämtlicher Klassiker (nicht etwa »gesammelte« Werke, aus denen die Hauptsache weggelassen war), einschließlich aller verbotener Bücher. Um diese geschenkt zu bekommen, hatte ich mich dem Wunsch meiner Eltern zu fügen und der Barmizwoh zu unterziehen, was mit meiner Freigeisterei kollidierte: Paris vaut bien une messe. Die jüdische Einsegnung findet statt, wenn man dreizehn wird. Da wir aber gerade nach dem Berliner Westen (WW) umzogen, was zum guten Ton gehörte (mein Leben zieht, wie die Sonne, von Osten nach Westen), wurde meine Einsegnung ein Jahr verschoben. Im schwarzen Männeranzug, unter einem schwarzen Hut, mußte ich vor versammelter Gemeinde in der Synagoge Gebete auf Hebräisch in Höchstgeschwindigkeit runterrasseln. Als ich in dem großen Tempel meine eigene Stimme nicht hörte, bekam ich Lampenfieber und versagte. Hinterher Tantenküsse, wie großartig ich meine Sache gemacht hätte.

Abends Großemenschengesellschaft in großer Toilette mit gedruckten Menus à la Kempe (Kempinski). Solche Orgien sozialer Wichtigtuerei waren die Kulminationspunkte im geselligen Leben meiner Eltern. Monatelang vorher wurde in gereizter Stimmung von nichts anderem gesprochen, als *wen* man einladen *müsse*, *was* man den lieben Gästen (Chateissim – Schweine) vorzusetzen hätte, um sie zu beeindrucken. Papa bestand deklamatorisch auf »Hummer, Lachs und frischem Bärenschinken«. Extra Stühle, Geschirre, Garderobenständer, extra Köche, Diener, Hilfspersonal wurden gemietet. Und Herr Perls, ein befrackter Humorist, Bänkelsänger und Klaviervirtuose. Bei der Generalprobe am Vorabend waren sämtliche Anwesenden beleidigt.

Am Abend selbst improvisierte Herr Perls beim Einzug der Gäste ins Eßzimmer ein amüsantes Quodlibet vom Hohenfriedberger Marsch, dem Chanukkalied, »Pauline geht tanzen« und der »Schönen Blauen Donau«, wobei tafelordnungsgemäß jeder Tischherr seine Dame mit putziger Grandezza zu Tisch führte. Als alles platzgenommen hatte (platzen Sie bitte!), brach Feststimmung aus, es summte wie im Bienenhaus, wurde unerträglich heiß, und die Schlemmerei begann: Hors d'œuvres variés: Möweneier in Cumberlandsauce, Zeeländische Austern, Oderkrebse in Dill, Malossolkaviar im Eisblock, Rindermark auf Toast, Weinbergschnecken mit Kräuterbutter, Gänseleberpastetchen. Danach eine vorzügliche klare Bouillon mit Matzeköößchen (handgerollt mit Spucke, von Großmama Lisette), danach Rheinlachs (respektive Maifisch) mit holländischer Tunke, Helgoländer Hummer mit gewellter Butter, frische schneeweiße Spargelspitzen, gefolgt vom obligaten gewaltigen blutigen Roastbeef mit buttergeschwenkten Malta Petersilienkartöffelkes, danach Rebhühnchen mit von Mama selbsteingeweckten Preiselbeeren oder gespickte Fasanen mit Morcheln und Steinpilzen in saurer Sahnensauce, danach die unvermeidliche »Fürst Pücklerbombe nach Henry Cohns Art«, Tutti Frutti mit frischen Walderdbeeren in Maraschino mit süßer Sahne, danach eine garnierte Käseplatte mit allem, was stank, mit allen Brotsorten der Welt, dazu die von Mama geschmackvoll überladenen Fruchtschüsseln (als Sehenswürdigkeit die ersten *deutschen* Bananen aus unsern Kolonien).

Zu jedem Gang die dazu gehörigen Weine, Schaumweine, Liköre und französischen Cognacs (alle in Großpapas Weinpanscherei in Stettin entstanden). Weißwein wurde in Römern kredenzt, scheußlichbuntgeschliffenen Bakkaratpokalen, die Mama sammelte (das Glück von Edenhall mit Knall und Fall, wobei jeder unter Tränen die Schuld auf den andern schob und retour). Dampfender Mokka kam in winzigen Rokokotäßchen mit echtvergoldeten Mokkalöffelchen in Form eines Rosenblattes. Das Personal servierte in weißen Handschuhen. Immer wieder hatten sich die Gäste zu weigern. Es gab einen formellen Kult des Nötigens, bei dem sich jeder immer neu erweichen ließ. Mama konnte nicht oft genug sagen: »Lieber den Magen verrenken, als dem Wirt was schenken!«, doch aß selbst vor Aufregung keinen Bissen. Vorübergehend wurde leider auch gekotzt; meistens – auf dem Weg zum W.C. – in den endlos langen Berliner Korridor. Unter Absingung der Hymne »Ein Prosit, ein Prosit der Gemütlichkeit!« fing's an fidel zu werden. Der Vergnügungskommissar Perls übertraf sich an passender Klavierbegleitung. Gedruckte Tafelkarmina mit endlosen Refrains wurden verteilt und gesungen, den Gästen wurde mehr und mehr geboten. Zwischen den Gängen bedeutsame Tischreden. Großmama Lisettes Ansprache war jedem bekannt: »Hochverehrtester Herr Jubilaris! Verehrte Festversammlung!« Weiter kam sie nicht, der Beifall nahm überhand. Großvater Henry dagegen war kein Redner, er mußte – aus Verlegenheit – bei seinem berühmten Damentoast: »Meine Herren! *Und* meine Herren: die Damen!« so furchtbar lachen, daß ein allgemeines Höllengelächter losbrach, bis alle sangen: »In der Beziehung steht er einzig da! Ein Hoch dem lieben Großpapa!« Als jedoch mein Vater ans Glas klopfte, brach hochgespannte Totenstille im Saal aus, man hörte Nadeln fallen, es wurde nicht mehr geatmet. Er weidete sich in vollen Zügen an dem gewaltigen Eindruck, den er hervorrief. Schweiß entperlte seiner Denkerstirn. Unverstehbar begann er im Flüsterton. Ohne daß jemand gewagt hätte, »Lauter!« zu rufen, wurde er mit jedem Wort lauter. Tante Philippinchen mußte niesen, Papa brüllte wütend: *»Ruhe!«* und begann seine Rede von vorne. Nach zehn Minuten schon fing man an, ihn zu hören; verstehen konnte man ihn sowieso nicht, es war zu geistreich. Er schien im Herrenhaus die Rechte unterdrückter Völker zu verteidigen. Seine Augen sprühten Funken. Von

Menschenrechten kam er zornig auf Kultur, Kultus, Literatur, Ethik, Nationalökonomie, *beziehungsweise* (sein Lieblingswort als Redner) auf *Schirmpolitik*. Nach einer atemberaubenden Stunde deplacierte er triumphierend sein Schillerzitat: »Schnell wie der gierige Hai reißet die Fluten entzwei!«, und der Jubel kannte kein Ende. Kaum hatte sich der Beifallssturm gelegt, erhob sich Papa, zu aller Schreck, aufs neue, schlug ans Glas und verkündete mit Stentorstimme: »Nunmehr erteile ich hiermit das Wort meinem Thronfolger, dem Barmizwohknaben und Untersekundaner Erwin Blumenfeld!« Zu schlimm! In der Hoffnung, man würde mich vergessen, hatte ich mich angeheitert. In diesem Zustand mußte ich die althergebrachte Barmizwohrede improvisieren, die mir während der letzten Monate eingetrichtert worden war. Man zwang mich, auf einen Stuhl zu steigen, damit alle mich besser sehen könnten. Ich schwankte. Zwei Tanten hielten mich: »Seit jeher war es in Israel Sitte, daß ein Knabe, wenn er Barmizwoh wurde, seinen Gefühlen frei und ungezwungen Ausdruck verlieh. Von dieser schönen uralten Sitte will auch ich nicht abweichen, und...« als ich steckengeblieben war, entrang ich mir unter orkanischem Applaus das Gelöbnis, »ein würdiger Blumenfeld hoch Cohn quadrat« zu werden, und rollte entseelt untern Tisch. Mein durchschlagendster Erfolg auf der letzten großen Gesellschaft meines Lebens.

Die Ernte dieser übermenschlichen Anstrengungen war enttäuschend: Statt der 360 Bücher, auf die ich fest gerechnet hatte, bekam ich nur 237, darunter fünfmal Büchmanns *Geflügelte Worte* und dreimal Goethes Werke. Mama opferte einen ausrangierten Küchenschrank, den ich gekränkt mit meinen Schätzen vollstopfte: meine eigene Bibliothek.

30 Entdeckerfreuden. Vergeblich versuche ich, verflossenen Stil zurückzubringen. Beim besten Willen kann ich heut nicht mehr dahinter kommen, warum mir mit fünfzehn »Rosa, die schöne Schutzmannsfrau« das Maximum an Esprit schien. Der Neokantianer Dr. S. Friedländer, fanatisch spezialisiert in Polarität und exzentrischem Sehen, hatte diese »Fondants aus der kleinen spiritualen Konfiserie«,

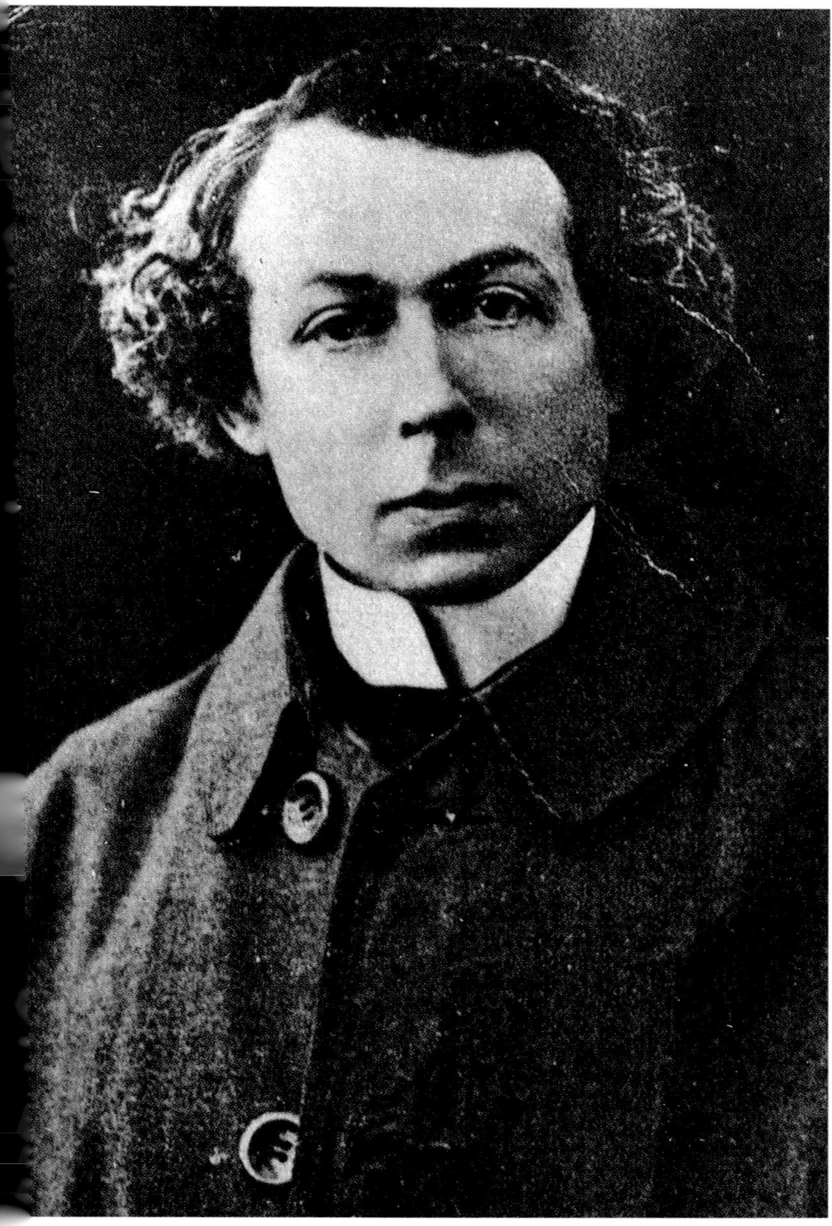

Dr. S. Friedländer, Mynona.
Sturmpostkarte.

die mich in hellste Begeisterung versetzten, im expressionistischen *Sturm* unter dem Pseudonym *Mynona* veröffentlicht. Als ich dann den Autor persönlich kennenlernte, schien es mir unfaßbar, daß ein erwachsener Mann von enzyklopädischem Wissen, der sogar gedruckt worden war, sich mit einem Schuljungen wie mir unterhielt. Er ähnelte Hans Christian Andersen, spielte den Weltmann und Libertin, machte auf »genial aber boshaft«: ein Anreger. Aus seinem Munde hörte ich zum ersten Mal die magischen Worte Psychoanalyse und Relativität und den Namen Montaigne. Er zeigte mir den Notausgang aus dem Elternhaus durchs Café Größenwahn (Altes Café des Westens), wo die Genies stundenlang hinter einem leeren Wasserglas Nirwana spielten, wenn sie sich nicht gerade anpöbelten. Die Bohème tat verrückt (Maupassant, Van Gogh, Nietzsche. Mynona erzählte wunderbar, wie Frl. Nietzsche ihren verrückten Bruder vor Eingeladenen von einer Bühne herab unter Scheinwerferbeleuchtung hatte phantasieren lassen.) oder spielte epileptisch (Dostojewski, Flaubert). Es lag an der Zeit. So versuchte ich mein intellektuelles Glück im Café. Bis zur höchsten Ehre, von dem rothaarigen buckligen Zeitungskellner Richard gekannt zu werden, habe ich es nie gebracht. Nicht mal ignoriert hat er mich.

Auf der Terrasse des Cafés, am Kurfürstendamm, Ecke Joachimsthaler, thronte an ihrem runden Marmortischchen »der schwarze Schwan Israels«, Else Lasker-Schüler, Weberin des Tibetteppichs:

»Deine Seele, die die meine liebet,
ist verwirkt mit ihr im Teppichtibet.«

Ich setzte mich in ihre Nähe und »fixierte sie«. Stundenlang. Bis schließlich Jussuf, Prinz von Theben, Tino von Bagdad, *der* Malik mich wütend anfauchte: »Haben Sie unverschämter Mensch nichts anderes zu tun, als mich anzustarren?« Wie immer hatte ich meine Geistesgegenwart zu Hause gelassen und stammelte errötend: »Nein!« Diese Antwort gefiel ihr. »In welcher Klasse sind Sie eigentlich?« fragte sie interessiert. Ich wisperte: »In der Untersekunda O des Askanischen.« Damit hatte ich das Eis gebrochen.

Sie ließ mich an ihren Tisch kommen und fabulierte von den Heldentaten ihres jeenjaalen Paulchen, ihres Sohns, der auf die Odenwaldschule ging und alle Welt mit seiner Schönheit entzückte. Wie er, noch kein Jahr alt, aus seiner Wiege geklettert war (sie hatte das durch ein Schlüsselloch beobachtet), um aus der Mauer den für seinen Knochenbau so unentbehrlichen Kalk zu brechen. Ich wußte geschickt Strindbergs »Kinder sind Wunderkinder« anzubringen; »aber Paulchens sind Scheenies!« verbesserte sie. (Alle fraglichen Genies meines Lebens hießen Paul!) Ich verging vor Stolz, ohne fremde Hilfe, durch meine Persönlichkeit allein den größten lebenden deutschen Dichter (Karl Kraus hatte ihr diesen Ehrentitel verliehen, wofür sie ihn zum Cardinal ernannte) erobert zu haben. Ich kannte *die* Lasker-Schüler, und *die* Lasker-Schüler kannte mich: *Gradus ad parnassum*. Ihre Persönlichkeit faszinierte mich mehr als ihre Poesie und Prosa. Ihr Haar ungewöhnlich aufregend in kurzem Pagenschnitt. Kupferhalbmonde baumelten an ihren Ohren, Bernsteinperlen, buntes Glas und Talmischmuck um den Hals. In ihrer alten Seehundjacke rannte sie herum, jenseits von Geld und Mode, arm: jeder Zoll ein Malik, immer etwas gekrümmt, ein zum Sprung bereiter Tiger.

Erst nach ihrem Tod kam raus, und ich wollte es nicht glauben, daß sie, die mich als Gleichaltrigen behandelt hatte, genauso alt war wie meine Mutter. Dabei verlangte sie von jedem ihrer Freunde und Feinde einen ehrerbietigen Respekt, der regelmäßig mit garstigen Wutausbrüchen belohnt wurde, die sie aus heiterem Himmel auf ihre Vasallen niedersausen ließ. Mir fehlte der Mut, sie, wie viele, »Prinz« zu titulieren. Außerdem fand ich es lächerlich.

Bald waren wir alte Schulfreunde: »Könnense sich richtig begeistern? Für eine Idee sterben?? Dynamitbomben schmeißen??? Mit einer Räuberbande von geistreichen blauen Reitern diese Spießerweltstadt in die Luft sprengen???? Heutabend: Generalprobe beim Gnu. Ich werde neue Gedichte und den uralten Tibetteppich lesen, zunächst aber zahlen Sie meinen Café! Mit *meinem* Geld, Sie unverschämter Mensch, was fällt Ihnen ein, beleidigen laß ich mich nicht! Vor einer Stunde hab ich mit eignen Händen einen wahnwitzigreichen

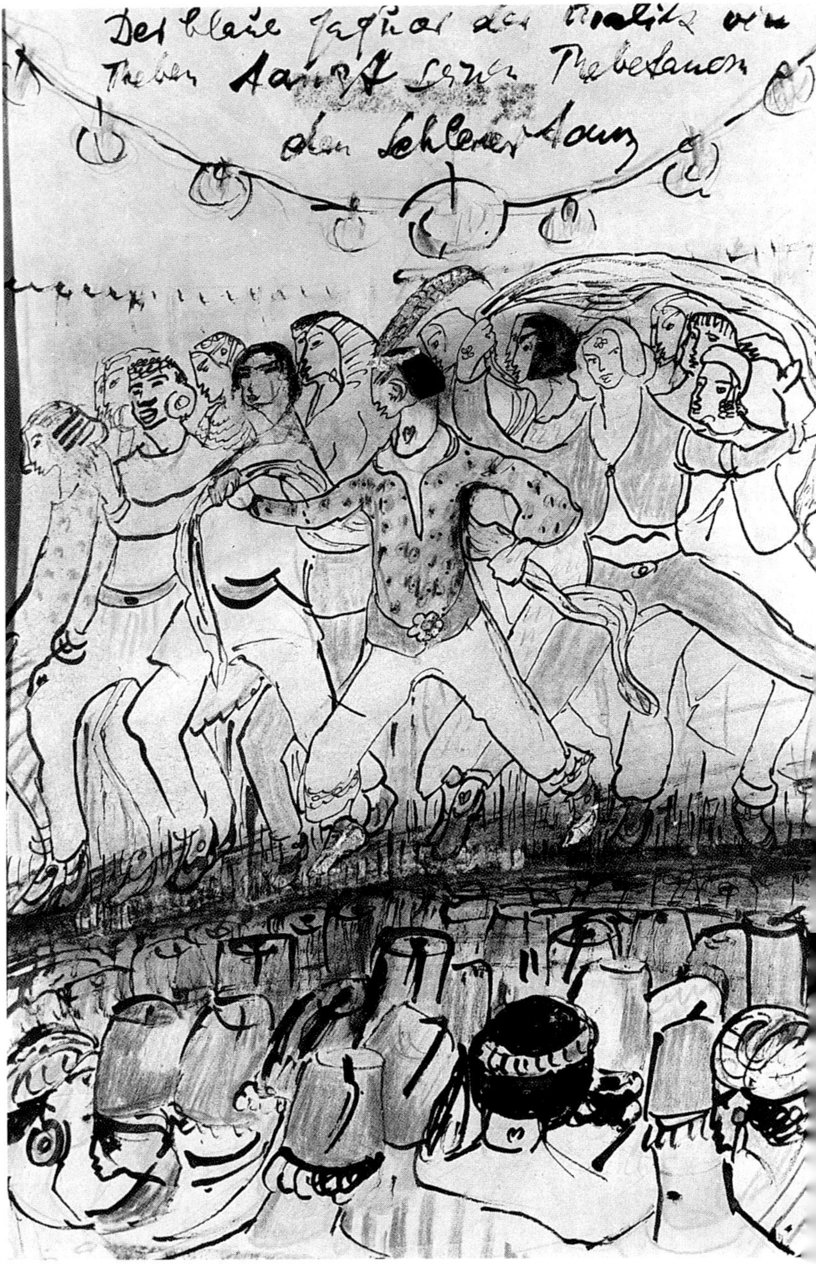

Farbzeichnung von Else Lasker-Schüler.

Philistermilliardär erdrosselt. Sein letztes Wort: Schmeckt's? Seien Sie auf die Minute pünktlich zwischen fünf und acht in Reuß & Pollacks Bücherkneipe. Bringen Sie Pistolen mit, wir Künstler sind geschworene Verschwörer, es wird Revolution gemacht. Grausame Schlächterei mit vielen Toten. Man fürchtet mich fürchterlich! Die Losung: *Dar es salam!* Ich bin nämlich unsterblichwahnsinnig verliebt in den größten Negerkönigsohn aus Deutschsüdwestnordostafrika und in seine Lieblingsfrau Schuleika. Sie leben im ewigen Friedenau auf der *Damuka* (Deutsche Armee Marine Und Kolonial Ausstellung) in wildester Wigwamehe. Er raucht Friedenspfeife mit herzförmigen Lippen, sie duftet wie eine Gazelle, nicht wie im Zoo, sondern wie im Urwald. Beide sind glühend eifersüchtig aufeinander, auf meine Liebe und auf Kete Parsenow. Schwören Sie Geheimhaltung bis aufs Blut und kommen Sie! Schwarzweißer Magier!« In der stillen Hoffnung, die große Dichterin einmal photographieren zu dürfen, hatte ich ihr von meiner Kamera vorgeschwärmt und sofort diesen Titel erhalten; photographiert habe ich sie leider nie.

Punkt sieben stand ich vor der geschlossenen Buchhandlung. Niemand da. Nach einer Stunde kam ich zurück; nach langem Klopfen öffnete eine Habichtsnase, sagte: *»Ich bin Curt Erich Glaser«* und ließ mich, sprachlos vor Bewunderung, in den halbbeleuchteten Büchersesam. *Die* Lasker-Schüler saß mit gekreuzten Beinen als Fakir auf der Erde und schrie, sie lasse sich Höxters Verleumdungen nicht länger bieten, er habe sich schweinisch benommen, Herr Blumenfeld, der Schwarzweiße Magier, könne es bezeugen (ich wußte von nichts). So wurde ich vorgestellt, schüttelte Hände, verbeugte mich à la Moissi, was meine Persönlichkeit ausdrücken wollte, und kam mir als arrivierender Künstler sehr erwachsen vor. Alle zankten sich über Namen, die mir nichts sagten. Zurücksetzungen, schreiende Ungerechtigkeiten, Plagiat. Der Prinz brüllte, es fiele ihr prinzipiell nicht ein, sich im Gnu zu prostituieren, und rannte, ohne daß es zum Tibetteppich gekommen wäre, wütend weg.

Gegen 1915 ging ich eines Nachts feuchtfröhlich in die Entleerungsanstalt Café Wellblech am Potsdamerplatz. Ein durch den gegenüberliegenden Eingang kommender junger

Dandy stellte sich neben mich, klemmte ein Monokel ins Auge, öffnete seine schwarzweißkarierte Hose und schiffte in einem einzigen Zug mein Profil so meisterhaft an die Wand, daß ich mich des Lobes nicht enthalten konnte. Wir wurden Freunde. Er war der genialste Mann, den ich im Leben gekannt habe, ein großer Erzähler und ein gewaltiger Zeichner. Der Mann war George Grosz. Er gehörte, wie auch Mynona, zum Kreis der Lasker-Schüler, war ihr Lederstrumpf.

Die wenigen Male, daß ich nach dem Ersten Weltkrieg aus Holland nach Berlin kam, stieg ich immer im Hotel Koschel (dem späteren *Sachsenhof*) am Nollendorfplatz ab, wo die Lasker-Schüler in einem winzigen Dachkämmerchen residierte. (Bei meinem letzten Besuch in Berlin, 1960, hatte der Hotelportier noch nie ihren Namen gehört.) Um 1926 begleitete mich Grosz spät nachts besoffen zurück zum Hotel. Im Eingang beim Abschiednehmen kam gerade der Prinz von Theben nach Haus und nahm uns mit in ihre Kajüte unterm Dach. Wir wollten sie eigentlich ein bißchen verulken. Als verwitterte Indianerhexe thronte sie, umqualmt von Räucherkerzen, auf ihrer eisernen Bettstelle. Grosz saß auf dem Rohrplattenkoffer, ich hockte auf der Erde. Sie faselte von Kabbala und Materialisationen. Wir waren unwillig, auf ihren Spiritistenhumbug reinzufallen, doch sie war stärker als wir. Ihre Augen wetterleuchteten unheimlich, uns verging das Lachen. »Blutig abgehackte Hände meiner Todfeinde werden dies Zimmer durchschweben!« Wir wagten nicht, uns zu rühren, als durch die geschlossene Dachluke ein paar bluttriefende Hände ins Zimmer schwebten, stehen blieben und durch die geschlossene Tür verschwanden. Ich sah, wie Grosz die Haare zu Berge standen, und fragte, wessen Hände das gewesen waren. Statt einer Antwort kündete sie hysterisch an: »Nun kommen Paul Cassirers Hände und die seiner verworfenen Tilla (Tilla Durieux, Reinhardts Eboli, Judith, Iokaste). Schwarzweißer Magier, schwören Sie, mich zu rächen!« Vor unsern Augen bohrte eine Frauenhand einen Dolch blutig durch eine Männerhand und verschwand. Die alte Zauberin drückte mir einen ziselierten Kinderdolch in die Hand: »Die Cassirers haben meinen Sohn, meinen wunderbaren Pülle, verführt, haben ihn mit Morphium und

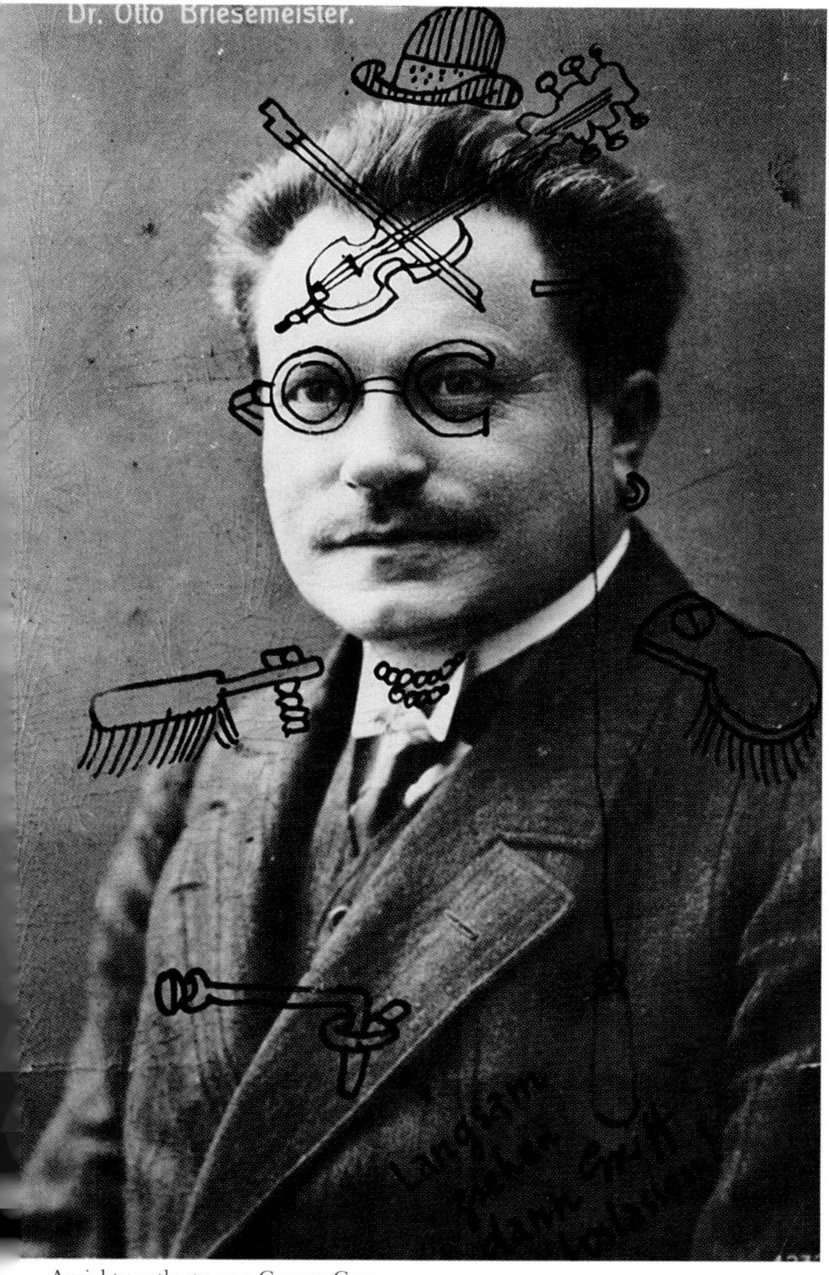

Ansichtspostkarte von George Grosz.

Kokain gefüttert, damit er homosexuell wird, haben ihn tuberkulös gemacht, um mir weh zu tun, haben meine Bücher verfaulen lassen, haben jedes Wort gebrochen, sie haben ihr Leben verwirkt! Nächste Woche fährt Cassirer über Holland nach Amerika. In Ihrer Kalverstraat in Amsterdam werden Sie ihm dies Stilett mit dem Schlachtruf *Tino!* ins Herz stechen!« Ich kannte Cassirer nicht und hatte keine Lust, jemanden zu ermorden, versuchte, mich aus diesem üblen Scherz in ihrem prophetischen Ton rauszudrehn: »Cassirer wird in New York schlecht empfangen werden. Nach einer Woche wird er entmutigt seine Reise abbrechen und nach Berlin zurückkommen, wo Tilla ihn zum Selbstmord treiben wird. Ihr seid gerächt!« Grosz nickte: »So sei es!«, man reichte sich feierlich die Hände zum Abschied, und wir beide waren erleichtert, als wir diese Gespenstersonate hinterm Rücken hatten. Nach einem Monat bekam ich in Amsterdam einen Brief: »Schwarzweißer Magier! Wie Ihr es vorausgesagt habt, hat sich Paul Cassirer das Leben genommen. Dank Jussuf, Prinz.«

Kurz vor Hitler suchte sie uns in Zandvoort aan de Zee auf einige Tage heim. Ein unerträglicher Tyrann und Störenfried. Sie starb 1945 in Jerusalem, 76 Jahre alt.

Kurz vor Hitler wanderte George Grosz aus nach New York, seiner Traumstadt, wurde Amerikaner und verlor, wie viele andere Künstler, dort seine Kunst.

1959, bevor er nach Berlin zurückemigrierte, tranken wir in einer Bar ein letztes Glas. Er beklagte sich, daß er nur 65 000 Dollar mitzunehmen habe, das sei alles.

In Berlin angekommen, soff er sich in ein paar Wochen endgültig zu Tode.

Sein Testamentsvollstrecker, ein gemeinsamer Bekannter, erzählte mir ein Jahr später, daß die Bilder und Zeichnungen, die Grosz seinen zwei Söhnen hinterlassen habe, mehrere Millionen Dollar gebracht hätten.

31

MEIN OLYMP: »*Who would care to go out to an evening party to meet Tomkins, the friend of one's boyhood, when one can sit at home with Lucien de Rubempré? It is pleasan-*

ter to have the entrée to Balzac's society than to receive cards from all the duchesses in Mayfair.« (Oscar Wilde)

Shakespeare Griechische Tragödie Marlowe
Molière Wedekind Strindberg

Mozart Monteverdi Purcell Bach Vivaldi Händel
Gluck Haydn Jazz

Bosch Brueghel Grünewald Cranach Holbein
Greco Rembrandt Vermeer Chardin Goya Daumier
Van Gogh Gauguin Cézanne Degas Toulouse-Lautrec
Seurat Douanier Rousseau
Futuristen Cubisten Dada George Grosz
Frühgotische Tapisserien Unbekannte Meister

Villon Charles d'Orléans Scève Homer Ovid
La Fontaine Baudelaire Rimbaud Verlaine Apollinaire
Gryphius Claudius Heine Wilhelm Busch Morgenstern
Ringelnatz Struwwelpeter

Balzac Stendhal Flaubert Maupassant
Grimms Märchen Gogol Poe Dostojewski Kafka

Casanova Montaigne Diderot Voltaire Swift Sterne
Egon Friedell: Kulturgeschichte der Neuzeit

Laotse Plato Schopenhauer Nietzsche Freud

Sourire de Reims Griechisch-archaisch (von den Zykladen
bis zum 6. Jahrhundert) Ägypten Maya
Negerplastik Prä-Columbien

New York Paestum Kathedrale von Laon

Méliès Charlie Chaplin Buster Keaton Marx Brothers
Asta Nielsen

32 JAHRHUNDERTWENDE.

Das waren die seligen Tage meiner sorglosen Jugend um die Jahrhundertwende in Berlin. Während ich vor Angst verging, rieben mir meine Eltern täglich unter die Nase, wie golden, verglichen mit andern Kindheiten, die meine sei. Sie zweifelten, ob ich mir je Gedanken über den Ernst des Lebens werde machen können.

Die Bürgerei quasselte von unaufhaltbarem Fortschritt mittels der Errungenschaften der Neuzeit, erfand im Burenkrieg das Konzentrationslager, doch merkte nichts von der Weltrevolution, die Nietzsche, Van Gogh, Rimbaud, Strindberg, Wedekind, Freud, Einstein, Curie, Cézanne ins Rollen gebracht hatten. Wegen beschleunigten Tempos glaubte man sich in einer Übergangsperiode von epochemachender Wichtigkeit. Nur die Stadtbahn blieb sich treu:

»Berlin, du hast es so eilig
Du schwärmst nur für Schnelligkeit
Die Ruhe ist dir nicht heilig
Keine Zeit! Keine Zeit! Keine Zeit!
Durch alles Hasten und Schieben
Da schunkelt die Stadtbahn dahin
Der einzige Rest, der geblieben
Vom guten, vom alten Berlin!«

Noch konnte man sich ohne die mittelalterliche Schmach des Reisepasses durch Mitteleuropa bewegen (ausgenommen die dreckigen Ostjuden, die berechtigterweise überall ausgewiesen wurden). Die Welt hatte (hat immer noch) die Dreyfusaffäre auf dem Hals. Zolas *J'accuse* vom 13. Januar 1898. Ich vermutete hinter dem Getuschel Obszönitäten. Man war obszöner denn je. (Huysmans *A rebours*, Oskar Wildes *Dorian Gray*.) Unter der stilbewußten Panzerfaust seines geliebten Friedenskaisers und dessen erlauchten Gemahlin Augusta Viktoria stürmte Berlin der Welt an Häßlichkeit voran. Nach dem Übergang vom Voll- zum Backenbart verschwanden die Schnurrbärte: Nacktkultur stand vor der Tür. Der Mensch ahnte kaum, wie bald er von den Maschinen, die er am Erfinden war, verdrängt werden würde. Das Pferd, das Tausende Jahre treu mitgeholfen hatte, eine Kultur aufzubauen, erschnüffelte mit feineren Nüstern den Untergang des Abendlandes und gab das Rennen auf. Vom Pferdeomnibus rutschte man vorübergehend auf die Schienen der Pferdebahn, danach über die Elektrische Straßenbahn zum Autobus. Von der Droschke gings über die BEVAG (Berliner Elektrische Verkehrs Aktien Gesellschaft) zum Taxi. Von

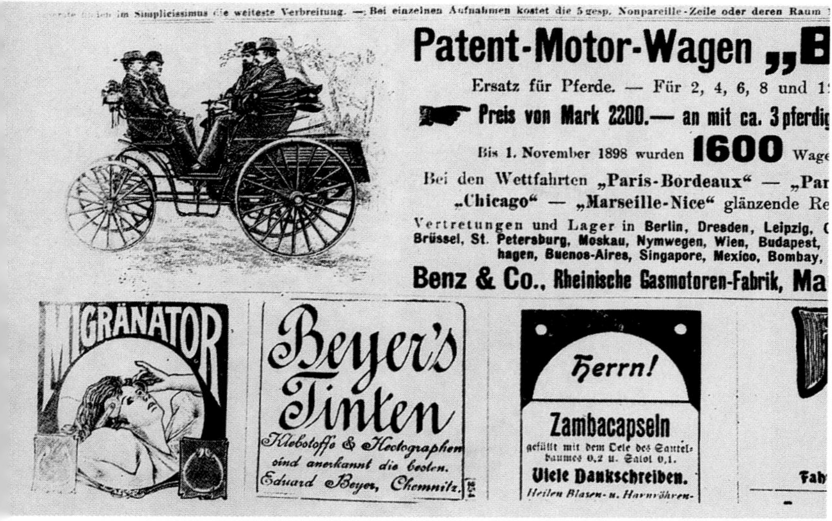

Reklame aus dem »Simplicissimus«, 1899.

Kerzen und Petroleumgemütlichkeit über Gasglühlicht (mit Auerglühstrumpf) zum unerschwinglichen Luxus der elektrischen Glühbirne mit urplötzlichen Kurzschlüssen. Mehr Licht! Nur auf Klos und in Kirchen brannten kläglich Kerzen. Schreibmaschinen schrieben wie gedruckt mittels einer Tippmamsell, auch Tippse geheißen. Autoerotik kam auf:

»Schatzi, wir fahren Automobil
Von Hamburg nach Kiel
Das kostet nicht viel!«

Die ersten Automobilglücke ereigneten sich: »Mein Herr, lassen Sie mich bittebitte noch unter Ihrem Kühler liegen, er leckt so herrlich!« Niemand konnte ahnen, daß das Auto, als »bester Ersatz für Pferde« lanciert, zum größten Massenmörder aller Zeiten heranwachsen sollte. Seinem Heer voran fuhr S. M. der Kaiser mit Walkürenfanfare: »Tatütata!« Lenkbare deutsche Luftschiffe, starr und halbstarr, explodierten mit Knall und Fall hoch in den Lüften, um ihre Überlegenheit über die welschen Flugapparate (plus lourds que l'air) zu feiern. Deutschland auch in der Luft voran! Von einer extra errichteten Tribüne erlebte ich mit Großpapa Henry, wie einer der Gebrüder Wright (Orville oder Wilbur?) mit umgekehrt aufgesetzter Jockeymütze den »Weltrekord der *B. Z. am Mittag*« schlug: elf Minuten ohne Zwischenlandung in einer Höhe von über zwanzig Metern. Die ersten falschen Verbindungen (Hierdawerdort?) wurden von der Klingelfee hergestellt. Man wurde angeklingelt! Der Telephonanist sang, ohne daß ihm Oralerotik unterschoben wurde:

»Hallo, du süße Klingelfee
Hallo, wenn ich so lang hier steh
Dann packt mich schier der Kummer
Ich komm zu keiner Nummer
Wie gern wär ich verbunden auf Stunden mit dir!
Hallo, du machst mich desperat
Hallo, bei mir da streikst du grad
Laß mich herein, du schlanke Schmale du
In die Zentrale du, du, du!«

Phonographen mit imposanten Schallhörnern zerkratzten die Stimme ihres Herrn Caruso. Wir Kinder bekamen sogar Grammophonwalzen aus Schokolade, die man erst spielen, dann aufessen konnte. Lautsprecher oder Mikrophone gab's noch nicht. Sogar der Kaiser hatte zu schreien, wenn er gehört werden wollte. Alle sprachen damals lauter und eindringlicher; selbst das Schweigen hatte einen andern Klang. Die Menschheit wußte nichts von den Wellen, die sich mit Hilfe von Zauberkästchen (Radio und Television) in Wohlgefallen, Radau und Lichtspielerei auflösen. Lange vor Asta Nielsen, Waldemar Psylander, Olaf Fönss, Lupu Pick, Sven Gade, Bébé Abélard, Henny Porten, Max Linder, Ernst Reicher, Harry Liedtke, Max Landa, Bunny, Prince Rigadin und Billy West (vergessener Vorläufer von Charlie Chaplin) flickerten bereits minutenlange Küsse, Schüsse, Güsse auf die benäßte Leinwand von Lichtspielhäusern, Flimmerkisten, Bioskop- und Kinematographentheatern (mir is de Kinne matt, o Graf!), auf Berlinisch: *Kintopp!* Meine Geburt war zusammengefallen mit der des Photojournalismus. Bis dahin waren Tagesereignisse, von übergeschickten Zeichnern skizziert, nach langen Wochen in der *Woche* erschienen. Plötzlich photoreportierte die *Illustrierte* den Kaiser beinah im selben Moment lebendig verwackelt und verschwommen, alles bisher Dagewesene, inklusive *Max und Moritz,* in den Schatten stellend.

Noch war die Mark eine felsenfeste Währung, goldgedeckt von 120 Millionen in Barren unter militärischer Bewachung im Juliusturm von Spandau. Wer konnte ahnen, daß unter der Devise: »Eine Mark bleibt immer eine Mark!« dieselbe sich zu einer Trillion verdünnen würde. Weit felsenfester noch starrte das britische Pfund Sterling. Propheten versagten, Spekulanten verdienten. Kurz nachdem die Völker Europas überlebensgroß (Kolossalgemälde von Professor von Knackfuß nach Skizzen des Kaisers) ihre heiligsten Güter gegen die gelbe Gefahr unter Generalfeldmarschall von Waldersee im Boxeraufstand gewahrt hatten, gab's, als Generalprobe für 1914, den Russisch-Japanischen Krieg mit Weihawei, Sachalin, Mukden und Port Arthur (»Ach Arthur, Arthur, Arthur, was haste für ne Haartour!!«). Doch der Kriegsschauplatz lag über zehntausend Kilometer, eine Weltreise von einem Monat, weit weg, und wenn die Sonne schien, verkaufte Papa mehr Sonnenschirme und Spazierstöcke, wenn es regnete, mehr Regenschirme, und niemand konnte voraussehen, daß Sonnenschirme, Spazierstöcke, mein guter Vater und die gute alte Neuzeit in wenigen Jahren verschwunden sein würden. Nur Regenschirme, wenn auch schwer leidend unter der Rivalität der Regenmäntel, sind geblieben, Regenschirme, die ich im frühesten Kindesalter hassen lernte, als ich, von Papas mächtiger Hand gehalten, vor schirmgefüllten Schaufenstern zu stehen hatte, während er wutschnaubend unlauteren Wettbewerb der Konkurrenz verfluchte. Selbst das Unterbewußtsein, noch in seinen Kinderschuhen, fing an, sich aufzuregen, und drängelte, zu lange schon verdrängt, nach Anneliese. Nichts Neues unter der Sonne: Juvenal, Satura VI (90 A.D.): »Qualicumque voles Judaei somnia vendunt: Juden verkaufen dir jeden gewünschten Traum.« Die ersten Slogans wurden auf eine ahnungslose Bevölkerung losgelassen: *»Bade zu Hause!«* (Unerhörte Forderung: selbst bei Kaisers im Schloß gab's nur eine einzige Badewanne, dafür aus Marmor!)

»Koche mit Gas!« »Scheiße mir Reis!« »Odol tut wohl!«

»Sind's die Augen geh zu Mampe
Gieß dir einen in die Pampe
Brauchst nicht mehr zu Ruhnke gehn
Kannst gleich alles doppelt sehn!«

»Großer Umsatz kleiner Nutzen!
Festige die Büste mit Megabusol!«

»Pilules Orientales!«

»Lieblich wie ein Frühlingsfalter
bin ich in Forma Büstenhalter (Rilke?)«

»Erst spritzt er sie
Dann spritzt sie ihn
Mit Putex spritzt
Jetzt ganz Berlin!«

»Feuer breitet sich nicht aus
Hast du Minimax im Haus
Aber Minimax ist Mist
Wenn du nicht zu Hause bist!«

»Gebt euern Mädels und den Buben
Nur Poetkos Apfelsaft aus Guben!«

»B-O-A-L-I-E: *B*einah *O*hne *A*lkohol *L*ieblich *I*mmer *E*rfrischend!«

Kunst versuchte, sich vom Gegenstand loszureißen: *Gegenstandslos* zu werden; Futurismus und Kubismus standen immer noch mit einem Fuß auf dem Boden der Realität. Die ersten kubistischen Landschaften von Juan Gris, Braque, Picasso und die sich bewegenden Futuristen Carlo Carrà, Severini, Boccioni, Balla hatten surrealistische Deutlichkeiten. Kandinsky fing an, abstrakt mit Expressionismus zu flirten.

Atome waren beinah noch unteilbar, darum hießen sie nämlich so, Dummkopf! Obwohl man bereits wußte, daß dem nicht so war, wurde es noch gelehrt. Schulbücher konnten nicht schnell genug neu aufgelegt werden.

Als die *B. Z.* berichtete, Marconi habe drahtlos den Buchstaben S über den Ozean telegraphiert, lachte Papa über diese Zeitungsente, auf die nur Dummbärte reinsausen würden, *er nicht*, denn: »Wie kann man drahtlos drahten?« Papa glaubte an seinen gesunden Menschenverstand, genau wie ich, der 1945 die Hiroshimabombe für Bluff erklärte. Denn: »Wie kann man achtzigtausend unschuldige Menschen mit einer einzigen Bombe, dazu noch im Namen des Heilands ermorden?«

33 Zusammenbruch. Kurz vor seinem Zusammenbruch schleppte Papa mich zu den *Schiffbrüchigen* von Brieux, einem französischen Rührstück (soap-opera), das ihn der peinlichen Aufgabe entheben sollte, mich mit den Gefahren des Geschlechtsverkehrs bekannt zu machen. Als Lockaas ging's vorher zu Niquets Wurstkeller, wo's die leckersten Lappenbiefstücks gab und Weiße mit Schuß. Ich haßte fragliches Sommertheater. Um mich zu rächen, hatte ich eine Spitzenhose Annies aus dem Schmutzigenwäschekorb untergezogen, mit dem Vorsatz, mich während der Aufführung totzuonanieren, was mir gelungen wäre, hätte Papa mich nicht dauernd gestört. Warum er mich in dieses Drecktheater bringen mußte, war mir unklar. Da die unnennbare Krankheit im Stück nur symbolisch angedeutet wurde, verstand ich nichts. Auf dem Nachhauseweg verkündete Papa mit vorsintflutlichem Pathos: »Erst wenn dereinst die medizinische Wissenschaft diese furchtbare Geißel der Menschheit niedergerungen haben wird, kann eine bessere Welt beginnen!« Noch immer wußte ich nicht, wovon er sprach.

Ein Jahr danach, am 26. Juni 1912, sprang er meiner Schwester Annie auf den Geburtstagstisch mit dem Schlachtruf: »Kaïkus, Hermes, Kaister, Meander!« (Flüsse, die von Kleinasien ins Mittelmeer fließen.) Danach stürzte er sich wild auf die lachende Gerti, die vollbusigste der Schulfreundinnen meiner Schwester, um ihr, zum Erstaunen der jungen Mädchen, in denselben zu kneifen, worum ich ihn beneidete. Darauf wurde er wegen akuter Überarbeitung in Dr. Alexanders Nervenheilanstalt im Westend eingesperrt, aus der er sechs Wochen später mit Ausschlägen, Gesichts- und Gürtelrosen unheilbar gesund nach Haus entlassen wurde.

Als man begriff, daß er nicht mehr lange zu leben hatte, wurde er unter Onkel Brunos Obhut auf eine allerletzte Erholungsreise in den Harz geschickt. Indessen wurde zu Hause ein regelrechter Familienrat abgehalten, in dem ich, ohne auch nur gefragt zu werden, einstimmig zum Ernährer meiner armen alten Mutter – man war damals alt mit dreiundvierzig – ernannt wurde. Im Bewußtsein der Feierlichkeit des Ereignisses hatte sie den mit einer bis auf den Fußboden herabhängenden selbstgearbeiteten Spitzendecke überladenen Tisch mit Alpakasilberkandelabern dekoriert. Während die Prätentionen ihres Lebens und unserer Familie zu Grabe getragen wurden, biß sie sich, trotz der Anzeichen einer Tuberkulose (oder gar Lungensyphilis??), heldenhaft auf die Lippen, als das heruntertropfende Stearin der Kerzen ihre Handarbeit zu ruinieren drohte. Onkel Willy Manes, Papas bester Freund, hielt den Vorsitz. Ein steinreicher, stotternder Raffke, ungebildet, syphilitisch und Handelsrichter, was ihm viel Ehre einbrachte. Alles kam mir theatralisch-komisch vor, und ich konnte mein albernes Lachen nicht einhalten, was die Anwesenden in Wut versetzte. Sie warfen mir vor, dem Ernst des Lebens so wenig gewachsen zu sein, daß ich noch nicht einmal eine Berufswahl getroffen hätte. Demzufolge wurde sofort beschlossen, mich nach Erlangen der Primareife, Ostern 1913, in die Damenkonfektion zu stecken. Ich sah mich als Napoleon Crêpe de Chine und platzte vor Lachen, was alle noch mehr gegen mich aufbrachte.

Onkel David Rothschild, ein widerlicher Zwerg, Mantelreisender bei Putzrath & Säuberlich, der sich gern mit seiner Impotenz dicktat, was seine bärtige Gattin, Tante Emma, wenig befriedigte, erhob sich und verkündete, daß sein Freund, der unumstrittene Blusenkönig Otto Moses, in Firma Moses & Schlochauer, in Kleidern, Blusen, Morgenröcken, mit dem er gerade zwei reizende Wochen in Pontresina verpokert hatte, sich großzügig bereit erklärt hätte, mich als Lehrling zu nehmen, was dem großen Los gleichkäme. Moses, patenter Gesellschafter, Junggeselle, Freund der Damenwelt, nannte sich auf Ferien schlichthin Moser und scherzte: »Habe nichts hinzuzufügen und nichts wegzulassen.« (Auf Ferien war er ein anderer Mensch.) Nach Moses & Schlochauer würde mir die

Konfektionswelt offen stehn. Hiermit war der Familienrat gerührt einverstanden. Bevor ich rausgeschickt wurde, mußte ich noch zum Dank Onkel David auf die Glatze küssen; auf der Agenda standen wichtigere Beschlüsse, für die ich zu jung war. Der gute Name der Familie stand nämlich auf dem Spiel. Es fehlten Gelder, die Papa anvertraut worden waren, sein Geschäft war der Pleite nahe.

Im Bett fing ich an zu überlegen. Erst dann kamen mir meine schlagfertigen Bonmots. Ich war gehangen und gefangen, hatte mich, da nichts anderes übrig blieb, in mein Schicksal zu fügen. Kann man überhaupt irgend etwas gegen das Schicksal tun? Statt zu meinen eigenen Gunsten einzugreifen, wurde ich fatalistisch, bockig. Wir hatten in der Schule gelernt, aufs Geldverdienen herabzusehen. Der edle Prinz Hamlet als Koofmich in der Damenkonfektion paßte in mein Weltbild. Außerdem lockte die Aussicht, bald das verhaßte Gymnasium hinterm Rücken zu haben. Mir, dem Autodidakten, war die Lust vergangen, auf Befehl zu lernen. Mein bester Freund war mit dem Einjährigen abgegangen; allein machte es keinen Spaß mehr.

»Ick habe die Neese nu plengplengpleng
Drum koof ick mia n Teschengschengscheng
Den laad ick mit Pulva und Bleibleiblei
Und schieß mia den Schädel entzwei
drei vier fünf sechs sieben acht neun zehn
Bube Dame König As!«

34

M & S. Entgegen all meinen Erwartungen bebte die Erde nicht, als ich am 1. April 1913 Punkt acht Uhr morgens als Lehrling bei *Moses & Schlochauer* (auch Nochschlauer, von bösen Zungen sogar Arschlochauer genannt) antrat. Wie am ersten Schultag hatte ich einen wehen Krampf in meinem kleinen Herzen und im Bauch darunter. Kein Hahn krähte danach, daß meine Welt in Flammen aufging; nicht nur meine: Seitdem gab's keinen wolkenfreien Tag mehr. Dieselben Gewitterwolken, die sich über mir zusammenballten, durchwetterleuchteten die Welt. Nach den

Angstträumen meiner Jugend ging's nun richtig los mit dem Ernst des Lebens, bestehend aus Herrn Otto Moses (inklusive seinem jüngeren Bruder, Herrn Leonhard Moses, dem »jungen Herrn Moses«) und Herrn Sally Schlochauer. Moses verachtete Schlochauer, sah auf ihn herab wie Seide auf Wolle. Trat Herr Otto Moses seine gefürchtete Morgenrunde durchs Geschäftslokal an, dann rief, wer ihn zuerst sah, laut: »Dreizehn!« O Ewigkeit, du Donnerwort! Wer es hörte, hatte es sofort durchzugeben, und drei Sekunden später steckte jeder bis über die Ohren in der Arbeit. Trotz lautloser Gummisohlen ist es Dreizehn nie gelungen, einen Angestellten untätig zu ertappen. Herr Moses trug sein graugrünmeliertes Bärtchen à la Henri IV (le pervert galant). Geriet er in Wut, stopfte er sich die gelblichen Schnurrbartspitzen in beide Mundwinkel. Gleichzeitig schwollen aus seiner edlen, aber niedrigen Stirn zwei kleine Hörnchen hervor, wie beim Moses von Michelangelo. Er sprach äußerst selten. Jedoch wenn er sprach, dann zitterten alle, außer der Angrick, einer Anprobierdame, die ihm gehörte, die zitterte anders. Noch immer sucht Moses mich mindestens zweimal wöchentlich im Traum heim. Herr Schlochauer, Warnungsnummer siebzehn, trug zu weißblauen Porzellanaugen einen buschigen weißblauen Lockenkopf. Ein schöner Mann der Blusenkonfektion. Er ließ sich vergöttern. Ein- oder zweimal per Saison wußte er mit seinem einnehmenden Lächeln jedes gewünschte Herz zu betören. Im übrigen kannte seine Wut keine Grenzen. Seine Schreianfälle begannen stets mit: »Da hört sich ja schließlich alles auf!« und endeten mit Schaum vorm Mund, den er unter leisem Knurren: »Verdammt und zugenäht!« gierig mit der Zunge ableckte.

Zehn nach acht rief mich Herr Schmidt II, der erste Buchhalter und Prokurist an sein hohes Pult, um mir, ohne ein Feigenblatt vor den Mund zu nehmen, von oben herab Instruktionen zu erteilen: »Kein Angestellter unseres Hauses hat Privatbeziehungen zu irgendeiner Dame unseres Hauses zu unterhalten. (Schon nach einem Jahr durchschaute ich, daß Herr Schlochauer, »17«, sämtliche Damen des Hauses beschälte, während der mehr zurückhaltende Herr Otto Moses, »13«, sich ausschließlich auf die Anprobierdamen konzentrierte.) In Berlin gibt's genug Chonten, und was Sie mit Damen anderer Häuser anfangen, läßt uns kühl, mit Ausnahme der direkten Konkurrenz: Fraenkel & Roer, Fischbein & Mendel, Ball & Müller, Mendelsohn, Meyerhof & Mamroth, Geschäftsgeheimnisse haben um jeden Preis gewahrt zu bleiben, dafür sind sie da. Das erste Geschäftsgeheimnis ist unsere Auszeichnung *Loherkafin*; außerdem ist restlos alles, was innerhalb dieser vier Mauern vor sich geht, Geschäftsgeheimnis. Natürlich! Denn: alles auf der Welt geht natürlich zu, nur meine Hose geht natürlich nicht zu, auch das ist Geschäftsgeheimnis. Ich kenne ein kesses, vollschlankes Betthäschen, die Mietze Schmidt bei Orgler und Fidelmann, Klasse! Nicht von der Eichel zu weisen! Sie hat ne Schnabelfotze, wenn's kommt, ist's schon da, wenn's da ist, ist's schon vorbei: Scheiden tut weh! Wenn ich Sie empfehle, dürfen Sie se mal gratis stinkefingern, wenn Se der Schickse gefallen, läßt se Se chaumeln, aba se hat n Luströhrenkatarrh! Wer vögelt Jomkipper hat Zukkes n Trippa: Die Trapper durch die Wüste ziehn, der Trippa färbt das Hemde grün! N Trippa kost viel Geld und Zuspätkommen, wenn Sie dreimal zu spät kommen, wird ne Mark von Ihrem Salär abgezogen, beim sechsten Mal fliegen Se in weitem Bojen raus – also bleiben Se besser gesund, doch genießen Se Ihr Leben: Schön ist die Jugend, Achtung es kommt nischt mehr! Denken Se an den schönen Vers:

›Der schönen Zeit gedenk ich
Da alle Glieder gelenkig
Bis auf eins;
Die Zeiten sind nun vorüber
Steif sind mir alle Glieder
Bis auf eins!‹

Ihr Gehalt wird natürlich in Gold ausbezahlt. Lehrzeit drei Jahre, am 31. März 1916 haben Sie bereits ausgelernt, sind Jungermann, und die Welt steht Ihnen offen. Wie gefalln Ihnen meine neuen Hosen? Offengestanden gefalln se mir gut! Im ersten Jahr verdienen Sie bereits fünfzehn Emmchen monatlich, das ist hochanständig, bei der Konkurrenz haben

Lehrjungens noch Lehrgeld zuzuzahlen! Von den fünfzehn Mark geht natürlich Krankenkasse und Sozialversicherung ab, das kommt Ihnen später, wenn Sie fünfundsiebzig sind, zugute. Vorschüsse geben wir nicht, also leben Sie besser innerhalb Ihrer Verhältnisse und nicht drüber. Eine Zigarette per Tag können Sie sich ab und zu leisten, aber gehn Sie nicht zu oft während der Geschäftszeit auf die Toilette, das fällt auf. Scheißen Sie sich vorher aus und nachher. Geschäftszeit ist von morgens acht Uhr bis abends acht Uhr mit anderthalb Stunden Tischzeit. Wollen Sie im Leben vorauskommen, dann bleiben Sie abends, bis die Chefs gehn, man kann sich nützlich machen, das wird gern gesehn. Während der Arbeitsstunden wird natürlich nicht gegessen, außerdem gibt's keine Stühle. Wenn niemand hinsieht, dürfen Sie sich mal von Zeit zu Zeit an die Wand lehnen, wir sind keine Unmenschen und gehn mit der Zeit mit, aber: wenn ich oder einer der Herren Chefs durchs Lager kommt, haben Sie immer zu arbeiten wie wild, dafür werden Sie nämlich bezahlt. Bewähren Sie sich, gibt's nach einem Jahr fünf Mark Zulage, nach zwei Jahren zehn Mark. Ihre Weihnachtsgratifikation beträgt zwei Mark. Jetzt fix zu Ihrem Lehrchef Herrn Schulz, dem Sie in allem unterstehn. Jeder im Geschäft geht immer etwas schneller als er kann, auch wenn nichts zu tun ist, denn es ist immer was zu tun, auch in der stillen Saison. Und ich will Ihnen noch einen guten Rat geben: Moos is die Seele vons Buttageschäft! Nur ungern nimmt der Handelsmann statt barer Münze Scheiße an!«

Ich rannte zu Herrn Schulz, dem Prototyp eines Ladenschwengels, schleimiger Schlattenschammes im Cutaway mit gestreiften Hosen und verpickeltem Gesicht, ein paar Jahre älter als ich, der seine Hand verschwenderisch in der Hosentasche schaukelte. Wie ein Stück Vieh leitete er mich durchs Geschäftslokal, stellte mich jedem der achtundvierzig Angestellten vor: »Das ist der neue Lehrling, Herr Blumenfeld.« Jeder sagte: »Angenehm!« und drückte mir verkrampft die Hand. Zurück am Lager, stellte mich Herr Schulz hinter eine mit Tausenden Knöpfen gefüllte Kiste, befahl unwirsch, dieselben schnellmöglichst zu sortieren, setzte sich auf den Tisch und sah zu, wie ich arbeitete. Als ich nach ein paar Stunden die Heidenarbeit beendigt hatte (war nur zweimal aufs Klo gerannt, um mich rasch auszuweinen), sagte er verachtungsvoll: »Sie scheinen ein geborener Trödelphilipp zu sein, das werden wir Ihnen hier gründlich austreiben, nach Tisch fangen Sie von vorne an!«, schmiß meine ganze Arbeit zurück in die Kiste und gab mir fünfzig Pfennig, um ihm in der Apotheke ein Dutzend Neverrips mit doppeltem Morgensternkitzler und zwei Hirschbrunstpillen zu kaufen, was ich unter meiner Würde fand. Hatte ich dafür vor zwei Wochen mit meinem Aufsatz über das Thema »Inwiefern haben wir in moralischer Hinsicht die aulische Iphigenie der taurischen vorzuziehen?« die Primareife erlangt?? So tat ich dasselbe – tut man nicht immer dasselbe? –, was ich als kleiner Junge mit den Gasbällen getan hatte: die spitze Nadel. Am Nachmittag weigerte ich mich nach furchtbarem inneren Kampf, die Knöpfe nochmals zu sortieren, und erwartete, erschossen zu werden. Statt dessen zuckte Herr Schulz mit der Achsel: »Dann nich! Schmonzes Maronzes!« Er war ein Feigling.

Am zweiten Morgen um neun hatte ich im Ankleideraum mit Hilfe von Herrn Wolfsberg die fünf Anprobierdamen der Firma in ihre weißen, viel zu engen Drillichankleidekittel zu pferchen. Das war kein Kinderspiel und erforderte die Kraft und Geschicklichkeit von mindestens zwei handfesten Männern. Damals hungerten die Modelle noch nicht wie heute, es gab noch keine Modephotographie und keine Abmagerungspillen. Vollschlank war die Losung! Mit Gewalt mußten die Damen ins Korsett geschnürt werden, bis die anbefohlene Wespentaillenlinie (42 oder 44) erreicht war. Dies vollzog sich unter Oberaufsicht der Mattausch, einer ehemaligen Anprobierdame, die schwitzend ihre Schwere mit süßgiftigem Lächeln herumschleppte. Und damals wurde geschwitzt! Es gab weder ein tägliches Bad noch Deodorant, noch weibliche Hygiene, aber es gab Gestank und Ungeziefer. Fräulein Mattausch war eine alte Sau; sobald sie auftauchte, mußte jeder um die Wette schweinigeln. Bei der Begrüßung nahm Fräulein Angrick wehleidig Anstoß an meinen rauhaufgesprungenen Winterhänden: »Von solchem Sandpapier lasse ich mein zartes Kinderpopochen nicht malträtieren!« Besorgt fragte sie die Kolleginnen, ob man mich behandeln solle. Fräulein Mattausch verkündete, man hätte entgegenkommend beschlossen, mir zu helfen. Mir schwante Unheil, aber ich wagte nicht, Spielverderber zu sein. Hypnotisiert von der Situation und geschmeichelt über das Interesse dieser fremden, halbnackten, schamlosen jungen Hexen, blieb mir gar nichts anderes übrig, als mir von dem winzigen Zitterrochen Herrn Wolfsberg die Augen mit einem dreckigen Unterrock verbinden zu lassen. Danach führte er mich Blindekuh im Kreis herum, wozu alle die rituelle M & S Hymne sangen:

»Wer eines Mädchens dunkle Grotte
Mit heißem Samenfluß erquickt
Wer eine ganze Hurenrotte
Zwölfmal des nachts im Stehen fickt,
Wer vögelt, daß die Scheiße spritzt
Daß die Klabusterbeeren rasseln
Die Eier aneinanderprasseln,
Dem sei dies volle Glas geweiht!«

Die Angrick tunkte meine rauhen Winterhände in den warmen Hexenkessel, einen von den Damen frischgefüllten Nachttopf. Mir schauderte bei dieser Berührung mit den Müttern. Die toffe Edith gab mir einen Schmatz: »Nun gehörst du zu uns!« Nach zwei Tagen waren meine Hände geheilt. Kurz danach erzählte mir ein Lehrling der Konkurrenz, daß er am ersten Tag bei Mendelsohn, Mamroth und Veilchenfeld dieselbe Einweihungszeremonie über sich habe ergehen lassen. Man hat keine Weltreise zu machen, um primitive Sitten zu studieren. Wie sagt schon mein Freund Krause: »Am schönsten ist's zu Hause«, und Krause, der hat recht! So wurde ich Kaufmann. Den nächsten Schritt, den zum Großkaufmann, habe ich, obwohl mein Ehrgeiz mir sagte, daß ich können muß, was ich will, nie machen können. Potenz ist keine Willensfrage. Geld ist Potenz, und ich hatte keins. Ich hab nicht gekonnt: Sublimieren ist Impotenz.

In *der* Sekunde, in der ich in die Firma eintrat, wußte ich, daß ich einen fundamentalen Fehler beging. Ich hätte Schauspieler werden sollen. (Das wäre ein anderer fundamentaler

Fehler gewesen.) Oder Dichter. Als ich von einer Arbeiterstube in der Frankfurter Allee Blusen abholen mußte, packte mich vorschriftsmäßig der Menschheit ganzer Jammer. Ich war noch nie in einer Volksgegend gewesen, hatte noch nie gesehn, wie »arme Leute« wohnen, wie Näherinnen, zusammengepfercht in stinkenden Stuben, hinter Nähmaschinen arbeiten. Meine Verzweiflung trieb mich zu einer Heine-Imitation:

»Nähen, Nähen, Nähen
Bis in den Tod
Treten, Treten, Treten
Noch kein Brot
Nähen, Nähen
Lungenschmerzen
Treten, Treten
Blut am Herzen
Stiche – Bluten
Feierabend
Schreie – Ruhe
Schlafen – Tod.« *3. Mai 1913*

Ich konnte besser leiden als dichten.

Der Ton bei M & S war schnoddrigkonventionell. *Soll und Haben,* vermischt mit Lubitschs erstem Filmerfolg *Die Firma heiratet.* Zunächst wurde ich Einrichter in der Wollstoffabteilung mit der bösbuckligen Mieke Tierfeller, äußerst uncharmant. Hatte Orderzettel zu sortieren, an Hand des Einrichtebuchs für fünf Blusen 9626 je 1 m 65 cm Vollvoile marineblau 8103 abzuschneiden, passende Zutaten auszusuchen (Knöpfe, Posamenten, Schweißblätter etcetera) und hatte das Wollager tipptopp in Ordnung zu halten. Bald wurde Herr Schulz, mein Lehrchef, rausgeschmissen, weil er andauernd zu spät kam und mit seinem Tripper (meine spitze Nadel???) Tage auf der Toilette vertrödelte. Ich wurde Wollchef. Lieber wär ich in die Seide gegangen, Seide war vornehmer, und vor allem herrschte da eine überaus verlockende Blondine mit weißen Lachzähnchen, Emmy Kussero, in durchsichtigen Blusen. Ihre reizvollen Beinchen ließ sie gern sehen, bis oben rauf zu den Schlupfhöschen mit verstärktem Kreuz, das von vielen angebetet wurde. Sie war das Verhältnis des ersten Stadtreisenden von Eisner & Ehrmann, Stoffe Engros; gelegentlich war auch unser Herr Schlochauer ihr sehr gewogen. Zum Schäkern hatte sie sich Visitenkarten drucken lassen: *Emmy!*, darunter eine Brieftaube, darunter:

»Weil deine schönen Augen sterblich sind
Erfülle mir den einen Wunsch auf Erden
Vermache deine Augen einem Kind
Und laß mich dieses Kindes Mutter werden!«

Auf der Rückseite: »Bubi, tu mir was!«

35

PAPAS ENDE. Als ich nach dem ersten Geschäftstag erledigt und verweint nach Haus kam, sah mein kranker Vater mich so schuldbewußt an, daß ich mir vornahm, nie wieder Verzweiflung zu zeigen. Am schwersten litt er darunter, daß er mich nicht mehr Nationalökonom werden lassen konnte. Sein Geschäft, sein Stolz, sein Ruf, seine Gesundheit befanden sich in Zahlungsschwierigkeiten. Er war größenwahnsinnig, ließ zehntausend chinesische Visitenkarten drucken, bekam Wutanfälle, backpfeifte mich, weil ich zehn Minuten zu spät in die Waldschenke im Zoo kam (Onkel Doktor nannte es »Euphorie«). Am 15. September 1913 erlitt er in seinem Privatkontor einen Schlaganfall, wurde mit Schaum vorm Mund, linksseitig gelähmt im Krankenwagen nach Haus gebracht, Onkel Doktor fütterte ihn mit Morphium, er röchelte drei Tage lang und starb mit weitaufgerissenem Mund, ohne zur Besinnung gekommen zu sein, am 19. September. Man band dem Leichnam mit einer Serviette das Kinn hoch und stellte zwei Kerzen ans Kopfende des Bettes. Es stank im Haus. Mama, aus der Lungenheilstätte zurückgeeilt, zündete eine Jahrzeitlampe an (jüdisches Öllichtchen für Tote), weinte tränenlos und ließ ihre Kleider schwarz färben. Ich war ahnungslos, was von mir als Stammhalter in Todesfällen erwartet würde, ging traurig in mein Zimmer und schrieb in mein Tagebuch schlechte Gedichte auf den Tod meines armen Vaters. Wie arm er wirklich war, erfuhr ich erst später. Noch half kein Horatio dem kleinen Hamlet an die Wahrheit. Ich ließ Tränen auf die Zeilen tropfen und schwor mir hoch und heilig, nie wieder zu onanieren und meine Mutter zu ernähren. Beide Schwüre habe ich gebrochen. Auf mein Fragen nach der Todesursache log mir jeder vor, Papa sei an einer besonders schweren Überarbeitung gestorben.

Hier will ich noch einer rührendschönen uralten Freimaurersitte gedenken, die mir in diesen trüben Stunden tröstende Einsicht in menschliche Güte gewährt hat: Bei Carolas Tod hatte ein Unbekannter am großen Kondolenztag zwei Lederkassetten aufgestellt: die eine leer, die andere gefüllt mit Gold. Sind die Hinterbliebenen in Not, dann nehmen sie nach Belieben; befinden sie sich in gesegneteren Umständen, dann legen sie freigebig Gold in die leere Schatulle. Da Papa lebenslang stolzer Logenbruder gewesen war, wartete ich gespannt auf den schwarzgekleideten Sarastro. Vergeblich. Großpapa erklärte mir, daß diese Sitte nur bei Reichen in Anwendung käme. »Süß ist der Schlaf des Arbeiters« (Hesekiel) wurde auf Papas Wunsch in den schlichten Granitgrabstein gemeißelt. Man konnte die letzte Ruhestätte per Jahr oder auf Ewigkeit mieten. Letzteres schien preiswerter. Diese Ewigkeit wurde bereits 1938 von Hitler beendigt.

Die einzigen Aktiva, die Papa hinterlassen hat, waren Passiva. Familie, Schulden, kein Geld. Aufgeregte Onkels liquidierten mit verdächtiger Eile die Firma Jordan & Blumenfeld. Man akkordierte mit den Gläubigern auf fünfundvierzig Prozent, damals eine niewiedergutzumachende Schande. Das Allerschlimmste, die Pleite, Mechulle, der Bankrott, der Konkurs, wurde vermieden.

Es kam raus, daß Papa ihm von einem Geschäftsfreund anvertraute Anteile verpfändet und damit Wabash gefixt hatte, was schief gegangen war. Der reiche Onkel Willy sprang mit fünfzehn Mille großzügig in die Bresche. Wir waren verarmt. Gottdank hatte Papa von Großpapa Henry zur Hochzeit einen faustdicken Diamanten als Krawattennadel bekommen. Als man den veräußern wollte, war's Glas: Papa hatte den echten längst verpatzt. Großvater weinte zähneklappernd, herzzerreißend mit roten Augen, ohne einen Laut von sich zu geben. Nie wieder habe ich jemanden so erschütternd weinen gesehn. Die anderen hatten Mühe, ihre Schadenfreude zu verbergen. Jahre danach hielt Tante Ellinor, meines besten Freundes Mutter, ihrer Nichte, meiner Braut, vor: »In Zeiten, da niemand den Namen Blumenfeld gern aussprach, habe ich Erwin dennoch in meinem Haus empfangen!«

Der Haushalt wurde theatralisch aufgelöst. Möbel wurden verkauft. Wir verkleinerten uns, bezogen ein Hinterhaus. Mama machte in verzweiflungsvollster Armut, schränkte vorbildlich ein: alte Zeitungsschnitzel als Klosettpapier, ein abwaschbares Wachstischtuch und Papierservietten, mittags keinen Nachtisch, zum Abendbrot nur einen Gang, alte Krusten statt frischer Knüppel, aufgewärmten Kaffee, Margarine statt Butter. Um an Beleuchtung zu sparen, war's halbdunkel in der Wohnung. Den Notzustand von 1916 nahm sie vorweg. Dagegen protzte sie, wie liebevoll sie Papas Grab ständig mit frischen Blumen schmückte. Kein Pfennig war von ihrer Hunderttausendmarkmitgift geblieben. Später erfuhr ich, daß sie fünfundvierzigtausend Mark auf einem Geheimkonto für *noch* schwerere Tage bereitgehalten hatte (»in Bereitschaft sein ist alles«). Dies Geld wurde restlos von der Inflation aufgefressen. Um ihre hungrigen Kleinen zu ernähren und der Welt ein Beispiel zu geben, wie eine Witwe sich durchzuschlagen hat, wollte sie ein neuartiges Schnorrunternehmen aufbauen: per Telephon Schokolade, Tee und Kaffee unterm Einkaufspreis an Verwandte und Bekannte absetzen.

Bald mußte sie zurück ins Lungenheim. Heinz und ich wurden bei Jordans untergebracht. Die hatten sich als Entschädigung unsern *Ibach* (Piano) und Papas Nußbaumbibliothek genommen. Außerordentlich Dickens. Tante Clara, eine kurzrundliche Schwester Papas, hatte in einer sogenannten Vernunftsehe einen dreißig Jahre älteren Mann heiraten müssen. Onkel Moritz, genannt Möhrchen, einst Papas Sozius, verachteter Sklave und Buchhalter, war über achtzig auf der Höhe seiner ziegenbärtigen Senilität. Fünfundfünfzig Prozent seines Vermögens waren im Geschäft flöten gegangen, und nun genossen Jordans die Gelegenheit, an uns als Aftermietern monatlich fünfundvierzig Mark zurückzuverdienen und sich obendrein als Wohltäter aufzuspielen. Ich haßte Tante Clara, Zweckmäßigkeitsapostel und Vorsitzerin von Vereinen, seit sie es gewagt hatte, mir zum fünften Geburtstag ein paar grüne Wollstrümpfe mit rosa Ringen als Angebinde zu bringen. Nützliche Geschenke sind eine Beleidigung. Von den fünfundsiebzig Jahren ihres Erdenwallens blieb das großartige Wort: »Ein Nachttopf ist kein Abendtopf.« Die Rachestimmung an den Ufern des Jordans wurde geleitet von Onkel Möhrchens Augapfel Ada, seiner einzigen Tochter, in den dreißiger Jahren, von so auserwählter Häßlichkeit, daß sie sich seelenverwandt zu mir hingezogen fühlte. Andauernd wollte sie mit mir diskutieren (giftspritzen), wobei sie ihr Gebuse an mich drückte. Bis sie mir endlich als triumphierende Rachegöttin das furchtbare Verbrechen enthüllte, das mein Vater an seiner unschuldigen Familie begangen hatte. Zugleich warnte sie mich vor den Gefahren des Geschlechtsverkehrs: »Wer sich in der Jugend mit liederlichen Frauenzimmern abgibt, stirbt zur Strafe im Mannesalter an Siffelis!« Dabei blitzten ihre Augen, als ob sie ihr Lieblingsgedicht »Deborahs Siegeslied« rapsodierte. Ich fragte, wann er sich abgegeben habe, sie sagte: »Mit neunzehn. Gottes Mühlen mahlen langsam.« Diese Enthüllung riß mir die Binde von den Augen; ich begriff den Wahnsinn der Welt.

Hierhin gehört eine Tatsache, die sich drei Monate nach Papas Tod ereignet hat. Eines Sonntagnachmittags saß ich gelangweilt in Jordans Loggia (ein hundsgewöhnlicher Balkon), als von rechts in einem kühlen Luftzug der gelblichdurchsichtige Geist Papas angeschwebt kam, die Hand hob, etwas sagen wollte und nach links verschwand. Überzeugt von der Wirklichkeit der Erscheinung, sprang ich erregt auf und fand den Mut, es meinem Tagebuch anzuvertrauen, obwohl ich wußte, daß jedes Wort gelogen war.

Kurz danach hatte ich mich von wegen meiner Konstellation, Aquarius der Wassermann, zu Dr. Grunwald zu begeben. Wie der Generaldirektor einer Beerdigungsgesellschaft saß er todernst hinter seinem Schreibtisch, über dem zweimal nebeneinander derselbe Kunstdruck *Kampf mit dem Tode* in verschiedenen Goldrahmen hing – Geschenke von geretteten Patienten. Der Sensenmann mit Sense ringt mit dem

Chirurgen mit Messer, der Patient auf dem Operationstisch als gespannter Zuschauer. Traurig starrte Onkel Doktor mich an: »Über das Geschlechtsleben kann man wenig sagen«, sagte er vielsagend, wobei eine Träne seinen graumelierten Bart runterkollerte. »Wenn's zur Erektion kommt, Erwin, ist's meistens zu spät!« Oft im Leben habe ich dieser Weisheit gedacht, meistens zu spät.

Zu spät auch für den armen Papa kam *Ehrlich-Hata 606*. Mit Sulfa und Penicillin wird man Syphilis heutzutage leichter los als Schnupfen. Es fällt der Universität von New York schwer, sich zu Lehrzwecken eine waschechte Lues zu holen. Die Ärzte haben eine entscheidende Schlacht gewonnen und ein Riesengeschäft verloren (darum hat es so lange gedauert). Schuld daran sind, wie meistens, ein Jude und ein Japaner. Auschwitz und Hiroshima haben das teilweise wiedergutgemacht. Um mit den medizinischen Fakultäten weiter auf kollegialem Fuß zu bleiben, hat Gott den Ärzten das gewaltige Krebsgeschäft zugeschanzt. Ist auch Krebs keine offene Schande, so erlauben doch nicht enden wollende Behandlungen, Bestrahlungen und Operationen den Ärzten, ein luxuriöses Dasein zu führen. In den schwarzen Jahren der Lustseuchen wurde das häßliche Symbol des Bürgertums geboren, das Präservativ (auch Fromms Akt, Neverrip, Kondom, Capotte Anglaise oder Pariser), das gleichzeitig Leben und Tod vorbeugen sollte. In Herrentoiletten konnte man aus Automaten für eine halbe Mark zwecklose Desinfektionsmittel mit langen Gebrauchsanweisungen ziehen. Quecksilber und Arsenik waren nicht wirksam genug, weder die Lust zu verjagen noch der Seuche vorzubeugen. Wo die Medizin versagte, wollte Religion triumphieren; sie flüsterte ins eine Ohr: »Seid fruchtbar und mehret Euch!« und empfahl ins andere: »Enthaltsamkeit!« Jede Nation reagierte in ihrer nationalen Art: La belle France, comme toujours, se demerdait avec un certain sourire. Romanische Temperamente nehmen nichts au sérieux: Casanova, Band 3, Kapitel II: »Was meine wilden Ausschweifungen stoppte, war eine Krankheit, die mir eine schöne ungarische Hure gab. Meine siebente. Wie immer bin ich sie nach sechswöchentlicher Behandlung losgeworden. In meinem ganzen Leben habe ich nichts an-

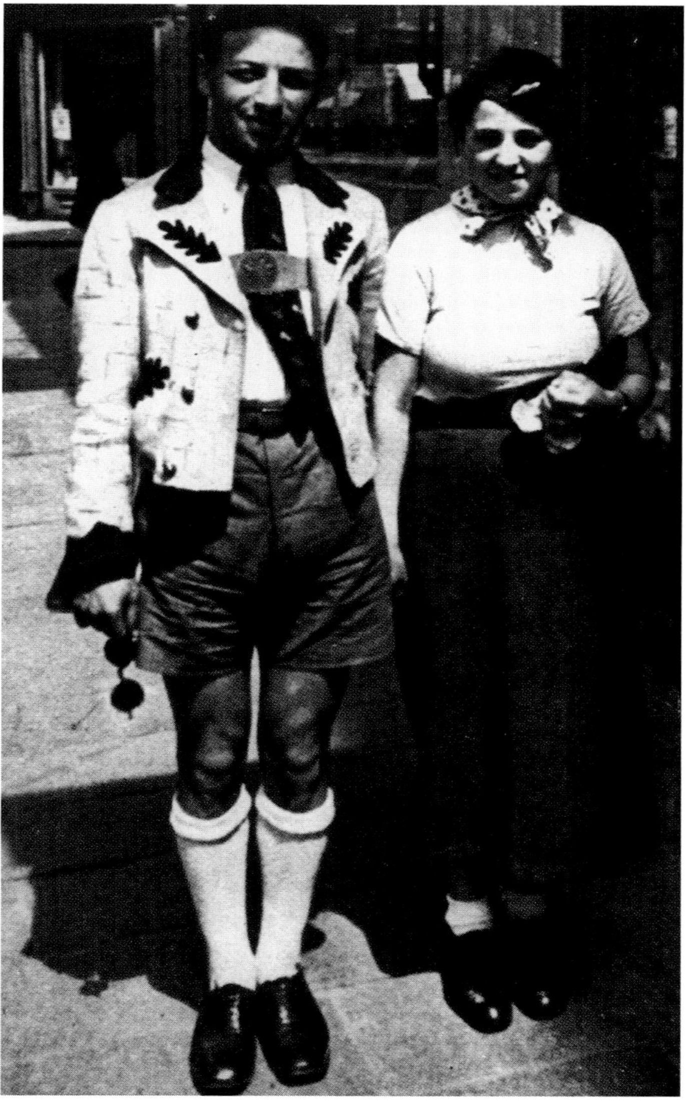

Bild 11. Ein Jude in der Alpentracht wirkt ebenso lächerlich und stilwidrig wie eine maurische Synagoge in einem gotischen Gotteshaus. (Seite 20.)

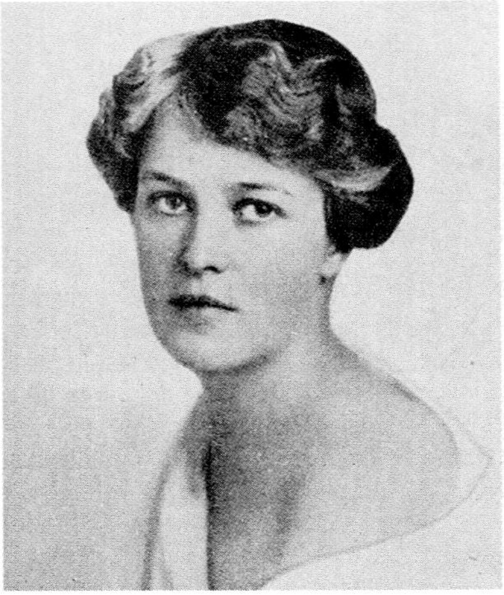

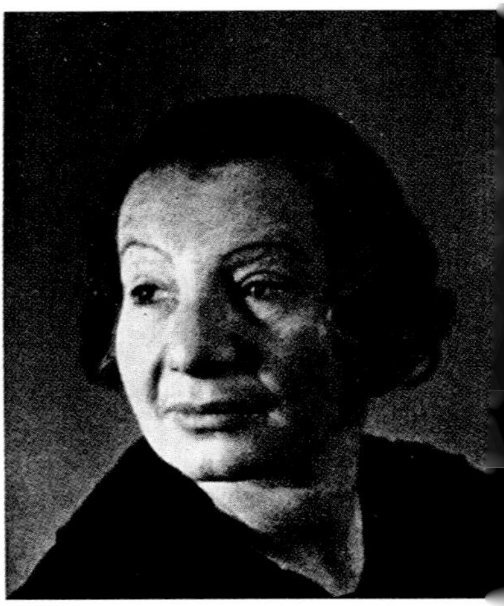

Bild 15. Deutsche Frau. Bild 16. Jüdische Frau.
Nichts schändet den hohen Begriff der deutschen Ehre mehr, als der aus geldlichen Beweggründen gewählte rassenfremde Ehepartner, auch wenn er getauft wurde. (Seite 23.)

glückhaften Hineingeborensein in eine schon im Mutterleib bestimmte Volks-, Bluts-
Schicksalsgemeinschaft. Diese rassischen Werte in unserem Volke unverfälscht und le

deres getan, als mich krank zu machen, wenn ich gesund war, und mich wieder gesund zu machen, wenn ich krank war. Beides glückte immer gleich gut, und heute (mit siebenundsechzig) besitze ich eine ausgezeichnete Gesundheit, die ich gerne nochmals ruinieren würde, wenn nicht das Alter mich daran verhinderte. Die Krankheit, die wir ›die französische‹ nennen, verkürzt das Leben nicht, wenn man nur versteht, sie zu heilen. Sie läßt Narben, über die man sich gerne tröstet, wenn man sich erinnert, mit wieviel Freuden man sie erworben hat…« Die biederen Germanen zerfraßen sich in obligaten Gewissensbissen, und aus entzündeten Prostaten träufelte der Protestantismus über die Gaue: SS Syphilis, der apokalyptische Reiter des Gottes der Rache bis ins siebente Geschlecht bei denen, die sich lieben. Religion als venerische Krankheit der Mutter Venus. Angst vor der Schande würgte die Lust. Das Leben wehrte sich, warf Barrikaden auf, formte seelische Antitoxine: Antipsychotics. Krankheit untergräbt Erkenntnisfähigkeit oder erhöht sie: Das deutsche Volk erblindete an seiner Syphilis, um seine Syphilis nicht zu sehen. Von einem Tag zum andern vergaß die viel zu plötzlich kurierte Menschheit – wie Menschheiten nun mal sind – die Qualen von vierhundert Jahren. Unser Unwille, aus Durchlittenem zu lernen, ist mit schuld daran, daß wir zurückgebliebene Kinder bleiben. Als endlich die Syphilis besiegt war, standen die Deutschen bis an die Zähne gegen sie bewaffnet, schutzgestaffelt hinter ihren Abwehrgeschützen: Blindheit, taubstumme Heuchelei (heiße Hase, weiß von nichts), Glaube, Lüge, Hoffnung, Deutschland, Deutschland über alles! Man konnte und wollte nicht mehr ohne Syphilis leben. Die entfesselten Untermenschen lechzten nach neuen Ketten, nach neuen Folterqualen: Deutscher Sinn wurde Schwachsinn, deutscher Wahn Wahnsinn. Das deutsche Volk wurde zur stinkenden braunen Masse. Die Sprache wußte es schon im voraus vom Hörensagen: Im Pariser Argotwörterbuch von Rossignol steht seit 1901: *avoir le nazi = être nazigué = avoir la syphe*. Zurück zu Wotan: Er donnerte um Menschenopfer. Nicht stückweise in Buchenwäldern, sondern millionenweise in Buchenwald. Wotan bekam seine sechs Millionen Juden, und deren Goldvaluten kamen auf die Deutsche Bank. Daß Hitler selbst an einer jüdischen Großmutter litt, macht die Geschichte – wenn auch die Juden es nicht gern hören – noch pikanter. Gern male ich mir aus, wie der Führer seine Tage als gütiger alter Rabbi in Brooklyn beschließt, nachdem er einen seiner zahlreichen Doppelgänger im Wilhelmstraßenbunker mit Eva Braun hat Doppelselbstmord begehen lassen.

Ungern ist man Krankheiten zu Dank verpflichtet. Darum hat man immer vermieden, den Wechselwirkungen zwischen Religion, Syphilis, Genie, Irrsinn und Deutschtum nachzuspüren. Unsere europäische Kultur der Neuzeit ist eine Spirochätensyphilisation, erstes Mitbringsel aus der neuentdeckten Neuen Welt. Wird die sterilisierte Welt von morgen noch fähig sein, sich Gedanken zu machen? (»Non cogitunt, ergo non sunt!« Georg Christoph Lichtenberg) Horror vacui! Wie kommen wir an die nötigen Genies, dies Salz der Erde, ohne das die Idioten nicht vegetieren können? Neue Seuchen, neue Hoffnungen. Haben wir schmachtend, verschmachtend auf die neubelebenden Einflüsse atomischer Radiationen (Strontium 90 auf die Spargelstulle!) zu warten?

Aus Selbsterhaltungstrieb: Seien wir Epikureer, selbst wenn wir, wie ich, nicht mal ahnen, was das bedeutet. Wenn wir von unseren Kindern nicht ermordet werden wollen, haben wir sie zu erziehen. Unsere Geschlechtsfreuden von gestern waren vorgestern noch Lustmord. Auch das sollten wir nicht vergessen. Glücklich ist, wer vergißt: Dies Glück stürzt uns in Dummheit. Seit Staaten unser Leben in die Hand genommen haben, stört Geschlechtsverkehrspolizei, wie jede Polizei, den Verkehr. Sexualerziehung, Überlieferung sexueller Errungenschaften von Geschlecht zu Geschlecht ohne Mitarbeit von Bordell und Freudenmädchen vom Vater auf den Sohn ist schwer realisierbar. Man kann beim besten Willen nicht alles den ohnehin schon schwer erblich überlasteten Müttern und höheren Töchtern überlassen, so gerne sie auch wollten.

Die Mißgunst frigider Hausfrauenvereinigungen ist immer wieder darauf aus, die sexuellen Fortschritte der letzten Jahrtausende zu erdrosseln. Knauserei an der Freude, Fotzenneid, methodistischer Puritanismus sind das ärmlichste, dümmste, kurzsichtigste Verbrechen an der Menschheit. Die Pilgrimfathers sind schuld am Untergang Amerikas, und wenn wir nicht aufpassen, am Untergang der Welt. Wohin könnte heute Vincent van Gogh sein frischabgeschnittenes Ohr bringen? Zum Analytiker? (Xmas 1964 verkaufte Macy's eine Van-Gogh-Puppe mit abgeschnittenem Ohr!) Laßt die Bettler nicht mit dem Feuer des Prometheus spielen. Feuer kann erlöschen. Nietzsche und Wedekind haben das lange vor mir hingehämmert; meine Aufgabe ist, es zu wiederholen.

Eine andere einschneidende Genesung vollzieht sich langsam während meines Daseins: Religion, dieser pascalische Hirntumor, ist am Eintrocknen, nachdem er Tausende Jahre lang den Verstand der Welt zerfressen hat: Meine Urenkel werden nicht mehr wissen, was sie durchgemacht haben: Religion und Syphilis werden zu Komplexen des klassischen Altertums: Mythologie.

36

PRINZIP. Nach erfrischendstem Sommersonntagmorgen im neueröffneten Familienbad Wannsee, wo wir Badeschönheiten bewundert und dazu Zigaretten ge-

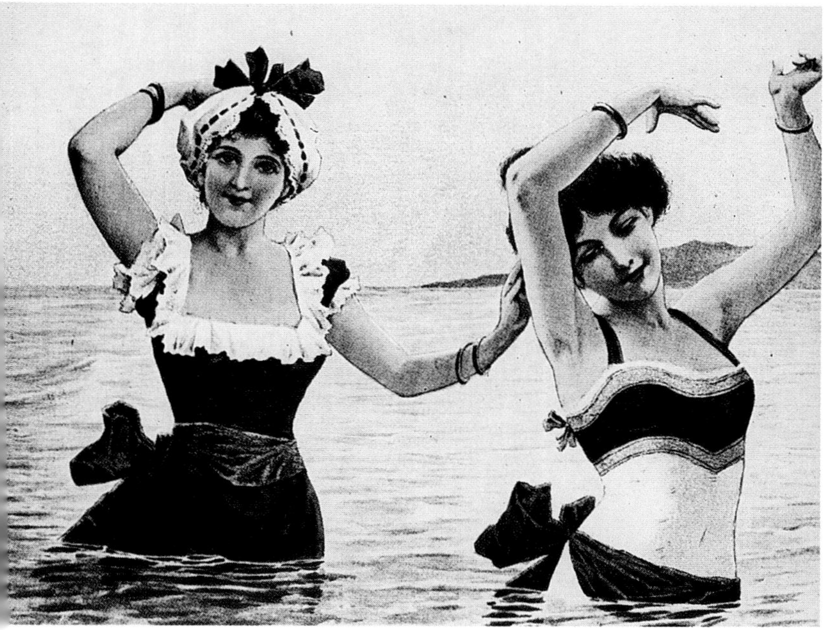

Badeschönheiten.

raucht hatten, fuhr ich mit meinem Bruder in Prachtlaune zurück zum Bahnhof Zoo. Mama war wegen Pneumothorax in Davos, die Familie nahm sich unser freundlich an. Heute waren wir bei einem arrivierten Cousin, dem Bankdirektor Georg Wolfson, eingeladen und kamen, wie gewöhnlich, eine halbe Stunde zu spät. Bei Wolfsons gab's immer vorzügliches Essen. Martha Wolfson, eine kleine Cousine aus Essen, provinzial, jung, gesellschaftlich überehrgeizig, arrogant, war schmeichelhaft nett zu mir; sie nahm mich für einen Repräsentanten der heutigen Großstadtjugend. Ihr junger, rötlichblondlächelnder Gatte Georg, der distanziert in die Ferne schaute, war gerade wegen seiner Weitsichtigkeit zum Direktor aller Depositenkassen aller D-Banken ernannt worden. Als wir eintraten, saß er bleichverärgert da, biß sich, ohne unsern Gruß zu erwidern, beleidigt die Lippen; Martha starrte verschleierten Auges und blieb stumm. Geschickt wollte ich meinem jüngeren Bruder vormachen, wie man sich in solchen Fällen rausredet, und erzählte amüsant, daß wir Herrn Otto Moses, meinen Chef, getroffen hätten, der uns furchtbar nett zu einem Gläschen Bier eingeladen hätte, was wir nicht abschlagen konnten. (In Wahrheit hatte der jüngere Herr Moses, Herr Leonhard, mich von weitem gesehn und weggekuckt.) Meine Geschichte hatte keinen Erfolg, niemand hörte hin, Bankkreise verachteten Konfektionäre. Georg schaute distanziert in die Ferne und sprang auf, als das Telephon im Nebenzimmer klingelte. Martha verschwand mit ihm, ohne uns eines Blickes zu würdigen. Hochnotpeinlich. Man ließ uns zur Strafe eine lange Viertelstunde allein. Nach dem Schwimmen waren wir ausgehungert und beratschlagten flüsternd, ob wir einfach weggehn sollten, als das Kinderfräulein erschien und die jungen Herrn pikiert bat, sich ins Eßzimmer zu begeben, Herr und Frau Doktor (rer. nat.) kämen später. Der Tisch vorbildlich gedeckt mit Blumen, wie im Schaufenster. Der kleine Gerd brüllte bereits auf hohem Kinderstuhl. Fräulein quälte ihn erst noch etwas, setzte sich dann, die Eltern blieben weg. Wir wurden bedient. Schuldbewußt, mit gutem Appetit, aßen wir Rindermark auf Röstbrot, kalte klare Bouillon mit Petersilie, Belitzer Spargel mit Morcheln, Rheinlachs (sogenannten Maifisch) mit Schwenkkartöffelchen, dazu Piesporter Goldtröpfchen (Marthas Geburtsstadt Essen gehörte leider zum Industriegebiet der Ruhr, und nicht zum Rheinland, dem Sehnsuchtstraum deutscher Bürgerromantik; gerade darum gab's bei Wolfsons immer die gepflegtesten Rhein- und Moselweine.) Todernst kam das tiefbeleidigte Ehepaar zurück und nahm Platz. Martha sagte doppelsinnig freundlich: »Ich bin froh, Jungens, daß ihr euch den Appetit nicht habt verderben lassen!« Georg starrte ins Leere, spielte den gebrochenen Mann. Beim ersten Bissen wurde er wieder ins Nebenzimmer ans Telephon geklingelt. Martha folgte leidtragend. Zum Dessert (Sahnenbaisers mit Walderdbeeren) zurückkommend, fragte Georg: »Wie geht's Mama?«, verschlang, ohne sich für die Antwort zu interessieren, eine Walderdbeere und stürzte zurück ans Telephon. Nach dem Essen wollte Heinz mir zeigen, wie man sich richtig entschuldigt. Doch Georg kam dazwischen und verkündete feierlich: »Nun erst ist es mir erlaubt, frei zu sprechen, Wolfs Telegraphenbüro ist bereits auf der Höhe. Leider ist die Börse am Sonntag geschlossen, vielleicht: Gottseidank! Dank meiner direkten direktorialen Privatlinie mit Wien hatte ich aus erster Hand Geheiminformationen: Der österreichische Thronfolger Erzherzog Franz Ferdinand und seine erlauchte Gemahlin Herzogin Sophie von Hohenberg sind soeben in Sarajewo von einem serbischen Gymnasiasten (dabei sah er mich vorwurfsvoll an) Gabrilo Princip (hatte Kafka den Namen erfunden?) erschossen worden. Jungens, ein Weltkrieg scheint unvermeidlich...« Mein Bruder und ich bekamen einen Lachanfall, der uns auf den Teppich rollen ließ, wo wir uns hilflos wälzten. Wegen unseres Zuspätkommens hatten wir mit Recht einen furchtbaren Anschnauzer erwartet und konnten nicht glauben, daß ein Depositenkassendirektor über die Ermordung eines Schlawiener Erzherzogs in Serbien sich derartig anstellen konnte. Gottseidank klingelte das Telephon wieder, und wieder verschwand das beleidigte Paar ins Nebenzimmer. Immer noch auf dem Teppich lachend, überlegten wir, was zu tun sei. Wir fanden es angeraten, uns doch noch ordnungsgemäß zu entschuldigen. Der Mokka wurde im Herrenzimmer eingenommen, wo mein Bruder glaubhaft ernst sagte: »Bitte nochmals, verzeiht uns und seid uns nicht böse, wir versprechen euch ehrenwörtlich, nie wieder zu spät zu kommen!« Georg sah distanziert in die Ferne: »Seid ihr denn zu spät gekommen?«, und wieder klingelte das Telephon. Dies war nämlich der erste Krieg, in dem es eine weltgeschichtliche Rolle spielte. 1815 machte Rothschild seine Millionen mit Hilfe des optischen Telegraphen, 1870 brachte der Telegraph die Emser Depesche, 1940 war's das Radio, und im nächsten Krieg wird man seine Söhne im TV fallen sehen. Fortschritt läßt sich nicht aufhalten.

Nie wieder haben wir uns so kaputt gelacht, auch sind wir nie wieder bei Wolfsons gewesen: Mein Brüderchen Heinz hat fürs Vaterland fallen müssen, und ich habe mein Vaterland fallen lassen müssen: *Prinzip!*

37 Dreizehn sieht schwarz.

Nach einem Jahr schon hatte völlig unerwartet mein meteorischer Aufstieg bei Moses & Schlochauer eingesetzt, als Herr Otto Moses (Dreizehn) mir bei seinem Morgenrundgang unverhohlen: »Morjen!« zugegrunzt hatte. Noch niemals hatte er sich dazu herabgelassen, einem Angestellten einen guten Morgen zu wünschen. Das Gesamtpersonal spekulierte hin und her, warum gerade mir diese Ehre widerfahren sei. Ich begann eine Sonderstellung einzunehmen und kam von nun an jeden Morgen sechs Minuten zu spät, ohne von Fräulein Schmidt III, die extra zu diesem Zweck am Eingang saß, auf die Liste der Zuspätkömmlinge geschrieben zu werden. Sie hielt mich für einen geheimen Neffen der Schlochauers, soll sogar das vage Gerücht in Umlauf gesetzt haben, ich sei ein vorehelicher Fehltritt Frau Schlochauers. Den andern Stiften, meinen Lehrkollegen Phillips, Diemel, Brasch und Wolfsberg, fehlte die Privatcourage, zu spät zu kommen, darum hielt niemand sie für geheime Neffen. Nur Wolfsberg hatte einen geheimen Tripper, über den jeder sprach, denn er hing ständig auf'm Klo, um sich zu behandeln, auszuseibern und zu weinen.

Als ich am Montagmorgen nach Sarajewo wie immer schuldbewußt und atemlos sechs Minuten nach acht ins Geschäft gerannt kam, sagte Fräulein Schmidt III, ich hätte mich unverzüglich mit sämtlichen Lagerbüchern ins Privatkontor, das Allerheiligste der Chefs, wohin man nur für Rausschmeißen und Katastrophen befohlen wurde, zu begeben.

Höchstens Millionäre leisteten sich damals ein Automobil. Da Herr Moses um jeden Preis vermeiden wollte, um Zulagen angegangen zu werden, ließ er sich jeden Morgen von dem mittels Staubbrille und Schirmmütze zum Chauffeur verkleideten Hausdiener Robert Scharffenberg um acht Uhr fünfzehn, eine ganze viertel Stunde nach offizieller Geschäftsöffnung, in seiner schwarzhochglanzlackierten Audi-Limousine unbeobachtet bis an die Leipziger-, Ecke Kommandantenstraße fahren, von wo er die letzten zweihundert Meter bis zum Geschäft zu Fuß machte. Was mir erlaubte, risikofrei zu spät zu kommen. Heute war er hinterlistig pünktlich, hatte sofort nach mir gefragt und entdeckt, daß ich zu spät kam. Trotzig fühlte ich mein Ende bei Moses & Schlochauer nahen. Ich hatte mich bereits zum Lagerchef und Disponenten für Seide, Wolle, Baumwolle und Spitzen emporgearbeitet. Wolfsberg hatte ich die Knöpfe und Besatzartikel gelassen.

Die Gesamtlagerbestände befanden sich in meinem Kopf, keine Order ging raus ohne meine energische, völlig unleserliche Unterschrift. Zugleich mit der Anerkennung, die mir meine Lagerkenntnis eintrug, kam, statt Zulage, ein ehrendes Privatvertrauen: Herr Schlochauer (Siebzehn) zum Beispiel hatte als Verhältnis eine richtige Opernsängerin, klein, aber oho! Fräulein Sigrid Niklas Kempner; ihre Mutter war Gesangspädagogin, ihr Bruder sogar Kapellmeister. Allabendlich machte sie ihrem Sally vor Geschäftsschluß ihre Aufwartung zwecks Lebensversüßung. Siebzehn schwärmte für Opern. Infolgedessen wurde das Geschäft oft erst sehr spät geschlossen. Eines Abends kam Herr Schlochauer leutselig zu mir ins Lager und bot mir, um mich zu gewinnen, eine Pfefferminzpastille an, die er schon einige Zeit in der Hand vorgewärmt hatte. »Wo Sie sowieso bis zum Schluß hier sind, könnten Sie mir eine persönliche Privatgefälligkeit erweisen, hat nichts mit dem Geschäft zu tun, Sie vastehn hoffentlich tachles! Ihre Arbeit könnse wegen der besseren Beleuchtung besser im Entrée machen, besser für Ihre Augen! Wenn dann meine Olle kommt, für Sie Frau Schlochauer, vastehnse, kloppen Se zweimal abrupt mit dem Schlüssel an die Scheibe und sagen ihr, daß ich sie hinten in der Stadtexpedition erwarte, wo ich den Versand kontrolliere. Schmusen Se möglichst lange mit ihr, übers Wetter und übers Geschäft, die interessiert sich für beides!«

Von nun an hatte ich allabendlich das heitere Gezwitscher meines Chefs zu überwachen und konnte mit Hilfe von Spiegelungen, Ritzen und Schlüssellöchern ihre Höhepunkte mitgenießen:

»Erst kamen die Blusen, die Kleider
Und dann die Jupons voller Plis
Und dann die Dessous undsoweiter
Und dann, und dann kam SIE!«

Wirklich kam die Olle eines schönen Abends, während das recht entkleidete Fräulein Sigrid, Rigoletto summend, gespreizt auf Herrn Schlochauers Schoß wippte, herein ins Laköl. Ich versprang der dreihundertpfundschweren Gattin den Weg mit tiefer Verbeugung. Vom Entrée gab's mehrere Möglichkeiten, die eine führte zum Verkaufsraum, zum Himmel, in dem Herr Schlochauer gerade seine Gesangsstunde nahm, die andere zur Hölle, zur Stadtexpedition, wohin ich Frau Siebzehn zu expedieren hatte. Mir fehlte die Geistesgegenwart, den Schlüssel zu finden, mit dem ich an die Scheibe zu klopfen hatte. Ich stotterte unzusammenhängendes Zeug, sagte »Herr Schlochauer arbeitet auf sie in der Expeditionsstadt«, sie rannte kopfschüttelnd durch die von mir aufgerissene Tür nach hinten, ich stürzte im allerletzten Augenblick nach vorne in den Verkaufsraum. Siebzehn sprang höchsterregt auf: »Da hört sich ja schließlich alles auf! Ich bin augenblicklich nicht momentan!«, knöpfte seine Hosenklappe zu (der Reißverschluß steckte damals noch in den Kinderschuhen), schob die dreiviertelentkleidete Diva mit meiner Hilfe in den offenstehenden Schrank der seidensten Abendkleider und stürzte mit dem Ruf: »Das Weitere wird sich finden!« zur Ollen in die Stadtexpedition. Aus dem Abendkleiderschrank tönten Schreie: »Ich bin eingerigoletto!«, ich verlor vollends den Kopf und sprang in den Schrank auf die berühmte Opernsängerin. Jetzt oder nie! Sie war kochendheiß! Ich fürchtete für ein Nervenfieber und wollte tröstend eingreifen. Sie gab mir oben eine Backpfeife, unten einen Fußtritt und kreischte hysterisch: »Das kostet Sie Ihre nächste Zulage, Sie Kaffer! Hilfe, mein Kleid, Hilfe, meine Schuhe, wo ist mein Höschen, schnell, schnell, können Sie sich nicht beeilen? Hilfe, meine Tasche!« Als ich alles in Sturmeseile in den Schrank geworfen und die Tür zugeschoben hatte, jammerte sie kläglich nach ihrem Sonnenschirm. Kaum hatte ich den Schrank verschlossen, erschien schon Arm in Arm das glückstrahlende Ehepaar, Herr Sally und Frau Jenny Schlochauer. Ich übergab Siebzehn geschäftlich den Schrankschlüssel. Er steckte ihn in seine Westentasche und sagte etwas freundlicher als gewöhnlich: »Herr Blumenfeld, bringen Sie schleunigst die Lagerbücher! Wir haben Crêpe Georgette nachzubestellen, es wird heute spät werden! Herr Scharffenberg (der erste Hausdiener) wird besser eine Droschke für meine bessere Hälfte holen!« Waghalsig setzte er sich genau vor den Schrank, in den ich die Niklas Kempner eingesperrt hatte. Es war schöner als die Hochzeit des Figaro!

Dessenungeachtet lag es im Bereich des Möglichen, daß Otto Moses (Dreizehn) mich heut wegen Zuspätkommens unter Hohngelächter des Personals, das mich um meinen schnellen Aufstieg beneidete, fristlos rausschmeißen könnte. Dann würde ich zur Bühne gehn und als größter Hamlet »die Bühn in Tränen setzen und das allgemeine Ohr mit grauser Rede so erschüttern…« Fatalistisch klopfte ich an die Privatkontortür. Speicheltriefend öffnete Herr Schlochauer (Siebzehn), und wiedermal hörte sich schließlich alles auf! Hinter mir verriegelte er die Tür. Was wollten sie? Riesengroß stand Herr Otto Moses (Dreizehn) vor mir, beide Enden seines Schnurrbartes handgezwirbelt in den Mundwinkeln, was auf überwirkliche Erregung schließen ließ. Ich hatte mit dem Gedanken gespielt, ihm, während sein grünlicher Basiliskenblick mich sezierte, Verachtung ins Gesicht zu schleudern. Noch unlängst war ich durch das Loch der neuangelegten Zentralheizung Augenzeuge gewesen, wie Frau Bernstein, die Frau seines besten Freundes, ihn weinend um dreihundert Mark (mehr als ich im ganzen Jahr verdiente!) angefleht hatte. Sie sah edel aus, wie sie vor ihm kniete. Erst nach einem schwerverständlichen Kuß billigte er ihr zweihundert Mark zu, die sie obendrein selbst aus seiner Hosentasche fischen mußte. Jetzt war ich nicht einmal imstande vorzubringen, daß die Untergrundbahn wieder mal am Hausvogteiplatz entgleist sei. Kein Wort kam aus meinem Munde. Desto plötzlicher donnerte Moses: »Was haben wir in 7718 bei Jarroson Fils laufen?« Stolz auf mein das Gesamtlager umfassende Wissen antwortete ich prompt: »Dreiunddreißig Stück Tango (Modefarbe orange) Crêpe circuit lagern in Lyon auf Abruf und vier liegen hier im Anschnitt.« Mit lauerndem Ernst wandte sich Moses zu Schlochauer: »Wollen wir depeschieren?« Damals telegraphierte man nur in Todesfällen, denn jedes Wort kostete fünf Pfennige, Ausland sogar doppelt! Herr Schlochauer stimmte zu: »M.W., wird gemacht!« Da wuchs Herr Otto Moses über sich selbst hinaus, die Hörnchen quollen ihm aus der Stirn, er wurde größer und größer. Ohne die Zustimmung Schlochauers abzuwarten, der kleiner und kleiner wurde, entrollte göttliche Weisheit seinem Munde: »Rufen Sie sofort Wolf an (den Agenten von Jarroson Père & Fils), er solle Lyon dringdrahten, daß wir dreiunddreißig Piäß (pièces) Tango Crêpe circuit annullieren, statt dessen jedoch zwohundert Stück derselben Qualität für allerprompteste Eillieferung innerhalb zehn Tagen in naturell bestellen!« Erschrocken flüsterte ich, daß wir bereits vor drei Wochen fünfzig Stück weiß 7703 geordert hätten. Litt Herr Moses (Dreizehn) an derselben Überarbeitung wie Papa? Litt er an Großmannssucht? An Gedankenschwund? Da geschah etwas: Sein linkes Auge schloß sich und mit seinem rechten durchbohrte er, ungefähr zehn Zentimeter über meinem Kopf, die Landkarte Deutschlands, die die Wand des Privatkontors zierte. Ohne mich mit dem noch offenen Auge auch nur eines Blickes zu würdigen, befahl er mit Kristallklarheit: »Was sich hier und heute in diesem Privatkontor abspielt, ist weltgeschichtliches Geschäftsgeheimnis. Mit niemandem haben Sie ein Sterbenswörtchen darüber zu verlieren. Alles steht auf dem Spiel. Es gibt Lauscher an der Wand (und sein eines Auge starrte auf mich) und Lehrlinge, die durch Löcher lauern. Ich kenne meine Pappenheimer und habe dem vorgebeugt. Robert Scharffenberg patrouilliert! Obschon Diskretion immer Ehrensache ist, verlange ich diesmal Ihre zusätzliche eidesstattliche Versicherung, daß Sie Ihr Maul zu halten wissen! Antworten Sie mit einem unverhohlenen Ja!« Selbst zum Nicken war ich zu erschüttert. »Krieg kreiert eine ungeahnte Hausse in Schwarz. Bei Kriegsausbruch haben wir«, und er fletschte seine Zähne visionär, »bis an die Zähne bewaffnet in Schwarz dazustehn! Wird dieser Krieg, was ich voraussehe, ein dreißigjähriger Weltkrieg, dann dauert er von 1914 bis 1944. Jede deutsche Frau wird mehrere Male heiraten und dementsprechend Witwenkleider brauchen. Um schwarze Umstandskleider wird ein Geriß entstehn. Ich sehe die Zukunft schwärzer als schwarz. Sobald das Fallen anfängt, setzt ein Riesentrauergeschäft ein. Je mehr gefallen wird, desto gefallsüchtiger wird *Sie:* Man muß die Feste feiern, wie sie fallen.« Er sagte weis: »Wahrlich, ich sage euch, die Weiber werden in schwarzer Reizwäsche rumrennen. Notieren Sie: Witwenmorgenröcke in schwarzen

Plumeties mit abnehmbarer hellgrauer Biese für Halbtrauer. Moses & Schlochauers Blauschwarz hat die Welt erobert. Soll die Konkurrenz in Braunschwarz ersaufen! Krieg bedeutet Moratorium: Niemand zahlt! Wir dürfen, nein, wir müssen überdisponieren. Ordern Sie sofort Doppelquanten letzten Jahresverbrauchs für kurzfristigste Lieferung mit Annullationsklausel in schwarzem Zibeline, schwarzem Zanella, schwarzem Serge, schwarzem Wollcrêpe, schwarzem Baumwollcrêpe, schwarzem Crêpe marocain, schwarzem Vollvoile, schwarzem Halbvoile, schwarzem Wollvoile, schwarzem Baumwollvoile (für preiswerte durchsichtige Witwenblusen), schwarzem Voile Ninon, schwarzem Voile Chappe, schwarzem Marquisette, schwarzem Taft, schwarzem Wollkaschmir, schwarzem Seidenkaschmir, schwarzem Wollcôtelé, schwarzem Damassé, schwarzem Seidentüll, schwarzem Baumwolltüll und schwarzem Velourschiffon für tiefdekolletierte Abendkleider mit schwarzem Spitzenbesatz. Sämtliche Orders haben mit der Mittagspost als Eilbriefe rauszugehen! Wieviel verdienen Sie jetzt?« Ich sah mich schon als Kriegsgewinnler: »Fünfundzwanzig Mark im Monat.« »Besser als in die hohle Hand geschissen«, sagte Herr Schlochauer. Herr Otto Moses legte zum allereinzigsten Mal in diesem Dasein seine zentnerschwere Marmortatze auf meine Hängeschulter: »Herr Blumenfeld, nach Kriegsausbruch wird das Geschäft zunächst mehrere Wochen, wennichtgar Monate brachliegen. Hiermit verspreche ich Ihnen in vollstem Einvernehmen mit Herrn Schlochauer (welcher nickte!), daß Ihr Salär von fünfundzwanzig Mark in den ersten drei Kriegsmonaten nicht reduziert wird. Wer dann lebt, der dann sorgt.«

Am Tag nach Kriegsausbruch hing folgende Ankündigung am Geschäftseingang: »Bis auf weiteres ist dies Geschäft nur halbe Tage geöffnet, dementsprechend werden sämtliche Gehälter 50% reduziert, Moses & Schlochauer.« Als ich einen Monat danach verlegen versuchte, an das gegebene Versprechen zu erinnern, ging ich zu Siebzehn (Dreizehn hätte mich mit Verachtung getötet). Herr Schlochauer sagte empört, er habe damals nicht schriftlich genickt; ich solle mich schämen, in so ernsten Zeiten eine Sonderstellung zu beanspruchen. Im Krieg sei selbst Geschriebenes nur ein Fetzen Papier;

fünfzig Prozent sei mehr als garnichts, da höre sich schließlich alles auf!

Zurück zu Moses: er wurde zusehends visionärer: »Im Saisongeschäft gibt's ständig Überraschungen, besonders in Weltkriegen. Weg mit rosa, weg mit *ciel* (hellblau), weg mit *nil* (hellgrün), weg mit *champagne!* Annullieren Sie umgehend die laufenden Orders in Pastellfarben, an denen sowieso immer Geld verloren wird!« Schlochauer setzte sich seinen weißblauen Augen zuliebe für *ciel* ein, Moses ließ sich nicht beirren: »*KÜNIF* – Kommt Überhaupt Nicht In Frage! Wir Deutschen haben die Nase pleng, uns zwei Mal per anno von Paris hochnehmen zu lassen. Poiret hat die Chose mit zwei Mille per Kleid zu sehr übertrieben – es mußte zu diesem Krieg kommen, so mies es auch ist: Deutschland hat sich unabhängig von der Welt zu machen, Berlin hat sich von der Pariser Lodderwirtschaft zu befrein! Ideen kann man nötigenfalls via Schweiz beziehen!« (Jede Saison kaufte Herr Moses zehn extravagante Haute-Couture-Modelle in Paris, die er zu einer todschicken deutschen Kollektion umgestaltete; das war Berliner Damenkonfektion!) »*Noir* 7702 ist die Zukunft! Als Modeschlager sehe ich am Horizont feldgrau strahlen, das wir 7756 numerieren! Bevor's zu spät ist: Ordern Sie von Frankreich Farbmuster aller vorhandenen *gris* (grau). Selbst Kunstseide hat ne Schangse, den Markt zu erobern. Heut wird keine Minute mit Mittagessen vergeudet, *wir müssen siegen!*« Als Mitwisser lebenswichtigster Geschäftsgeheimnisse kehrte ich sorgengeneigten Kopfes (Moissi) zurück zu meinem Arbeitstisch. Was wird aus all dem Crêpe de Chine, wenn kein Krieg ausbricht? Aller Augen hingen an mir, der fast eine Stunde im Privatkontor zugebracht hatte. Nur Emmy Kussero konnte Ähnliches von sich behaupten. Von nun an kam ich, wie sie, offiziell zu spät. Selbst Herr Moses wagte keinen Protest. Meine Macht bestand in meiner offensichtlichen *Militärarbeitsdienstunfähigkeit.*

Als nach den ersten Großkampftagen ein blendendes Witwengeschäft einsetzte, platzte die Konkurrenz: Allein M & S konnte jede gewünschte Quantität in prima Trauerware auf sofortigen Abruf liefern: Sieg auf der ganzen Linie!

38 Kriegsausbruch. Die folgenden Wochen überstürzten sich mit Annullationen, Ultimaten, falschen Gerüchten (Latrinen- oder Scheißhausparolen), kriegshetzerischen Volksreden und patriotischen Leitartikeln, die mit Schlagworten ums Pulverfaß tanzten, bis es am 3. August richtig los ging. Und ich kann sagen, ich bin dabeigewesen, wie Seine Majestät der Kaiser von seines Daches Zinnen (dem Schloßbalkon) einer seit Stunden auf der Schloßfreiheit im Lustgarten zusammengequetschen Volksmasse eherne Worte zuschrie, die trotz einer ihm von einem Adjutanten vor die Schnauze gehaltenen Quatschtüte unverständlich blieben. Erst abends im Lokalanzeiger las man begeistert, was man mittags bejubelt hatte. In keiner Zeitung stand, was ich abends zuvor miterlebt hatte: Arbeiter, Sozis, »vaterlandslose Gesellen« marschierten hinter roten Fahnen, um gegen den Krieg zu demonstrieren. Polizei veranstaltete eine Saujagd und schoß sie »Am Knie« übern Haufen. Langsam ging mir auf, daß Mächte der Finsternis am Werk waren, daß es aus war mit Freiheit und Pressefreiheit, die es nie gegeben hatte. Es gab keine Parteien mehr, nur noch Deutsche. *Links* war erledigt, schon fing ein Volk in Waffen – dies Volk von Affen – an, singend durchzuhalten. »Immerfestedruff!« rief der Kronprinz, in seiner Lieblingsverkleidung als Totenkopfhusar in seinem offenen Daimlerauto stehend.

Seine Majestät der Kaiser in der neuen feldgrauen Generalfeldmarschallsuniform, ordenüberladen mit Biberpelzkragen, Reitpeitsche, respektive Feldherrnstab und Ledergamaschen, rief, und *alle alle* kamen:

»Jeder Schuß ein Ruß
Jeder Stoß ein Franzos
Jeder Tritt ein Britt
Jeder Klaps ein Japs
Auch in Serbien müssense sterbien!«

»Wir lieben vereint
Wir hassen vereint
Wir haben alle nur einen einzigen Feind:
ENGLAND!« (Das war »Lissauers Haßgesang«.)

»Doch Vata Jolz
Erwidert fein:
Lieb Vataland
Magst ruhig sein,
Solang die Jungs haamn
Noch soviel Mut
Solange jeht
Die Sache jut!«

»Mein Schätzeken
Dat wußt ick
De Kieglein treffen nie
Wir sind noch alle lustick
Bei der fünneften Kompanie!«

»Im Himmel sind vasammelt fein
Der alte Moltke Bismarck Stein
Da kommt der olle Wrangel zu
Und der sagt: ›Kinderkens NA NU,
Ick dachte, dat die Erde steht,
Ick kieke eenma, ick kieke zweema
Ick denk nanu, nanu denk ick, nanu
Da hat doch wieda eena dran jedreht!‹«

Was ich als Kind einst erlebte, was ich als Knabe gefühlt, wie doch das Herzchen erbebte, wenn wir Soldaten gespielt! Wir müssen siegen, wir müssense kriegen, wir haben Zeit, haben Geld, haben Mut, was lange dauert, ja das wird gut! Nur imma feste dran, wir stehen unsern Mann, nur ran mein Schatz, hier gibt's Sieg und Platz! Waldemar, Waldemar, Waldemar, mein gutes Mietzchen, Waldemar, es liebt sich wunderbar, hier in Jalizien, Waldemar, Waldemar, Waldemar gib mir ein Küßchen, nur ein Bißchen, hier im Sumpf, hier im Sumpf ist die Liebe Trumpf, is se Trumpf! Ich glaube, ich glaube, da oben fliegt ne Taube, die kommt aus einem deutschen Nest, wenn die man bloß nischt fallen läßt! Marianne, Marianne, ich glaube du hast eine Panne! Der Iwan soff aus das Benzin, nun kommst du nie nach Berlin. Willste, du mein kleiner Willy, Wolle braucht jeder Soldat, wenn der Wille ward zur Wolle, wird die Wolle auch zur Tat! (Punktquadrat – Pointcaré – ist sich meine Lieblingsspeise!) Deutsch will ich sein, klingt's vom Fels bis zum Meer, deutsch wie die Väter waren! Aber vor allem: Heil dir im Siegerkranz, Deutschland, Deutschland über alles! Und: Es braust ein Ruf wie Donnerhall, mit Schwertgeklirr und Wogenprall! Schon nach wenigen Wochen kam: Morgenrot, Morgenrot früher Tod, Argonnerwald, ein stiller Friedhof bist du bald, im gleichen Schritt und Tritt. In diesem Stechschritt ließ man die akademische Jugend nach leichtbestandenem Notabitur (bei dem niemand fiel!) bei Langemarck, vaterländische Lieder singend, vorbildlich für künftige Lesebücher höherer Lehranstalten in den Heldentod marschieren. Kein schönrer Tod ist in der Welt! Wofür das ewigdankbare Vaterland ihnen Eiserne Kreuze zweiter Klasse ans schlichte Holzkreuz aufs Heldengrab nagelte. Dann sang man: Alles kommt einmal wieder, wie es im Frieden war, wieder vergnügte Lieder, wieder bis sechs in der Bar... Und dann etwas leiser mit weher Stimme (Käthe Erlholzens Schlager): Alle kommen nicht wieder, die man im Frieden sah, Myrthen und weißer Flieder schmücken die Totenbahr! Wie alle Kriege seit der Kreuzigung des Erlösers wurde auch dieser im Zeichen des Kreuzes verloren: Eisernes Kreuz (Sonderklasse, nur vom Kaiser getragen, Großkreuz, Hindenburg und Ludendorff, erster Klasse, zweiter Klasse, wie in der Eisenbahn), Rotes Kreuz, Johanniter, Malteser, Blaukreuz, Gelbkreuz, Grünkreuzgas. Aus diesem Mischmaschkuddelmuddel von Kreuzkomplexen kristallisierte sich das alldeutscheste aller Kreuze, das Hakenkreuz. *In diesem Zeichen sollst du siegen!*

»S'ist Krieg, s'ist leider Krieg,
O Engel Gottes wehre
Und rede du darein,
S'ist leider Krieg
Und ich begehre
Nicht schuld daran zu sein.« *Matthias Claudius*

Eine mir neue Massenverblödung setzte ein: Alle für einen, einer für alle! Engverschlungen mit dem verachteten Bundesgenossen Kammrad Schnürschuh marschierte der deutsche Stil in bombastischer Scheußlichkeit Richtung Unterwelt.

Das Bourgeois-Idol Thomas Mann schrieb: »Jetzt, im Krieg, hörte ich, daß die Blindgeschossenen in den Lazaretten unter allen Patienten die muntersten sind. Sie balgen sich, sie werfen nacheinander mit ihren Glasaugen. Und das nicht aus irgendwelcher höllischen Verzweiflung, sondern aus gewöhnlichem Übermut.«

In den Vorkriegswochen hatte ich überlegen auf die kindische Besorgtheit der Erwachsenen herabgelächelt. Großgepäppelt mit den Vorurteilen Moral, Fortschritt, Kultur, wußte ich bis zur letzten Friedensstunde felsenfest, daß Krieg eine Unmöglichkeit war. Fünfundzwanzig Jahre später, im August 1939, dachte ich in Paris genauso falsch, der Krieg würde mich in Frieden lassen, heute, nach einem halben Jahrhundert, in New York, will ich mich noch immer nicht damit abfinden, daß jeden Augenblick ein paar Wasserstoffbomben alles Leben auf Erden vernichten könnten. Was Hänschen nicht lernt, lernt Hans nimmermehr! Ich sah den Krieg als Geschmacklosigkeit, als Verschwörung kompakter Majoritäten erwachsener Idioten gegen mich, den Generalvertreter der Weltjugend. Ich glaubte an die Macht der Phrase. Selbst auch nur einen Finger zu rühren, wäre unter meiner Würde gewesen. Überzeugt, daß die Jugend gegebenen Augenblicks die Zügel in die Hand nehmen werde, setzte ich auf die Weltrevolution des Geistes mittels der so bequemen passiven Resistenz. Für mich war Klassenkampf eine Schneeballschlacht zwischen Sexta und Quinta, Kampf zwischen Dummköpfen, in dem hoffentlich die weniger Dummen siegen werden. Es war ratsam, unbeteiligt zu bleiben. Soziale Konflikte existierten nicht für mich. Man hatte mir zu früh einen Maulkorb vorgebunden; ich litt unter Ungerechtigkeiten, ohne zu bellen, außerdem war ich kein Hund. Daß ich ein Bourgeois war, hätte ich nie zugegeben, ich klassifizierte mich als Geistesaristokrat. Nach dem Ersten Weltkrieg forderte ich in einem Manifest die Füsilierung aller Kriegsschuldigen, also aller Leute über Vierzig. Das Manifest endete, wie neunzig Prozent meiner Gesamtproduktion, im Papierkorb. Heut läuft der passive Revolutionär von damals selbst als etwas betretener Greis unfüsiliert durch die Straßen der Welt.

Jede deutsche Mutter war damals nur zu bereit, ihr Liebstes, den güldenen Ehereif, die langen blonden Flechten, die Söhne, auf dem Altar des Vaterlandes zu opfern. In dieser großen Zeit der schweren Not wollte meine ohnehin schon schwergeprüfte arme lungenkranke Mutter ihren Nachwuchs nicht sich selbst überlassen. Unter Lebensgefahr reiste sie mit all ihrer Habe als Handgepäck im allerletzten überfüllten Bummelzug von Davos nach Berlin. Mit aufregendsten Augenzeugenberichten kam sie atemlos um drei Uhr morgens an, beleidigt, daß wir sie nicht am Bahnhof erwartet hatten. Mehrere Male sei ihr Zug in Süddeutschland in voller Fahrt gegen jedes Völkerrecht von feindlichen Flugmaschinen mit Aluminiumpfeilen (!) beschossen worden. Selbst eine Bombe, gottdank ein Blindgänger, sei gefallen. Diese Enten standen in allen Zeitungen. Mama war entrüstet, daß wir keine Eier eingelegt hatten, in solchen Zeiten hatte man zu hamstern!

Es vollzog sich, wie der Prophet Otto Moses es vorausgesehen hatte. Nach kurzer Übergangsperiode ging das Geschäft blendend. Bald liefen alle Huren als Witwen rum. Meine Position hob sich von Sieg zu Sieg. Alle Schlachten wurden gewonnen, bis der Krieg nach vier Jahren verloren war und wir unbesiegbaren unbesiegten Helden, sofern wir noch am Leben waren, abgekämpft über den Rhein in die ausgepowerte Heimat zurückhumpelten, um für eine Republik, an die niemand glaubte, den nächsten Krieg vorzubereiten.

In diesem verführerisch schönen Herbst duftete Berlin wie nie zuvor wehmütig nach Astern. Oder waren es Herbstzeitlosen (die ich nur aus Gedichten kannte)? Es war der neue Benzolgestank (Ersatzbenzin). Über diesen Herbst meines Lebens schrieb ich traurig schlechte Gedichte, die ich an die *Weißen Blätter* schickte; sie wurden nichtmal retourniert. Eine andere meiner Dichtungen hatte mehr Erfolg: Ich hatte, mehr als Witz, für M & S eine feldgraue Wollcrêpebluse entworfen (4848): einfach und geschmacklos, mit Offiziersstehkragen, Einjährigenbiesen, Generalsepauletten, Gardelitzen, Eisenkreuzmotiv und echten Militärknöpfen. In einem Monat verkauften sich viertausend Exemplare dieses Feldgrauens. Dafür wurde mir nach der zweiten Ypernschlacht (Einführung des

Kampfgases) im Juni 1915 mein Gehalt wieder ungekürzt ausbezahlt, von nun ab in Papier: Gold gab ich für Eisen. Schon wurde der Eiserne Hindenburg benagelt. Eines Morgens erschien Herr Otto Moses (Dreizehn) in der schönen in der neuen in der schönen in der grauen in der grauen in der neuen wunderschönen tadellos taillierten handgeschneiderten Felduniform eines Rechnungsoffiziersstellvertreters beim Train-Ersatzbataillon. Eine Woche danach trat Herr Schlochauer, nur einen halben Rang niedriger, als Vizefeldwebel desselben Truppenteils auf. Bald trugen Dreizehn und Siebzehn mit stolzer Demut das Eisenkreuz im Knopfloch. *Wer gut schmiert, der gut fährt*, Wahlspruch des Train. Der dritte Buchhalter, Herr Laurinat, der all dies geschoben hatte, bezog, auch als er eingezogen wurde, vollstes Gehalt mit einer Notzulage von dreizehn Prozent. Herr Moses fand, mehr könne als Bestechungsversuch ausgelegt werden.

Bald war ich mit Herrn Wolfsberg der letzte Mann bei M & S. Während ich beinah ein viertel Pfund zugenommen hatte und einen halben Zentimeter gewachsen war, hatte die oberste Heeresleitung entgegenkommend ihre Mindestansprüche um volle fünf Zentimeter herabgesetzt. Selbst Zwerge wurden zum Sappenbau eingezogen. Wenn das so weiterginge, würde ich bald meine Reifeprüfung fürs Massengrab (Musterung) summa cum laude bestehen. So hatte ich auf Mittel und Wege zu sinnen, meine Gesundheit zu untergraben. »Beine breit, Mädels, der Kaiser braucht Soldaten!« Vielleicht könnte ich mir durch zügellose Wollust einen Herzklappenfehler zuziehn! Ich beschloß, Nächte zu durchbummeln, hinabzusteigen zu Orpheus in die Unterwelt (das Orpheum war ein Tanzlokal). Ich wurde Roué, schweifte aus in schwarzen abgeblendeten Nächten, tummelte mich in zweifelhaften Nachtlokalen, Animierkneipen, ging in zweideutige Theater, vom *Metropol* über den *Wintergarten* zu den *Folies Caprices*. Ich besuchte Amors Tanzhallen, Stettiner Sänger, Schwoofs, meistens allein, ein melancholisch gelangweilter Ladenschwengel. Ich verachtete den Charme, dem ich mich aussetzte: Fritzi Massary, Claire Waldoff, Joseph Giampietro, Tielscher, Bender, Curt und Ilse Bois, die Wunderkinder. Ich paffte Brasilzigarren und kotzte, trank schwarzen, bereits saccharingesüßten Kunstmokka, solange es noch Ersatz gab, berauschte mich neugierig bei Kantorowitz an aufreizend klingenden Getränken: Absinth, Arrak, Armagnac, Anisette, das ganze ABC bis Amontillado. Schon vorm zweiten Glas wurde mir übel. Näherte sich eine Lebedame (Zozote), zitterte ich wie Wespenlaub; erfüllte sie dann gar mein unaussprechliches Sehnen und sprach mich an, sank ich verängstigt unter die Erde. Wäre es nicht praktischer, als Held auf dem Felde der Ehe zu fallen und so jeder Ansteckungsgefahr zu entgehen? Flucht in die Ehe, und zwar in die ideale Ehe! mir war's Ernst. Der beste Freund Ravel, dem ich diese Absicht unterbreitete, schüttelte mißbilligend sein greises Haupt und reichte mir mit gespielter Melancholie die Hand: »Er lebte, nahm ein Weib und starb. Du bist für die Unsterblichkeit verloren!«

Zu Ausschweifungen braucht man, wie zum Kriegführen, Geld, Geld, und nochmals Geld. Das tiefer und tiefer versinkende Vaterland zog alle und alles mit sich hinab in den Dreck. Ich hungerte mich von meinem Gehalt rätselhaft fürstlich durch: Noch gab's bei *Aschinger* Ersatzbrötchen (Kunstkalk mit Holz) umsonst, wenn man eine Tasse heißen Eichelkaffee (deutsche Eicheln) für fünf Pfennig trank. Meiner Mutter gab ich gewissenhaft monatlich zwanzig Mark für den Haushalt. Sie genoß ihre Pflicht, mich zum Ernährer zu erziehn, in vollen Zügen. Darunter verstand sie, mich kleinlich zu machen: Wer die Million nicht ehrt, ist der Milliarde nicht wert. Verdienen war erniedrigend. Beiverdienen zu müssen, beleidigend. Überzeugt, daß jedes Geschäft schmuddlig ist, machte ich unbesorgt schmuddlige Geschäftchen, belieferte Tanten und deren Freundinnen, die nie zufrieden waren, mit Blusen unterm Engrospreis, berechnete mir dabei die Zutaten weit unterm Einkaufspreis und irrte mich so zu meinem Vorteil, daß ich fast nichts zu bezahlen hatte. Der Betrag war klein, der Betrug groß. Ich stahl mit Selbstverachtung unter Verachtung der Gefahr. Ein undankbares Geschäft. Gottseidank kam es nie raus. Wär es rausgekommen, hätte ich mir das Leben nehmen müssen. Mein Lehrkollege Brasch hatte für seine »kleine Freundin«, eine zwei Meter hohe Lebedame, ein tolles schwarzes Velourschiffonkleid, inspiriert von Asta Nielsen und entworfen von uns allen zusammen, bauen lassen. Als rauskam, daß er sich die acht Meter Velourschiffon zum halben Selbstkostenpreis berechnet hatte, flog er raus. (Sein Vater, Einkäufer bei Wertheim, hatte sich seit einer Saison bei Fischbein & Mendel eingedeckt statt bei M & S.) Wonach er als freiwilliger Ulan todschick in den Tod geschickt wurde. Ich sah ihn ein letztes Mal auf der Poussierallee vorm KaDeWe, Tauentzienstraße, untergefaßt mit Brunhilde Krause im Velourschiffonwunder. Von ihrem mühlradgroßen schwarzen Samthut trauerfahnte eine Pleureuse. Meiner ansichtig, entnahm Brasch im Leutnantsstil seinem Auge das Monokel und sah weg. O welche Lust, für Brunhilde sterben zu dürfen!

Kurz nach Kriegsausbruch wurde mir Ravel von seinen Eltern nach Holland entrissen. Wie klug sie alles vorausgesehen hatten! Holländer blieben wohlwollend neutral, standen hoch über den Parteien, waren höhere Menschen, um deren Gunst sich jeder bemühte, waren bevorrechtigt, wußten alles besser und machten dick Geld damit: erst Valuten, dann Edelvaluten. Aßen sich satt und imponierten allen. Das Wort Inflation kam, die Inflation blieb. Ich verstand, daß Ratten sinkende Schiffe verlassen, bedauerte nur, nicht mitratten zu können. Einsam in tiefer Mitternacht hatte ich bei meiner Mutter im Vaterland zu bleiben, wie das Gesetz es befahl. Dum sanctis patriae legibus obsequimur. Ich erkannte die tiefe Bedeutung des Passes.

39

LEENTJE. Am 26. Juni 1915, dem langweiligsten, wärmsten und zwanzigsten Geburtstag meiner Lieblingsschwester Annie, entschied sich mein Schicksal. An diesem verzweiflungsvollen Sonnabendnachmittag kam mir der nicht so fernliegende Einfall, den drei Cousinchen, von denen Ravel aus Amsterdam so verlockend berichtete, einen geistvollen Brief zu schreiben. Ravel gehörte zu den besonderen Menschen, die immer besonderen Menschen begegnen, besonders besonderen Cousinen, er war Cousinenfetischist. Sein Aufenthalt in Amsterdam bot eine praktische Auswertung der Portokasse von M & S; sie wurde meine Verbündete in der Jagd ums Glück. Eine strenge Kriegszensur ließ nur eine Briefseite per Couvert zu und schnitt unbarmherzig raus, was ihr nicht paßte. Nach zahllosen kleingekritzelten, eingeschriebenen Eilbriefen kamen nun die Cousinen an die Reihe. Galgenhumorvoll bat ich verwandte Seelen, mich in meiner Einsamkeit zu trösten. Damals floß mir ein einseitiger Brief ebenso leicht aus der Feder, wie mir heute eine vielseitige Seite schwerfällt. Ich hielt mich für den Don Juan der Korrespondenz. Die jüngeren Schwestern antworteten in gewollt witzigem Ton. Holländer haben einen Humor, über den man ohne Vorkenntnis nur mit Mühe lachen kann. Lena, die älteste der Cousinen mit dem melodischen Diminutiv Leentje, nahm mich so tragischernst, wie ich es sehnsüchtig ein Leben lang erträumt hatte. *Sie*, beinah neunzehn, also zwei Monate erfahrener als ich (was ich nie habe einholen können), akzeptierte mich Nägelbeißer als Mann, als Helden, als unsterblichen Geliebten. Nach drei Monaten überschwenglichen Briefwechsels war's um uns geschehn. Wir endeten jeden Brief mit: *»Wir sind uns ewig!«* Plötzlich starb ihr Vater an einer Blutvergiftung, was uns an unsere Vergänglichkeit mahnte. Wir zogen die Konsequenzen und verheirateten uns, ohne uns gesehen zu haben. In unserer neunzehnjährigen Allwissenheit beschlossen wir ahnungslosen Romantiker, Hand in Hand, Seele in Seele durchs Leben zu gehn, bis ans Ende der Welt, wo wir nun, ein halbes Jahrhundert später, als unverbesserlich besserwissende Großeltern beinah angelangt sind. Leentje nimmt mich, die Welt und sich unter Tränen immer noch genauso lächerlich ernst wie im ersten Brief. Ich stoße mich an ihren Tränen, wie annodazumal. Daß es gut gegangen ist, ist ein Wunder.

Da zukünftige Vaterlandsverteidiger das Land nicht mehr verlassen durften, kam *Sie*, gegen den Willen aller Familien, im Mai 1916 zum lieblichen Pfingstfest nach Berlin. Ich fuhr ihr bis Hannover entgegen. Nach einer tausendstel Sekunde Fremdheit umarmte der spindeldürre Napoleon Crêpe de Chine im D-Zug seine kleine mollige strahlendblau eulenäugige springlockenblonde Helena. Nach zwei seligen Wochen mußte sie zurück nach Holland: Visum abgelaufen. Meine eifersüchtige Mutter schenkte ihr zum Abschied:

»Möge Erwin dir im Leben nie Gelegenheit zur Eifersucht geben! *Eifersucht ist eine Leidenschaft, die mit Eifer sucht, was Leiden schafft!«* Der Fluch hat gesessen: Ich bekam eine eifersüchtige Frau!

40 Ein Heldenleben. Bald sollte ich mein Zivilleben aushauchen. Im August noch wurde ich als Geschäftsreisender mit einer epochemachenden Trauerkollektion: Trauerkleider, Trauerblusen, Trauermorgenröcke, in sieben Koffern, mit zwei Anprobierdamen und dem Hausdiener Robert auf Tour nach Magdeburg, Dessau, Braunschweig und Halberstadt geschickt. Ich verkaufte großartig und machte dazu noch Erfahrungen in einem mittelalterlichen Bordellgäßchen. Am 13. Oktober 1916 wurde ich bei einer Nachmusterung für felddienstfähig befunden, und, da ich nichts von Autos wußte, den Kraftfahrern zugeteilt. Canis a non canendo. Vom Grauen der Heimat zum Grauen im Felde ging's im hundekalten November durch die feldgrauenvolle Rekrutenhölle von Zwickau in Sachsen. Das Rekrutenbataillon lag im Tanzlokal *Zum Paradies.* Dies ungeheizte Paradies übertraf jede Hölle. Schon wetterleuchteten am Horizont die unbegrenzten deutschen Konzentrationsmöglichkeiten. Damals befriedigte sich der Kasernenhofsadismus an uns Rekruten. Es liegt in der Natur der menschlichen Güte, Neulinge zu quälen.

»Aufstehn bettenbaun!« (Das gemachte Bett hat dazustehn wie'n Kindersarg!) Nachts über mir, im Oberbett, ein Seecher (Bettnässer), das tropfte, Tropfen um Tropfen, wie in einer Tropfsteinhöhle. Morgens um vier jagten uns Spinner und Stubenälteste mit Hundegebrüll: *»Raus aus der Scheiße!«* durch Winterfrostnacht zum Waschwasserfassen (im Kochgeschirr) runter an die zugefrorene Mulde (Loch ins Eis hacken), Bimsstein statt Seefe. Kaffeefassen (Bliemche), stundenlanges *»Stilljestannn!«* (belebt von Kniebeugen) im Schnee vorm Paradies bei minus 25 Grad im Schatten, Aufstehn! Hinlegen! Aufstehn! Hände an die Hosennaht, Augen gradeaus, Kinn an die Binde, Brust raus, Bauch rein, Disziplin. Dienst. Wenn alles steifgefroren war, kam der etatmäßige (Spieß) Feldwebel

Peters aus der Schreibstube und rülpste: *»Rrrtch!«* (Rührt euch!) Ruckzuck, wie'n geölter Blitz, gefolgt von erneutem *»Ssstdnnn!«* (Stillgestanden!), wonach das Löhnungsgeschäft mit eingefrorener Währung (drei Mark dreiunddreißig Pfennig für zehn Tage) einsetzte, gefolgt von der Kompetenzfrage: »Hat sonst noch jemand Forderungen an die Kompanie, an Geld, Brot, Nahrungsmitteln und anderen Kompetenzen, der trete vor und melde es!« Eisiges Schweigen. Noch nie in der Geschichte des deutschen Heeres ist ein Mann vorgetreten. »Da niemand vorgetreten ist, erkläre ich somit das Löhnungsgeschäft als beendigt!« Wonach er dem diensttuenden Unteroffizier Weiße (genannt Weiße mit Schuß, weil er mal einen Rekruten aus Versehen erschossen hatte) zubrüllte: »Scheiße lachn lassn!«, vom Spinner zum Kommando umgestaltet: *»Krrzz* (kurzes) *militäärschs Lchn! Eins! Zwei!«*, worauf wir abrupt zu wiehern hatten: *»Haha!«*, gefolgt von Totenstille. Dann schnarrte der Spieß leutselig: »Schleifen Sie den Leuten die Eier, bis ihnen das Kaffeewasser im Aaje kocht!« Mit andern Worten: Latrinendienst: Scheißhaus mit Zahnbürste schrubben! Nachmittags achtzehnstimmig »dem Spieß seine Braut« vorsingen:

»Gold und Silber hab ich gern
Kann's auch gut gebrauchen
Hätt ich nur ein ganzes Meer
Mich darein zu tauchen!«

Eine freundliche Aufforderung an zahlungskräftige Fahrschulaspiranten, ihn zu schmieren, der zwischen Leben und Tod zu entscheiden hatte. Unter Absingung des Liedes »Zwicke eene wundascheene Stadt darinne een Soltaaad!« laufschrittmarschmarsch Karabina an Schulter im Geschwindschritt zum andern Ende der Stadt, zur *Sonne*, einem zweiten Rekrutendepot. Feldunterärzte impften einem da immafestedruff Benzol in die Brust, daß dem deutschen Mann der Mut schwoll: Aus verpimpelten Waschlappen wurden frontreife *deutsche Helden!* Fahneneid bei Schneegestöber. Auf dem millimeterten Schädel das gräßliche Krätzchen. Nachts Wacheschieben! Um die wundgelaufnen Schweißfüße (Sulzer) gewickelt, Fußlappen in kniehohen steinharten Kommißstiebeln, verdreckt seit den Freiheitskriegen (1813–1815). Kein Gott konnte die putzen, aber wir mußten. (Der Bien muß!) Als Fraß: Walfischersatzkonserven, vertrant mit Dörrgemüse, gefolgt von elender Scheißerei in Schreckenslatrinen. Nach dem Dienst Biersaufen bis zum Zapfenstreich: Vorgesetzte freihalten, Kettenrauchen bis zur gänzlichen Vernebelung, Kellnerinnen in den Hintern kneifen, Mann spielen, zwanzig Glas Gerstensaft hinter die Halsbinde gießen, Kompaniekotzen: bestialisches Scheißpack! Ich lernte dies Scheißvolk hassen: Scheißkerle! Alles Scheiße! Scheißegal: vom *Raus aus der Scheiße!* am Scheißmorgen zum Scheißdienst bei Scheißwetter in diesem Scheißkrieg, Scheißfraß ausgeschissen im Scheißhaus; man scheißt auf alles, und man wird beschissen! Bevor man's weiß, hat man sich an die Scheiße gewöhnt: Nach wenigen Wochen fühlt man sich scheißwohl, lacht über den Scheibenhonig und singt mit: »Dat janze Scheißhaus steht in Flammen, hipphipphurrahipphipphurra! Wir halten fest und treu zusammen, hipphipphurrahipphipphurra!« O welche Lust, Soldat zu sein! O selig, o selig, ein Zündloch zu sein! (»Sind Se froh, daß Se Zündloch heißen! Wennse Arschloch hießen, kämse zuerst ran, wose Zündloch heißn, kommse zuletzt ran!«) Erstaunt stellte man fest, daß die Sorgen zu Haus geblieben waren, Mamas tägliche Moralpredigten, Dreizehns Zorn, Siebzehns Wut. Bald wußte man nicht mehr, wovor man sich als Zivilist so gefürchtet hatte. Jetzt war man in der Garnison zu Hause und hatte Angst vorm Feld, denn die Verlustlisten wurden größer und größer. Am sichersten schien das Kittchen: Wirklich frei und geborgen wäre man nur im Gefängnis, doch auch dazu fehlte einem der Mut.

Ich mietete ein Zimmerchen, wo ich nach dem Dienst Liebesbriefe an meine Braut im nebelfernen Frieden Hollands schrieb. Nicht mal klagen konnte ich, wegen der Zensur. In den Audiwerken wurde ich Autofachmann. Am Steuer eines offenen Wagens der Fahrschule mit einer Höchstgeschwindigkeit von 20 km per Stunde durchs schneebedeckte sächsische Erzgebirge von Schenke zu Schenke zu sausen, stempelte einen zum Herrenmenschen. Man war beileibe kein gemeiner Fußsoldat, kein Landsknecht, man war *Herr* Kraftwagenführer. Wir lernten, uns zu besaufen und uns zu drük-

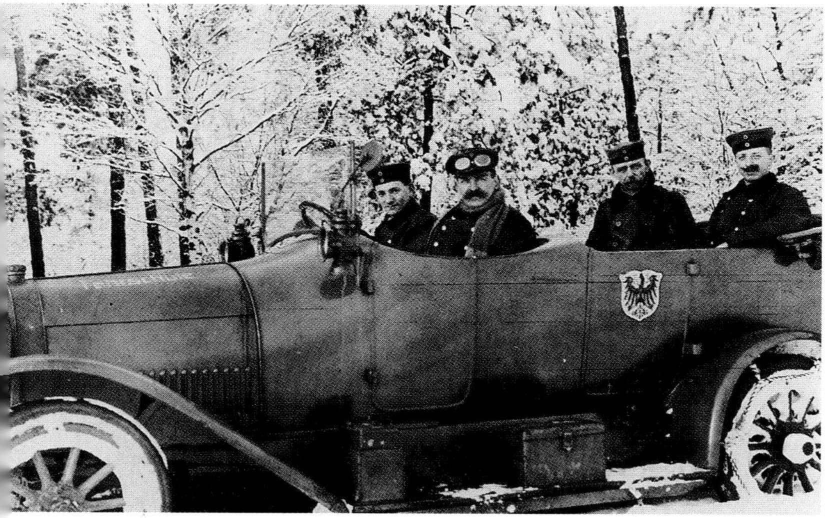
Fahrschule Zwickau in Sachsen, 1916.

ken. Die schlimmste Strafandrohung: zur Infantrie degradiert zu werden! Im Städtchen lockten *alkoholfreie* Appelweinstübchen: Bordelläden, in deren Schaufenster ein rotbeleuchtetes Apfelweinstilleben vielversprechend auf ein dahinterstehendes Sofa einlud. Drinnen warteten müde Huren: een Broosid, een Broosid der sächsischen Jemiedlichkeed!

Feldgrauer Weihnachtsurlaub nach Bonn, wo ich mein Leentje, chaperoniert von ihrer Mama, einer freundlichen Witwe von vierzig, bei ihrer steinalten Zwerggroßmama traf. Daß man nicht nur seine Geliebte, sondern auch ihre Familie heiratet! Acht Tage seligaufregenden Friedens, Weihnachtskonzert im Gürzenich zu Köln, ein allerletztes Beefsteak bei Klein in Honnef am Rhein, Eselreiten auf dem Drachenfels, Abschied auf ewig, zurück nach Zwicke.

Drei Monate später, im März 1917, zur Front als Sanitätskraftwagenführer mit der Rotenkreuzbinde am Arm, was den Nachteil hatte, daß man bei Gefangennahme sofort wiederausgeliefert werden würde. Vorher wurden uns in Berlin tadellose schwarze Lederuniformen mit glorreichen langen Ledermänteln angemessen. Man lud uns in funkelnagelneuen Mercedes-Krankenwagen auf einen Güterzug am Anhalter Bahnhof. Bruder Heinz brachte mich zum Zug, ich habe ihn nie wiedergesehn. Bald merkte ich, daß wir zur Westfront fuhren. Nach vier Tagen kamen wir in Montcornet an, 33 km nördlich von Laon, und mußten noch auf dem Bahnhof unsere schönen Uniformen in unsere Mercedeswagen packen, die wieder heimwärts rollten, um neuausziehenden Truppen neuen Mut einzuflößen. Für uns begann in verlausten feldgrauen Lumpen ein neues Leben.

41 Jadis et la Guerre. Als Menschenvieh wurden wir in Lastwagen zur Sanka 7 nach Notre-Dame-de-Liesse verladen. Die ersten Fronttage waren schlimm, wie die ersten Rekrutentage in Zwickau. Nur hatte man inzwischen gelernt, sich an Schlimmstes zu gewöhnen. Doppelte Schnapsration sowie die berüchtigte Hängeschwanzsuppe (Brom!) halfen übers erste Heimweh. Appelle hatten ihre Schrecken verloren. Wir Mannschaften hatten nur noch einen einzigen Feind: *Die Herren Offiziere!* (beginnend beim Todfeind: dem Etatmäßigen!) Man grüßte nur seine eigenen Vorgesetzten. Verantwortung gab's keine mehr, man war ein freier Mann, mit berechtigtem Schiß vorm heißersehnten Frieden. Allgemeiner Wunschtraum: Heimaturlaub. Die erste Laus, die ich aus meiner Achselhöhle polkte, begoß ich mit Tränen. Ach wie bald lachte man im Lausoleum (Entlausungsanstalt), wo man die lieben Haustierchen nicht mehr los wurde. Selbst die Läuse trugen auf der Brust ihr kleines Eisernes Kreuz, schwarz auf weißem Grund. Verächtlich sahen die Menschenläuse herab auf die Filzer (Filzläuse), die in den Schamhaaren hausten. »Mild lächelt die fleischliche Prostitution auf die des Geistes hinunter.« (Veit Kunz, Franziska, Wedekind.) Die erste Französin, die ich in einer Vespasienne in Hockstellung in meiner Gegenwart ungeniert Pipi machen sah, besorgte mir eine Gänsehaut. C'est la guerre. Als ich die erste Kinderleiche aus einem bombardierten Haus zog (Chivy-les-Étouvelles), mußte ich kotzen. C'est la guerre. Bald wurde die Angst vorm Heldentod verdrängt von der Angst vor dem Leben nach dem Krieg, vorm elenden Bürgerdasein. Hinterher hatte es niemand so gut gehabt wie im Felde, darum wird's immer wieder Kriege geben. C'est la guerre.

Unter glühendheißer Junisonne wüteten die Doppelschlachten an der Aisne und Aillette wild durcheinander mit den Doppelschlachten am Chemin des Dames und um Soissons. Später konnten Geschichtsschreiber sie kaum entwirren. In meinem Leben gab's nur Doppelschlachten. Mein Morgenschrei: »Himmelarschundwolkenbruch! Blumenfeld ist da, die Doppelschlacht kann beginnen! Bei Regenwetter findet der Krieg im Saale statt!« Ich war einem Feldlazarett der siebenten (sächsischen) Armee zugeteilt, das in Ardon-sous-Laon fieberhaft operierte. Zwei Lazarettwagen hatten mit Todesverachtung unter Trommel- und Sperrfeuer, geschützt von der Rotenkreuzflagge, durch dickste Luft und jüngstes Gericht bis zur vordersten Linie zu fahren, von wo so mancher Kempe gen Walhalla abdampfte.

Und wir fuhren, fuhren, fuhren durch zu helle Tage, durch zu finstere Nächte (abgeblendet) durch Chauny, Craonne, Craonelle, Chevrigny, Chavignon, Chivy-les-Étouvelles, Coucy-les-Eppes, Coucy-le-Château, Cerny, Pargny, Filain, Vauxaillon, Bourguignon, Berry-au-Bac (malheur du kack), Nouvion-le-Vineux, Laval, Urcel, Château-Presles. Und der Mut, der nie da war, ist so müde geworden und die Sehnsucht so groß. Ohne Rücksicht auf Material und Menschen, wie das GHQ (das Große Hauptquartier) es befahl, verliebte ich mich in die unvergeßlichen Namen der Dörfer der französischen Landschaft. Den *Grand Meaulnes* habe ich erst viel später gelesen.

Unsere Lazarettwagen faßten vier schmale Tragbahren. Wenn das Geschäft blühte, wurden auf jede mindestens zwei Schwerverwundete gebunden (schon für einen war's zu schmal). Schnell wie der Wind (Maximalgeschwindigkeit zwanzig Stundenkilometer) sausten wir mit wimmernden Fuhren immer erst zu unserm Lazarett nach Ardon, wo die Scheiße ausgeladen, sortiert und etikettiert wurde. Meistens kamen vier von den acht tot an. Ich wurde Leichenkutscher. In einer der ersten Nächte ohne Licht und ohne Erfahrung kippte ich in einer Kurve mit voller Karre. Die Sterbenden brüllten im umgeworfenen Wagen, ich blieb todmüde liegen und schlief mich aus. Nur einer kam mit dem Leben davon: *Ich.* Die Turnhalle der Dorfschule diente als Krankensaal.

Beim Empfang entschied Feldunterarzt von Schulzenburg kurzangebunden, wer ins Kellerloch, durch das in Friedenstagen die Kohlen unter die Turnhalle trudelten, geworfen zu werden hatte. »Dem Lebenden ist nichts recht zu machen, ein Sterbender wird ewig dankbar sein!« zitierte er mit medizinischem Lächeln. Verzweiflungsschreie aus der Unterwelt straften ihn Lügen, während die Obenbleibenden mit Antitetanusspritzen gequält wurden.

War das Lazarett von Ardon überfüllt, mußte ich mit den allmählich zu Leichen avancierenden »Simulanten« in den umliegenden Kaffs hausieren, bis ich sie endlich tief im Hinterland in kleinen Etappenlazaretten los wurde. Herrlich trödelte man fern von der Gefahr durch die schöne Welt. Zunächst im Zickzack den steilen Hügel rauf durchs Mittelalter der Porte d'Ardon zur Kathedrale von Laon, die majestätisch das Land überstrahlte. Sie war meine angebetete Gebieterin im Ersten Weltkrieg, wie die Basilique de la Madelaine von Vézelay im Zweiten. Zur Musik des Trommelfeuers und Sterbegeröchels eroberten mich die Ochsen, die ihre Köpfe aus den höchsten Turmfenstern streckten, für die Gotik. Während das Menschenmaterial unter Aufsicht einer Armeematratze (Krankenschwester) am Seitenportal entladen und abgewickelt wurde, rührten wir Herren Sanitätskraftwagenführer keinen Finger. Indessen steckte mir die verführerisch bleiche zwanzigjährige Bonne Sœur Bonaventura hintenrum doppeldickgeschmierte Blutwurststullen (Negerpimmel) zu. Zum Dank schmuggelte ich für sie – das war Hochverrat!!! – harmlose Briefchen und religiöse Päckchen ins besetzte Gebiet zu einem Priester der Kirche Saint-Géry nach Valenciennes, wo ich ebenfalls mit Wurststullen gesegnet wurde. Heimlichkeit macht Liebe, Liebe geht durch den Magen, Bonaventura und ich wurden Freunde. In stilleren Stunden las ich mit ihr, versteckt hinter der großen Orgel der kühlen Kathedrale, das einzige französische Buch, das ich zur Verfügung, Verführung hatte: Stendhals *Le Rouge et le Noir.* Das war Sünde für sie, und während ich versuchte, sie zum Atheismus zu bekehren, wollte sie einen Jesuiten aus mir machen. Bekehren ist sublimiertes Verführen. Wären wir beide nicht so schüchtern und noch dazu

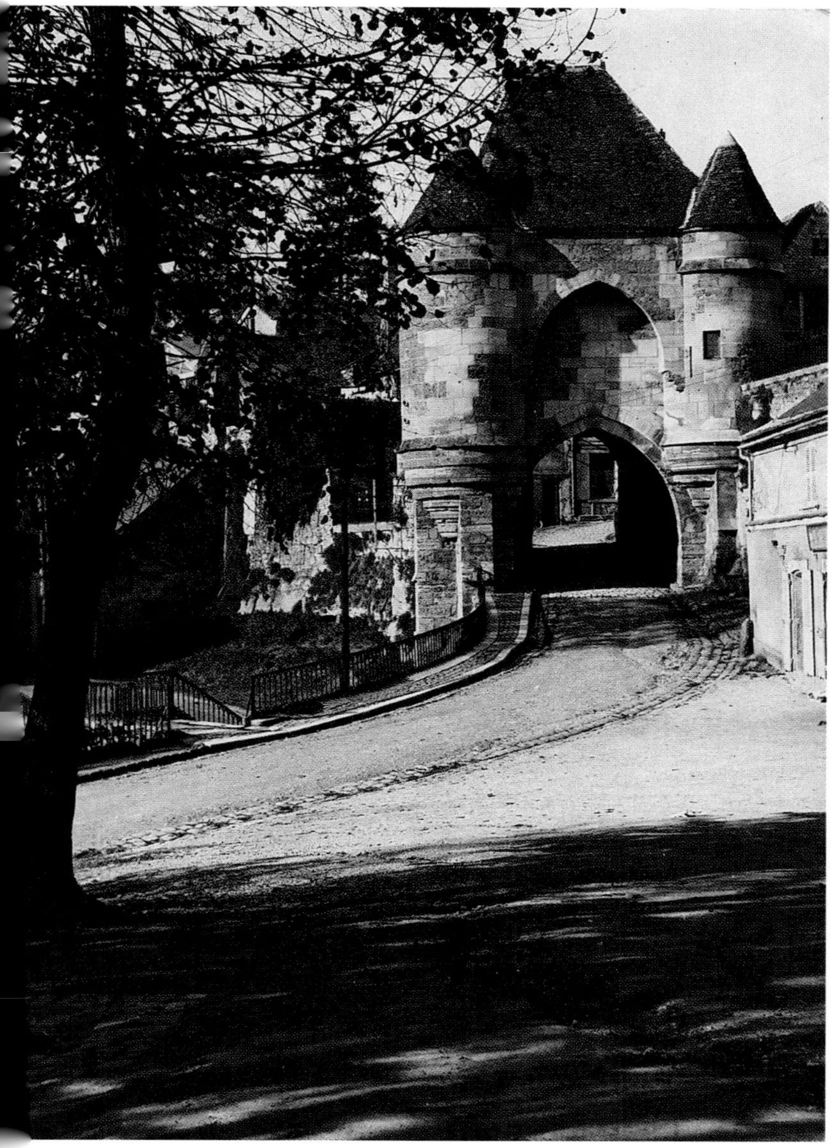

Porte d'Ardon, 1928.

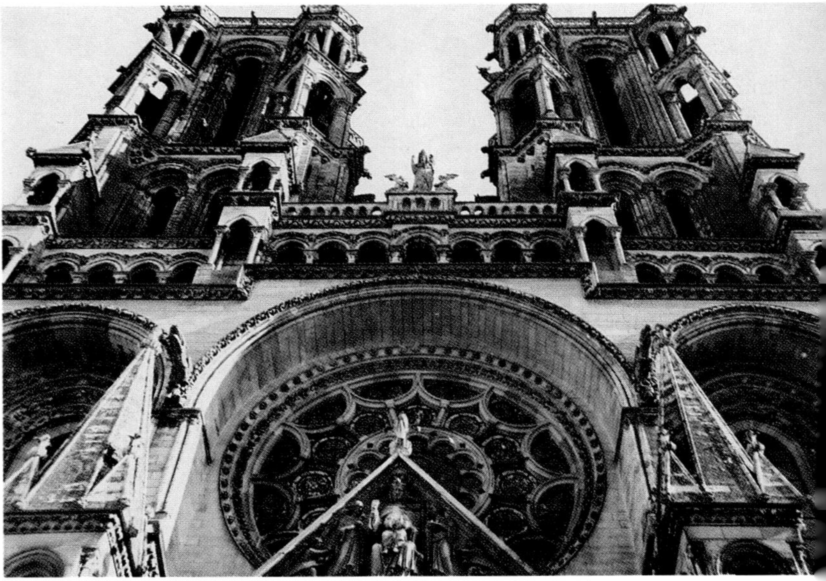

Cathédrale de Laon.

verlobt gewesen (sie sogar mit dem jungen Herrn Jesus), und hätte sie nicht höhere, mir unbekannte Absichten verfolgt, dann hätten wir mit Freuden gesündigt. Statt dessen drückte sich ihre Liebe nur in Blutwurststullen aus: »Je suis chrétien, je mange du pain, de la saucisse, c'est du boudin!« Wobei ich Französisch lernte, wie man es lernen muß: pour l'amour de Dieu. Fuhr ich zurück zur Front, besprenkelte sie mich mit Weihwasser. Ich revanchierte mich mit einem Fläschchen Eau de Cologne und war stolz, als das Nönnchen sich hinterm Ohr parfümierte.

Der Sommer wurde heißer und heißer. Ardons Totengräber hatte sich aus dem Staub gemacht. Ungelöschter Kalk und Karbol waren unzureichend. Trotz verschärften Kriegszustandes war die Zivilbevölkerung nicht zu zwingen, unsere teuren Toten zu bestatten, die auf ihre Art nach ewiger Ruhe schrien: Sie stanken. Zur Freude der blaugrünen Stechfliegen stank ihr Schrei zum Himmel. Der Gestank von hundert in einem Keller zusammengepferchten verblutenden Kadavern ist ein Naturereignis, besonders in den Sommermonaten. Wir lebten mit Gasmasken vorm Gesicht. Schwerverwundete erstickten im Gestank. Selbst mit Masken war es den Ärzten unmöglich, zu operieren. Die Doppelschlachten wüteten wild weiter. Wahnsinnskrieg mußte geführt werden: *Ultima ratio regium. Ad maiorem dei gloriam.* Die Angelegenheit wurde so anrüchig, daß sogar das AOK (Armeeoberkommando) die Nase reinzustecken drohte. Ein Generaloberstabsarzt sei zwecks Inspektion im Anzug: Stunk! Trotz der Hitze bekam jeder Grundeis in die Hose. Der Ortskommandant befahl der Einwohnerschaft von Ardon, die Beerdigungskosten der in ihrem Schulhaus verschiedenen Helden, unter denen mehrere Poilus waren, zu tragen. Dieser Befehl schaffte die Leichen noch nicht raus aus'm Keller und rin ins Massengrab.

Chefarzt Rosencrans, weder Jude noch Berufssoldat, ein herzensguter Veterinär aus Königsberg, der Stadt Kants, war ein humorvoller Pokerspieler (auch »Meine Tante, deine Tante« und »Gottes Segen bei Cohn«), der von Zeit zu Zeit seine Spielschulden mit frisch amputierten Gliedmaßen beglich, die er dem Gewinner geschenkverpackt als Überraschung zukommen ließ. Es war ihm peinlich, kategorisch zu werden. Nie hat er jemanden angesehen. Er sah immer weg, selbst bei Operationen. Verantwortung erdrückte ihn. Mehr der Not gehorchend als dem eigenen Trieb, ließ er seine Sankaführer Kuhlmai und Blumenfeld im Operationssaal antreten.

Mein guter Kammrad Aujust Kuhlmai, einen bessern findst du nit, war quadratisch, ebenso hoch wie breit, een Meeta fuffzich: der Kuhlmai is jekomm, die Bäume schlagen aus! Doppelt so alt wie ich, ein alter Mann. Selbst im heißesten Doppelschlachtsommer trug er unter seiner schweren Lederjacke eine Wollweste, handgestrickt von Großmama Ladislawa Kuhlmai, der mythologischen Stadthebamme und Engelmacherin. Halb stank er nach Halb & Halb und dreifach nach Schweiß. Nie schlief er, ohne zu schnarchen: Ein polyphoner Kampf zwischen einem liebestollen Kater und einem rasenden Elefanten setzte ein, der den wildesten Schlachtenlärm vom Chemin des Dames übertoste. Unter einem goldenen Herzen schleppte er auf dem rechten Fleck stolz einen chronischen Bubo mit sich herum. Dazu trug er über seiner Berliner Schnauze einen gradlinigen wüsten Schnauzbart, halb Hindenburg, halb Ludendorff, Hitler vorwegnehmend. Vorm

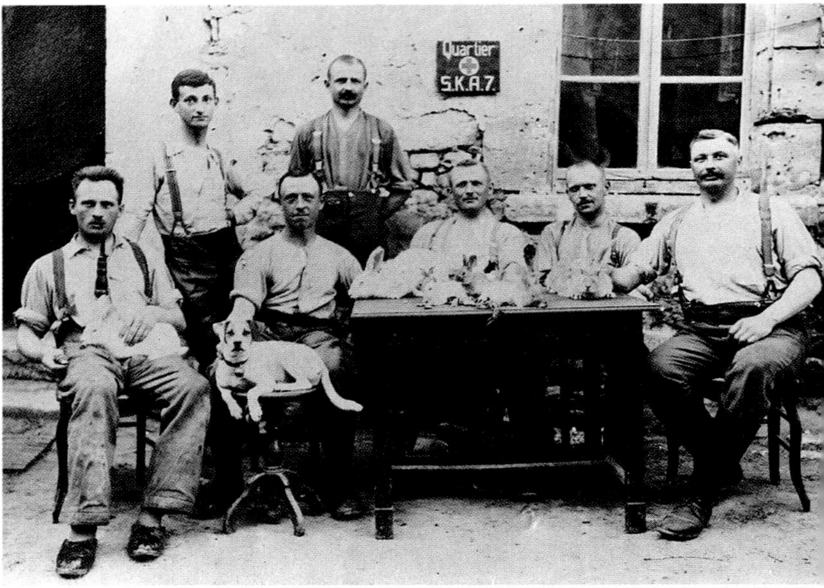

Frühjahr 1917 bei der Sanka 7
in Ardon-sous-Laon.

Krieg war er abwechselnd Umzugsmann in Rixdorf und Schweineschlächter in Killekille Pankow gewesen. Der einzige Soldat mit ohne Kant im Tornister. Ich hab nie einen mit Kant gesehn. Bei uns Kraftern gab's nichtmal Tornister, und niemand las. Kuhlmais Devise: *»Mir kann keena, mir kennse alle!«* Was mir gehörte, war sein. Wortlos nahm er mir alles weg. Noch wortloser hätte er jeden totgeschlagen, der gewagt hätte, mir die kleinste Kleinigkeit zu klauen. Wenn's drum ging, Sterbenden unversehens den Brustbeutel abzuschneiden und die Taschen zu leeren, war er ein zuverlässiges deutsches Ungeheuer.

Eines Nachts behauptete er, allein auf seinen Schultern einen Konzertflügel getragen zu haben. Ihm zu Gefallen spielte ich den Ungläubigen, worauf ich mit ihm um die zwei Mark wetten mußte, die er mir in meinem Brustbeutel gelassen hatte, den er, während ich schlief, kontrollierte. Immer wenn er einen sitzen hatte, also immer, war August ein Mann von größter Ehre. Die Mitternacht zog näher schon, doch ich mußte mit ihm auf seinem Hämorrhoidenschlitten (Karre) auf schwule Fahrt (ohne Fahrorder) nach Crécy-sur-Serre, wo er einen Flügel ausbaldowert hatte. Diese Instrumente waren von strategischer Wichtigkeit, seit unser Oberleutnant Kotschote entdeckt hatte, daß deren Deckel sich vorzüglich zum Aufkleben von Landkarten eignen. Für jeden Flügeldeckel gab's eine Doppelschlachtration Schnaps. Aujust holte die verängstigten Zivilisten nachts um zwei zwecks Haussuchung aus den Betten. Nach Unschuldsbeteuerungen und Gezeter schwebte ein Erard-Konzertflügel aus der Doppeltür und torkelte über die Dorfstraße bei Mondenschein bis zur Brücke, die über die Serre führte. Aus ihm buffote ein Baß zum Deutschmeistermarsch:

»Und die Kuh scheißt mehr als die Nachtijall
dat hört man schon am Niederknall
am meisten scheißt der Bulle
dat jeht uff keene Stulle!«

Fachkundig knackte Aujust den Deckel ab und pfefferte den Flügel in die Serre, wo eine Konzertkarriere mit allumfassendem Akkord ihr Ende fand.

Als Kuhlmai und Blumenfeld sich in feldmarschmäßiger Lederpracht und Karabiner bei Fuß meldeten, manikürte der Chefarzt sich mit einem Skalpell und vergaß, uns rühren zu lassen. Ohne mit der Wimper zu klimpern, stand Kuhlmai zehn Minuten lang starr wie ein Standbild. Mir war es unmöglich, ernst zu bleiben. Chefarzt Rosencrans, zu erregt, übersah mein unmilitärisches Benehmen. Im Befehlston (Befehlen ist eine Kunst, wie Jodeln) gab er uns den direkten dienstlichen Befehl, noch in selbiger Nacht sämtliche Leichen zunächst im Keller stückweise zu verpacken und sie unauffällig heraufzuschaffen. »Wenn's um Kadaver geht, verlange ich Kadavergehorsam!« Das Dorf werde einen doppelspännigen Leiterwagen mit Kutscher und Knecht stellen und die Pakete zum Massengrab abtransportieren. Armierungssoldaten würden die Einbuddelei vornehmen. Hinterm Chefarzt stand in Haltung sein Bursche, der Sanitätsgefreite Schpuhntz, bewaffnet mit einem lebensgroßen Kuvert aus dunkelbraunem Packpapier, von dessen Umschlag uns ein großes schwarzes Kreuz anlachte. Der Arzt hatte kein Pferd, trug jedoch ständig, um militärisch auszusehn, Sporen und Reitpeitsche.

Mit letzterer aufs Kreuz schlagend sagte er verächtlich: »Die Judentüten mit Davidstern sind natürlich wieder mal zu spät!« Dann befahl er seiner Ordonnanz, die Leichentüte zu demonstrieren, Schpuhntz legte dieselbe seitlich aufgeklappt auf die Erde und sich selbst in voller Länge daneben. Auf das Kommando: *»Rin!«* rollte Schpuhntz vorschriftsmäßig in die offene Tüte. Rosencrans befahl mir, die Klappe zu halten und die drei seitlich angebrachten Bänder ordnungsmäßig zu schleifen, nicht zu knoten. Endlich wurde er unförmlich: »Zu guter Letzt haben Sie die verpackten Kadaver aus dem Keller heraufzubefördern und auf den Wagen zu schmeißen, Kinderspiel für zwei Helden Ihres Schlages! Um diese Pille zu versüßen«, seine Stimme wurde leiser, »kommt eine angenehme Überraschung: Ich habe durchgesetzt, daß die Bevölkerung von Ardon für jeden in diesem Schulhaus verschiedenen Helden drei Mark Sühnegeld zu entrichten hat. Sie bekommen per raufgebrachte Leiche fünfzig Pfennig. Der Rest wird zwischen dem Offizierscorps und dem Roten Kreuz verteilt. Dorfschullehrer Dupont hat die Tüten beim Aufladen zu zählen. Ich rate Ihnen, beim Kontrollieren nach oben abzurunden. Ein französischer Lehrer kann bekanntlich vor Geiz nicht bis drei zählen. Wir lassen uns von keinem Franzer bescheißen. Vastandn! Falls noch irgend etwas unklar sein sollte, rekapituliere ich: *Eins:* Eintütung der Leiche! *Zwei:* Heraufbeförderung! *Drei:* Abtransport! Fünfzig Pfennig per Tüte. Alles klar?« Aujust war nicht mehr zu halten. Jeder weiß, daß ein Soldat bei Nichtbefolgung eines *direkten dienstlichen Befehls* vor dem Feind ohne weiteres niedergeknallt wird. Dazu tragen Offiziere Dienstrevolver. Um so mehr zeugte dieser Zuschuß von einer halben Mark wieder mal von der Humanität deutscher Kriegsführung. Ein dankerfüllter Kuhlmai brüllte aus vollem Hals: »Befehl is Befehl! Hoch das Bein, das Vaterland soll leben!« Der Chefarzt brüllte zurück: »Schnauze!« Kuhlmai parierte: »Zu Befehl Herr Jeneraloberstabsarzt!« Auch ich konnte mich nicht länger beherrschen und wieherte ein kurzes militärisches Lachen. Kuhlmai blinzelte mit seinen diabolischen Schweinsäuglein vielversprechend. Der Arzt entließ uns salutierend: »Heut nacht um zehn!« Wir schrien: »Befehl Herr Oberstabsarzt!«, traten mit zackiger Kehrtwendung weg und marschierten in Gruppenkolonne, Karabiner geschultert, zurück zu unseren Fahrzeugen. Kuhlmai grölte: »Heut nacht um zehn, du süße Maus, dann jehts schon jarnichmehr nach Haus!«

Bevor wir eingehendere Schlachtpläne (ich ahnte nicht, wie wahr dies Wort war!) entwickeln konnten, bekam ich den Fahrbefehl, sofort Schwerverwundete vom Frontverbandplatz Filain-Sargdeckel abzutransportieren. Aujust gab mir letzte Anweisungen: »Laß keinen Sechsa im Drahtverhau hängen, jede Leiche ist wertvoll, bring keine Lebenden zurück, die könn warten.« Eine Stunde später torkelte mein Auto zwischen den Granattrichtern des Chemin des Dames zum Frontverbandplatz Sargdeckel 209. Meine dreifache Großkampfschnapsration hatte Aujust hinter die Binde jejossen, ich stand nüchtern im Mittelpunkt einer der blutigsten Schlachten der Weltgeschichte. Allein. Alles explodierte. Jedes Leben hatte sich in den aufgefetzten Bauch der auf ewig geschändeten Mutter Natur verkrochen. *»Die Hölle. Ach und weh! Mord! Zeter! Jammer! Angst! Creutz! Marter! Wurme! Plagen! – Pech! Folter! Hencker! Flamm! Stanck! Geister! Kälte! Zagen!« (Andreas Gryphius)*

Granattrichter neben Granattrichter. Sonnenglut über leerstarrender Mondlandschaft. Unbeweglich angenagelt am Himmel Wölkchen, Schrappnellwölkchen, Engelchen des Todes. An einem zersplittertverbrannten Baumstumpf baumelte eine Hand. Ein halbiertes Pferd wieherte tagelang sterbend am Wegesrand. Ein Spaßvogel hatte ihm einen Wegweiser um den Hals gehängt. Vor der kommenden Nacht hatte ich Angst, hier war ich Fatalist. Am Verbandsunterstand ließ ich den schweren Stahlhelm und die Gasmaske am Führersitz hängen und kletterte in den tiefen Trichter. Während mein Auto hastig vollgeladen wurde, steckte ich waghalsig den Kopf über den Rand, einen geliebten Franzosen zu entdecken, das Schicksal zu einer leichten Verwundung herauszufordern. Ich wußte noch nicht, daß das Schicksal unverführbar ist.

Mit voller Fuhre zurück nach Ardon: kein Platz. Rauf nach Laon, wo ich meine Ladung gegen eine Blutwurststulle eintauschte. Danach völlig erledigt in eine Sackgasse. Ich legte mich auf eine der blutenden Bahren in meinem Wagen und schlief, bis ich todmüde erwachte und mich fragte, ob am Himmel Morgenrot oder Abendtod schien. Wie gern hätt ich mich aufs andere Ohr gehauen und weitergeschlafen, doch tief im Westen war die Sonne am Ertrinken, und ich wagte nicht, meinen juten Aujust im Stich zu lassen. Sauste im Leerlauf, ohne Jas, ohne Jang, ohne Bremse, runter nach Ardon durchs zerfallene Tor von Soissons. Ein steiler Weg, auf dem ich vor ein paar Monaten auf immer mit den Deutschen gebrochen hatte. Himmelhoch beherrscht Laons Kathedrale den östlichen Schenkel eines hufeisenförmigen Hügels, der steil aus dem Flachland aufsteigt. Am westlichen liegt platt die häßliche Zitadelle. Von da windet sich die Straße an der alten Martinskirche vorbei hinunter ins Tal von Ardon. Als ich im März 1917 an die Front kam, waren zur allgemeinen Wut die ersten Russen im Westen gefangen genommen worden. Mußten die Kosaken auch noch den Westen verlausen? Man hatte hundert gefangene Russkis bis zum Abtransport in einem Steinbruch, zwanzig Meter unter der innersten Kurve des Hufeisens, hinter Stacheldraht zusammengepfercht. Auf meinem Osterspaziergang von der Zitadelle sah ich Gruppen tapferer Landser (Landsturmmänner) malerisch auf dem Mauerrand sitzen. Mit der einen Hand stopften sie sich ihre Kunstbutterstullen ins Maul, mit der andern schmissen sie mit echtdeutscher Urgemütlichkeit Ostereier runter auf die wehrlosen Gefangenen, bis alles Tomatensoße mit Wodka war. Bloody Mary! Am deutschen Wesen soll die Welt genesen. Wir kamen die Kisten mit gebrauchsfertigen Eierhandgranaten gerade auf diese Mauer? Statt der deutschen Helden, von deren Heldentaten ich in der Schule so Erhebendes gelernt hatte, habe ich nur sadistische Feiglinge gefunden.

Aujust, vor dem ich berechtigte Angst hatte, empfing mich wutschnaubend in Ardon, warf mir vor, ich hätte ihn alle Vorbereitungen allein treffen lassen. Er selbst hatte inzwischen in zwei Fuhren zwölf teure Tote eingebracht, die bereits feinsäuberlichexakt eingetütet auf dem Schulhof warteten. Zur Strafe, daß ich mit leeren Händen kam, würde er mir von diesen sechs Mark keinen Sechser abgeben. Außerdem hatte er, da niemand voraussagen konnte, ob ich überhaupt lebend zurückkommen würde, mein Essen gefaßt und aufgefressen. Leer und dreckig stank meine Kantine (Kochgeschirr) auf dem Tisch. Aujust freute sich an meinem Ärger und schrie: »Er schlug mir mit de Faust im Ooge, dat fiel mia uff!« Dann fauchte er: »Marschmarsch zum Spieß auf die Schreibstube! Hat schon dreimal nach dir geschickt, sogar der Spinner war hier! Der Blumenfeld hängt wieder mal wie der Arsch in der Hose! Wahrscheinlich wirst du zum Armierungsbataillon degradiert, weil du den janzen Tag zappenduster jemacht hast! Dann kannste Helden gratis begraben! Wenn mia aba mein Leichenjeld entjeht, sollste mia ma erst richtich kennlern! Dia hamse wohl mit da Pauke jepiekt!« Der Spieß war Stiefelfetischist. So rannte ich mit geputzten Stiefeln aufs Schlimmste gefaßt zur Schreibstube. Für einen Krafter liegen die Ausreden auf der Straße: Mir waren Kunstersatzgummireifen gesprungen. Gott helfe mir, *Amen!*

Der etatmäßige Feldwebel Kunz Kranz sah von den Stufen vor der Schreibstube (vormals Café de la Paix) ungewohnt gnädigironisch auf mich herunter. Er haßte: Leben und Tod, Vorgesetzte und Untergebene (letztere mehr!), Christen und Juden (letztere mehr!), starrte jedem auf die nie genug geputzten Stiebel. Von ihm hing ab, wer befördert werden sollte – ins Jenseits. Diesmal kam's unerwartet unmilitärisch. Meiner ansichtig, ging er mir einen Schritt entgegen. Während ich vorschriftsmäßig die Hacken zusammenschlug und »Kraftfahrer Blumenfeld zur Stelle« rapportierte, befahl er lässig: »Scheiße rühren! Wolln Sie sich das E.K. für Tapferkeit vorm Feind vadien??« Schlag aus'm Gewitter. Zu meiner Schande fand ich die schwarzweiße Strippe, die fast jeder Soldat kokett im Knopfloch trug, modisch kleidsam. Um ein Kreuz verachten zu können, muß man es erst mal haben. Sprachlos sagte ich: »Zu Befehl, Herr Feldwebel!« Hier wurde das Unbeschreibliche Ereignis: Gottes Stellmacher auf Erden sah weg von meinen Stiebeln in meine Augen (die seinen waren giftgrün) und verlor die Fassung. Es ist erschütternd, einen Tyrannen plötzlich als winselnden Bettler vor sich zu sehn. *Sic transit gloria mundi.* Ich sah ihn mit sich ringen, unfähig, sich zu beherrschen. *Es* war stärker als *er*, die Metamorphose vollzog sich: Seine Hände preßten sich an die Hosennaht,

Kinn an die Binde, Brust raus, Bauch rein, stand mein Etatmäßiger vor mir in *Haltung!* War ich etwa heut morgen in einer Doppelschlacht gefallen, war dies bereits das Leben mit umgekehrten Vorzeichen, das Diesseits, Jenseits, Halberwegen, Oberhalb und Unterhalb, in dem wir Erniedrigten erhöht werden? Gerührt ließ ich den Spieß rühren. Während er mit dem Ärmelzipfel eine Träne von der Wange fegte, ertappte ich mich, wie ich auf seine hochglänzenden Schuhe starrte. Mit weinerlicher Kinderstimme erklärte er: »Die Tatsache ist die und der Umstand ist der, daß ich im nächsten Monat auf Heimaturlaub nach Frankfurtmain fahre. Da muß ich zum Zollrevisorexamen Französisch können, und zwar fließend. Wenn Sie mir das in einem Monat lernen, verleihe ich Ihnen das Eiserne am Band, trotzdem Sie gar nicht dran sind.« Ich sagte ergriffen: »Zu Befehl, Herr Feldwebel!« Mein militärischer Ton zurückverwandelte ihn in einen Feldwebel: »Morgen früh Punkt acht nehme ich bei Ihnen meine erste französische Stunde. Jeder französische Lump kann's, warum soll ich's nicht können. Damit Sie frisch und wohlvorbereitet sind, haben Sie während der Unterrichtsperiode keinerlei Fahrdienst. Übergeben Sie Ihr Fahrzeug ordnungsgemäß dem Kraftfahrer Heubert. Noch irgendeine Frage? Ein oder anderes unklar??« Weil ich im entscheidenden Moment immer erst hinterher schlagfertig bin, traute ich mich nicht, ihn zu bitten, mich von der Leicheneintütung zu entheben. Ich habe nie mehr zu einem Vorgesetzten sagen können als »Zu Befehl, Herr Feldwebel!« Ich trat weg, er rief mich leutselig zurück: »Keine Angst! Ick lasse Ihnen heut nacht noch das Leichengeld vadien, Ihr Berliner Juden seid vom Stamme Nimm: schwergerissene Handelsleute: Wegtreten, Sie ausgekochter Leichenschänder!«

Zurück durch die glühende Sommernacht zu Kuhlmai. Der Mond war noch nicht aufgegangen. Vom Chemin des Dames feuerwerkten Magnesiawunderkerzen am Himmel. Ich hätte den Weg blind zurückfinden können, geleitet vom Leichengestank. Vor unserer Tür leuchtete bläulich Kuhlmai. Er hatte eine Asbestuniform, wie sie gegen Flammenwerfer gebraucht wird, übergezogen und trug – abgeblendet – eine Acetylenlampe: ein vor Unternehmungslust bibbernder Lemure. »Man wartet nur auf dich, jetzt fangt's los! Hier wird Jeld jemacht! Zieh dir Asbest an, Leichen sind ansteckend!« Jubelnd zog er die Gasmaske über und verschwand. Auf dem Schulhof wartete der Erntewagen mit zwei Gäulen und Pascal, dem buckligen Dorfidioten, als Kutscher. Hinter einem kleinen Pult am Schultor saß hinter einer Flasche Lehrer Dupont, der die Leichenpakete zu zählen hatte. Neben dem Kellereingang stand eine angebrochene Riesenkratte, aus der die braunen Tüten quollen. Aus dem Keller herauf schimmerte der Schein von Aujusts Lampe, Trommelfeuer spielte auf zum Totentanz. Ich zog meine Gasmaske fest übers Gesicht und kletterte mutig die zweiundzwanzig Stufen hinab in die Unterwelt, wo ungeduldig drei fertiggepackte Tüten vor den untersten Stufen auf mich warteten. C'est le premier papa qui coûte. (Devise der Blutschande, und Blutschande war es hier!) Ehrlich versuchte ich, meine erste Leiche nach oben zu schaffen. Tote sind widerspenstig, sie helfen nicht mit. Es ist schwer, mit Gasmaske zu atmen, noch schwerer, zu arbeiten. Mir wurde mulmig. Ich wollte unter keinen Umständen schlappmachen. Ein Mann von zwanzig hat dem Leben gewachsen zu sein und dem Tod. Auf halbem Weg ging's leichter: Aujust schob von hinten. Die nächsten Tüten brachten wir zusammen rauf, das heißt, Aujust tat alles. Die erste Fuhre mit fünfzehn (eine Mandel) haute ab, ließ uns allein zurück auf dem Schulhof. Kuhlmai, nach einem tiefen Zug aus seiner Feldflasche – fing an zu meckern: »Dat kann dia so passn, haak mia jedacht! Einfälle wie'n altes Haus, jeteilte Freude is doppelte Freude!« Er füllte einen Sack mit Handwerkszeug und torkelte hinunter zum Orkus. Mir schwante Unheil. Ich wartete oben, bis der Wagen mit dem angeheiterten Dorfidioten, der Lullis »Au clair de la lune« sang, leer zurückkam. Die Ruhepause hatte mir neue Kraft gegeben: Die nächste Tüte schien leichter, ich trug sie allein auf meinen Schultern nach oben und schmiß sie mit einem Cislavain auf den Wagen. Der Lehrer zählte gewissenhaft, stärkte sich regelmäßig. Erst unten im Keller entdeckte ich, was mich soviel stärker gemacht hatte: Im blauen Acetylenlicht halbierte ein blutüberspritzter Aujust mit riesigem Schlächterbeil wutentbrannt eine über einen Baumstumpf geworfene Leiche. Fachmännisch tranchierte er den Braten mit einem langen Messer und half, wenn nötig, mit dem Fuchsschwanz. Gern hätte Aujust auch mich zerhackt. Prophetisches Höllengebrueghel: Hier wurde Deutschlands Zukunft, mein Schicksal zerhackt. Fünfundzwanzig Jahre später schon würde die Welt, wie ich hier, ohne einzugreifen zuschaun, wie Millionen deutsche Aujusts Millionen Menschen schlachten, um die Rasse der dummen Aujusts rein zu halten. Kuhlmai hat Deutschland, hat die Welt aus meinem Leben gehackt! Während die nächste Fuhre mit fünfundzwanzig Tüten den Hof verließ, kam Aujust rauf, um sich zu verschnaufen und einen zu heben: »Weil du Schlappschwanz keene janze Leiche heben kannst, habe ick dat Anjenehme mit dem Nützlichen vabundn und vadopple unsan Umsatz! Fertig is de Laube!« Gestärkt eilte er zurück an die Arbeit ins Reich der Schatten.

Als nach einigen Stunden die magische Silhouette der Kathedrale von Laon am Morgenhimmel erschien, war der Keller befehlsgemäß geleert und karbolgesprenkelt. In der letzten Tüte befand sich – mitgezählt als letzte Leiche – Kuhlmais blutige Asbestuniform. Der Dorfschullehrer kam erstaunt auf hundertsechsundachtzig Leichen. Man hatte ihm weniger als hundert vorgespiegelt. Kuhlmai bereitete mich darauf vor, daß mir nur zwanzig Mark zukämen. Nie habe ich einen Sechser von diesem wohlverdienten Blutgeld gesehn; das Schicksal gönnte es mir nicht.

42

La petite ville de Verrières. Todmüde meldete ich mich am nächsten Morgen Punkt acht beim Spieß, der sich als gehorsamer Schüler erhob. Ich kam mit der erhebenden Absicht, eine moderne, von mir erfundene Sprachlehrmethode in Anwendung zu bringen. Um mich günstig zu stimmen, holte der Spieß eine Flasche Courvoisier zum Vorschein. Wir tranken abwechselnd aus derselben Pulle: Krieg ist Krieg! (Die von den Kosaken frischgeschändete Tochter fleht um Schonung für ihre alte Mutter. Mütterchen aber schreit: »Was heißt geschont?? *Krieg ist Krieg!*«) Feierlich legte ich mein Buch auf den Tisch und sagte leichthin: »Le guéridon de Madame Dubois est d'une élégance romantique.« Hilflos starrte der Feldwebel auf mich, den Tisch, das Buch. Es war natürlich mein *Rouge et Noir.* Ich wies auf den roten Teil und sagte: »Rouge«, auf den schwarzen: »Noir«. Er weigerte sich kichernd, mir nachzusprechen. Ich fragte: »Pourquoi?« Er wollte wissen, was pourquoi heißt. Ich sagte: »Warum.« Er antwortete beleidigt: »Weil ich's wissen will!« Außerdem wollte er wissen, warum das Buch so heißt. »Weil es so eingebunden ist«, sagte ich. Er zweifelte. Auch fand er es komisch, daß der Autor den Namen eines Eisenbahnknotenpunktes trage. Er wußte viel von Eisenbahnen. So begann der Französischunterricht. Er fand alles hanebüchen. Ich bat um Geduld: Mit dem eisernen Willen, Ohr und Zunge an eine fremde Sprache zu gewöhnen, könne man erstaunliche Fortschritte machen. In seinem Fall wäre es das einfachste, *Le Rouge et le Noir* auswendig zu lernen. Ich öffnete das magische Buch: »La petite ville de Verrières peut passer pour l'une des plus jolies de la Franche-Comté.« Ich übersetzte, er fragte sehr intelligent, was das mit rot und schwarz zu tun habe. Ich sagte, das käme am Ende als Überraschung. Er gab mir den direkten dienstlichen Befehl, es ihm sofort zu sagen. Ich sprach von Symbolen, was ihn kränkte. Demütig, in allen Tonarten der Verführung las ich den ersten Satz, wieder und wieder, bis wir beide so betrunken waren, daß sein Bursche mich in mein Quartier zurückfahren mußte.

Diesen ersten Satz habe ich in den nächsten Tagen ununterbrochen gelesen. Plötzlich fing der Feldwebel an, zu meinem Stolz mit unverkennbarem Berliner Akzent, französische Worte zu wagen. Ein großer Sieg, den wir beide betranken. Als er den Satz beinah auswendig hersagen konnte, beging ich einen fundamentalen Fehler: Ich ging zum zweiten Satz über: »Ses maisons blanches, avec leurs toits pointus des tuiles rouges, s'étendent sur la pente d'une colline, dont des tuffes des vigoureux châtaigniers marquent les moindres sinuosités.« Bravo Stendhal! Er hatte dies geplant. Mein Feldwebel starrte mich entseelt an. Er befahl mir, den Satz nochmals und nochmals zu lesen. Bei meiner letzten sinuosité sprang er auf, bekam einen hysterischen Schreianfall, beschuldigte mich der Sabotage, drohte mit Kriegsgericht und versuchte, mich mit der Cognacflasche zu erschlagen. Ich

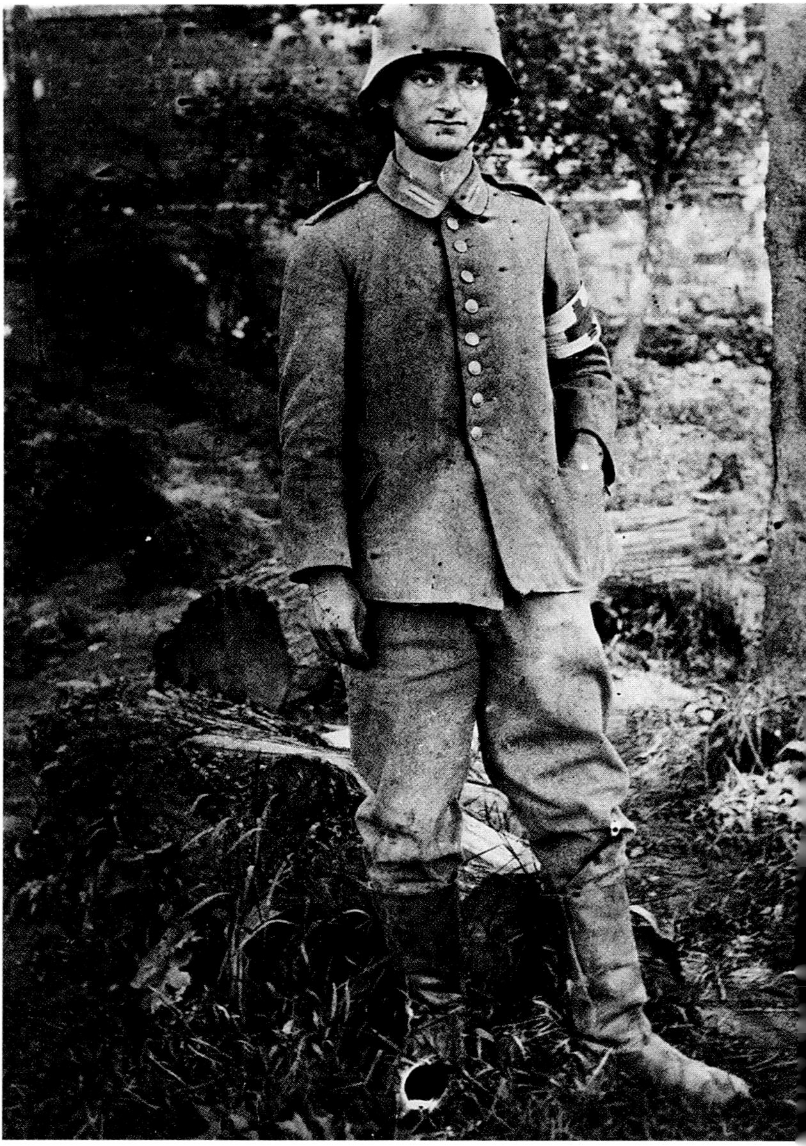

Frankreich, 1917.

fürchtete für mein Leben. Er schleuderte die Flasche durch die Fensterscheibe auf die Straße und brüllte: »*Stilljestandn*, Sie Hochverräter!« Ich stand still. »Ihr E.K. II ist leider bereits eingetroffen, aber durch die Scheiße ziehn laß ich mich weder von dem Franzosen Stendhal noch von dem Juden Blumenfeld! Für Simulanten Ihres Schlages ist in meiner Sanka kein Platz, vastanden! Hiermit versetze ich Ihnen, ich meine Sie, zur Rebekka West (Reserve Eisenbahn Bau Kompanie West), die fordert einen Buchhalter an. Morgen früh nach dem Morgenappell werden Sie abtransportiert. Wegtreten!« Als ich einzuwenden versuchte, daß ich nicht buchhalten könne, raste er: »Buchhalten kennse nüch? Maulhalten kennse! Oder soll ich Sie Tag und Nacht von hier zum Chemin des Dames hinundherfahren lassen, bis Sie auf der Verlustliste stehn? Tretense endgültig weg, oder Sie enden im Massengrab!«

Beim Morgenappell wurde mir das schmucke Eisenkreuz ans Heldenbrüstchen genagelt. Weil's König Aujusts Geburtstag war, bekam ich als Zugabe die sächsische Tapferkeitsmedaille. Dagegen wurde mir der versprochene Heimaturlaub entzogen und einem anderen gegeben. Ohne mich eines Blickes zu würdigen, brüllte der Spieß in die angetretene Kompanie: »Kraftfahrer Blumenfeld! Telligent wolln Se sein? Tellegent? Intellegent sind Se! Alles mal herhören: *La petite ville de Verrières peut passer pour l'une des plus jolies de la Franche-Comté!* Aujen jrade aus! Rührteuch! Seine Majestät der Kaiser und König, er lebe *Hoch! Hoch! Hoch!* Wegtreten!«

43

LUCILLE. Ich eilte zu meinem Quartier im Haus des Garde-champêtre gleich neben der Schule, um meine Klamotten zu packen und Abschied zu nehmen von Lucille, des Wirtes Töchterlein. Mademoiselle Lucille Féval, mit flatternden Nasenflügelchen, schelmischen Sommersprossen und neugierigen Augen war drei Jahre älter als ich, und, wenn dies möglich gewesen wäre, fast ebenso schüchtern. Sie war Dorfschullehrerin und rühmte sich eines Onkels, Paul Féval, der den berühmten Hintertreppenroman *Le Bossu* geschrieben hatte. Es schmeichelte mir, wie freundlich die

Févals zu mir, dem Feinde, taten. Einmal war ich sogar zur Abendsuppe eingeladen und brachte ein Kommißbrot mit. Fraternisation war strengstens verboten. Wenn die Doppelschlachten es zuließen, gab mir Lucille im Gärtchen hinterm Haus französische Stunden. Wir lasen Molières *Les femmes savantes.* Ich hatte mir für sie von meiner Mutter ein Paar schwarze Florstrümpfe in einem Liebesgabenpaketchen schikken lassen. Diese Rarität schenkte ich ihr nun zum Abschied. Statt des erhofften Kusses kicherte sie jungfräulich und versprach, die Strümpfe nie vergessen zu wollen.

Sie hat Wort gehalten: Siebenundvierzig Jahre später, an einem verregneten Ostersonntag des Jahres 1964, fuhr uns unser jüngster Sohn Yorick von Paris in die Gegend von Laon. Immer noch sah man der Pastorallandschaft an, was sie durchgemacht hatte, obendrein war sie im Zweiten Weltkrieg aufs neue vergewaltigt worden. Ich hatte damals in meinem ersten Weltkrieg so gut aufpassen müssen, daß ich jetzt, nach siebenundvierzig Jahren, stolz jeden Weg und Steg am Chemin des Dames wieder zurückfand. Mir kamen die längstzerrissenen Florstrümpfe in den Sinn, und ich erzählte von Lucille, die inzwischen siebzig sein dürfte. Söhne sind mißtrauisch gegenüber den Jugenderlebnissen der Väter, Lucilles Existenz wurde bezweifelt. In einem Anflug von Übermut machten wir uns à la recherche du temps perdu auf die Suche nach Lucille, in unserem Eifer außer acht lassend, daß sich ihr Name durch Heirat geändert haben könnte. Das Haus neben der Schule von Ardon-sous-Laon war schnell gefunden. Da wohnten seit fünfundzwanzig Jahren Leute, die noch nie von Févals gehört hatten. Ein vorbeiradelnder Briefträger wies uns zu einem Häuschen in den Feldern. Es war geschlossen. Bauern, die wir fragten, gaben keine Antwort. Nach einer Stunde hatte ich genug vom Suchen, doch meinem Sohn, dem Journalisten, fing es an Spaß zu machen, seinem Vater zu beweisen, daß er gar nicht im Ersten Weltkrieg gekämpft hatte. Gegen Mittag erfuhren wir im Bistro, daß Mademoiselle Féval sonntags bei Sestacs diniere. Wir durchquerten einen eisenumgitterten Hof, klopften an eine Tür und fielen ins französische Familienglück beim Pinard. Ein jüngeres Ehepaar mit zwei Kindern und ein Soldat, gruppiert um einen runden Tisch, den ein duftender Canard à l'orange krönte. Auf dem Ehrenplatz hinter der Ente thronte eine jugendliche Alte mit flatternden Nasenflügelchen, schelmischen Sommersprossen und neugierigen Augen: Lucille Féval. Sie erkannte mich nach einem halben Jahrhundert ebensowenig wie ich sie erkannt hätte. Ich ging auf sie zu und sagte: »Lucille!« Kopfschüttelnd erhoben sich die Anwesenden. Ich stellte mich vor: »1917... première guerre... chauffeur d'ambulance... boche... Blumenfeld... Berlin...« Da schlug sie altjüngferlich die Augen nieder: »Les bas noirs!« und ließ es zur Akkolade kommen, die mir im Ersten Weltkrieg nicht vergönnt gewesen war. Sie gestand, erst vor wenigen Tagen mit ihrer Freundin Yvonne anläßlich eines neuen Gebisses von dem kleinen Chauffeur gesprochen zu haben, der sie »la déesse aux dents blancs« getauft hatte. Fast hatte man Tränen in den Augen. Mein Sohn bewunderte sich, durch dessen Hilfe das Fabeltier Lucille Wirklichkeit geworden war. Ich fing an zu zweifeln.

44 Feldfreudenhaus 209.

Mit versiegelter Marschorder wurde ich in einem Wandererpuppchen (damaliger Volkswagen) zur Rebekka West, Ortskommandantur Valenciennes abgeschoben, die mich unverzüglich zur Rue des Juifs Nummer siebzehn weiterleitete. Ein freudloses Gäßchen. Zugenagelte Fensterläden: ein öffentliches Haus: maison close: Feldfreudenhaus 209. Vor geschlossener Tür wartete eine traurige Schlange abgekämpfter Muschkoten in Gruppenformation, verdreckt, verlaust, verseucht. (Bei einer Sankaschwanzparade in Moncornet hatte jeder vorzutreten, der mal geschlechtskrank gewesen war. Ich traute mich nicht aufzufallen und trat mit vor. So war die Sanka hundert Prozent syphilitisch.)

Drinnen wurde ich erwartet. Mein Vorgänger war mit chronischem Trio heimgesandt worden. Nun sollte ich meine Pflicht fürs Vaterland als Feldfreudenhausbuchhalter erfüllen, denn erfüllt mußte werden, bis zum letzten Mann. Mein Platz an der Sonne war hinter einem aufgeschlagenen Kontobuch an einem schmalen Pult am Eingang. Ich selbst war auch recht schmal. Außer mir arbeiteten im Haus achtzehn Damen, davon sechs ausschließlich für die Herren Offiziere, vom Stellmacher an aufwärts. Während den Soldatenbräuten ein Befriedigungsminimum von dreißig Mann oblag, war das Tagespensum jeder Offiziersdame auf fünfundzwanzig beschränkt. Obendrein hatten die Offiziere ein Anrecht auf die wegen Gummiknappheit als Seltenheit angestaunten Präservative (nach Gebrauch trockneten sie, aufgeblasen wie Luftballons, an der Wäscheleine und wurden als neu verkauft!). Begreiflicherweise waren die Offiziersdamen stolz, sich mittels geheimer Reize und Künste emporgearbeitet zu haben. Den Tüchtigen gehört die Halbwelt! Sie ließen dies die andern dauernd fühlen, was zu häßlichen Reibungen, Beißereien, Spuckereien, Fußtritten, Haarausreißen und dreifachen Doppelschlachten an diesem Chemin des Dames führte.

Der Betrieb fing angenehmerweise morgens erst um zehn Uhr an; abends endete er mit Zapfenstreich. Tief in der Etappe faßte ich, weil ich frontwichtig war, doppelte Kampfration: doppelt Schnaps, Kunsthonig und Blutwurst. Meine Arbeit war einfach, doch wie alles in diesem Hause nicht völlig befriedigend. Ich hatte in mein Kontokorrentbuch, auf dessen erster Seite in Zierschrift *»Mit Gott!«* stand, hinter die laufende Nummer jeder sogenannten *Tatsache* den Namen und die Nummer des Mädchens, die Zimmernummer sowie den Zeitpunkt des Beginns und Abschlusses einzutragen. Dahinter den empfangenen Einheitsbetrag von *vier Mark* nebst der Verteilung desselben: Soll und Haben: eine Mark für das Mädchen, eine Mark für die Besitzerin des Hauses, Madame Duval (la taulière), und die restierenden zwei Mark (in roter Tinte!) für das Rote Kreuz, welches dafür die medizinmoralische Verantwortung dieses Militärunternehmens auf sich nahm, wozu der staatlich geprüfte Nillenflicker Feldunterarzt Hirschfeld jeden Morgen jedes Mädchen in den Hintern kniff. Von Zeit zu Zeit unterzog er auch die Soldaten einer kurzkräftigen Schwanzparade, wobei er gern ein Auge zudrückte. Allabendlich befand sich der Gegenwert von mehr als fünfhundert Befriedigungen in meiner Kasse. Ich hatte tausend Mark zur Weiterverteilung an Madame Duval auszuzahlen, der Rest wurde von drei Mann der Ortskommandantur mit aufgepflanztem Bajonett abgeholt. Wie der Geschäftsführer eines Warenhauses fühlte ich mich besser bei höherem Umsatz. Gottseidank gab es keine stillen Tage. Es gefiel mir, daß die Damenwelt mich hochachtete. Auch die Soldaten waren freundlich zu mir, in der Hoffnung, ich könne ihnen eine besonders feurige Geliebte zuschanzen, was, da es der Reihe nach ging, nicht in meiner Macht lag. Ich hatte kleine Nebenverdienste, indem ich auf einem saitenarmen Piano den wartenden Liebhabern die ersten zehn Takte von Beethovens Egmontouverture, gefolgt von Walter Kollos »Pauline jeth tanzen« vorspielte. Später lernte ich noch: »Toutes les femmes de la rue des Juifs sont des grandes cocottes« und: »Astebelief Mynheer, drink nog een pintje beer and as te vorbijgehst, da kannste mal rinnkomme, astebelief Mynheer!« Hinterher lagen ein paar Groschen auf dem Teller, der zufällig mit ein paar Groschen auf dem Piano stand. Ich lebte wie im Paradies. Selbst die Intrigen der immer überarbeiteten, dampfenden Haremsdamen machten mir Spaß.

Die fundamentale Frage der Handtücher (»Encore une serviette, madame, Monsieur reste la nuit!« Forain) unterlag Madame Duval. Sie berechnete den Mädchen zehn Centimes per Serviette, was zu Sparsamkeit erzog. Der Rest der hygienischen Maßnahmen dieses Musterunternehmens befand sich größtenteils in den geschulten Händen der siebenundsiebzigjährigen Madame Duranruelle, die wohl 1870 eines der Freudenmädchen in Maupassants *Mademoiselle Fifi* gewesen war. Jetzt ließ sie sich nur noch in spätester Stunde, wenn Not am Mann war und kranke Mädchen einfach nicht mehr konnten, entgegenkommenderweise ein endgültig alleraller-letztes Mal zu persönlichen Liebesdiensten herab. Ihre Zunge war so groß wie ein Scheuerlappen. Im übrigen regierte sie streng und gerecht mit Staubwedel, Besen und Wassereimer. Es gab nämlich keine Wasserleitung in der Rue des Juifs. Statt dessen pendelte der obligate Dorfidiot Pascal unregelmäßig zwischen Bordell und Ziehbrunnen hin und her. Am Brunnen hing ein Schild: »Eau non potable! Kein Trinkwasser!« Jedes Mädchen bekam nach dem fünften Akt frisches Wasser, Offiziersdamen schon nach dem dritten. Die Duranruelle leerte gebrauchte Eimer mit einem Wuppdich zwischen die Beine der vor der Tür wartenden Soldaten, denen diese Abwechslung Spaß zu machen schien. Man darf nicht vergessen, daß diese Helden seit Monaten unausgesetzt dem Tod, aber keinem weiblichen Wesen ins Antlitz geblickt hatten. Sie vegetierten in tierischer Melancholie: Schlamm in der Pfeife.

Um den Umsatz zu steigern, hatte die geschäftstüchtige Militärbehörde die einst geräumigen Zimmer des Bordells mittels Bretterwänden zu kleinen Liebesverschlägen umgestaltet. Nicht viel größer, aber viel dreckiger als Hundehütten. »Raum ist in der kleinsten Hütte für ein glücklich liebend Paar«, zitierte der Ortskommandant, ein Gymnasiallehrer aus Kötzschenbroda. Auf der engen Eisenbettstelle lag mager und feucht ein halbleerer Strohsack auf einer noch feuchteren Seegrasmatratze, ohne Bettwäsche. Der Wassereimer stand in einer Munitionskiste, die als Nachttisch diente. Auf ihm zuckte eine Kerze, ewig in den letzten Zügen. An der Wand ein Nagel zum Aufhängen der Uniform, ein Heiligenbild (die Schutzheilige des Mädchens) oder eine unanständige Postkarte, oder beides. Hinter der Zimmernummer befand sich an der Tür ein Guckloch, durch das man inspizieren konnte, ob drinnen alles vorschriftsmäßig ablief. Durch dieses Loch lernte ich mehr über die Zusammenhänge der Welt, als unsre Schulweisheit sich träumt: immer die gleichen Ungeschicklichkeiten eines Liebeslebens, das nichts mit Liebe zu tun hat, nichts mit Leben. Im ganzen benahmen sich die Mannschaften besser als die Offiziere, die Sekt soffen und Lebemann spielten, wobei es zu Scheußlichkeiten kam. Während die Mannschaften allein sein wollten mit der Geliebten, liebten die raffinierten Herren Offiziere Partouzen. Im Notfall hatte ich mittels einer geheimen Klingel die Militärpolizei zu alarmieren. Die Offiziere bekamen natürlich immer recht. Nach fünfzehn Minuten reinsten Glücks klingelte schrill ein Wecker. Es klingelte ununterbrochen im Haus. Kontrapunktlich harmonierten die Glocken der Kathedrale mit den Hurenuhren. Kirche, Kaserne, Bordell bilden in jedem Stadtplan in heiliger Dreieinigkeit ein weichschenkliges Dreieck. Man stelle mich mit verbundenen Augen vor die Kathedrale, und ich werde mühelos den Weg zum Puff finden.

Eines Tages kam eine Fuhre sinnlos besoffener Kraftfahrer, auf dem Weg nach Brüssel, wo sie meinen guten Kuhlmai in einen Lazarettzug zu laden hatten. Wegen seines zu chronischen Bubos wurde er zur Heimat abgeschoben und wollte sich noch ein letztes Mal richtig ausvögeln. Aujust erkannte mich nicht, aus Angst, ich würde mein Leichengeld fordern. Die Sanitäter warfen sich im Warteraum auf die siebenundsiebzigjährige Scheuerfrau Duranruelle, zerrten sie an den Füßen hoch in die Luft, so daß ihr Kopf auf die Erde hing und gossen ihr an ihren scheußlichen Beinen entlang Bier in die Fotze. Dabei grölten sie aus feuertrunkenem deutschen Herzen zum Radetzkymarsch:

»Immer rin, immer rin, immer rin ins Loch
Immer rin, immer rin, es kitzelt doch
Immer rin ins Loch!
Wir lassen: Bum!
Wir lassen: Bum!
Wir lassen uns photographieren
Am Arsch, am Arsch
Am Aschermittwoch früh!«

Und endeten mit dem Wehmutslied:

»Die Vöglein im Walde die singen
So wunderwunderschön
In der Heimat, in der Heimat
Da gibt's ein Wiedersehn!«

Aujust und die Seinen wurden rausgeschmissen, als sie sich anschickten, das Feldfreudenhaus 209 in Brand zu stecken.

Mein Kopf karussellte in den Seligkeiten der ersten Tage meines neuen Berufes, als mir ein fünfjähriges Mädelchen in einem kurzen, mit Satinschleifen (*ciel* 8605 bei Moses & Schlochauer) überladenen Tüllhemdchen aufs Knie kletterte und mich umarmte. Verliebt flüsterte mir dies Freudenkind ins Ohr: »Soyons copains, je sais, que vous avez lu *Le rouge et le noir* avec la bonne sœur Bonaventura, mon petit parfumeur!« Die vierzigjährige Zwergin Arabella wollte mir nicht verraten, woher ihre Weisheit stammte. Ich wurde neugierig. Es war ihre Kunst, jeden Helden in einen Kinderschänder zu verwandeln. Sie roch nach Maiglöckchen und nach Sünde. Sie war die Hauptattraktion unseres Etablissements. Wegen ihrer taktischen Wichtigkeit arbeitete sie morgens mit den Mannschaften, nachmittags und abends mit den Offizieren. Ein Generalfeldmarschall mit Stab soll ihrethalben per Extrazug von der Ostfront nach Valenciennes gekommen sein, um seinen Angriffsgeist zu erhöhen. Äußerst senil befriedigt sei er zurückgekehrt, Schlachten gingen verloren. Selbst der Knorrprinz soll sich bei ihr höchst königlich bewährt haben. Berufliche Kinderschänder fanden sie anzüglicher als ein richtiges Kind. Mir lispelte sie herrlich unanständige Geschichten von der Pucelle vor. (Als sei sie dabeigewesen!) So lernte ich Hurenlatein. Langsam fielen die Schleier von meinen Augen, und ich fing an zu verstehen, warum sie so viel wußte. Plötzlich war ich mittendrin in einer aufregenden Weltgeschichte, die mich mein junges Leben hätte kosten können. Doch Arabella blieb diskret.

Diese ausgekochte Zwergin war fromm, wie man in der französischen Provinz fromm ist: an den Schößen ihres Beichtvaters hängend. Keinen Morgen versäumte sie vor der Arbeit die heilige Messe in der Église Saint-Géry, wo sie im Beichtstuhl vom Abbé kleine Glasampullen in Empfang nahm. Unschuldige Brieftauben sollen sie gebracht haben. (War ich eine dieser Brieftauben??) Diese Ampullen, gefüllt mit Reinkulturen der *spirochaeta pallida*, verteilte sie an die Huren, was überflüssig schien, da alles bereits weitgehendst verseucht war. Sie garantierten jedoch mit einer an Sicherheit grenzenden Wahrscheinlichkeit, daß jeder Besucher das FFH 209 infiziert verließ. Eines Morgens wurde Arabella, aus der Kirche kommend, verhaftet. Belastendes Material wurde auf ihr gefunden. Jemand hatte gesungen. Der Abbé war verschwunden. Die Elsässerin lag erdrosselt im Bett. Selbst Pascal, der Dorfidiot, wurde verdächtigt. Das Feldfreudenhaus 209 wurde geschlossen. Kommissionen kreuzverhörten. Viele landeten in Untersuchungshaft. Vorm Militärgericht sagte ich unter Eid aus, daß ich von allem nie nichts gemerkt hatte. Arabella hielt ihr rosa Kindermündchen bis zum bitteren Ende, wofür ich ihrer in Liebe gedenke. Am 12. Oktober 1917 wurde Arabella, dies süße Kind, nachdem es sich noch ein letztes Mal, ohne die Unschuld zu verlieren, von Militärgerichtsoffizieren hatte schänden lassen, seinem letzten

Wunsch gemäß im Tüllhemdchen, garniert mit himmelblauen Schleifchen, von einem deutschen Exekutionspeleton standrechtlich erschossen. Sie ließ sich die Augen nicht verbinden, schrie: *»Merde aux boches! Vive la France!«* und endete, von Kugeln durchsiebt, im Graben unter den Gefängnismauern von Valenciennes.

45 Deutsche Bordell-Lyrik aus der Rue des Juifs.

Brief eines Landsturmmannes an sein treues Weib in der Heimat: *»Wär ich ein Vöglein, flög ich zur dir, / Da ich kein Vöglein bin, vögle ich hier!«*

Antwort der Gattin: *»Da du kein Vöglein bist, bist du ein Wandrer, / Vögle nur wo du bist, mich vögelt ein andrer!«*

»Mädchen jung gefreit
Mach die Beine breit,
Leg dich auf den Rücken
Und laß dich schnell ficken!«

»Mädchen, wo hast du dein Geld, dein Geld?
Mädchen, wo hast du dein Geld?
Zwischen zwei Bergen im tiefen Tal, tiefen Tal,
Drunten, wo's Wasser rausquellt!«

»Lieb Vaterland, magst ruhig sein,
Schieb'n Gruß von mir mit rein!«

»Der Pfarrer von Kemten beschmiert seine Hemden
Mit eigenem Samen in Ewigkeit Amen!«

»Schön ist die Jugend! Achtung! Es kommt nichts mehr!«

»Es lebe der Reservemann, wenn er getreu die Pflicht getan!«

»Von hinten durch die Brust gestochen,
Mitten durch die Flanellhose,
Dies ist der Tag des Herrn!«

»Mädchen, sei süß,
Du verdienst ja dein Geld mit de Füß,
Mädchen, sei nett,
Du verdienst ja dein Geld nur im Bett,
Mädchen, sei brav
Du verdienst ja dein Geld nur im Schlaf,
Mach die Augen zu, mach die Augen zu,
Du bist noch viel zu jung dazu!
Mädchen, sei gut,
Du verdienst ja dein Geld mit de Fuut!

Drum Mädel weine nicht, und sei nicht traurig,
Wisch dir die Tränen ab mit Sandpapier,
Denn dieser Feldzug, ist ja kein Schnellzug...«

»Leckedu, leckedu, leckedu die Katz am Arsch,
Leckedu, leckedu, leckedu die Katz am Arsch,
Undwenndu, undwenndu die Katz am Arsch geleckt,
Dann weisstuweisstuweißtuja wie Katzenaaje schmeckt!«

»Sie hat ihn drinjehaad
Es hat ihr nischt geschaad
Bald wird es Abend sein
Dann kriegt s'en wieder rein!«

»Als der Pfarrer von Brixen
erwischt war beim Wichsen...«

»Malheur la guerre
Nix pomme de terre
C'est la misère
Partout!
Papa l'Afrique
Mama fickfick
Capout!
Du paßmaluff,
Si ton mari de retour
Du paßmaluff,
Si ton mari de retour!«

Kuhlmais Nachtgesang:

»Er wollte eenmal pulln
Da war sein Ding jeschwulln
Na heeb mals Been
Es wird schon jehn
Du mußt ma nur hübsch jrade stehn!
Und da jings janz wunderschön!«

Frau Wirtin:

»Frau Wirtin hatte einen Sohn,
Der konnts in frühsten Jahren schon;
Kaum war er aus der Spalte,
Macht er'n strammes lingsum Kehrt
Und vögelte die Alte!

Frau Wirtin hatte einen Star,
Das war ein Vogel wunderbar.
Er kroch ihr in die Möse,
Steckt seinen Kopf zum Arschloch raus
Und pfeift die Marseillaise!

Frau Wirtin hat ne Klitoris,
Die hing ihr immer, wenn sie schiß,
Hinunter in den Trichter.
Die Mäuslein welche dieses sahn
Hui! machten die Gesichter!

Frau Wirtin hatte einen Koch,
Der schlug die Eier ihr vors Loch,
Nahm aus dem Schwanz den Käse
Und mischte ihn mit Mösenschweiß,
Das nannt er Maionnaise!

Frau Wirtins Knecht hieß Fridolin;
Er pforzte alle Melodien,
Sogar die ›Rote Rose‹.
Nur ›Donauwellen‹ konnt er nicht,
Dann pfiff er in die Hose!

Frau Wirtin hat auch einen Inder,
Der vögelte nur kleine Kinder;
Doch selbst beim größten Lustgekeuche
Behielt er seinen Turban auf,
SO streng sind dort die Bräuche!«

46 FLANDERN. Ich wurde zur Armeekraftwagenkolonne 268 nach Bazuel, près Le Cateau, nicht weit von Cambrai, abgeschoben, wo man mir bei der Ankunft (Geburtstag der Landesherrin) das Würschtelberger Verdienstkreuz am rotblauen Band umhängte. Bald darauf machte der erste Frost unsern eisenbereiften Lastkraftwagen mit Kettenantrieb das Leben unmöglich. Unser Krieg war eingefroren. Für die vier Kilometer von Bazuel nach Le Cateau, wo unsere Kolonne verladen wurde, brauchten wir volle drei Tage (fünfzig Meter per Stunde). Von da schaukelte uns ein gütiger Zug langsam in den Winterschlaf nach Flandern. In Pferdedecken eingerollt in meinem Zweitonner liegend, träumte ich, bis der Zug am nächsten Morgen hielt und ich unter tiefem Schnee erwachte. Der Wind hatte das Verdeck meiner Karre aufgeweht, und ich war eingeschneit. Von der Laderampe sah ich herab auf die Brueghelherrlichkeit von Brügge im Schnee. Zu meinen Füßen rüsteten sich in einem Höfchen schwarzkostümierte alte Weiblein, Beghijntjes, zum Kirchgang. Anscheinend war es Sonntag. Alle Carillons der unzähligen spitzen Kirchtürme fingen an, durcheinander mit dem mächtigen Belfried, halbbekannte Choralanfänge in Moll zu bimmeln. In blauer Ferne stieg friedlich Rauch aus einem Strohdach in den Winterhimmel, es konnte nicht weit zur holländischen Grenze sein. Mein Leentje hatte in wenigen Tagen Geburtstag. Ich beschloß, ihr zu Ehren zu desertieren; zur Geliebten in den Frieden. Erschrocken fühlte ich, daß mir die Kraft fehlte, Ketten zu sprengen, die mich an meine Vergangenheit fesselten. Außerdem stand Todesstrafe auf Fahnenflucht. Etwas so Fundamentales wie Desertieren hatte man in der Schule nicht gelernt. Sein Leben durch Flucht vor dem Irrsinn zu retten gilt als unmoralisch. Ein Leitfaden der Desertion, der vielen zugute gekommen wäre, blieb ungeschrieben. Niemand meiner Kolonne dachte an Abhauen, alle waren Kriegsgewinnler. Davon später. Ich allein hatte mich von Deutschland loszureißen.

Unsere A.K.K. war in der Feuerwehrstation Ghentpoort West, in der Minderbroederstraat, einquartiert. Aus seinem Bett rutschte man wie Charlie Chaplin an Kletterstangen runter ins Auto. Ich verliebte mich ins tote Brügge mit seinen Kanälen, fütterte Schwäne am Minnewater, sah mir die bunten Memlings im Saint-Jean-Hospital an, versuchte Flämisch zu lernen, träumte mich in Holland. Die Kolonne, unter Oberleutnant Feldmann, einem Viktualienhändler aus Boms, machte wilde Geschäfte: Straßenraub. Als Neuling gehörte ich nicht zur Räuberbande. Tagsüber lagen wir in Ruhe, nachts wurde schwer geschafft. Ausgesucht schwere Jungens fuhren schwerbekettete Wagen zu Bahnhöfen, wo uns Lebensmittelzüge gemeldet waren. Waggons wurden aufgebrochen und reiche Beute zurückgebracht. Die A.K.K. 268 kannte keine Hungersnot.

Eines Mittags, als wir auf unsern Betten sitzend westfälischen Schinken mit Rührei und Bratkartoffeln aßen, kam Oberleutnant Feldmann in beneidenswert schicker brauner Ledereleganz, begleitet von seiner deutschen Dogge Horst, ließ die Türen besetzen und hielt eine Ansprache: »Kameraden! Unerklärlicherweise will heute nachmittag eine Gerichtskommission herkommen. Wir wissen von *nichts!* Wir liegen in Ruhe, keine unserer Karren hat je ne schwule Fahrt gemacht, da keine fahrfertig ist. Die drei Tischler werden die Dielen aufreißen. Darunter werden die Schneeketten zusammen mit den gestrigen Schinken gelagert. »Wieviel?« Gefreiter Marquart meldete vierhundertzehn. »Du Gannef, es waren vierhundertsechzig!« entgegnete scherzend der Oberleutnant. *»Wir wissen von nichts!«* Alles brüllte begeistert: »Jawohl Herr Oberleutnant!« Seine Dogge schnappte nach mir. »Du, Neuer, hast im Puff gearbeitet, das spricht für dich! Du wirst am Gewinn beteiligt. Nun an die Arbeit, und Schnauze halten für Gott, Kaiser und Vaterland!« Aus den Autos kamen Schinken um Schinken, die, in unsere Schlafdecken eingewickelt, zusammen mit Einbrecherwerkzeug und Schneeketten unterm Fußboden verschwanden. Als alles gut vernagelt war, schliefen wir den Nachmittagsschlaf der Gerechten. Die Kommission ist nie bis zu uns vorgedrungen; sie hat sich mit Feldmann verständigt. In selbiger Nacht fuhr Marquart fünfzig prima Schinken zum Militärgerichtskommando nach Gent. Der Rest rollte zwei Tage später auf reparaturbedürftigen Lastwagen heimwärts nach Boms. Ich formte meinen Plan: Meldete mich bei Oberleutnant Feldmann (Zobelpelzkragen) und erbat einen Urlaubspaß im »kleinen Grenzverkehr« nach Westkapelle, gegenüber von Sluis in Holland, wo ich einen Abschluß von tausend Salamiwürsten zu tätigen hoffte. Feldmann belehrte mich eines Besseren: »Holland fabriziert keine Salami!« Ich erklärte, daß es sich um einen Vorkriegsposten italienischer Hartwürste handle und daß die Vorbesprechungen höchstens einen Vormittag beanspruchen würden. Trotzdem er mir nicht traute, bekam ich die Papiere. Er war besessen vom Lebensmittelgeschäft und wollte sechzig Prozent aller Waren zum Kostpreis übernehmen, warnte mich, weder im Hochspannungsnetz hängenzubleiben noch salamilos zurückzukommen.

Auslandskorrespondenz vom Feld aus war verboten. So lief der rege Briefwechsel mit meiner Braut in Holland über eine uns beiden unbekannte Altejungfer in Köln, Clementine, genannt *Clem*, eine Lesbierin mit Monokel. Daß sie an unsern schriftlichen Liebesspielen teilnehmen konnte, war ihr wohlverdienter Lohn. Mittels eines Kodes konnte ich meiner Braut die Fluchtpläne mitteilen, so daß die romantische Möglichkeit bestand, unter ihren bewundernden blauen Augen zu desertieren. Und zwar an einem Sonntag, denn ich hatte erfahren, daß dann die Grenzbewachung weniger streng sei.

Nach einer schlaflosen Nacht begab ich mich, eine Stunde vor Abfahrt des Zuges, um sieben Uhr morgens zum kleinen Vorortbahnhöfchen. Ich hatte mir einen Spezialzug für Deserteure vorgestellt, überfüllt mit Hunderten, die wie ich abhauen wollten. Sonntags fuhr nur ein Zug, bestehend aus einer drolligen torfgeheizten Spielzeuglokomotive, einem Güterwagen und einem hölzernen Personenwagen vierter Klasse. Ununterbrochen schrillte eine irre Klingel. Der Bahnvorsteher mit roter Mütze war ein junger Eisenbahnsoldat. Um den Arm trug er eine Binde: Bahnpolizei. Als Schaffner

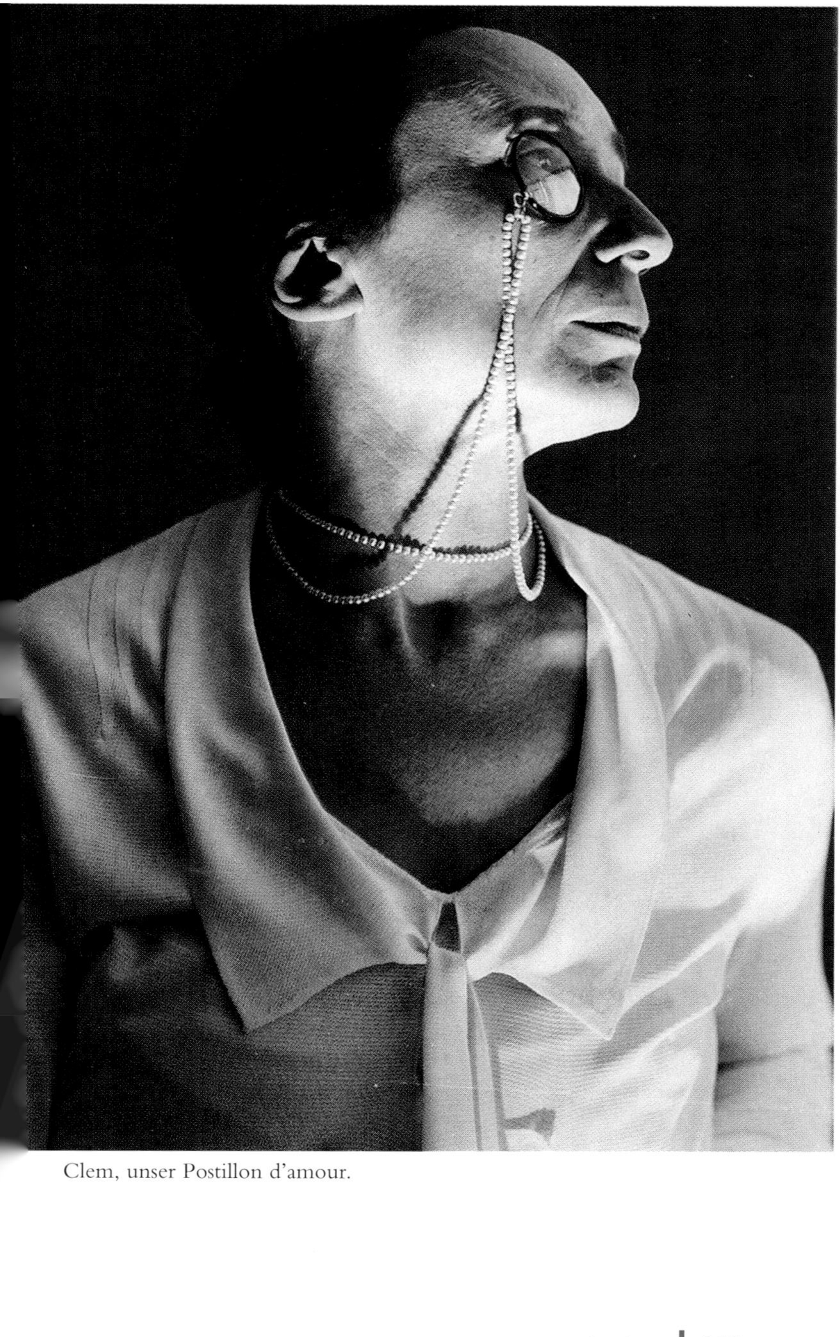

Clem, unser Postillon d'amour.

knipste er meinen Fahrschein und fragte nebenhin, was ich sonntags in Westkapelle wolle. »Kamerad besuchen, Gefreiten Josef vom Armierungsbataillon 217.« (Ich hatte mich informiert, welcher Truppenteil in Westkapelle lag, und war stolz auf meine Schlagfertigkeit.) Ohne hinzuhören, nickte er: »Kenne ihn!«, und ich wußte, daß er log. Ich setzte mich ins kalte Coupé auf die zu schmale Holzbank und wartete. Ich blieb allein. Um acht kletterte der Stationschef-Schaffner-Bahnpolizist-Kondukteur, nun mit feldgrauer Dienstmütze, zu mir ins Coupé, pfiff aus dem scheibenlosen Fenster, und das Bimmelbähnchen schob sich in Bewegung. Er war vielleicht drei Jahre älter als ich, setzte sich mir gegenüber und starrte mich an. Seine Schlagzähne waren kreuz und quer gewachsen, was ihn spitzfindig und hinterlistig erscheinen ließ. Aus Verlegenheit nahm ich einen Schluck aus meiner Feldflasche und prostete ihm treuherzig zu. Er trank meinen Brandy und fragte scherzend, ob ich zu meiner Braut nach Holland desertieren wolle. »Mir kannst du's getrost sagen, bin Militärpolizist: Unteroffizier Haase von den Eisenbahnern! Hätt ich ne Kriegsbraut in Holland – die meinige langweilt sich in Magdeburg –, wär ich schon längst drüben bei den fetten Kühen.« Dabei markierte er mit beiden Händen einen dicken Busen. »Kinderspiel für einen wie mich, der weiß, wann die 18000-Volt-Hochspannung an ist und wann nicht. Heute zum Beispiel, am Sonntag: Dauerstrom Tag und Nacht, von wegen Kirchgang der Grenzposten. Du wirst dich wundern, das ganze Kaff ist in der Kirche. Jede Nacht bleiben so'n paar Schlemihle, die keinen Dunst haben, im Draht hängen. *Zzzsch!* Ruckzuck und die Kommode is Brennholz! Lauter Klugscheißer: einer nimmt ne Katze mit, einer ne Leiter, einer wirft Ketten, um Kurzschluß zu machen, wenn's schief geht, geht's schief. Viel schlimmer sind die Polizeihunde, die kommen freundlich angerannt und lecken dir die Hände. Wenn du dann zum Draht schleichst, springen sie dir von hinten auf den Rücken, schmeißen dich auf die Erde und beißen dir's Genick durch. Phänomenaler Dressurakt, aufregendes Schauspiel, hab's oft gesehn! Sobald du lebendig in Holland bist, stecken sie dich in ein Hungerlager, sie haben ein komisches Wort dafür: Konzentrationslager. Der Krieg liegt sowieso in den letzten Zügen, alle haben genug davon, der Franzer jammert um Sonderfrieden, bald sind wir zu Haus bei Muttern. Schmuggler gibt's hier nicht, die geizigen Bauern lassen kein Sterbenswürstchen raus. Der Schleichhandel schleicht über die Schieberzentrale von Sass van Gent. Ich brauch dir nichts zu erzählen von den Millionengeschäften, nicht umsonst heißt deine A.K.K. Champagnerkolonne, reiche Verbrecherbande! Dienstlich hab ich in Westkapelle nichts zu tun, bis dies verdammte Ziegele heute abend um sechs wieder abdampft. Wir könnten uns ja mit deinem Freund Josef von den Schippern einen ansaufen, ich weiß eine tolle Hure...« Während ich mich fragte, ob dieser lästige Lümmel, der mir gerade alle meine Pläne zertreten hatte, ein Quatschkopp oder ein gefährlicher Polizeispitzel war, bot er mit seinen Korn an, ich ihm meinen Schnaps, und als der Zug in Westkapelle hielt, waren unsre Flaschen leer, und wir schlitterten nicht ganz mühelos über das Glatteis des Bahnsteigs zum Ausgang. Da setzte er sich einen Stahlhelm auf und stempelte als Grenzpolizist meine Papiere. Vor mir tanzte ein Plakat: *Achtung! Grenzzone! Militärpersonen ohne tagesgestempelte Grenzerlaubnis ist das Verlassen des Bahnhofs bei Todesstrafe verboten! Der Grenzkommandant.* Darunter baumelte eine Zusatzwarnung: *Maul- und Klauenseuche! Genickstarre! Flecktyphus! Der Bürgermeister.* Die Saukälte sowie die Einsicht, daß ich den Sprung in den Frieden heute nicht wagen würde, ernüchterten mich. So stampften wir beide bei Sonnenaufgang durch den knirschenden Märchenschnee dieses grenzenlos verlassenen flämischen Grenzdörfchens zum gegenüberliegenden Estaminet. Überm Eingang ein Schild: »De reyse is nog niet gedaen al ziet men kerk en toren staen.« (Die Reise ist noch nicht zuend, wenn man Kirch und Turm erkennt.) In der Schenke war's wenigstens halbwegs warm. Haase spielte Kind im Haus, schrie: »Menheer! Mewrau!« und holte sich, als niemand kam, selbst eine Flasche und zwei Gläser vom Schenktisch. Ich hatte mir vorgenommen, nicht mehr zu trinken, tat nur so als ob. Haase soff wütend die Pulle leer und erklärte mir, daß Flandern wieder deutsch werden würde, denn die Flamen seien deutsche Brüder. Mit meiner Hilfe war er gerade noch imstande, sich weitere Flaschen zu holen. Nach einer halben Stunde stellte er sich in die Mitte des Raums, lallte: »Gott strafe die dreckigen Wallonen!«, schiffte wild um sich, fiel kotzend auf die mit Sägespänen bestreuten Fliesen in seinen eigenen Dreck und schnarchte. Sonst kein Laut. Die Standuhr stand. So allein war ich, daß ich meine Anwesenheit als überflüssig empfand. Würde mir sein Mantel mit der Polizeibinde über die Grenze helfen? Ich probierte ihn an; er war mir, wie das Wagnis, viel zu groß. Ich stieg zurück in meinen eigenen schweren, mit Lammfell gefütterten Ledermantel, legte Ohrenklappen an, verschlang meine Schinkenstulle und schlich durch eine Knarrtür in die überbelichtete Helligkeit der flämischen Winterwelt. Nur einige Kilometer entfernt strahlte hinter Dünen Nordseehelle, vor mir leeres Flachland. Ein Glöcklein aus den Niederlanden lockte in den Frieden von Sluis. Klar antwortete die Glocke von Westkapelle. Gleich hinterm Dorf war die Grenze. Quer über der Landstraße erneute Drohung: *Achtung! Hochspannung! 18000 Volt! Bissige Hunde! Minenfelder! Militärpersonen ohne Grenzausweis werden ohne Anruf erschossen! Der Grenzkommandant: Generaloberst von Stülpnagel!* »Spanische Reiter« verlegten in tiefem Schnee den Weg. Rechts und links unbemannte Schilderhäuschen, keine Menschenseele. Ein neues Plakat *»Todeszone!«* überredete mich, stehenzubleiben, während mich auf der andern Seite der Straße eine wegweisende Hand nach Sluis 1,4 km verführen wollte. Fünfundzwanzig Meter weiter versperrte eine schwarz-weiß-rote Bahnbarriere die Welt. Mit neuer Warnung. *»Halt! 20000 Volt Hochspannung!«* Dahinter schien sich dasselbe Thema unter holländischen Vorzeichen (oranjeblanje-bleu) in umgekehrter Ordnung zu wiederholen. Barriere, Schilderhaus, Plakate, wonach die Straße sich in weißer Unendlichkeit verlor. Mittelalterliches Hundegebell gab mir den Rest. Vorsorglich hatte ich aus unserer Feldküche in Brügge einen Knochen mit Fleischfetzen mitgenommen, der in diesem entscheidenden Moment unauffindbar war. Selbst die Gerbertöle, die mich zerreißen sollte, blieb aus. Ein negativer Tag. Als vom Schicksal geschlagener Feigling, dem alles mißlingt, machte ich kehrt. Ich sollte lernen, daß Mißgeschick der Lauf der Dinge ist. Wär ich geradeaus marschiert, dann wär ich entweder ungehindert in den holländischen

Frieden eingelaufen oder in die Hochspannung ewigen Friedens gezischt. Ich habe inzwischen die Wertlosigkeit affichierter Drohungen begriffen, doch fehlt mir immer noch der Mut, Todeszonen zu durchqueren.

Es schlug zwei. Noch vier Stunden bis zur erniedrigenden Rückfahrt. Zunächst müßte ich Unteroffizier Haase, der inzwischen aus seinem Rausch erwacht sein dürfte, Bericht erstatten. Auch darin hatte ich mich geirrt: Die Bierleiche schnarchte, wie ich sie vor drei Stunden verlassen hatte. Ich warf ein Holzscheit ins ausgehende Feuer und setzte mich müde vom Sonntagmorgenspaziergang an den Tisch. Der erwachende Haase fragte nach der Zeit und schien verwundert, daß ich nicht in seinem Dienstmantel verschwunden war, er hätte alles beobachtet. Ich erzählte, daß ich Freund Josef nicht bei seiner Kompanie getroffen hätte, weil er auf Heimaturlaub war, und beklagte mich, daß ich in dieser Negerei hier keiner einzigen lebenden Seele begegnet sei. »Also ist deine ganze Josefsage gelogen, wie ich von vornherein annahm!« sprang er auf. »Wenn du niemanden gesehn hast, kannst du nicht wissen, daß er auf Urlaub ist. Ich könnte dich vor ein Kriegsgericht bringen! Aber du bist ein netter Kerl, obendrein scheinen deine Papiere in Ordnung. In Brügge wirst du mir Eier und Speck bringen, und ich werde die Schnauze halten. Davon können wir aber jetzt nicht satt werden, laß uns auf Raub ausgehen! Meist bekomm ich hier meinen Potofö. Wo steckt das verdammte Pack? Jeden Sonntag gibt's hier Kirchweih. Bei den Schippern gibt's nur Dörrgemüse, die Grenzpolizei hat ne teure Kantine, sonntags geschlossen. Ich habe keine Lust, Kohldampf zu schieben. Wolln wir in den Puff? Ich halt dich frei!« Ich hatte mein Schinkenbrot hinter mir und Angst vor diesem leeren Dorf, schützte Müdigkeit vor, rollte mich in meinem Mantel auf eine Bank und fiel in tiefen Schlaf, in dem ich noch einmal die Schrecken dieser entleerten Welt durchträumte. Unmöglich zu fliehn, überall lauerten offenen Mauls versteckte Fußangeln, um neue blutige Schlachten ausbrechen zu lassen. Bei der allergeringsten Bewegung dröhnten dumpfe Glocken. Als dann noch die Bahnhofsklingel anfing zu schrillen, kam Haase, mich in den Rückzug zu hetzen. Es war Nacht. Auf der Rückfahrt verriet er mir, die Hochspannung sei schon seit zwei Tagen wegen Dynamoreparatur außer Betrieb.

Als ich mich mut- und salamilos zurückmeldete, strafversetzte mich Oberleutnant Feldmann als militärisch untauglich und unzuverlässig von seinen üppigen Fleischtöpfen zum Etappenkraftwagendepot Gent. Via Clem schickte ich meiner Braut ein Telegramm: *Komme nicht wegen Versetzung*, das an ihrem Geburtstag mit dem kleinen Druckfehler ankam: *Komme nicht wegen Verletzung*.

47 GEWALTSVORMARSCH. Die Etappenhölle Gent war infernalischer als Zwickau, denn man hatte inzwischen Feldfreiheit gekostet. Wir verkamen in ungeheiztem Barackenelend. Appelle vom Morgengrauen bis zum Zapfenstreich. Niederknien im Schnee beim »Wir treten zum Beten«. Man sehnte sich zurück zur Front. Mitte Januar 1918 kam ich zur Hungerkolonne A.K.K. 209, den »Kohldämpfern«, nach Marcoing, près Cambrai. Mit der ersten Schneeschmelze wurden Stahlketten um unsere Eisenreifen geschweißt, und wir hatten *ohne Rücksicht auf Material und Menschen* Munition und Kanonenfutter zur endgültigen Frühjahrsoffensive über unbefahrbare Straßen hin und her zu verschieben. Wir waren am Ende. Man lebte von Latrinenparolen: Sonderfriedensangebot der Franzosen, Meuterei, der Papst. Nichts zu fressen. Der Benzolersatz war so schlecht, daß man ihn erst in Konservenbüchsen über offenem Feuer anwärmen mußte, bevor man ihn in die Düsen neben den Zündkerzen spritzte, um die Karre anspringen zu lassen. Selbstanlasser gab es noch nicht: Drei Mann hatten verzweifelt den Anlaßhebel unterm Kühler zu drehn und zu schwingen, bis der Motor endlich zaghaft ansprang, um gleich wieder zu stoppen. Dann ging's von neuem los. Stundenlang. Schlug's zurück, zerbrach's einem die Knochen. Gesunde Übung bei der Kälte. »Wenn der alte Motor wieder kracht.«

Als unsere Artillerie nach wochenlanger Totenstille plötzlich ein rasendes Trommelfeuer *ohne Rücksicht auf Material und Menschen* losließ, ohne daß sich eine einzige Kanone des Feindes die Mühe nahm zu antworten, setzte ich meine mit

Munition geladene Karre in Brand (Selbstzündung war Tageslosung) und beobachtete von einem Unterstand das Feuerwerk. Leider bekam ich sofort eine andere Karre, deren Führer es vorgezogen hatte, an der Ruhr zu verrecken. Ich war so abgekämpft, daß ich meinen Wagen mit vierzig abgekämpften Muschkoten in einen Granattrichter rollte – die Welt war ein einziger Trichter – und schlief, bis mich ein Traktor rauszog, samt meiner Ladung, die ineinandergekeilt stehend gepennt hatte.

Kampflos verfolgten wir einen Feind, der sich seit Monaten strategisch zurückgezogen hatte, bis wir jeden Anschluß mit unserer Hauptmacht verloren hatten. Vorher, im Stellungskrieg, wurde um jeden Meter tagelang gekämpft; in den letzten drei Tagen waren wir widerstandslos über hundert Kilometer vorwärts gestürmt, *ohne Rücksicht auf Material und Menschen*; hatten uns totgesiegt. Auf Pontons überquerten wir die kadavreske Somme. Von Caix sah ich durch ein Scherenfernrohr die Kathedralenpfeiler von Amiens zittern. Auf einem Gespensterfriedhof in Rosières-en-Santerre, der, aufgewühlt vom Trommelfeuer, alle Kirchhofsgedanken von Andreas Gryphius in den Schatten stellte, erlegte ich mit meinem einzigen Schuß im Ersten Weltkrieg einen fetten Bernhardiner, einen gestiefelten Soldatenfuß in der Schnauze. Ein Kamerad brachte zwei Katzenleichen. In einem Unterstand von den Tommies fand sich eine Flasche Essig und ein Fläschchen Haaröl. Konservenbüchsen mit Corned Beef wagten wir nicht anzurühren, aus Angst, sie seien vergiftet. Gottseidank brauchte ich den Hund und die Katzen nicht zu zerlegen, mir fiel die Ehre zu, einen sauren Essiggulasch zu fabrizieren. Das Sommewasser stank nach Leichen. Wir brieten ein paar halbverfaulte Kartoffeln im Haaröl. Haute cuisine. Hunger war der beste Koch, doch wir waren immer noch zu verwöhnt: Die Farbe des Fleisches verlegte uns den Appetit. Das Gelb des Kirchhofkatzenfleisches disharmonierte mit dem Aschgrau des gesottenen Bernhardiners. Ein rechter Leichenschmaus. Wissentlich habe ich im Leben nie wieder Katzen- oder Hundebraten gegessen.

Nach ungehinderten Gewaltsvormärschen brachten uns neubefestigte Stellungen, besetzt von frischangekommenen

Yanks, zum Stehen. Unsere geniale Oberste Heeresleitung war in die Falle gelaufen. Es half nichts, sich über die ersten Tanks lustig zu machen, wir waren erledigt, hatten ausgesiegt. Das galt ebenfalls von unserer Kolonne, die Ende Mai reparaturbedürftig und am Verhungern Ruhestellung in Vieux-Condé sur l'Escaut beziehen mußte.

48 Urlaub. An einem der ersten Tage wurde ich auf die Schreibstube kommandiert, wo mir Knall und Fall befohlen wurde, mich sofort entlausen zu lassen, um am 18. Juni meinen Heimaturlaub anzutreten, von dem ich mich am 5. Juli zurückzumelden hätte. Ich hatte die feste Absicht, nie wieder zu dieser lebensgefährlichen deutschen Front gemeinster Dummheit zurückzukommen. Nach meinen Grenzerfahrungen in Flandern war mir klar, daß eine Flucht nur mit gründlichen Vorbereitungen von holländischer Seite möglich war. Meine Braut hatte erste Schritte eingeleitet. Wie ich ihr in letzter Minute, wo jeder Brief über Köln mindestens zwei Wochen brauchte, allerletzte Informationen habe zukommen lassen, ist mir schleierhaft. Ich verschaffte mir von einem Schreibstubenbonzen (für zwei Kartoffeln) einen doppelten Urlaubsschein mit allen Stempeln der Echtheit, auf den ich mir mit der Büromaschine die Genehmigung tippte, Zivil tragen zu dürfen. Als Reiseziel war außer Berlin noch Herzogenrath bei Aachen (Grenzgebiet) zwecks Besuchs eines Onkels angegeben. So gerüstet reiste ich durch das heruntergekommene Vaterland zurück zu Mama. Und zwar mit dem zweiten Urlaubsschein, der durch unzählige Kontrollstempel echt wurde. Alles hing davon ab, ob es meiner Braut in Holland geglückt war, das deutsche Visum zu bekommen; eine Protektions- und Bestechungsfrage. Allein mit meiner Mutter würde dieser Urlaub zu einer Höllenqual ausarten, schlimmer als die Front, an die ich danach zurück müßte.

Nachdem ich zweieinhalb Tage und Nächte auf meinem Mantelsack gesessen hatte, stieg ich in schwarzer Nacht am Bahnhof Zoo aus dem Zug und schleppte mich mit Gepäck durch das verdorbenausgestorbene Berlin zu unserer Wohnung Luitpoldstraße 23. Die Totenstadt war aschgrau, ich war verloren mit dem verlorenen Krieg in dieser verlorenen Welt. Was soll aus unserer Liebe werden? Ohne Leben? Seit über einem Jahr hatte ich nicht in einem Bett geschlafen und ich war so müde. Um vier Uhr morgens bei Tagesgrauen schloß mich meine grauenvoll abgemergelte Mama in ihre Knochenarme, überglücklich, wieder an jemandem liebevoll rumhacken zu können, vorwurfsvoll, daß ich, wie immer, zu spät käme, »man soll Damen nicht warten lassen!« Das sollte ein Witz sein. Gram, Krieg und Tuberkulose hatten sie zum Schatten eines Skeletts reduziert. In ihrem von Sicherheitsnadeln notdürftig zusammengehaltenen Barchentmorgenrock, den ich als Kind schon nicht leiden konnte, pflanzte sie sich vor mir auf und überstürzte mich mit Husten und Interesse: Ob ich noch am Leben sei, ob ich gesund sei, ob ich gewachsen sei, wieviel ich wiege, ob ich mich zu meinen Gunsten entwickelt habe, warum ich mein Eisernes Kreuz nicht trage, ob ich als ihr Ernährer wenigstens daran gedacht habe, am Bahnhof Fleischmarken und Lebensmittelkarten, doppelte Ration für Fronturlauber, anzufordern? Als ich vor Müdigkeit nicht reagierte, fand sie: »Der Junge lebt nach wie vor in seinem Wolkenkuckucksheim!«, holte aus der Kochkiste (Kriegserfindung: um Kohle und Gas zu sparen, schließt man den »angekochten« Kochtopf hermetisch in eine mit Stroh gefüllte Kiste, wo er weiterbrodelt) unter scheußlichem Hustenanfall eine stinkende Kohlrübenjauche und warf mir vor, daß ich nicht einen Tag früher gekommen sei, dann hätte meine Lena nicht einen ganzen Tag auf mich warten brauchen, »man soll Damen nicht warten lassen!« Jetzt umarmte ich das Skelett, schrak zurück vor den roten Flecken in ihrem Gesicht und verschlang die Kohlrübensuppe als Delikatesse. Wobei sie mir gestand, daß sie leider bereits gegen ihren Willen Auseinandersetzungen mit dieser besserwissenden neutralen Defaitistin gehabt hätte, die Deutschland an allem die Schuld gäbe, während es doch eine allbekannte Tatsache sei, daß alle an allem Schuld haben. Außerdem hielte diese Niederländerin, was nicht gerade von Takt zeuge, ihr gegenüber, die zwei Söhne auf dem Altar des Vaterlandes zu opfern bereit sei, den Krieg für Deutschland für verloren. Ob ich mir diese voreilige Angelegenheit nicht besser noch einmal gründlich überlegen wolle, ob ich bei einer Auskunftei Informationen über sie eingeholt hätte, wie es sich gehöre, sie habe solche furchtbaren Ringe unter den Augen, ob sie gesund sei, einen einwandfreien Leumund habe. Es genüge nicht, daß sie eine Cousine von Ravel sei, sie, Mama, habe 1893 hunderttausend Emmchen mitbekommen – ich sei zu jung und zu idealistisch, die Tragweite eines solchen Betrages zu ermessen – und, was auch neutrale Miesmacherinnen gehässig auszustreuen versuchten, eine Mark bleibt eine Mark, selbst wenn das Leben jeden Tag teurer wird und man bald überhaupt nichts mehr bekommt für sein Geld. Schlangestehn und Schleichhandel kommt von den Schiebern, ob ich schon eine Liste gemacht habe, wie und wo ich mich rumessen werde, wann bei Jordans, wann bei Rothschilds, Wolfsons, Manes, Mühlbergs, Lissenheims, besser ohne »Freundin«, erstens ist »es« weder offiziell noch offiziös, zweitens fällt's heute jedem schwer, Essen aufzutreiben. Warten wir besser, bis du dich mal richtig entwickelt hast, Moses & Schlochauer nicht zu vergessen, die ihr Interesse sogar in einem Liebesgabenpaket bewiesen haben! Nach dem Krieg könnten die nützlich sein... worauf ich Mama unter Aufbietung meiner letzten Kräfte einen Gutenachtkuß gab. An solches Gequatsche war ich nicht mehr gewöhnt, wohl an meine Läuse, mit denen ich mich ungewaschen (Wasser rationiert, lief nur morgens von sieben bis acht) zum ersten Mal seit fünfzehn Monaten in einem Nachthemd auf ein richtiges Bett, *mein* Bett, warf. Das Bett daneben von meinem Bruder Heinz war leer. Der arme kleine Infantrist lag im Schützengraben von Verdun, um eingesetzt und abgeschlachtet zu werden. So sehr ich mich auf dies weißüberzogene Bett gefreut hatte, nun tat mir alles weh vor heißer Müdigkeit. Nach drei Stunden traumlosen Schlafes rief mich das Telephon meiner Braut zurück ins Leben. Sie wohnte bei Onkel und Tante, Ravels Eltern.

Ohne meine todbeleidigte Mutter um Erlaubnis zu bitten, rannte ich im blauen Zivilanzug aus dem Haus, in die Arme der geliebten Braut, die mich mit leichtgeröteten Augen erwartete. Tante Norchen, gütig wie immer, hatte ihr, um sie vor einem Nervenzusammenbruch oder Schlimmerem beim Wiedersehn mit mir zu bewahren, erzählt, welch furchtbaren Schreck sie jedesmal bekäme, wenn sie meiner in all meiner Häßlichkeit ansichtig würde: »Je früher man lernt, Kindchen, sich an alles zu gewöhnen, desto schneller gewöhnt man sich an alles!«

Erschüttert fielen wir uns in die Arme, staunten uns begeistert an, vergingen in Seligkeiten, konnten es nicht fassen, fanden uns frühzeitig gealtert, gereift, vergeistigt und hatten uns soviel zu sagen, daß uns die Worte fehlten und wir uns traurig lächelnd vor Glück anstarrten, bevor wir wagten, uns zu küssen. Fast waren wir blind für die Schrecken der farblosen Straßen, als wir engumschlungen zum Tiergarten lustwandelten. Was hatte die Hölle um uns herum mit uns zu tun? Ausgefranste Kriegsgespenster balgten sich, schlangestehend, Lebensmittelkarten krampfhaft in der Hand, mit blinden Prothesenträgern in Rollstühlen vor leergeräuberten Lebensmittelläden. Wir sahen nichts als unsere Augen. Schon verstänkerte die kommende Novemberrevolution unheilvoll die Juniluft. Wir rochen nur unsere Liebe.

Lena hatte in Holland mit Hilfe meines besten Freundes Ravel alles systematisch vorbereitet: Am 26. Juni (drei Jahre nach meinem ersten Brief an sie) würde uns um zehn Uhr morgens bei Roelofsz ein Mann anrufen, ob wir die Bücher kaufen wollten. Wenn wir bejahten, hätte ich auf meiner Rückfahrt zur Front in Herzogenrath ohne Kopfbedeckung aus dem Zug zu steigen. Auf dem Bahnsteig würde mich ein Mann, mit einem dunkelgrünen Fiberkoffer in der rechten, einem braunen in der linken Hand, fragen, wann der nächste Zug nach Aachen fahre; ich hätte ihm auf den Abort zu folgen, um meine Uniform mit einer Bauernjacke aus seinem Koffer zu vertauschen. Danach hätte ich mit ihm in die Gastwirtschaft *Zur Kaiserstadt* zu gehen, von wo ich nachts über die Grenze nach Holland gebracht würde. Die Menschenschmuggler hatten bereits hundert Gulden bekommen; sobald ich drüben angelangt bin, müssen weitere dreihundert Gulden gezahlt werden. Es war einfach und klar. Das Herz schlug mir vor Angst. Sicher, es war gefährlich, aber viel gefährlicher war es an der Front; so gab es keine Wahl. Schon in drei Tagen würde der Mann anrufen, und es gab nur eine Antwort: *Ja!* Es schnürte mir Feigling die Kehle zu. Wir schworen uns, mit niemandem über den Fluchtplan zu sprechen und, sollte jemand uns darüber fragen, nichts zu wissen.

Die Tage verflogen in Liebesglück, Traurigkeit und Familientrübung. Am Sonntag servierte Mama uns zu Ehren einen Festschmaus, für uns allein, denn es gab nichts mehr zu essen. Dabei ging alles schief. Das vor mehreren Jahren eingeweckte Suppenhühnchen war verschimmelt, als es aufgeweckt wurde. Mama weinte vor Scham, denn sie hielt sich für die größte Einmacherin. In ihrer Erregung brannten drei Kartoffeln an, ihre Monatsration. Aus Wut darüber zerbrach sie den vorletzten der von verschwundener Pracht zeugenden Römerpokale. Der Hochzeitswein war trübe, und Mama haßte die junge Braut, und sie litt unter ihrem eigenen Haß. Alle Uhren in der Wohnung gingen verkehrt, um drei, beim Ersatzmokka aus Miniaturtassen schlug es dreizehn, und Mama, um Konversation zu machen, fragte, wie ich Tagedieb mir eigentlich meine Zukunft ausmale. »Rosig«, sagte ich gereizt und hörte mich zu meinem Entsetzen hinzufügen: »Den ersten Brief nach meinem Urlaub wirst du aus Holland bekommen: Ich gehe nicht zurück an die Front!« Mama sprang unheilvoll von ihrem Stuhl und schrie: »Lieber tot im Graben, als Verräter!« Ich sagte: »Armer Bruder Heinz!« Meine Braut, mit perlenden Tränen in den Blaublümelein über meinen fatalen Wortbruch, stand auf und wollte sich dem Familienungewitter entziehn. Als ich sie begleiten wollte, reckte Mama sich in angsteinjagender Spindeldürre hochauf und schleuderte meiner armen kleinen Braut das klassische: *»Hure, du raubst mir meinen Sohn!«* an den Kopf, spuckte Blut, verschwand türenschmetternd und riegelte sich wimmernd in ihr Schlafzimmer, um meine Absicht rumzutelephonieren. *Mea culpa! Mea culpa! Mea maxima culpa!* Ich habe es mir nie verziehen.

Als ich spät nachts nach Hause kam, war Mama immer noch am Telephonieren. Ich wollte sie nicht sehen, ging Böses ahnend ohne Gutenachtkuß zu Bett. Eine bleierne Angst lähmte mich. Warum war ich so ohnmächtig in diesem Kampf gegen die Tradition, gegen den Staat? In diesem

Kampf, der ganz anders als jene Truppenübung, die sich Weltkrieg nannte, *mein* Kampf war: der Kampf zwischen meiner Vergangenheit und meiner Zukunft, der Kampf, in dem ich siegen mußte.

Am 26. Juni morgens um neun ging ich nüchternen Magens zur Derfflingerstraße, wo bereits für uns angerufen worden war, jemand würde um halb zehn kommen, um mit uns beiden zu sprechen. Anders als verabredet. Verraten von meiner Mutter oder verkauft von den Menschenschmugglern? Entsetzt entdeckten wir die Unmöglichkeit, dem Schicksal zu entrinnen, da klingelte es. Meine Braut ging in den Korridor, um zu öffnen. Ich beobachtete durch eine Türspalte. Ein hoher Hüne mit Semmelgesicht (Volksschullehrer) fragte, ob sie Lena C., die Verlobte des Kraftfahrers Blumenfeld Erwin sei. Ich trat an ihre Seite. Er entnahm seiner Aktenmappe ein Papier und las: »Im Namen Sr. Majestät des Deutschen Kaisers und Königs von Preußen blablabla beide hiermit verhaftet!« (Meine bürgerliche Existenz war hierdurch vernichtet. Damals wurde man durch Verhaftung zum Verbrecher gestempelt. Anständige Menschen wurden nicht verhaftet.) Ein kleiner Mann, der eine halbe Treppe tiefer gewartet hatte, kam rauf und kommandierte: »Beide haben Sie sich schnellstens anzukleiden und uns Ihre Papiere auszuhändigen. Gesprochen wird nicht mehr miteinander. Beim geringsten Widerstand oder Fluchtversuch werden Sie niedergeknallt! Beeilen Sie sich! Rasch!« Ich sagte: »Dies muß ein Irrtum sein, ich bin Frontsoldat auf Urlaub, und meine Braut ist, wie aus ihrem Paß ersichtlich ist, Holländerin!« Er beschnüffelte den Paß, als sei es holländischer Käse, und gab ihn mit respektvoller Verbeugung zurück. Meinen Urlaubsschein (mit der von mir hinzugefügten Erlaubnis, Zivil tragen zu dürfen) hielt er sachverständig gegen das Licht und steckte ihn in seine Mappe. Ich bat, den Haftbefehl lesen zu dürfen. Er brüllte: »Schnauze! Vahaftet sind Se, vastanden? Noch ein unflätiges Wort von Ihnen, und wir werden Sie mit angelegten Handschellen durch die Stadt führen! Nicht Sie, genädiges Fräuleinchen, haamse keine Angst, Sie sind in geübten Händen, wir wissen Neutralität zu wahren, besonders wenn sie jung ist und blond, wie Sie! Wer möchte nicht in Holland leben, wo's schöne Bräute gibt und Butter und Käse!« Er hielt es für möglich, mir meine Braut wegzuschnappen. Während Lena sich langsam ihren Strohhut aufsetzte – wir versuchten, Zeit zu gewinnen, das Schicksal aufzuhalten –, tasteten mich die Häscher ab nach verborgenen Waffen. Langsam setzten wir vier uns in Bewegung. Ich in Tuchfühlung zwischen dem Großen und dem Kleinen, die neutrale Dame ließ man galant rechts gehen. Ich wollte den zweiten Urlaubsschein gern aus meiner Brieftasche verschwinden lassen und schlug vor, man solle auf meine Kosten ein Taxi nehmen. (Wegen des Polsters!) Der Kleine schlug ab: »Dienstorder ist Dienstorder: Brennstoffknappheit: Untergrund-Überhochbahn Nollendorfplatz.« Unsere Schergen waren saudumme Unteroffiziere in Ersatzstoffanzügen, die nach Schweiß stanken. Solche Druckposten waren angenehmer als Frontdienst. Gelangweilt vom Schweigen, informierten sie sich über Schokolade, Käse, Kaffee und Seifenpreise in Holland und nach der Möglichkeit von Liebesgabenpaketen von dort. Für einen Edamerkäse hätten sie mich laufen lassen. Ich hatte keinen, doch Lena gab vielversprechende Antworten. Vertrauensselig beteuerten die zwei, daß alle hier genug von diesem Hungerkrieg hätten, und wollten wissen, was das neutrale Ausland vom Endsieg denke. Dumme Strickfrage, auf die meine Braut neutral reagierte. Um ihr anzudeuten, was ich aussagen würde, redete ich vor mich hin: daß mir Zusammenhänge klar würden, daß meine arme schwindsüchtige, von Eifersucht zerfressene Mutter uns in einem Anfall von Geistesgestörtheit nach dem üblichen Familienkrach denunziert habe, um meine Braut daran zu hindern, ihr den Sohn und Ernährer zu rauben. Während der Fahrt stopfte ich unbemerkt den Urlaubsschein, zerrissen, eingewickelt in mein Taschentuch, ins Polster der Hochbahn (zweiter Klasse). Im Entree der Stadtkommandantur am Gendarmenmarkt erlaubten uns die Häscher, als niemand es sehen konnte, uns die Hand zu reichen; sie entschieden gegen einen letzten Kuß. Ich sagte meiner Braut: »Sei ein Mann!« Dasselbe habe ich anbefohlen, als ich sie im Mai 1922 zum ersten Baby ins Diakonessehuis Amsterdam brachte. Ebenfalls als sie mich im Mai 1940 ins französische Konzentrationslager von Montbard-Marmagne ablieferte.

Über dunkle Treppen und Gänge wurden wir in eine Schreibstube gebracht, wo ein Feldwebel, sobald er ersehen hatte, daß die Dame neutral war, ihr erlaubte, Platz zu nehmen. Danach schickte er sich an, meine Personalien festzulegen. Er wurde vom magischen *Achtung!* unterbrochen, das jeden Soldaten hypnotisiert. Herein kam ein ordenbehängter Hauptmann von Köpenick mit Schnauzbart und Säbel, der vor meiner Braut die Hacken zusammenschlug, daß das Haus zitterte, salutierte und mich dann anbrüllte, warum ich keine Haltung annähme. »Weil ich Zivil trage, Herr Hauptmann!« »Verbrecher tragen immer Zivil! Trotzdem haben Sie stramm zu stehen, Sie Arschloch, was soll die Dame von Preußischer Disziplin denken!« Ich stand so stramm wie möglich und schrie: »Zu Befehl Herr Hauptmann!« Er schnarrte zum Feldwebel: »Entfernen Sie den Vaterlandsverräter und seine Braut getrennt zum Kupfergraben, von da an den Galgen! Stillgestanden!«, verschwand in die Kulisse und ließ mich stillgestanden stehen und warten, warten, warten. Krieg ist langes Warten, unterbrochen von kurzen Schlachten. Lena wurde von einer sadistisch schwarzen Matrone weggeführt, der Feldwebel entfernte sich mit Akten. Allein gelassen, wagte ich einen Sprung über die Barriere zu seinem Pult und las in seinem Dienstjournal folgende Eintragung: »schrftl. Mldg. Vfwbl. Cohn Trainbat. 99 Frkft-Oder Fahnenfluchtbeabsichtigung beurlaubten Krftf. Blumenfeld Erwin AKK 209 Westfront mit Hollandbraut Citroen Lena.« Vermerk mit Rotstift: »Untersuchungshaft«. Als der Schreibstubenspieß zurückkam, stand ich wieder an meinem Platz. »O my prophetic soul, my uncle!« Vizefeldwebel Cohn, Bruno, war Mamas jüngster Bruder, ein neurotischer Pflichtochse, der mir zwölf Jahre vorher meine geliebte Tuttimaus geraubt hatte, um sie zu heiraten und unglücklich zu machen.

Nach zwei Stunden des Wartens wurde meine Braut so schnell und plötzlich von der schwarzgekleideten Gefängniswitwe an mir vorbei durch die Schreibstube geschoben, daß wir kein Wort wechseln konnten. Ich preßte blöd meine Lippen aufeinander, um Schweigen anzubefehlen. Danach wurde ein bärtiger Infantrist, der entsetzlich stank, reingebracht und an mich gekettet. Er grinste, ich zitterte vor

Wut. Eine Wache, bestehend aus einem Unteroffizier und drei klapprigen Landstürmern mit aufgepflanztem Bajonett, führte uns ab. Auf Umwegen, das Kaiserschloß vermeidend, zur Militärgerichtsabteilung der Stadtkommandantur am Kupfergraben. Kein Passant beachtete uns; dennoch schämte ich mich. Kam ein Vorgesetzter vorbei, dann brüllte unser Wachtkommandant *Achtung!*, die Beine wurden im Stechschritt geschmissen: Parademarsch: *Aujen links!* Das muß komisch ausgesehen haben. Leider hat mich damals niemand photographiert. Wohl besitze ich ein Photo, wie mich die Maréchaussée von Zandvoortbad im Badeanzug abführt (1930), weil ich eine Schulter am Strand entblößt hatte.

Am Kupfergraben wurden wir entkettet, und jeder wurde in einen kleinen Käfig in einem dunklen Korridor gesperrt. Zwischen den Käfigen fanden Unterhaltungen in unverständlichen Idiomen statt. Nach langem Warten wurde ich rausgeholt, und wieder mal wurden meine Personalien aufgenommen und in zahlreiche Listen eingetragen. Ungläubige Diskussionen über mein beim Truppenteil gebliebenes Soldbuch. Endlich wurde ich im Nebenraum einer kahlköpfigen Hornbrille (Gerichtsoffizier) vorgeführt. An einem Schreibpult tat ein jüdischer Schreibstubengefreiter, der mir bekannt vorkam, als ob er jedes Wort mitschrieb. Das Verhör begann in kitschigstem Plauderton: »Ihre reizende Braut hat's uns leicht gemacht, hat voll gestanden, und zwar alles! In Anerkennung dessen haben wir diese gescheite junge Dame bereits in Freiheit gesetzt. Heut abend schon wird sie ihrem Wunsch entsprechend auf eigene Rechnung nach Holland zurückfahren. Wer möchte heutzutage nicht nach Holland? Sie haben, wie ich sehe, das Einjährige, scheinen also gebildeteren Ständen anzugehören. Was haben Sie vorm Krieg getan?« »Ich war in der Damenkonfektion bei Moses & Schlochauer.« Der Schreibstubengefreite lachte. Die Hornbrille fuhr fort: »Wenn Sie jetzt Vertrauen zu mir haben und mir wahrheitsgetreu gestehen, *wie* Sie desertieren wollten, werde ich mildernde Umstände beantragen und durchsetzen. Auf Fahnenflucht steht, wie auf Feigheit vorm Feind, das wissen Sie, der Tod. Mit meiner Hilfe werden Sie lebenslänglich kriegen, und, wenn wir endlich gesiegt haben – das kann nicht mehr lange dauern –, wird ihre Strafe zu zehn Jahren Zuchthaus reduziert. Das hört sich schlimmer an, als es ist: Wenn Sie sich gut benehmen, werden Sie nach neun Jahren begnadigt; wie alt sind Sie in neun Jahren?« »Dreißig, Herr Gerichtsoffizier!« »Gratuliere! Wenn Sie an die Front zurückgegangen wären, müßte man sich über Ihre Zukunft Sorgen machen! Also, bekennen Sie Farbe und machen Sie uns beiden das Leben nicht so schwer, raus mit der Sprache, was ist schon ein Namenszug, ich möcht nach Haus gehn. Sind Sie bereit, ein völliges Schuldbekenntnis zu unterzeichnen?« Ich nahm Haltung an, schlug die Hacken zusammen und schrie: »Herr Leutnant, als Frontsoldat wäre ich stolz, für mein deutsches Vaterland sterben zu dürfen!« Er lachte wütend: »Idioot! Noch sind Sie nicht zum Tode verurteilt! Außerdem brauchen Sie mir keinen patriotischen Quatsch vorzumachen, ich bin Gerichtsoffizier, wenn ich Sie ansehe, weiß ich, was Sie sind!« Er sah auf seine Uhr: »Ich will Ihnen eins sagen: Meine Hilfsbereitschaft und meine Geduld gehn langsam zu Ende, bald werden Sie mich von einer anderen Seite kennenlernen: Wir werden Sie foltern, aushungern, mürbe machen! Nach drei Tagen ohne Wasser und ohne Brot werden Sie winseln, sagen zu dürfen, was wir hören wollen, zwingen Sie mich nicht, rabiat zu werden. Ihr Frontschweine wißt nicht, was Hunger ist, hier in der Heimat wird der Endsieg erhungert!« Vom Himmel gesandt, trat, alles außer acht lassend, zwischen mich und meinen Großinquisitor ein Mann, seine Aktenmappe feierlich öffnend, um auf dem Bürotisch vor uns ein Stilleben von Brot, Butter, Zucker aufzubauen, wonach er einer Markttasche Eier, ein Huhn und Fleischpakete entnahm. Mein Dasein war von den Lebensmitteln völlig in den Hintergrund gedrängt worden. Das gab mir Zeit, meine Situation aufzuwerten: Der Gegner hatte nichts in den Händen als die Denunziation meines Onkels. Ich wiegte mich in der Hoffnung, bereits nach diesem Verhör freigelassen zu werden. Der Schleichhändler schlich begeistert um seine Waren herum. Laut knurrte mein Magen. Der Offizier versuchte, über das gestrige Kalbfleisch zu nörgeln, leckte mit nassem Finger am Zucker, schlürfte ein rohes Ei, um zu prüfen, ob es frisch sei, setzte seine Brille auf und ab, probierte Preise zu drücken, ohne daß der Schleichhändler, in allen Schlichen zu Hause, reagierte. Vergebens versuchte der Schreiber, seinerseits etwas abzubekommen. Nachdem der Schleichhändler mit vollem Beutel abgezogen war, fuhr mich der Gerichtsoffzier abrupt an: »Was will der Kerl eigentlich hier?«, sprang unwirsch auf, schnallte seinen Revolver um, vertauschte die Hornbrille gegen ein Monokel, setzte vorm Spiegel seine Schirmmütze frech und windschief auf, um dem Kronprinzen zu ähneln, und instruierte den Schreiber: »Schuld klar ersichtlich, Haussuchung wird endgültiges Belastungsmaterial erbringen, können ihn standrechtlich erschießen, fesseln Sie den Mann, mit nächster Grüner Minna zum Alex! Ordonnanz!« Die Ordonnanz packte die Fressalien in eine Aktenmappe und verschwand drei Schritt hinter dem sporenklirrenden Leutnant.

Begeistert sprang mir der Gerichtsschreiber um den Hals: »Ohl, Ohl, Ohl, da kommt der Blumenkohl! Großartig, daß du dich nicht hast einschüchtern lassen, hast mir imponiert! Moses & Schlochauer sollten dir Prokura erteilen, tüchtiger Mensch!« Jetzt erst erinnerte ich mich, daß dieser Jüngling mir vor nicht zu langer Zeit als Hornknopflagerchef bei Treuherz & Fuß, eine Etage über Moses & Schlochauer, beim Mustern Knöpfe angedreht hatte. Daher heute dieser Dienst am Kunden. Augenzwinkernd zollte er mir Anerkennung für meine gutangezogene Braut – die Pariser Perlmutterknöpfchen ihres Sommerkleides hatten's ihm angetan, außerdem hatte auch sie nichts gestanden. Er wollte wissen, wieviel sie mitbekäme und ob da noch verfügbare Schwestern freibleibend am Lager seien; daß sie die Nichte des reichen Pelzonkels war, brachte ihn außer Rand und Band. Gerührt von so selbstloser Freundschaft, fragte ich, ob ich wirklich in das berüchtigte Stadtgefängnis am Alexanderplatz geworfen würde. Er lachte: Es sei weit schlimmer, als ich mir vorstelle, doch weniger schlimm als der Heldentod. Er könne nichts dran ändern, wohl könne er, ohne aufzufallen, die bei mir angeordnete Haussuchung vergessen und nötigenfalls später Aktenstücke verschwinden lassen. Ich wollte wissen, wann ich voraussichtlich freigelassen werden würde. »Das kann in drei Tagen, drei Monaten oder drei Jahren sein, unvorhersagbar! Ich verspreche dir ehrenwörtlich, wenn alles schiefgehn sollte, dir, als angenehmem Kunden, ein freundliches Gedenken zu bewahren. Deiner Braut hab ich gesagt, daß sie dich vielleicht unten an der Tür noch mal sehen kann, wenn du den Grünen Wagen besteigst. Von nun an scheint es empfehlenswert, daß wir beide uns nicht kennen!« Er brachte mich an mehreren Posten entlang zurück in meinen Käfig im dunklen Korridor. Ich habe diesen wertvollen Freund, auf dessen Namen ich schon damals nicht kommen konnte, nie wiedergesehn.

Nach einer halben Stunde bimmelten Klingeln, und eine Trompete schmetterte fröhlich die ersten zwei Takte von »Morgenrot«, ohne bis »zum frühen Tod« zu kommen. Schlüsselklirrende Wächter holten einen nach dem andern, wobei sie versuchten, einem weh zu tun. Jeder war froh, daß etwas passierte. Namen wurden verlesen, man mußte »hier« schreien, wir wurden hin und her gezählt, bald fehlte einer, bald waren zwei zuviel. Wir waren sieben. Jeder wurde zwischen zwei Wächtern runtergebracht. Da wartete ein Pferdeomnibus meiner Kindheit, der durch Vergitterung der Fenster und grünliche Camouflage in eine Grüne Minna verwandelt worden war. Da wartete auch meine Braut, und ich konnte ihr zuraunen, bei mir zu Hause gut aufzuräumen. Sie wußte, wo ein Päckchen mit Briefen versteckt lag. Mit den Augen küßten wir Abschied auf ewig. Erst nach dem Krieg (schon nach einem halben Jahr!) sahen wir uns wieder.

An jedem Sitz hing eine Kette, die einem ums Handgelenk geschlossen wurde. Die Wachmannschaft mit Patronentaschen am Koppel, aufgepflanztem Seitengewehr und Stahlhelm bei Junihitze stand auf dem Hinterperron. Alle schienen zufrieden mit ihrem Schicksal und guter Stimmung, nur ich, der Jüngste, ließ den Kopf hängen und wurde als Muttersöhnchen ausgelacht. Ein geschickter Taschendieb wußte mit Leichtigkeit seine Hand aus der Kette raus und wieder rein zu zaubern. Selbst die Wachen mußten lachen. Kurz vor Abend hielt unser Wagen vorm Gefängnistor. Von drinnen öffnete sich eine Luke, unser Führer reichte ein Couvert hinein und empfing einen Schlüssel, mit dem er das

Tor öffnete. Der Omnibus fuhr in einen düsteren Hof vor ein zweites Tor, man verschloß das erste hinter uns, und dasselbe Zeremoniell wiederholte sich: Wieder öffnete sich eine Luke, wieder kam ein Schlüssel raus, mit dem ein Tor geöffnet wurde, das zweite Tor hinter uns wurde geschlossen: Wir waren gefangen. An Entkommen war nicht zu denken. Man kettete uns los und jagte uns mit Kolbenstößen und Fußtritten in einen Empfangsraum, wo uns Gefangene in Gefängnistracht unverschämt abtasteten. Unsere Personalien wurden festgelegt. Unser Besitz: Geld, Uhr, Bleistift und Taschentuch ging in einen Beutel mit Nummer. Nichts habe ich wiedergesehen. Laufschrittmarschmarsch wurden wir in einen stickigen Raum gehetzt, in dem bei stinkender Tropenhitze an die hundert Mann wie Sardinen ineinandergepreßt, von einem Scheinwerfer bestrahlt, stehend zu warten hatten, bis ihre Nummer aufgerufen wurde. Die niedrige Decke dieses Raums war aus dickem durchsichtigen Glas, ich sah Füße über meinen Kopf trampeln. Alle fünf Minuten kam eine Nummer ran, die »Hier« brüllte und sich mit Gewalt zur Tür quetschen mußte. Bewaffnete Posten kontrollierten die Nummern, was Zeit nahm, da sie nicht lesen konnten. Dauernd wurde neues Menschenmaterial reingepreßt. Diese Käfigmenschheit, Militär und Zivil, trotz Sprechverbots unverständlich durcheinanderschreiend, fing an, mich zu fesseln. Mir war übel, hatte nichts im Magen. Wenn ich gekotzt hätte, hätten sie mich totgetrampelt. Wie jede Gesellschaft hatte auch dies Gefängnis seine Clowns, Zwischenträger, Opportunisten, die sich nützlich machen, um sich ein Plätzchen an der Sonne zu erschmeicheln. Sie spitzeln für die Wächter, übernehmen deren Dienste und genießen innerhalb der Gefängnismauern widerliche Freiheiten (wie später die Kapos im KZ). Für sie gibt's keine verschlossenen Türen.

Da niemand eine Uhr hatte, gab's keine Zeit mehr. Dafür klingelte es andauernd. Es schien nach Mitternacht, als meine Nummer rankam. Im Büro wurden Fingerabdrücke genommen. Als Hochverräter bekam ich Einzelhaft. Die Bürouhr zeigte drei. Der Schreiber rief einen sackleinernen Clown, dem ich zu gehorchen hatte. Er nahm mich beim Schlafittchen und setzte mich mit einem Fußtritt in Bewegung, vorbei an Zellen, Gittern, Luken über Glastreppen des halbhellen transparenten Käfighauses. Unterwegs gab er mir böse mechanisch Instruktionen: »Wecken um fünf: Wenn du beim ersten Klingeln nicht sofort aufspringst, wird dir's Bett weggenommen und du mußt auf dem steinernen Fußboden schlafen. Beim zweiten Klingeln wird die Pritsche hochgeklappt, beim dritten stehst du, Scheißkübel in beiden Händen, vor der Tür. Beim vierten Klingeln springt sie auf und du, Laufschrittmarschmarsch, rennst mit dem Scheißkübel aufs Scheißhaus, wo du beim fünften Klingeln den Kübel reinigst, halb mit Wasser füllst und dich selbst in einer halben Minute gründlichst wäschst. Beim sechsten Klingeln: Laufschrittmarschmarsch zurück zur Zelle zum Morgengebet. Die Bibel baumelt angekettet am Fensterkreuz, sie als Klosettpapier zu benutzen ist Gotteslästerung: Zuchthaus! Um sieben Uhr dreißig klingelt's dreimal: Du hältst deinen Blechbecher an die Luke für Kaffeewasser. Um acht klingelt's viermal: Freiübungen: Kreislauf im Geschwindschritt im Hof, ohne einen Laut oder ein Zeichen von sich zu geben. Wer beim Nachrichtenschmuggeln ertappt wird, kriegt drei Tage Kerker ohne Wasser, ohne Brotersatz: Stehzelle. Der Rest des Tages: gründliches Zellenreinigen mit Besen und Scheuerlappen, kein Stäubchen, das habe ich zu kontrollieren, denn ich bin dein Stubenältester. Wenn ich unzufrieden bin mit dir, gibt's um zwölf keine Kohlrübe. Hier wäre deine Villa.« Er schloß die Zelle auf, nicht geräumiger als ein Kindersarg. Heiß und muffig. Kein Bett, kein Stuhl, einziges Möbel: der Scheißkübel, mit Holzdeckel zum Sitzen. Die Pritsche war an der Wand hochgeklappt angekettet, durfte nur nachts runtergelassen werden. Dann blieb kein Platz zum Stehen in der Zelle. Er ging raus, riegelte mich ein, öffnete die Luke von draußen und flüsterte aufdringlich: »Wenn du Pinkepinke hast, raus damit, gib se mir in Verwahrung! Ich hab dir viel zu bieten: Koks, Brüderchen, Verbindung mit der Außenwelt. Über eins mußt du dir klar sein: Wenn du mir nicht alles gibst, was du hast, wirst du vernichtet, und wie!« Damit schloß der freundliche Clown die Luke. Ich hörte ihn weglatschen. Endlich allein! Ich klappte die Pritsche runter, Friede, Ruhe, Schlaf. Jetzt erst hörte ich es aufgeregt in den Röhren morsen: taktak, tik, taktiktak, unausgesetzt, jeden Schlaf verscheuchend. Aus Verzweiflung onanierte ich.

Schon dämmerte durch die Fensterluke oben die rosenfingrige Eos. Draußen hallten Eulenschreie Nummern und Laute mit Antwort: Alle hatten Wichtiges mitzuteilen, wovon Leben und Tod abhing. Verbrechen, Gier, Leiden: restlose Erfüllung der fiebrigen Angstträume meiner Jugend. Höllenqualen. Am qualvollsten war der Gänsemarsch im Laufschritt durch die Gänge zur Latrine zwecks Scheißkübelentleerung, wobei der Hofnarr mir ein Bein stellte. Die sogenannten Freiübungen im Gefängnishof waren freiwillig; mir genügte es, von meiner Zelle aus das schaurige Tripptrapp, *Einszwei-Einszwei* zu hören. Da jede Etage zu andern Zeiten trippte, trippte es den ganzen Morgen. Die Kohlrübensuppe rührte ich nicht an. Meine Gedanken waren wirr, ich war ebenso durchdrungen von meiner Schuld wie von meiner Unschuld. Tags darauf wurde ich von zwei Geheimpolizisten zu nochmaligem Verhör zum Kupfergraben gebracht; zu Fuß, ungefesselt. Der eine kaufte Kirschen und gab mir eine ab. Mein erster Happen seit drei Tagen. Ein Mann ohne das allergeringste Interesse an einem Geständnis verhörte mich, er war Briefmarkensammler und gab mir seine Adresse für belgische Besetzungsmarken. Er behandelte mich überhaupt nicht als Verbrecher. Einmal in den Händen der Gerechtigkeit, der irdischen oder der ewigen, weiß man nie, ob man gleich freigelassen oder hingerichtet wird. Mit dem nächsten Omnibus brachte man mich gefesselt zurück zum Alex, die letzte Pferdeomnibusfahrt meines Lebens. Ich war zu hungrig zu essen, zu müde zu schlafen, zu schwach zusammenzubrechen. Am nächsten Mittag wurde ich aus meiner Zelle geholt, mußte verschiedene Papiere in allergrößter Hetzjagd unterzeichnen; als ich nach meinen Effekten fragte, sagte der Mann, ich hätte bereits unterschrieben, daß ich alles ordnungsgemäß zurückempfangen hätte. Für etwaige Reklamationen müßte ich um drei Uhr nachmittags zurückkommen. Ich bekam meinen Urlaubsschein zugleich mit einem Stellungsbefehl ausgehändigt, mit welchem ich mich heute abend um zehn Uhr dreißig bei der Bahnpolizei Friedrichstraße zu melden hätte. Von da würde ich in militärbewachtem Transport um ein Uhr dreißig über Aachen-Brüssel zur Truppe zurückgeleitet werden. Durch unterirdische Gänge wurde ich aus dem Gefängnis an die frische Luft gesetzt. Da stand ich in voller Freiheit auf dem Alexanderplatz, allein, unrasiert, ungewaschen, ohne Taschentuch, ohne einen Pfennig, ohne jemanden in dieser Gegend zu kennen, ohne diese Gegend zu kennen: erledigt. Ohne zu wissen, wie ich den weiten Nachhauseweg zur Luitpoldstraße bei dieser barbarischen Hundstagshitze bewältigen könne. Taxis gab's nicht mehr im letzten Kriegsjahr. Und nach Hause, nach Canossa, mußte ich, meine Uniform zu holen. Ich versuchte zu betteln. Auch das habe ich nicht gelernt im Leben, obwohl ich Bettlern immer aufmerksam zugeschaut habe. Als ich eine ältere Witwe um zwanzig Pfennig für die Untergrundbahn bat, schlug sie Krach: »Gehn Sie doch an die Front, Sie Drückeberger, wo Sie hingehören! Mein Mann ist auch gefallen, dann brauchen Sie nicht zu betteln und Damen zu belästigen! Ja! Belästigt hat er mich!« Sie versuchte, einen Volksauflauf zustande zu bringen, ein Schutzmann näherte sich, ich machte mich aus dem Staube. Bei *Aschinger* trank ich ein Glas Wasser. Im Tiergarten, in der Löwenallee, wo ich als Kind gespielt hatte, schlief ich auf einer Bank ein. Ein Wächter, vor dem ich als Kind schon Angst hatte, verjagte mich. In der Luitpoldstraße öffnete Mama die Wohnungstür, hinter der sie anscheinend auf mich gewartet hatte, um pathetisch auf die Knie zu fallen. Mit Bibberlippen und blutrotgeweinten Augen beteuerte sie ihre Unschuld an dieser Katastrophe, die meine verworfene Braut über die Familie gebracht habe. Noch vor ihrer Abreise sei die Hausfriedensbrecherin hier in die Wohnung gekommen, um, ohne um Erlaubnis zu bitten, Familienpapiere zu verbrennen! »Gut, daß Papa diese Schande nicht erlebt hat, er hätte sie nicht überlebt!« Ich sagte nur: »Ich habe Hunger, muß heute nacht zurück an die Front, fürs Mutterland fallen!« und ging in mein Zimmer. Stürzte mich auf einen rosa Kwattareep (Hollandschokolade), den ich unterm Schrank versteckt hatte. Wusch mich, rasierte mich mit einem stumpfen Messer. Verschlang gierig wortlos eine Kohlrübengrützwurst. Dazu trank ich eine Flasche von Mamas Hochzeitswein, von dem noch sechzig Flaschen im

Keller lagerten. Danach schlief ich und erwachte um neun mit einem Angstschrei. Beinah hätt ich den Rückzug verpaßt. Mama saß weinend im Nebenzimmer. Zerschlagen kroch ich zurück in die verhaßten Feldklamotten, packte meine Habseligkeiten in den Mantelsack. Mama wollte es sich nicht nehmen lassen, ihren Ältesten zum Zug zu bringen. Es kam zur letzten Szene. Sie verzichtete und bat noch pathetischer als zuvor um Verzeihung: »Du ahnst nicht«, heulte sie, »wessen eine jüdische Mutter fähig ist: Hiermit habe ich dir verziehen!«, und zwang mich, dies Versöhnungsfest mit einem Kuß zu besiegeln. Um ihre Courthsmahlerei zu ironisieren, fügte sie hinzu: »›Wessen fähig ist‹, indressanter Genitiv!« Mit Gewalt riß ich mich los von ihr.

Am Bahnhof stempelte man meinen Stellungsbefehl von allen Seiten und schmiß ihn in den Papierkorb. Der Krieg war also verloren. Im überfüllten Bummelzug stand man zusammengepreßt wie in einer Heringstonne, wie im Gefängnis, jeder niedergeschlagen, ohne Galgenhumor, als führe man zu seiner eigenen Hinrichtung, von Verspätung zu Verspätung. Auf jeder Station hielt der endlose Zug endlos. Rotekreuzfrauen mit trostlosem Lächeln boten Ungenießbarkeiten an. Eine Nacht und einen Tag und eine Nacht westwärts. Morgens um fünf standen wir in Herzogenrath. Neue Hoffnungen gaben mir Sprungkraft. Weiß heute nicht mehr, was sich wirklich zugetragen hat, wußte es auch damals nicht. Ich habe dies Hirngespinst so durchlebt und durchträumt, daß die Wirklichkeit keine Rolle mehr spielt. Verwandelt sich nicht das Geschehen jedes Tages in Phantasie? Ich stieg aus, den Mann mit einem braunen und einem grünen Fiberkoffer zu finden. hatte er nicht auf jeden Zug zu warten? Er war nicht auf dem Bahnsteig. Bedenkenlos rannte ich die Bahnhofstreppe runter. Wohin? Holland, Braut, Freiheit, Welt! Am Bahnhofsausgang stand er wirklich, der Mann mit den Koffern, und sagte: »Sie sind zu spät! Grenzpolizei wartet auf Sie in der *Kaiserstadt*, rennen Sie so schnell Sie können zurück zum Zug, rette sich wer kann!«

Gehorsam raste ich die Bahnhofstreppe rauf, um gerade noch im allerletzten Augenblick auf den fahrenden Zug zu springen.

Am 5. Juli meldete ich mich in Vieux-Condé in der Schreibstube meiner A.K.K. vorschriftsmäßig zurück vom Urlaub. Der Etatmäßige musterte mich vielsagend ironisch, als wüßte er alles, und ließ mich wegtreten. Er wußte *nichts*.

Am 19. Juli schrieb ich meinem Bruder Heinz:

»Lieber Bruder! Wieder in Flandern. Augenblicklich zwei Tage Revier. Donnerstag vor 14 Tagen auf Veranlassung Onkel Brunos mit Lena verhaftet und in Untersuchung. Lena abgeschoben, ich am letzten Tag in Freiheit gesetzt, nachdem sich meine Unschuld bewiesen hat. Mama triumphiert. Schwört, von allem nichts zu wissen. Mama: lieber tot im Graben, als Verräter! – weil sie Angst vor Tante Minna hat.

Hoffentlich lebst Du noch! Dein Bruder Erwin«

Dieser Brief wurde mir drei Wochen später bei der Postverteilung zurückgegeben mit dem quer über die Adresse geschriebenen Vermerk: gefallen Abs. Zurück (Unter »zurück« ein Blaustiftstrich.) Nach dem Postappell zog ich mich mit diesem Brief auf die Latrine zurück, protzte ab (ließ die Hose runter) und weinte.

Im gegenüberliegenden Gebüsch hatte sich die deutsche Volksseele versteckt. Als ich, mühselig in Hockstellung auf dem Baumstamm balancierend, meinen Brief an den gefallenen Bruder anstarrte, flog mir ein von Kameradenhand geschleuderter Erdklumpen gegen die Brust. Ich verlor das Gleichgewicht und sauste hinab in den stinkenden Orkus deutschen Drecks.

49 SCHANDFRIEDE.

Trotzdem die Weltgeschichte genausoviele Niederlagen aufzuweisen hat wie Siege, werden Vormärsche von den Generalstäben gründlicher geplant als Rückmärsche. In einen solchen waren wir seit Anfang Oktober verwickelt. Nachdem die Front zusammengebrochen war, war nun der Rückzug am Zusammenbrechen. Um die Moral der Truppe hochzuhalten, wurde verbreitet, unsere Flucht sei ein Vormarsch Richtung Heimat. Man ertrank in Lügen. Die herrliche Wahrheit, daß der

Krieg bald aus sei, glaubte keiner. Jeder hatte das Ende ersehnt, keiner hatte es sich vorgestellt, jedenfalls nicht so. Am 10. November kroch unsere Lastwagenkolonne, beladen mit Lebensmitteln aus Depots, die wir »zurückzulegen« hatten, bei Péruwelz über die belgische Grenze in die Borinage, Richtung Mons. Bei zähneklapperndem Frost ging's schrittweise im Schneckentempo über unbefahrbar gewordene Straßen durch verschlammten Schnee zwischen sich zerlumpt dahinschleppendem Fußvolk und steckengebliebenen Verkehrshindernissen. Nur die Angst zurückzubleiben trieb jeden vorwärts. In der Nacht vor Friedensausbruch parkten wir auf dem Marktplatz von La Louvière. Unsere Feldküche kochte Erbsensuppe mit Speck, bewacht von Patrouillen, die dafür zu sorgen hatten, daß uns von dem Gestohlenen nichts gestohlen würde. Jeder Krafter hatte sich reichgehamstert: der Schleichhändler von morgen. Meine Karre stand vor einem Estaminet. Vielleicht ließe sich noch ein letztes Glas bittren belgischen Bieres erwischen. In einer dunklen Ecke des leeren Lokals saß ein Student mit schwarzem Samtbarett im Flüstergespräch mit meinem Märchentraum, der schönen Genoveva in langoffenem Blondhaar: Jugendkitsch. Unaufgefordert – noch war man Sieger! – setzte ich mich an ihren Tisch und lud sie zu einer Demi-Blonde ein. Germaine, die Tochter des Hauses, tat erstaunt über mein Französisch und darüber, daß ich auf ihrer Seite war. Er, der Student, deklamierte mit übertriebenem Pathos »Les Voyelles« de Rimbaud. Gedichte sind zum Lesen da, nicht zum Vorlesen. Germaine hörte in Trance zu, mit halbgeschlossenen Augen und halbgeöffnetem Mund, wie Provinzlerinnen es bei Kunstgenuß angemessen finden. Gleichzeitig versuchte sie, mich mit ihrem Blick zu fangen. Nach einigen Gläsern Bier und dem endlosen »Bateau Ivre« summten wir die Brabançonne und reichten uns die Hände. Mich hatte seit Juli keine Frauenhand berührt. Ich zitterte, Germaine zitterte zurück. Der Student erschrak, es war schon elf, lange nach Zapfenstreich, der durfte nicht mehr auf die Straße, wollte bei *ihr* bleiben. Wir überredeten ihn, sich von mir im Auto nach Hause bringen zu lassen. Vorher half er mir noch, eine Kiste aus meiner Karre ins Estaminet zu schleppen: zehntausend Zigaretten, meine

Liebesgabe für die Göttin. Dankbar flüsterte sie mir ins Ohr, ich solle später zurückkommen. Auf der Fahrt warnte mich der Student: »Ich weiß, Sie gehn zurück, prenez garde, elle est une femme dangereuse!« Vor seinem Haus ließ er mich einen Moment warten, um mir ein getipptes Manuskript »Le Génie Français« zu bringen, auf das er mir die Widmung kritzelte: »Le jour de gloire est arrivé, le dix Novembre 1918! Souvenir amical François Charlier!«

Allein fuhr ich zurück zu *ihr*. Die Tür war nicht verschlossen. Ich ging durchs Estaminet in eine kleine Vorkammer. Eine Kerze leuchtete zum Halbdunkel ihres Schlafzimmers. Da saß *sie* im Hemd auf dem Rand eines Doppelbettes. Neben ihr lag eine schnarchende Alte. Germaine beruhigte mich: »Maman ist taubstumm, Sie können ruhig sagen, was Sie wollen!« Ich brachte kein Wort raus. Bigotte Kinderfräuleins, Tanten und Schullehrer hatten mir eingetrichtert, Männer seien sinnlich, Frauen keusch. Nie hätte ich gewagt zu hoffen, daß eine Göttin selbst Lust zu einer Liebesnacht verspüren könnte, dazu noch mit mir. »Je le sais bien, vous voulez faire l'amour!« sagte sie, als ob das die natürlichste Sache der Welt wäre. Wie diese Gedankenleserin mich durchschaute! Sie war mir so überlegen. Ich verging vor Bewunderung. Bevor ich mich ihr auch nur mit einem Wort hätte nähern können, wies sie mich zurück, ich sollte im Antichambre warten: »Je vais vous initier!« Mir blieb nichts, als zu gehorchen.

Es war unheimlich dunkel. Die Mitternacht schlug vom zehnten zum elften November. Da kam *sie*, weißgepudert, im Nachtgewand, hoch und schlank in der Fülle ihrer langen goldenen Haare und erhellte den Raum. Sie traf, wie zu einer Séance, seltsame Vorbereitungen, rückte zwei Stühle dicht gegenüber, dazwischen eine Fußbank. Meine eigene Untätigkeit war mir peinlich. Sie schien mich zu bemitleiden, was mein Selbstgefühl nicht erhöhte. Leicht berührten sich unsere Knie, als wir saßen. »Zittre nicht, petit chauffeur, ich bin keine Hexe und bin dir wohlgesinnt! Nur ein Anfänger bildet sich ein, eine Liebesgöttin in der ersten Nacht mit einer Kiste gestohlener Zigaretten erobern zu können.« Dann kam eine Wendung, die ich damals für originell hielt, bis ich sie später von jeder Hure in Paris hörte: »›Une Gauloise ne se vend pas, elle se donne!‹ Nach dem Krieg wirst du als Mann zurückkommen. Damit du mich nie vergißt, will ich dich lehren, wesenlos in die Hölle der Himmel (dans l'enfer des cieux) zu sinken. Tief und tiefer sollst du deine Augen in die meinen tauchen, tief und tiefer: *Der Augenblick ist alles, das Leben nichts!*« Umgarnt vom wehenden Brautschleier ihrer Blondheit sank ich widerstandslos in ihre Augen, bis höchste Lust mich durchrieselte. Gelähmt vom Zauber dieses paradiesischen Hexensabbats, fiel ich in tiefen Schlaf. Damit ich den Sinn der Liebe entdeckte, mußten Millionen Männer ihr Leben lassen. Vor Morgengrauen des 11. November 1918 weckte mich ein poetischer Kuß auf die Stirn.

Eine Tasse heißen Zichorienkaffees und das Ratteln angelassener Motoren vor der Tür brachten mich zurück zur Wirklichkeit. Bei der Abfahrt schimmerte Germaines Schatten hinterm Fenster. Vergeblich habe ich in den Jahren danach versucht, sie wiederzufinden. Jeder, der Augen hat, kann sie in jedem meiner Frauenportraits entdecken.

Deutschland hatte den Ersten Weltkrieg glorreich verloren. Dieses war der erste Streich, doch der zweite folgt sogleich! Uns verheimlichte man den Waffenstillstand, bis am Mittag alle Glocken aller Türme *Armistice* jubelten. Unglaublichstes wurde gemunkelt: *Unser* Kaiser sei nach Holland geflohen, Deutschland hätte kapituliert, um Frieden gewinselt, bei *uns* sei *Revolution* ausgebrochen, eine *weiße* Armee kämpfe gegen eine *rote*. Niemand von uns hatte die geringste Vorstellung, was das undeutsche Wort Revolution bedeutete. Um das rauszufinden, wurde ich in den Arbeiter- & Soldatenrat gewählt. Mir fiel die Ehre zu, im Leutnantspuppchen nach Brüssel zu fahren, Erkundigungen einzuholen. Ich fuhr zur nächsten Scheune, um mich auszuschlafen. (Meine einzige Tat als Arbeiter- & Soldatenrat.) Bei meiner Rückkehr entdeckte ich, daß man mich nur ernannt hatte, um in aller Ruhe meine Karre leerzuplündern. In der darauffolgenden Nacht hätten uns die Huren im Frauengefängnis von Huy totgeschlagen, wären wir nicht besoffen weggerannt. (Mein einziges Nahgefecht im Ersten Weltkrieg.) In der nächsten Nacht zu Aachen in seiner Kaiserpracht im altertümlichen

Der Augenblick.
Paris, 1937.

Saale des Bordells war der Empfang kaum freundlicher. Offensichtlich war man besiegt. Am folgenden Mittag grüßte uns in Düsseldorf das vielversprechende Plakat über der beflaggten Rheinbrücke: *Willkommen in der Heimat ihr unbesiegten Helden!* Meine Karre hinkte kläglich auf zwei Zylindern durch die vereisten deutschen Gaue, bis das Benzol auf war und ich sie kurz vor Kassel für hundertfünfzig Mark an einen Bauern verpatzte. Immer schwerer werdenden Herzens sprang ich auf einen überfüllten Güterzug, Richtung Berlin. Mit sechzig Mann im offenen Viehwagen erreichte ich nach vierzehn Stunden totgefroren am 17. November, dem Geburtstag meiner Braut, um vier Uhr morgens meine Vaterstadt. Vor beinah zwei Jahren hatte ich an diesem Anhalter Bahnhof in einer funkelnagelneuen Lederuniform von meinem Brüderchen Heinz Abschied genommen. Er war tot. Mit zugeschnürter Kehle schleppte ich mich und meinen Mantelsack durch die ausgelöschte Stadt. Hier und da, hin und her: Schüsse. Vermaledeiter Friede! Am Hafenplatz, der immer schon nach Mord gestunken hatte, nahmen mich zwei Lemuren in zerschlissenen Uniformen in die Mitte und boten mir an, mir zu helfen, meinen Sack, mein Schicksal zu tragen. Es half kein Wehren: Sie verschwanden in die dunkelste Nacht meines Lebens mit dem Rest meiner Habe: Liebesbriefe, Laotse, *Hamlet, Le Rouge et le Noir,* ein paar *Fackel*-Nummern, eine Katzenfellweste.

Zu Haus war niemand. Ich hatte keinen Schlüssel, saß im Schnee auf der Straße, bis der Portier mich, als es tagte, in unsere verlassene Wohnung ließ. Mama in einer Lungenheilanstalt bei Hannover, Annie als Polizeiassistentin in Hamburg. Um mich zu wärmen und gleichzeitig zu entlausen, verbrannte ich meine Uniform: Kaisers stinkenden Rock. *Nichts zu fressen.* Ich schlief erst mal mehrere Tage besinnungslos und erwachte fiebernd mit wolfsheulendem Husten. Als *»Unerlaubt entfernt vom Truppenteil«* verweigerte man mir Lebensmittelkarten. Überall huschten Gerippe, die *mit* Karten am Verhungern waren. Ich ging auf Nahrungssuche und fand mit zwei silbernen Leuchtern *eine* Kartoffel. Mir fielen die legendären Hochzeitsweine meiner Eltern ein, die im Keller der Luitpoldstraße seit fünfundzwanzig Jahren hinter Schloß und

Riegel darauf warteten, getrunken zu werden. Mit Hilfe von George Grosz schob ich an die sechzig Flaschen, in Säcken verborgen, auf einer Handkarre zu seinem Atelier. Da brieten wir meine Kartoffel, aßen dazu eine gelbe Wachskerze und probierten ein paar Pullen des edlen Nasses, wie im tiefen Frieden. Grosz pinselte ein Plakat: »Wohlgebaute junge Damen der Gesellschaft mit Filmtalenten werden zum Atelierfest bei Maler *Grosz* gebeten, acht Uhr abends, Abendtoilette! Olivaerplatz 4.« Mit diesem an einen Besenstiel genagelten Plakat promenierten wir als Sandwichmänner den Kurfürstendamm auf und ab. Zum Fest kamen elf Männer: Mynona, Grosz, Piscator, Huelsenbeck, Mehring, das Siebenmonatskind (der spätere Pipi-Dada), Benn, Gumpert, Yomar, Förste, Wieland und Muti Herzfelde (Monteur-Dada) und ich. Als mehr als fünfzig Damen auftauchten, mußten wir wegen Überfüllung schließen. Der alte Mynona (schon über 40!) hatte angedeutet, daß in seiner Hosentasche ein halbes Pfund Cacao verborgen sei, und aller Damen Hände waren in seinen Hosentaschen. Ich beneidete diesen Roué! Um das Fest in Schwung zu bringen, schlugen wir vor, man solle sich entkleiden. Wir Männer zogen uns in die Küche zurück und beschlossen, unentkleidet zu bleiben. Als wir ins Studio zurückkamen, war die Damenwelt nackend und die Orgie begann. Alles besoff sich, die leeren Flaschen flogen durchs Glas des Atelierfensters auf die Straße. Scherben, Schreie, Krach. Während alle jubelnd Takt schlugen, holte sich Grosz auf einer Chaiselongue in der Mitte des Studios bei Mascha Beethoven n Trippa. Mynona hat diesen historischen Abend in einem Roman, dessen Titel mir entfallen ist, verewigt. Zwei Tage danach erwachte ich erfroren in Groszens Badewanne, meinen blauen Anzug hatte man mir gestohlen. Tags darauf: ab nach Holland, via Hannover. Wiedersehn und Abschied von meiner hustenden Mutter. Diesmal wollte sie mit nach Holland. Mit zwei Pappkartons zur Grenze, streng patrouilliert von holländischen Soldaten, die keinen Deutschen reinlassen durften. Zuerst versuchte ich's abends allein, wurde geschnappt, flehte, weinte, kniete vor den Häschern, die mich zum deutschen Grenzbüro zurückbrachten, wo keine Seele war, mich in Empfang zu nehmen. In derselben Nacht gelang ein zweiter Versuch mit Hilfe von Schmugglern, die mir meinen letzten Pfennig und meine Koffer wegnahmen. Mir wurden im Leben viele Koffer weggenommen: Als voyageur sans bagage werde ich meine letzte Reise antreten. Bei Nacht, Nebel, Eis und Schnee, durch Flüsse, Sümpfe, von Hunden gehetzt, erreichte ich schließlich pitschenaß, wie in meinen allerschlimmsten Träumen, kurz vor Weihnachten das gelobte Land meiner Braut, wo Milch und Honig fleußet. Nichts hatte ich von Deutschland mit mir genommen als meine Berliner Jugend; von der wollte und konnte ich mich nicht trennen.

50 HOLLAND. Vom Grenzhotel in Enschede holte mich mein bester Freund Ravel ein, den ich drei Jahre nicht mehr gesehen hatte. Trotz Wiedersehensherzlichkeit fühlte ich in der ersten Sekunde, daß es aus war mit unserer ew'gen Freundschaft. Gefühle entscheiden im allerersten Augenblick. Ravel gab mir den guten Rat, im Zug auf der Fahrt nach Amsterdam den Mund zu halten; man hätte mich als Moffen (Deutschen) sofort wieder ausgewiesen. Noch am selben Abend flog ich im Haus ihrer Mama selig meiner weinenden Braut um den Hals. Sie hatte gerade eine Lungenentzündung hinterm Rücken: Spanische Grippen stürzten sich auf die, die den Krieg überlebt hatten. Leentje war leicht ungehalten, daß ich wertvolle Tage in Berlin vertrödelt hatte, statt mich ihr, wie versprochen, zum Geburtstag aufzubauen. Geburtstage bedeuten den Holländern mehr als das Leben, wobei jeder jedem nicht oft genug herzlichst zu gratulieren hat. Meine Schlacht gegen diese Ansprüche einer Bourgeoisie endete mit meiner völligen Niederlage. Damals dachte ich mehr biologisch als logisch: Ich wollte schnellstmöglich eine Existenz aufbauen, Geld verdienen, heiraten, ein Nest bauen. Ich wußte nicht einmal, in welcher Richtung ich suchen wollte, ohne Paß, ohne Arbeitserlaubnis, ohne Lebensmittelkarten, ohne Geld, ohne die Landessprache zu kennen, ohne sie kennen zu wollen. Ich hatte noch keine Übung im Emigrieren und noch kein Vergnügen an fremden Sprachen. Holländer nehmen es übel, wenn man ihre Sprache für ein

Bauernplattdeutsch hält, was es ist. Sie nehmen gern übel und lachen gern jemanden aus. Schadenfroh hielten sie mir vor, daß ich diesen Krieg verloren hatte. Diese Kriegsgewinnler waren wütend, daß es aus war mit dem Riesengeschäft. Wenn ich sie dann damit trösten wollte, daß Deutschland nur an den nächsten Krieg dächte, lachten sie mich wieder aus. Niemand glaubte meine Kriegsgeschichten: Ich hatte keinen Kredit. Bald zweifelte ich selbst, ob ich dabeigewesen war. Man sah mich scheel an, wie einen entlaufenen Sträfling, ich hatte nichts anzuziehen, war ausgemergelt, sprach zu lebhaft. Ein Ei kostete einen Gulden, ein Gulden hatte hundert Cent, und ich hatte nicht einen Cent. Meine Braut unterhielt mich großzügig von dem kleinen Gehalt, das sie als Bibliothekarin im Haag verdiente, was mir weh tat. Nehmen tut weh! Wir sahen uns nur am Sonntag. Liebe ohne Zimmer und Bett ist wie ein Fisch ohne Wasser, besonders im Winter. Mit Ravel, der mit Leentjes jüngerer Schwester techtelmechtelte, aftermietete ich zwei ärmliche Zimmer bei Langenbergs in »de tweede Helmerstraat« mit elender Pension. Selten habe ich so schlecht gegessen. Selbst Pfefferkörner wurden gezählt: Pfeffer war teuer. Verdreckter Budenzauber.

Amstelodamum, Stadt meiner Jugendträume, das Venedig des Nordens, entpuppte sich als unentwirrbares Sumpflabyrinth, tief unter mittelalterlichen Meeresspiegeln, aus denen Tag und Nacht versunkene Glocken tönten. Wässer und Abwässer stagnieren in stinkenden Grachten, in deren Dreck selbst Bazillen darauf verzichten, Kulturen aufzubauen. Hat man die Prinsengracht auf einer Brücke überquert und sich durch einen Wirrwarr von Fahrrädern, Volk, Drehorgeln, Fahrrädern, Handkarren und Fahrrädern durch enge Gassen zwischen schiefen Häusern (ziegelrot, schwarz, lichter Ocker und asphaltlack) immer geradeaus geschlängelt, dann überquert man nach einer halben Stunde erstaunt dieselbe Prinsengracht auf einer andern Brücke: Man verirrt sich, verwirrt sich, wird ausgelacht: stommerd! (Dummkopf!): Die Grachten laufen im Halbkreis um den Hafen: Het Y (sprich Ei!). Das leuchtende Wunder: die Roten Fenster, Hurenträume von Félicien Rops bis Ringelnatz. Noch immer warten dieselben Riesenschweinepriesterinnen der Venus hinter den-

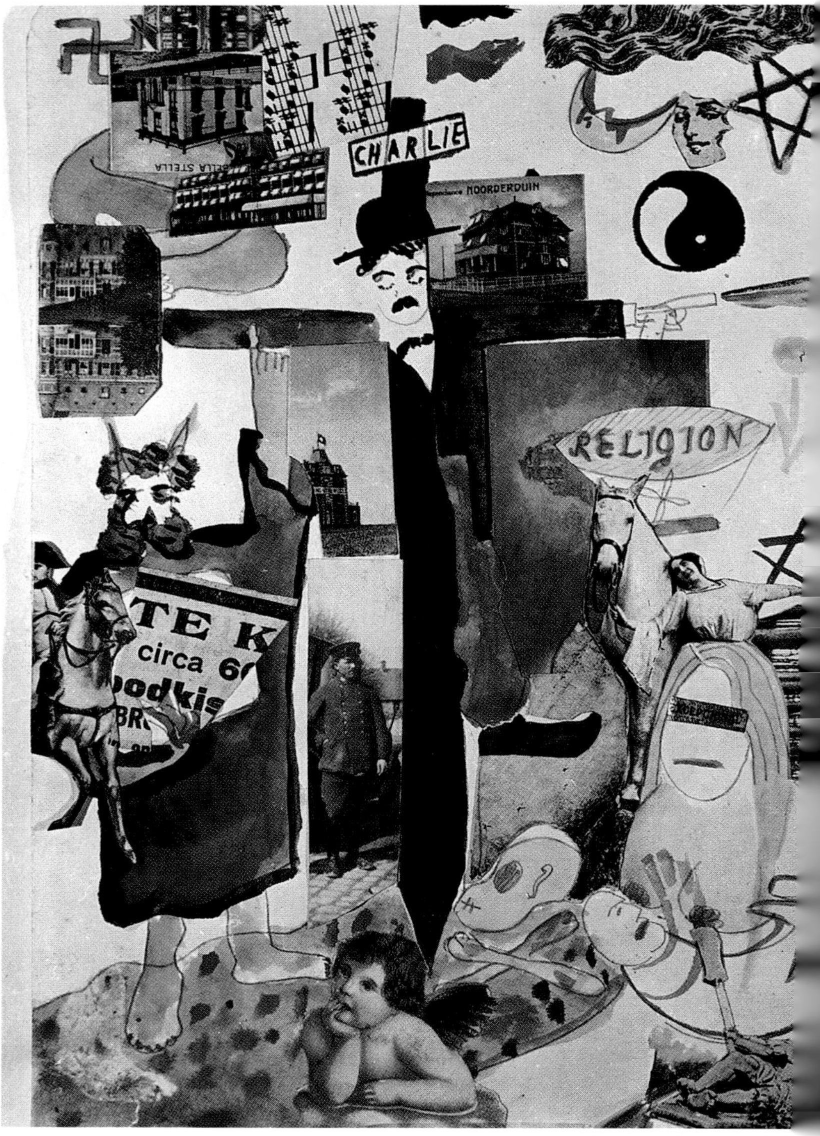

Dada-Montage.
Amsterdam, ca. 1920.

selben roten Fenstern am Zeedijk und am Oudezijdsachterburgwal auf Seefahrer, Sehleute, auf mich, auf dich. Hier habe ich gleich im Anfang meiner Hollandtage einen unvergeßlichen altflämischen Hexensabbat miterlebt. Spät nach dem *Sinterklaasabend* kam bei hohem Schnee ein Schimmelschlitten mit *Sint*erklaas und dem als venezianischen Mohr verkleideten *Piet*ermanknegt herangeklingelt und hielt mitten auf dem kleinen Oudekerksplein zwischen der Kirche und den uralten Hurenhäusern. *Piet* und *Sint*, beide sternhagelbesoffen, prosteten mit Geneverpullen den Fensterdamen zu. Diese stürzten, mit Wollshalws um ihre Nacktheit, raus in die kalte Dezembernacht, umtanzten den Schlitten wild und wilder und zerrten endlich *Sint* und *Piet* aus dem Wagen, um sich mit ihnen zum Glockenspiel vom Oudekerksturm: *Zie ginds komt de stoomboot uit Spanje weer aan* lustvoll im Schnee zu wälzen.

Ein calvinistischer Geizkragen, Mynheer Swets, in der Buchhandlung Swets & Zeitlinger, nahm mich aus purem Mitleid für ein Monatsgehalt von fünfzehn Gulden in seine Dienste. Ich hatte Bücherberge seiner Vorfahren abzubauen und fand Schätze im Dreck. Ich stahl pornographische Luxusdrucke, die Ravel verkaufte; das befriedigte wenig. Danach versuchten wir, zusammen einen Kunsthandel aufzubauen. Mit meinem im Krieg gewonnenen Französisch schrieb ich an damals unbekannte Größen, deren Werke wir aus dem Blauen Reiter, vom *Sturm* und vom Ersten Deutschen Herbstsalon kannten: Léger, Braque, Juan Gris, Gleizes, Metzinger, Severini und Carlo Carrà, und bat um ihre Generalvertretung für Holland. Alle gaben uns Zeichnungen in Kommission, für die wir keine Kunden fanden. Es war viel zu früh. Auch Grosz gab uns seine Bilder. So brachte ich Ravel in die ihm gänzlich ferne *Dada*-Bewegung. Damals nahm er's mir übel, später bewies er damit seinen Jüngern, daß er zur Avantgarde gehört hatte, und bewunderte sich. Ich stieß mich an seiner holländischen Kleinlichkeit, der Tugend, in der ein kleines Volk groß ist. Die aus den niederländischen Kolonien eingeführte Anophelesmücke fühlte sich zu Hause im Morast von Amsterdam: Ich bekam Malaria. Gleichzeitig begriff ich die Unmöglichkeit, Kubismus an Bauern abzusetzen. Unter dem Protektorat von ebenso reichen wie zweifelhaften Freunden meiner Braut machte ich den erniedrigenden Zurückzieher in die holländische Damenkonfektion, die sich für »junge Leute«, die in Deutschland gelernt hatten, interessierte. Ich kam zu Gebroeder Gerzons Modemagazijnen, Amsterdam, Rotterdam, Haag, Haarlem, Nijmegen, Breda, Groningen, Arnhem, Utrecht, Zutphen und Hertogenbosch. Ein vorsintflutlicher jüdischdeutscher Manufakturwarenkonzern: Moses & Schlochauer der Provinz. Engros & Detail: ein Warenhaus. Zuerst wurde ich in der Fabrik ausprobiert. Ich gab mir furchtbare Mühe, bewährte mich und wurde Rayonchef im Amsterdamer Hauptgeschäft. Beim Bedienen der ersten Kundin im Laden, wobei jeder Schwindel erlaubt war, ihr etwas aufzudrehen, verging ich vor Scham. Hatte ich doch gelernt, daß es nichts Erniedrigenderes gab als einen Ladenschwengel, einen Parterreakrobaten in einem offenen Ladengeschäft. (Gardeoffiziere der Kaiserzeit durften keine Töchter aus offenen Ladengeschäften heiraten, selbst wenn sie Wertheim hießen.) Bald wurde ich zum Einkäufer der Nouveautéabteilung sämtlicher Filialen promoviert: konfektionierte Weißwaren, Jabots, Plastrons, Spitzenkragen, Bijouterie, Lederwaren, Gürtel, Armbänder, Straußenboas, Shawls, Damenbinden und Directoirepantalons. Geschäftsmoral: Betsy Stracke, meine erste Verkäuferin, wurde fristlos entlassen, weil sie wagte, durchsichtige Seidenstrümpfe zu tragen, Gusta Berkemijer wurde rausgeschmissen, weil sie einen Lippenstift gebrauchte. Ich reiste zum Einkauf nach Deutschland und eroberte endlich Paris. Völlig ahnungslos, engros und détail. Noch ahnungsloser als die, für die ich diese Rolle zu spielen hatte. Geschäfte macht man nicht mit Intelligenz, sondern mit Kapital. Mallarmé zu Degas: »Ce n'est point avec des idées que l'on fait des vers… C'est avec des mots.« Die Gerzons waren ungebildet und gerissen. Ich aber war blöd, lebensfremd und gehemmt. Zu unerfahren, mich bei der Direktion für Zulagen – ich bekam schon fünfhundert Gulden per Monat – zu bedanken; womit meine Warenhauszukunft torpediert war.

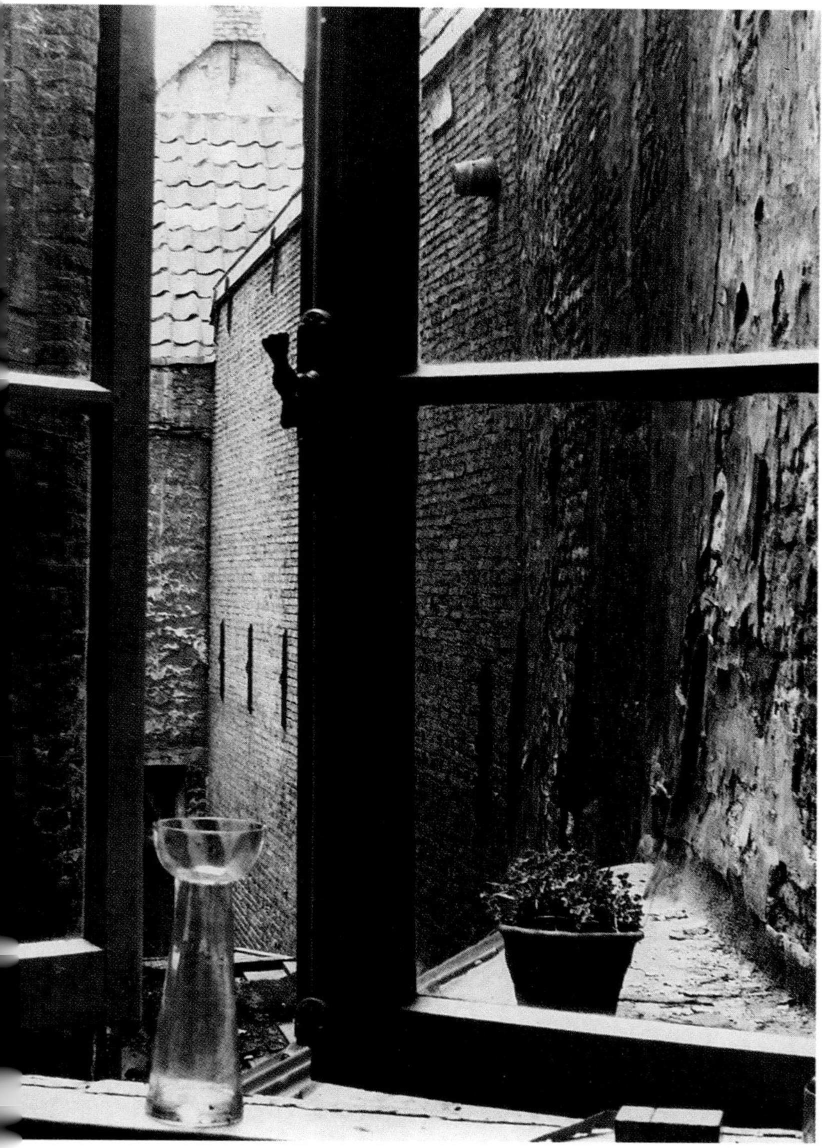

VIER FENSTER:
1. Mein »kantoortje« in Amsterdam.
1923 bis 1932.

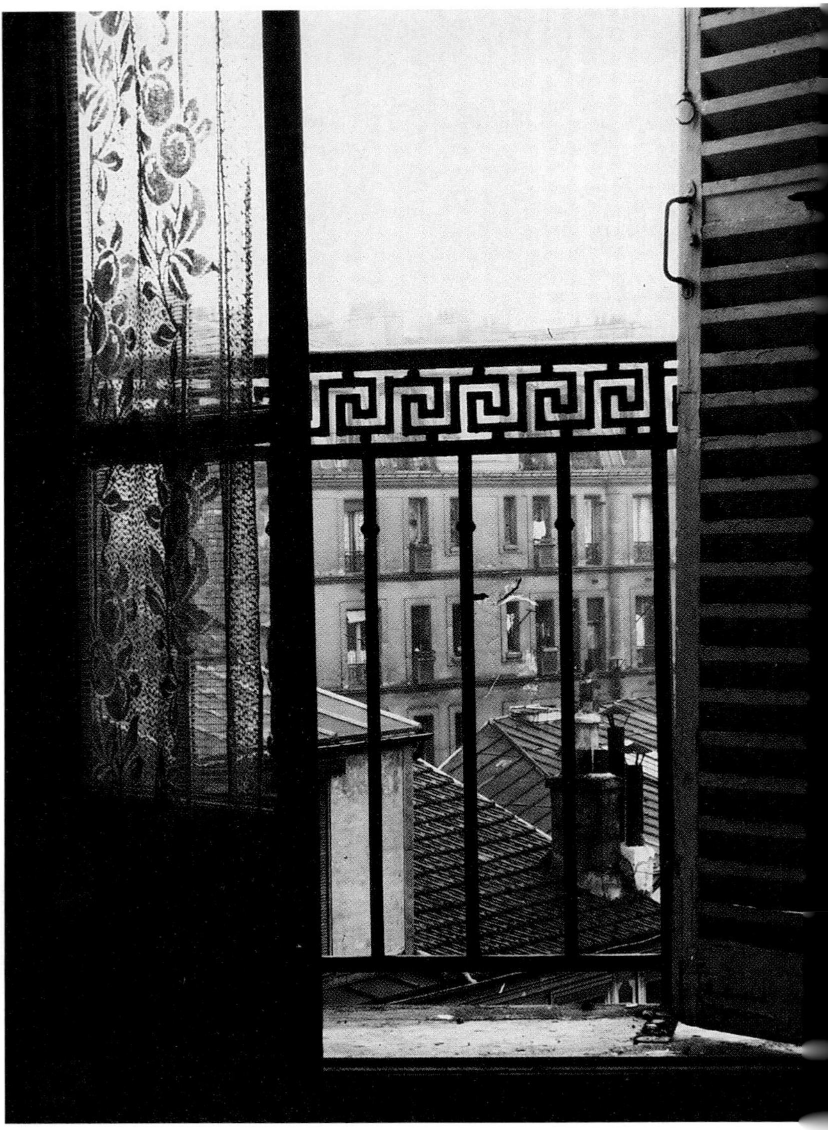

2. Hotel Celtique.
Paris, 1936.

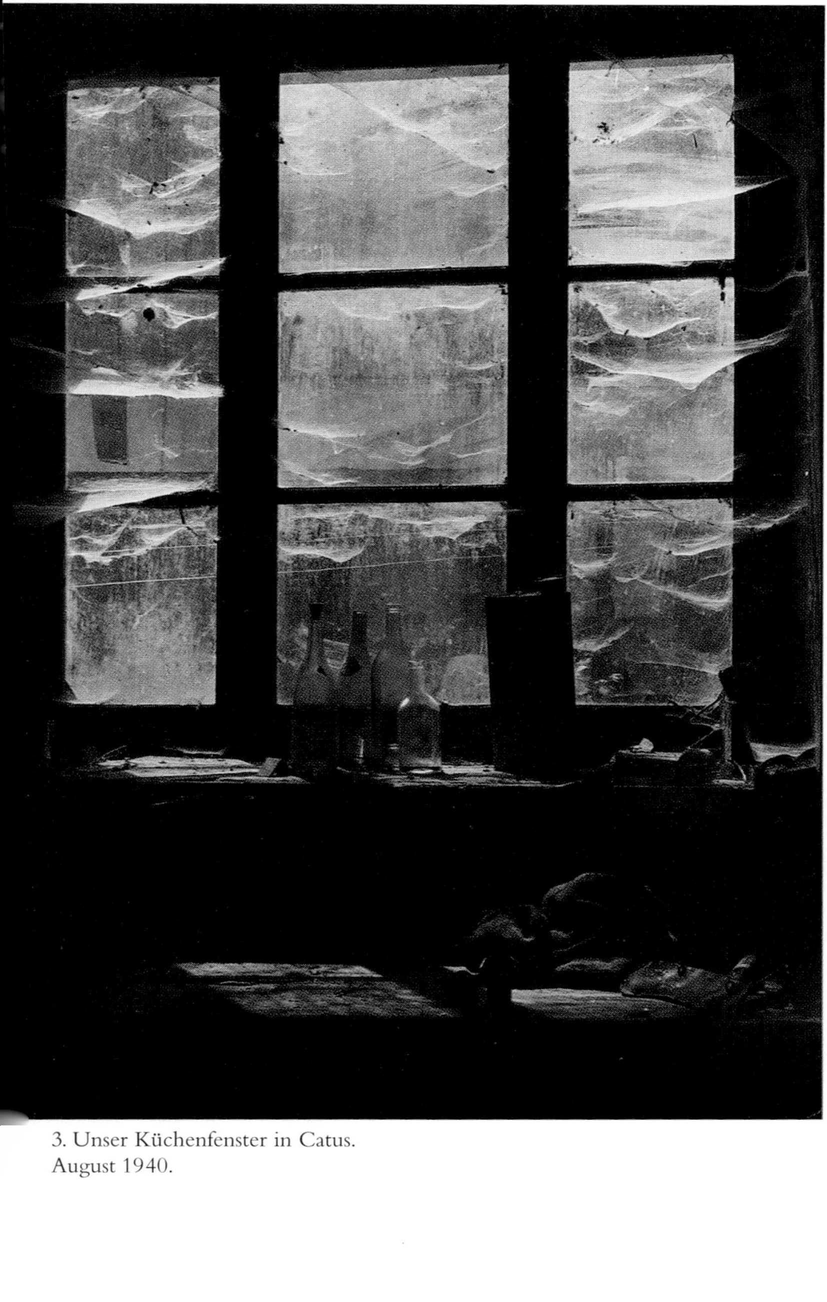

3. Unser Küchenfenster in Catus.
August 1940.

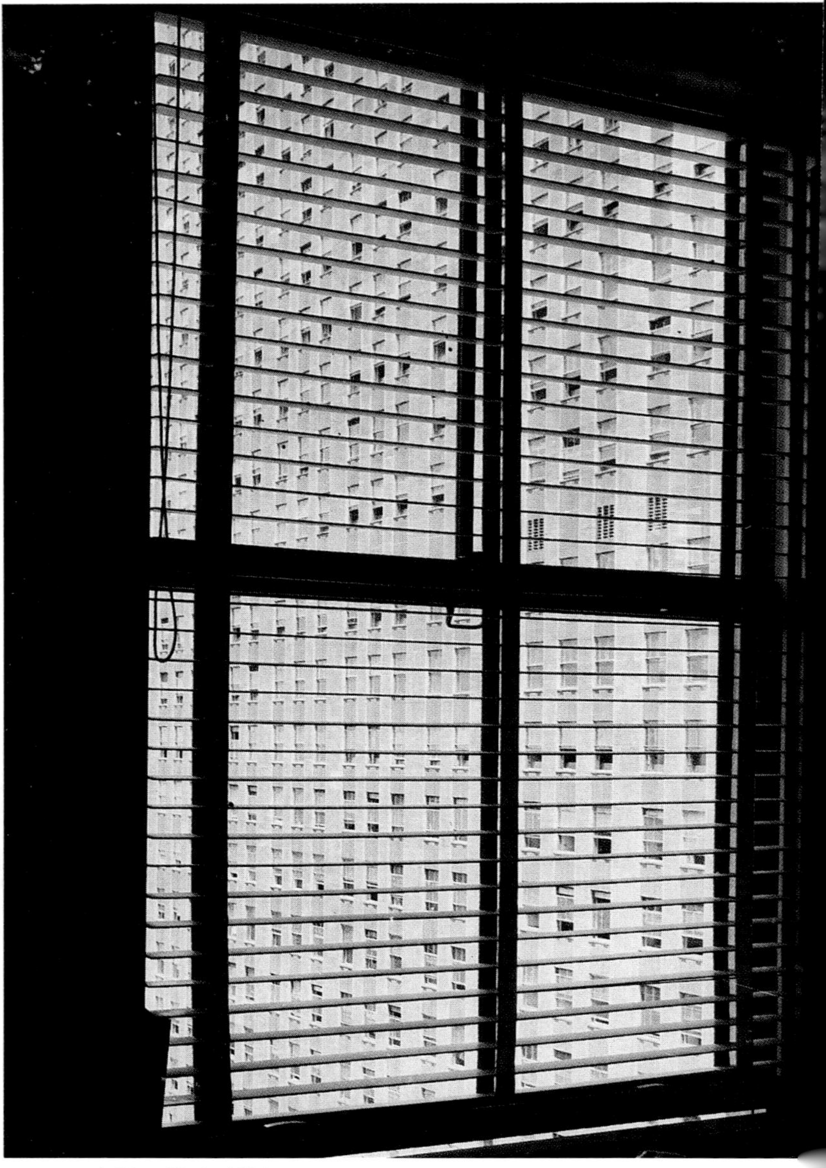

4. New York, 1939.

»Alle Englein lachen
Wenn zwei Hochzeit machen
Alles singt und klingt
Wenn sie ihn umschlingt.«

Und so geschah's: an meinem fünfundzwanzigsten Geburtstag heiratete ich. Ich fand es reichlich spät, mein Lebensziel erreicht zu haben. Meine Frau hatte von ihrem Vater 32500 Gulden geerbt, die meine Angst vorm Hungertod

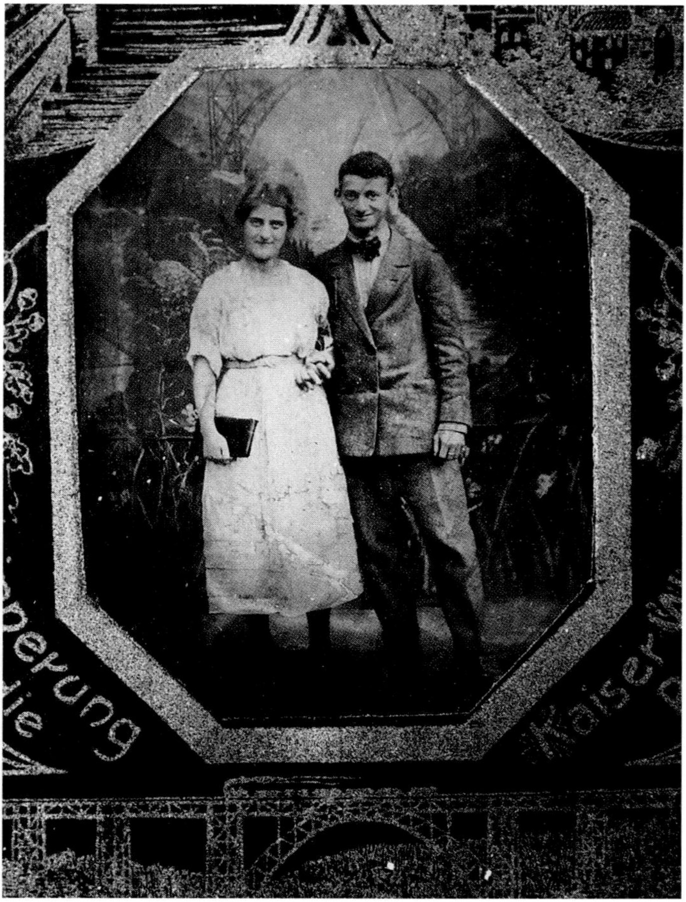

Jungverheiratet, 1921. Schloß Burg an der Wupper.

vorübergehend hätten mildern dürfen. Weit gefehlt: Sie hat mich keine Sekunde meines Lebens verlassen; wohl die 32500 Gulden, die bereits nach vierzehn Jahren spurlos respektive restlos verschwunden waren. Die monatliche Angst vorm Baby trat jedoch etwas zurück. Die Hochzeitsreise ging nach Berlin, wo tollste Inflation herrschte, moralisch wie monetär. Eine Mark war immer noch eine Mark, aber für einen holländischen Gulden bekam man eine Million davon. Am ersten Abend sprach uns eine vornehme Witwe in tiefster Trauer an, uns zu einer künstlerischen Privatvorführung in ihrem Eigenheim in der Knesebeckstraße zu laden, wo man für 50000 Mark per Person zuschauen durfte, wie sie sich mit zwei Töchtern von einem Windspiel befriedigen ließ. Es war zu dunkel, um etwas von dieser Darbietung zu sehen: Nepp! Als Erfrischung gab's Koks für 20000 Mark.

Mein Übergang zu den »Petites misères de la vie conjugale«. Im Berliner Ausverkauf richteten wir uns ein, bürgerlich, unerfahren, von einem Cliché ins andere stolpernd, und fanden dies originell. Ich hatte meinen Sinn auf Bauernmöbel gesetzt; gottseidank gab's keine. Wir mußten mit Queen Anne, gemischt mit Biedermeier, vorlieb nehmen. Hochherrschaftlich honigbraun mit dunkelgrün; das Goethehaus in Weimar hat's mir in meiner Jugend lebenslänglich angetan. Wir leisteten uns ein ofenlackiertes Schlafzimmer mit Frisierkommode und dreiteiligem Facettespiegel und zwei Nachttischchen. Wir ließen uns nach eigenen Angaben einen nußhölzernen Bücherschrank bauen: alt gewohnt, jung getan. Wir kauften einen schwarzen Flügel. Wir hatten das Leben gemeistert. Weltprobleme waren unter unserer Würde: Kommunismus war Wahnsinn, Demokratie Schwindel. Nichts hatten wir von der Vergangenheit gelernt, nichts ahnten wir von der Zukunft. Nächste Ziele: a) Kinder, Hinaufpflanzen b) geschäftliche Selbständigkeit. Beides erfüllte sich schneller als erwartet. Bald hörte ich bewegt im Bauch meiner Frau ein neues Herz schlagen. Im Mai 1922 kam statt der befürchteten Abnormität (für die ich ein wattiertes Fiberköfferchen zum Ersticken bereit hielt) die niedlichste Tochter Lisette zur Welt. Für sie würde ich die Erde aus ihren Angeln heben!

Die deutsche Inflation hatte automatisch jedes Valutenrindvieh zum Finanzgenie gekrönt. Holländische Schnorrer brauchten nur die Grenze zu überschreiten, um Multimillionäre zu werden. So die Gerzons. Ich begriff nichts von diesem Irrsinn, ahnte nicht einmal, daß ich keinen Schimmer vom Geschäft hatte. Als einer der Gerzonneffen sich weigerte, eine von mir als lebenswichtig erachtete Nachbestellungsorder von tausend Dutzend Zelluloidschlangenarmbändern (von Chavigny Frères, Paris) gegenzuzeichnen, reichte ich wütend meine Demission ein, die zu meinem Schreck ohne weiteres akzeptiert wurde. *War ich etwa nicht unentbehrlich?*

Mit finanzieller Beteiligung der gerissensten Offenbacher Ledergauner, A.N. Schmidt & Co., machte ich mich selbständig: eröffnete in der Kalverstraat von Amsterdam einen Damentaschenladen, *The Fox Leather Company*, wobei ich von Anfang an alles falsch gemacht habe. Dies halbtotgeborene Kind, halb mit deutschem Kredit, halb mit dem Vermögen meiner Frau gezeugt, wurde, ohne je auf eigenen Beinen stehen gelernt zu haben, vom ersten Tag an von Unkosten aufgefressen. Der nach eigenen Entwürfen umgebaute Laden war das Jämmerlichste, was man sich unter einer Straßenfront von vier Metern einundzwanzig vorstellen kann. Ich wußte, daß man mit Dreck bessere Geschäfte macht, aber ich glaubte an Qualität. Ich wollte den Kunden nicht verkaufen, was ihr schlechter Geschmack verlangte, sondern nur, was *ich* schön fand. Berauscht vom Ledergeruch, besonders Russisch Juchten, verliebte ich mich derartig in meine prachtvollen Damentaschen, daß ich es nicht übers Herz bringen konnte, sie den feilschenden Amsterdamer Hyänen zu verkaufen. Das Lager wuchs, das Lager schwoll. Schnell hatten Schmidts erfaßt, daß ich eine Niete war, zogen mir das Fell über die Ohren: entzogen mir den zugesagten Kredit. Wäre das Geschäft gut gegangen, hätten sie mir das Geschäft entzogen. Ich hielt mich für tüchtig genug, gegen jeden Strom zu schwimmen, arbeitete als fanatischer Ladenhüter, dekorierte zweimal wöchentlich während der Nacht eigenhändig das Schaufenster, um den Tagesverkauf nicht zu beeinträchtigen. Ein schlechtgehender Laden, in dem ich mit drei Verkäuferinnen, zwei

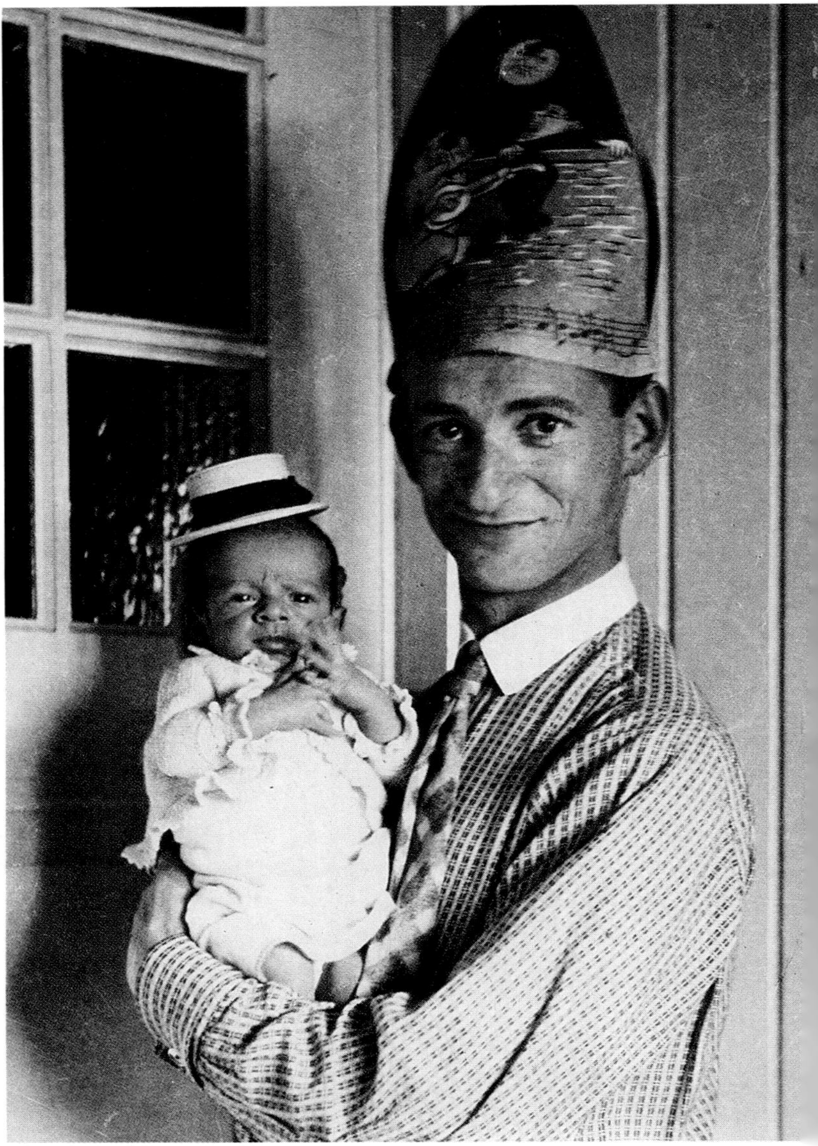

Mein erster Sohn.
Zandvoort, 1925.

Lehrmädchen und dem Hausdiener (Knegt) Gerrit vergebens auf Kunden wartete, war kein Operationsfeld für mich Sturm und Dränger. Verzweiflung stürzte mich in diesen dunklen holländischen Lederjahren in die Kunst. Tags schrieb ich in meinem winzigen Privatkantoortje Kurzgeschichten und suchte Freundschaften mit dem heiteren Künstlervölkchen von Amsterdam. Wurde es gegen halb fünf nachmittags zu unaushaltbar still im Laden, flüchtete ich mich ins Café Winkels, um mit schwammigschweren Bürgerputen bei Vorburgjes, Slappe Cats und Oude Klare (holländische Cocktails) niveaulos zu schweinigeln. Nachts zu Hause war ich Sonntagsmaler mit echtem Gefühl für Farbe und falscher Verachtung für Form. Da ich nicht zeichnen konnte, wollte ich nicht zeichnen. Mein Stil: futuristischer Dadaismus. Drei vielseitige Kunstzeitschriften (*Variétés*, Brüssel, *Querschnitt*, Berlin, *Minotaure*, Paris) hielten meine Verbindung mit der kreativen Welt am Leben. Ich hielt mich für modern, doch entpuppte mich als Klassiker. Was das genau ist, weiß ich nicht; man hat mich so oft so klassiert, bis es mir glaubhaft schien. Ein paar Bilder von damals haben's überlebt, muten mir heute an, als sei ich auf dem rechten Weg gewesen. Nichts ist schwerer, als Anfangswerke zu beurteilen, und für seine eigenen bleibt man blind.

Als Hitler Deutschland übernahm, bekam ich keine Waren mehr. Die Vorräte schrumpften, die Schulden wuchsen. Beschämt ließ ich Dreimonatstratten prolongieren, die nach einem weiteren Monat zu Protest gingen. Kundinnen, die keine Taschen mehr finden konnten, überredete ich, sich von mir photographieren zu lassen. Mein Privatkontor wurde mein erstes Studio. Vor einem halben Jahrhundert hatte im selben Haus ein Photograph sein Unwesen getrieben, es roch noch nach Fixer. Hinter einer verrammelten Tür fand sich die vormalige Dunkelkammer. Auf der verblutenden Foxleiche blühte eine Klappkamera (Voigtländer, Bergheil), glühte eine Lampe rubinrot. Ich entwickelte, druckte nächtelang, um jeden Morgen ein neues Engelsgesicht in »high key« zwischen übriggebliebenen Krokodilstränentaschen im Schaufenster strahlen zu lassen. Mein erstes amerikanisches Schlachtopfer, Tara Twain aus Hollywood, wurde meine erste Publikation,

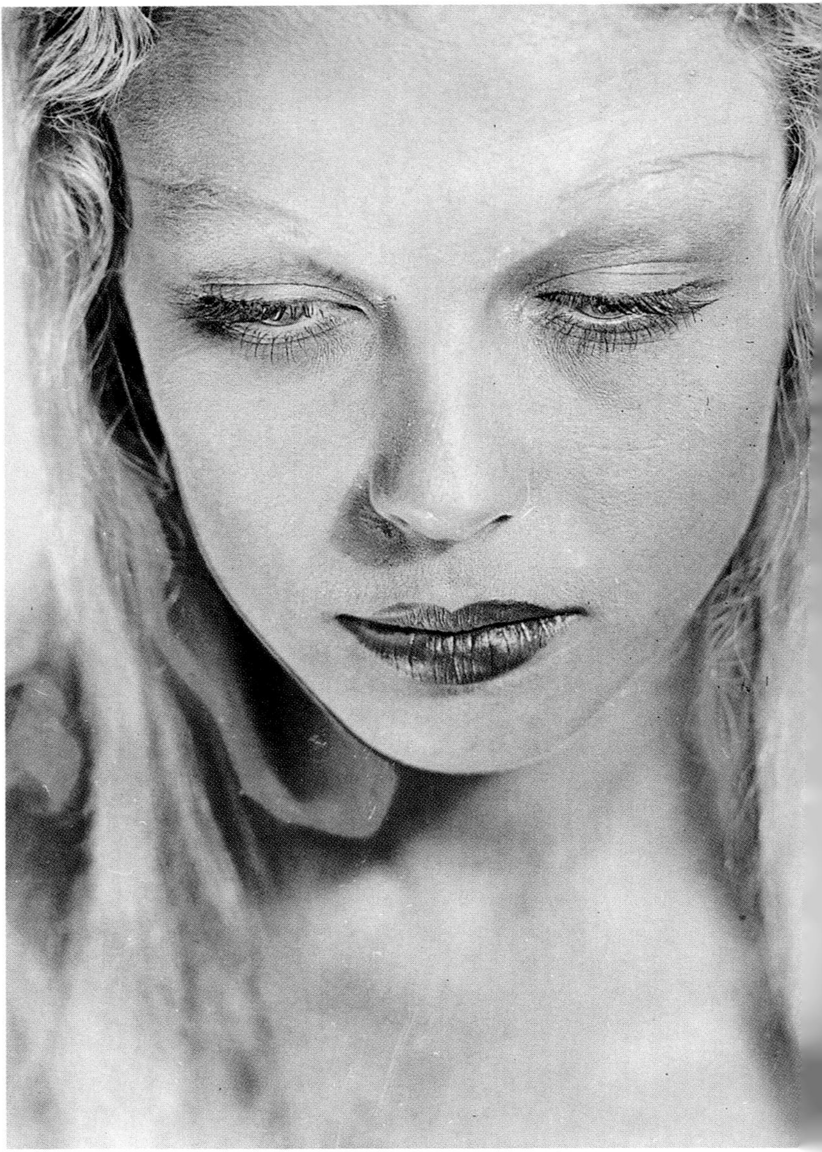

Tara Twain aus Hollywood,
meine erste Amerikanerin.
Amsterdam, 1935.

mon premier pas: *Arts et Métiers graphiques Paris 1935.* So wurde ich, als mir wirklich nichts andres mehr übrigblieb, *Photograph.* Jeder riet ab. Mißratene Maler wurden Schaufensterdekorateur, mißratene Schaufensterdekorateure wurden Photograph. Man schämte sich eines Photographen. Daß man in New York für ein Photo Hunderte Dollar bekommen könnte, wurde als amerikanischer Bluff abgetan: Der holländische Höchstpreis war zehn Gulden, und niemand zahlte Höchstpreise (man pingelte: handelte). Außerdem zweifelte man – mit gutem Recht – an meinem Talent. Im Jahre 1932 durfte ich, auf Empfehlung, den unfehlbaren Photomandarinen *Korf & Kroner* bei Ullstein in Berlin (*Querschnitt, Uhu, Illustrierte*) meine besten Arbeiten unterbreiten. Einstimmiges Urteil: talentlose Materialvergeudung, aussichtslos, sinnlos, zwecklos! Mich ließ dies Todesurteil unberührt; ich wußte, daß ich Photograph war. Ähnliches Verständnis habe ich bei vielen Redakteuren und dergleichen gefunden, auch bei solchen, die nicht unter Hitler zu zittern hatten. Daß dennoch Tausende Seiten von mir erschienen sind, ist der allgemeinen Urteilsunsicherheit zu verdanken. Zusätzliche Ermutigung habe ich als Stillphotograph bei Jacques Feyders Film *Pension Mimosa* erfahren und festgestellt, wie ungeeignet ich für kollektive Kunstfabrikation bin.

Mehr als irgendeinem andern bin ich dem Führer Schicklgruber zu Dank verpflichtet. Ohne ihn wär ich im holländischen Morast versumpft, ohne ihn hätte mir der Mut gefehlt, Photograph zu werden. Er hat mich aus meinem Elfenbeinturm (wir nannten es unsere »einsame Insel«) ins Leben gezwungen. Zum Dank habe ich in der Nacht der Machtergreifung seine Grauenfresse mit einem Totenschädel photomontiert und bin danach durch die Nacht fünfundzwanzig Kilometer betrunken von Amsterdam nach Aerdenhout gerannt. Dieses Photo wurde im Jahr 1942 millionenfach als amerikanisches Flugblatt über Deutschland abgeworfen. *Heil Hitler!*

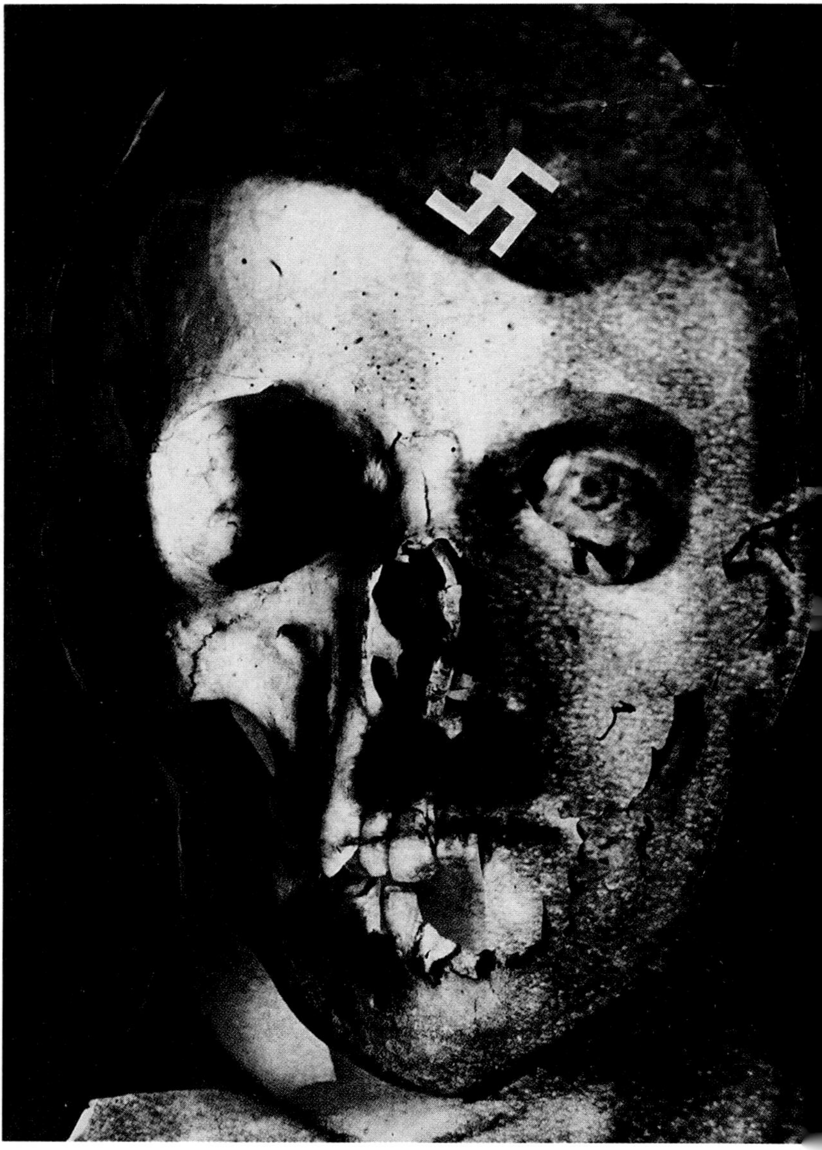

Hitlerfresse.
Januar 1933.

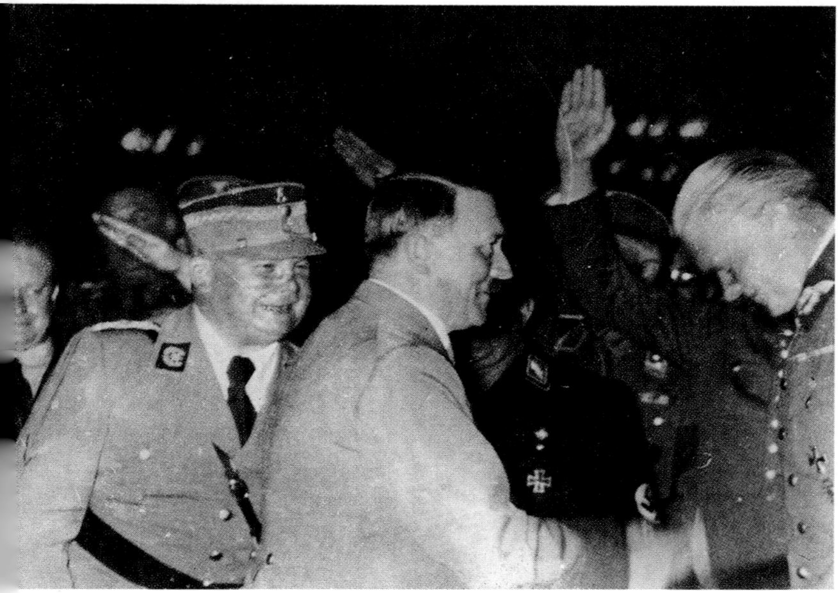

Deutsche Treue:
Röhm, Hitler und Blomberg.

51 Misère Noire. Freunde, die für einen Bankkredit von 15000 Gulden gebürgt hatten, mußten blechen und fielen wie Schuppen von meinen Augen. Ich verlor außer dem Geld der Freunde (das ich ihnen später zurückbezahlte) auch die Freunde (die später zurückkommen wollten). Meine Frau, die Kinder und meine Sorgen blieben mir treu. Scham und Schuld und Schulden wurden mir in die durchlöcherten Schuhe geschoben, meine Kleider wurden fadenscheinig. Gebroeder Plotskes, biblischjüdische Ramscher, Shylocks, wie ich sie aus antisemitischen Romanen (*Soll und Haben*) kannte, tauchten à la Marx Brothers aus Versenkungen und Schrankkoffern auf und wedelten mir verlockend Banknotenbündel unter die Nase. Freundlichtuende Feinde lächelten hin, Erpresser drohten her, Anwälte gaben schlechten Rat, Deurwarders (Gerichtsvollzieher) auf Gummisohlen erteilten der röchelnden Foxleiche die Sterbesakramente. Von allen guten und bösen Geistern verlassen, verramschte ich die ganze Pleite voor een appel en een ei (für einen Apfel und ein Ei): für sechstausend Gulden. Während

ich die Verkaufsakte unterschrieb, veränderte sich der freundliche Gesichtsausdruck der Ramscher in rabiate Unverschämtheit. Sofort schmissen sie mich raus aus meinem eigenen Laden mit der Drohung, mich ja nie wieder blicken zu lassen. Nicht mal eine Brieftasche durfte ich mir als Andenken mitnehmen. Sogar das in Alkohol bewahrte Embryo eines lieben Sohnes, den wir vor zwei Jahren in Berlin von Professor Donner für tausend Mark hatten abtreiben lassen und der im Geheimfach des Geldschrankes sein Leben fristete, blieb in ihren Händen. Am ersten Ausverkaufstag hatten die Plotskes ihre 6000 Gulden raus. Ich selbst wäre nie fähig gewesen, mich von meinen Waren zu trennen, ich konnte einkaufen, nicht verkaufen. Mit meinen Gläubigern akkordierte ich auf zwanzig Prozent und saß »aan een wondermooie dag in September 1935«, wie seit jeher befürchtet, mit meiner Frau und drei Prachtkindern ohne einen Cent am Dünenrand. *Kleiner Mann was nun?* Als Gas und Elektrizität abgeschnitten und der Flügel beschlagnahmt wurde, schrieb ich aus tiefster Not dem Erzbischof von Haarlem einen eingeschriebenen Brief, um ihm die fünf Seelen meiner Familie für 5000 holländische Gulden, weit unterm Einkaufspreis, freibleibend anzubieten. Der Brief blieb unbeantwortet. Ich bin eben kein Verkäufer.

Gleichzeitig mit den Gläubigern hatte mich gräßliches Bauchgrimmen (vreeslijke buikpijnen) überfallen, das umgehend als Neurose (neuaufkommendes Gesellschaftsspiel) abgetan wurde. De onvolpreezen (nicht genug gepriesenen) Chefscharlatane und Besserwisser diagnostizierten doppeltvereiterte Durchdickunddünndarmkrebsdurchwachsung mit diverser diverticuloser Divertikolitis und finanzieller Impotenz (*Pleite*). Wegen letzterer sahen sie von tieferen Einschnitten ab und verdammten mich zu Wassereinläufen, vierzig Liter per Tag, einen Monat lang. Dazu eine Apfelsine und Mandelpüree. Als ich fünfundzwanzig Pfund verloren hatte und Blut kam, gaben sie mich auf, und ich war gerettet. Ohne Paß, ohne Geld, ohne Familie floh ich nach Paris, um endlich Photograph zu werden.

Meine siebzehn Sumpfjahre liquidierte ich mit Voltaires »Adieux canaux, adieux canards, adieu canaille!« Um beim

Abschied auch was Gutes über Holland zu sagen: Es hat schöne Kinderlieder, Käse, Krabben und Kartoffeln, und als größte Delikatesse: Nieuwe Maatjesharing!

Im Vorgefühl eines neuen Glücks hatte ich diesen Auftakt geschrieben:

»Sara petite Negresse

Wer sich wie ICH aufs Paradies verließ
der endigt meist wie ich fromm in Paris
Und trinkt Anis als braves Kind
und lebt von Liebe und Absinth

Sara die kleine Negerin krault mir am Kinn
und endigt ohne Sinn.
Wo endet es, wenn man beginnt
zu sinken in Absinth?

So ende ich, denn sie, die süß
war, wie Anis, verließ mich in Paris
ICH kratz mich selbst am Kinn. Beginnt
mit Sara nie, nie mit Absinth.«

52 PARIS. *»Ihr wißt schon, wen ich meine / die Stadt liegt an der Seine.« (Friederike Kempner)*

Im Frühjahr 1935 hatte mir das Schicksal eine helläugig-blonde Pariserin auf ihrer Hochzeitsreise in den sterbenden Lederladen geschickt. Sie wollte in high key photographiert werden, wie die Photos im Schaufenster. Geneviève war die Tochter des Malers Georges Rouault, war Zahnärztin und versprach, meine Photos in ihrem Wartezimmer, Avenue de l'Opéra, auszustellen. Begeistert sah ich künftige Paradiese dämmern und ernannte die heilige Genoveva zu meiner Pariser Gesandtin. Ich stellte mir vor, mit meinem Hang zur Alchemie, schwarzweißen Magie, Zyankali und metaphysischem Nonsens, verbunden mit den bei M&S und Gebroeder Gerzon erworbenen Fachkenntnissen die Ville de Lumière als Modephotograph erobern zu können. Bis

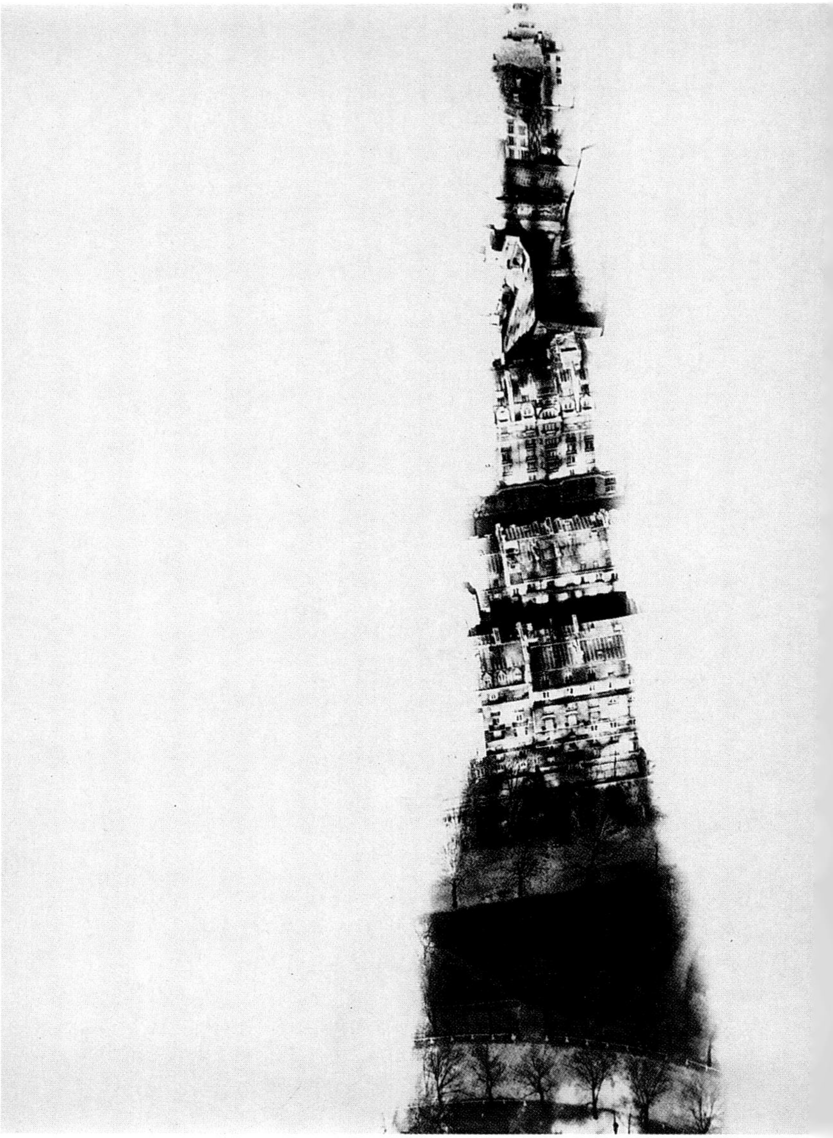

Eiffelturm.
Paris, 1938.

1920 sah man in den Modezeitschriften nur schablonenhaft steife Zeichnungen. Höchstens auf den Rennen (Auteuil, Chantilly, Longchamps) wurden ab und zu lächelnd posierende Mannequins von Pferdephotographen geknipst. Plötzlich machte ein Wiener Jude und Modezeichner, Baron de Meyer, Modephotos im Studio. Eine neue Kunst. Sofort erfaßten amerikanischer Sensationsjournalismus und die homosexuelle Internationale das gewaltige neue Geschäft. Im Anfang war der Modephotograph ein Genie und wurde entsprechend bezahlt und behandelt. Es wurde von ihm erwartet, daß er arrogant, widerwärtig begabt, verschwenderisch schwul tat und täglich neuen Stoff zu Klatsch lieferte. Schnell erkannte ich die künstlerischen Möglichkeiten und langsam die Schwierigkeiten dieses exklusiven neuen Betriebs.

Was ich wirklich wollte: *Photograph an sich sein*, l'art pour l'art, eine neue Welt, die der amerikanische Jude Man Ray siegreich entdeckt hatte. Ob ich damit eine Familie über Wasser halten könnte, war eine andere Frage.

Kaum in Paris angekommen, verließ mich mein unheilbarer Darmkrebs in Gestalt eines acht Meter langen qualvollen Bandwurms. Mein erster Lichtblick in der misère noire. Von nun an ging's aufwärts. Meine Pariser Carrière begann im Januar 1936 im Hotel Celtic, Rue d'Odessa, in einer Mansarde, le numéro 69 au sixième, prix d'ami 100 frs (2,50 $) par mois. Unter der Bedingung, daß mein Zimmer nachmittags zwischen drei und sieben zu Liebeszwecken vermietet werden durfte. Morgens konnte ich mich ausschlafen. Liegend hat man weniger Hunger, also lag ich viel. Sonnabends gab's reine Bettwäsche. Größte Inspiration des werdenden Künstlers: die Scheußlichkeit der Pariser Hotelzimmertapete: lila Kakadus, verwoben mit hellgrünen Harfen auf rosa-hellblau gestreiftem Fond, überzuckert mit knallroten Tulpen und chromgelben Kornblumen. Wer da kein Künstler wird, hat kein Talent. Der Hotelbesitzer, Monsieur Maes, ein trinkender Belgier, schlug seine Frau, eine kleine blonde Wurst. Um sich an ihm zu rächen, gab sie mir öfters schon mittwochs reine Laken. Alle Zimmer des *Celtic* waren von Huren des Gare Montparnasse Quartiers bewohnt. Fleißig arbeitende Mädchen, nie schön, selten jung, oft charmant. Im Privatleben zurückhaltend: keusch. Liebe nehmen sie au sérieux. Im Bordell lassen sie sich keinen abgehen, das reservieren sie für ihren Mec. Nur beruflich prostituieren sie sich, wie wir alle. Tag und Nacht spülten die Bidets röchelnde Liebessymphonien: Villon, Baudelaire, Rimbaud, Verlaine, Apollinaire. Kein Valéry, kein Mallarmé.

Morgens beim Anziehn beobachtete ich aus meinem Dachfenster über den engen Hof die kleine Nadja, ein rumänisches Modell mit langem, offenem schwarzen Haar bei der Morgentoilette. Sie wartete auf mich, kam lächelnd nackt ans Fenster und liebkoste einladend ihre Brüstchen mit einer Rose. Auf der Straße oder im Café du Dôme kannte sie mich nicht. Erst fünfundzwanzig Jahre später gestand sie mir bei einem Wiedersehen als alte Frau, daß ich ihre große Fensterliebe gewesen sei, zum jeu de la rose.

Ma voisine d'en face des engen Korridors war eine zierliche ernste Blonde, in tiefer Tülltrauer verschleiert, mit niedergeschlagenen Augen. La propriétaire Madame Maes verriet mir diskret, meine Nachbarin sei eine Doktorswitwe, Bellifontaine (aus Fontainebleau), die hier mit ihrem Sohn (garçon adorable) logiere, um eine bedeutende Erbschaft zu regeln. Die zurückgezogene Witwe habe ich selten gesehn, den Sohn nie. Eines Nachts gegen drei polterte mich ein Donnerschlag durchnäßt empor aus tiefen Träumen. Während ich entdeckte, daß soeben ein voller Porzellannachttopf, das Milchglasfenster meiner Tür durchbrechend, auf meinem Bett gelandet war, überfüllten erregt gackernde Damen die Szene. In ihren bis zum Kinn geschlossenen wattierten Peignoirs sahen diese Huren, abgesehen von einem Überfluß an Schleifchen, eher aus wie Nonnen. Langsam klärten sich Zusammenhänge: Die Doktorswitwe war gar keine Doktorswitwe, sondern verdiente ihr saures Brot in der *Sphinx* (dem bestgehenden Bordell am Boulevard Edgar Quinet, gerade um die Ecke von unserem Hotel, geleitet vom Innenminister Albert Sarraut und seinem Bruder). Der Sohn war gar nicht ihr Sohn, sondern ihr Gigolo, den sie in ihrem Zimmer eingesperrt hielt. Heute nacht hatte er sie, das volle Nachtgeschirr zur Hand, hinter der Tür erwartet, um ihr bei ihrer Rückkehr dasselbe entgegenzuschleudern und seine Freiheit

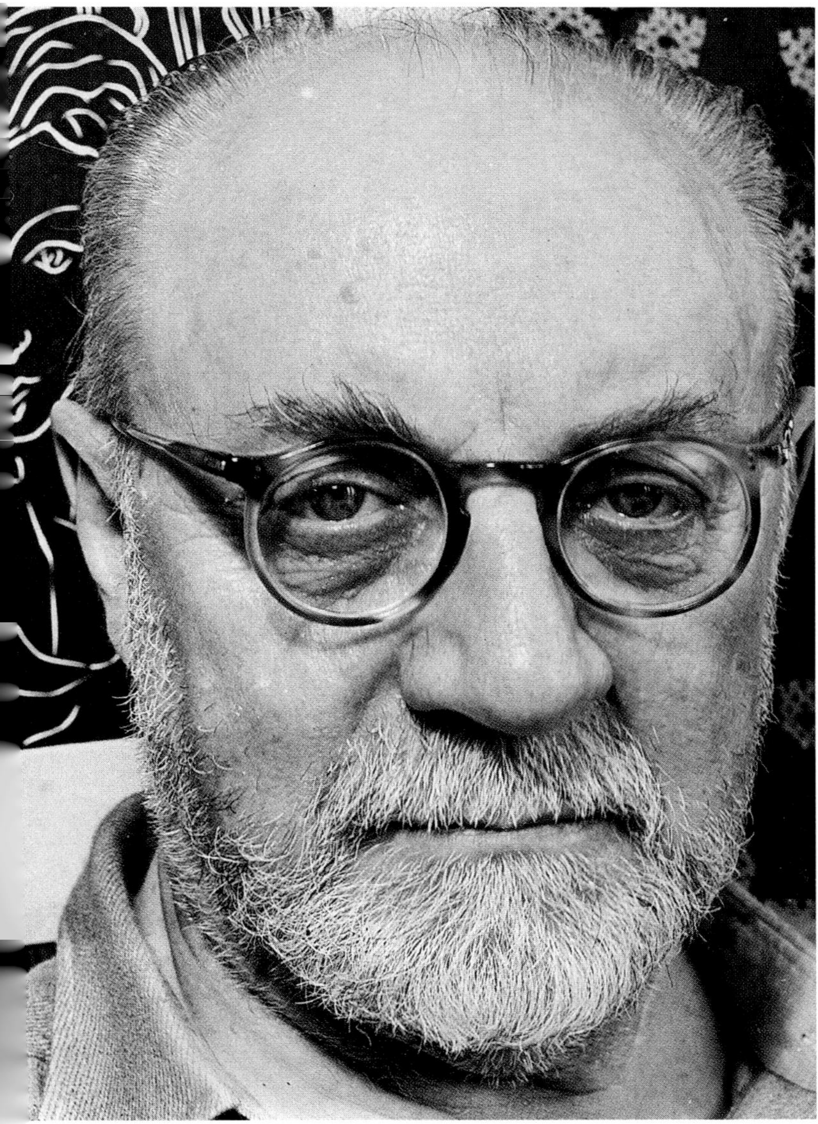

Henri Matisse.
Paris, 1937.

zu gewinnen (was ihm gelungen war). Durch eine rasche Bewegung war die Witwe dem Geschoß entgangen, das auf mich niedergekommen war: »Les amants des prostituées sont heureux, dispos et repus…« Mademoiselle Cricri, die Witwe, bat alle, deren Ruhe gestört worden war, zu einem Gläschen auf ihr Zimmer. Zu mir kam sie in eigener Person, um sich formell zu entschuldigen und mich mit einem Knicks einzuladen. Noch schmerzhaft in meinen Bandwurm verwickelt, versuchte ich abzulehnen, ohne Erfolg, denn ich wollte selbst zu gern kommen: Dies pikante Abenteuer der zerbrochenen Tür, dem nassen Bett und den schnatternden Poules erinnerte an Kurzgeschichten aus dem Künstlerleben: Murgers *Vie de Bohème*, Maupassants *Maison Tellier*, Toulouse-Lautrec, Degas, Bubu de Montparnasse. So entführte mich Mademoiselle Cricri im Triumph in ihr überfülltes Doppelzimmer. Als abgekämpfter Hahn glitt ich, mangels anderer Sitzgelegenheiten, unvorstellbar unorgisch auf Cricris Doppelbett, wo bereits sieben Damen steifsitzend im Takt Marc de Bourgogne nippten – Liebesgabe eines Weinreisenden. Jede der Liebesgöttinnen adressierte gravitätisch affektiert Höflichkeitsfloskeln an mich, »grand artiste photographe, Monsieur Blondel« (Rue Blondel, berüchtigtste Bordellgasse an der Porte Saint-Martin). Jede wollte photographiert werden, nicht etwa nackt, sondern als »première communiante«. Selbst als alle stark angeheitert waren, war von Erotik keine Rede. Mein Hurenlatein vom Ersten Weltkrieg war unzureichend, nichts ist dem Pariser Mitrailleusengeschnatter gewachsen. (»Il n'est bon bec que de Paris.«) Daß ich vom Argotgezwitscher kein Sterbenswörtchen verstand, camouflierte ich mit dem ermüdenden Emigrantentrick, gespannt der Sprecherin auf die Lippen zu starren und der Erwartung entsprechend zu lachen oder die Stirn zu runzeln. Meistens war mein Gesichtsausdruck dem Gespräch drei Sätze voraus. Als die Damen anfingen, über die Chaudepisse einer jungen Mitarbeiterin zu jammern und »Avec les pompons, avec les pompons, avec les pompiers« zu singen, wirkten die Marcs auf meinen nüchternen Magen einschläfernd, und sachtesachte deportierten die Holden mich schlummernd zurück in mein nasses Bett.

Dreimal schon hat das Schicksal mir die Herkulesarbeit aufgezwungen, mich in eine neue Sprache einzuleben. Unerläßliche Gehirnmassage, um Weltbürger zu werden. Emigrieren hält jung. Seit fünfzig Jahren bin ich dabei, meine Muttersprache zu verlernen. Mangels Sprachtalent habe ich keine Stiefmuttersprache gefunden. Ich Schnellsprecher fing an, langsam zu sprechen, um mir meine Fehler im voraus zu überlegen, vermied le subjonctif conditionel, wurde bedächtig. Am schlimmsten war's in Holland, wo jeder einen Fremden über den kleinsten Fehler hämisch auslacht. En France on déteste les sales métèques, mais on reste poli quand-même. Am besten ging's in den USA, wohin jeder mal immigriert war: they simply adore foreign accents. Aus Angst, aufzufallen und ausgewiesen zu werden, flüsterten wir Emigranten vielsagend geschlossenen Mundes. Man war doch nur geduldet. Auch sprach man leise, weil der Paß längst abgelaufen, die Carte d'identité nie »en règle« war, man ohne »permis de travail« arbeitete und sich seiner Muttersprache schämte. Nur Edelemigranten, Briefmarken-, Diamant- und Kunsthändler, die ihre Kröten rechtzeitig hatten rausbringen lassen, brüllten lauter als zu Hause, wenn auch sie zugeben mußte, daß ihr in Berlin so fließendes Schulfranzösisch nicht ganz einwandfrei floß. Dazu fraßen sie auf den Kaffeehausterrassen ostentativ Chateaubriands.

In meinen Pariser Anfängen hat sich Geneviève »höchst königlich bewährt«. Keiner der anspruchsvollen Kunden, die sie mir zugeführt hat, hat je bezahlt, dafür aber hat jeder dieser Kunden mehrere neue Kunden angebracht, die auch nicht bezahlt haben. So sprach ich mich rum, fing an, bekannt zu werden. Paris bezahlt nicht mit harter Münze: on vous fait une réputation. Placé à Paris, placé dans l'univers. Ich schwärmte für meine Schutzheilige Geneviève. Nicht, daß es je über einen Handkuß hinaus gegangen wäre, aber meine Frau und ich wurden öfters zum Abendessen eingeladen. Für Emigranten in Paris eine seltene Ehre. Bei Tisch ließ Maître Rouault niemanden zu Wort kommen, lamentierte ununterbrechbar von seiner Obsession, dem gangestère (Gangster) Vollard, seinem Kunsthändler, der ihn exploitierte. Rouault ließ sich verehren und manifestierte seinerseits eine mystische

Verehrung für Jeanne d'Arc, was mir, der dachte, ein moderner Maler sei ein moderner Mensch, grotesk vorkam. Leider konnte ich von seinen aufgeregt spirituellen Diatriben wenig verstehn. Wenn man nicht jedes Wort versteht, versteht man gar nichts.

Bei einem dieser Abende bat ich Rouault um ein paar Worte für die Einladung zu meiner ersten Pariser Photoausstellung (chez Billiet, rue la Boëtie, vernissage le 2 mars 1936). Rouault lehnte gern ab und verwies mich an Valéry: »Il l'adore d'être embêté.« Valéry, den ich aus der *Nouvelle Revue Française* als höchste Pariser Intelligenz zu überschätzen gelernt hatte, empfing mich, den jungen Photographen, mit der blasierten Freundlichkeit des monokelten Genies und Weltmannes, ohne seine Telephonaden mit Marquisen zu unterbrechen. Er wußte zu imponieren, vor allem sich selbst. »Ich bin bereit«, ließ er sich zu mir herab, »Ihr Portefeuille zu durchblättern, wenn Sie mich nur nicht bitten, einführende Worte für eine Ausstellung zu schreiben«, und durchflog flüchtig meine Bilder. Ich konnte es ihm nachfühlen und tat mir leid. Mit Verständnis ist man ein ungeschickter Schnorrer. Auf die Einladungskarte druckte ich ein Bonmot aus Valérys *Idee fixe:* »Ce qu'il y a de plus profond dans l'homme, c'est la peau.« Darunter schrieb ich meinen eigenen Mist: »On cherchait par la photographie psychologique le portrait definitif: on a découvert un nouvel aspect de la beauté.« Ich kam mir geistreich vor. Damals habe ich »definitive Portraits« von Rouault und Matisse gemacht. Beide stänkerten primadonnenhaft, ich hätte sie älter gemacht, und beide zeichneten sofort nach meinen Photos verjüngte Selbstportraits. Meister der Eitelkeit. Rouault schrieb mir ein Gedicht von seinem »tête de forçat«.

Geneviève stand mit ihrem Gatten Rapha auf gespanntem Fuß, den ich von Balzac her gut kannte. Sie zankten bei jedem Wort. Hatte Rapha zum zehnten Mal an einem Abend »choirée sarmante« gesagt, geriet Geneviève in Raserei. Ein seltsamer judeo-jesuitisch-französischer Opportunismus durchwehte die Familie. Le maître Rouault war Royalist – Action Française –, der Schwiegersohn marokkanischer Jude, großer Zahnarzt und Aufschneider, Geneviève, am

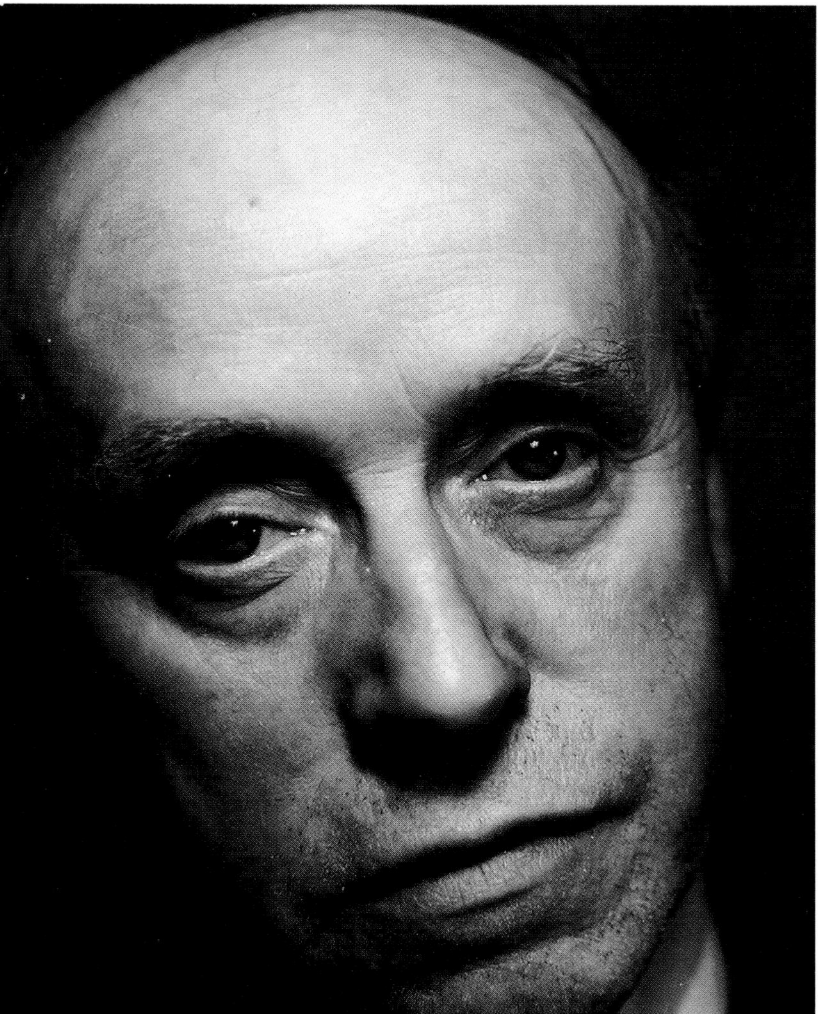

Georges Rouault.
Paris, 1936.

Ende ihrer Medizinstudien, linksorientierte Neue Jugend, gauche sentimentale. Auch gab es Mütter, Schwestern und ein Baby.

Was mich entsetzte, entzückte und aus den Angeln hob, war, daß Geneviève sich jede Nacht an der hurenumlagerten Ecke des Boulevard Montparnasse und der Rue Montparnasse Passanten anbot. Als ich sie da zum ersten Mal im enganliegenden schwarzen Satinkleid mit *ihrem* ernsten sourire de Reims, mit *ihren* Grübchen einen jungen Matelot mit rotem Pompon ins Hotel des deux Maries (Marie Salomé et Marie Jacobé) verführen sah, war ich entgeistert über das Doppelleben meiner Schutzheiligen. Sollten die Hurenträume ihres großen Vaters sich so auswirken? Einmal zwang ich mich, sie anzusprechen. Während ich nach unfindbaren Worten suchte und nicht über: »Pourquoi?« hinauskam, drehte sie sich auf hohen Hacken verächtlich weg, ließ mich stehn und nahm einen älteren Kunden mit sich ins Hotel. Doppelgängerei oder Spiegelleben? Ich jedenfalls war ein alberner Libertin mit doppelter Moral: Ich verehrte die Huren als Heilige und verübelte meiner Heiligen, als Bajadere hinabzusteigen. Erst kurz vorm Krieg löste sich das Rätsel, als ich eines Abends mit Rapha und Geneviève vor der Coupole saß und ihr anderes *Ich* an uns vorbeistrichte.

53 La belle Hélaine – avant et après. Bald hatte sich das Portraitgeschäft als unmöglich erwiesen. Meine Modehoffnungen waren vor den hermetisch verschlossenen Türen der Modezeitungen gestrandet. Auch die Haute Couture hatte wider Erwarten Angst vor meinem Talent und kein Geld für Photos. Blieb noch das von mir verachtete Reklamegeschäft. Systematisch stürzte ich mich jeden Tag mit einem Kuvert voll Photos auf potentielle Kunden. Zu meinem Erstaunen mit Erfolg: Man gab mir Aufträge. Dabei hatte ich weder ein Studio noch Geld für das nötigste Material. Robert Guesclin war mein erster Artdirektor. Als ich das Wort zum ersten Mal hörte, hielt ich es für einen Witz. Es war keiner. Daß meine Ideen, meine

Arbeit, meine Photos von fremden Händen, denen eines Artdirektors, manipuliert, kastriert, degeneriert, druckreif gemacht werden sollten, schien mir unfaßbar. In Paris wurden dem damals noch künstlerische Absichten unterschoben. Später in Amerika machte ich Bekanntschaft mit der rohen Pathologie des Arschdirektors: mißratene Kunstphotographen, die sich an jeder Seite dafür rächen wollen, daß sie kein Talent haben. Sanduhr, Sonnenstrahlenkranz, Stuhlzäpfchen und Schmetterlinge sind ihre Embleme. Übles Gesindel. Robert Guesclin dagegen war ein Franzose mit einem Flair für kosmetische Annoncen, die er für die größte Haarfärbefirma der Welt kreierte: revolutionär geschmackvolle Plakate, auf denen seit damals der kosmetische Kosmos vegetiert. Guesclin war Pariser: bösartig kultivierter Introvert (Proust), der Anstrengungen, besonders eigene, verachtete. Er ließ einen an einem Auftrag bis zum Weißbluten arbeiten. Hatte man die Arbeit abgeliefert, starrte er sie wortlos an, hüllte sich in Schweigen und ließ sich wochenlang nicht mehr sprechen. Gespräche über Bezahlung vermied er ebenso wie Bezahlung selbst. Davon mußte ich leben. Sein Büro, Rue Volnay, Faubourg Saint-Honoré, war eine journalistische Rumpelkammer aus *César Birotteau.* Von einem Vorzimmer aus wurde Guesclin von einer alten Hexe, Madame X, überwacht, der er verpflichtet war. Sie war keine Angestellte der Firma, sondern sorgte auf eigene Rechnung mittels bösen Blicks dafür, daß keine jüngere Frau ihm zu nahe trat. Seine Lay-out-mise-en-Pagen (Assistenten) leckten ihm Hände und Füße und waren zu Neulingen wie mir unverschämt. Später leckten sie auch mir die Füße. Wenn der Künstler arriviert ist, wird alles *»Cher Maître«*. Guesclin kam morgens nie vor midi, ließ niemanden unter einer Stunde antichambrieren, hielt sich an keine Verabredung, verschwand stundenlang zum déjeuner, schwankte spätnachmittags zurück ins Büro, um vom Grand Patron bemerkt zu werden, und ruhte danach. Un philosophe. Zögernd machten wir Bekanntschaft, fingen schon nach vier Jahren an, uns anzufreunden. Seit wir nichts mehr miteinander zu tun haben und uns überhaupt nicht mehr sehn, sind wir intim geworden: des vieux copains. Zu seinem Danteprofil trug er zusammengepreßte Lippen, war

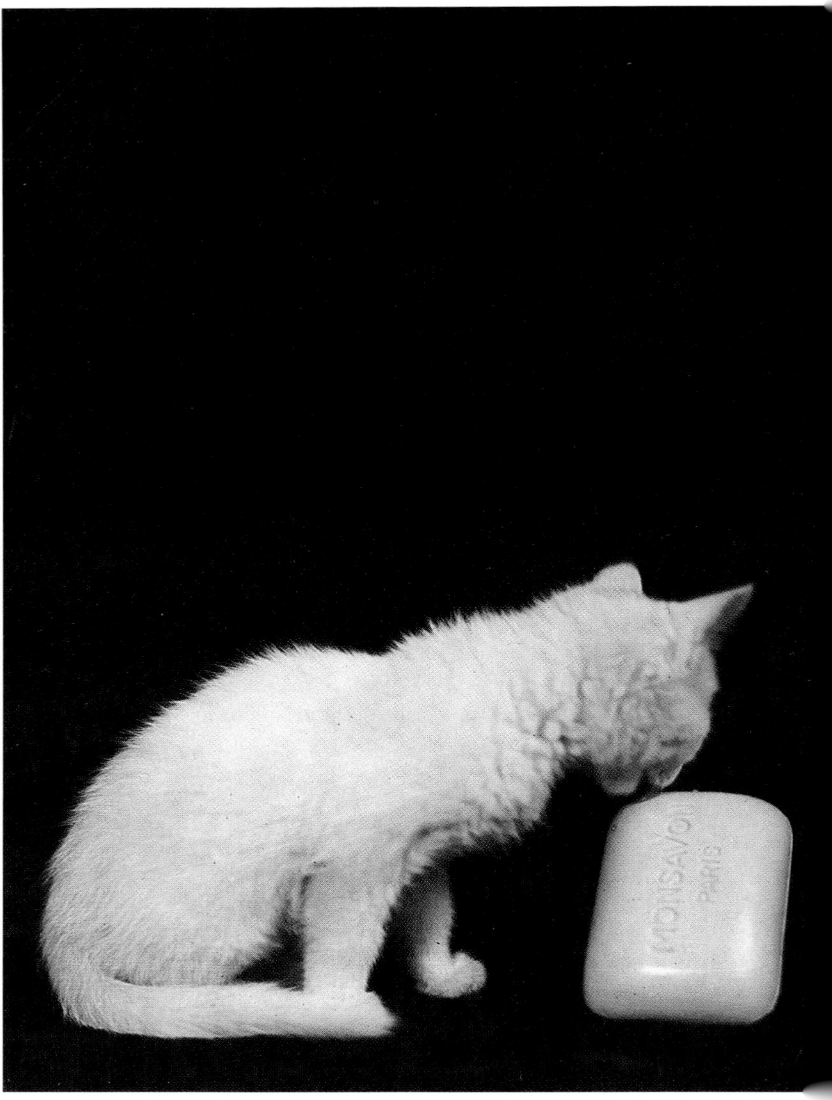

Mein erstes Reklamephoto,
das ich für Schueller, den Grand Patron
von L'OREAL, machte. Paris, 1936.

Freigeist, Reaktionär, Libertin, Antisemit, Epikureer, eine vom Pariser Klima begünstigte Kombination: un combinard. Geizig mit Geschmack und Berechnung, wie jeder Franzose ein Ausnutzer. Von ihm ausgenutzt zu werden, war ein masochistischer Nervenkitzel. Oft durchstöberten wir zusammen den Marché aux Puces (Flohmarkt) nach Sonntagsmalern für seine Sammlung (Feuersbrünste und Früchtestilleben mit roten Früchten). Hinterher schlemmten wir in Bistros der Porte Saint-Quen. Immer ließ er mich zahlen, was in jenen armen Tagen nicht leicht war. Um mich zu entschädigen, gab er mir den ehrenden (ehrend – à l'œuil – gratis) Auftrag (»je vous autorise«), seine göttliche junge Maitresse Hélaine de L. zu photographieren, une femme du monde, Tochter eines südamerikanischen Ambassadeurs, une grande dame d'autrefois. Ich habe eine angeborene Schwäche für diese wohlduftenden Luxustiere, die mit Raffinement und Seide Seele vorzuknistern wissen. Einen langen wundervollen Nachmittag kämpfte ich mit dieser Herrlichkeit um ihr Bildnis. Einer Schönen ihre Schönheit zu entwinden ist schwieriger, als eine Häßliche schön zu machen. Hélaine war unbeschreiblich schön, doch Göttinnen wollen anders schön sein, als ich sie sehe. Es dauert Jahrzehnte, bis sie in ihre Bilder reinwachsen. Ein gutes Portrait hat zu lagern. Das Modell altert, das Photo bleibt jung.

Zwanzig Jahre nach dieser Sitzung besuchte ich auf einer Europareise meinen inzwischen *besten* Freund Guesclin in Aix-en-Provence, wo er mumifiziert mit seinem reichen Cerberus Madame X, die ihn im Anfang des Kriegs erobert hatte (eine der wenigen Siege Frankreichs), Philemon und Baucis spielte. Sie war achtzig, sah aus wie sechzig, er war sechzig und sah aus wie neunzig. Cézannes Montagne Sainte-Victoire schien hellblau aus einer andern Welt in ihr Olivengärtchen. Nach gepflegtem Lunch – etwas zuviel Knoblauch – fuhren die Damen zum Einkauf in die Stadt. Robert begann unheimlich zu zittern und nahm mich mit in sein Studierzimmer, hatte zuviel auf dem Herzen. Trotzdem wir allein im Haus waren, verschloß er sorgfältig die Tür, rollte einen Teppich zur Seite, entnahm einem Geheimfach im Fußboden ein abgegriffenes Kuvert, das mir bekannt vorkam, und breitete liebevoll die Serie der Belle Hélaine von 1937 vor mir aus. Wir beide waren gerührt von den »neiges d'antan«. Zwischen den Photos auf der Erde hockend, starrte er mich an, mit weißem, wehendem Haar, wie ein altes Weib mit Bauchweh; es fiel ihm schwer, mit der Sprache rauszurücken: »Cher ami, Sie haben wohl gehört, daß man mich hier zu einem Jahr Gefängnis bedingt verurteilt hat, wegen Opium. (Der Richter raucht selbst.) Ich muß vorsichtig sein. Wenn man die Pfeife raucht, hat man auf die Spitze getriebene Empfindungen. Ich leide an einem alten Zahnweh, und Sie, cher ami, müssen mir helfen. Vor drei Wochen in Paris auf der Straße habe ich zum ersten Mal seit unserer schmerzhaften Trennung Hélaine wiedergesehn, schöner denn je, ohne ihr ein Wort sagen zu können, j'étais avec Madame. Nicht mal meinen diskreten Gruß hat sie erwidert. Mein Gewissen läßt mir keine Ruhe. Hélaine weiß bis heute nämlich nicht, aus welch selbstlosen Motiven ich damals mit ihr habe brechen müssen. Cher ami, bitte gehen Sie zu ihr, auf Ihrer Rückreise über Paris, um ihr zu erklären: Im Mai 1939, auf dem Weg zu ihr, der Geliebten, brach mir vorm Théâtre Français ein Zahn aus (um mir zu beweisen, daß er die Wahrheit sprach, wies er mit dem Finger auf seinen Mund); statt zu ihr mußte ich zum Zahnarzt, wo mir unter der Zange die Einsicht kam, daß ich zu alt für eine junge Göttin war. Cher ami, Sie müssen Hélaine überzeugen, daß ich sie aus reiner Rücksicht habe fallen lassen!« (Laisser tomber – das Leitmotiv französischer Moral.)

Meine Leidenschaft für das *avant et après* verleitete mich zum Wiedersehn mit Hélaine. Am Telephon war sie eher abweisend. Als alten Bekannten würde sie mich gern begrüßen, wenn nur kein Wort über den gefallenen Robert fallen würde. Auch hielt sie es für nötig, mich vorzubereiten, daß sie inzwischen zwanzig Jahre älter geworden sei. Nachmittags um fünf fand ich sie in Passy, Rue Raynouard, in einem Gartenhaus neben Balzacs Villa, in recht kleinbürgerlichen Umständen. Mit Wehmut entdeckte ich an dieser rundlichen Matrone in den Fünfzigern Schatten verschwundener Schönheit. Wir erzählten uns bei einem Glas Wein unsere Erlebnisse. Im Beginn der deutschen Besetzung war sie ohne einen Sou zu Fuß mit ihrem Töchterchen nach Lyon geflüchtet. Hatte da, um nicht zu verhungern, in einer Maison de rendez-vous gearbeitet und einen Großindustriellen kennengelernt, der sich ihrer angenommen hätte. Seitdem sei sie seine Generalsekretärin und Maitresse. Leider wolle seine grauenhafte Frau nicht sterben und: ça ne divorce pas. Ich behielt meine Erlebnisse für mich. Ein Franzose glaubt einem sowieso kein Wort. Wenn man aber vom Grauen französischer Konzentrationslager (meinem Lieblingsthema) anfängt, hört er weg. Frankreich weiß seine Schande totzuschweigen. So berichtete ich über New York, für das sich jeder Pariser aus Konkurrenzneid interessiert, um abrupt in Roberts Zahnlücke zu gleiten. Wie von einer Tarantel gestochen sprang sie auf: »Nicht weil er ein Zähnchen verloren hat, hat der Jammerlappen mich fallenlassen, sondern weil ich mein Vermögen verloren habe! Sobald der Bankrott der Argentina Insurancia, in die mein Vater seine Millionen investiert hatte, bekannt wurde, hat Robert sich von der alten Hexe heiraten lassen. Um ihn in der Hand zu haben, hat sie ihn vergiftet, einen Greis hat sie aus ihm gemacht, einen Gaga, den sie nach ihrer Opiumpfeife tanzen läßt. Sie haben gesehen, wie er zittert. Ich bin gerächt!« Sie leuchtete triumphierend jung. Gern hätte ich den Abend mit ihr verbracht. Leider mußte ich gehn. Sie bat mich, noch fünf Minuten für eine Überraschung zu bleiben, verschwand im Nebenzimmer und ließ mich bei halboffengelassener Tür hören, wie sie sich umzog. Jedes Kleidungsstück hat seine eigene Musik. Nach einer Viertelstunde posierte sie, weißgepudert mit Rouge, in einem viel zu engen himmelblauen Taftkleid, einer großen Balltoilette von Poiret 1912. Als ich mich ausgestaunt hatte, entrollte sie eine Rolle, die sie in der Hand gehalten hatte: das lebensgroße Portrait ihrer Mutter in demselben Kleid, ich glaube, gemalt von Le Sidaner. Beim Abschied bat sie mich um eines ihrer Photos von damals; Robert hatte ihr keinen einzigen Abzug gelassen.

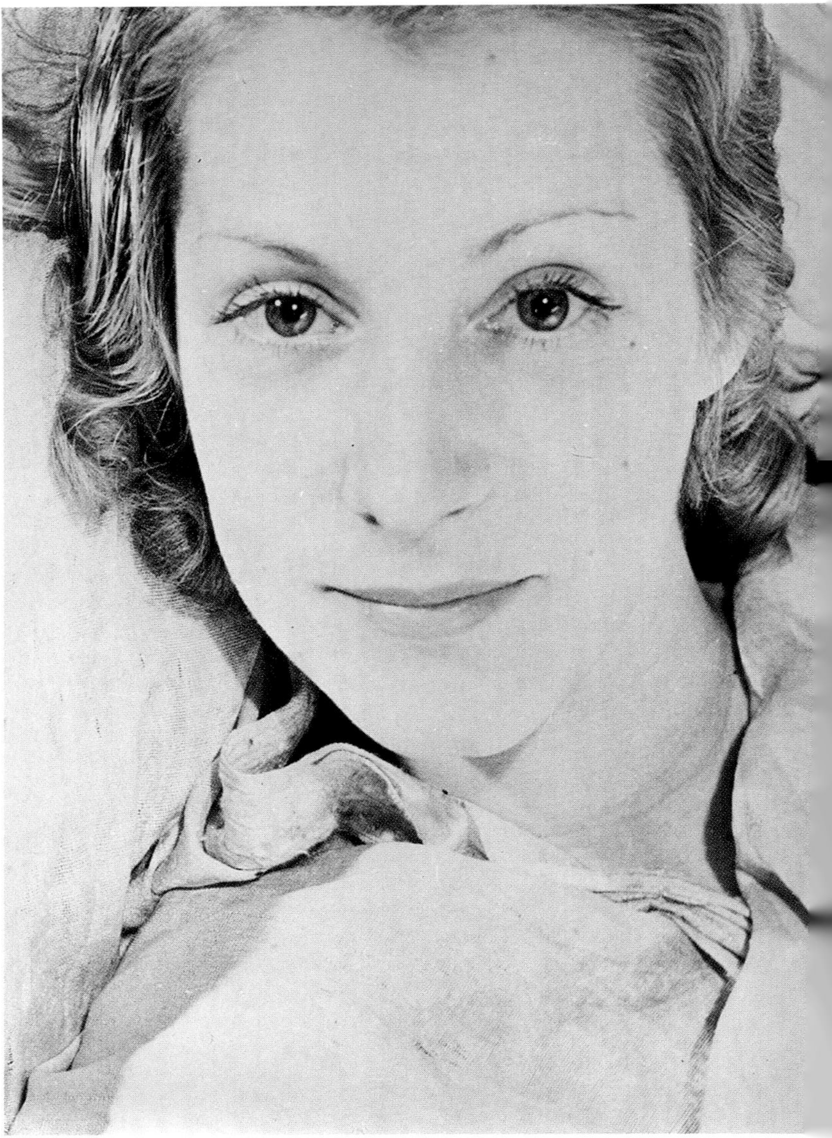

Von der schönsten Frau, die ich je photographiert habe, erinnere ich mich nur, daß sie Therèse hieß und daß sie von Oléron-Sainte-Marie in den Pyrenäen kam.

54 En Vogue. An einem späten Vormittag meiner Pariser Anfänge klopfte mich Rosalie, die femme de chambre des Hotels Celtique, aus tiefem Schlaf ans Telephon. Sechs Etagen runter ins Büro, in zerrissenem Regenmantel. Eine Sirenenstimme sängelte angelsächsisch mein Lob: Cecil Beaton, Lord Byron der Kamera, Prinz aus Genieland und Hofphotograph, enfant gâté et terrible de *Vogue*, träufelte Honig auf meine wunde Seele: Er fände meine Portraits von den Töchtern der Vicomtesse Marie-Laure de Noailles *divine!* Ob ich ihn heute nachmittag im Ritz zum *tea* besuchen wolle. Die bis dahin verriegelten Türen zum Salon der Welt schienen aufzuspringen. Trotz großartiger Empfehlungsschreiben und einführenden Visitenkarten von Prominenzen war es mir nicht gelungen, zum *Vogue* éditeur-en-chef vorzudringen. Freitag von drei bis fünf empfing er Künstler. Jeden Freitag wartete ich mit vielen Leidensgenossen. Gegen sechs kam er erhitzt vom Déjeuner, durchquerte das Spalier der sich respektvoll erhebenden Artisten, ohne irgendwen eines Blickes zu würdigen, und empfing nie mehr als *einen* (mit besonders wichtigen Beziehungen) oder *eine* (mit besonders reizenden Beinchen). Den Rest verwies die charmante Privatsekretärin Lionne auf den kommenden Freitag.

Ich klopfte an Beatons Tür im Ritz, trat ein und sah eine Dame im Spitzendéshabillé vorm Spiegel einen Straußenfederhut anprobieren. Ich hielt sie für Cecils berühmte Schwester Baba und entschuldigte mich. Es war Cecil, der dabei war, Kleider für ein Modephoto auszusuchen. Lachend rief er: *»Erwaine!«* Bei aller Verschiedenheit wurden wir sofort gute Freunde und sind's, avec un certain sourire, ein Leben lang geblieben.

Mit Cecils Protektion landete ich bald im *Vogue*-Betrieb und lernte diesen kunstfeindlichen Eitelkeitsjahrmarkt, in dem prätentiöse Annoncenerpresser den arbiter elegantiarum raushängen, zu verachten. Illusionen sind da, um verlorenzugehen. In diesem Ameisenhaufen unbefriedigter Ambitionen, wo nouveautés à tout prix gejagt werden, blieb ich ungeachtet Tausender publizierter Seiten Außenseiter und Fremdkörper. Michel de Brunhoff, rédacteur-en-chef de *Vogue* Paris, erklärte mir: »Si vous étiez seulement né Baron

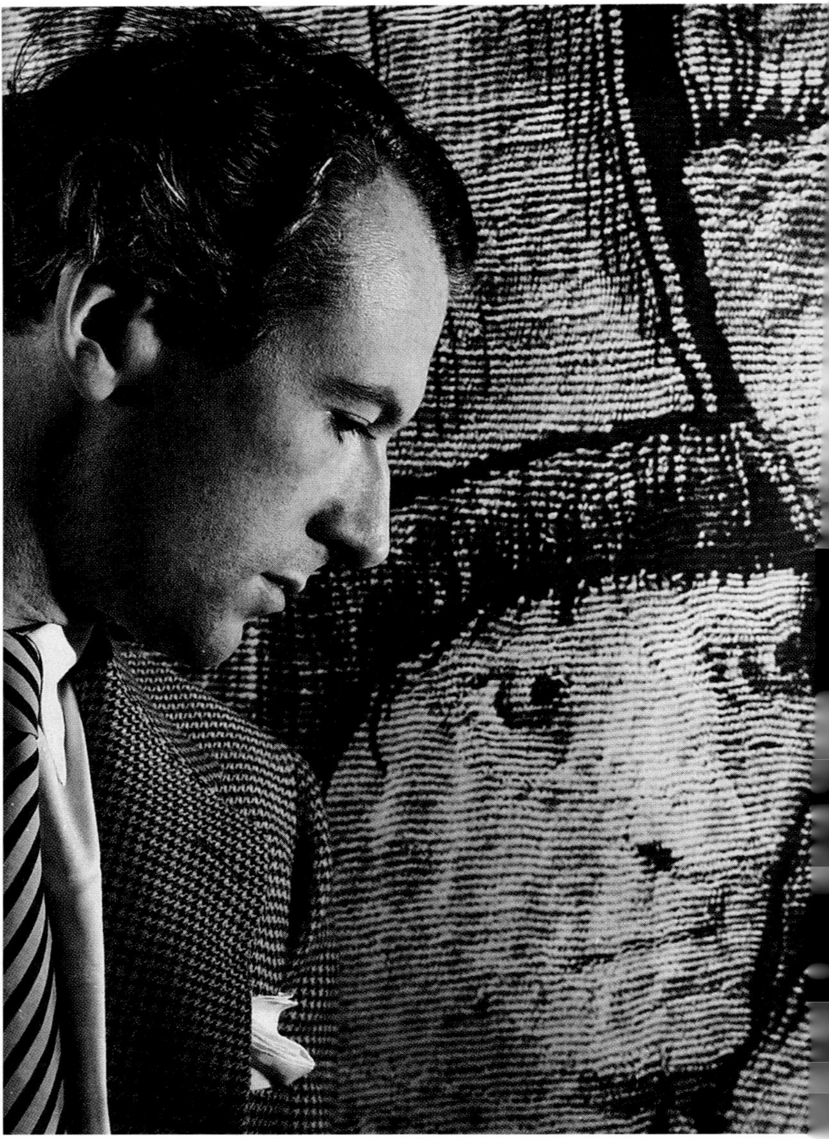

Cecil Beaton.
Paris, 1937.

et devenu pédé, vous seriez le plus grand photographe du monde!« Ich hatte aber bereits begriffen: *Le monde n'existe plus*.

Nach einem Jahr hatte ich genug von *Vogue* und beschloß, nach New York zu fahren und mein Glück bei *Harper's Bazaar* zu versuchen. Der beste Beschluß meines Lebens. Die schnellste und scheußlichste Ozeanriesin, die *Normandie*, brachte mich in fünf Tagen von Le Havre ins Dampfbad New York, wo ich an einem mordsheißen Junimorgen landete. *The world of tomorrow* (Weltausstellung 1939) war gerade eröffnet worden. Damals war die Neue Welt wirklich noch neu. In Manhattan wurde wild abgerissen und gebaut. Die Hochbahn ging untergrund. Die neuen Wolkenkratzer wollten nicht mehr wie vierzigstöckige Barokokobratwurschtglöckles aussehn und wagten, ein eigenes Gesicht zu zeigen: Le Corbusier (Paris), Oud (holländische Neue Sachlichkeit), Mies van der Rohe (Bauhaus Weimar). Das Neue kommt meistens von außen. Airconditioning fing an, das Leben erträglicher zu machen, die ersten als Handkoffer auf der Straße rumgetragenen Radios schrien sich heiser. *New Deal* hatte gesiegt über Reaktion, Nylon über Seide, Vitamine siegten über menschliche Schwächen. Die Welt, gestern noch so groß, war am Schrumpfen: Schon flogen Klipper einen Brief in vierundzwanzig Stunden über den Ozean. Amerika war als Großmacht aus seiner Depression hervorgegangen, und der paralysierte F.D.R. machte Weltpolitik. Intellekt aus Europa fand hier Sicherheit und erfand zum Dank die Atombombe. *Happy days are here again*.

Das Tweedjacket, das man mir in Paris für hier angemessen hatte, entpuppte sich als glühender Schwitzkasten. Ich sprach nur ein paar Worte gebrochenes Englisch, verstand kein Wort Amerikanisch. Stieg im Gladstone Hotel ab, East 52nd Street, nahm einen Ruhetag, doch beschloß ich, das Nützliche mit dem Angenehmen zu verbinden und meine vor fünfzehn Jahren in Amsterdam gekaufte Füllfeder reparieren zu lassen. Der lebenslange Garantieschein der Firma Waterman, den ich all die Jahre in meiner Brieftasche verwahrt hatte, trug die Adresse: *10 Broadway*. Ich brauchte nur den Broadway geradeaus runter zu laufen. Der Hotelportier riet mir ab: Mit der Subway ginge es in zwanzig Minuten. Das Thermometer wies 103 Grad. Fahrenheit sagte mir gar nichts. Nur zu Fuß lernt man Land und Leute kennen. (Wie deutsch!) Durch eine Straßenschlucht von Wolkenkratzern, die mit niedrigen, altmodischen Häusern abwechselten, kam ich schnell zum Broadway. Ich verlor sofort alle Maßstäbe (des Raums, der Zeit und des Geschmacks), stürzte verdurstet in die nächste Bar, wo Männer mit Strohhut auf dem Kopf am Schenktisch standen, und bestellte ein großes Glas handgepreßten Apfelsinensaft, von dem ich soviel Gutes gehört hatte. Man brachte mir einen Highball Whiskey, den zurückzuweisen ich mich nicht traute. Man bewunderte mich sogar. Um zwei Uhr war ich bereits am Broadway 1650, brauchte nur 1640 Nummern runterzusteigen. Am weltberühmten Times Square, einem plakatbedeckten Barackenhaufen, noch dreckiger als Place Pigalle, bevölkert von Bettlern, Betrunkenen, Taschendieben und Cops, blieben meine Schuhe im weichen Asphalt kleben. Hatte ich zuviel getrunken? Nach weiteren Highballs in mehreren Bars (immer wenn ich »orange juice« sagte, lachten die Barmen und brachten mir Whiskey. Sollte es an meiner Aussprache gelegen haben??) zogen sich die Häuser himmelschreiend in die Höhe. Bei Wallstreet wuchsen sie unheimlich wolkenkratzend über sich selbst hinaus. Ich dagegen wurde immer kleiner, wie Gulliver in Brobdingnag, fing an zu rennen, bis ich gegen Abend mit Müh und Not am Broadway 10 vor verschlossenen Türen arrivierte: Die Büros in New York schließen um fünf, außerdem war Waterman umgezogen. Ich litt bis zur Schmerzhaftigkeit unter der Abwesenheit der Pariser Vespasiennes, nicht mal Bäume standen da, Cafés gab's auch nicht. In Paris traf man wenigstens zu jeder Tageszeit Bekannte, hier sahen sich die Leute nicht mal an. Ich war am Verhungern, wagte mich nicht in ein Restaurant. Es hieß, man könne in Drugstores was essen, doch mir schien es undenkbar, in einer Apotheke zu soupieren. So torkelte ich von Bar zu Bar, bis ich gegen Mitternacht die 52nd Street zurückfand, überraschend verändert: bunte Lichtreklamen, Negerklamauk vor Nightclubs mit Jazzmusik, hochrot geschminkte rauchende Ladies mit Glas in der Hand; Nachtleben wie im Film. Kurz vor meinem Hotel hatte ich ein Gesicht, das mein Photographenherz zittern ließ: Auf den Treppenstufen eines Brownstone Hauses lag bäuchlings ein Mann im Smoking ohne Hosen, aus dessen nacktem Hintern Blut tropfte. Darüber schwebte ein Heiligenschein. Passanten passierten, ohne hinzusehn; wie in der rosa *Police Gazette*. Wie immer im entscheidenden Moment war ich ohne Kamera. Ich bin kein Photojournalist. Ungeachtet meiner Müdigkeit rannte ich ins Hotel und war nach keiner Viertelstunde mit Apparat zurück, gerade noch, um ein Ambulanzauto wegfahren zu sehen. Nur eine Blutlache zeugte von verschwundener Pracht.

Am nächsten Morgen packte ich meine hundert besten Photos in eine Aktenmappe, die einen, was ich nicht wußte, in New York zum deutschen Handelsreisenden stempelt. Ich wollte Henry Luce, den Publisher von *Life* besuchen, für den mir Lucien Vogel beim Abschied in Paris eine mich preisende Visitenkarte mitgegeben hatte. Im Rockefeller Center überfiel mich angesichts dieser kathedralischen Hochhäuser ein heiliger Schauer vor dieser Welt von morgen, so wie mich einst die beseelten Steine von Chartres mystisch in die Welt von gestern gehoben hatten. Ein Expreßlift brachte mich in zwölf Sekunden zur 35. Etage. Zum ersten Mal im Leben sah ich aus einem airkonditionierten Raum *from the top of the world* herab auf Babel in brennender Junisonne: der lapidarste Ausdruck modernen Wahnsinns, atemberaubender Steinhaufen.

Luce war glücklicherweise tags zuvor nach Europa abgefahren. Seine Sekretärin, sichtlich beeindruckt von Vogels Empfehlung, übergab mich telephonisch einem Androgyn meines Alters mit rosa Krawatte, rötlichem Haar und lachenden Schlagzähnen, faszinierend unzuverlässig, der herbeieilte, mich abzuholen: Alex King, alias Herr König aus Wien, alias Rosenberg aus Budapest, war Ideenmann bei *Life*, sprach akzentlos und ununterbrochen deutsch, amerikanisch, jiddisch und durcheinander. Obwohl wir uns noch nie im Leben gesehen hatten, überstürzte er mich sofort als alten Freund: »Selbstverständlich kennen wir uns, aus Paris, Irvin!« und duzte mich. Zehn Minuten später ernannte er mich zu seinem Cousin. Er erinnerte mich in seiner Sprechweise derartig an George Grosz, daß ich ihn fragte, ob er ihn kenne. »Kenne?? George ist mein bester Freund; hab ihn an meinem Magazin *Amerikana* mitarbeiten lassen, phänomenaler Zeichner, viel zu genial für amerikanischen Gebrauch.« King war nicht nur ein verdächtiger Groszimitator, er war ein Original: Alles an ihm war Imitation. In der Unordnung seines winzigen Büros erklärte er mir seine Position: »Um *Life*-Editor zu werden, muß man chronischer Alkoholiker sein. Im moment suprême, wenn Kriege ausbrechen oder Präsidenten ermordet werden, sind sie alle besoffen. Darum brauchen sie mindestens einen Juden wie mich, der nüchtern ist und Entscheidungen treffen kann.« Dabei betrachtete er jedes einzelne meiner Photos mit einem Interesse, einem Verständnis, einer Begeisterung, wie ich es im Journalistenbetrieb nie wieder gefunden habe. Er war exaltiert mit einem pathologischen Drang, sich auszudrücken. Andauernd kamen Phantome in Hemdsärmeln mit offener Krawatte, ohne Gesicht, die Photos oder Gedrucktes zur Begutachtung brachten. King erledigte alles mit virtuoser Clownerei, machte sich über jeden lustig, stellte mich jeder dieser Nullitäten als »größten lebenden Photographen« vor, was jeder mit »Hello Irvin!« beantwortete. Bei offener Tür holte Alex eine Spritze zum Vorschein, füllte sie mit milchiger Flüssigkeit und jagte sich völlig ungeniert die Nadel in den Arm: »Vitamin E!« Nicht der allergeringste Verdacht kam in mir auf. Erst als King mir versprach, mich in der nächsten *Life*-Nummer groß als Topphotograph rauszubringen, wußte ich, daß er verrückt war. Mit einer Handvoll Photos nahm er mich mit in ein größeres Büro neben dem seinen: *Wilson Hicks*, Picture Editor. Eine Brille ohne Gesicht, die auf Photos starrte, ohne zu sehen. King stellte mich bombastisch als Weltberühmtheit vor, was peinlich war. Er legte eine Reihe meiner Bilder vor Hicks hin und verkündete mit suggestiver Feierlichkeit: »Speaking about pictures... *Blumenfeld's are the tops*.« Hicks nickte: »O.K.« Mich berührte es seltsam, daß man im Lande des Dollars Geschäfte machen konnte, ohne daß ein Wort über Geld verloren wurde, bis ich später begreifen lernte: *Life doesn't pay.* Als Hicks merkte, daß ich etwas Prosaisches wollte, nahm er mein Photo des sterbenden Christus von

Claus Sluter in die Hand und wurde poetisch: »What an ad for Pepsodent!« King riß mich in den Korridor und flüsterte begeistert: »Irvin, du bist gemacht! Was kann ich sonst noch für dich tun?« Ich bat ihn, mir die Quintessenz der Stadt New York zu zeigen. (Ich sagte: das Newyorkerischste!) King sah auf seine Uhr und grinste diabolisch: »In genau 25 Minuten, um 12 Uhr 15, wird dein Wunsch in Erfüllung gehen! Bis dahin könntest du, wenn es dir nichts ausmacht, noch schnell nebenbei fünfhundert Dollar zu verdienen, zehn deiner Photos aussuchen, die ich in einer kleineren Photozeitschrift, *Minicam,* mit einem Artikel über dich veröffentlichen werde!« Endlich also war ich angelangt im gesegneten Land, darin Milch und Dollars fleußen. Während ich aussuchte, verschwand Alex. Nach einer Viertelstunde nahm er mich mit hinauf zur höchsten Etage, zum Penthouse, wo ein Teleskop montiert war. Ein Butler brachte Getränke. Wieder stellte mich Alex als größten lebenden Photographen vor. Auch der Butler sagte: »Hello Irvin.« Das war Demokratie. Vor mir zitterten Millionen Fenster in gleißender Mittagshelle. King überließ mir das Fernrohr, sich selbst begnügte er mit einem Opernglas. Durch mein Okular sah ich in überbelichteter blauer Ferne, doch greifbar nahe, in einem Fenster ein blondes Fräulein hinter einer Schreibmaschine zittern, was mir nicht außergewöhnlich amerikanisch vorkam. Alex bat um Geduld, in sechzig Sekunden würde ich mehr verstehen. In der Tat trat ein Mann in Erscheinung, stellte sich hinter das Girl und küßte sie in den Nacken. Sie hörte auf zu tippen, erhob sich, er machte es sich leichter und half auch ihr aus der Bluse. Wie der Erklärer im Stummfilm erklärte mir mein Mentor, daß der Chef, ein Stockbroker, jeden Mittag zur selben Minute von der Börse käme, rain or shine, um dann pünktlich auf die Sekunde dieselben Manipulationen zu vollziehen; amerikanische Erotik. Da unser Beobachtungsposten höher gelegen war als das Liebesnest, konnten wir von oben herab ins Zimmer sehen und mitgenießen, was von Menschen nicht gewußt oder nicht gedacht... Wo viele Fenster sind, sind viele Voyeurs.

Mir fiel der ungarische Maler Tiyany aus dem Café du Dôme ein, berühmt für sein Monokel, seine rote Weste und

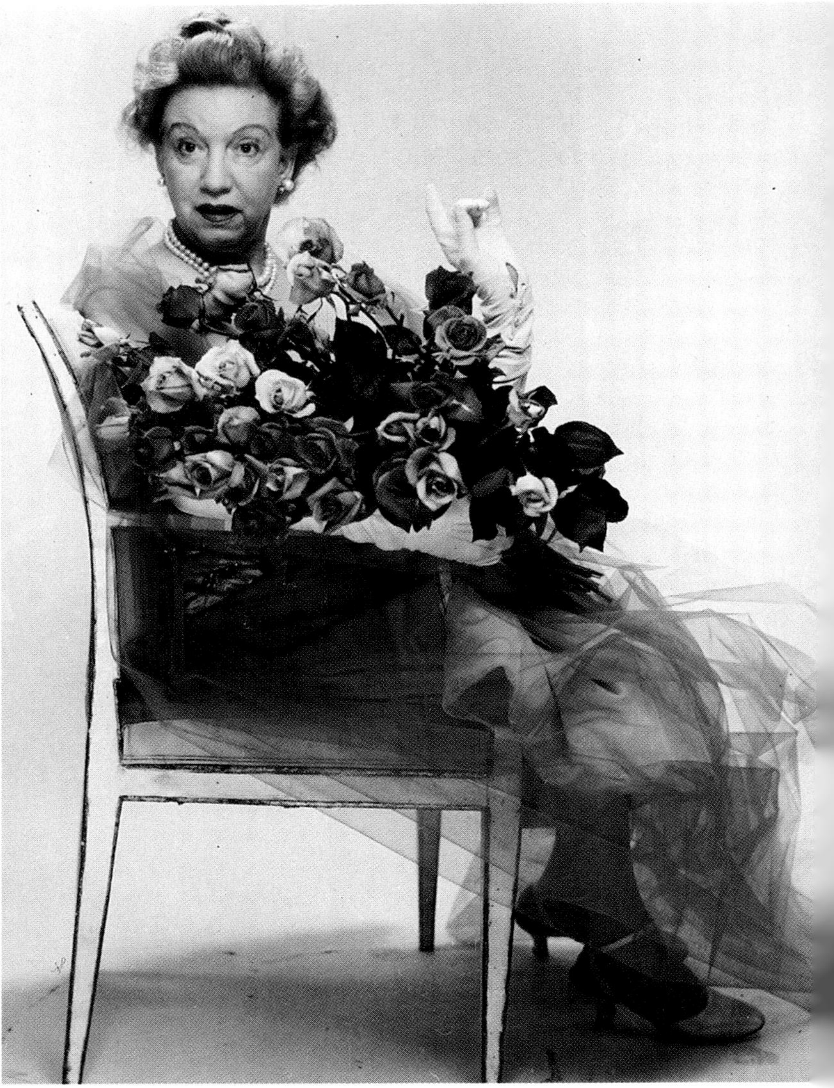

Elizabeth Nightingale Graham (Elizabeth Arden).
New York, 1960.

dafür, daß er ein siebensprachig taubstummer Raconteur war. Seine Passion: von seinem Balkon am Parc Montsouris, dem höchsten Punkt von Montparnasse, durchs Fernrohr Montmartreliebespaaren Liebesgeflüster von den Lippen zu lesen.

Nach diesem erfolgreichen Vormittag glitten wir im Lift runter in die atemraubende Höllenhitze der Rockefeller Plaza. Ich zu einer Verabredung mit *Harper's Bazaar* (wo ich einen Kontrakt bekam), King zu einem Lunch. Beim Abschied entdeckte er glücklicherweise im letzten Augenblick, daß er seine Brieftasche oben gelassen hatte, so daß ich gern mit zwanzig Dollar einsprang, die ich nie wiedergesehen habe, wie so manche zwanzig Dollar, die er mir jedesmal mit einer neuen Finte aus der Tasche zu hypnotisieren wußte. Ein genialer Pumper. Meine *Life*-Seiten jedoch sind tatsächlich erschienen. Ebenfalls die zehn Photos in *Minicam.* Die 500 $ für diese hat Alex sich, als ich sie in Frankreich am allernötigsten hatte, selbst eingesteckt. Koks war teuer und Alex brauchte viel, wovon ich wieder mal nichts geahnt hatte. Ein Katalog seiner Hochstapeleien gäbe einen amüsanten New Yorker Narrenspiegel.

Auf den teleskoperotischen Entdeckungen meines ersten New Yorker Tages hatte ich eine amerikanische Sexualkritik aufgebaut. Jahre danach kam ich dahinter, daß ich auf einen Einakter reingefallen war, den King von Schauspielschülern aufführen ließ, wenn er europäischen Greenhorns die gewünschte Quintessenz New Yorker Lebens zu bieten hatte.

Résumé Amerika 1939: Die Neue Welt war utopischer, als man es in den Romanen der Jugendtage belächelt hatte: Masse Mensch, computed von Pillen, Pollen, Polls (Stimmenzählung) und Polio. Irreführenderweise bedient sich dieser Maschinenmensch noch der alten Worte, die neue Mißverständnisse mit sich bringen: *Loving Care* wurde zum Haaröl, *Right* ein Kugelschreiber, *Serutan* (*natures* von hinten!) ein Abführmittel.

Das gewaltigste Erlebnis: In New York anzukommen. Das beste: Hellzapoppin, Olsen & Johnsons amerikanische Commedia dell' arte im Wintergarden. Ich sah mir diese Dada Slapstick-Burleske an fünf Abenden hintereinander an. Orgien von Respektlosigkeit, wie Elsie, die Borden-Kuh, die sich auf der

Worlds Fair zu Beethovens Eroica lachend von einer Maschine melken läßt. Die wahre Eleganz New Yorks ist kohlrabenschwarz: Boogie-Woogie in Harlems Jitterbug Savoy. Konzentration kulturloser Komik: die Anhäufung falscher Rembrandts im Metropolitan Museum. Ebenda flog ich auf zwei wunderbare etruskische Riesenkrieger (500 v.Chr.) rein, die sich leider zwanzig Jahre danach ebenfalls als Fälschungen entpuppten. Bei Betreten amerikanischen Bodens verliert jeder jeden Sinn fürs Echte. *Das schlimmste:* die feuchte Treibhaushitze. *Das allerschlimmste:* der geschmacklose Fraß mit den noch geschmackloseren Freßmanieren.

Nach 7 Wochen *World of tomorrow* mit Cocktailparties, Erfolgen und Deadlines fuhr ich heilfroh nach Europa zurück, um in Paris Herbstmoden zu photographieren.

55 Die Geschichte der schönen Grimm.

An einem Sommerabend des Jahres 1936 rannte ich auf dem Boulevard Montparnasse in den Photographen Landshoff und erzählte ihm beglückt, daß ich mit Hilfe von Freunden ein wunderbares Studio, 9 rue Delambre, hatte mieten können, in das ich am nächsten Tag einziehen würde. Er versprach mir das schönste Modell und hat Wort gehalten. Am folgenden Nachmittag strahlten die blauesten (bleu cerulé) Augen in mein leeres Atelier. Todmüde ließ sich die hochschwangere hellblonde Jungfrau Grimm auf das einzige Möbel, ein abgekämpftes, vom vorigen Mieter zurückgelassenes Sofa fallen. Grimm war kaum – einen Vornamen hatte sie nicht – imstande, mir ihr Schicksal runterzuleiern, ihr einziges Gesprächsthema, das sie auswendig gelernt hatte. Als Tochter des Frankfurter Altphilologen Professor Grimm hatte sie mit einem ungarischen Juden, Baron von Tillaly, Rassenschande getrieben, war mit ihm nach Prag durchgebrannt und über Wien in Paris gelandet. Wie Zehntausende andere mittellos, ohne Papiere (wer Mittel hatte, hatte auch Papiere). Sie jedoch war die schönste Frau der Welt. Vielleicht auch die dümmste. Widerstrebend mußte ich einsehen, daß Schönheit und Dummheit verwandtschaftliche Beziehungen unterhalten. Auf Tiefenpsychologie folgte Tiefenschärfe: selige Zeitaufnahmen. Grimm, in tiefem Schlaf, ließ sich durch Lampenglut und Arbeitswut nicht stören. Nach ein paar Stunden weckte sie sich mit dem Schrei: »Tristan!« Es war Nacht und ich half ihr die Treppen hinunter auf die Straße. Vor der Haustür wartete ihr Tristanlein, ein intellektuell tuender Widerwart, der mich sofort erfolglos um fünf Francs anzupumpen versuchte. Beleidigt sagte er: »Laß uns wandern, Isoldchen, ein anderer wertloser Mensch!« Ich begriff widerstrebend, daß Häßlichkeit und Intelligenz keine verwandtschaftlichen Beziehungen unterhalten.

Einige Wochen danach genas Isolde eines Töchterleins, Tristania geheißen, ganz der Papa. Bald erschienen meine Bilder der schlafenden Grimm, eine Serie, die unseren beiden Karrieren auf die Beine half. Sogar in Amerika. *Esquire* hatte für ein neues Pocketmagazine *Coronet* fünfzig Blumenfeldphotos zum fantastischen Preis von fünfzehn Dollar per Photo gekauft *und* bezahlt. Frankreich bezahlte mit Versprechungen, und dann noch 30 jours fin du mois 5% + 2% + 2%. Der Minotaure Thériade hatte dies vermittelt. Dafür mußte ich ihm für die erste Nummer seiner neuen Zeitschrift *Verve* zweiundzwanzig Photos umsonst machen. J'étais placé. Es fing an, bergauf zu gehen.

Die Grimm wurde ein begehrtes Modell und war imstande, Mann und Kind schlecht und recht zu ernähren. Wo immer Isolde posierte, schob Tristan den Kinderwagen vor die Tür, klappte sein Feldstühlchen auf und strickte Kinderkleidchen, auf ihre ewige Wiederkunft wartend. Er gab vor, nachts an seinen »Isoldinischen Elegien« zu arbeiten, die niemand je gesehen hat. In meinen *Vogue*-Anfängen habe ich schöne Seiten mit Grimm gemacht, bis mir ihr deutsches Dienstbolzengedusel zum Hals raushing. Sie war beleidigt über die französische Oberflächlichkeit, wenn jemand zu ihr »Bon-jour, Madame Grimm« sagte. Bald war sie berühmt – Modelle werden schneller berühmt als Photographen –, spielte Primadonna und erwartete ihr drittes Baby, was die Situation erschwerte. Im August 1939 photographierte ich die unausstehlich schöne Grimm zum letzten Mal, im Bois de Boulogne, ihren Primaverakopf unter einem Riesenpelzhut (Schiaparelli) an einen uralten Baum lehnend. Sie meckerte derartig während der Sitzung, daß ich ihr sagte, wir würden nie wieder zusammen arbeiten. Vierzehn Tage danach brach der Zweite Weltkrieg aus.

Fünfzehn Jahre später bat mich Madame Dillé, die liebende Mutter aller Modelle und Photographen, mir ein Mädchen anzusehen, das gute Photos brauchte, um lanciert zu werden. Ich solle nicht zuviel fragen, sie würde mir später alles erzählen. Kam eine Verschüchterte, ohne Interesse: *Tristania!* Einen Nachnamen hatte sie nicht. Gerührt erzählte ich ihr, daß sie mich vor achtzehn Jahren kurz vor ihrer Geburt im Bauch ihrer Mama in meinem Studio besucht hatte. Das interessierte sie nicht. Sie wollte nur wissen, ob und wann ich sie photographieren würde. Ich lud sie zum Déjeuner ein. Sie schlug ab, ihr Vater wartete vor der Tür. Ihr war nicht zu helfen, sie hatte zu viel von Tristan und zu wenig von Isolde. Die Dillé erzählte mir, was sich nach dem August 1939 zugetragen hatte:

Tristan war, wie alle feindlichen Ausländer, in ein französisches Konzentrationslager gekommen. Der Modebetrieb hatte aufgehört, Isolde konnte nichts als schön sein, die Kleinen piepsten um Brot. Isolde arbeitete an Tristans Befreiung, lief von Pontius zu Pilatus. Beide versprachen, ihr Äußerstes zu tun, wenn auch sie ihr Äußerstes täte. Isolde schlief mit Pontius und Pilatus und mit vielen andern, ohne daß es ihr gelang, Tristan zu befreien. Nach dem drôle de guerre kam der verblüffend schnelle Zusammenbruch Frankreichs. Die französischen Konzentrationslager wurden ordnungsgemäß den deutschen Siegern übergeben, was Grimms Unterhandlungen vereinfachte, da es immer mit ihrem Französisch gehapert hatte. Sieger haben mehr zu versprechen, weniger zu halten. Sie ging von Offizier zu Offizier, gab sich hin und her, war bald die umworbenste Bacchantin des Generalstabs, bekam eine von Juden im Stich gelassene Luxusvilla am Bois. Erfüllung vieler Träume: für jedes Kind eine Gouvernante und Ponies zum Ausreiten, echte Rembrandts überm Himmelbett, Diamanten, Champagner, tolle Abendkleider und livrierte Diener, traumhafte Dessous: alles nur für Tristan. Hilfsbereit nahm sich die brave Gestapo dieses Sonderfalles an. Der Jude Tristan wurde zum Ehrenarier ernannt, aus

Drancy weggeholt und in ein Pariser Gefängnis in Einzelhaft überführt, mit Rebhühnchen zum Frühstück. Durch sein vergittertes Fenster durfte er seinen vorbeireitenden Kindern zuwinken. Isolde war guter Hoffnung: Nur noch einige Formalitäten und er wäre frei! Wenn es ihr nur gelänge, diesem oder jenem General beim Liebesspiel dieses oder jenes Geständnis rauszustreicheln, dürfte Tristan bald wieder in ihren Armen dichten und stricken. Die dümmste Frau der Welt tat als Gestapospitzel, was sie konnte. Mehrere Generäle, die mit der Grimm geherzt und gescherzt hatten, wurden zum Tode verurteilt. Bis sie sich in einen baldurschönen Fliegerhauptmann so verknallte, daß sie ihm im Bett ihr Verhältnis mit der Gestapo gestand, die wissen wollte, wie er über Göring dächte. Der wütende Flieger schlug Krach beim Gestapohauptquartier. Als am folgenden Morgen die Kleinen hoch zu Pony in ihren schottischen Kilts aus dem Bois nach Hause geritten kamen, fanden sie ihre Mama, ein Hakenkreuz in die Stirn genagelt, mausetot auf den Stufen ihrer Villa.

56 ARRIVIERT. Nach fünf nicht enden wollenden Tagen auf der größten, schnellsten, häßlichsten Ozeanriesin, der *Normandie*, schiffte ich mich am 7. August 1939 glücklich in Le Havre wieder aus. Ominös lag das Riesenwrack der *Paris* wie ein toter Walfisch im Hafen. Sie war vor einigen Monaten von unentdeckten Saboteuren in Brand gesteckt und versenkt worden. Der *Normandie* sollte es ein paar Jahre später im Hafen von New York ebenso ergehen. Wären keine Zuschauer dagewesen und hätte meine Frau mich nicht am Landungssteg erwartet, dann hätte ich wohl kniend Frankreichs Boden geküßt. Dazu bildete ich mir ein, diese Liebe müsse Erwiderung finden. Ich war nicht nur angekommen, sondern auch arriviert. Hatte meinen *Vogue*-Kontrakt gegen einen viel besseren mit *Harper's Bazaar* vertauscht, *Life* hatte mich der Welt als »topphotographer« vorgestellt, ich hatte im Dampfbad New York erfolgreich gearbeitet und wollte nun leben wie ein Gott in Frankreich. Endlich, nach jahrelanger Bohème-Umzieherei mit Koffern in häßlich möblierten Zimmern, durfte ich an richtiges Woh-

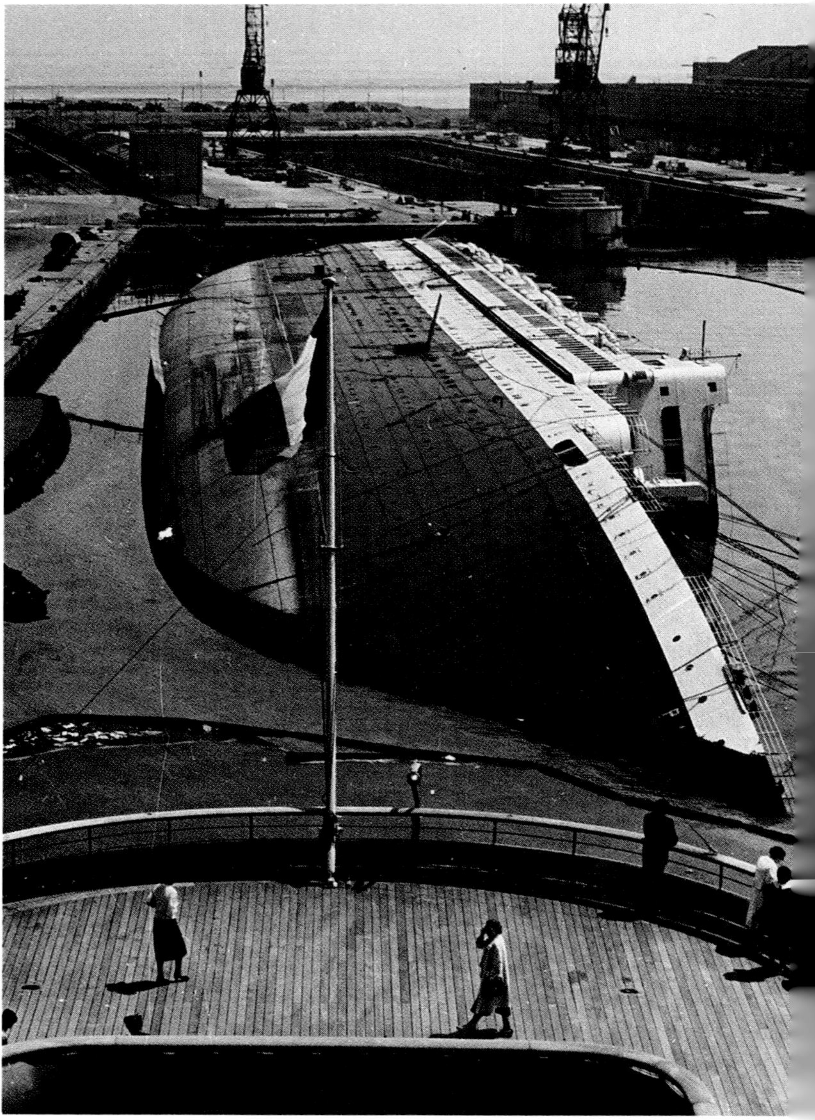

Das im Hafen von Le Havre liegende Wrack der PARIS habe ich, trotz strengsten Verbotes, von der NORMANDIE aus am 2. Juni 1939 bei meiner Abfahrt nach New York photographiert.

nen denken. Hatte in der Rue de Verneuil, Faubourg Saint-Germain, ein herrliches Appartement gefunden, holzgetäfelt, mit hohen Fenstern, Spiegeln und Kaminen. Nach einigem Umbau, wozu Kostenanschläge bereit lagen, ideal als Atelier und Wohnung. Der Mietvertrag wartete auf Unterschrift nach den Ferien, *wenn* Friede bliebe. Obwohl ich mit andauernder Voraussage dieses Krieges allen seit zwanzig Jahren auf die Nerven gefallen war, rechnete ich auch diesmal, wie im September 1938, wie im August 1914, mit dem Wunder der letzten Minute und wiederholte unentwegt, daß dieses Jahr ein Kriegsausbruch logisch unmöglich sei. Meine Frau war entgegengesetzter Meinung und genießt es seitdem, damals tiefere Einsichten gehabt zu haben. Gerade wo die Erfolgssonne anfing, auch mir einmal leuchten zu wollen, kam ein Weltkrieg äußerst ungelegen. Ich hielt den Franzosen für einen genialen Schachspieler, der den deutschen Michel in die Falle laufen läßt, um ihn dann spielend zu vernichten. Jeder wußte, daß die Nazis blufften und daß man mitbluffen mußte. Aus den Zeitungen erfuhr man täglich neu, daß Frankreich die beste, wenn nicht gar, laut *Paris-Soir*, eleganteste Armee der Welt hatte, seine Goldmilliarden (mit dauernd devaluierendem Franc), seine Gamelins, seine Giraudoux, selbst seine De Gaulles. Man ahnte, daß die uneinnehmbare Maginotlinie (auch die des Geistes) teilweise nur halb existierte, doch glaubte ganz an sie. Die stolzen Polen würden wieder mal beweisen, was Traditionen sind. Rußland, der Riesenbär mit den Lehmpfoten, würde Deutschland fallen lassen und in den Rücken fallen. Die Entente cordiale, Frankreich und England, würde ihre Differenzen vergessen. Gestützt auf ihre unermeßlichen Empires, in denen die Sonne selten unterging, würde sie mit Hilfe des stinkreichen Uncle Sam ewigen Frieden in einem wirtschaftlich neugeordneten freien Europa diktieren. Am leichten Siege der Demokratien über Hitler bestand kein Zweifel. Das halbverhungerte Deutschland, arm an Gold, Geist, Göring und Goebbels, stand militärisch und moralisch vorm Zusammenbruch. Was man danach mit fünfzig Millionen Nazis in Mitteleuropa anfangen sollte, war ein anderes Problem. Defaitistische Slogans verdrängten die Logik. Léon Blum war an allem schuld, die Kommunisten und die Engländer, das perfide Albion. »Wir Franzosen wollen nichts als friedlich leben, in Frankreich geht alles gut. Wir hassen den Krieg.« Kein Franzose war gewillt, für seine Freiheit oder gar für etwas so Fernliegendes wie die Freiheit der Welt auch nur einen Finger zu rühren, geschweige denn zu kämpfen. »Man weiß kaum, wo Polen liegt, und soll für Danzig fallen?« Die Luft auf allen Wellen war voller bobards: Der Papst, Mussolini und Roosevelt würden im letzten Augenblick intervenieren, Ciano hätte persönlich dreißig Millionen Pound Sterling bekommen, um Italien neutral zu halten. Zensur setzte ein. Man durfte nicht mehr fremdsprachig telephonieren. Ich versuchte französisch auszusehn, trug ein Béret, um nicht als Spion verhaftet zu werden, dabei konnte mir jeder ansehen, daß ich aus Berlin war. Übervorsichtige Boulevardiers – vielleicht würde ein Luftangriff der Kriegserklärung vorangehen – promenierten mit chic über die Schulter gehängter Gasmaske; Emigranten hatten keine bekommen. Die ersten Calembours über Gasmasken wurden lanciert. Chevalier und Josephine Baker suchten bereits – vergeblich – nach großen Kriegsschlagern (Frankreich hat in diesem Krieg keine geliefert). Der Krieg der Nerven begann: Krampfhafter Optimismus versuchte krankhafte Angst zu verscheuchen.

Kopflose Hausfrauen machten gehetzt letzte Einkäufe. Autobusse übervoll, Taxis unfindbar, Verkehr unmöglich, Läden, Restaurants geschlossen: Clôture annuelle. Im August ist Paris immer leer, diesmal sah es so aus, als würde es immer leer bleiben. Man sah mit Familien überfüllte Autos, auf deren Dach phantastisch befestigte Matratzen wippten, oft mit Anhängewagen, Paris verlassen. Man riß Zeitungsverkäufern die wegen Papierknappheit (jetzt schon??) auf ein Blatt reduzierten Zeitungen aus den Händen, um zu lesen, was man bereits am Radio gehört hatte. Wie zur Schlachtbank zogen Mobilisierte zu den Bahnhöfen, ohne Blumen, ohne Lieder, ohne Enthusiasmus. Wie ich hofften sie, daß alles nur Komödie sei. Die Zeitungen faselten von heldenmütiger Entschlossenheit. Paris verdunkelte sich. Die Nächte der Ville lumière verloren ihren Glanz; sie haben ihn nie wiedergefunden. Desto fiebriger war das Halbdunkel. Man vermied, allein zu bleiben, diskutierte auf den Kaffeehausterrassen bis zum Morgengrauen Möglichkeiten und Unmöglichkeiten, ging todmüde nach Hause und versuchte bereits um sieben Uhr morgens, die erste Friedenstaube am Radio einzufangen.

Ich hätte immer noch nach Amerika fliehen und viele Widerwärtigkeiten vermeiden können, doch ich hatte meinem Schicksal zu folgen: *Sequere deum.* Heute kann ich stolz darauf hinweisen, den Untergang der Alten Welt höchstpersönlich mitgemacht zu haben: häßlich, dumm und lebensgefährlich. Daß ich, mit den Meinen, mit einem blauen Auge davongekommen bin, ist reiner Zufall.

Auf der Schule hatten uns bezahlte Patrioten eingetrichtert, der Tod fürs Vaterland sei eine süße Ehre. Zu Hause päppelten uns die Eltern mit ethischen Prätentionen: Der »Tod für die Idee« und ähnliche Phrasen erfüllten uns mit Bewunderung. Man wurde zwar kein Held, doch stellte höchst heldenhafte Anforderungen an die andern. Im Kriegverlieren war ich kein Novize; wäre gern mit gespielter Todesverachtung für *Paris et mon droit* theatralisch à la Delacroix auf Barrikaden gesprungen. Mit einer armseligen Handvoll intellektueller Emigranten aus dem Café du Dôme hätte ich unter Gelächter der amüsierten Parigots ein pathetisches Ende gefunden: pauv'typ! Wär's nach mir gegangen, läge heute die Herrlichkeit von Paris in Trümmern, und ich wär nicht mal am Leben, die Trümmer zu photographieren. Statt dessen strahlen die Straßen in alter Pracht, stinken nach Gestaporomantik, Chauvinismus und deutscher Soldatenpisse: Pétain, Pinard, Patrie: Hitlers Lunapark. Meine große Nase hat ihren Geruchssinn behalten, die Franzosen, ohne es zu merken, haben ihren feinen Riecher verloren, und jeder collaborateur ist hinterher ein héros de la résistance gewesen. Qui perd, gagne.

Von New York zurückgekommen, um für *Harper's Bazaar* Herbstmoden zu photographieren, stürzte ich mich Hals über Kopf in die Arbeit, daß keine Zeit für die Wirklichkeit blieb. Ich habe nie Zeit für Wirklichkeiten gehabt, war immer in Illusionen verwickelt. Meine Frau hatte ich, wider ihren Willen, mit den drei Kindern nach Haute Savoie, an den Fuß des Mont Blanc auf Ferien verschickt, wohin ich nach getaner Arbeit Anfang September folgen wollte. Ich hatte Ferien nötig, wollte den Mont Blanc besteigen und Marcassin au lait essen; weitere Gründe, den Krieg noch etwas rauszuschieben. Nötigenfalls war man da nah an der Schweizer Grenze... Es wurde nämlich viel, viel zuviel von bereitstehenden Konzentrationslagern für feindliche Ausländer gemunkelt. So was kam doch für mich kaum in Frage: Ich war ein international bekannter Photograph, war bekannt als Antihitler, hatte schon vor einem Jahr meine Naturalisation beantragt, arbeitete für die amerikanische *Hearst Press* und erklärte mich romantisch bereit, mein Leben für Frankreich gegen die Barbarei einzusetzen. Jeder Franzose, dem ich dies vorsang, starrte mich entgeistert an. Ein unverzeihlicher Fauxpas. Sicherheitshalber hatte ich seit einiger Zeit Loyalitätszeugnisse von Prominenzen eingeholt, ebenso beschämend wie unentbehrlich. Noch gestern war ich mit meiner Chefredaktrice Carmel Snow, der Modekönigin aller Welten, beim Allerweltspräsidenten der Haute Couture, Lucien Lelong, gewesen, der mich unter Akkoladen gebeten hatte, jederzeit sein Haus als das meine zu betrachten. Kurz nach Kriegsausbruch zog er leider um und konnte sich im neuen Haus meines Namens nicht mehr entsinnen.

Mittwochmorgen, am 29. August, ging ich ins Hotel Westminster, Rue de la Paix, um mich von Carmel zu verabschieden, bevor sie mit der *Queen Elizabeth* nach New York zurückfuhr. Wir mußten noch entscheiden, ob die letzte Korsettsensation Mainbochers in Amerika als Diabolo, Wespentaille oder Hourglass lanciert werden sollte. Während der letzten Wochen, Tage, Nächte hatten wir leidenschaftlich zusammengearbeitet, was zu gegenseitiger Bewunderung ausartete, um so mehr seit Edna Chase, ihr würdiges Gegenstück bei *Vogue*, vergeblich versucht hatte, mich für das Dreifache des *Bazaar*-Kontraktes zu ihrem Blatt zurückzulocken. Carmel, um die Fünfzig mit hellila Haar und versoffener Stupsnase, war, nach Claire Boothe Luce, eins der gräßlichsten Karriereweiber, an denen Amerika so reich ist. Mein nie geschriebenes Ballett: Die Vier Grazien, getanzt von den hundertjährigen Hexen Carmel Snow, Edna Chase, Helena Rubinstein und ihrer Todfeindin Elizabeth Arden, die der

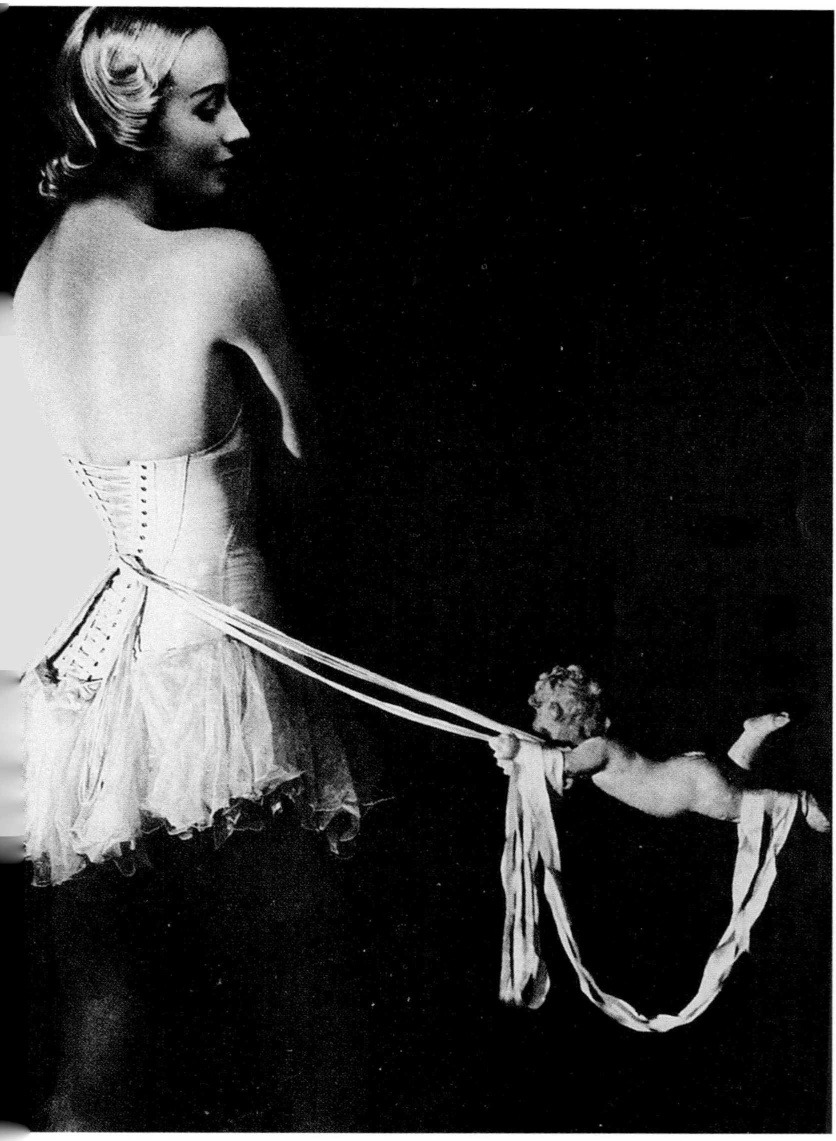

Mainbochers corset sensation.
Harper's Bazaar, 1939.

Jugend der Welt Schönheit und Eleganz diktierten. Wer mit einer dieser Scheußlichkeiten amerikanischer Weiberwirtschaft zu tun gehabt hat, ohne homosexuell zu werden, hat die Feuerprobe bestanden. Ich habe mit allen vieren arbeiten müssen und mit vielen ihrer noch scheußlicheren Imitatorinnen und bin doch kein Frauenhasser geworden.

Carmel: todsicherer Fashioninstinkt, basiert auf restloser Kulturlosigkeit. Die gerissenste Modejournalistin aller Zeiten Anregend ekelhaft. Geizig bis zum Äußersten, wenn man etwas von ihr wollte; erstaunlich großzügig, wenn sie etwas von jemandem wollte. Kaltblütig hätte sie – wie ihre Sekretärin mir stolz versicherte – für eine gute Seite im *Bazaar* ihre alte Mutter ermordet.

Wie jede Chefredaktrice jeder Hollywoodproduktion thronte sie in sorgfältig arrangierter Abreise-Unordnung zwischen kapitalen Orchideenbuketts, eisgekübeltem Sekt und Telephonen. Diener schleppten dauernd dieselben Koffer rein und raus. Carmel diktierte gleichzeitig drei Sekretärinnen Briefe und Telegramme, präzis, witzig, unverschämt virtuos und geistlos. Sie tat, als hätte sie mein Kommen nicht bemerkt. Plötzlich streckte sie mir alle drei Hände zum Kuß hin, um mir strahlend anzuvertrauen, daß nach ihren allerletzten Geheimberichten jede Kriegsgefahr geschwunden sei. Wiedermal: peace in our time. Sie hätte gerade mit Bullitt, dem Gesandten der Vereinigten Staaten telephoniert: Er würde morgen mittag, Punkt zwölf, mit seiner Tochter Ann für mich im *Bazaar*-Studio für Farbaufnahmen posieren, wozu, wenn wirklich Krieg drohte, keine Zeit wäre. Gleichzeitig diktierte sie ein Cable an *Harper's Bazaar* in New York: *»Reserviert Octobercover für Doppelbullitpix Blumenfeld fullcolour Carmel«*, und erzählte mir lachend, man habe im Hotel bereits den Gästen die Kopfkissen weggenommen für Lazarette und Entschuldigungszettel aufs Bett gelegt. Zugleich einen Brief an Bullitt: »Dear Ambassador«, in dem sie die verabredete Sitzung dankend bestätigte, und sicherheitshalber einen zweiten Brief an Bullitts Sekretär, in dem sie auf den propagandistischen Wert der Publikation für Bullitt, die Vereinigten Staaten und Ann Bullitt, Debütantin in heiratsfähigem Alter, hinwies. Unvermittelt sprang sie auf, sah schön aus, wie nur die häßlichsten Amerikanerinnen es können, starrte mir tief in die Augen, wie ewige Liebe, und sagte unendlich falsch und freundlich, während sie schon den nächsten Abschiedsbesucher abwickelte: »Bloomey, t'was divine. *Never* I'll forget it, *never. It was divine.*«

Punkt halb zwölf war ich am nächsten Morgen im Studio. Ein Riesenglobus vor grünem Hintergrund wartete, wie ich es angeordnet hatte. An Stelle Bullitts und seiner liebreizenden Tochter ließ ich meine zwei Gehilfen unter den Lampen posieren. Während zu einer Modesitzung in Paris alles mindestens zwei Stunden zu spät kommt, sind Ambassadeure pünktlich auf die Minute. Mit solchen Modellen ist dafür nichts anzufangen. Jeden Donnerstag um zwölf Sirenengeheul über Paris, um in Übung zu bleiben. Heute sah man davon ab, weil man die Bevölkerung nicht unnötig erschrecken wollte. Da schlug's zwölf. Ich wurde ans Telephon gerufen. Die Amerikanische Gesandtschaft. Bullitts Privatsekretär teilte mir mit, der Ambassadeur bedaure, nicht kommen zu können, da Miss Bullitt heute nach Amerika zurückfahre. Die Falle war zugeschnappt. Zu spät, Maus: Krieg! Miss Bullitt würde sich jedoch mit großem Vergnügen in Philadelphia für den *Bazaar* photographieren lassen, wo sie bei Verwandten wohne, deren Adresse er mir gab. Als ich vom Telephon zurückkam, verkündete ich den beiden am Globus versteinerten Strohmännern, daß die Bullittsitzung auf unbestimmte Zeit verschoben sei. Beide, der eine ein Russe, der andere Tscheche, grinsten schadenfroh, daß ich gerade einen Hammerschlag auf den Schädel bekommen hatte. Krieg! Am Spätnachmittag hatte ich meine letzte Sitzung vor den Ferien: junges Mädchen in schwerem Brokatkleid auf Rosenkitschschaukel (Heim, Jeunes filles). Mein nächstes Pariser Modephoto machte ich erst acht Jahre später.

Noch war Friede. Eine halbe Stunde danach traf ich in der *Tour d'Argent* zum déjeuner d'adieu eine bezaubernde Pariser Grande Dame, Monique de Séreville, éditeur de beauté chez *Vogue*. Wir beide schwärmten für Paris wie für eine Geliebte, saßen als einzige Gäste melancholisch und geniert von einem Troß unbeschäftigter Kellner an der Rampe des schönsten Dachgartens der Stadt. Zum Canard pressé tranken wir schweren Châteauneuf-du-Pape. Monique fragte, ob ich mir vorstellen könne, daß die Hunnen sich an dieser Schönheit vergreifen würden. Obwohl ich überzeugt war, daß Paris einige Stunden vor der Kriegserklärung, also vielleicht in einigen Sekunden, nur noch ein brennender, vergaster Trümmerhaufen sein würde, demonstrierte ich die Unmöglichkeit hiervon ad absurdum: Mittels einer der vielen vollautomatischen Alarmapparaturen der Maginotlinie würden, wenn beispielsweise zehntausend deutsche Flieger gegen Paris aufstiegen, im selben Augenblick zwanzigtausend schwere französische Bomber nach Berlin dirigiert werden. Alle deutschen Zahlen seien weit übertrieben, während die Franzosen viel stärker wären, als man annähme. (Tatsache war, daß sich in der ganzen Maginotlinie nicht mal ein einziger Revolver befand; man hatte dieselben in Deutschland bestellt und wartete vergebens auf Lieferung.) Monique bewunderte meine luminöse Intelligenz, dazu aßen wir les petites fraises du bois à la crème, schlürften zum Mokka Armagnac aus Riesengläsern. Grau und rosa glühte die geliebte Stadt zu unsern Füßen, und die edlen Türme von Notre-Dame, das spitze Pfeilchen der Sainte-Chapelle, der verlassene Fels von Saint-Jacques und all die berühmten Glockentürme von Saint-Eustache, Saint-Gervais, Saint-Germain l'Auxerrois tanzten uns eine Gigue. Einstimmig beschlossen wir, den Kriegsausbruch ein weiteres Jahr aufzuschieben. Es schien an der Zeit, eine Anekdote zu erzählen, mit der Bébé Bérard nach München 1938 hausierte. Damals, als es wie heute um den Frieden der Welt ging, hatte sich die Tochter des Generals Gamelin sterblich in die schönen Beine der Arletty verliebt und verfolgte sie mit unerwiderten Liebesbriefen. Am Morgen nach München verstieg sie sich verzweifelt zu einem telegraphischen Ultimatum: »Rendez-vous heute abend oder Selbstmord!« Arletty antwortete nicht, sie ging am selben Abend zu einer mondänen Soirée, wo von nichts gesprochen wurde als vom Krieg. Gegen Mitternacht öffnen sich die Türen: Seine Exzellenz der Generalissimus Gamelin kommt von der Sitzung des Obersten Kriegsrats. Feierliche Stille. Von seinen Lippen hängt das Los der Welt ab. Er schweigt. Die Spannung steigt aufs Höchste. Mutig geht Arletty auf ihn zu: »Mon Général, est-ce que nous aurons la guerre ou la paix?« Nach theatralischer Pause (in Frankreich heißt das: Ein Engel schwebt durchs Zimmer) antwortet Gamelin, ohne sie eines Blickes zu würdigen: »Mademoiselle, les affaires de ma fille ne me regardent pas!« Als nach weiteren Armagnacs der Arc de Triomphe versuchte, den Montmartre zu besteigen, um mit Sacré-Cœur zu flirten, brachte ich Monique zurück zu *Vogue*, 63 Champs-Élysées. Wir haben uns nie wiedergesehen. Bei der Chasebank, Avenue Georg V, hob ich Geld ab für einige Monate. Fand meine Rosengirlande für eine letzte, lustlose Sitzung im Studio; ich wußte, daß dies Bild nie erscheinen würde. Endlich erreichte ich telephonisch meine Frau. Sie hatte als Ausländerin am nächsten Tag mit den Kindern Les Tines, das im Grenzgebiet lag, zu verlassen. Wir verabredeten uns in der Auberge des Granges in Voutenay-sur-Cure, im Morvan, 200 km von Paris, in der Umgegend von Vézelay. Telephonisch wagte ich nicht, den Hintergedanken auszusprechen, von da aus via Bordeaux über die Pyrenäen nach Spanien und den USA zu verschwinden.

Abends kopiöses Abschiedsessen von Michel de Brunoff *Chez Ledoyen*. Mit diesem Epikureer zu schlemmen, gehörte zu den großen Genüssen meines Pariser Lebens. Bis ich im Juni zum *Bazaar* überlief, war er mein *Vogue*-Editor gewesen. Ein begabter Chefredakteur. Großzügig usurpierte er jede Idee. Nichts war ihm heilig, doch er versicherte dauernd, Können zu respektieren. Jede Nummer seines Magazins fand er immer die beste, bis die nächste kam. Ein eitler, verwöhnter Erfolgsanbeter, besonders seines eigenen. Le combinard de la combine de Paris. Jeder kannte ihn, er kannte jeden. Einflußreich durch seine Beziehungen, beherrscht von einer gewaltigen Hasenangst vor Condé Nast, dem Besitzer des Blattes in New York. Michel war so tief beeindruckt von seinem eigenen Charme, daß er versuchte, jeden, mit dem er in Berührung kam, von seiner unverbrüchlichen Freundschaft zu überzeugen, auch mich, obschon ich sicher war, daß er mich im gegebenen Moment fallen lassen würde wie einen Stein, um mich, sobald es vorteilhaft schien, wieder aufzunehmen. Er vereinigte in sich eine ganze Reihe meiner und Balzacs Komplexe: Vautrin, César Birotteau, Rastignac,

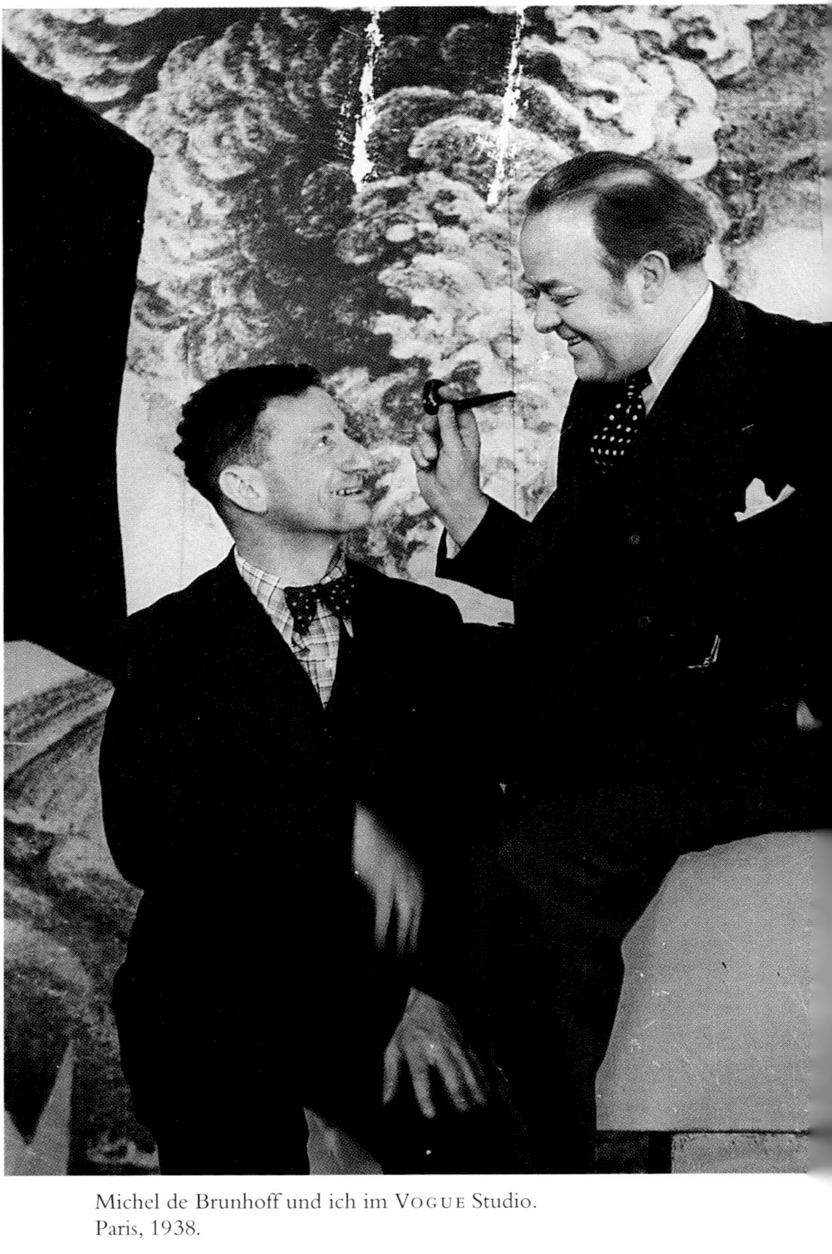

Michel de Brunhoff und ich im VOGUE Studio.
Paris, 1938.

de Marsay, Finot, le brave Juge Popinot, le Cousin Pons, le Baron de Hulot, le Colonel Chabert, Nucingen, Lucien de Rubempré, Guillaume Werbebrust, le Père Goriot: un Parisien par excellence. Heute abend beunruhigte mich seine pathetische Melancholie. Gleich bei der Begrüßung drückte er mir lange warm die Hand wie zum Abschied und sah mir, ein etwas beleidigter sterbender Schwan, in die Augen: »Diesen Krieg haben wir bereits verloren, ich sehe schwarz, sehr schwarz, mon vieux!« (Otto Moses, »13«, von Moses und Schlochauer, hat 1914 mit Schwarzsehen Millionen gemacht.) Michel, immer noch pikiert, daß ich zum *Bazaar* übergelaufen war, erzählte, wie im vorigen Krieg ein deutscher Freund seines Vaters, ein Drucker, der fünfzehn Jahre loyal in Frankreich gelebt hatte, in ein Konzentrationslager gekommen sei, aus dem man ihn erst zwei Jahre nach Kriegsende mit größten Schwierigkeiten habe loseisen können. Sobald etwas schiefginge, und im Krieg geht immer alles schief, würden alle, vor allem alle Behörden, den Kopf verlieren. Dann kämen die Chauvinisten ans Ruder. Kein einziger Franzose würde in diesem Krieg kämpfen, man sei zu alt für Kindereien. Prophetisch hob er den Finger: »On aura une drôle de guerre!« Michel, der Elsässer war, hatte mich aus *Vogue*-politischen Gründen zum Holländer gestempelt und riet mir, sofort nach Holland zu fahren. Ich widersprach (sobald man das tat, hörte er weg), hatte siebzehn erniedrigende Jahre in Holland vegetiert, wollte nie mehr zurück und ahnte außerdem, daß dieser Krieg, im Gegensatz zum vorigen, in den Niederlanden gekämpft werden würde. Dazu war mein gehaßter brauner Paß abgelaufen. Wieder tat Michel erstaunt, und ich mußte ihm noch einmal die Operette vorsingen, wie ich im August 1929 am Strand von Zandvoortbad verhaftet worden war, weil ich meinen Badeanzug von der linken Schulter herabgelassen hatte, was als Sittlichkeitsverbrechen mit fünfzehn Gulden bestraft wurde. Daraufhin wurde dem vorbestraften Blumenfeld die angebahnte holländische Staatsbürgerschaft verweigert. Michel, der über diese Geschichte oft Tränen gelacht hatte, war heute schwer zu erheitern. Erst beim Calvados versicherte er mir treuherzig, mir könne nichts passieren, wenn ich mich auf ihn verließe. Seine lee-

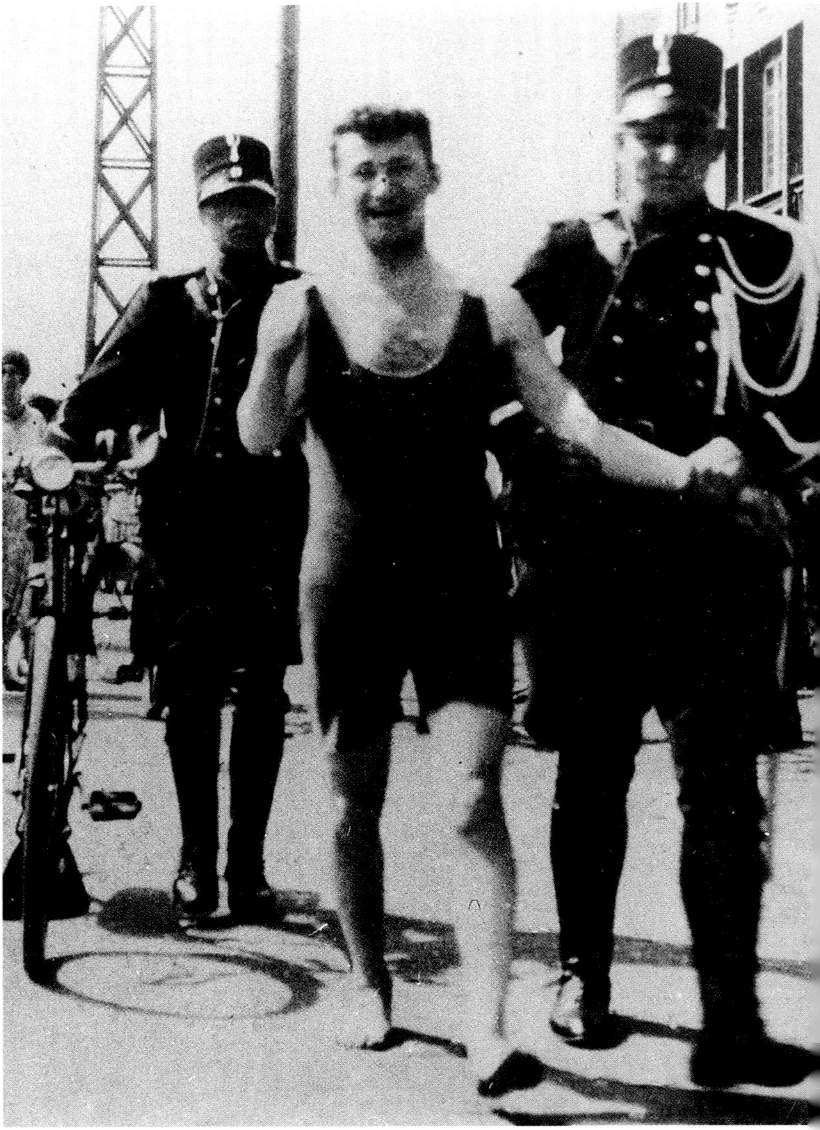

Abgeführt, weil ich meinen Badeanzug an der Schulter geöffnet hatte. Zandvoort-Bad, 1929.

ren Beteuerungen und der Calvados deprimierten mich. Ich bat ihn, mir für meine Sammlung ein Charakterzeugnis über meine demokratische frankophile Gesinnung auszustellen. Er bedauerte, dies nicht auf *Vogue*-Geschäftspapier zu können, da ich zum *Bazaar* desertiert sei. Sein Schwager, Lucien Vogel, würde es auf *Jardin des Modes*-Papier tun, sie hätten das bereits besprochen. Dann legte er seinen Arm bestrickend freundschaftlich um meine Schulter und wollte wissen, wie meine Bullitt-und-Tochter-Sitzung heute abgelaufen sei (zwischen den beiden konkurrierenden amerikanischen Modeblättern bestand ein ausgebreiteter Spionagedienst). Als ich ihm von der Absage berichtete, strahlte er vor Glück, daß dieser journalistische Coup dem *Bazaar* entglitten war. Leibschmerzen vorschützend erhob er sich, um diesen (seinen?) Sieg nach New York zu drahten. Triumphierend kam er nach einer langen Viertelstunde an unsern Tisch zurück. Da erst begriff er, daß dies Krieg bedeutete. Wortlos stierte er mich an, ließ eine Träne entkullern: »Gottseidank ist mein Sohn erst vierzehn, und ich bin schon fünfundvierzig! Das Weitererscheinen von *Vogue* ist fraglich. Was dann?« Der Sohn wurde am Tage der Befreiung von Paris von einer verirrten Kugel getötet. Noch nie hatte Michel seine Familie erwähnt. Franzosen haben Angst vor Komplikationen durch Hausfreunde. Um uns zu trösten, wollte er mich zu einem fantastischen Bordell neben der Saint-Sulpice verleiten, wo die Hürchen als Nonnen verkleidet rumliefen. Verzweiflung bringt Kunden ins Freudenhaus. Leider war ich nach diesem anstrengenden Tag zu müde. So fuhr er mich in seinem ausgeleierten Peugeot zurück zu seinem Hauptquartier, Café du Dôme, Montparnasse.

Nach einer letzten Fine auf der Terrasse wünschte er mir »friedliche Ferien!« und fuhr allein ins Bordello. Wie Judas beim berühmten Kuß: »Good night boss, have a nice weekend!«

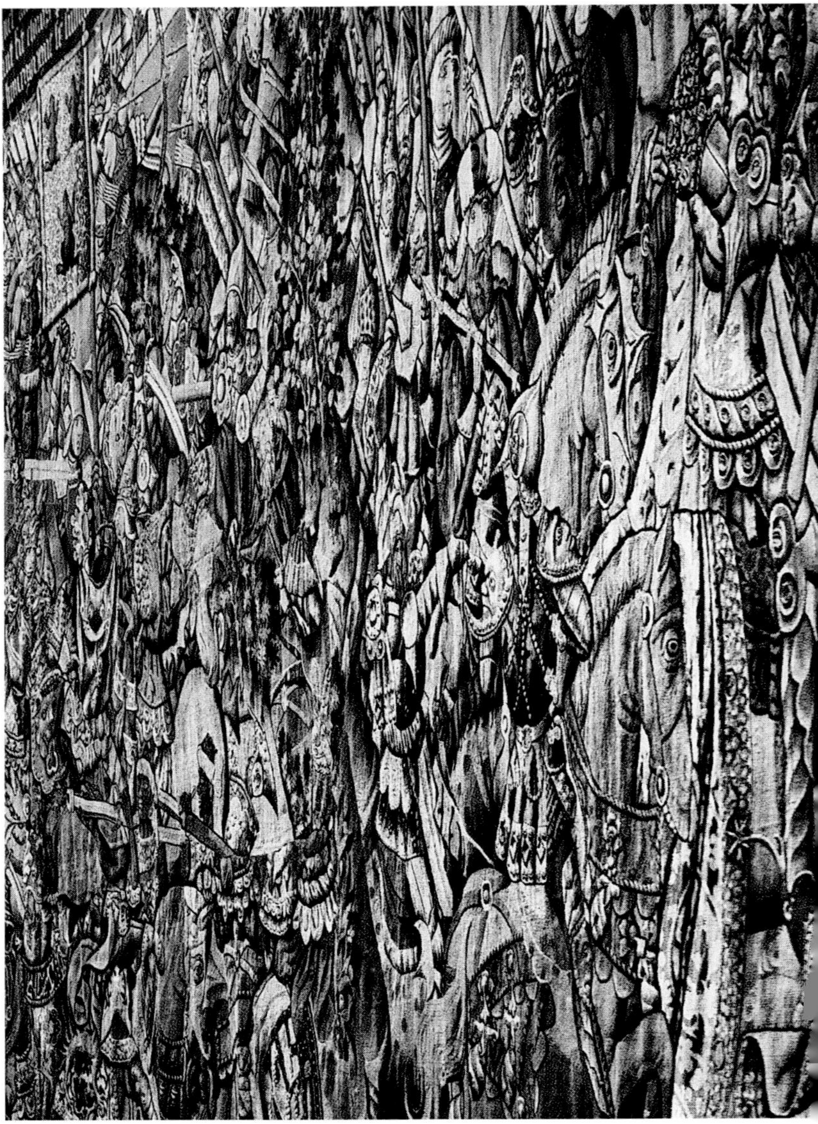

Gotischer Wandteppich, Bataille de Clovis.
Reims, 1937.

57 Exodus. Lange nach Mitternacht schleppte ich mich die hundert Schritte vom *Dôme* zur Einsamkeit meines Ateliers, 9 Rue Delambre. Nie war es aufgeräumt, jetzt war es verdreckt. Seit einem Jahr hatte ich meistens in fremden Ateliers gearbeitet. Meine Frau war während meiner Amerikareise mit den Kindern in die Bretagne gefahren und hatte es als Rumpelkammer benutzt. Ein Durcheinander von Kleidern, Haushaltungsgegenständen, Büchern, Kinderspielzeug und Photos bedeckte den Boden. Verstaubte Lampen standen und hingen rum. Durchs große geöffnete Atelierfenster konnte ich auf den Hof des Polizeibüros im Nebenhaus hinabsehen. Vorsichtshalber schloß ich es. Riesengroße Vergrößerungen hingen an den Wänden: Ein zwei Meter hohes Photo des mit nasser Seide bedeckten Torsos hatte sich von der Mauer losgerissen und schwebte dreidimensional im Raum. Der Christ von Beauvais versuchte den von Claus Sluter aus Dijon an Traurigkeit zu übertreffen. Ein Detail der gotischen Tapisserie *Le Bal des Sauvages* (Notre-Dame-de-Nantilly, Saumur), der lebensgroße Akt der siebzigjährigen Carmen, die Kathedralen von Rouen (en raccourci allongé) und von Laon, ein Kalbskopf auf drapiertem Venustorso: *Diktator* (zwanzig Jahre später fand ich im Museum von Athen sein antikes Pendant); das große Antlitz der schlafenden Manina starrte mit geschlossenen Augen in die Leere. Jedes Bild eine Novelle. Wie ernst nehme ich die Schönheit. Alle meine Portraits haben meinen Augenblick. Jeder Künstler lebt von seinem einzigen Thema con variationes. Ob er mit der Hand schreibt oder mit dem Fuß in den Sand, die Handschrift bleibt die gleiche. Darum kann man Mozart nach einem Takt identifizieren, Shakespeare nach einer Zeile, El Greco nach einem Pinselstrich.

Das Telephon stand auf der Treppe, Telephonnummern an die Wand gekritzelt; die Treppe führte hinauf zum Schlafzimmer, unaufgeräumt, wie ich es am Morgen verlassen hatte. Neben dem Bett der tragbare Radioapparat, letzte Sensation, die ich aus Amerika mitgebracht hatte. Ich spielte mit den Knöpfen. Unvermittelt brüllte eine verhängnisvolle Stimme: »Deutsche Truppen polnische Grenzen überschritten Siegheil!«, gefolgt von Militärmusik... War dies ein Hörspiel,

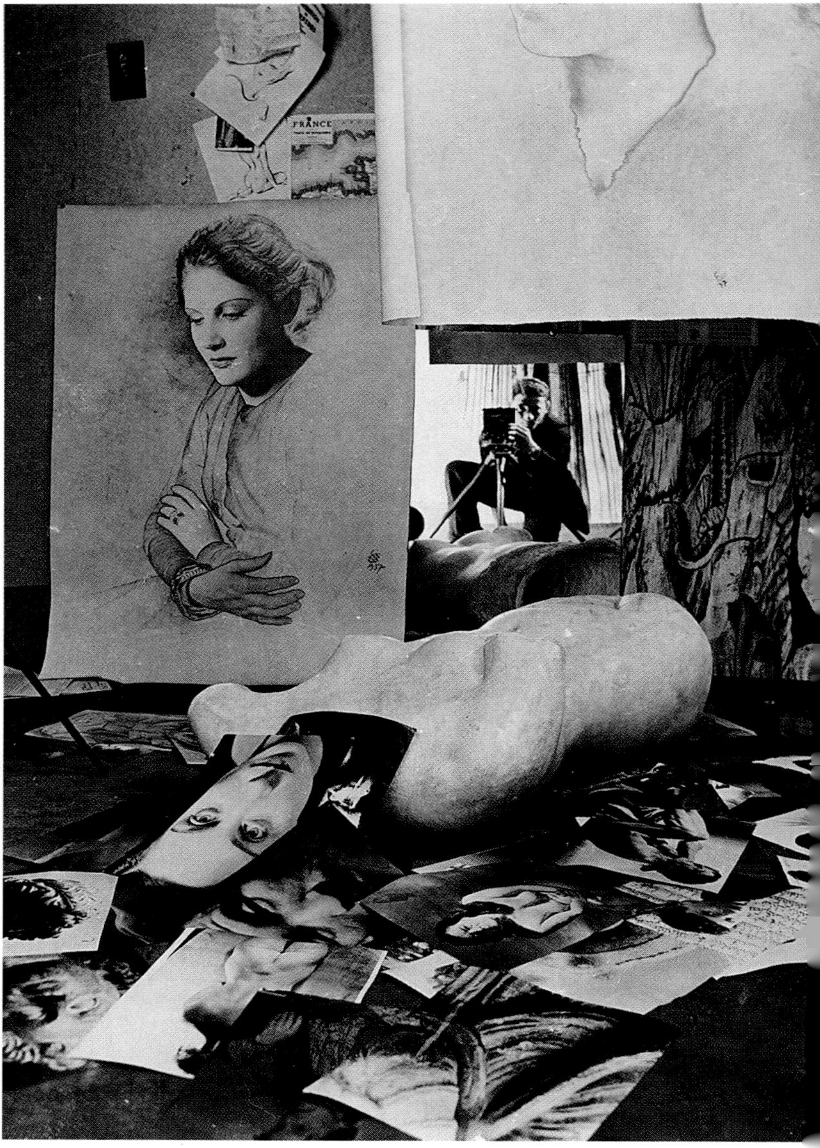

9, Rue Delambre.
Paris, 1937.

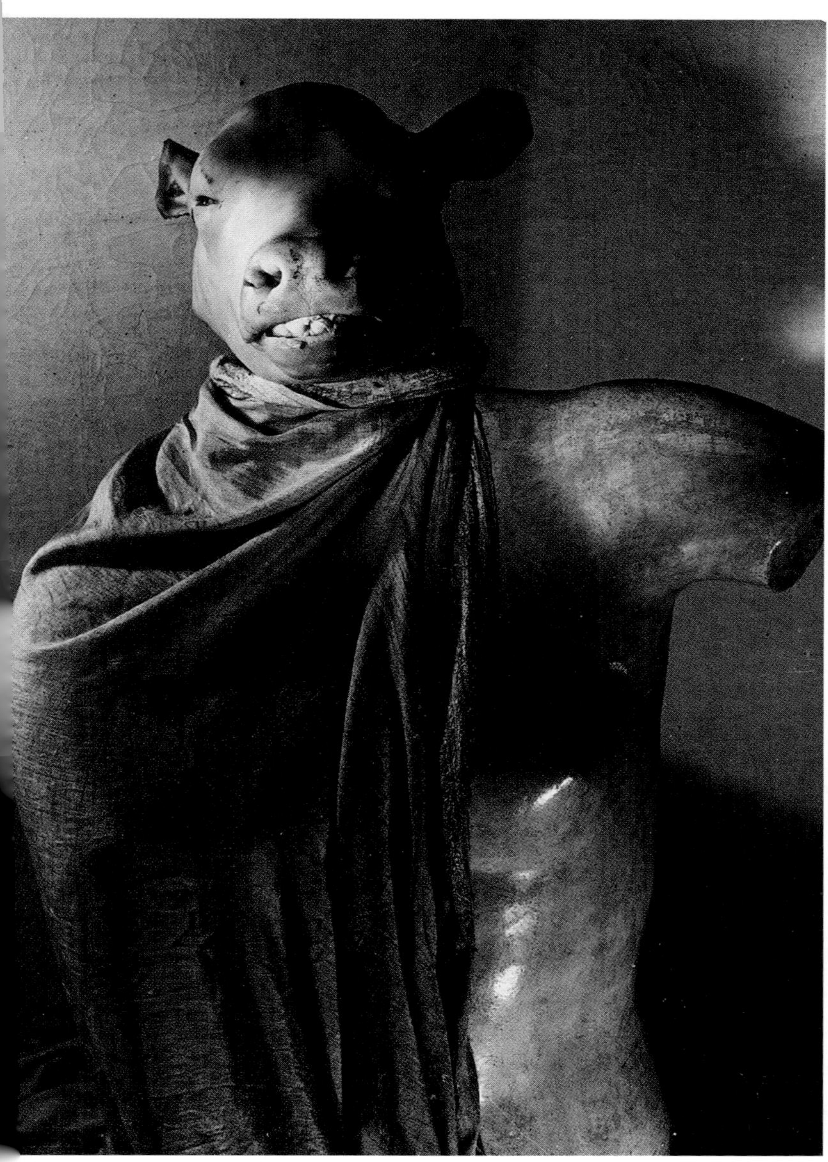

Diktator.
Paris, 1936.

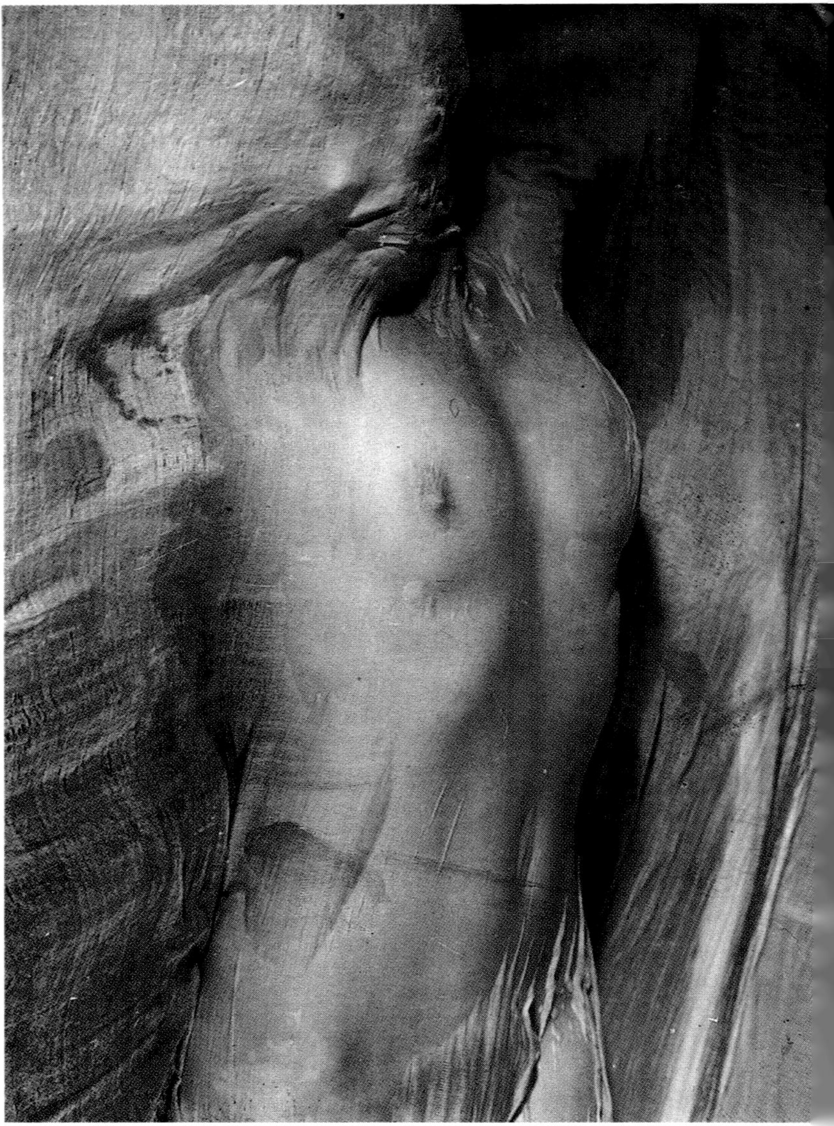

Paris, 1936.

eine Drohung, ein fait accompli? Ich konnte nicht feststellen, woher die Sendung kam, niemand hielt sich an Wellenlängen, auch war ich noch nicht vertraut mit dem Apparat. Wenn nun Deutschland wirklich in Polen eingefallen wäre... Ich wollte mir was vormachen, der Abschied vom Frieden fiel mir zu schwer. Draußen tagte es, mir wurde übel. Es trieb mich zurück zum *Dôme*, wie ein richtiger Dom: ouvert la nuit. Übernächtigte Straßenmädchen umlungerten die Theke (le zinc), die Louis spielten machine à sous. Niemand schien etwas vom Weltgeschehen wissen zu wollen. Vielleicht hatte ich nur geträumt. Ich ging zurück ins Studio, packte alle Negative (Glasplatten) sorgfältig in zwei Kisten, fiel aufs Bett. Als ich nach ein paar Stunden aufwachte, verkündete das Radio, Deutschland sei in Polen eingefallen. Jetzt müßte Frankreich eingreifen, wenn es Wort hielte. Wenn! Niemand hielt Wort hier! Ich wollte mich informieren, wann Züge führen, das Telephon ging nicht. Ich Pflichtochse fuhr wirklich noch zum *Bazaar*-Studio, um die Probeabzüge des Watteaumädchens zu begutachten. Mittags wurde allgemeine Mobilmachung angekündigt. Marie-Louise Bousquet, Society Editor für den *Bazaar* in Paris, blöde Kuh, ständig mit ihren bedeutenden Beziehungen um sich werfend, hatte noch gestern vom Innenminister Sarraut gehört, die Mobilisation sei der Trumpf im französischen Spiel. Man solle sich nicht beunruhigen lassen, danach käme die Weltfriedenskonferenz. Als ich einmal meinem Sohn, der vor einem blaffenden Hund wegrannte, das Sprichwort zitierte, bellende Hunde beißen nicht, sagte er: »Ich kenne das Sprichwort schon, aber kennt es der Hund?«

Das Tempo auf der Straße hatte sich erhöht wie im alten Film. Passanten verschlangen Plakate, schon während diese angeklebt wurden. Zu Fuß mußte ich zurück nach Montparnasse. Im Studio packte ich zwei Fiberkoffer übervoll. Das Telephon läutete. Ich konnte angerufen werden, ohne selbst anrufen zu können. Geniale Maßnahme. Guesclin riet mir, sofort nach Spanien abzuhauen, er könne mir das Visum besorgen. Ich sagte, daß ich erst meine Familie in Voutenay treffen müsse. Danach versuchte ich, mich im Polizeikommissariat nebenan vorschriftsmäßig abzumelden. Hatte über eine Stunde zwischen aufgeregten Ausländern zu warten, bis ich an die Reihe kam und mir ein kopfloser Bürokrat erstaunlich drohend zuschrie, ich hätte keinerlei Formalitäten zu erfüllen, falls meine Papiere in Ordnung seien. Danach wollte ich Monique eine Rose schicken. Das Blumenfräulein tat erstaunt; im Krieg gibt's keine Rosen. Nicht alles war gegen mich: Vorm Blumenladen auf dem Boulevard Montparnasse traf ich ein Aktmodell, vom Himmel gesandt, Jo Regaldi. Sie schob mit ihrem Freund eine Handkarre voll Bilder. Ich bot ihr mein Grammophon mit allen Platten an, wenn sie meine Negative während des Krieges aufbewahren wolle. Sie nahm die zwei Kisten, die ich sieben Jahre später in tadellosem Zustand zurückbekommen habe. Keine Frau hat in ihrem Leben mehr für mein Ego getan. Merci, Jo!

Vergebliches Suchen nach einem Taxi, mich mit Gepäck zur Bahn zu bringen. Mir blieb nichts, als mich mit meinen Koffern zu Fuß zum Gare de Lyon zu schleppen. Schwerer Abschied vom Atelier, in dem ich, bevor ich Modephotograph wurde, so manche Göttin verewigt hatte. Mit einem letzten heißen Trinkgeld verabschiedete ich mich vom Concierge und machte mich mit meiner Habe auf den langen langen Weg. Als ich in den übervollen Straßen nicht mehr vorwärts kam, stieg ich hinab in die Metrostation Port Royal und geriet auf glühendem Perron ins Gedränge einer aufgeregten, unfreundlichen Masse. Eingekeilt in dieser Unterwelt, mußte ich stundenlang auf einen Zug warten. Warten ist die wahre Medusenfratze des Krieges. Endlich kroch ein überfüllter Zug heran, eine Tür hielt genau vor mir, Menschen wurden raus-, ich selbst reingestoßen, unter Gezänk fuhr der Zug weiter. Nach mehreren Haltestellen landete ich beim Öffnen der Tür auf einem nicht zu vollen Bahnsteig, von wo ich wieder hinauf an die Erdoberfläche kletterte. Es war Nacht. Die Straßenlaternen waren gelöscht, die Stadt abgeblendet. Unbarmherziger Vollmond schien auf den Exodus. Tausende festgefahrene Autos, vollgestopft mit Flüchtlingen, versperrten die Bahnhofsbrücke bis zum Geländer; es gab keinen Bürgersteig mehr. Totenstille. Gespensterflucht aus Paris bei Mondschein. Massenstillstand. Grausiges Symbol dieses Krieges, der noch nicht einmal begonnen hatte (erst um Mitternacht war Zerostunde der allgemeinen Mobilmachung). In solcher Nacht wie dieser fanden im Ersten Weltkrieg Luftangriffe statt. Ein einziger Volltreffer auf diese Brücke würde Zehntausende töten. Gegen elf Uhr nachts langte ich vorm Bahnhof an. Eine Kette kriegerisch behelmter Miliz, die Garde mobile, SS der Franzosen, schien die Einfahrt zu bewachen, ohne irgendwie einzugreifen. Unmöglich, mich mit meinem Gepäck tiefer in den Bahnhof zu quetschen. Ich stand. Der eingefleischte Widerwille jedes Franzosen gegen Organisation hatte mich seit langem entzückt. Gegenüber dem deutschen Organisationswahnwitz, der sich anmaßte, die Welt mit diktatorischen Vorschriften regieren zu können, bewies Frankreich den künstlerischen Charme des »Laisser-aller«. Wer kümmert sich hier, wo sowieso jede Order von einer Gegenorder begleitet ist, um Direktiven! Jede Behörde wußte, daß jeder Franzose im entscheidenden Moment intuitiv weiß, was er zu tun hat. Erst wenn er improvisieren kann, entwickelt der Franzose seine einzigartige kulturelle Größe. Daß in den kritischen Tagen zwischen Frieden und Krieg diese Gabe der Improvisation aussetzte, war der unwiderlegbare Beweis ihrer Friedfertigkeit. Frankreich versagte vom ersten bis zum letzten Mann. Wären die Deutschen im September 1939 statt in Polen in Frankreich einmarschiert, hätten sie es ohne einen Schuß einstecken können.

Aus irgendeiner Ankündigung erfuhr ich, daß am nächsten Morgen um sieben ein Zug nach Avallon fahren würde. Ein Taxi, das vor meiner Nase Abreisende entlud, brachte mich auf Umwegen zurück zum *Dôme*. Todmüde zerbröckelte ich ein paar Croissants, trank une demie Vichy. In meinem Studio wagte ich aus Angst vor der Polizei nicht, das Licht anzuknipsen. Auch stellte ich die Klingel ab, wie früher bei spannenden Sitzungen. Konnte kein letztes Bad im Mondenscheine nehmen, da kein warmes Wasser lief. Nach zwei Stunden verängstigten Schlafes sprang ich erschrocken um halb fünf auf, klebte meinen deutschen Paß, mit dem ich nicht reisen wollte, unter die Badewanne, warf einen letzten Blick zurück und fand mühelos auf der kühlen Straße ein Taxi, das mich durch ein unbegreiflich leeres Paris schnell zum Bahnhof brachte. Wo war die undurchdringliche Menge der letzten Nacht? Wahrscheinlich hatte sich an diesem ersten Mobilmachungstag bereits alles organisiert, vielleicht war die wahnsinnige Unordnung von gestern wirklich nur ein unvermeidlicher Vorläufer des französischen Ordnungsgenies gewesen. So gern wollte ich das glauben, daß ich es glaubte. Der Zug fuhr pünktlich ab. Ich saß im Coupé mit Offizieren, Müttern und Kindern. Traute mich nicht, mein Radio für Kriegsberichte anzusetzen. Alles schwatzte, ich schlief wegen meines Akzents. Kam nach vier Stunden fahrplanmäßig an. Voutenay-sur-Cure ist ein bedeutungsloser Flecken im Morvan. In dieser Gegend soll die Wiege der gallischen Kultur gestanden haben. Balzac hat in seinen *Paysans*, einem schwachen Roman, den er für seinen besten hielt, dies Land und seine Leute beschrieben: eine Handvoll boshafter Bauern, die in schmutzigen, halbverfallenen Häusern romantisch-idyllisch vegetieren. Bächlein plätscherten zwischen kleinen Felsen und bewaldeten Hügeln durch einladende Wiesen, daß mir ganz friedlich zumute wurde. Geborgen, fern der Gefahr, um so mehr, als sich im Umkreis von über fünfzig Kilometern nichts von irgendwelchem militärischen Interesse befand. Auch im vorigen Krieg hatte man hier in tiefstem Frieden gelebt. Wo die Route Nationale Nr. 6 (Paris–Avallon–Dijon) ins Dorf kommt, steht unprätentiös die zweistöckige Auberge des Granges. Vor seiner Tür empfing mich Monsieur Vanner, ein vertrottelter Wirt mit deutschem Akzent, und versicherte mir vielsagend, daß ich bei ihm gut aufgehoben sei. Meine Frau sei mit den Kindern im Wald, ich solle mich bis zum Mittagessen in meinem Zimmer ausruhn. Ohne das Hämmern in meinem Schädel »Was nun? Was tun? Was nun? Was tun?« hätte ich mich in Ferien gefühlt. Ich war schon im Gefängnis.

Die Mittagsglocke läutete mich wach. Die Kinder, prachtvoll aussehend, stürzten ins Zimmer und küßten ihren Vater mit ängstlichen Gesichtern, meine Frau umarmte mich unter Tränen so vorwurfsvoll, daß ich meine Kriegsschuld begriff. Im Speisesaal begrüßte mich die aufgeschwemmte Madame Vanner mit noch deutscherem Akzent als Monsieur. Die wenigen Gäste an den Tischen manifestierten mir gegen-

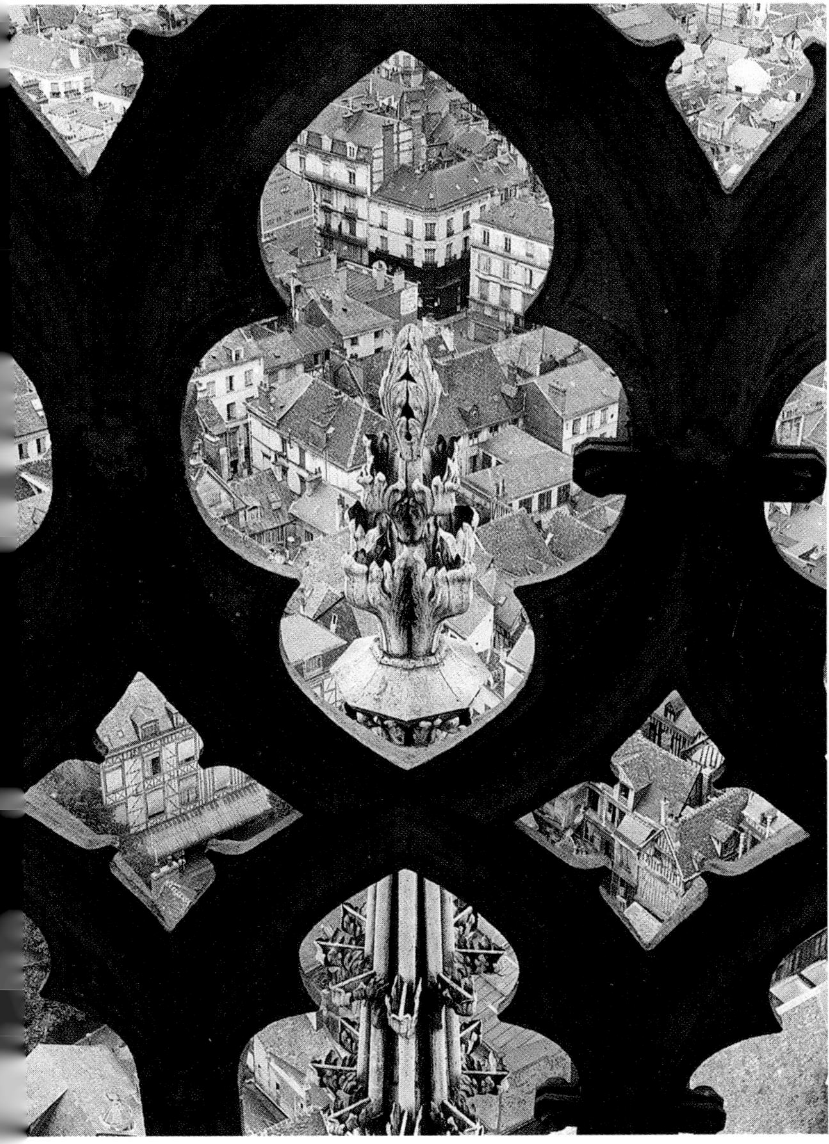

La flèche de la Cathédrale de Rouen,
ca. 1936.

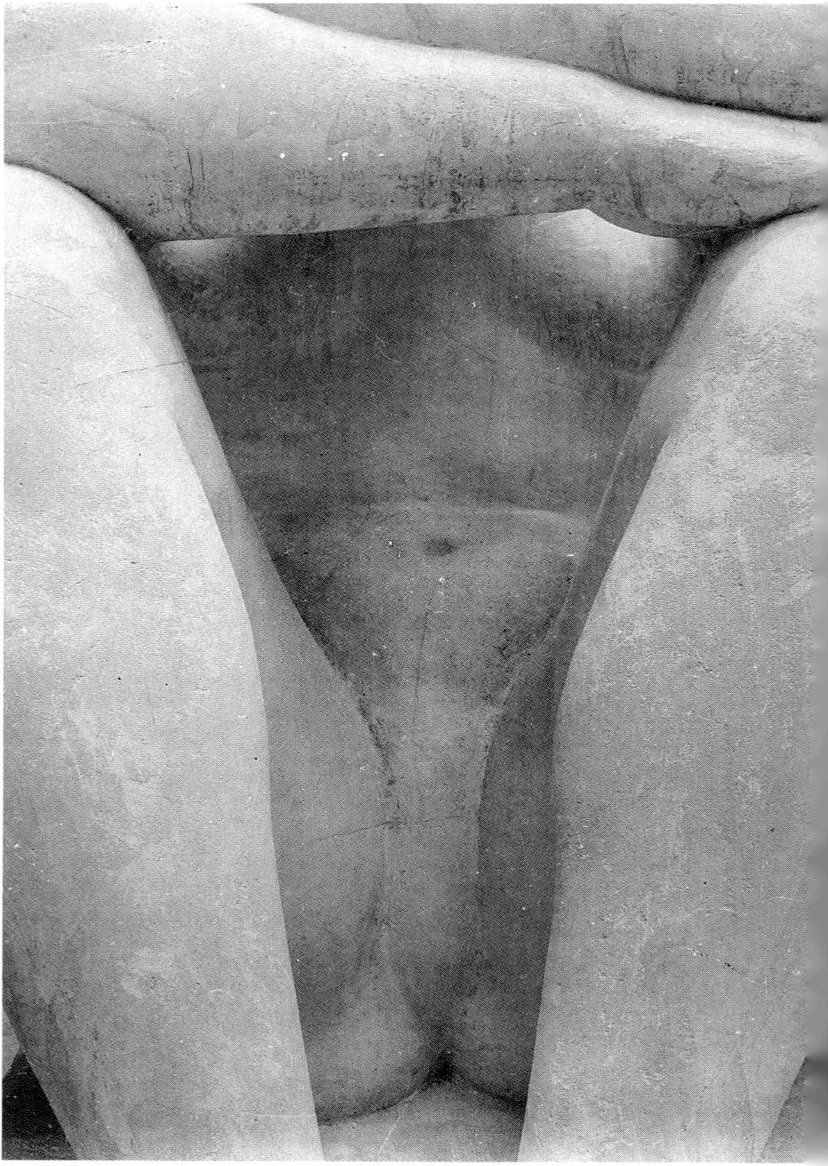

Femme Assise (Aristide Maillol).
1937.

über eine patriotische Feindseligkeit, die durch provinzlerische Borniertheit grotesk wirkte. Das Essen, nicht schlecht, entsprach keinesfalls dem übertrieben hohen Pensionspreis. Meine Frau sagte, es sei in den vorhergegangenen Tagen, bis der Koch eingezogen wurde, vorzüglich gewesen. Der Omnibusdienst, Verbindung mit der Welt und den Lebensmitteln, war eingestellt worden. Wir berieten den ganzen Tag hin und her, wie man den Kopf aus der Schlinge ziehen könne. Noch durften wir uns ja frei bewegen, noch waren die Grenzen nicht geschlossen, noch war Frankreich im Frieden. Wir hatten die Pflicht, zu versuchen, uns zu retten. Am folgenden Morgen fragten wir am Bahnhof, wie man zur spanischen Grenze gelangen könne. Es gab keinen regelmäßigen Zugverkehr mehr. Man hätte auf gut Glück Richtung Toulouse-Bordeaux zu fahren. Die Reise würde mehrere Tage dauern. Mit den Kindern und dem Gepäck wenig ermutigend. Emigrieren will gelernt sein.

Mittags hatte England Deutschland den Krieg erklärt. Frankreich rätselhafterweise noch immer nicht. Monsieur Vanner schwor, daß es keinen Krieg geben würde. Seine Frau, ohne zu wissen, worüber gesprochen wurde, stimmte ihm bei. Spät nachmittags verkündete das Radio in beschämend entschuldigendem Ton, Frankreich betrachte sich, getreu seinen eingegangenen Verpflichtungen, im Kriegszustand mit Deutschland.

Wir fuhren mit einem letzten Autobus nach Avallon, dem nächsten Städtchen, und wollten einen allerletzten Versuch wagen, ein Taxi zur spanischen Grenze zu mieten. Auf dem Weg zur Haltestelle lasen wir einen Anschlag, alle Ressortissants allemands hätten sich innerhalb von fünf Tagen mitsamt Gepäck, Schlafdecke, Lebensmitteln und Eßbesteck an einer Sammelstelle in Auxerre zu stellen. Das hieß Internierung, Konzentrationslager, Erfüllung meiner Jugendängste. Ich betrachtete mich keinesfalls als Ressortissant und beschloß, diesem Befehl keine Folge zu leisten, um so mehr, als mein Vertrauen in französische Konzentrationslager klein war. Um meine Loyalität unzweideutig für mein Dossier festzulegen, schrieb ich einen patriotischen Einschreibebrief an meinen Polizeikommissar in der Rue Delambre, daß ich mich Frankreich bedingungslos zur Verfügung stelle. Da ich sowieso bereit war, für die Freiheit der Welt zu kämpfen, schien es logisch, unter die Fahnen zu eilen. Vor allem benötigte ich meine Papiere, und die waren in Paris unter der Badewanne im Atelier. Da der Paß abgelaufen war, konnte meine Carte d'Identité nicht erneuert werden. Ohne Papiere konnte man nicht reisen. Straßen und Eisenbahnen waren strengstens überwacht, darin lebte sich der Kampfgeist der Franzosen aus.

Während wir im Autobus Voutenay verließen, sahen wir zwei Gendarmen verheißungsvoll ins Dorf radeln. In Avallon fand sich ein Autobesitzer, der uns für einen nicht zu hohen Preis nach Bordeaux fahren wollte, wenn auch erst in zwei Tagen; wir hätten uns bis morgen zu entscheiden. Bei unserer Rückkunft in Voutenay empfingen uns unsere drei Kinder verheult: Gendarmen hätten im Hotel nach mir gefragt. Ich hatte mich natürlich viel zu ungeniert überall nach Zügen und Bahnverbindungen erkundigt, war aufgefallen, hatte mich verdächtig gemacht, konnte jeden Augenblick verhaftet werden. Noch am selben Abend entdeckte ich aus unserem Schlafzimmerfenster hinter Pappelstämmen der Route Nationale im Nebel schleichende Nachtschatten, die *mich* zu überwachen hatten. (Später kam raus, daß nicht ich, sondern die Wirte verdächtig waren. Beide Vanners wurden am Kriegsende vom Maquis als Spione erschossen.) Nach Rücksprache mit meinem Wirt wagte ich mich am nächsten Tag mit meinem heiklen Problem zum Bürgermeister von Voutenay-sur-Cure. Um von vornherein jedem Spionageverdacht die Spitze abzubrechen, kam ich mit Frau und Kindern. Spione arbeiten selten en famille. Der Bürgermeister, ein alter Bauer, saß unter einem breitkrempigen Strohhut (Van Gogh) am Herd und las, wie ich es mir von französischen Bauern träumte, Balzac. Als ich ihm meine Balzacverehrung gestand, bot er uns mit französischer Höflichkeit Stühle an. Interessiert hörte er mir zu, wie ich Deutschland schon vor zwanzig Jahren verlassen hatte, daß meine Frau und die Kinder in Holland geboren sind und daß wir als Juden Hitler hassen. Als ich aus Liebe für Frankreich Soldat werden wollte, schüttelte er abweisend den Kopf: Patriotismus überläßt man den Jüngeren, die keine Familie zu ernähren haben, Kinder können nicht von sentimentalen Phrasen leben, sie müssen essen. Er begreife jedoch die Nützlichkeit einer beau geste. Wie ein Verschwörer drückte er mir sympathisch die Hand: »Papiere kann ich Ihnen nicht ausfertigen, die Ortskommandantur überwacht uns, Sie müssen nach Paris, da kann man alles bekommen. Viele Autos tanken neben der Mairie, wenn ich ein zuverlässiges nach Paris finde, lasse ich Sie rufen. Bonne chance!«

58 Mein schönstes Modell.

Als wir tags darauf gemütlich im dichtbelaubten Hotelgärtchen angebrannte Andouilles au Chambertin runterzuwürgen versuchten, kam zur Freude der Kinder Pascal, der Dorfidiot (Frankreich ist gesegnet mit solchen), atemlos an unsern Tisch gehumpelt und gab mir zu verstehen, ich solle schnellstens zur Mairie kommen. Nachthemd, Zahnbürste und Kamm waren bereits in meiner Aktenmappe, so rannte ich, umgeben von den Meinen, zum Marktplatz, wo ein offener Peugeot am Tanken war. Die zwei Insassen stanken wie entlaufene Sträflinge. Um meine Dankbarkeit außer Zweifel zu stellen, bezahlte ich das Benzin, was unter Protest als selbstverständlich hingenommen wurde. Herzlichst bedankte ich mich beim Bürgermeister, der tat, als wisse er nicht wofür. Meinem Weib und den Kindern versprach ich, bald wiederzukommen. Wehen Herzens wußte ich, wie so oft in meinem Leben, daß ich sie nie wiedersehen würde. Mutig sprang ich in die langsam abfahrende Karre: Richtung Paris. Der Chauffeur drehte sich um und hielt mir eine Flasche Kirsch unter die Nase: »Ich Maxime, er Philippe, und du??« Beide lachten in Argot über meinen Namen Erwin. Maxime fragte: »Toi Jupin?« (Jude), ich nickte, was er tant mieux fand. Maxime wollte meine Papiere sehn. Als ich fragte warum, sagte er: »Damit wir was zu zeigen haben, falls wir angehalten werden.« Ich fragte vorsichtig, ob der Maire ihnen nicht gesagt hätte, daß ich gerade meiner Papiere wegen nach Paris fahre, um mich als Freiwilliger zu stellen. Maxime fragte, aus welchem Gefängnis ich käme und wie groß ich sei. Auf die Gefängnisfrage hatte ich nicht den Mut zu antworten, doch gab ich zu: »Ein Meter siebzig.« Maxime und Philippe kamen frisch aus dem Prison (cambriolage). Jeder Gefangene, der unter einem Jahr auszusitzen hatte und freiwillig zur Armee gehen wollte, wurde freigelassen. Beide hatten vor den Toren des Gefängnisses von Perpignan dies Auto gefunden, um im nächtlichen Paris, wo große Geschäfte warteten, ein neues Leben zu beginnen. In mir hatten sie gefunden, was sie brauchten: einen zuverlässigen Mitarbeiter, nicht zu breit, nicht zu groß, nicht zu schwer, der sich leicht durchs Fenster in eine Wohnung heben ließ, um ihnen die Haustür zu öffnen. Dazu hätte er ein unverdächtiges Heim zu besitzen, wo man die Beute in aller Ruhe sortieren und lagern könnte. Sie interessierten sich hauptsächlich für Gold, Schmucksachen und Kunstgegenstände, deren Wert im Krieg steigen würde. Maxime lachte: »Du sprichst französisch comme une vache espagnole, wenn wir angehalten werden, verkriechst du dich besser unter die Decke, wir haben dich gesund nach Paris zu bringen.« Wir tranken fröhlich Kirsch und schworen, uns nie wieder zu trennen. Tauchte was Verdächtiges auf, legte ich mich unter die Pferdedecke auf den Boden des Autos. Hinterher gossen wir noch einen Kirsch hinter die Binde, was die Fahrt immer lustiger machte. In Auxerre wurden wir zum ersten Mal angehalten. Bevor die Wache etwas fragen konnte, kam Maxime zuvor: »Nous crevons de faim, wo gibt's hier was Gutes zu fressen?« Die Posten, begierig, ihre kulinarischen Kenntnisse an den Mann zu bringen, empfahlen den *Cerf Volant,* genehmigten sich einen Kirsch und vergaßen die Papiere. Maxime schwärmte von der Place Pigalle, der Bastille, Saint-Quen, Rue de Lappe, Tour Eiffel, er kannte sein Paris. Pépé der Lichtscheue kannte nur Perpignan.

Ohne weitere Zwischenfälle landeten wir bei Einbruch der Dunkelheit an der Porte d'Orléans. Im ausgestorbenen Paris erstarrte plötzlich mein Mut. Ich lud meine zwei Verbrecher zu einem Pernod ins Café du Rond-Point d'Orléans, das ich aus besseren Tagen kannte. Nach der dritten freudlosen Runde – jeder mißtraute jedem – gab ich Maxime zum Unterpfand meine fast leere Brieftasche – mein Geld trage ich immer in der linken Hintertasche – und stieg hinab zum Lavabo, von wo ich das Haus über Hintertreppchen zu verlassen wußte. Endlich allein, todmüde, tieftraurig angeheitert, schlich

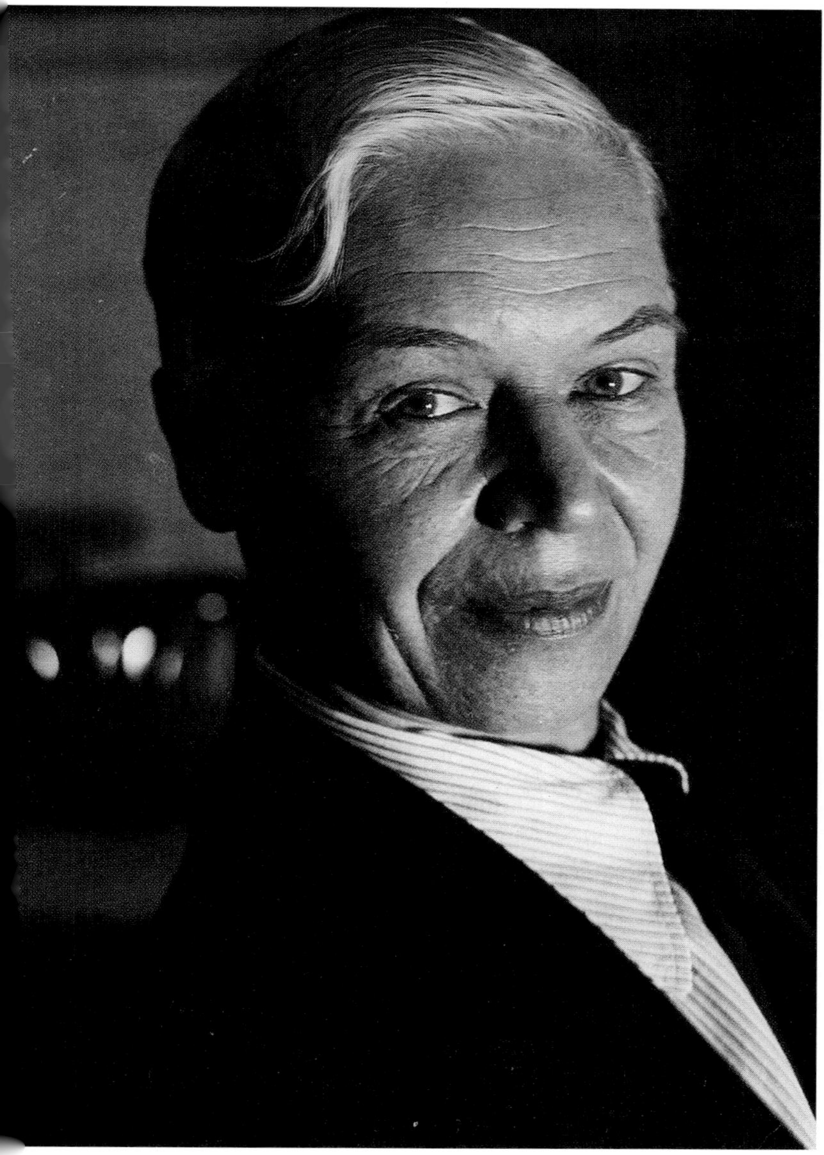

Mevrouw May Kalf Kaptijn.
Amsterdam, 1934.

ich, ein von unsichtbaren Bluthunden gehetzter Flüchtling, durch die lichtlose Nacht der Rue d'Alésia. Mir fehlte der Mut, mich bis zu meinem Atelier, nur eine Viertelstunde entfernt, zwischen den Patrouillen durchzuschlängeln. Zwei Minuten von hier, in einem elegant-perversen Gäßchen, der Villa Seurat, wohnte eine gute Fee aus Holland, Mevrouw May K.K., bei der ich die Nacht zu verbringen hoffte. Gegen zehn klingelte ich an ihrer Tür. Niemand öffnete. Verräterisch duftete ihr berühmter Risotto, spécialité de la maison, durch die Ritzen. Zuviel Knoblauch und Zwiebeln (sie war Vegetarierin, schwerhörig, Edelkommunistin) mit Huhn (nur für die Gäste; sah niemand hin, aß auch sie Fleisch). Ich bullerte unentwegt an Tür und Fenster, bis sie öffnete, hochelegant im Smoking mit Monokel. (Sie war Travestit und konnte sich herrlich erregen, wenn ich sie mit dem deutschen Kronprinzen verglich.) Sie behauptete, mich zum Abendessen erwartet zu haben (sie war Spiritistin). Wir hatten uns vor Jahren in Holland gefunden, beim Versuch, die Lasker-Schüler aus Hitlers Klauen zu retten, und sind seitdem intime Freunde geblieben. Eine wahre Freundin, zu jedem Opfer bereit, besonders wenn es sich um junge unverheiratete Mädchen handelte, die ein Baby erwarteten. Ihr Glück erreichte den Gipfel, wenn sie, als Vater verkleidet, im Hospital ungeduldig wartend die Freudenbotschaft empfing: »Monsieur, c'est un fils!«

Wir aßen ausgezeichnet, tranken Pinard bei Kerzenschein und erzählten uns unsere Erlebnisse. May glaubte an Stalins Genie und prophezeite den Zusammenbruch der Demokratien. Sie riet mir ab, bei ihr zu übernachten, bei Genossen hätten nämlich nächtliche Hausdurchsuchungen stattgefunden. Das Deuxième bureau arbeitete gegen die Cinquième colonne. Ich war zu müde zu neuen Entschlüssen und schlief herrlich auf ihrem Sofa.

Nach einem guten holländischen Morgenkaffee ging's ans Telephon. Keiner der einflußreichen Freunde, die mir vor ein paar Tagen unverbrüchliche Treue geschworen hatte, war so früh – es war zehn – erreichbar; der Ton der Sekretärinnen schien abgekühlt. So wollte ich es von meinem Studio aus aufs neue versuchen. Seit frühester Jugend hatte ich Straßenangst. Gestern abend war Paris zu grausig gewesen. May riet mir, Razzias zu vermeiden und ein Taxi zu nehmen, aber Taxis waren unfindbarer denn je. Im hellen Herbstmorgensonnenlicht sah Paris beinah normal aus. Weniger Menschen, mehr Militär, weniger Verkehr, mehr Polizei. Ich beobachtete, wie zwei Männer einen Passanten anhielten, um Papiere fragten und abführten. Die Treppen zum Studio hinaufstürmend, fiel ich gleich dem Concierge in die Hände, der mir zuraunte, die Polizei hätte mehrere Male nach mir gefragt. Ich vertraute ihm an – Vertrauen gegen Vertrauen –, daß ich nur en vitesse meine Papiere holen wollte, um damit unter die Fahnen zu eilen, wobei ich ihm für seine Auslagen hundert Francs in die Hand drückte, die um so tieferen Eindruck machten, als er bisher mit meinen Pourboires von zehn Francs immer recht zufrieden gewesen war. Verständnisvoll sagte er: »Comme vous le désirez, Monsieur, je n'ai rien vu!« Ich bat ihn, auch morgen nichts zu sehn, und mir zwei Tage für letzte Anordnungen zu lassen, bevor er mich denunziere. Denn denunziert mußte werden! Selbst in größtem Elend waren wir Emigranten zu regelmäßigen Trinkgeldabgaben an Concierges und Kellner gezwungen, die einen schikanierten, kujonierten und denunzierten. Fouchés Spitzelsystem herrscht noch heute in Frankreich. Jede Meldung, falsch oder unwahr, wird vom Commissaire de Police mit fünf Francs belohnt. Des agents doubles (Fréderic Drach, Morphinist und Chefredakteur von *VU*, in Collaboration mit Monsieur Lemoine, dem agent provocateur de la préfecture de police mit grausigem grauen Star) vermittelten von der Terrasse des Café du Dôme, ihrem Hauptquartier, Menschenlieferungen von Paris nach Berlin. Gold brennt nicht.

Im dunklen Korridor stieß ich vor jeder Ateliertür an einen Sandeimer: gegen Luftangriffe. Zum ersten Mal sah mein Studio aufgeräumt aus: Man hatte Haussuchung gehalten. Meine Sammlung pornographischer Photos von 1900 war weg. Das Telephon abgeschnitten. Wozu war ich eigentlich nach Paris gekommen? Die Papiere waren doch nur eine faule Ausrede. Die nackte Wahrheit: Paris war meine Maitresse, und sie war mit einem andern durchgebrannt. Bei der Morgentoilette fiel mir das *Lakonische Telegramm* ein: »Mindaros ist pleite, die alten Kästen sind futsch, wir hungern und dürsten. Was tun?« Schrilles Klingeln. Meine erste Reaktion: nackt aus dem Fenster zu springen. Etwa in den Polizeihof? Schrilles Klingeln! Ich mußte öffnen, warf hastig den herumliegenden Regenmantel meiner Tochter über die Schulter, verachtete mich noch mit einem Blick im Spiegel, schob lautlos, wie ich es oft geübt hatte, das Sicherheitskettchen vom Schloß und öffnete. Da stand das Schicksal: unter einem Maurice-Chevalier-Strohhut hager gewachstes Schnurrbärtchen mit verhaltenem Lächeln, Grausamkeit verratend. Am Arm hing die Dokumentenmappe, in der sich Haftbefehl und Handschellen befanden. Ich schwamm in eiskaltem Angstschweiß. Mein Leben stand still. Weder eine letzte Erektion noch die Kraft, Bonjourmonsieur zu sagen. Verlegen räusperte sich der Scherge, als erwarte er von mir eine Gefälligkeit: »Monsieur le célèbre photographe d'art Blumenfeld Erwin, 9 rue Delambre?« So sprach kein gewöhnlicher Flic. Ich war geschmeichelt über das célèbre. Sollte man etwa, um mich zu verhaften, einen Ministerialrat geschickt haben? Wie nur ein deutscher Emigrant es zu sagen weiß, antwortete ich: »Oui Monsieur.« Er fragte: »Ressortissant allemand?«, was ich negierte. Eintretend schätzte er mit Scharfblick das Mobiliar ab, sah nach Türen und Fenstern. Verlegen wies ich auf meinen Regenmantel, wollte mich ins Badezimmer zurückziehn, um von da, nachdem ich mir die Pulsadern mit dem Rasiermesser geöffnet hätte, aus dem Fenster zu springen. Besser noch, ihn mit dem Eisenstuhl aus dem Luxembourg zu erschlagen und dann zu fliehn. Wohin? Er schien meine Gedanken zu erraten, nahm mich beim Arm, drückte mich in einen Stuhl, sah mir fest ins Auge und sagte entschlossen, doch mit einiger Erregung, er habe mit mir in einer lebenswichtigen Angelegenheit zu sprechen. Mit einem Taktgefühl, würdig der großen französischen Tradition, bot er mir eine Caporal grise, billigste französische Zigarette, an. Um ihm in nichts nachzustehn, erhob ich mich und bat feierlich: »Ich bitte Sie noch um drei Minuten Zeit, bis ich meinem Weib und meinen Kindern einen letzten Gruß geschrieben habe, dann stehe ich widerstandslos zu Ihrer Verfügung.« Beunruhigt sah er mich an: »Könnten Sie Ihrer Frau nicht später schreiben? Je suis pressé!« Dieser Mann hatte *Raskolnikow* gründlich studiert, ich sah's am verschmitzten Glanz seiner Äuglein. Katz und Maus wollte er mit mir spielen, tat, als dächte er angestrengt nach und sagte: »Wenn Sie wirklich nichts Dringenderes zu tun haben, als Ihrer Frau zu schreiben, werden Sie mir, je vous en prie, gestatten, mich auf einen Augenblick in Ihr Badezimmer zurückzuziehen; Sie müssen mir aber versprechen, nicht wegzurennen, ich bleibe nicht gern allein in fremden Studios.« Ich gab ma parole d'honneur, beinah wär's zu einer Akkolade gekommen. Er verschwand mit seiner Aktenmappe, harmlos tuend, ins Badezimmer. Um mir den Anschein verlockender Freiheit vorzuspiegeln, verschloß er raffiniert die Tür von innen. Glücklicherweise durchschaute ich den Trick: Er wollte mich entfliehen lassen, damit seine Wachen im Treppenhaus mich auf der Flucht erschössen. Etwas zu durchsichtig. Mir fehlten die Worte, meiner Frau zu schreiben, die Tinte im Füllfederhalter war eingetrocknet wie mein Rückenmark. Da kam mir die dem Photographen naheliegendste Idee, diesen Mann zu photographieren. Eitelkeit ist grenzenlos: Ich werde sein Portrait machen, er wird mir eine Gnadenfrist von vierundzwanzig Stunden gewähren. In einem Tag kann viel geschehen. Selbst Friede könnte ausbrechen. Ich richtete ein paar Lampen auf die Badezimmertür; die Elektrizität war seltsamerweise noch nicht abgeschnitten. Mechanisch schraubte ich meine Linhof auf ein Stativ, stellte ein, mit der Absicht, ihn im Türrahmen stehend zu verewigen. Da knarrte der Schlüssel, und es ereignete sich etwas, das mein Fassungsvermögen nicht bewältigen konnte. Mir fehlt die literarische Geschicklichkeit, diese Sensation angemessen zu beschreiben. Die Tür öffnete sich. Im Licht meiner fünftausend Kerzen posierte, ein lebendes Bild, im Türrahmen mein Detektiv im Badeanzug mit enganliegender Gummikappe in jämmerlicher Häßlichkeit: Nijinski im »Spectre de la Rose«, *nach* dem Sprung. Mit dummer Selbstverständlichkeit gebrauchte er die Phrase des Tages: »drôle de guerre!« Ich war der Komik dieses Krieges so wenig gewachsen, daß ich eher beleidigt war, von einem Clown verhaftet zu werden. Entgeistert fiel ich auf die Knie, was nicht zu meinen Gewohnheiten gehört, schämte mich sofort meiner Schwäche und tat, als hätte ich etwas am Stativ zu regeln. Es war deutlich: Dieser Mann hatte den Verstand verloren; was jedoch nicht erklärte, wo er den Badeanzug und die Strandsandalen gefunden hatte. Er stand unbeweglich, ich ging hinter meine Kamera und befahl: »Bitte recht freundlich!« Abwehrend zierte er sich: »Noch bin ich nicht in Stimmung, Sie müssen, wenn Sie ein Meisterwerk kreieren wollen, erst die Situation kennen! Strand, Sonne, Deauville-sur-mer!« Er fläzte sich auf einen Liegestuhl, eins der wenigen Möbelstücke des Studios, spielte Strandleben und fing an zu spinnen: »Ich bin ein Notar aus Sens. Mein Name spielt keine Rolle. Seit dreiundzwanzig Jahren bin ich mehr oder weniger glücklich verheiratet. Seit vorgestern bin ich hier mit meinem Schwager auf dem Weg nach Deauville, auf den ersten Ferien meiner Ehe. Jeder Mann muß sich einmal losreißen. Gleich am ersten Abend habe ich hier die Frau meines Lebens gefunden: Cricri liebt mich abgöttisch. Ich liebe Cricri bis zum Wahnsinn. Eine Blondine mit Feuerseele. Sie arbeitet in der *Sphinx*. Meine Gattin ist brünett, une Auvergnate. Bis vorgestern nacht wußte ich nichts von blonden Leidenschaften, oh là là! Da Cricri beruflich in Paris zurückgehalten ist, will ich meine Ferien hier mit ihr verbringen. Liebe verlangt Opfer. Wir sind bereit zum Äußersten. Meinen Schwager laß ich heute abend allein nach Deauville fahren und will ihm eine Serie Postkarten mitgeben: ich am Strand im nassen Badeanzug, sehnsuchtsvollen Blickes meiner Gattin gedenkend. Dies Alibi mit Poststempel und meinem Namenszug wird jeden Verdacht im Keim ersticken. Meine Dulcinea hat Sie als größten Kunst- und Trickphotographen empfohlen, als Linsenzauberer erster Klasse, dem nichts unmöglich ist. Sie warnte mich vor Ihren übertriebenen Preisen. In einem Ausnahmefall wie diesem, finde ich, hat selbst ein Künstler Existenzberechtigung. Heute abend um sechs muß alles fertig sein. Vor Ihnen liegt ein père de famille nombreuse, haben Sie Mitleid, und vergessen Sie nicht: Wir befinden uns im Zweiten Weltkrieg!« Die Wut packte mich: Das Schicksal bediente sich dieses Hampelmannes, um sich über mich lustig zu machen. Mein Humor war mir abhanden gekommen, mein Bankkonto war blockiert, ich sah mich ge-

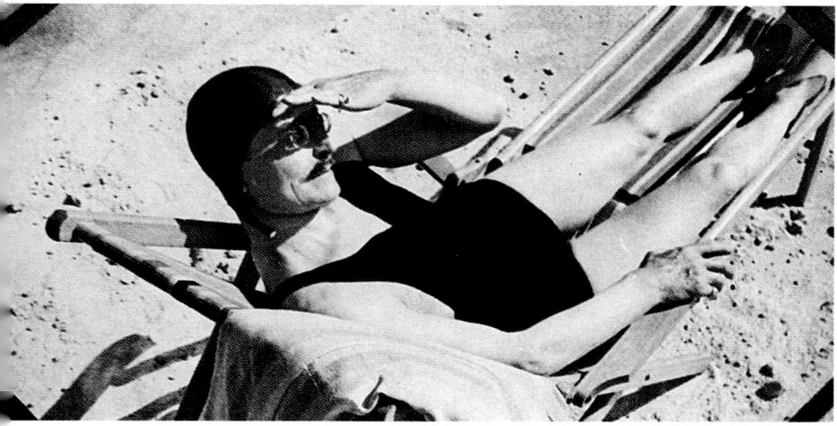

Mon plus beau modèle.
Paris, 1939.

zwungen, für diesen gräßlichsten aller Spießer Strandphotograph zu spielen. Geistesabwesend sagte ich: »Fünftausend, die Hälfte voraus zahlbar.« Er bot viertausendzweihundert, wir einigten uns auf viertausendsechshundertfünfundfünfzig fünfzig. Im Schweiße seines Angesichts machte er eine Anzahlung von zweitausenddreihundertfünfundzwanzig Francs. Die Arbeit begann. Die Vorsehung hatte den nötigen Sand vor die Türen gestellt; die einzige Verwendung, die er in diesem Krieg gefunden hat. Das Strandproblem war damit gelöst. Mein Notar half, alle Tonnen aus dem Haus ins Studio zu entleeren. Bald stand der Liegestuhl am Nordseestrand. Ich wollte meinen Helden in die mit kaltem Wasser gefüllte Badewanne steigen lassen. Als chronischer Asthmatiker war er gegen kalte Seebäder. Während ich alles in Stellung brachte, rannte er zum Spiegel, puderte sich mit braunem Puder, nahm sein Gebiß aus der Schnauze, um es zu putzen, gurgelte gewaltig, polkte geschäftig zwischen den Zehen, schnitt Hühneraugen, rasierte sich unter den Armen, ziepte Haare aus den Ohren, parfümierte sich unappetitlich und sah am Ende ganz genauso aus wie zuvor. Ich wollte über den Krieg sprechen, er lehnte ab, hatte Ferien.

Eine gut vorbereitete Sitzung, bei der Künstler und Modell harmonisch zusammenarbeiten, geht glatt vonstatten. Nach zehn Minuten und zwölf Aufnahmen hatte ich, was ich wollte. Da mein Opfer erst in einer halben Stunde seine

Donna zum Déjeuner abholen durfte, ließ ich ihn zum Zeitvertreib (ohne Film) noch zwecklose Posen annehmen, was sein Ego aufblies: Er fühlte sich Mittelpunkt der Kunstwelt. Nach getaner Arbeit bekleidete sich mein Notar sorgfältig, dankte witzig für die schönen Stunden am Strand, schüttelte den Sand von den Füßen und versprach, die bestellte Ware um fünf abzuholen. In der Dunkelkammer leuchtete es mir ein, daß die Entwicklung dieser Farce den Abschluß meiner Pariser Karriere (1936 bis 1939) darstellte. Herkules' letzte Arbeit.

Ab fünf Uhr warteten zwölf waschechte Ansichtskarten in einem blaugrünen Kuvert auf den Kunden, der erst nach sieben am Ende seiner, meiner und aller Kräfte erschien, um auf dem Strandstuhl zusammenzubrechen. »Une Fine s'il-vous-plaît!« Ich hatte keinen Barbetrieb, konnte ihm nichts anbieten und wußte, daß er, um den Preis runterzudrücken, nunmehr stänkern würde. Ich hatte mir selbst ehrenwörtlich versprochen, unerbittlich zu bleiben, und mir zu diesem Zweck eine dreizehnte Karte bereitgelegt. Stolz übergab ich ihm meine Arbeit. Mit schlecht verhaltener Begeisterung besichtigte er die Meisterwerke Stück für Stück mehrere Male durch ein Brennglas. Plötzlich sagte er: *»Non! Non! Non!«* und ließ, genau wie ich es erwartet hatte, alle Bilder in den Sand fallen. Ich bückte mich pfeilschnell und hatte, bevor er es verhindern konnte, vor seinen Augen eins seiner Portraits zerrissen und die Schnitzel verächtlich in die Luft geworfen. Kein Kunde ist der Tatsache gewachsen, so vor seinen eigenen Augen zerrissen zu werden. Als ich mich an die nächste Karte machte, winselte er um Waffenstillstand. Ich hatte auf der ganzen Linie gesiegt und fragte, was sein »Non« bedeute. »Ma dame n'aimerait pas voir mon rictus!« Ohne den Sinn des Wortes zu kennen, verteidigte ich meine Kunst: »Ein Mann Ihres Alters sollte froh sein, wenn er noch den Anflug eines solchen aufzuweisen hat!« Er lächelte geziert und forderte aus frecher Schikane Retouchen, die ich aus artistischen Motiven (ich kann nicht retouchieren) verweigerte. Nach landesüblichen Seelenkämpfen zahlte er unter Protest die restierenden zweitausend Francs und verließ das Studio, verarmt und verewigt.

59 BERGAB. Am nächsten Vormittag funktionierte keine meiner Beziehungen. Viele Freunde waren weg, die in Paris gebliebenen ließen sich nicht sprechen. Unverrichteter Sache fuhr ich mit dem verdienten Geld und meinem alten Schandpaß unbehelligt, ich weiß nicht mehr wie, zurück nach Voutenay-sur-Cure. Als an einem der nächsten Tage Monsieur Vanner, der Wirt, in Auxerre zu tun hatte, fuhr ich mit ihm in seinem uralten Auto. Wenn's bergauf ging, mußte ich schieben. Die Musterungsstelle für Freiwillige war in der Kathedrale, die Militärlazarett geworden war. Tausende leere Betten. Kein Arzt. In einem Bett schlief ein einziger Kranker. Müde legte ich mich ins Nebenbett. Als ich nach mehreren Stunden erwachte, fragte der andere Patient, was mir fehle. Er war der Arzt und lachte mich verwundert aus: Ich war sein erster Freiwilliger. Er riet mir ab. Ich sei zu alt. Ich erklärte ihm meine prekäre Lage. Gutherzig bescheinigte er mir ohne Untersuchung, daß ich mich als Freiwilliger gemeldet hatte. Mehr wollte ich ja gar nicht.

Nun begannen die friedlichsten Feiertage meines Lebens. Daß ein Weltkrieg ausbrechen mußte, mir meinen Seelenfrieden zu verschaffen! Tagtäglich durchstreiften wir bei herrlichstem Herbstwetter ein idyllisches Tal, unser Tal der Schmerzen: Ronceval. Wir pflückten Beeren (Brom und Blau), suchten Escargots, angelten Forellen, haschten Eidechsen, vernichteten Schlangen, waren glücklich. Bis eines Abends der Chefgendarm von Vézelay, Monsieur Guignard, kam, nach mir zu fragen. Ein bauernschlauer Landpolizist (nach dem Kriege kam er wegen Kollaboration mit den Boches ins Gefängnis). Wir unterhielten uns, und beim Dubonnet kam raus, daß er dahinterkommen solle, ob ich etwas Beschlagnahmenswertes besäße: Häuser oder Diamanten. Nach weiteren Gläschen wurden wir Freunde. Guignard war beeindruckt von der Bescheinigung, daß ich mich freiwillig gestellt hatte. Er riet mir flüsternd, baldmöglichst die Auberge zu verlassen, die Vanners seien Spione. Wir sollten unter seiner Obhut nach Vézelay ziehen, er würde die Formalitäten regeln. Es gäbe da ein berühmtes Hotel mit zwei Sternen im Guide Michelin. Daß wir unser Hotel wechseln durften, war eine Erlösung. Die Vanners beuteten uns als Kriegsgefangene erbarmungslos aus. Wir als allerletzte Gäste brauchten keine Bedienung mehr (c'est la guerre), kümmerliche Kriegsportionen und alles zu vollem Hochsaisonspreis (c'est la guerre).

Bei unserer Ankunft in Vézelay versetzte uns der mittelalterliche Duft von Holzfeuern in Trance. Welche Lust, in diesem Märchennest leben zu dürfen. Résidence forcée im Paradies. Großartiges Hotel de la Poste et du Lion d'Or. Nie habe ich schmackhaftere Escargots gegessen. Wir genossen. Erst den dampfenden Herbst in der Schönheit Burgunds mit mystischen Nebeln über Weinbergen, dann den schneeweißen stillen Winter, danach das Knospenwunder des Frühlings. Jeden Morgen, jeden Abend liefen wir mit demselben Entzücken an der alten Stadtmauer entlang um das Städtchen, von dem aus Gottfried von Bouillon kreuzgezogen ist; von allen Seiten bestaunten wir die geliebte Basilique de la Madeleine. Einmal wöchentlich hatte ich mich in der Gendarmerie zu melden, was anschließend an mein morgendliches Zeitungsholen harmlos war. Romain Rolland und Le Corbusier hatten's auch zu tun.

Die Hoteliers, Monsieur et Madame Danguy, berechnende Bauern, die sich raufgearbeitet hatten, sorgten angemessen für die wenigen Gäste. Wir wurden diskret in eine dunkle Eßzimmerecke plaziert. Am Mitteltisch präsidierte eine schreckenerregende Riesin, Madame la Générale Villemain in schwarzem Witwencrêpe. Wir nannten sie »la grosse derrière« (Dickarsch). Als Begleiterscheinung hielt sich neben ihr eine lesbisch dürre Puritanerin aus Philadelphia, Pennsylvania, ebenfalls steinalt. Sobald die »grosse derrière« uns sah, spuckte sie in unsere Richtung, meistens nach den Kindern und nach meiner Frau, schmeichelhafterweise seltener nach mir. Sie war royalistische Patriotin der Republik; Pétain was her pet. Miss Sibeling dagegen ignorierte uns strikt neutral. Diese herrlichen Friedenstage dauerten ein halbes Jahr, bis sich die Franzosen Anfang Mai von den Hunnen ohne den allergeringsten Widerstand überrennen ließen. Da erwachte die Bosheit der Bauern mit Mistgabeln in den Fäusten zu neuem Leben. Der Generalin blieb die Spucke weg und sie griff zum Nachtgeschirr. Wir durften nicht mehr spazieren gehen und bekamen schlechte Zimmer. Der sieben Jahre alte Yorick wurde nach der Schule von zwei Gendarmen als Spion verhaftet. Der *Auxerrois*, ein Lokalblättchen, brachte die Notiz: »Parachutiste boche Blumenfeld caché à Vézelay.« Als die Deutschen Paris bedenklich nahe kamen, beschloß mein machtloser Gendarm, ich hätte mich freiwillig in das nächstliegende Konzentrationslager von Montbard-Marmagne zu begeben. Da keinerlei Verbindungen bestanden, hätte ich vierundsechzig Kilometer zu Fuß zu machen oder ein Auto auf eigene Kosten zu mieten. Zwei Polizisten würden mich bringen. Man erlaubte meiner Frau mitzufahren.

An einem wunderschönen Maienmorgen rollten wir bergab vom Himmel in die Hölle. Blutenden Herzens mit groteskem Beigeschmack, der wohl nie ausbleibt, wenn man zur Guillotine transportiert wird. In meiner Brieftasche trug ich ein wertvolles Empfehlungsschreiben von Général Georges, einem hohen Tier im Generalstab, das mir mein Freund André Girard verschafft hatte. Ich reiste mit zwei vollgepackten Handkoffern Photos, Linhof-Kamera, Büchern und Schreibmaschine. Leider ließ ich einen Band mit Kurzgeschichten und Gedichten, die ich in den letzten zwanzig Jahren geschrieben hatte, in Vézelay. Meine Frau hat ihn, als sie selbst fliehen mußte, in einer Mauernische eines verlassenen Hauses versteckt, wo wir ihn fünfzehn Jahre später nicht wiedergefunden haben. Vor dem Hotel de la Poste*** in Avallon packte mich um die Mittagszeit Lust zu einem Galgenmahl. Ich gab meinen Wächtern hundert Francs: Sie sollten ein Glas auf mein Wohl trinken und mich in zwei Stunden abholen. Wir aßen fürstlich: Écrevisses aux aromates, Fondue de volaille à la crème, Crêpes flambées. Wir tranken Hospices de Beaune 1928 und hinterher einen Marc de Bourgogne. Uns war's zu weh für kulinarische Genüsse. Ein Henkersmahl schmeckt schlecht.

Nach dem Essen hatte ich mit meiner Frau über eine Stunde vorm Restaurant auf und ab zu gehn, bis meine total beschwipsten Schergen angetorkelt kamen. Sie hatten inzwischen beschlossen, mich, um einen guten Eindruck zu machen, gefesselt als Spion ins Lager einzuliefern, und wollten mir Handschellen anlegen. Glücklicherweise waren alle drei gerade noch nüchtern genug, ihre Fahrunfähigkeit einzusehen, so daß sie mich ans Steuer ließen. Bald schnarchten die drei, während ich mich zum KZ kutschierte. Ungehindert hätte ich aussteigen und weglaufen können. Wohin? Mörder haben Schwierigkeiten, Kadaver zu beseitigen. Viel komplizierter ist es, sich selbst verschwinden zu lassen. Durch die kleine Bahnstation Montbard ging's noch ein paar Kilometer weiter zu dem Flecken Marmagne. Vor der Mairie hing ein Plakat: *Réception des étrangers.* Auf deutsch: Konzentrationslager. Das Gebäude sah aus wie Van Goghs *Mairie d'Auvers-sur-Oise le 14 Juillet*, ohne Fähnchen. Mir schien es stillos, mit schnarchenden Wächtern vorzufahren. So fuhr ich bis zur nächsten Ecke, nahm mein Gepäck und ging, mutig von meiner Frau begleitet, zum Höllentor, das von bewaffneten Bettlern bewacht wurde. Durchs Gitter sahen wir vielversprechend einen als General verkleideten Riesen mit ordenbedeckter Brust lustschnaubend durch einen von Kerlen zusammengefegten Haufen abgeschnittener Männerhaare waten. An die fünfzig kahlgeschorene Unglücksraben bibberten in soldatesker Haltung. Zivilisten in Militärformation sind lächerlich, besonders wenn sie statt Uniformen uniform geschorene Köpfe tragen (Arsch mit Ohren). Links vorne wurden zwei letzten Opfern die Haare millimetert. Solche Schmach dürfte mir dank dem Empfehlungsschreiben des Generalstabschefs erspart bleiben; dachte ich. Am Gittertor umhalste ich meine arme Witwe zum allerallerletzten Mal mit meinem »Sei ein Mann!«, bat sie, gut für die Kinder zu sorgen und sich schnell wieder glücklich zu verheiraten, riß mich los und tat, als ginge ich mit schwerem Handgepäck leichten Fußes hinab zum Orkus. Geradewegs auf den Generalhöllenmarschall zu, der, ohne sich im Haarwaten stören zu lassen, meinen Brief fallen ließ. Auf einen Wink von ihm wurde ich in einen Stuhl gedrückt, wo ein Luxemburger mit Tondeuse sich anschickte, meinen Schädel zu scheren. Ich beobachtete, wie meine Frau, hinterm Gitter stehend, meine Exekution mitansah und von meinen Wächtern weggeholt wurde. Wir waren beide hinter demselben Gitter, jedoch auf verschiedenen Seiten. In Frankreich gab es damals die zwei Kategorien »les internés et les internables«, die Internierten und die zu Internierenden.

Ich war genau halbrasiert, als mein Friseur den Befehl erhielt, einzuhalten. Der Adjutant hatte mein Empfehlungsschreiben aus den Haaren gezogen und dem Kommandanten als wichtig unterbreitet. Ich muß komisch ausgesehen haben; die andern Kahlschädel grinsten im Glied. Ich hatte eine Schlacht gewonnen, wenn auch die Hälfte meiner Haare verloren. Im Gewaltigen kochte es. Er fragte mit deutschem Akzent, ob einer der Leute fließend französisch-deutsch übersetzen könne. Ein Lumpenhund namens Stein trat vor, sagte »Je!« und wurde Lagerdolmetscher. Der Führer stellte sich breitbeinig vor mich und brüllte barbarisch: »T'es photographe, toi?« Als ich »Oui, mon commandant« antwortete, befahl er mir, mich neben ihn zu stellen, schrie: »Silence!« und erließ folgenden Tagesbefehl: »Ordre du jour! Hiermit ernenne ich Blumenfeld, Erwin, zum Lagerarzt des Lagers Montbard-Marmagne. Unter meinem Befehl übernimmt er volle Verantwortung für das hygienische Wohl und das medizinische Wehe des Lagers und seiner Insassen. Er hat von allen Lagerinsassen militärisch gegrüßt und mit ›Monsieur le Docteur‹ angeredet zu werden!« Wütendes Grinsen der Kolonne über mein Avancement. Der Führer fuhr fort: »Macht euch keine Illusionen, ihr dreckigen Spione seid hier, um euch für Frankreich totzuarbeiten. Ich will den Boches zeigen, was KZ heißt. Wer sich krank meldet, bekommt automatisch vierundzwanzig Stunden Einzelhaft im Saustall, ohne Wasser, ohne Brot. Wenn er dann noch nicht gesund wird, laß ich ihn von Professor Blumenfeld kurieren und kastrieren. Die Haare hab ich euch nicht nur schneiden lassen, um euer wahres Gesicht an den Pranger zu stellen, sondern damit ihr euch keine Läuse in den Kopf setzt, auszurücken. Denn die Sträflingsuniformen sind noch nicht da. Die sind vom Gefängnis in Dijon angefordert und dürften jeden Tag eintreffen. Sollte noch jemand was zu fragen haben, hat er's Maul zu halten. Morgen früh dürft ihr euch bis drei ausschlafen, um vier, vor Sonnenaufgang, geht's an die Feldarbeit! Wegtreten!«

Alle machten eine stramme militärische Kehrtwendung, jeder war schon irgendwann mal Soldat gewesen. Zu guter Letzt kam ein Zittergreis mit wehender Mähne am Krückstock in den Hof gehumpelt. Sein mit zu tiefer Verbeugung dem Kommandanten überreichtes Empfehlungsschreiben wurde ungelesen zertrampelt. Es war von André Gide, der seinen Freund und Übersetzer, den Dichter Ferdinand Hardekopf den Behörden warm empfahl. Ich befreundete mich mit diesem rührenden Morphinisten, einem der wenigen Menschen in der konzentrationären Wüste. Durch ihn fand sich später meine Familie zurück.

Monsieur le Capitaine Carlé war, wie gesagt, gar kein General, sondern ein elsässischer Karl, ein Wackes, der nach zwanzig Jahren Fremdenlegion aus der Sahara mit Tropenkoller und Gehirntumor nach Frankreich pensioniert worden war. Vor drei Wochen hatte man ihn kriegsmobilisiert und ihm dies für zweihundertfünfzig Allemands et Autres-chiens geplante Durchgangslager unterstellt. Carlé erfaßte sogleich unbegrenzte Geschäftsmöglichkeiten eines Sklavenhandels und sorgte dafür, daß keine Seele das Lager verließ. Bald hatte er tausendfünfhundert Knechte, die er an die Bauernhöfe der Umgegend zu jedem gewünschten Preis als Arbeitskräfte verdingte. Nie konnte er genug Leute liefern. Da er als Wachmannschaft nur sechs greise Landsturmmänner zur Verfügung hatte, bewaffnete er jeden zehnten seiner Gefangenen mit einer uralten, ungeladenen Flinte und überließ getrost die Sklaven ihrer eigenen Obhut. Kein Deutscher würde sich auch nur im Traum getrauen, zu desertieren. Schande genug: Ein paar Drückeberger sind bei der Arbeit verreckt. Ohne militärische Ehren wurden sie nachts verscharrt. Ich hatte Totenscheine in Schönschrift und in triplo auszufertigen. Das war meine Arbeit.

Bereits in den ersten Minuten erreichte meine medizinische Laufbahn ihren meteorischen Höhepunkt, was mich einigermaßen darüber tröstete, daß mich das Schicksal nicht zum Chefarzt in einem Frauenlager gemacht hatte. Kaum war nämlich der Fall Hardekopf abgewickelt, wurde schmerzbrüllend ein blutüberströmter Arbeiter aus der Munitionsfabrik Montbard von zwei Gendarmen hereingeschleppt. Er sei dem Hochofen zu nahe getreten. Eigene Schuld! Mit Recht hatte das Hospital dem ausländischen Arbeiter die Aufnahme verweigert. Der hoffnungslose Fall wurde mir übergeben, ich hatte mich als Arzt zu beweisen. Dabei wußte ich nicht einmal, wo das Revier war. So nahm ich seinen Puls, ohne mir anmerken zu lassen, daß ich ihn nicht finden konnte. Winselnd wies er auf seine Augen. Erschrocken leuchtete es mir ein: Ein Photograph ist noch kein Augenarzt. Aus reiner Verlegenheit fragte ich den Mann nach seinem Namen: Prestatair Späth. Prestatair hatte nichts mit Prostata zu tun, war auch kein Vorname, sondern bedeutete: Arbeitssoldat. Das waren wir alle, ohne es zu wissen. Ich befahl, eine Tragbahre zu holen, und ließ die anderen wegtreten. Der Hof leerte sich, es dunkelte. Leise wimmerte Späth vor sich hin. Ich geriet in eine mir unbekannte Verzückung, und es schrie aus mir: »Wahrlich ich sage dir: Ehe der Hahn dreimal kräht, wirst du mit eigenen Augen das Himmelreich schauen!« Er flüsterte zurück: »Ich kenn einen besseren vom Wunderrabbi, du Quatschkopp, wenn du mir nach Dijon ins Hospital hilfst, mach ich dich berühmt als Heiler!« Mein Ruf als Chefarzt war gerettet. Der blutüberströmte Simulant wurde aufgebahrt zum Revier getragen, Schweinestall mit Strohdach. Ich folgte mit meinem Gepäck. In der Krankenstube lag auf einer Kiste neben einer Jodflasche ein zerbrochenes Thermometer. Nirgendwo Wasser. Das war alles. Vorm Eingang stand, frisch angekommen aus Paris, eine Riesenkratte mit der Aufschrift »Évacuation médicale«. Sie enthielt fünftausend Packungen Neosalvarsan. In jedem Päckchen lag neben der Glasampulle mit dem milchigen Medikament eine zweite Ampulle mit Aqua destillata. Wassertropfenweise vom Himmel gesandt. Nach Rücksprache mit meinem Patienten reinigte ich ihn vom Blut, mit Ausnahme des Gesichts. So führte ich dies Bild des Grauens am nächsten Morgen durch die Straßen von Montbard zum Bahnhof. Man sah, daß der Blinde sehen konnte, und bewunderte mich. Ich setzte ihn in den Zug nach Dijon. Auf dem Rückweg brachte mir eine alte Frau ein Körbchen mit Walderdbeeren, wollte mir die Hand küssen und nötigte mich in ihr Haus. Da lag ein fallsüchtiges Mädchen beim Radio, das gerade verkündete, die Deutschen ständen vor Paris. Mir verging die Lust zum Heilen und ich brüllte die Kranke an: »Steh auf, die Boches stehn vor der Tür!« Das kranke Töchterchen gehorchte, stand vom Liegestuhl auf und schlug auf die Erde. Großmütterlein schrie entgeistert: »Vive Hitler!«

Inzwischen schufteten die internierten Sklaven. Tageseinteilung: drei Uhr morgens, vor Sonnenaufgang, Wecken mit wagnerianischem Trombonengeschmetter. Der Trompeter von Säckingen, Herr Fenster, ein Neger, war Ressortissant allemand, obwohl er noch nie in Deutschland gewesen war. Er kam aus Dar-es-Salaam, Deutsch-Ostafrika, wo er von einem jüdischen Missionar jüdeln gelernt hatte. Bis zum Kriegsausbruch war er ein gesuchter Trommler, Pauker und Bläser in Pariser Nightclubs gewesen. Hier in Montbard wurde er verhätschelter Liebling aller. Mit seiner Frau, einer feschfrechen Parisienne und seinem schwarzweißrotgestreiften Töchterlein beherrschte er als Ehrengast die Villa des Lagerkommandanten und dessen Gattin, Madame Carlé, einer Provinzlerin mit Vergangenheiten. Sie hatte es sich in den Kopf gesetzt, den blöden Eisenbahnknotenpunkt Montbard-Marmagne zum Gesellschaftsknotenpunkt der Côte d'Or zu machen. Die Nachtveranstaltungen Chez Carlé waren ihr weit wichtiger als Frankreichs Defaite, die sowieso unaufhaltbar war. Damals fingen die Leute an, sich lachend zuzurufen: »On nous a bien eu!« (Schön sind wir reingesaust!) Tageseinteilung: nach dem Wecken: Waschen. Womit? Es war strengstens verboten, sich an der einzigen Wasserleitung des Lagers zu waschen. Jauche fassen: Kaffee. Appell, Arbeitseinteilung, zu vieren abzählen unter endlosen Tiraden Carlés. Vier Uhr morgens: Abmarsch im Geschwindschritt, Dauerlauf mindestens fünfzehn Kilometer zur Arbeitsstelle, wo bis in die Nacht geschafft wurde. Ernährung: Viehfraß: Abfall, Topinambour, Rutabaga (Kohlrüben), Dreck. Unter ununterbrochenem Absingen der Marseillaise (niemand kannte den Text) in Eilmärschen zurück zum Lager. Zapfenstreich, meisterlich geblasen von Fenster, wonach alle in Schweineställe geriegelt wurden. Grausigste Nächte: wildverängstigte Schreiträume in allen Dialekten (Luxemburgisch am schlimmsten) verstörten den Schlaf. Drei Uhr morgens: Tubaton des Weltgerichts: Wecken zu gräßlichem Tag. Dumpfes Kanonengedonner rollte unerbittlich näher: Hitler. Viele, die auf ihn als Erlöser hofften, fingen an, unverschämt zu werden.

Kommunisten sehnten sich zurück nach der Zucht und Ordnung in deutschen Konzentrationslagern. In den ersten Tagen kamen aus Dijon Lastwagen mit Säcken voll abgerissener Uniformen der Grande Armée von 1870 bis 1914. Man kostümierte uns. Ich faßte rote Hosen zu einer goldbetreßten Offiziersjacke. Das ganze Lager war eine phantastische Agglomeration von geflickten Lumpenclowns. Hitler stürmte näher, voraus kroch ihm eine endlose Schlange von Fuhrwerken, vollgepfropft mit Flüchtlingen und ihrer Habe, die zu Carlés maßloser Wut die Route Nationale von Troyes, Langres, Nancy versperrten. Er beschloß, Ordnung in die Flucht zu bringen, ließ sich vorm Dorfeingang einen Holzthron errichten, von dem aus er in Generalsuniform Befehle in einen Trichter schmetterte. Prestataire in Militärkostümen von 1870 hatten, mit ihrem deutschen Akzent, jeden Wagen anzuhalten und nach Ausweispapieren zu fragen. Nichtbefriedigendenfalls wurde der Wagenführer verhaftet und gefesselt ins Lagergefängnis gebracht. Bald war die Stadt zu klein für alle Gefangenen; es gab Schlägereien, es wurde geschossen, der Verkehr kam zu vollkommenem Stillstand. Als es dazu noch in Strömen zu regnen anfing, verließ Carlé seinen Thron, um Mittag zu essen und befahl, die Gefangenen in Freiheit zu setzen. Unerklärlicherweise gab's am selben Abend reichlich zu essen. Am nächsten Morgen wurde zwei Stunden später geweckt. Nach dem Kaffee gab's keinen Arbeitsdienst, Carlé erschien zum Appell als Feldwebel, mit nur ganz wenigen Orden behaftet, und verteilte Zigaretten. Man munkelte von Frieden. All dies erklärte sich durch die Ankunft einer Gruppe von jungen Offizieren mit vollgestopften Aktenmappen, »la commission de criblage du deuxième bureau«. Die Intelligenzoffiziere waren erstaunlich gut informiert. Sie verhörten jeden von uns; mein Verhörer kannte nicht nur meine *Vogue*-Seiten, er wußte, daß ich neuerdings für *Harper's Bazaar* arbeitete, gerade aus den USA zurück war, und fragte, ob ich dächte, Amerika würde, wie 1918, Frankreich aus der Scheiße ziehn (demerder la patrie). Wir wurden in schwarze und weiße Schafe sortiert; die sicheren Kantonisten wurden jetzt offiziell Prestataire, Arbeitssoldaten der französischen Armee, die Unsicheren und die ohne Dossiers wurden Internierte. Sobald die Kommission weg war, zog Carlé seine Generalsuniform wieder an und alle wurden wie zuvor auf Arbeit geschickt. Laufschritt marschmarsch!

Drei Tage später, nach der Einnahme von Paris, verlor Carlé den letzten Rest seines Kopfes, verbrannte alle Papiere, damit sie den Boches nicht in die Hände fielen, schenkte den schwarzen Schafen die Freiheit und verfrachtete die Prestataire stehend in geschlossenen Viehwaggons westwärts. Auf die Wagentür kreidete er »Cinquième colonne« und kletterte in Generalsuniform, begleitet vom Negertrompeter Fenster, zum Lokomotivführer, Rückzug zu blasen. Die achtzig Kilometer nach Dijon dauerten einen langen Tag. Die lange Nacht durch standen wir auf einem Nebengleis im überfüllten Bahnhof von Dijon bei dauerndem Fliegeralarm, ohne Bomben. Frankreich lag in den letzten Zügen, und wir standen im letzten Zug. Nach zwei weiteren Tagen hielten wir in Le Puy, verhungert und verdurstet. Extrablätter verkündeten den Waffenstillstand. Maréchal Pétain hatte die Niederlage übernommen: *Travail, Famille, Patrie!* Carlé war verschwunden. Unter Leitung des Negers Fenster setzte sich unser Zug wieder in Bewegung, kroch hin und her, um nach zwei Tagen in Loriol-sur-Drôme, dreißig Kilometer südlich von Valence, zu halten.

60 LORIOL. Beim Aussteigen umzingelte uns ein Détachement von Spahis (schwarze Kolonialsoldaten). Beladen mit unsern Bündeln, wurden wir, nach fünf Tagen im Viehwagen verdreckt und verkommen, durchs staubige Städtchen gehetzt, un-deux, un-deux, Laufschritt marschmarsch. Blumentöpfe, Dreck und Schimpfworte hagelten auf die »sales métèques«, die schuld waren an Frankreichs Défaite. Un-deux, un-deux ein paar Kilometer der Rhône entlang zu unserm neuen Konzentrationslager, den ehemaligen Aspirindepots der Usines de Rhône. Durch uneinnehmbare Stacheldrahtverhaue landeten wir in einer großen Fabrikhalle, in der gedeckte Tische auf Gäste warteten. Unsere ausgehungerten Augen verschlangen verlockende Fata Morganas: hellgrüne Trauben, rotbäckige Pfirsiche, Karaffen mit Pinard. Sofortiger Appell mit militärischem Gebrüll hinderte uns daran, uns satt zu sehn. Attention! Garde à vous! Monsieur le Commandant! Die große Schiebetür wurde aufgeschoben, und herein galoppierte hoch zu Pony die komischste Kavalkade von Tartarins, in wehenden Wüstencapes als Turkos verkleidet: der Direktor des Gymnasiums von Valence mit seinem Lehrerkollegium. Zu Offenbach, um wahr zu sein. Eine Stunde lang dozierte dieser bärtige Philister à la Bossuet (oraisons funèbres) über Pflichten und Rechte gefangener Hochverräter unter der siegreichen Regierung des Generals Pétain (der ein paar Jahre später selbst wegen Hochverrats verurteilt werden sollte). Wir hatten Mühe, nicht stehend in Schlaf zu fallen. Er verordnete Schweigen als Kur für Spione. Untereinander dürften wir Allernotwendigstes sprechen. Kein Wort mit unsern Wächtern. Zeitungen und Radio verboten, damit wir keine falschen Nachrichten verbreiten könnten. Bei Todesstrafe hätten wir uns von den in der Baracke B gefangen gehaltenen Wiener Hochverrätern fernzuhalten. Keinerlei Arbeit, außer Stuben- und Küchendienst (unter Leitung eines Hotelchefs). Als Angehörigen der Cinquième colonne stände uns Offiziersbeköstigung zu: Spalierobst zu allen fünf Mahlzeiten. Als geistige Nahrung: die klassische Bibliothek des Gymnasiums von Valence. Während dieser humanste aller Humanisten uns im Ton Brillat-Savarins schmackhafte Gerichte vorspiegelte (poule-au-pot, rôti de bœuf, fritûre du Rhône, specialité de la région), dröhnte als Jüngstes Gericht Kanonengedonner aus naher Ferne: Sieg des Wahnsinns: *Hitler!* Unser bemächtigte sich eine krampfhafte Hochspannung. Der Kommandant schien unberührt. Als er mit dem Schrei *Vive le Maréchal!* endete, zweifelten wir, ob wir – trotz des Schweigegebots – miteinzustimmen hätten, und beherrschten uns. Nur der Schmidt aus Leipzig, den wir für einen sattelfesten Demokraten gehalten hatten (ich hatte noch nicht gelernt, daß es sowas nicht gibt), brüllte zu aller Schreck: *»Heil Hitler!«* Das Schweigen wuchs zu Todesstille. Wir rechneten mit Schmidts sofortiger Füsilierung. Sicheren Schritts ging der Kommandant mit gezogenem Krummsäbel auf ihn zu und schlug ihm mit demselben feierlich auf die

Schulter: »Du, der du als einziger dieser Lumpen den Mut gezeigt hast, ehrlich für deine Überzeugungen aufzukommen, bekommst sofort eine Doppelportion Pfirsiche, Trauben, Wein und Kuchen. Deine Kameraden haben bis morgen zu warten! Vive la famille! Alle andern ab in die Quartiere!«

Auf einer rings um die Halle führenden Rampe bezogen wir zu zweit tadellos saubere Zimmer mit überzogenen Betten, elektrischem Licht und fließendem Wasser, wie im Hotel. Von oben beobachteten wir knurrenden Magens den Obst fressenden Schmidt aus Leipzig. Dabei paralysierte uns die Gewißheit, Gefangene eines Idioten zu sein, der sich eine Ehre daraus machen wird, uns wohlgemästet den Nazis zu servieren. Die Schießerei näherte sich crescendo. Dem Trommelfeuer nach wurde etwa 30 km nördlich um Valence gekämpft. Wir flüsterten nächtlichen Kriegsrat. Bei Beschlußunfähigkeit jedes einzelnen ergab sich nur die Hoffnungslosigkeit unserer Situation. Die bis an die Zähne bewaffneten Posten, Senegalesen, mit denen man kein Wort sprechen durfte und konnte, waren verdoppelt. Wie sollte man aus diesem Käfig ausbrechen, auf wen konnte man sich verlassen, wohin fliehen? Niemand wollte in die 200 km nahe Schweiz. Daß ich vor einem Jahr in New York gewesen war, verlieh mir eine Sonderstellung als Sachverständiger in amerikanischen Angelegenheiten. Jeder wollte nach Amerika, niemand hatte das schwererhältliche Visum. Zunächst mußte die reißende Rhône überschwommen werden. Danach hatte man sich tausend Kilometer durchs Massif Central durchzuschlagen bis zu den Pyrenäen, dann durchs faschistische Spanien via Portugal zum großen Teich. Das war zuviel. Nachdem wir alle Möglichkeiten als Unmöglichkeiten verworfen hatten, beauftragten wir beim Morgengrauen in einem Anfall verzweifelten Galgenhumors den Neger Fenster, beim Kommandanten vorstellig zu werden, daß wir, wenn auch unsere Dossiers abhanden gekommen wären, keine Spione, keine fünfte Kolonne, sondern Prestataire der französischen Armee wären, Feinde der Nazis, von dem einen Wunsch beseelt, mit Frankreich zu siegen oder unterzugehn. Niemand versprach sich etwas von dieser Intervention. Ich selbst hielt in meiner Hosentasche eine Giletteklinge als letzte Zuflucht bereit, um mir beim Auftauchen des ersten Hunnen vorm Lagertor die Pulsadern durchzuschneiden.

Beim Frühstück: Pfirsiche, Trauben, Café, Croissants, setzte ein Wolkenbruch aus heitrem Himmel in wenigen Minuten alles unter Wasser. Der Neger Fenster mit Trompete schwamm, Blues blasend, in seinem Element. Um zehn Uhr dreißig: Bouillon mit Ei. Um zwölf: coquelet au pistil, maître d'hôtel. Beim soufflé aux framboises schmetterte Fenster ins Horn: die Schiebetür wurde aufgeschoben, um wieder mal die als bengalische Reiter kostümierten Philister auf ihren niedlichen Pferdchen hereintraben zu lassen. Dokumentschwenkend gebot der Kommandant ungeachtet der bereits herrschenden Todesstille *silence!* »Prestataires! Bewegten Herzens begrüße ich euch als Kameraden der siegreichen großen Armee! Eure Dossiers scheinen sich gefunden zu haben und sind en route! Soeben hat Frankreich den Gegner in einer Schlacht, die als *bataille de Valence* in den Annalen der Weltgeschichte fortleben wird, entscheidend geschlagen. Die Boches fliehen in Richtung Chambéry! (Sich zu seinem Adjutanten neigend: ›Unvergeßliche Tournedos Beaugency, gefolgt von den Pêches Cardinal im Hotel Aux Grands Ducs de Savoie!‹) Auf Anordnung des Deuxième Bureau, das Großes mit euch vorzuhaben scheint, werdet ihr in die Pyrenäen verfrachtet, um dort eine neue Maginotlinie zu halten. Abmarsch mit vollem Gepäck in zwanzig Minuten. Der Zug fährt in einer Stunde. Sicherheitshalber werdet ihr hintenrum auf Umwegen in Eilmärschen zum Bahnhof gebracht. Marschration per Mann: zwei Pfirsiche, eine Flasche Pinard und zehn Aspirin-Tabletten. Ihr fahrt größeren Zeiten entgegen. Vive la patrie!« Alle, inklusive Schmidt aus Leipzig, stimmten ein. Wir waren gerettet. Zehn Minuten danach, beim Appell auf dem Hof, hagelte der tollste Wolkenbruch meines Lebens auf uns nieder. Kein Haar blieb trocken. Bis an die Knie im Wasser watend, wurden wir durchs verschlammte Sumpfland der Rhône zum Bahnhof von Loriol gejagt. Die Spahis und ihre Hunde kannten kein Erbarmen. Mein Mantelsack, der mir zu schwer wurde, blieb im Morast. Am Ende aller Kräfte, über Wasser gehalten von der Gewißheit, gerettet zu sein, erreichten wir den Bahnhof. Da warteten bereits die Wiener Hochverräter vorm Zug. Man musterte sich gegenseitig mit Mißtrauen, wagte nicht, miteinander zu sprechen. Sie sahen kaum schlimmer aus als wir, denn das war nicht möglich. Ein Extrazug wartete auf uns: zwei Personenwagen und ein Güterwagen hinter einer Lokomotive unter Dampf. Nach mehrmaligem Gezähle wurden wir eingeteilt und mußten, völlig durchnäßt, einsteigen. Erst nun entdeckten wir das Unglaubliche: wir fuhren *Erster!* Rote Samtpolster mit weißgeklöppelten Rückendeckchen und gestickten Initialen P.L.M. (Paris–Lyon–Marseille; Pour la Mort). Zwar wurde jedes Coupé, das eigentlich nur sechs Plätze hatte, mit zwölf Mann belegt: Es war besser als Viehwagen! Sobald wir drinnen waren, wurden die Coupétüren von außen sorgfältig verriegelt und plombiert. Die Fenster ließen sich nicht öffnen. Wir waren gefangen, doch überglücklich, so luxuriös der Freiheit entgegenzufahren. Die meisten fuhren zum ersten Mal im Leben erster Klasse. Einer kam beseligt vom Klo: Da hing ein richtiges Handtuch. Schnell verwandelte sich das erstklassige Gefängnis in einen stinkenden Schweinestall. Nachts standen wir in Avignon. Am nächsten Morgen in Nîmes. Mittags in Montpellier. Abends in Sète. Nachts in Narbonne. Immer langsamer. Am nächsten Morgen Carcassonne. Auf jeder Station flogen Steine gegen die Fenster, die leider zu dick waren, um zu brechen. Der Zug hielt nicht mehr in Stationen, die alle überfüllt waren, sondern vorher oder nachher auf toten Geleisen. Kilometerlange beängstigende Stagnation. Alle Eisenbahnzüge Frankreichs hatten sich nach Toulouse geflüchtet. Um die Stadt lagerten Flüchtlingsfamilien zu Tausenden. Nachdem wir einen fieberheißen Tag ohne Wasser, Luft und Fressen in Toulouse gestanden hatten, ging's endlich weiter, Richtung Perpignan. Nur um auf freiem Feld wieder zu halten. Gardes mobiles rissen die Türen auf. Luft! Außen entdeckten wir, daß unsere Waggons wieder mit Aufschriften beschmiert waren: »Cinquième colonne!« Neger Fenster, nunmehr unser Führer, entschuldigte sich, er hätte nur für die Hälfte von uns Quartiere finden können, die andere Hälfte müsse für sich selbst sorgen. Um niemanden zu begünstigen, ließ er uns dem Alphabet nach antreten. Die, deren Name mit A anfing, links, die mit B rechts, und so weiter. Blumenfeld als B gehörte zu den Glücksvögeln, die den Quartieren am Fuß der Pyrenäen zugeteilt wurden. Ferien im Hochgebirge würden mir gut tun. Wir nahmen Abschied von den niedergeschlagenen Kameraden, die sich selbst überlassen blieben, und fanden, daß wir wieder mal Schwein gehabt hatten. Als der Lokalzug sich hinter zwei Lokomotiven puffend in Bewegung setzte, postierten sich komischerweise vor jede Coupétür aufs Trittbrett zwei Gardes mobiles mit gezogenem Revolver. Wurde ein Verbrecher gesucht, oder war es eine Truppenübung? Lachend winkten wir den Wachen. Als wir das Fenster öffnen wollten, um Näheres zu erfahren, schrie einer nicht sehr freundlich: »Wer sich bewegt, wird erschossen!« Auf der nächsten Station mit dem unvergeßlichen Namen Saverdun wurden die Gänge außerhalb des Coupés völlig von den Gardes mit Stahlhelm besetzt, die mit Maschinengewehren Zielübungen auf uns machten. Wer litt hier an Verfolgungswahn? Keiner wagte ein Wort. Keuchend schleppte uns das Züglein hinauf ins Ungewisse, um mit einem plötzlichen Ruck zu stoppen: Le Vernet d'Ariège.

61

LE VERNET D'ARIÈGE. Noch nie hatte ich den Namen der Hölle gehört: *Le Vernet.* »Alles aussteigen!« Während des ganzen Krieges habe ich keine solche Ansammlung junger französischer Soldaten gesehen. Mann für Mann wurde mit Kolbenschlägen und Gepäck aus dem Zug gestoßen, als ob es irgendeinem hätte einfallen können, sich zu widersetzen. Neben dem Bahnsteig grüßte uns hinter einem Fußballplatz unter kläglich hängender Trikolore die vergitterte Ehrenpforte: *Centre d'acceuil des étrangers Le Vernet d'Ariège.* Wir mußten uns bei hellichtem Tag auf offener Straße entkleiden und nackt hinter unseren Sachen antreten. Bewohner von Vernet kamen vorbei, ohne uns zu beachten. Während jeder bis zur Prostata nach versteckten Schätzen: Geld, Waffen und Rauschgiften, abgetastet wurde, humpelte eine Lumpenhorde abgezehrter Menschenaffen im Geschwindschritt zurück ins Lager: hohläugige Skelette aus Brueghels *Triumph des Todes.* (Der Auschwitzmensch war noch nicht entdeckt.) Wir starrten ungläubig. Sie, die wußten, daß hier niemand lebend rauskommt, grinsten: »Warte nur, balde!« Ich hielt mich für das Opfer einer Massenhalluzination: Weder Frankreich noch ich könnten je so tief sinken. Dem Neger Fenster wurde seine Trompete weggenommen. Einer, der sich als Legionär, für Frankreich kämpfend, das Croix verdient hatte, mußte es abgeben. Nach stundenlanger Zählfolter wurden wir gegen Abend der Baracke 30, groupement A (Schwerverbrecher und Spanienkämpfer) zugeteilt. B war für Politische, C für Verdächtige. Mein Schwerverbrechen war, daß Blumenfeld mit B beginnt. Hinter verworrenem Stacheldrahtgestrüpp mit Hochspannung und Schützengräben standen trost- und fensterlose Hütten, übervölkert von verwesenden Kadavern in kotfarbigem Lehmdreck mit spitzen Steinen. Alles stank nach Diarrhöe. Im Hintergrund die Pyrenäen. Dies war schon 1914–1918 ein Kriegsgefangenenlager gewesen.

Unter der neuen Devise *Travail Famille Patrie* ließ hier französischer Bürokretinismus Männer, die bereit waren, für *Liberté Égalité Fraternité* zu kämpfen, von sadistischen Bauernlümmeln (Gardes mobiles, pupilles de la nation) zu Tode quälen, ohne daß auch nur ein einziger gallischer Hahn danach gekräht hätte. Aus Angst vorm Kommunismus hatte die besitzgeile wechseljährige Marianne mit Hitler geliebäugelt, in der Hoffnung, vor Toresschluß noch einmal von einem virilen Hunnen nach Strich und Faden geschändet zu werden. Nun war es ihre Lust, mit gespreizten Schenkeln züngelnd auf der Seite des Siegers zu liegen. Als hinterher der Sieger besiegt war, verstand die Bürgerhure, wie sie es im Puff gelernt hatte, ihre Schande totzuschweigen. Wer spricht heute noch von denen, die in Vernet totgeschlagen und totgehungert worden sind? Außer Koestlers vergriffenem *Scum of the Earth* kenne ich kein Buch, in dem es erwähnt wird. Gibt es überhaupt irgendeine Veröffentlichung über französische Konzentrationslager, eine Liste der Emigranten und Juden, die das falschspielerische Frankreich gegen eine kleine Vergütung (Laval ließ sich schmieren) den Nazis zur Konzentrationslagerung zugeschanzt hat? Sieger werden nicht zur Verantwortung gezogen. England, Rußland und Amerika haben

Hitler besiegt. Frankreich hat sich beim Lorbeerpflücken beteiligt. Ein paar armen Mädchen, die mit deutschen Soldaten geschlafen haben, wurden die Haare abgeschnitten, wie im Film. Die große Hure Marianne, die Schindluder mit Menschenrechten getrieben hatte, blieb unbehelligt.

Beim Einmarsch in die Unterwelt bildete ich mir ein, daß ich mich nie an diese Infernalitäten würde gewöhnen können. Die Hölle ist ein Staatswesen wie jedes andere, mit Reichen und Armen, Herren und Sklaven, Erniedrigten und Beleidigten. Hier, wo französischer Unordnungssinn 14000 Entrechtete wie Sardinen auf fünfzig Hektar zusammenquetschte, trat das Negative drastisch zutage: Jeder und alles spritzte Gift. Erst in der Hölle kommt menschliche Gemeinheit zur vollen Geltung. La Fontaine soll gesagt haben, als jemand mitleidsvoll von den Qualen der Verdammten in der Hölle sprach: »Je me flatte, qu'ils s'y accoutument, et qu'à la fin, ils sont là comme le poisson dans l'eau.« Nach einer Weile mußte ich zugeben, daß der Mensch, ob er will oder nicht, sich an alles gewöhnt.

Jedem war es gelungen, Beträge durch die Leibesvisitation zu schmuggeln. Wer hier tausend Francs hatte, war Kapitalist, konnte Zigaretten paffen. Die Bettler mußten sich Stummel im Dreck suchen und danach noch um Feuer betteln. Knauserei mit Streichhölzern ist von alters her ein Symbol französischer Kleinlichkeit. Auch gab's hier, wie in Paris, einen Marché de mégots, den Stummelmarkt.

Ohne Fressen war das Liebesleben reduziert. Ohne Frauen hatte man die Qual zwischen Onanie und Homosexualität. Ohne Zukunft zehrte man von fatamorganatischen Ehemaligkeiten. Selbst dem Allerärmsten dämmerte es nach wenigen Tagen, daß er vorm Krieg Millionär gewesen war; erst einfacher, dann vielfacher, mit Autos, livrierten Dienern im Schloß, seidener Bettunterwäsche und Gouvernanten für die mehrsprachige Tochter. Je elender man wurde, desto reicher war man gewesen. Goldene Badewannen schwebten nachts zwischen hängenden Gänsebrüstchen und Spargelspitzen dampfend durch unsere pestverstunkene Baracke. Ein liegewagenähnliches Massengrab für zweihundert lebende Leichname, fünfundzwanzig Meter lang, viereinhalb Meter breit und zweieinhalb Meter hoch, unter einem Wellblechdach, auf das der Regen steinhart prasselte. Die Türen an beiden Enden wurden nachts von außen verriegelt, so daß man die Latrine draußen wohl riechen, aber nicht benutzen konnte. Von Tür zu Tür ein schmaler Gang zwischen zweistöckigen Bretterverschlägen aus ungehobelten Planken, auf denen man, eingekeilt zwischen zwei feindseligen Kameraden in voller Kleidung zu schlafen versuchte. Die Füße zum Gang hin, ohne Stroh, ohne Decke, hart und kalt, wie im Sarg, ohne die angenehme Alleinsamkeit des ewigen Friedens. Ich lag im oberen Stockwerk mit dem Kopf an einer Luke, durch die eisiger Nachtwind blies. Kein Ofen. Tags war's glühend heiß. In der ersten Nacht schrie es draußen mörderlich. Ich konnte von oben zuschauen, wie ein in einem Bunker angebundener Mann von drei besoffenen Gardes mit Genickschlägen in ewigen Schlaf gewiegt wurde. *Vive la grande nation!*

Bei unserer Ankunft lag das Lager bereits in den letzten Zügen. In Erwartung Hitlers wurden alle internierten Nazis besser behandelt. Zu fressen gab's nichts: hellbraunes Zichorienwasser zum Kaffee, dreißig Gramm Brot für den ganzen Tag, und als Hauptmahlzeit »cassoulet de Toulouse«, Madenbrühe in lauwarmem Abwaschwasser. Man wurde krank. Wer sich krank meldete, bekam drei Tage Einzelhaft, ohne Wasser, Brot und Licht. Also blieb man gesund. Ich nahm jeden Tag ein Pfund ab. Von unserer Gruppe starben vier in einem Monat an Brechdurchfall.

Die Miliz in Frankreich wurde aus Parias rekrutiert, die wie Hunde abgerichtet wurden, Zivilisten anzufallen. Sie wurden zur Unterdrückung von Arbeiterrevolten gebraucht. In Vernet tobten sie sich an uns aus. Am ersten Morgen bekam ich Tinettendienst, hätte mich für fünf Francs loskaufen können, doch mir fehlte die Entschlossenheit, Schlimmstem zu entsagen. Auch wußte ich nicht, was mir bevorstand. Zu zweit hatte man einen mannshohen, zentnerschweren, bis zum Rand gefüllten Scheißkübel mehrere Kilometer weit zu schleppen, um ihn in die Ariège zu entleeren. Gardes mit Lederpeitschen und Hunden hielten eine Kolonne von hundert Kübeln in Bewegung. Bei jedem Schritt schwappte mir die stinkende Diarrhöe aus dem Faß ins Gesicht; wie einst in Berlin Alexanderplatz 1918. Les histoires se repètent. Der Bekenntnischrist Schwarz, mit in Dachau zertrümmerter Nase, fand's hier schlimmer. Deutsche Grausamkeit vollzog sich wenigstens pünktlich und ordentlich. (Die Gasöflein steckten damals noch in den Kinderschuhen.) Hier gab's kaum Waschmöglichkeiten, keine Hygiene. Niemand kümmerte sich um unser Aussehen. Jeder lief rum, wie es ihm paßte. Manche alte Lagerhengste traten zum Appell barfuß an, nur mit einem Handtuch geschürzt, mit ihrer Zerlumptheit kokettierend. Ein Laotse, dessen Verbrechen es war, keine Sprache zu sprechen, für die sich in Paris ein Dolmetscher fand, saß seit Monaten stumm im Kimono auf derselben Stelle im Dreck, regungslos nach den Schneegipfeln der Pyrenäen starrend.

Wir waren hilflos von der Außenwelt abgeschnitten. Von einer Außenwelt, die – mit Ausnahme unserer Familien, die ebensowenig von uns wußten wie wir von ihnen – andere Sorgen hatte, als sich um das Los von ein paar tausend lumpigen Emigranten zu kümmern. Not lehrt beten. Ich hatte genug Balzac gelesen, um mir romantische Illusionen über Rettung durch einen Priester zu machen. Am ersten Sonntag begab ich mich in die Kirche, eine mit einem Kreuz versehene Baracke, zur Messe. Schlangestehn, um an den Beichtvater ranzukommen. Im Beichtstuhl beichtete ich sogleich, daß ich Jude bin, worüber er herzlich lachen mußte. Danach flüsterte ich, daß unsere Gruppe im Verbrecherviertel aus Prestatairen bestände, worauf er antwortete: »Cela ne fait rien, le Bon Dieu vous pardonnera!« Mein Plan war, ihn mit religiösen und humanitären Gründen dazu zu bringen, ein Gesuch, das ich an die zuständigen Behörden abzufassen gedachte, aus dem Lager rauszuschmuggeln. Er sagte, daß er viel für die Armen seiner Diözese tun könnte, wenn er nur die nötigen Mittel hätte, und stank nach Wein. Am nächsten Sonntag übergab ich ihm den Brief an den Präfekten in Pamiers sowie zehn Francs. Da es sich um ein offizielles Gesuch handelte, bat er um weitere zehn Francs, für die er mich segnete. Ich entdeckte, daß der Beichtstuhl ein Postschalter war: Jeder gab dem Diener Gottes Briefe und Geld und wurde gesegnet.

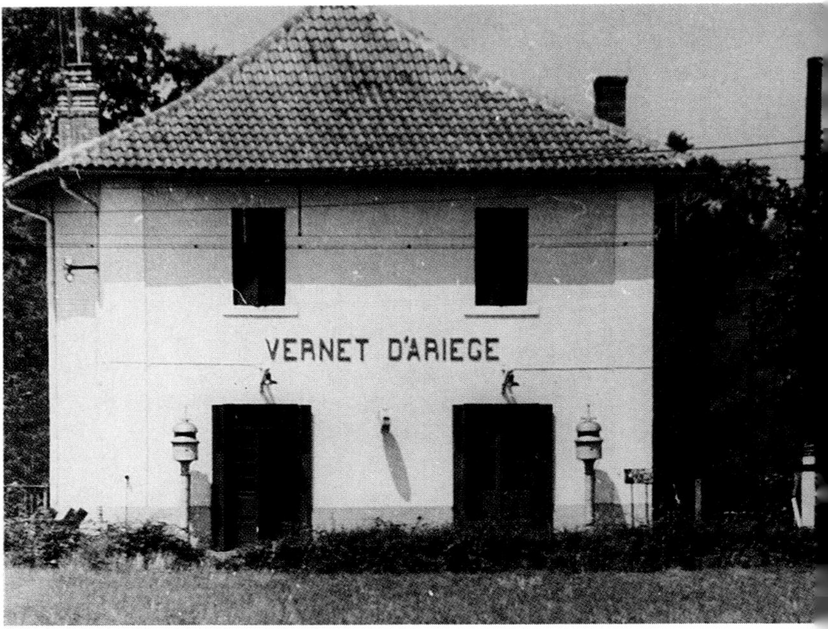

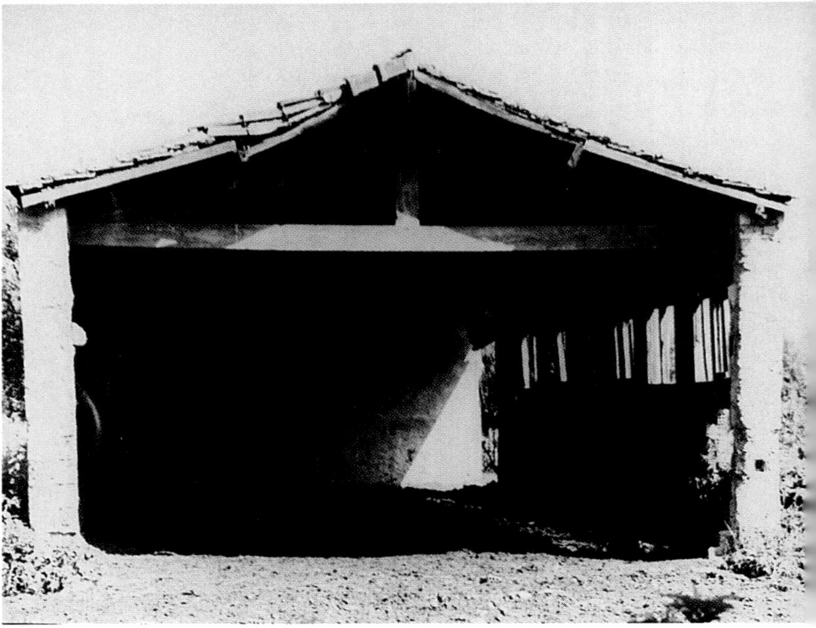

Le Vernet d'Ariège. 1968.

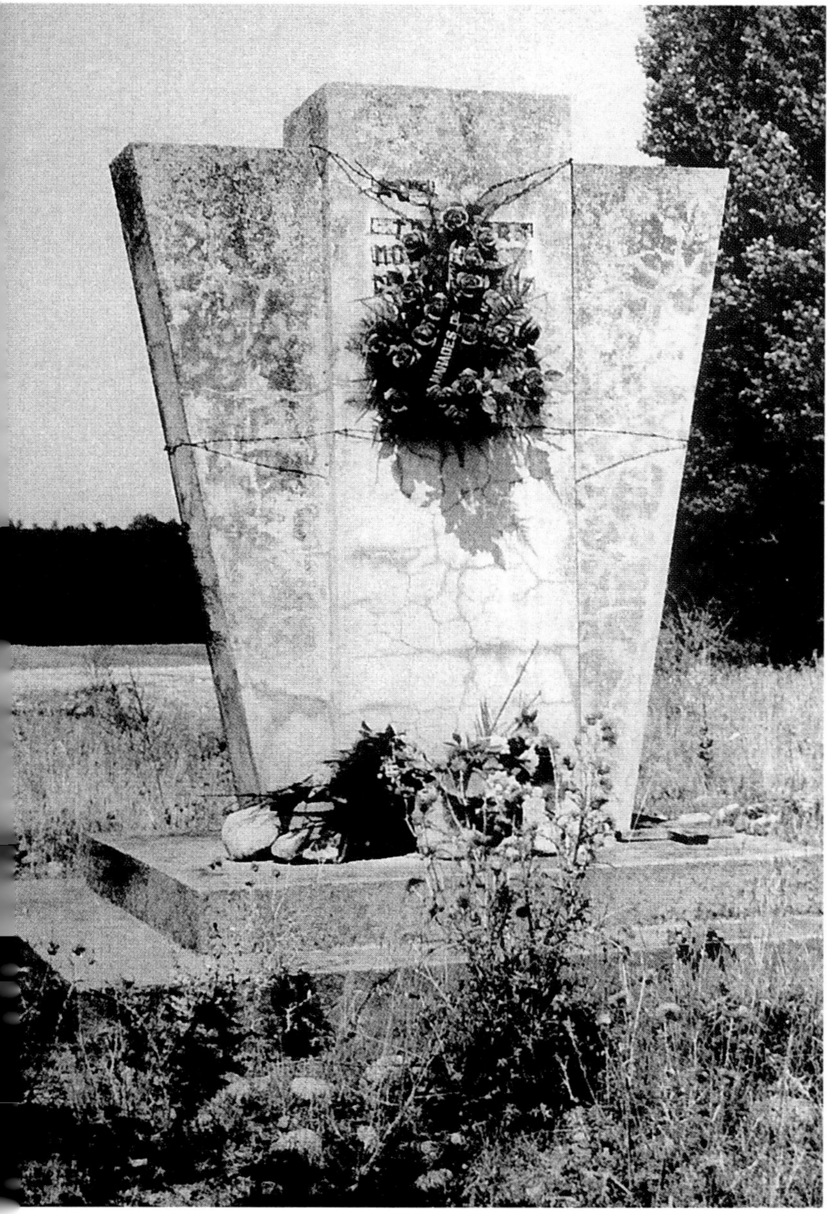

Grabstein der ermordeten Ausländer in Le Vernet d'Arège. 1968. Ein Bauer erzählte mir, daß die Deutschen ihre Söhne ausgruben. Sie nahmen 85 Tote mit und ließen einen dort: einen Juden.

Es war verboten, über die spanischen Reiter von Gruppe A nach Gruppe B zu schreien. Innerhalb unserer eigenen Gruppe durften wir sprechen, mit wem wir wollten, und konnten uns endlich mit den Wiener Hochverrätern unterhalten. Einer von ihnen war tatsächlich aus Wien: der Fechner, ein intellektualistischer Weinreisender in wehendem Cape mit Barett, jesuitischer Angeber und Ansteller, getaufter Jude, besessen vom Ehrgeiz, Stubenältester zu werden: ein *Wiener*. Die andern waren nach Belgien emigrierte rheinische Juden, die sich alle als Großindustrielle vorstellten. Beim Einmarsch Hitlers waren sie nach Paris geflohen und von da als fünfte Kolonne nach Vernet verfrachtet worden. Zwischen diesen Industriebaronen und uns Prestatairen entbrannte ein Konkurrenzkampf um geistige Prominenz. Am quatorze juillet würde sich zeigen, welche Baracke den Sieg davontrüge. Das Lager vergaß Hunger, Hölle und Nazis, es gab nur noch Festvorbereitungen. Eines Abends schlich sich ein gelbsüchtiger Mandarin mittleren Alters von hinten an mich heran, um sich verbeugend vorzustellen: »Guido Stern aus Pforzheim, Klosettfabrikant! Ich bin bekannt als hochanständiger Kerl mit sozialem Gewissen, nichwahr? Hab in der Inflation meine Arbeiter nicht mit wertlosem Papiergeld bezahlt, sondern mit Klosetts, ein halbes Klosett per Woche, nichwahr? Hab meine Sekretärin geheiratet, obwohl sie keine Jüdin ist, eine Metzgerstochter, treu und stark wie ein Mann, nichwahr? Außerdem bin ich der größte badensische Briefmarkensammler, kinderlos. Adèlche, meine Frau, darf nicht baden, ich hab ihr die grüne Virginia in einem Gummisäckchen untern Busen geklebt, da kommt niemand so leicht ran, und niemand wird sie finden, bis wir im Land der Freiheit sind, nichwahr? Da wären wir bei meinem Gesuch angelangt: Alle hier sind überzeugt, daß ich der größte Amerikakenner bin, weil ich habe fallen lassen, daß ich zwei Brüder drüben hab, Millionäre, die sich nicht um mich kümmern, weil ich mich nie um sie gekümmert hab, als es ihnen dreckig ging, wie das so in Familien geht, nichwahr? Jedenfalls hat man mir, der noch nie in den Vereinigten Staaten gewesen ist, den ehrenden Auftrag erteilt, am 14. Juli eine Festrede über die *Neue Welt* zu halten. Selbst der Lagerkommandant hat sein Erscheinen angekündigt. Wer könnte da nein sagen? Es herrscht ein glühendes Interesse für dieses Thema, jeder von hier will nach New York, vom Kommandanten bis zu den Internierten. Selbst die Wachen wollen mit. Darum hat dieser Vortrag Hand und Fuß zu haben, er hat authentisch zu sein, mit Autorität, nichwahr? Es entspricht nicht meinem Charakter, diesen Leuten etwas vorzumachen. Da Sie nun gerade von drüben zurückgekommen sind, wollte ich Sie bitten, mir bei meiner Dissertation behilflich zu sein: Eine Hand wäscht die andere: *Sie* liefern die nackten Tatsachen, für den Geist werde ich sorgen, nichwahr? Nach Kriegsablauf würde ich mich eventuell mit einigen Klosetts erkenntlich zeigen, oder sammeln Sie etwa auch Marken?« Ich war nicht gerissen genug, mich den Überredungskünsten dieses schlitzäugigen Klosettfabrikanten zu entwinden, und versprach, den Aufsatz zu liefern. Wie oft habe ich mich im Leben von scheinfreundlichen Klosettfabrikanten einseifen lassen! Daß dieser Amerikavortrag ins Wasser gefallen ist, war nicht meine Schuld. Der zänkische Eunuch mit seinen skurrilen Ansprüchen zerriß verächtlich meine Schülerarbeit und befahl, innerhalb vierundzwanzig Stunden einen besseren Aufsatz zu liefern, der drei Richtlinien amerikanischer Demokratie zu enthalten habe: »1. *Dienst am Gemeinwesen:* Jeder Immigrant (greenhorn) hat sofort nach seiner Ankunft in Bluejeans mit einer zu diesem Zweck konstruierten Kratzbürste eine Woche lang New Yorks Times Square von Kaugummiresten zu reinigen, wofür er 20 Cent Stundenlohn erhält. *Demokratie!* nichwahr? 2. *Gewöhnung an die Sitten und Gebräuche des neuen Vaterlandes:* Dem, der sich nach dem ersten Mai statt mit dem offiziellen Strohhut mit einem Filzhut auf der Straße zu zeigen wagt, wird letzterer von Uncle Sam eigenhändig vom Dez geschlagen und zertrampelt. *Demokratie!* nichwahr? 3. *Erziehung zu hygienischer Verantwortlichkeit:* Wer auf den Bürgersteig spuckt, wird auf der Stelle verhaftet und ohne weiteren Prozeß auf drei Tage nach Sing Sing geschickt. *Demokratie!* nichwahr?« *»Heil Hitler!«* reagierte ich. Guido fand, jeder anständige Mensch müsse zugeben, daß auch Hitler seine guten Seiten habe. Mir wurde klar: Hätte Adolf die Geduld gehabt, mit seinem Rassenwahnsinn wenigstens bis nach dem Krieg zu warten, dann hätte er ihn gar nicht zu führen brauchen. Hätte Hitler, dies Idol sämtlicher Klosettfabrikanten der Welt, sich darauf konzentriert, die Geistlicharmen aller Länder unterm Hakenkreuz, mit Dummheit als Generalnenner, zu vereinen, wär ihm die Welt ohne einen Schuß in den Schoß gefallen.

Wir waren zu Spaniern gelegt worden, die es sich schon seit einem Jahr in der Baracke dreißig häuslich gemacht hatten. Als Neuankömmlingen zeigten sie uns die kalte Schulter, als Deutsche haßten sie uns. Mit keinem von ihnen habe ich es je zu einer Unterhaltung bringen können. Jeder der bärtigen Hidalgos hatte einen bartlosen Jungen als Geliebte. Bei einem der ersten Morgenappelle (vier Appelle mit endlosem Stillstehn per Tag) fehlte ein junger Spanier. Er wurde nach dem Appell in unserer Baracke erhängt gefunden: Liebeskummer. Sofort entstand wildes Geriß um den Strick des Gehängten: Hunderte kleine Enden wurden als Talisman verkauft. Dies Bombengeschäft wurde von Fachleuten der Baracke einunddreißig aufgezogen.

Bei Kriegsausbruch waren alle ehemaligen Teufelsinsulaner, die sich nach ihrer Freilassung in Frankreichs »Villes ouvertes« (Städte, die wegen Steuerschiebungen im siebzehnten Jahrhundert noch heutzutage zweitklassig behandelt werden) niederlassen durften, vorsichtshalber wieder aufgegriffen und nach Vernet verschickt worden. Hier machten sie, dank ihrer kriminalistischen Überlegenheit, die Baracke einunddreißig zum sagenhaften Mittelpunkt des Groupement A. Die Lagerverwaltung war diesen Schwerverbrechern nicht gewachsen, die Gardes waren bald umgekauft, niemand wagte, den Bagnards Befehle zu erteilen: Sie waren autonom. Ihr Führer, der »Prinz von Andorra«, ein einäugiger Dandy ohne Furcht und Tadel, jeder Zoll ein Mörder, trug unter schiefem Panama in sonnengebräunter Narbenfresse ein schwarzes Monokel. Aus weitoffenem Tennishemd, herausfordernd überm Nabel geknotet, strahlte blauweißrot auf seine Brust tätowiert eine Krone. Wortlos leitete er die Appelle seiner Räuberbande mit elegantem Klatschen der Reitpeitsche gegen seine hochhackigen spitzen Lackschuhe. Wie Edward VII. von England trug er seine Hosen kein zweites Mal. Nichts konnte ihn aus der Ruhe bringen. Ich sah bei einem Appell seinen jungen Buhlknaben, genannt El Greco, aus dem Glied treten, sich mit einem Küchenmesser den Bauch aufschlitzen und zusammenbrechen, ohne daß der Prinz von Andorra Notiz davon genommen hätte. Unmittelbar danach ließ er sich, wie gewohnt, beim Sonnenbad im Liegestuhl von seinen Unterleibeigenen manipediküren und massieren. Ich wollte ihn kennenlernen und schickte ihm eine Nummer von *Harper's Bazaar* mit Photos von mir. Noch am selben Tag gewährte er mir eine Audienz, in der ich, ohne von ihm eines Wortes gewürdigt zu werden, die Zeitschrift autographieren durfte. Danach teilte mir sein Flügeladjutant herablassend mit, ich sei als Mitglied des exklusiven Spielklubs zugelassen. Ich dachte an einen Scherz; ein Casino im KZ übertraf meine kühnsten Phantasien. Man machte mir klar, welche Ehre es war, in das mysteriöse Nachtleben des Lagers einbezogen zu werden. Dies war in der Tat der einzig wirkliche Erfolg, den mir meine Mitarbeit an Modeblättchen eingebracht hat. Nichts war diesen Galeerensträflingen unmöglich: Auf ihren Befehl war Baracke 32 leer geblieben. Da wurde nachts gejeut: Bakkarat, Chemin de Fer, Würfel. Die prinzlichen Kammerjäger hatten Nachschlüssel zu sämtlichen Baracken, aus denen sie die Spieler nachts abholten. Auch wußten sie einen durch Hochspannung aus dem Lager raus und zum Puff nach Tarbes zu bringen, Briefe rein- und rauszuschmuggeln (die Lagerkommandantur ließ, um Zensurkosten zu sparen, die Korrespondenz aller Internierten täglich verbrennen) und Einkäufe zu machen, von Kokain über Pâté de Foie gras zu Seidenhöschen, alles zu festgesetzten Phantasiepreisen.

Zwecks »Erfüllung gewisser Formalitäten« (wahrscheinlich, um mir finanziell auf den Zahn fühlen zu lassen) hatte mich der Prinz an den großen Simon Simonowitch Seidenschleim, alias Weiszager, verwiesen, Geschäftsführer des allmächtigen Pfandleihers und Schleichhändlers Haiman Heiman, der jede Woche der Lagerleitung sämtliche Kantinenvorräte zum doppelten Preis abnahm, um sie zu vierfachem Preis an die Lagerinsassen weiterzuverkaufen. Heimann hatte vier Jahre wegen Spionage (hinter sich oder vor sich?) und meldete sich im August 1940 als »wirtschaftlich wertvoller Jude« nach

Deutschland zurück. Vor einer langen Schlange ängstlich wartender Bittsteller wurde ich sofort von einem Schammes in Seidenschleims Wechselstube vorgelassen. Der mittelalterliche Wucherer empfing mich, im Kaftan auf seinem Bett über Schuldbücher gebückt sitzend, fragte nach meinem Bankkonto in New York und räumte mir, im Bedarfsfall, einen offenen Kredit bis zu 300 Dollar zu einem Freundschaftszinsfuß von 1 Prozent per Woche ein. Ich fand 52 Prozent per anno reichlich hoch und wollte wissen, was geschähe, wenn einer vergäße, zurückzuzahlen. »Sowas gibt's bei mir nicht, außerdem kannst du zurückzahlen, also was renommierst du!«

Das Casino war eine leergeräumte Baracke mit Spieltischen. Kerzen verdunkelten diese Unterwelt. Bettler aus Dreigroschenopern verkauften Bier, aus der Flasche zu trinken: ein Franc per Schluck, vorauszahlbar. Wer einen unbezahlten Schluck wagen wollte, bekam einen Uppercut gegen den Adamsapfel. Im übervollen Casino wurde kaum geflüstert. Man hörte das Spiel, nicht die Spieler. Auf erhöhtem Thron über dem Spieltisch thronte der Prinz unter schiefem Panama, mit schwarzem Monokel, offenem Seidenhemd. Unter seinen kurzen Seidenhosen leuchteten zwei auf seine Knie tätowierte Augen bedrohlich in die verqualmte Spielhöllenfinsternis. Ein Theatermann muß die Beleuchtung arrangiert haben. Leben und Tod der Anwesenden hing von den Kniebewegungen des Prinzen ab. Sbirren im Hintergrund wußten diesen Knien jeden Wunsch von den Augen abzulesen und unfehlbare Messer zu schleudern. Jeder Spieler hier war ein Meisterfalschspieler, doch keiner hätte seine Tricks gewagt. Nur der Prinz, der die Bank hielt, durfte gewinnen. Es wurde mit hölzernen Spielmarken von tausend Francs gespielt. Leider war ich nur ein einziges Mal Gast des Casinos. Der habgierige Lagerkommandant verlangte größere Beteiligung am Gewinn, und der Prinz schloß das Casino von einer Nacht zur andern. Unter seiner Führung verließen sämtliche Teufelsinsulaner in geschlossener Formation mit vollem Gepäck das Lager, nachdem sie ihre Baracke in Brand gesteckt hatten. Niemand wagte es, sie zurückzuhalten. Sie tauchten unter, wurden Maquisards, plünderten die Lande und wurden Helden der Résistance, wie alle anderen Franzosen.

Wir Jammerlappen, denen der Wille, der Mut und der Prinz von Andorra fehlten, blieben gefangen im Lager, konnten uns jedoch eines besonders eindrucksvollen quatorze juillet rühmen, kulminierend in dem achtstimmig in die Welt gejubelten »Chanson des Prestataires«. Vielversprechend setzte es ein: »Wir, die tapfren Prestataire«, resigniert klang es aus, »und weinend sinkt die Sonne in die blutige Garonne.« (Sie sank in die Garonne, da sich kein Reim auf Ariège fand.)

In die verlassene Spielhölle kamen zweihundert rabiate Rowdies aus einem belgischen Jugendgefängnis, die sich gegenseitig totschlugen (drei Tote in zwei Tagen). Ihnen gegenüber versagten die Gardes, die nur auf wehrlose Bürger abgerichtet waren. Wegen meiner holländischen Kenntnisse wollte man mich da zum Stubenältesten machen. Nur daß ich kein Flämisch verstand, rettete mir das Leben.

Nach dem 14. Juli wurde es täglich heißer, nächtlich kälter, es hagelte Enteneier, und Latrinenparolen, Hitler würde am nächsten Tag das Lager übernehmen. Hoffnung gab's keine mehr, nur noch Angst. Auschwitz stand vor der Tür. Am Nachmittag des zweiten August wurde ich in eine Hütte am Fußballplatz gebracht, wo, völlig unerwartet, meine Frau und die Kinder standen. Ein Dolmetscher, der in Vernet im selben Gasthof wohnte, in dem meine Frau abgestiegen war, hatte diesen unglaublich unerlaubten Familienbesuch möglich gemacht. Das Wunder des Sichwiederfindens hatte sich durch Hardekopf vollzogen: Seine Freundin, die einst wunderschöne Schauspielerin Sitta Staub, der ich als Wedekinds nackte Franziska in Dadatagen die Hand habe küssen dürfen, war im Frauenkonzentrationslager von Gurs, in den Pyrenäen. Er hatte ihr dahin meine Grüße gesandt. Meine Tochter Lisette war in dasselbe Lager verschickt worden, schlief neben der alten Morphinistin und erfuhr so meine Adresse. Meine Frau, die im allerletzten Moment mit den Jungens aus Vézelay geflohen war und Frankreich abenteuerlich durchquert hatte, war abgemagert. Die Kinder bestaunten ängstlich meinen kahlen Schädel, doch sprachen begeistert von den Riesenhagelkörnern der letzten Nacht. Ich, ein Skelett, neuaufgeblasen von Hoffnungen, schlug meiner Frau vor, selbst ihr Glück beim Präfekten in Pamiers zu versuchen.

Vier Uhr morgens nach diesem Wiedersehn wurde unsere Baracke aus dem Schlaf gebrüllt: *»Sonderappell in fünf Minuten!«* Bibbernd vor Kälte und Aufregung warteten wir im Morgengrauen. Nach einiger Zeit erschien der Kommandant Pernod fils mit seinem Stab und fuhr uns an: »Ihr, die ihr euch einbildet, Prestataire der Großen Armee zu sein, seid der humanen Behandlung dieses Lagers unwürdig. Revolutionäre Elemente unter euch haben die Regierung mit Gesuchen belästigt. Dafür werdet ihr in das gefürchtete Straflager von *Catus* versetzt. Da werdet ihr bis zum Nabel eingegraben. Sprechverbot: Beim ersten Wort wird euch ein Auge ausgestochen. Um fünf Uhr dreißig werdet ihr mit Gepäck unter strengster Bewachung verladen, nachdem jeder ein Schriftstück unterzeichnet hat, daß er hier gut behandelt worden ist und keine Ansprüche geltend zu machen hat. Mes félicitations, Messieurs! Wegtreten!« Sollte das etwa der Erfolg meiner Intervention sein? Keiner der Prestataire sprach ein Wort mit mir. Ich fühlte in meiner Hosentasche nach meinem einzigen Freund, der Giletteklinge, und schwor mir, mich nicht lebend bis zum Nabel eingraben zu lassen. Als wir transportbereit dastanden – auf je vier Prestataire kam ein Garde, bewaffnet mit Karabiner, Revolver und Peitsche –, wurden uns drei unbesorgt lachende Unbekannte angeschlossen, mit Haaren auf dem Kopf, also von der politischen Abteilung: ein Großer, ein Kleiner und ein Älterer. Ich taufte sie »Die Drei Apokalyptischen Reiter«. Sie unterhielten sich jovial über Politik, negierten uns. Selbst daß wir vorm Einsteigen in den Zug zu zweit mit Handschellen aneinandergekettet wurden, schien ihre Laune nicht zu beeinflussen. Langsam puffte der Zug über Nebengleise bergab, bis wir spätnachts im Schlachtbahnhof von Toulouse ausgeladen und ohne Nahrung in einen Schweinestall genagelt wurden. Gern hätte ich mich den Apokalyptischen Reitern genähert, die ungeniert weiterpolitisierten; doch der neunzehnjährige Altphilologe, ein Neurotiker aus Breslau, an den ich unglücklicherweise gekettet lag, schnarchte wie ein Stein. Vor Tagesanbruch – damit niemand uns sah – wurden wir in zwei Viehwagen gestopft und an einen Zug angehängt, der über Cahors durch die Gascogne dem Allerschlimmsten entgegenkroch.

62 CATUS. Vom Bahnhof führte eine Pappelallee ins Dorf Catus. Vorläufig hatten wir im Chausseegraben zu liegen, durften nicht mehr sprechen. Ich klammerte mich an meine Rasierklinge. Die Gardes, an Baumstämme gelehnt, hielten ihre Karabiner auf uns gerichtet. Nichts geschah. Gegen Mittag kam ein kleiner offener Sportwagen angesaust. Ein gutaussehender junger Mann in rosa Pullover fragte nonchalant nach dem Transportführer. Als niemand reagierte, schrie er wütend: »Ich bin Capitaine Schlossèr, Lagerkommandant von Catus!« Erschrockenes Gebrüll: »Garde à vous!« Gekettet wie wir waren, sprangen wir auf. Dem jungen Mann wurde mit militärischem Hackengeklappe eine Mappe mit Papieren übergeben. Der neue Kommandant, erstaunt, uns gefesselt zu sehen, befahl den offenen Mundes dastehenden Bluthunden, uns sofort zu befreien und dann allerschnellstens aus Catus zu verschwinden. Wonach die Gardes sich in Gruppenformation kläglich zum Bahnhof zurückzogen. Als sie weg waren, forderte Schlossèr, in seinem Auto stehend, uns auf, näher zu kommen. »Ich bitte um Entschuldigung«, sagte er mit etwas fistelnder Stimme, »daß ihr habt warten müssen, es gab kein Benzin in Catus. Ich kenne eure Dossiers; ihr seid irrtümlich in ein Konzentrationslager gekommen, dazu ins schlimmste. So etwas wie Vernet dürfte es in Frankreich nicht geben. *Je vous demande pardon!* Ihr seht verhungert aus, ich werde für doppelte Rationen sorgen und dafür, daß ihr euren Sold nachbezahlt bekommt. Frankreich hat momentan alles verloren, ihr werdet uns in eurem eigenen Interesse helfen, Hitler zu verjagen. Darüber werden wir später sprechen. Eure Quartiere sind nicht großartig, aber amüsant. Wer Familie hat, kann sich in Catus Unterkunft suchen. Ruht euch erstmal ein paar Tage aus. Ich werde euch von einem Omnibus hier abholen lassen. Vive de Gaulle!«, und weg war er. Zu gelähmt, den unglaublichen Umschwung zu erfassen, schleppten wir uns zurück in den Chausseegraben, als wären wir immer noch gefesselt. Ich mußte aus tiefem Schlaf gerüttelt werden, um mit der letzten Fuhre von einem ausrangierten Pariser Omnibus der Linie Q (le Q mène à la Plaisance) bei Abendrot zum Lager zu fahren. Nach dem alten Dorf ging's durch ein von Joachim Patinier entworfenes heroisches Tal mit Felsen (meine Traumlandschaft) zu einem Feudalschloß von märchenhafter Zerfallenheit. Ich zitterte vor Hunger, Sentimentalität und Schwäche über die Romantik unseres neuen Konzentrationslagers, fiel auf ein leeres Bett und schlief. Schlief, bis stechende Nessusträume mich weckten, ohne daß mir zum Bewußtsein gekommen wäre, wo ich war. Ich wälzte meinen brennenden Körper auf der Seegrasmatratze bis zum Morgen, um zu entdecken, daß ich von schwarzen springenden Punkten bedeckt war: Flöhe. Ich rannte hinaus in den Morgennebel, rollte mich wie ein räudiger Hund im nassen Gras und schlief weiter. Erwachte zwischen zerbröckelnden Grabsteinen Auge in Auge mit einem Totenschädel, im Friedhof des Schlosses liegend, und lachte über den grotesken Flohzirkus des Lebens.

Von unseren Vorgängern wohnte keiner im Schloß. Nicht nur wegen der Flöhe. Man erzählte, ein Nacktkulturhysteriker des Lagers hätte seine Leidensgefährten zu überzeugen gewußt, daß die Welt nur durch vegetarischen Exhibitionismus zu retten sei. Die zahlreichen Höhlen in den Hügeln um das Schloß herum dienten den *Neobaldurianern* (so nannte sich die Gemeinde) als ideale Wohnstätten. Bei meinen ersten Schritten in die Umgebung traute ich meinen Augen nicht, als mich vor einer Felsenhöhle, keine fünf Minuten vom Schloß entfernt, eine säugende langhaarige Germanin, barfuß bis an den Hals, unter Armheben mit »Heil Baldur!« grüßte, während neben ihr ein nur mit Stahlbrille bekleideter Hüne wutentbrannt Feuer aus einem Stein zu schlagen trachtete. Ein Streichholz, das ich ihm anbot, wies er verächtlich ab.

Am nächsten Morgen wurde ich zur Schreibstube gerufen, die uns sonst völlig in Ruhe ließ. Capitaine Schlossèr war großartig, vielleicht etwas zu großartig. Er trug nie Uniform, spielte Tennis und beschäftigte sich damit, eine neue Armee in Afrika aufzubauen und zugleich den Maquis im unbesetzten Frankreich zu organisieren. Mich fand er zu alt für seine Zwecke. Er teilte mir mit, daß meine Familie nachmittags käme, riet mir, eine kleine Wohnung in Catus zu suchen, bot mir Geld an und schickte ein Telegramm an Carmel Snow, *Harper's Bazaar*, New York, auf das sie nie reagierte. Als ich meine Familie vom Zug abholen wollte, merkte ich, daß ich am Ende meiner Kräfte war. In den sechs Wochen Vernet hatte ich fünfundvierzig Pfund verloren. Glücklich waren wir wieder zusammen, mieteten im Dorf zwei Zimmer mit Küche voller Spinnweben und schlossen Frieden mit den Flöhen.

63 Die Apokalyptischen Reiter. Gleich in den ersten Tagen hatte ich mich an die mysteriösen drei Reiter gemacht. Sie wußten alles, wußten zuviel und waren zu gesprächig. Das sollte ihr Untergang werden. Bald erzählten sie auch mir unter allen Siegeln der Verschwiegenheit, daß sie für die contre-espionage des Deuxième Bureau gearbeitet hätten. Neuerdings, seit dies Vichy unterstände, spionierten sie für ein unabhängiges Parallelunternehmen, ich glaube, es hieß »La Surveillance du Territoire«.

Sie wollten mir weismachen, daß wir Prestataire nur aus Vernet abgeschoben worden seien, um *ihr* Verschwinden aus dem Lager zu verschleiern. Das ganze sadistische Abschiedsmanöver mit der Rede des Kommandanten Pernod fils sei nichts als ein raffinierter Trick des französischen Spionagedienstes gewesen. Denn sie, die drei Apokalyptiker, ständen hoch oben auf der Wunschliste der Gestapo. (Die dann auch am Tage unserer Abfahrt in Vernet erschienen war, um sie abzuholen. Ich stand übrigens auch auf dieser Liste, las in einem Buch von Thomas Kernan, daß am ersten Tag der Besetzung von Paris ein Gestapokommando bei *Vogue* erschienen war, um mich zu verhaften.) Jeder von ihnen war hinter einem Opfer her: Ewald Zweig, alias Ives Rameau, der Große, ein Sanguiniker und politischer Journalist mit herausforderndem Lachen, war auf der Jagd nach Monsieur Lemoine. Berthold Jacob, der Kleine, ein jüdisch neurasthenischer Militärjournalist (berühmt vom *Fall Jacob*; die Nazis hatten ihn aus der Schweiz gekidnappt und nach großen internationalen Protesten wieder zurückschicken müssen), war auf der Fährte von Fréderic Drach. Der dritte, der Ältliche mit gefärbtem Haar, Herr Kammersänger Oliver, war weniger prominent, obwohl er sich für den bedeutendsten hielt. Er war auf der Suche nach einem Opernhaus, das ihn Carmens Don José singen lassen würde.

Drach und Lemoine. Ich kannte beide aus Paris: Elsässer, Spitzel, Gesindel. Lemoine, ein sprachloser Mönch ohne Gesicht mit grausigem grauen Star: Balzacs dernière incarnation de Vautrin. 1914 hatte er den Bürgermeister von Barcelona ermordet, nachdem er schon vorher wegen Falschmünzerei aus den Vereinigten Staaten deportiert worden war. Er lernte Drach im Spartakusaufstand in Berlin 1919 kennen, bei dem sie beide beide Seiten verraten und verkauft haben. So arbeitete sich Lemoine langsam zum Chef des französischen Spionagedienstes empor. Fréderic Drach dagegen wurde 1932 Chefredakteur der illustrierten Zeitung *VU* (Vorläufer von Life), die dem Dandy Lucien Vogel gehörte. Als *VU* eine sensationelle Pro-Sowjet Nummer brachte, denunzierte Drach seinen Chef, der von Rußland dafür geschmiert worden war. Grand scandal, in dem Vogel gezwungen wurde, *VU* an Laval zu verkaufen. Danach wurde Drach fallengelassen und kam auf den Hund. Ich sah ihn täglich aufgedunsener in Filzpantoffeln zu den Montparnassecafés latschen. Seine Frau, eine lesbische Heroine aus einem de Sade-Roman, hielt die Familie mit kleinen Heroingeschäftchen über Wasser. Plötzlich schwamm Drach wieder oben. Er arbeitete für Lemoine als Vertrauensmann der Fremdenpolizei. Dies Geschäft war um so erträglicher, als beide, Lemoine und Drach, sowohl vom französischen Spionagedienst als auch von der Gestapo bezahlt wurden, die somit die Emigranten in Paris überwachen konnten. Kein Emigrant bekam von der Préfecture de Police den »permis de séjour« ohne Drachs Begutachtung. So konnte jeder Gegner Hitlers schnellstens unschädlich gemacht werden. Gleichzeitig wurden dem französischen Generalstab durch Emigranten (via Drach) gefälschte Dokumente über deutsche Bewaffnung in die Hand gespielt. Selbst Maréchal Pétain und Général Gamelin sollen der Lemoine-Drach-Kamarilla zu Dank verpflichtet gewesen sein. Es hieß, daß Drach, als Madame de Gaulle in geheimer Mission Pétain in Vichy besuchte, im Einverständnis mit der Gestapo nach Afrika geschickt worden sei, um sie als Adjutant einzuholen und zu betreuen. Später wurde Drach, der übrigens dem Schurken Whittaker-Chambers von *Time & Hiss* aus dem Gesicht geschnitten war, in seinem Hotel in Marseille erwürgt.

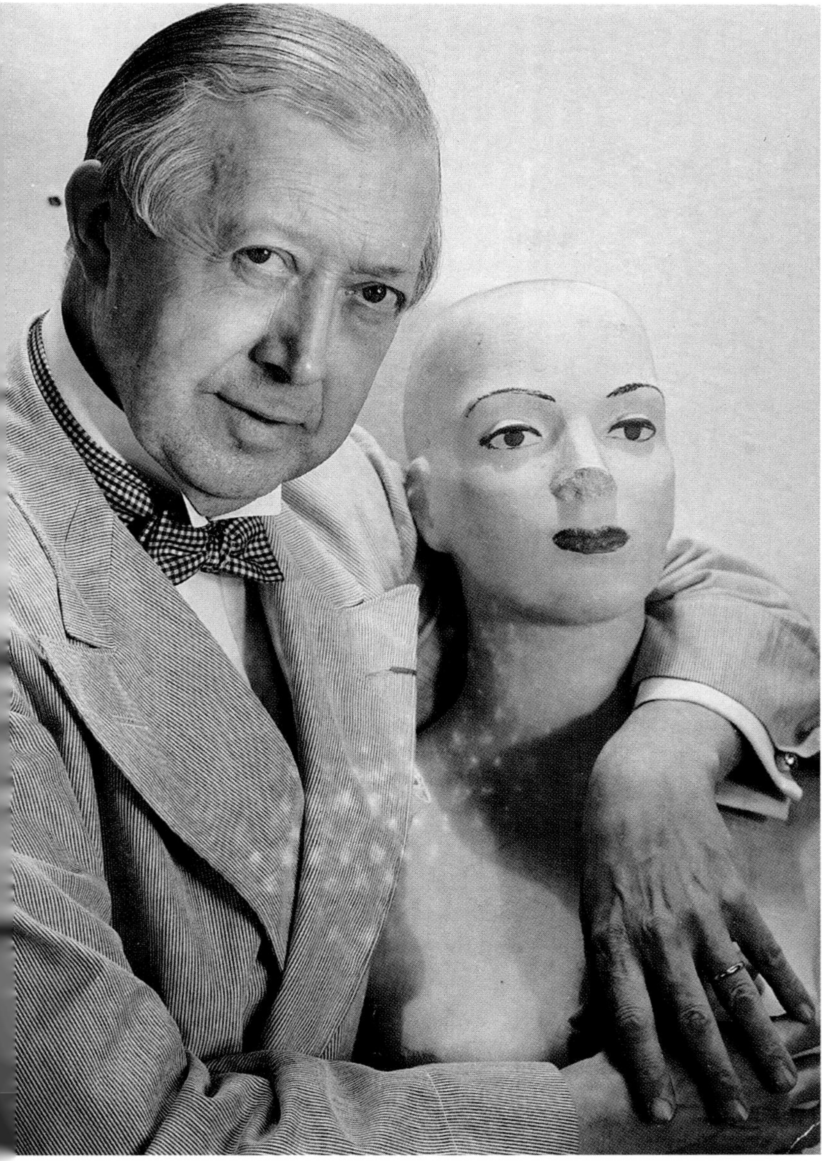

Lucien Vogel.
New York, 1943.

Wir lauschten den amüsanten Räuberpistolen der drei Aufschneider mit begeistertem Skeptizismus und kamen zu dem Schluß, daß sie nicht ernst zu nehmen seien. Ihr Schicksal jedoch bewies, wie ahnungslos wir waren:

Dem Kammersänger Oliver gefiel es zu gut in den nackten Höhlen von Catus. Er verliebte sich in eine Thusnelda, bezog mit ihr eine naturmenschliche Grotte und war eines Morgens mit der jungen Dame, die für die Gestapo arbeitete, von der Bildfläche verschwunden. Ewald Zweig wurde in Toulouse an einer Laterne hängend gefunden. Am weitesten kam Berthold Jacob. Die internationale Schriftstellervereinigung P.E.N. beschaffte ihm das Amerikavisum. Er fuhr mit seiner Frau (wir nannten sie »das Fibrömchen«) nach Lissabon, um sich einzuschiffen. Auf dem Weg zum Hafen hatte das Auto eine Panne. Frau Jacob fuhr mit einem andern Wagen voraus zum Schiff. Berthold blieb beim Gepäck. Und ward nicht mehr gesehn.

Zurück zu Catus. Ein wunderbarer Herbst ließ die Wunden von Vernet bald zu Anekdoten vernarben. Wer ein Konzentrationslager lebend überstanden hatte, glaubte sich gesund für immer. Doch schon kamen neue Sorgen: Eine grausame Hungersnot begann, das Rationierungssystem versagte, und wir hatten kein Geld für den schwarzen Markt. Schlimmer jedoch als Hunger war die zunehmende Unsicherheit. Es gab jetzt ein besetztes und ein unbesetztes Frankreich. Wir hatten mit einer gewissen Sicherheit im unbesetzten Gebiet gerechnet, aber Pétains Mephisto Laval verkaufte von Vichy aus Menschen an die Gestapo. Ich hatte also meine ganze Energie auf die Visumjagd zu konzentrieren. Zunächst versuchte ich, die durch Frankreichs Zusammenbruch unterbrochenen Beziehungen zur Außenwelt wieder aufzunehmen, besuchte meinen Freund Girard in Toulouse, wo ich erfuhr, daß man das Amerikavisum nur in Marseille und nur mit allerhöchster Protektion bekommen konnte. Als ich aus Toulouse zurückkam, herrschte große Aufregung in Catus. Die gefürchtete deutsche Kommission auf Menschensuche wurde erwartet. Capitaine Schlossèr hatte bereits die als Bauern verkleideten Apokalyptischen Reiter mit seinem Wagen ins nächste Dorf, Puy-l'Évêque, gebracht. Uns empfahl er, in die Berge zu verduften, und ließ ein Dutzend ungefährdeter Prestataire als Lagerinsassen im Schloßhof Holz sägen. Die hinters Licht geführte Gestapo schlug Krach. Capitaine Schlossèr verschwand nach Afrika. Das Lager Catus wurde aufgehoben. Unsere Ferien waren zu Ende. Wir wurden nach Agen verschickt, zwischen Bordeaux und Toulouse. Die Höhlenbewohner betrachteten sich als demilitarisiert und blieben unbekleidet, wo sie waren.

Le Capitaine Lacroix, Commandant de la 308° Comp. de Travailleurs Étrangers à Agen, de Gaulle-Anbeter, wurde bald von einem Pétain-Anbeter, dem Capitaine Leroy abgelöst, der mit Geld und leeren Versprechungen Söldner anwarb, um

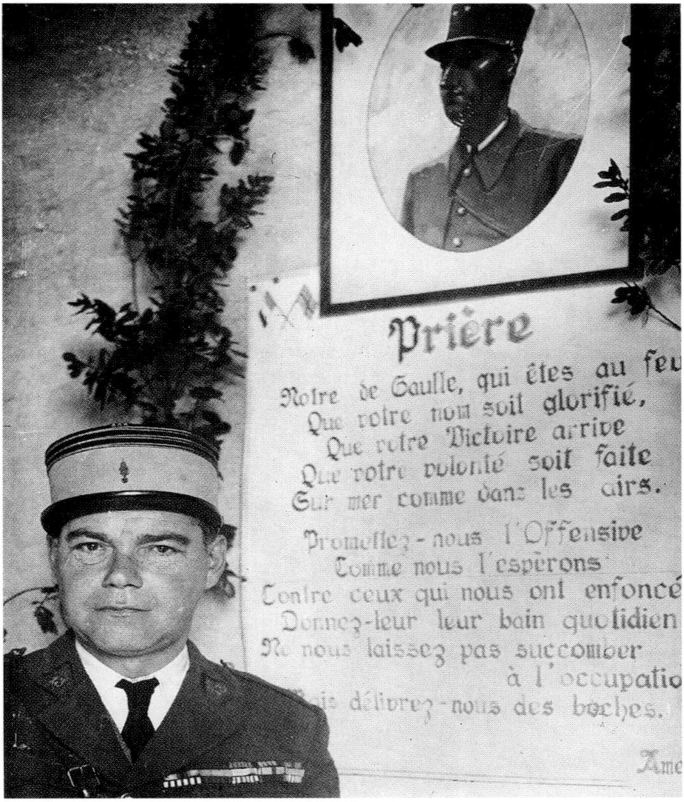

Le Capitaine Lacroix.

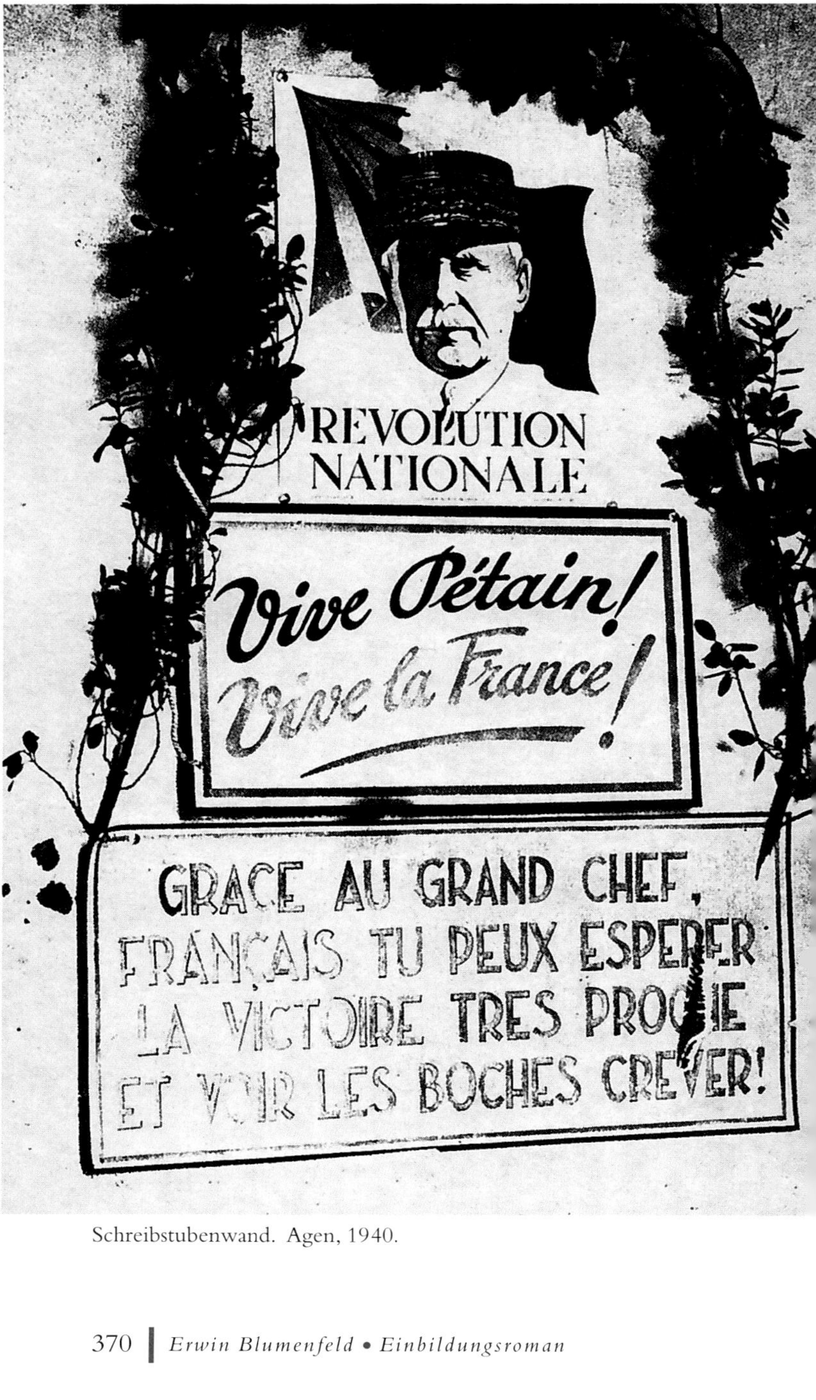

Schreibstubenwand. Agen, 1940.

in der deutschen Armee gegen Rußland zu kämpfen, wofür er nach dem Krieg füsiliert wurde. Außerdem war er Amateurphotograph, mir wohlgesinnt, und ernannte mich zum »photographe attitré« der Familie Leroy. Ich war jeden Dienstes enthoben, durfte mit meiner Familie in der Umgegend wohnen (»à Segond« hieß das Gehöft), Zivil tragen, bekam ein Paar Schuhe, ein Laissez-passer und freie Reise durchs unbesetzte Gebiet. Dafür mußte ich zunächst seine gelähmte Schwiegermama in Nizza photographieren. Mehr konnte ich mir gar nicht wünschen, denn der Weg führte über Marseille.

Nizza war ein riesiges Emigrantenlager. Gerade war der schwarze Dollar wegen heftiger Razzias stark gefallen, während das Amerikavisum unerschwinglich geworden war. Mister Engelking, der größte lebende Visenhändler, hatte sich deshalb gänzlich auf Venezuelavisen geworfen, die er für tausend Dollar verkaufte, jedoch nur, wenn der Käufer gewillt war, eine eidesstattliche Versicherung zu unterzeichnen, daß er nie im Leben venezolanischen Boden betreten würde. Nachdem ich die paralysierte Schwiegermutter im Rollstuhl zwischen zwei reißenden Bernhardinerhunden porträtiert hatte, fuhr ich nach Marseille.

P. S. Es besteht die Möglichkeit, daß ich – nach einem Vierteljahrhundert – die beiden Capitaine Leroy und Lacroix verwechselt habe; sie waren damals schon schwer auseinanderzuhalten.

64 Wie man das amerikanische Visum bekommt.

Früh um acht ging ich zum amerikanischen Konsulat, vor dem bereits eine kilometerlange Schlange visahungriger Emigranten stand, denen man ansah, daß sie bereits seit Tagen warteten. Bevor ich mich hinten anstellte, zählte ich, wie viele vor mir rankämen: zweitausendvierhundert. In der ersten Stunde wurden zehn abgefertigt; ich käme also nach zweihundertvierzig Stunden, und da das Konsulat täglich acht Stunden arbeitete, nach dreißig Tagen an die Reihe. Die Wartenden, viele auf Klappstühlen, ließen sich von Familienmitgliedern ablösen; ich aber war allein hier. Das Alleraussichtsloseste, was ich im Leben gesehn habe. Ich schlenderte die Canebière runter zum Vieux Port, fand in der Brasserie du Loup de Mer eine ganze Bande vom Café du Dôme, trank Pastis zu einer herzhaften Bouillabaisse und hörte Variationen über das *eine* Thema: *Visum*. Der Name eines Vizekonsuls fiel, der ein leidenschaftlicher Amateurphotograph sei: Oliver Hiss. Beim Zahlen spielte mir das Schicksal aus meiner Brieftasche eine amerikanische Pressekarte in die Hand, die mir *Life* in New York verschafft hatte, als ich die *World's Fair* photographierte. Ich war selbst beeindruckt, wie offiziell sie aussah mit Paßphoto, Stempeln und Signaturen. Damit war mein Krieg gewonnen. Spätnachmittags, nach Toresschluß, ging ich mit gezückter Pressekarte ungehindert an den Wächtern vorbei ins amerikanische Konsulat. Niemand war da, den ich nach Konsul Hiss hätte fragen können; so ging ich von Tür zu Tür, bis ich in der zweiten Etage seinen Namen fand: Oliver Hiss, Viceconsul. Ich klopfte, hörte Stimmen, doch niemand antwortete. Ich klopfte nochmals erfolglos und öffnete die Tür eines leeren Büros mit einem paperassenbedeckten Diplomatentisch in vorbildlicher Unordnung. Dahinter hing an einem Ständer die amerikanische Flagge: Old Faithful. Schwerdefinierbare Geräusche kamen durch eine halboffene Tür aus dem Nebenzimmer, Erinnerungen ans Hotel Celtic in Paris wachrufend. Zum ersten Mal im Leben packte mich der Schauer einer religiösen Vision: Gottes Hand griff ein in mein Schicksal. Ich warf einen Blick durch die Tür. Jeder andere Visumsucher hätte sich nunmehr diskret zurückgezogen. Ich Voyeur starrte gebannt: Was mir zuerst ins Auge fiel, war eine Champagnerflasche (Mumm Cordon Rouge Extra Brut) zwischen zwei halbgefüllten Sektgläsern. Hinter diesem Stilleben kniete eine Dame, deren Kopf zwischen den Schenkeln eines auf einem Divan hockenden Mannes eingeklemmt schien. Dieser Mann sah genau aus, wie sich der kleine Moritz einen amerikanischen Konsul vorstellt: graue Flanellhose mit Harristweed Sportjacket. Auf der Erde lag die dazugehörige Dunhillpfeife, an der Wand hing sauer lächelnd Franklin D. Roosevelt. Von der Dame war nur der wuschelige dunkle Lockenkopf, von zwei Männerhänden gehalten, sichtbar. Dennoch – und hier wird es surrealistisch – erkannte ich sie, mit der ich mich in den Vorkriegswochen in Paris in genau derselben Lage befunden hatte. Wenn ich mich nicht täuschte, handelte es sich hier um meine charmante Freundin Sissy M. aus Wien, für die es nur diese eine Form des Lebensglücks gab. Auf Verordnung eines Magenarztes, behauptete sie. Als nun der Vizekonsul meiner gewahr wurde, versuchte er vergebens, sich dem Kopf der Dame zu entwinden, und fragte mit amerikanischer Sachlichkeit: »What can I do for you, Sir?« Bei meiner Antwort: »I want a visum!« drehte auch die Dame endlich ihren Kopf, erkannte mich, sprang auf und küßte mich mit feuchten Lippen: »Selbstverständlich bekommt Erwin sein Visum! Noch vor keiner halben Stunde haben wir von dir gesprochen, Oliver ist ein großer Verehrer von deinem Akt unter der nassen Seide!« Dem Vizekonsul blieb nicht viel übrig, als seinen Zipper zu schließen. Er erhob sich, mir die Hand zu schütteln: »Glad to meet you, Erwin, in this hardship, I mean the war, couldn't you come back tomorrow at a time more convenient, at about eleven for picking up the necessary application forms? Hope you don't mind, we still have to finish a job!« Meine Freundin warf mir augenzwinkernd eine Kußhand zu, und ich verließ ebenso diskret wie befriedigt das Konsulat der Vereinigten Staaten von Amerika in Marseille.

Formularbeladen fuhr ich im Triumph zurück nach Agen. Nach kaltem Hungerwinter mit Pyrenäen im Hinter- und der Gestapo im Vordergrund – sie rückte, nach Juden schnüffelnd, täglich näher; es gab bereits direkte Transporte von Agen nach Auschwitz –, kam Ende März endlich das befreiende Wort aus Marseille, daß die Familie Blumenfeld sich am soundsovielten April zur Ausfertigung der Visen beim amerikanischen Konsulat zu melden hätte, versehen mit 15 $ per Person sowie Gesundheitsattesten des Konsulatdoktors Rodecanacci. Ohne mich eines Blickes zu würdigen, stellte dieser Menschenfreund mir für 100 frs. die Gesundheitsbescheinigung für Amerika aus. Für die Krankheitsbescheinigung, ohne die ich von Frankreich keine Ausreiseerlaubnis bekäme, verlangte er 1000 frs. Dafür durfte ich zwischen Nierenkrebs und Gehirntuberkulose wählen. Als ich den hohen Preis dieser Krankheiten beanstandete, sagte er: »Ich lüge nicht gern!« Vom Konsulat bekamen wir eine Bescheinigung, daß uns unser Visum ausgehändigt würde, wenn wir innerhalb von sechs Wochen unsere Schiffskarten vorweisen könnten. Die Schiffahrtsgesellschaften dagegen setzten einen nur auf die Warteliste, wenn man sein Amerikavisum in der Hand hatte. Alle Schiffe waren voll gebucht. Es hieß, Deutschland würde nach dem ersten Juni kein Schiff mehr rauslassen, da England sie auf offenem Meer kaperte und zu Truppentransporten gebrauchte. Der Handel mit Schiffahrtskarten lag gänzlich in den Händen der Unterwelt von Marseille. Unmöglichkeiten türmten sich auf Unmöglichkeiten. Jetzt wurden auch hier Gestaporazzias gehalten, Menschenjagden in abgesperrten Straßen. Hotels wurden morgens um fünf durchsucht. Jeder lebte in Todesangst. Im *Loup de Mer* stieß ich auf den Bruder meiner Freundin Laure d'O. aus Paris. Ein schwerer Junge von achtzehn, der schwarzhandelte. Ich kannte ihn nur flüchtig. Er begeisterte sich für meine Schwierigkeiten, brachte mich zu einem Freund, Direktor der Messageries Maritimes, der photographiert werden wollte und mir Passagen auf dem *Mont-Viso* nach Martinique zum 10. Mai für 10000 frs. versprach (ich besaß noch 13000). Da er nicht direkt mit mir verhandeln könne, würde der junge d'O. als Zwischenperson fungieren. Meinen Konsul überzeugte ich mit Hilfe besagter Freundin (eine geschickte Zunge erreicht mehr als tausend weise Worte), mir, entgegen dem Reglement unsere Visen auszuhändigen. Am 9. Mai, morgens um sechs, kam der junge d'O. zu uns ins Hotel, um Pässe und Geld abzuholen. Er würde alles um elf Uhr vormittags zum *Loup de Mer* bringen, bat mich, pünktlich zu sein, da er hinterher eine wichtige Verabredung hätte. Mir war's nicht geheuer. Ich war pünktlich im *Loup* und wartete und wartete, wie ich noch nie und nie wieder gewartet habe. Mittag, Nachmittag, Abend. Er kam nicht. Paß hin, Geld hin, o du lieber Augustin; ich war erledigt. Hatte weder den Mut aufzustehn noch die Kraft, mich zu betrinken. Ich sprach mit niemandem, wartete und wartete. Bis abends um acht der junge d'O. hereingestürmt kam, ein Kuvert auf den Tisch schmiß und sagte, als hätte er Fürchterliches durchgemacht: »Frag nicht, warum ich spät bin, es war grauenvoll, hier ist, was du erwartest: Billetts und Pässe!« Ich wollte ihm dankbar meine letzten tausend Francs in die Hand drücken, er schlug sie ab: »Von einem Freund nehme ich kein Geld an, nur von Feinden. Bon Voyage!« und rannte weg.

65 MONT-VISO.

Der klapprige Frachtdampfer *Mont-Viso* hatte Kabinen für höchstens zwölf Passagiere. Vierhundertvierzig Emigranten wurden in zwei Laderäume dieses Totenschiffs verstaut. Ein schwimmendes Vernet. Bug: *Hommes*, Heck: *Dames*. Wir waren noch nicht mal raus aus dem Hafen von Marseille, Hitler entronnen, als eine heidnische Schlacht zwischen den Ostjuden (den dreckigen Pollacken) und den deutschen Juden (den dreckigen Assimilanten) entbrannte. Nur dem rigorosen Dazwischenschlagen unserer Bemannung, bestehend aus Urwaldgorillas, ist es zu danken, daß sich nicht alles gegenseitig über Bord geschmissen hat. Als wir bereits auf hohem Mittelmeer schwammen, starrte mich vom Titelblatt einer Zeitung, die jemand neben mir las, der junge d'O. an, mit bandagiertem blutigem Kopf zwischen zwei Polizisten. Darunter in fetten Buchstaben: *Autobandit nach wilder Schießerei auf Canebière verhaftet*. Er hatte erst meine Papiere von den Messageries Maritimes geholt, mit ihnen in der Tasche einen Juwelier ermordet und war hinterher zum *Loup de Mer* gerannt, um mir alles abzuliefern, ohne einen Cent zu verlangen. Am nächsten Tag haben sie ihn geschnappt.

Am übernächsten Morgen wurde in Algier Schwefel entladen, der uns grünlichgelb überpuderte. Dann ging's viel zu schnell über Oran durch die Straße von Gibraltar der afrikanischen Küste entlang nach Casablanca, wo keiner an Land durfte: Quarantäne! Hitler-Order aus Vichy. Wochenlang ließ man uns im siedenden Hafen auf glühendem Eisenschiff wie Spiegeleier braten, wobei sich, wie im Konzentrationslager, soziale Schichten kristallisierten. Bei täglich zunehmender Hitze wurden Menschen und Nahrung ungenießbarer. Bei abnehmender Verpflegung nahm die Scheißerei zu. Menü: Soupe forestière, Ragoût impérial, Légumes printaniers: immer nur Dörrgemüse unter verschiedenen Namen. Das Wasser stank, waschen konnte man sich kaum. Der Kapi-

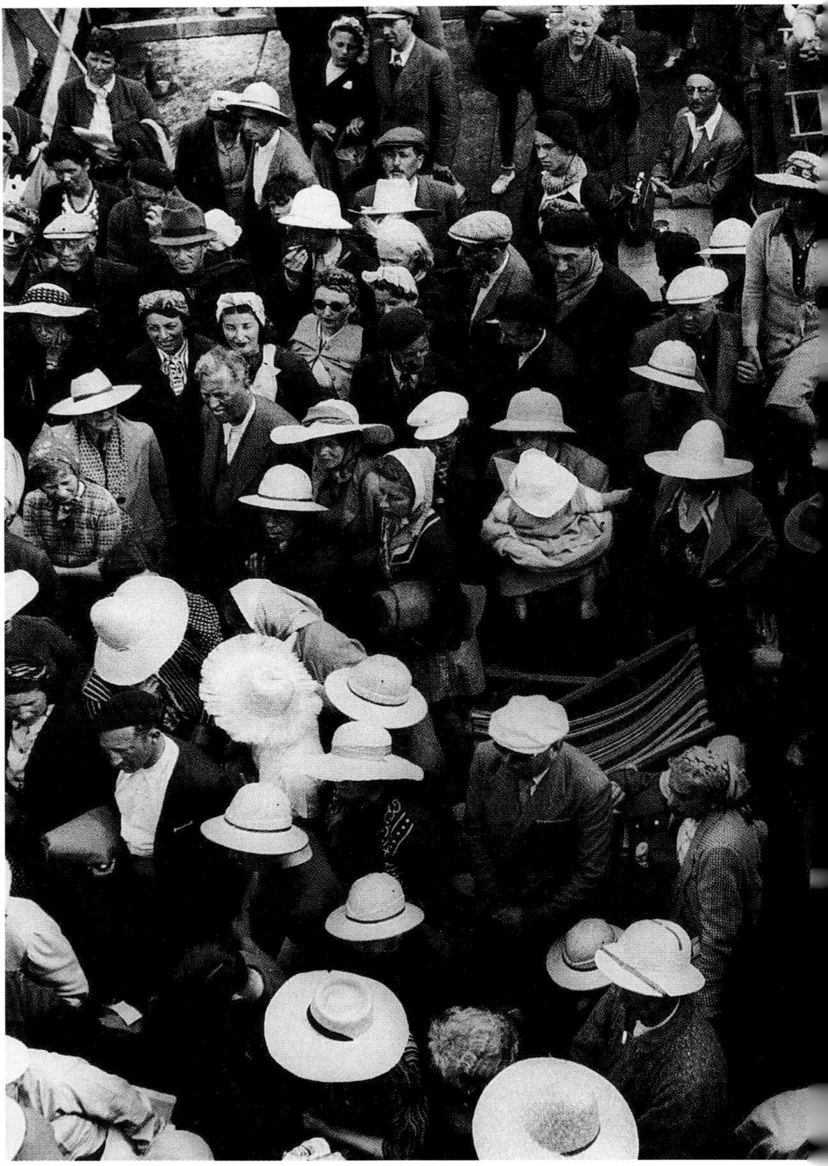

Auf dem MONT-VISO.
Juli 1941.

tän würdigte keinen von uns eines Wortes. Als Frachtfahrer haßte er Passagiere. Kassy, eine Rosenkreuzfahrerin, die sich lebhaft einbildete, Enkelin von Bismarck zu sein, schlief mit dem Kapitän, angeblich um dahinterzukommen, warum wir im Hafen stagnierten. Er hat sie gepeitscht und keine Silbe verloren (es hatten welche an der Kajütentür gelauscht).

Am 22. Juni (Hitlers Einfall in Rußland) dampfte der *Mont-Viso*, ohne uns ein Wort zu sagen, unter Eskorte von französischen Torpedobooten aus dem Hafen von Casablanca ins offene Meer, Richtung Amerika. Passagiere umarmten sich schluchzend: *Gerettet!* Ich hatte keine Lust, die Nacht im kochendheißen Laderaum zuzubringen, blieb an Deck, in der Hoffnung, endlich das südliche Kreuz zu entdecken, entdeckte aber nur gegen Mitternacht zu meinem Entsetzen, daß der Polarstern am Horizont einen Kreis von 180° beschrieb: Wir fuhren zurück. Verzweifelt rannte ich zum Kapitän, der mich mit einer Handbewegung wortlos von der Kommandobrücke wies. Am nächsten Morgen lag der *Mont-Viso* wieder an genau demselben Fleck in Casablancas Hafenhölle. Nach einigen Tagen ankerte die *Alcina*, ein größeres Emigrantenschiff, das gerade sechs Wochen in Dakar geschmort hatte, neben uns. Erster Gedankenaustausch von Bord zu Bord, Kaluscheks Gebrüll: »Habt ihr Schweizer Käse?«

Nach fast zwei Monaten im Hafen drohte bei uns die Pest auszubrechen. Um dem vorzubeugen, kam eine Order, uns innerhalb von zwei Stunden in marokkanische Konzentrationslager abzuschieben: Erwachsene ins Atlasgebirge nach Kasbah Tadla, Kranke und Leute mit kleinen Kindern nach Sidi-el-Ajachi, 100 km südlich von Casablanca. Bei sengendem Schirokkowüstensommer in einem Stechfliegennest hinter Stacheldraht, bewacht von Senegalesen (viel menschlicher als die Gardes mobiles in Vernet), stöhnten wir im Juli des Jahres 1941 in elenden Lehmhütten unserem Ende entgegen. Mein Jüngster hatte Kopfläuse und Fieber mit regelmäßigem Plateau, man drohte mit der Typhusbaracke in Mazagan. Meine Tochter litt mit geschwollenen Lippen und Lidern ohne Worte an Skorbut, während ich mit meinem Taschenmesser an einem bös eiternden Brustgeschwür meiner Frau rumstocherte. Als man sich nach dem ersten Schock auch

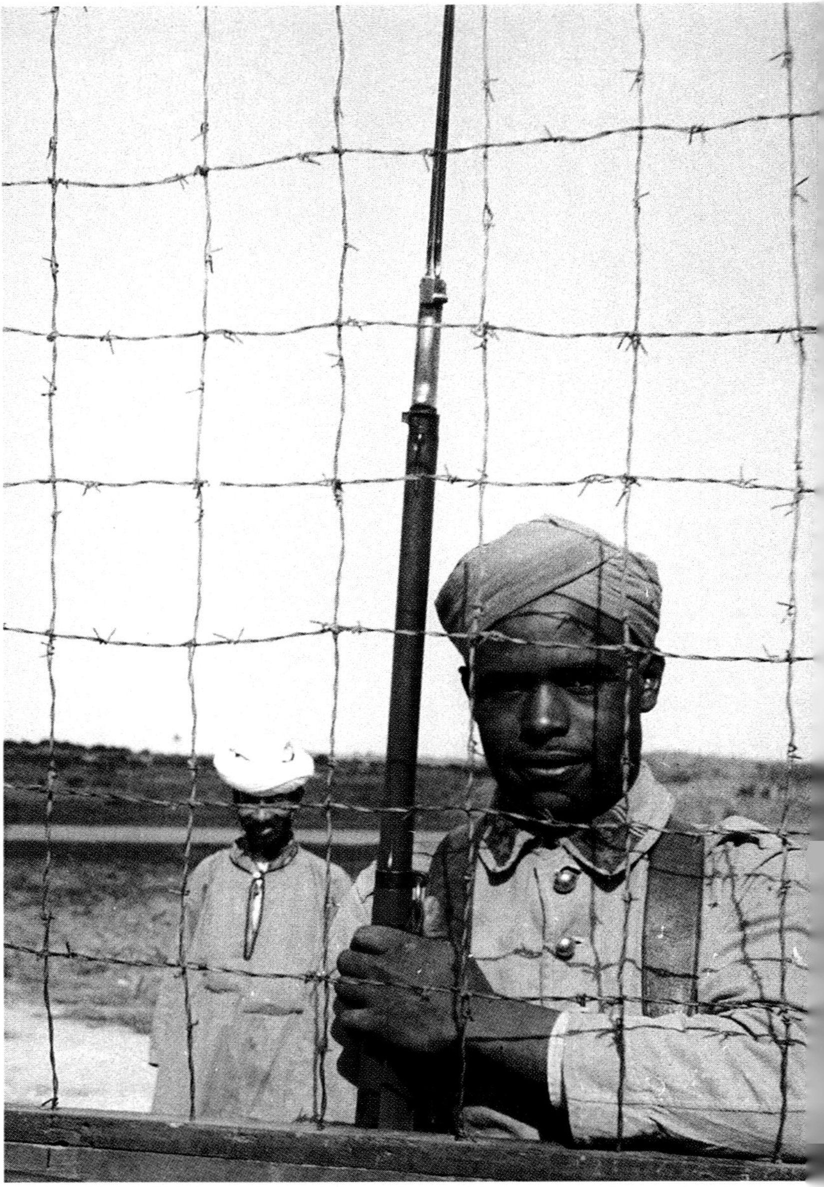

Lagerwache im KZ Sidi-el-Ajachi.
Juli 1941.

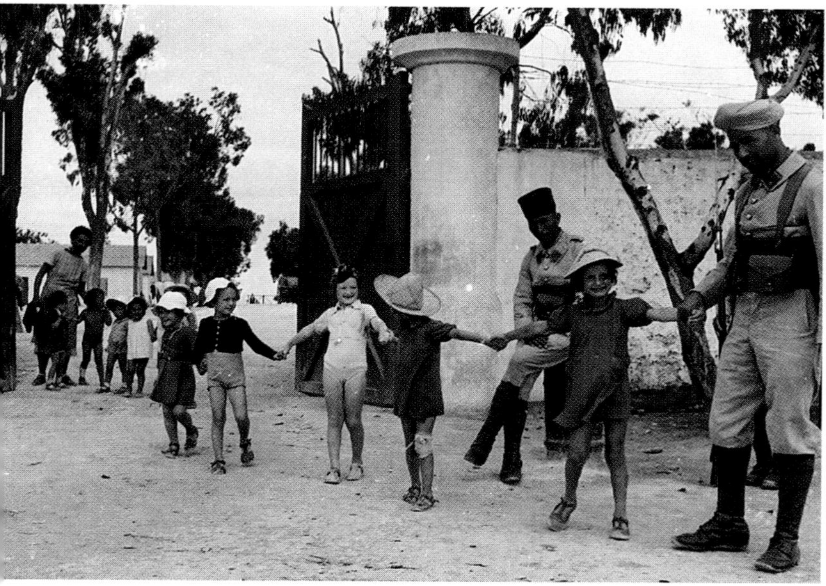

Kinder im KZ Sidi-el-Ajachi. Juli 1941.

an die Stechfliegenplage gewöhnt hatte, wurde es beinah romantisch in Sidi. Eines Morgens wurde sogar eine Riesenschlange, die ihren Kopf zu neugierig aus einer Tinette gestreckt hatte, erschossen und unter Kindergejubel durchs Lager getragen. Der Lagerkommandant, wieder mal ein alter deutscher Fremdenlegionär, lud mich zum Pfefferminztee in seinen Harem ein, ließ die Damen des Serails vor mir knien und befahl einer elfjährigen Scheherezade, die älteste Haremsdame (28 Jahre alt) mit einem Staubwedel zu verprügeln, wozu wir Wasserpfeife rauchten.

Die Wachen konnten nicht lesen, doch honorierten ein Metrobillet aus Paris – das Loch gefiel ihnen – als Laissez-passer, präsentierten das Gewehr und öffneten zähnefletschend das Tor zur Märchenwelt. Wir entdeckten auf schwarzem Fels, hoch über kakaobraunem Fluß, das leuchtendweiße Traumstädtchen Azemmour aus Tausendundeiner Nacht mit Kalifen, Störchen, verschleierten Huris, Derwischen und Wunderrabbis. Wir liefen durch Kaktushaine, wo Kamele, von ihren Jungen begleitet, idyllisch im Kreis Wassermühlen drehten, durch sanftgrüne Dünen zum lauwarmen Ozean.

Während wir badeten, rannten Araberjungens mit unsern letzten Schuhen davon.

Auf dem *Mont-Viso* hatten wir uns mit einem spanischen Granden und seiner schönen Frau Gesussa befreundet, die auf dem Weg nach Mexiko waren. Er war ein großer Kropfoperateur und Morphinist. Als es ihm im Lager zu bunt wurde, nahm er sich mittels einer Überdosis seines Lieblingsmittels teilweise das Leben und wurde im Koma ins Hospital von Mazagan überführt. Bereits zwei Tage danach wurde er dort Chefarzt und lud uns elegant zu einem homard flambé mit Champagner ein. Unsere Amerikavisen würden nach drei Monaten automatisch ihre Gültigkeit verlieren. In letzter Minute, Ende Juli, kam eine tüchtige Kommission der *Hias* (Hebrew Immigration Aid Society), jüdische Zivilisten, die ohne Wichtigtuerei unsere Papiere begutachteten und Telegramme kabelten.

Völlig unerwartet dampften wir am 2. August 1941 als Zwischendeckpassagiere auf dem portugiesischen Luxusdampfer *S.S. Nyassa*, abgemagert bis auf die Knochen, aus Casablancas Hafenglut in die Freiheit. Beim ersten Schiffsdinner verschlang mein Jüngster ein ganzes Pfund Zucker.

Stundenlang starrte ich von meinem Lieblingsplatz am Bug des Schiffes hinunter in die Woge, die wir ins Weltmeer furchten – neuen Sorgen entgegen. Um mir Mut einzuflößen, dachte ich zurück, wie ich vor zwei Jahren New York im Handumdrehn erobert hatte, um mir daraufhin einzubilden, Amerika zu kennen und zu lieben. Wird es mich als Konzentrationslagerphantom überhaupt empfangen? Mir kleinem Emigranten blieb ja wirklich nichts anderes übrig, als mich blindbegeistert, von keiner Sachkenntnis getrübt, Illusionen an den Hals zu schmeißen.

Die bisherigen Kulturbeiträge der Neuen Welt liegen auf meinem Gebiet, der Groteske. (E. A. Poe, Jazzmusik, Burleske, Striptease, Slapstick und die Filmkomik von Charlie Chaplin bis zu den Marx Brothers.) Ich nahm mir vor, Kultur in mein neues Vaterland zu schmuggeln, zum Dank, daß es mich aufnahm.

Am siebten Tag, hinterm Feuerschiff *Ambrose*, verlangsamte sich die Fahrt. Möwen kreischten, Paßbeamte, Lotsen,

Reporter kletterten an Bord. Ich erlebte zum zweiten Mal, wie aufgeregte Passagiere sich ungeduldig mit Krimstechern an die Reling drängelten, um als erste den ersten Wolkenkratzer entdeckt zu haben. Aus sich lichtenden Nebelschleiern des Golfstroms tauchte silbergrünlich fern ein Landstrich, ein Dünenstreifen aus dem Atlantik: die Neue Welt! Dächer auf enttäuschend niedlichen Spielzeughäuschen, eins neben dem andern in kindischen Altdamenfarben: rosa, lila, frieda, hellblau, beige, eins wie das andere. Dahinter sinnlose Riesenspielzeugeisenkonstruktionen aus einem Meccanobaukasten: New Yorks Lunapark, Coney Island. Langsam glitten wir zwischen geschäftig tutenden Hafenbötchen an einem alten Mäuseturm (Fort Hamilton) vorbei in New Yorks Hafenenge, die Narrows. Erst zu allerguter Letzt, unter Aufsicht der grünspanigen Liberty, stiegen die gigantischen Wolkenkratzerkulissen Manhattans lilagrau lasiert (jede Stadt hat ihre eigene Farbe, New York geht ins Violette) in den unmenschlichen Augusthimmel und entlocken Kulaschek das Kompliment: »Is dat alles??«

New York empfing uns mit offenen Armen und leeren Händen. Mein Chasebankkonto war blockiert (wurde nach wenigen Tagen anstandslos freigegeben). Freunde, die Geld versprochen hatten, um mir über den Anfang hinzuhelfen, versagten. Mit gepumptem Geld kaufte ich mir am nächsten Morgen einen tropical suit für $ 19.75 und ging zu *Harper's Bazaar*. Carmel Snow thronte, beide Füße unbeschuht auf dem mit Photos übersäten Schreibtisch, inmitten ihrer jasagenden Redaktricen und ihres nichtssagenden Artdirektors Brodovitch in ihrem glühendheißen Privatkontorchen. Ohne aufzustehn, ohne aufzusehn, befahl sie hocherfreut, als hätte kein Weltkrieg uns vor zwei Jahren getrennt: »Blumenfeld! Vom Himmel gesandt: Zwei Seiten von Huené sind unmöglich, und er ist wieder in Ferien. Wir müssen morgen die Septembernummer abschließen. Gehn Sie schleunigst rauf ins Studio und machen fabelhafte Retakes. Ich sitze mitten in den Herbstkollektionen, eine der nächsten Wochen werden wir lunchen, und Sie dürfen mir dann Ihre Kriegserlebnisse auftischen. You look splendid. Jetzt machen Sie rasch ein paar echte Blumenfeldseiten, sensationelle masterpieces!

We have to keep deadlines! So long!« Das klang vielversprechend niederschmetternd.

Im bleikammerigen *Bazaar-Studio*, hoch unter dem Dach, schwitzte ich bei 100° Fahrenheit und 1000% Humidity ohne Airconditioning an acht Seiten, bis ich nach Mitternacht auf einen Stuhl in Schlaf fiel. Beim Erwachen am nächsten Morgen wurde mir ein Brief in die Hand gedrückt:

»My dear Blum:

Wir alle sind entzückt, daß Sie mit Ihrer Familie sicher in den USA angekommen sind, um wieder für *Harper's Bazaar* zu arbeiten. Da die gestrigen acht Photos in unserem eigenen Studio mit unserem eignen Material aufgenommen wurden, müssen wir begreiflicherweise 100 Dollar per Seite für unsere Unkosten in Abzug bringen, so daß Sie diesmal nur 150 Dollar per Bild erhalten.

Love Carmel«

Love in der ersten Nacht für achthundert Dollar: *America for you.*

66 Blumenfeld Studio Inc. *»Was man in der Jugend wünscht / Hat man im Alter die Fülle.« (Dichtung und Wahrheit)*

Gleichzeitig mit der Welt war ich in den fünfziger Jahren gelandet. Blumenfeld Studio Inc., 222 Central Park South, Midtown Manhattan. Auf der Nase die gehaßte Brille, mit der ich wohl oder übel auszukommen hatte. Sich übererfüllende Jugendträume trachteten mich zu erdrücken. Gadgets (ein amerikanisches Wort für Apparaturen, die das Leben erleichtern sollten und es unmöglich machen): jüngste Linsengerichte haufenweise, Intrigen ringsherum, unwahrscheinlich angemalte Schönheiten (models), Puder, Schminken, Nylondessous, Nyloneyelashes, artificial light, phony shadows, real falsies, falsche Lachzähne, künstliche Tränen, gekünsteltes Lächeln, gefärbte Haare, plastic fingernails, tempestuos petticoats, waistcinches by the inches, unentwirrbares Zuviel von allem, alles ist allen immer zuviel. Inmitten dieser Störungen suche ich chaotischer Unordner das Zauberwort, Unsinn in

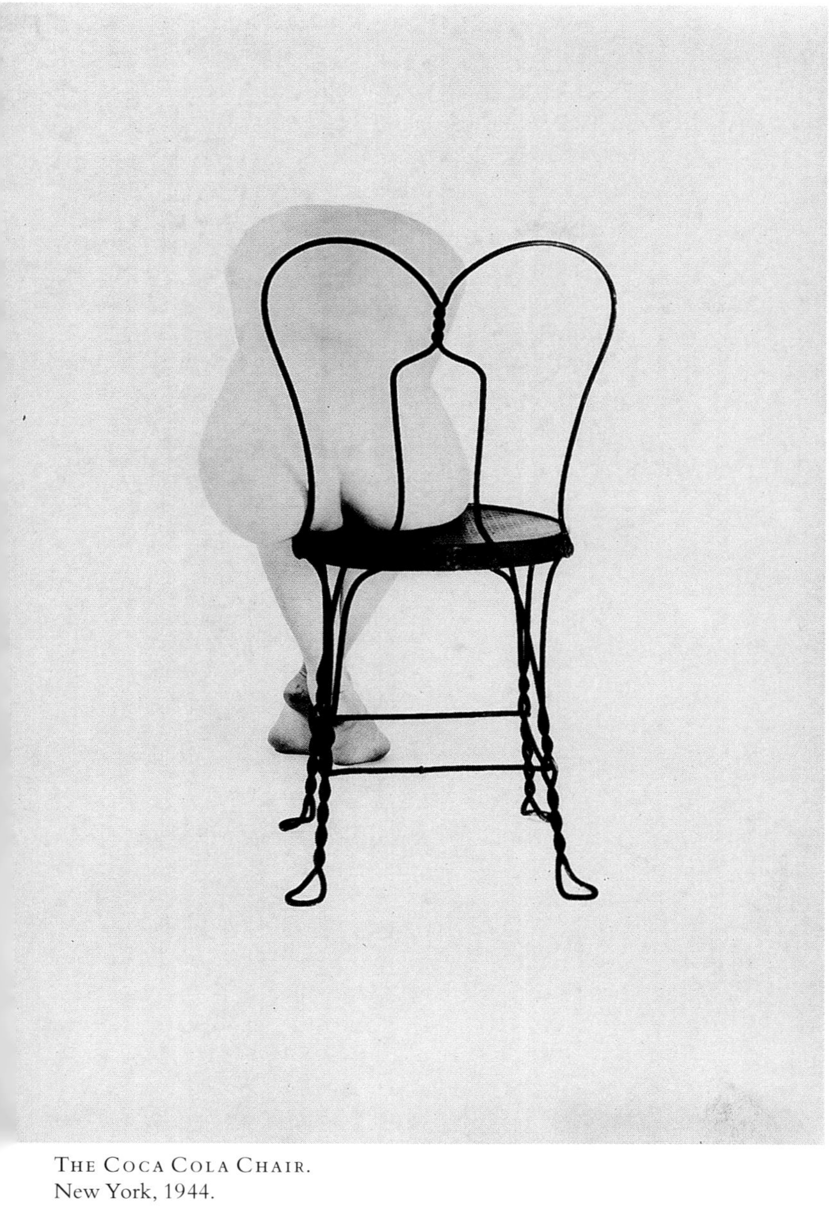

The Coca Cola Chair.
New York, 1944.

Sinn zu verwandeln, während das Grammophon Don Giovannis Ende kratzt. Angsteinflößende Stroblampen (shocktreatment 1/10000 Sekundenblitz), tausend Sonnen in den Schatten stellend, starren mich nie genug produzierenden Photographen an, teilnahmslos bei meinem Kampf gegen die Tücken des Objektivs, der Form, der Zeit: deadline. No lunch, but always ready for the last supper, a last shot in the dark, the happy ending. Drinnen recordheat in Zerfahrenheit, draußen recordsnowfall in feet. All for the record. Verfluchtes Telephon: the tax examinator wants his take, *Vogue* wants a retake, the mailman ringeth twice, the exterminator fragt nach Termiten, ununterbrochenes Geklingel. Klingelt's nicht, fühlt man sich in Vergessenheit geraten. Man hängt ab, man hängt. Rembrandt mußte schon mit fünfzig vom Hungertuch leben. Ich bin achtundfünfzig und kein Rembrandt. Bin hier gelabeled als »commercial photographer« – beleidigend wie das deutsche »Kunstphotograph«. Old fashioned and a very few drinks. No smoking. Von Zeit zu Zeit eine Havanna (*Upman*), gefolgt von katzenjammerndem Gehirnkrebs. No dope, no dough, no carnival: unamerican forever.

Wie eine Seuche senkte sich – telephonisch vorangemeldet – eine Alkoholwolke ins Studio. Derselben entstieg ein Haufen zigarettenrauchender Robots in grey flanell unter hellgrauem Stetson (Cowboyhut), wohlgenährte provinziale Executives, ein Meter achtzig hoch: *The Corporate Image USA.* (der individuelle Ausdruck von Phantasielosigkeit). An jedem dieser Ebenbilder hing vorn eine lilagrüngestreifte Krawatte, vom selben Goldklipp mit eingraviertem Firmenschild: *Green & Violet, Kalamazoo (Mich.)* ans Oberhemd geklemmt, während aller Hosengürtel die gleiche faustdicke Silberschnalle schmückte, denn Geo Green (sprich djidji), Chairman of the Board und Präsident von Green & Violet, der größten Kalenderfabrik der Welt, war stolz auf seine 250000 Acres Farm, deep in the heart of Texas. Die Uniformiertheit der Horde war freiwillig. Amerikaner sind Kostüm- und Parade-Exhibitionisten. Wer jedoch gewagt hätte, Individualismus an den Tag zu legen, wäre als Commie rausgeflogen. (Die Amerikaner ahnen nicht einmal, wie gleichgeschaltet sie selbst sind.) Alle starrten geistesabwesend im Studio rum, bis einer, der die andern um Haupteslänge überragte, zum Wort griff wie zu einem Tonband, jeden Buchstaben derartig überbetonend, daß die Eintönigkeit einschläferte: »Mister Bi! Oder darf ich Eugene sagen? Eugene! Ich bin Dwain Stuart, Senior Vice President und Supervising Head Artdirector bei G & V (dji änd wi). Um mich kurz zu fassen: Andy Armstrong, der unumstrittene Leonardo der Kalenderkunst, der Raffael der Airbrush (Luftbürste!), der größte lebende Illustrator (Illustration ist jene amerikanische Kunst, die mit Photos als Vorlage naturgetreuer sein will als die Natur), wohnt in Ihrem Haus und hat zu GG von Ihnen gesprochen. Ist Ihnen daran gelegen, bis an Ihr Ende eine Million Dollar per Jahr zu machen??« Noch nie hatte ich den Namen dieses Wohltäters A A gehört. (Ich wohnte erst seit zehn Jahren in 1 W 67th Street; in New York kennt man keine Nachbarn.) Ein Angebot von einer Million Dollar per Jahr war mir ebenfalls neu. Ich versuchte, gleichgültig zu nicken. »Andy«, fuhr er fort, »gehört uns mit Haut und Haar. Für ein kontraktlich lebenslang garantiertes Minimum von 100 000 Dollar per Kalender hat er an jedem Monatsersten einen Kalender abzuliefern. Er ist pünktlich und genial. Ebenso genial mit Icecream lutschenden Pin-up Girls im Dampfbad wie mit grasenden Kühen am Rande des Grand Canyon im Schnee. Ein Genie ist in allem ein Genie, und Andy ist das kompletteste Genie bei Dji änd Wi. Da er angedeutet hat, bei Ihnen Fähigkeiten zu vermuten, sind wir hier, um rauszufinden, ob Sie die unerläßliche Anpassungsfähigkeit besitzen. Um Ihnen ein Beispiel von Andys Elastizität zu geben: Bei den grasenden Kühen hat sich GG mit Recht daran gestoßen, daß bei mehreren Eutern mehrerer Kühe überflüssigerweise alle vier Zitzen ins Auge fallen. Ohne ein Wort des Widerspruchs hat ihn Andy innerhalb von vierundzwanzig Stunden zufriedengestellt, indem er einfach jeder Kuh mit seiner Airbrush eine Zitze weggespritzt hat. Für eine Million im Jahr macht man schon mal kleine Konzessionen: Konzessionen machen den Künstler! Nur GG macht keine auf dem Gebiet der Moral, denn wir sind Puritaner. Sie dürften wissen, daß der *Postmaster General* (der kommandierende General aller Briefträger) die Sittlichkeit der Vereinigten Staaten von Amerika in strengen

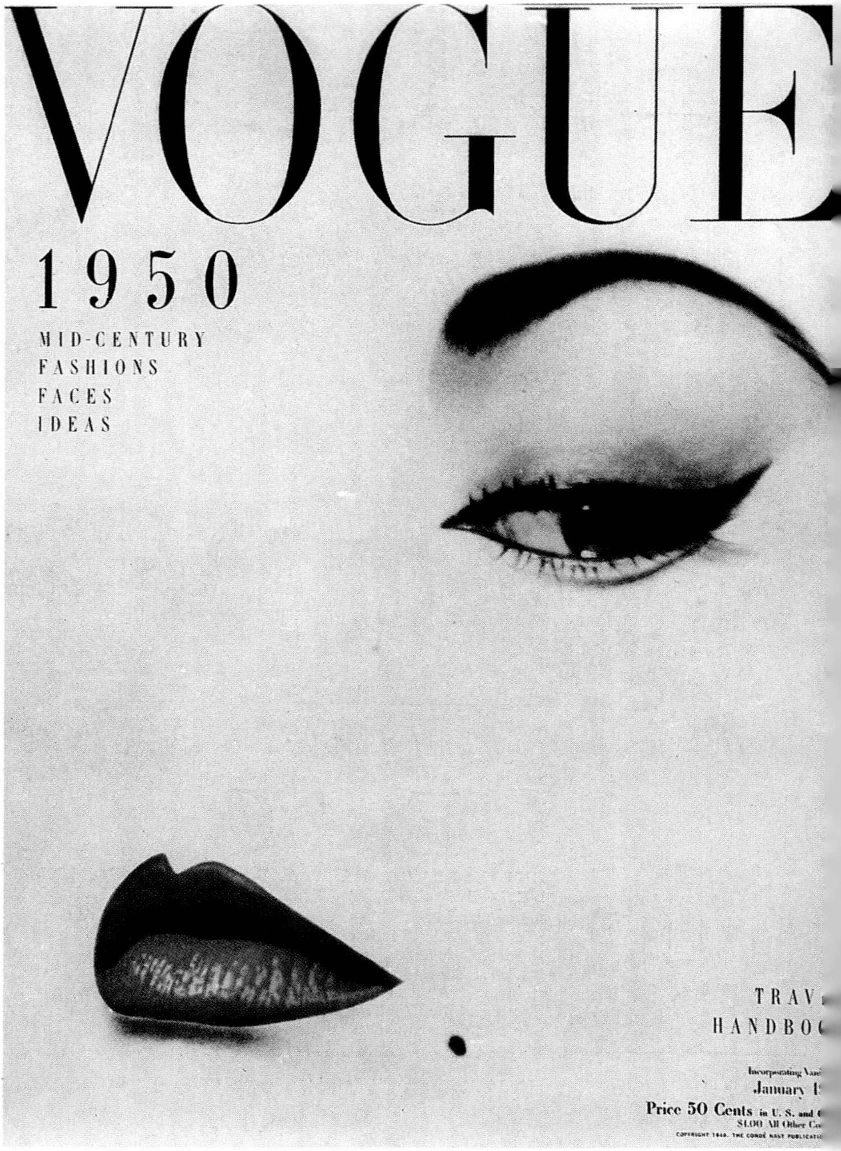

Doe Eye.
Vogue Cover, 1950.

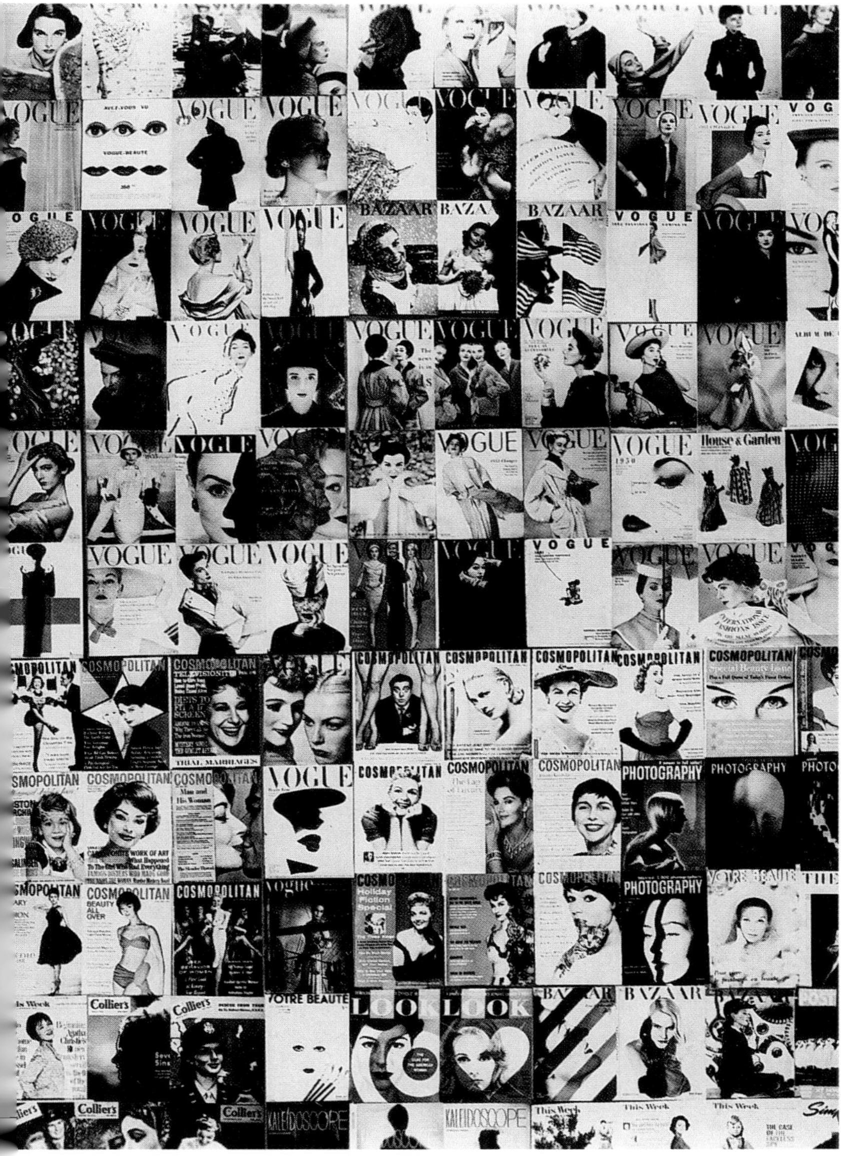

Einige von meinen über hundert Covers.

Händen hält. Postversand der Abbildung eines weiblichen Wesens mit mehr als einer sichtbaren Brustwarze ist ein strafbares Verbrechen. GG geht einen Schritt weiter: Er läßt auf unseren Kalendern eine Brustwarze durchgehen, jedoch nur, insofern sie von transparenten Geweben gemildert wird. Der Postmaster verbietet Schamhärchen unterm Arm. GG gestattet sie nicht mal auf dem Kopf, es sei denn, daß sie von einem Hut oder wenigstens von einem Band im Zaume gehalten werden. Ein weiterer Zug unserer moralischen Toleranz: Bei entkleideten Damen läßt GG nackte Füße zu, vorausgesetzt, daß nie mehr als vier Zehen ein und desselben Fußes in Erscheinung treten. Wozu braucht ein Weib, das mit vier Zehen verführen kann, fünf? Bei diesbezüglichen ›public opinion polls‹ (wir haben 18000 Stichproben gemacht) hat sich die öffentliche Meinung aller Staaten, leider mit Ausnahme von New York State, für vier Zehen entschieden. Wir bei G&V, als Diener der öffentlichen Meinung, sind berühmt dafür, in den fünfundfünfzig Kalenderjahren unseres Bestehens keinen einzigen Fuß mit mehr als vier Zehen veröffentlicht zu haben – our trademark! ›Kunst hat ebenso sexy zu sein wie moralisch zu scheinen‹ ist der Lieblingsslogan von GG. Wir haben über eine Billion Kalenderkunden von Kalamazoo bis Calcutta zu befriedigen. Ob Sie geeignet sind, uns dabei zu helfen, Eric, können wir erst beurteilen, wenn wir zunächst alle zusammen (togetherness war das Modewort) einen kritischen Blick in Ihr Scrapbook (Musterbuch) geworfen haben.«

Mir fehlt die Gewandtheit, mich solchen Ungeziefers zu entledigen. Wie in den Religionsstunden der Schulzeit ließ mich mein Humor mit einem Lachkrampf auf den Boden fallen. Kaum jedoch hatte die Herde hinter ihrem beleidigten Leithammel das Studio geräumt, tat es mir leid um die verlorenen Millionen; doch viel mehr noch um die Barbarisierung der amerikanischen Menschheit. In der kurzen Spanne einer Generation hat sich die von Europa hergebrachte kulturelle Erbmasse zu einer faden Limonade verwässert, die neuerdings von der Alten Welt als Psychodelikatesse wieder aufgesogen wird.

Hurrah Amerika! Heute, *nur* fünfzehn Jahre nach obiger Begegnung mit den puritanischen Kalenderclowns, kann man in New York an jedem Zeitungskiosk die selbst in Paris als unmoralisch verbotene *Histoire d'O* für $ 1.25 kaufen, und die *New York Times Book Review* rezensiert unter ihrem Motto *All the news that's fit to print* mit geilem Ernst die Memoiren eines viktorianischen Meisterschweinigels, *My Secret Life*. Im Greenwich »Village«, im Herzen der Stadt, sind in zahlreichen »Underground«-Kinos nackte Lesbierinnen beim Liebes- und halbnackte Beatniks auf dem Klo beim Banjospiel zu sehen, und zu allem drücken Polizei und Postmaster, die sich gestern noch übermäßig aufregten, aufmerksam beide Augen zu. Solange die Haare der amerikanischen Jünglinge sich proportional zur Verkürzung der Frauenröcke verlängern, ist Amerika noch nicht verloren!

67

ADAILE. Nach den Weihnachtsferien in Florida sausten wir am 3. Januar 1951 mit ninety miles Geschwindigkeit zurück nach New York. Ich saß auf dem Todessitz neben meinem Sohn, der den offenen Wagen fuhr. Ein Hinterreifen knallte, zeitlupisch langsam sah ich den Wagen steuerlos ins Nirwana torkeln. Schmerzlos seliges Ende, hätte man mich nicht nach einer Stunde blutüberströmt aus der zerschmetterten Karre gezogen. Sohn unbeschädigt, Muttlein zwei Rippen gebrochen. Sie allein war, wie sie stolz betonte, gänzlich bei Besinnung geblieben, ohne jedoch sagen zu können, was sich ereignet hatte. Mit einer neunstichig genähten Kopfwunde – keine edleren Teile verletzt – traumtanzte ich nachts mit einer schwarzen Nurse durchs Josephsspital von Charleston, Charleston, South Carolina, wie einst in der *Rotonde* in Paris. Am nächsten Morgen zurück nach New York, wo wilde Sitzungen mich erwarteten. Einen Monat danach glitt ich an einem Sonnabendmorgen gehirnerschüttert auf den Wohnzimmerteppich. Schlief vier Wochen lang unter Gewimmer, um danach als wacklige Leiche mein altes Leben wiederaufzunehmen. Am zweiundzwanzigsten Mai zurück im Studio zur ersten Sitzung: Farbige Doppelseite, ohne Rand, für *Beautiful Bryans: Walk in Red-Carpet resplendence wearing beautiful Bryans »frost and fire fantastics«... It's the new lambent glow for legs! Always a shade ahead!* Die geistesgestörte Sally Plummer, headcopywriter, hatte diesen Mist während des letzten halben Jahres fabriziert und las ihn, jedes Wort überbetonend, zum dreißigsten Mal in Trance vor, ohne zu merken, daß niemand hinhörte. Allen, sogar sich selbst den Rücken zukehrend, saß in einer Studioecke der halbanalysierte Ted Turner, Artdirektor und schwuler Stotterer, der lispelte, weil er das für British hielt. Mit schwarzer Kreide zeichnete er unsichtbar sonnenuhrartige Schmetterlinge auf schwarzes Papier, wobei seine (durch Jahr für Jahr auf Xmas cards berühmt gewordenen) buschigen Augenbrauen unwiderstehlich vibrierten. In der gegenüberliegenden Ecke zuckte in beleidigten Konvulsionen Guiness McGuinnec, der Accountexecutive. Nach acht Highballs extra dry gezwiebelten Beefeater Gibson Martinis beim Kundenlunch war ihm der Zweck des Daseins entrutscht. Ein Accountexecutive hat keinen. Er nagte an einer zerknitterten Zeitung aus dem Papierkorb. Delirium clemens. Gottseidank waren die Agency people miteinander not on speaking terms. Ich, selbst noch etwas klapprig, bemühte mich, die Sitzung von der obersten Stufe einer nicht ganz standfesten Leiter aus der Vogelperspektive in Schwung zu bringen. Vor mir hing, nach unten gerichtet, an einem Stativ, das einer Zahnarztguillotine glich, die große Kamera. Neben mir glühte aus Giraffenhöhe eine 5000-Watt-Lampe hinunter auf drei unwahrscheinlich extralange nylonbestrumpfte Beine. Die drei Oberkörper dieser Pracht lagen dicht ineinandergepreßt unter einem Hermelincape auf harter Matratze, das ungezeigte Bein unter dem jeweiligen Popochen. Nach dem Layout hatten sechs bestrumpfte Beine in *»the new lambent glow«* von rechts nach links die Doppelseite hinabzusteigen. Mein Ehrgeiz, etwas fürs Geld zu liefern, komplizierte jede meiner Sitzungen proportional zur Bezahlung.

Meine Assistentin Evelinde – es war ihr erster Tag –, eine reizlose Zwergin mittlerer Größe, rannte kopflos durcheinander. Das Studio war ein Tollhaus. Die ersten zwölf Aufnahmen für die rechte Seite vollzogen sich programmgemäß. Bei der zweiten Aufnahme für die linke Seite: *Knall:* Hiroshima mon amour: glühende Glassplitter, Weibergeschrei,

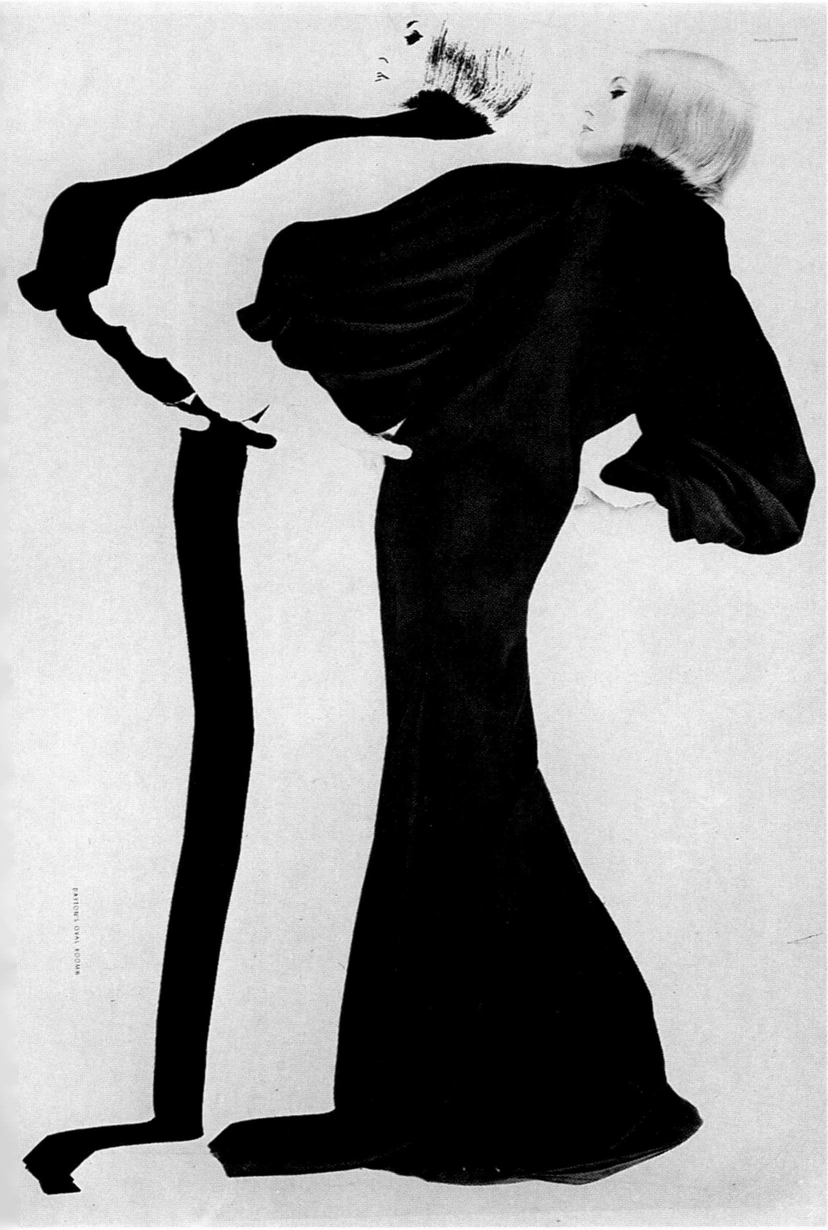

Modeaufnahme für Dayton's Oval Room.
Minneapolis, ca. 1960.

Weltuntergang, Blut, Feuer, Brand, Kurzschluß, Nacht mit Irrlichtern. Bevor ich begriffen hatte, daß die große Lampe explodiert war, waren die Apokalypktiker der Advertising Agency aus Angst vor eventuellen Schadenersatzansprüchen vom Kriegsschauplatz verschwunden. Unter mir im Dunkeln entleerte die rasende Evelinde Wassereimer auf Wassereimer über die sich im Studiodreck wälzenden blutigen Modelle, die wimmernd kalkulierten, für welchen Betrag sie mich verklagen könnten. Ich hielt es nicht länger auf meiner Leiter aus, kletterte runter, um mit einer Flasche Coca Cola den stellenweise qualmenden 15000-Dollar-Hermelinmantel endgültig zu ruinieren. Das Licht ging wieder an, ich konnte recht zufrieden sein mit der harmonischen Entwicklung meiner ersten Sitzung post mortem. Während Evelinde einen im Nebenhaus wohnenden jungen Doc(tor) für erste Hilfe (die kaum nötig war) holte (in jedem Nebenhaus in NYC wohnen zahlreiche Doktoren), erzählte ich den ebenso uneigennützig wie interessiert lauschenden Göttinnen, daß ich für jede von ihnen bis 10000 Dollar versichert war, und versprach, das Meine zu tun. Außer ernsteren Löchern im Hermelincape hatte jedes Modell ein paar weniger ernste Kratzer hochoben an den Beinen, deren sich der junge Arzt liebevoll annahm. Zum Schluß füllte er Sozialversicherungsformulare aus, wobei er, um sich beliebt und wichtig zu machen, alles möglichst verschlimmerte. Als er gegangen war, blieben die für den ganzen Nachmittag gebuchten Damen gemütlich auf der Erde sitzen.

Doddy Goddy, platinablondes Cowgirl aus Arizona, wo die längsten Beine herkommen, winselte mit Babystimme um Gin. Schon mit vierzehn war sie Rodeoqueen im Wildwest gewesen. Jetzt war sie, je nach Bedarf, sechzehn, sechsundzwanzig oder sechsunddreißig. She was a dike (finger in the hole: lesbian) and a fagmoll (Pupenliebchen), hatte alle Gleichgewichte über Bord geworfen, war einen Monat stinkend reich, den nächsten bettelarm. Vor ein paar Jahren hatte sie die Millionenerbschaft eines Boyfriends in neun Monaten in Wohlgefallen aufgelöst, hatte in Los Angeles eine Garage mit sechsundzwanzig weißen Jaguars und sechsundzwanzig livrierten Negerchauffeurs gefüllt. Als das Geld auf war,

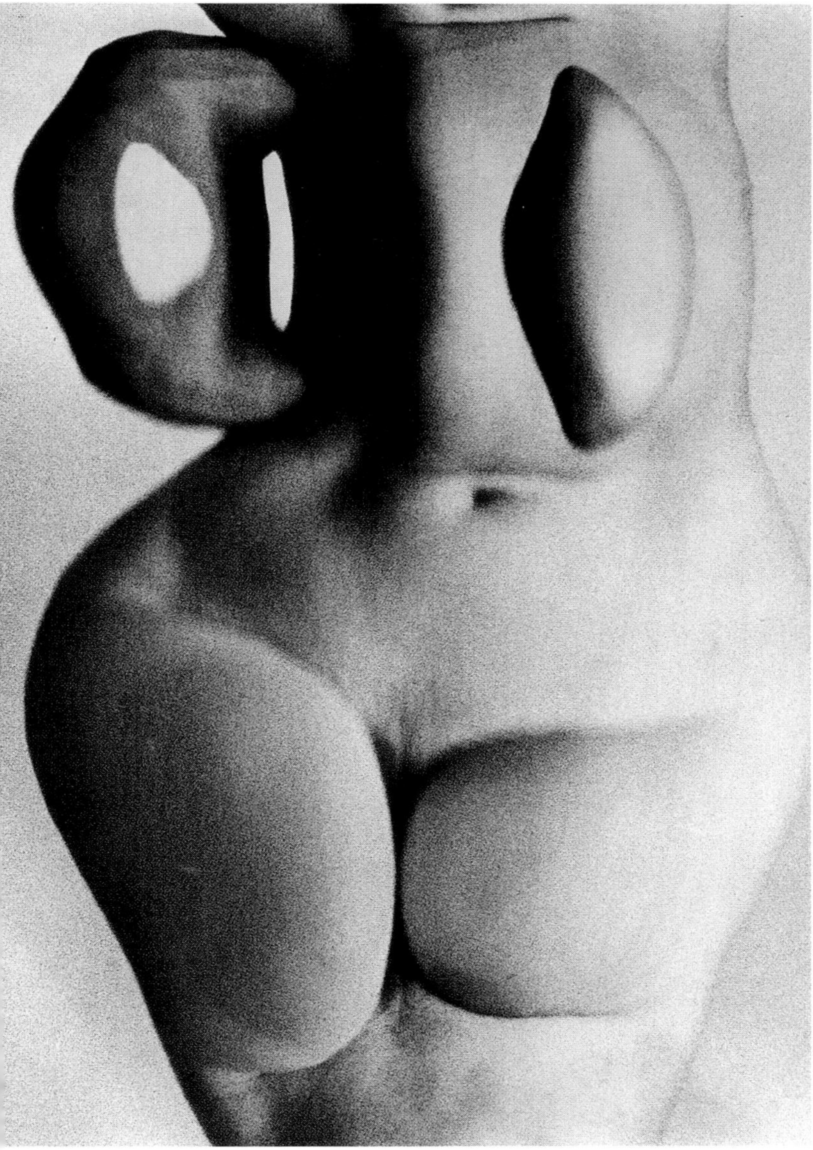
New York, 1945.

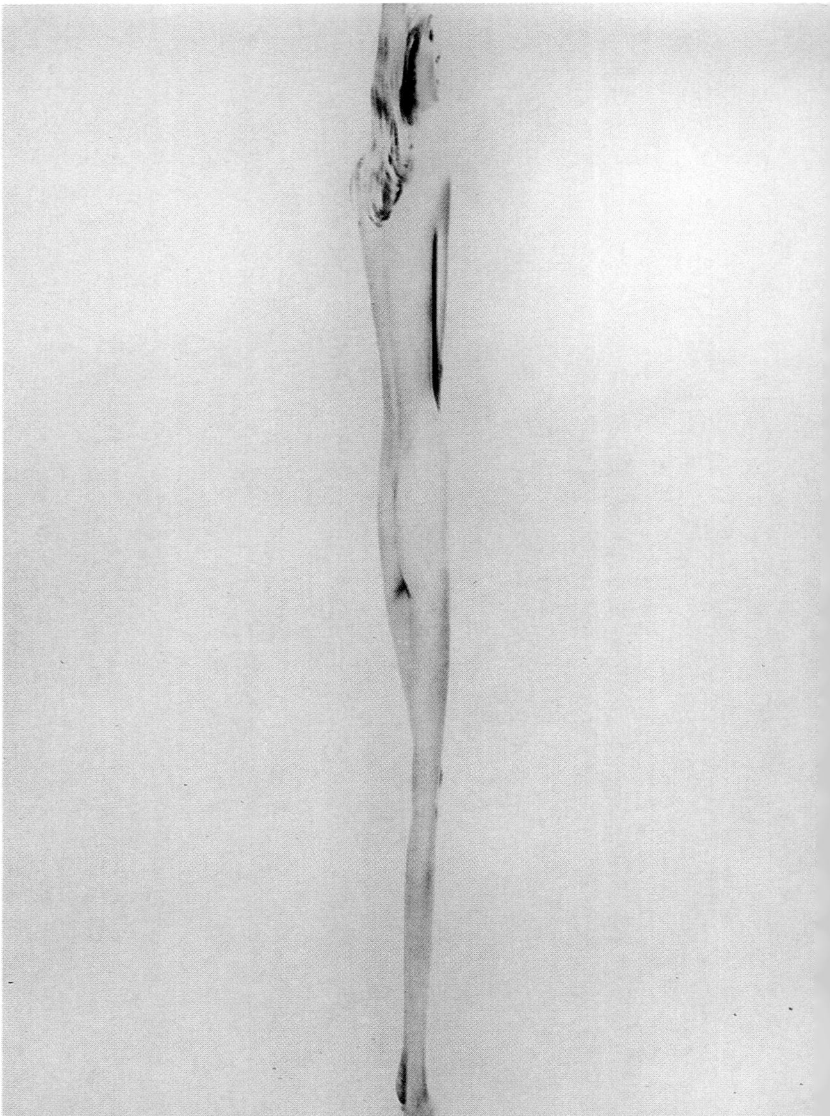

New York, 1959.

schlug sie sich in einem Junkjoint in Frisco als Kellnerin und Sweetheart eines Banjoplayers durch. Da wurde sie von einem Talentscout für die Latin Quarters in New York entdeckt und strahlte als vollbusigstes Showgirl am Broadway, bis ein Photograph ihr eine Glanzkarriere als Highfashionmodel ($ 60 per Stunde) vorspiegelte, wenn sie es fertigbrächte, vierzig Pfund abzunehmen. Sofort fing sie an zu hungern, schluckte Pillen, verlor sechs Wochen lang zehn Pfund per Woche und ward ein suppenkasperähnliches Gerippe. Vitaminspritzen brachten sie schnell zurück auf ihr ursprüngliches Gewicht. Pillen machten sie wieder spindeldürr. Bis sie mit ihrem Metabolismus ihren Verstand verlor und in einer Irrenanstalt landete, aus der sie, nachdem alle Ärzte, Krankenschwestern und Patienten mit ihr geschlafen hatten, als geheilt entlassen wurde. Nun tröstete sie sich mit Marihuana und der von ihr erfundenen Doppelanalyse: Sie ging gleichzeitig zu zwei brainstretchers, die nichts voneinander wußten, und schlief mit beiden (Hanns von Neurosenthal und Doctor Nini Samenstrång): lay analysis. Am Ende brachte sie Hanns und Nini zusammen, und sie schliefen zu dritt. Zu mir kam sie für neue Träume.

Adaile Allmay, Tochter des Cosa-Nostra-Don Adolfo Four Finger Allemanno, war »a good trooper« (zuverlässiger Kerl) mit zwei gesunden Lungenflügeln. Sie hatte die Ruhe weg. Mit goldenem Feuerzeug entzündete sie eine Corona und orderte, als sei sie in einer Bar, Rye on the rocks. Als Symbol ihres unbändigen Unabhängigkeitstriebs trug sie, eingewickelt in ein Spitzentüchlein, einen geladenen Revolver im Busento, machte aus ihrem Herzen ein Mördergrübchen. Zur Zeit meiner New Yorker Anfänge, die auch ihre Anfänge waren, hatte sie nicht geruht, bis ich Probeaufnahmen von ihr machte. Sie wollte fashionmodel werden, ist es nie geworden; sie hatte andere, größere Erfolge. Zum Dank weihte sie mich in die hiesigen Sitten und Gebräuche ein, und wir wurden Freunde. Jahre danach wollte sie von mir alle Geheimnisse der Farbphotographie in vierzehn Tagen lernen, glaubte mir nicht, daß es keine photographischen Geheimnisse gibt, und störte mich ein paar Wochen lang in der Dunkelkammer, wofür sie ewige Dankbarkeit versprach.

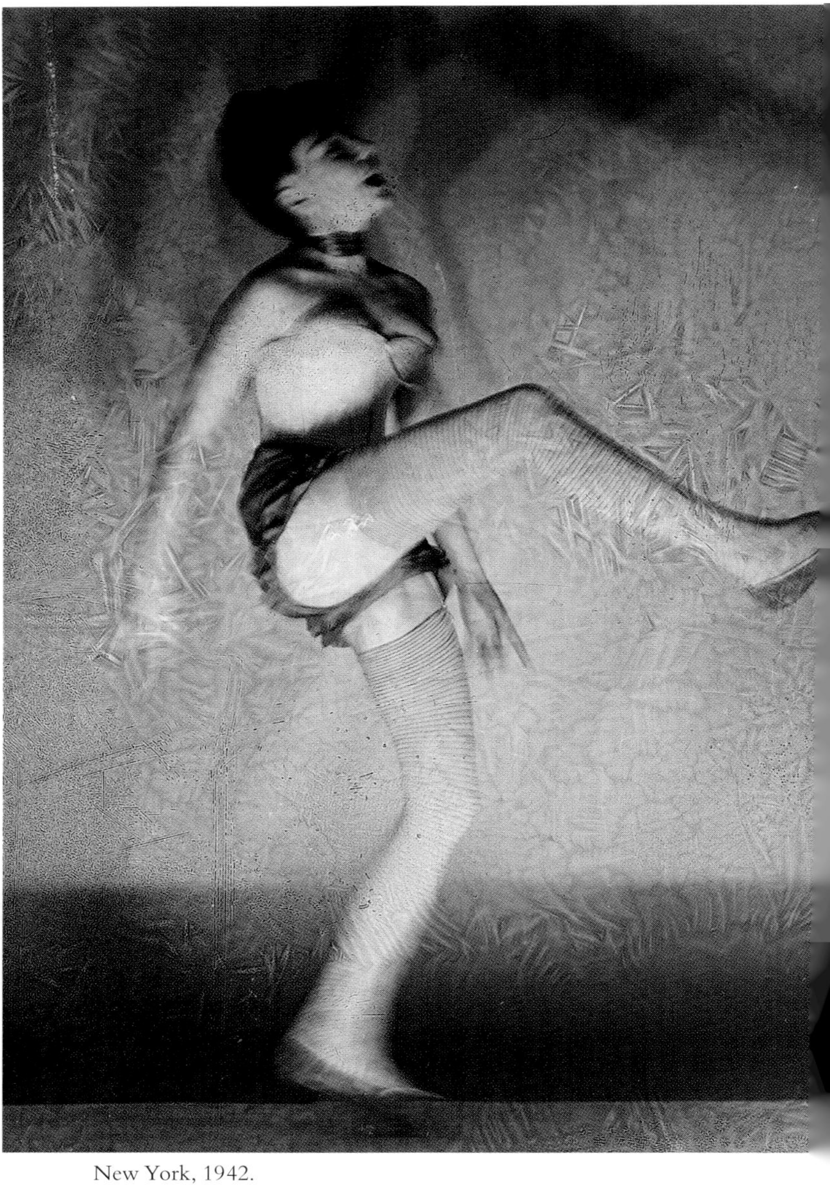

New York, 1942.

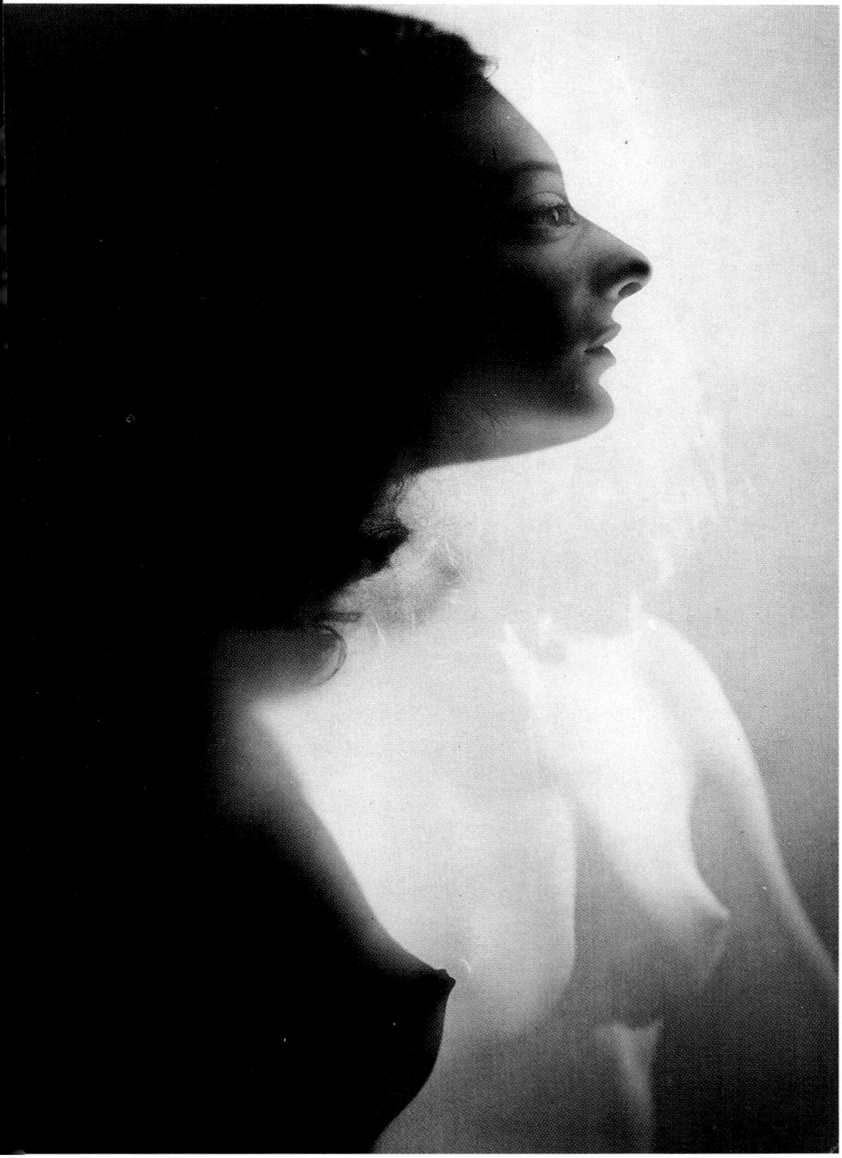

New York, 1942.

Am wenigsten wußte ich von der wippnäsigen Barbara Codik, dem einzigen Modell, das ich je auf der Straße entdeckt habe. Ich bildete mir ein, in ihrer nackten Aggressivität the woman of tomorrow gefunden zu haben, und gebrauchte sie sofort für eine *Vogue*-Titelseite. Auf der Erde sitzend, starrte sie mich unerforschlich an, bestellte einen Wodka Martini und fiel mit dem Knirschen einer sterbenden Rechenmaschine in eine vielversprechende Ohnmacht, aus der sie erst bei Ankunft der Getränke erwachte.

Die pix waren glorious, the agency tickled pink (außerordentlich zufrieden), Doddy rief nach drei Wochen befriedigt an, die Versicherung hätte sich mit ihr auf 2500 Dollar geeinigt. Adaile verzichtete auf Schadenersatz, weil nichts passiert sei und weil sie es nicht nötig hatte. Von der Frau der Zukunft: beredtes Schweigen. Sie war am Tag nach der Katastrophe unerreichbar gewesen, hatte für Macy's als »bathing beauty« posiert, also konnte es ihr nicht zu schlecht gehn.

Nach einem halben Jahr brachte ein Gerichtsvollzieher die Klage Codik contra Blumenfeld auf 300 000 Dollar Schadenersatz. Zwanzigmal mehr als ich besaß. Zusammen mit mir wurde der Hersteller der Lampe, General Electric, ein Billionenkonzern, verklagt. Anschließend eine Zusatzklage: Barbaras Gatte verlangte hunderttausend Dollar Entschädigung dafür, daß er seine Frau sechs Wochen lang nicht ungehindert hatte benutzen können. Außer den gerissenen Anwälten der Firma Katsch, A. S. Catch & Kan, die sich an Barbaras Unglück fifty-fifty beteiligten, besaß Barbara zwei wohlgeformte Beine. Würde ihr die Gelegenheit gegeben, dieselben den Geschworenen zu zeigen, war ich verloren. Das Angenehme an der demokratischen Redtape-Justiz ist ihr Schneckentempo. Vielleicht sind Barbaras Beine, wenn der Prozeß stattfindet, schon etwas zurückgegangen. Beinah vier Jahre nach diesem Unfall schlug das Telephon an meine Pforte: mein Anwalt, ein Schlemihl. Ich hasse tüchtige Anwälte. Wir hätten übermorgen nachmittag um vier zwecks pre-trial-examination in Sachen Codik contra Blumenfeld bei den Anwälten der Gegenpartei zu erscheinen. Ich fragte, ob wir's nicht noch mal aufschieben könnten. Er lehnte ab, wir hätten es schon viermal aufgeschoben. Auf meine Anregung, ihn allein hingehen zu lassen, antwortete er: »They don't want to examine me, but you.« So fuhr ich mit ihm zum uninteressierten Anwalt der G. E., der die Akten noch keines Blickes gewürdigt hatte und nur von der einen Sorge beseelt war, seinen Fünf-Uhr-zwölf-Zug am Grand Central nicht zu verpassen. Als er hörte, daß ich Photograph war, zeigte er mir stolz das Photo eines armlosen Rollstuhlknaben, dessen Stirn ein Händchen entwuchs. Ich gratulierte ihm zu dieser dadaistischen Montage (Pop-art war noch nicht erfunden). Bescheiden wehrte er ab, er sei nur ein Amateur, sein Sohn sei viel hübscher. Amerikaner sind Krüppelfetischisten: Bei meinem ersten Besuch in New York sah ich, shocked, in der Olsen & Johnson Slapstick Show *Hellzapoppin* einen einbeinigen Stelzfüßler meisterhaft stepptanzen. Später bewunderte ich im TV zweitausend gelähmte Clubdamen, die zu Ehren der paralysierten Jazz Heebeejeebee Boswellsister Connie in blauweißroten Rollstühlen Paderewskis Menuett tanzten.

Belebender Empfang bei Katsch. Mit landesüblicher Unverschämtheit nannten mich die Anwälte ohne weiteres beim Vornamen, den sie – time is money – auf Erf reduzierten. Sie dankten mir, meine wertvolle Zeit einer für mich ohnehin verlorenen Sache zu widmen, ließen mich nicht zu Wort kommen und meine Anwälte links liegen. Um mir zu beweisen, daß sie die Anwälte aller top-models waren, warfen sie wild mit deren Vornamen um sich: Arpi, Avonne, Bibbes, Bobo, Bubbles, Ceemee, Ceepee, Clitoria, Charmione, Daphnia, Diddo, Doddy, Dodda, Dotti, Evonne, Ethic, Fren, Fick, Fussel Gilll (mit drei ls), Hernia, Huri, Inkitinki, Jinx, Janx, Junx, Kay, Key, Kee, Lippy, Misty, Mips, Mops, Mistory, Nups, Nips, Nippel, Omfaly, Onnany, Pad, Pud, Pod, Penelopia, Peenis, Pippi, Quatsh, Rulps, Suemie, Tipsy, Titty, Trippa, Undee, Vance, Vademecca, Waffy, Xenia, Xix, Yvenne und Zaza. Beim Kreuzverhör traten mir meine drei Anwälte ungeschickt auf die Füße, ohne daß mir dadurch deutlicher geworden wäre, was ich auszusagen hätte. Katsch bedauerte, mich nicht auf eine Million verklagt zu haben. Mangels Entlastungszeugen sei Fahrlässigkeit erwiesen. Tonlos hörte ich mich sagen: »Aber ich habe Zeugen!« Alle

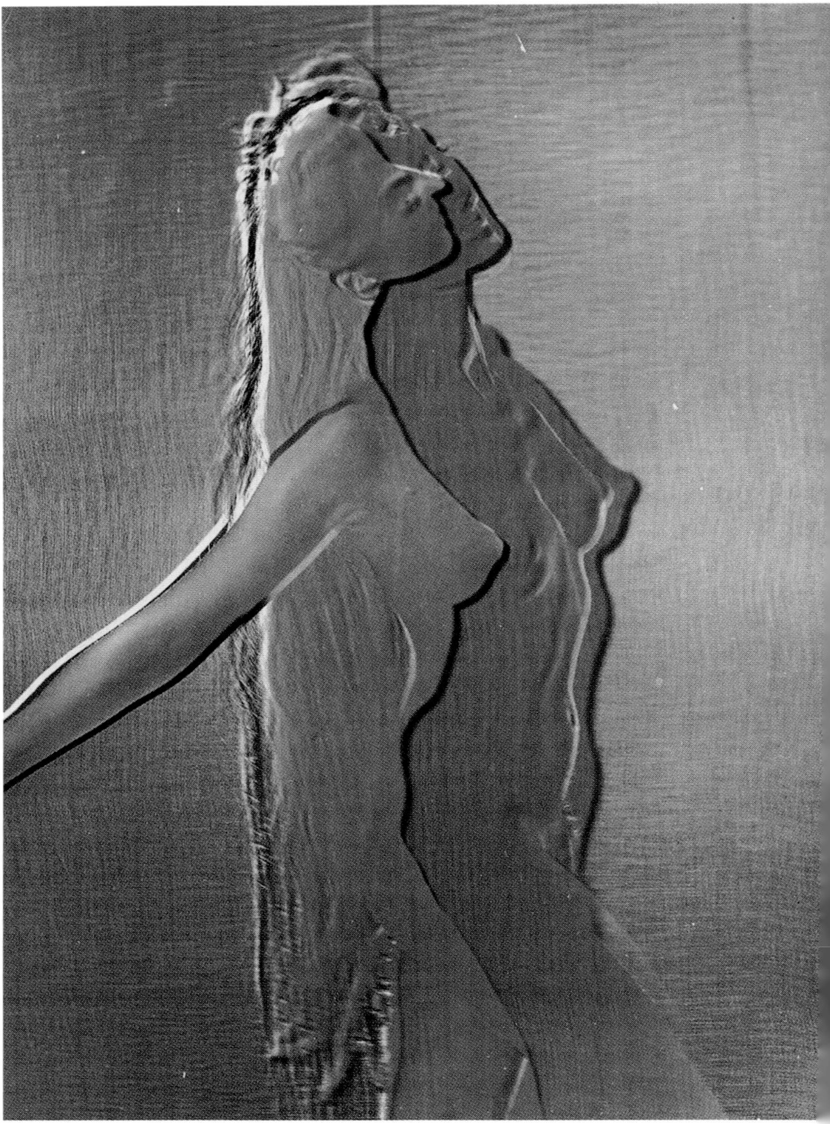

Paris, 1937.

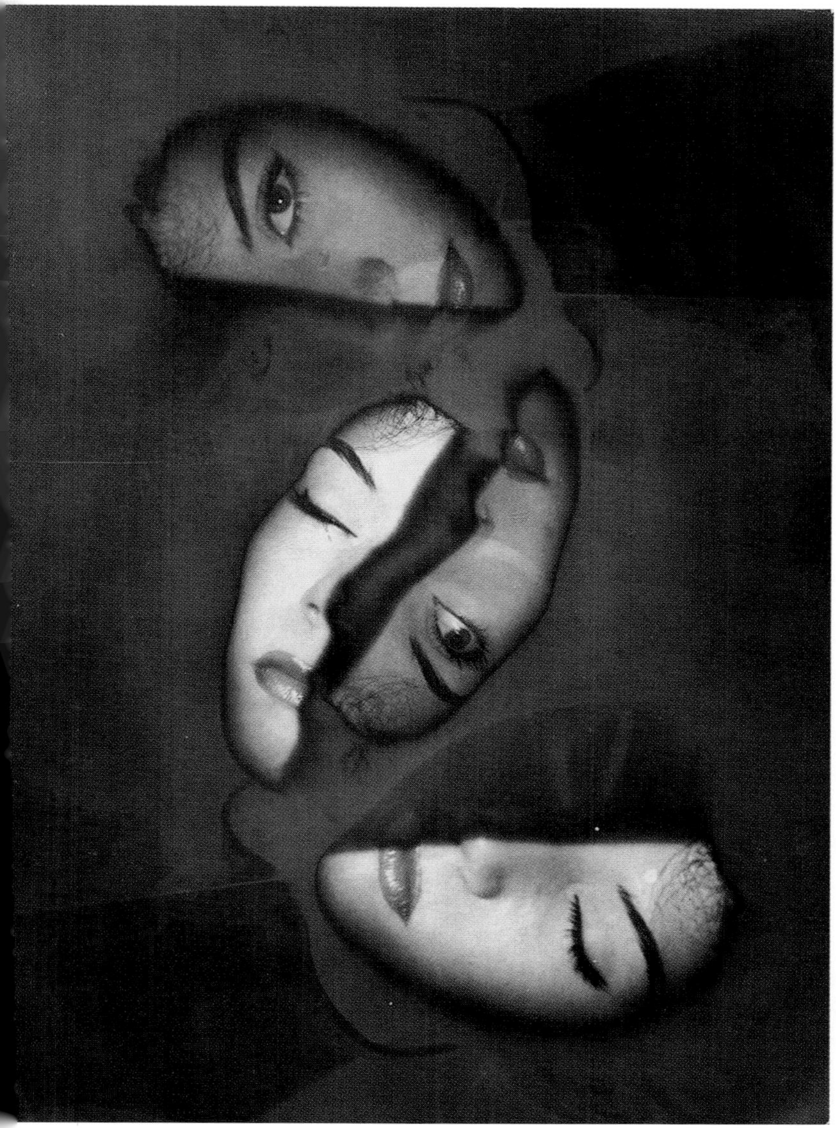

New York, 1944.

Anwesenden sprangen auf: »*Wen?*« Ich schwieg. Wütende Anwälte schoben Akten in Dossiers und verließen unverschämt beleidigt den Raum. Der G. E. Lawyer mußte zum Zug. Es war höchste Eisenbahn. Im Fahrstuhl drang mein unholy Trio auf mich ein: »*Wer* ist unser Zeuge?« Ich schüttelte traurig den Kopf. Ohne Händedruck trennten wir uns. In Amerika weiß man sowieso nie, wann und wie man Hände zu schütteln hat.

Allein watete ich durch den schwarzen Dreckschnee der Madison Avenue zurück zum Studio. In der freien Natur zwischen 42nd und 57th Street, von wo aus amerikanische Geistlosigkeit die Welt überschwemmt (Werbe-Hauptquartiere) kommen auch mir Einfälle. Die Carbonmonoxydauspuffgase der Autos bewirken hier, was Schwefeldämpfe der delphischen Sybille taten. Vor mir wiggelte eine Vollschlanke mit wippendem Überbusen ihren Monroedoktrinhintern, Erinnerungen an Adaile wachrufend... Heureka! *Mein Zeuge!!!* Adaile nach vier Jahren zu finden war nicht leicht. Ihr Name stand nicht im Telephonbuch, keine Modellagentur erinnerte sich ihrer. Schließlich fand sich auf einem model release ihre Versicherungsnummer, und ich hatte sie bald am Telephon. (Seit zwei Jahren war sie Frau Dr. O'Higgins, East Sixty-third, gute Gegend.) Sie lief über vor Hilfsbereitschaft. Am nächsten Mittag holte sie mich ab zum Lunch. Von Kopf bis Fuß in weißem Nerz: einfach, teuer und geschmacklos: Hollywood. *A lady never wears mink* (nicht mal zum Fußball). Kindermund: »Daddy, how do the minks get babies?« Answer: »The same way as the babes get minks!« Adailes Frisur: getürmt, blauschwarz gelackt, gelockt. Meinem *Vogue*-Titel von Januar 1950 zu Ehren trug sie doe-eyes mit extralangen Nerzwimpern. Ihr Make-up dürfte den ganzen Vormittag in Anspruch genommen haben. Meinen Handkuß beantwortete sie mit dem dazugehörigen stereotypen Lächeln der Amerikanerin. Sie konstatierte, daß ich mich ebensowenig verändert hätte wie mein Studio, und hielt mir ihre eigenen Fortschritte vor Augen: ein vielkarätig-blaustrahlendes Diamantkreuz um den Hals sowie kleinere Diamantkruzifixe an Platinakettchen an Fuß- und Handgelenk: *in hoc signo vinces.*

Vorm Studio wartete in dritter Spur geparkt mitten auf der Straße ihr weißer Jaguar. Kein Cop hätte ihm ein Ticket angehängt. An der Windschutzscheibe klebte ein Kärtchen: *O. K. The Mayor.* Ich fragte, warum man sie protegiere. »The New York Police Force is the best police money can buy!« Als ich auf der Fahrt mein $ 400 000 Problem anschnitt, zuckte sie die Pelzschulter: »Balony, *wir* lassen uns nicht erpressen, niemandem ist was passiert.« Ich bat sie, für mich zu zeugen. Sie blieb unbeirrbar: »*Wir* lassen es nicht so weit kommen. Bis Donnerstag wird manches geschehn. Babs (Barbara) hat nicht nur eine Vergangenheit, sondern auch eine Gegenwart. Dieses Callgirl ist ein kleiner Fisch, den werden wir gleich haben!«

Ché Parée ist ein expense account joint: teuer, arrogant, von den Spesen absetzbar. Bereits das Garderobenfräulein empfängt einen von oben herab in radegebrochenem Französisch. VIPs, agency presidents, tun sich da vor ihren Kunden wichtig und ersäufen ihre Dummheit in Drinks. Ich befürchtete wegen Zuspätkommens einen unwirschen Empfang. Statt dessen stürzte der sonst unnahbare Mössjöh Victooor, Oberster aller Ober, sobald er Adailens ansichtig wurde, auf die Knie, leckte ihr die Nerzhandschuhe, verwandelte sich in den Hund, der er immer war, kroch, Schaum vor den Lefzen, zwischen den Beinen der vielen ungeduldig auf einen Tisch wartenden Gäste hindurch, um ein paar Sekunden später schwanzwedelnd den Besitzer selbst, Monsieur Loui, zu apportieren. Dieser Großmogul verneigte sich ehrfürchtig.

Verlegen entzog ich ihm meine Hand, die er dankstammelnd zu küssen trachtete. Ich stand vor einem Rätsel. Völlig unberührt von diesem großen Bahnhof posierte Adaile siegessicher für nicht existierende Photographen, bis sie aller Augen auf sich gezogen hatte. Währenddessen hatte der Ober acht friedlich wiederkäuende Gäste vom ovalen pièce-de-milieu Mitteltisch in raucherfüllte Hintergründe abgeschoben. Im Handumdrehn erneuerten Sklaven das Gedeck mit allen Schikanen, inklusive parfümierter Kunstblumen. Mit unwilliger Zeigefingerbewegung protestierte Adaile gegen Scheinwerferbeleuchtung unseres Tisches, worauf wir sofort in tiefstes Halbdunkel gehüllt wurden. Bei Bloody Maries versuchte ich hinter die Gründe dieses Empfangs zu kommen. Adaile sagte: »Shut up!« und bestellte: Malossol Caviar mit French Fries, Champagner Dôme Perignon 1948 und südamerikanische Kirschen mit Schlagsahne. Sie war auf Diät. Weitere blutige Marias, durcheinandergetrunken mit Champagner und schwarzem Kaffee, hoben ihre Laune und machten mich kampfunfähig. Als sie jedoch ihren Caviar mit Mostrich beschmierte, zuckte mein nervus vagus. Um mich zu animieren, entnahm sie ihrer Nerztasche ein goldenes Zwanzigdollarstück und manipulierte mit ihren abstoßend langen Fingernägeln die Münze, der eine strichdünne Uhr entsprang. Sie drückte mir das Spielzeug in die Hand, ich solle lernen, selbst die Uhr herauszuzaubern, dies sei wichtig! Ich zweifelte an ihrem Verstand. Adaile erhob sich. Nach amerikanischer Etikette hatte ich sofort möglichst geräuschvoll aufzuspringen, um die Welt wissen zu lassen, daß eine Lady Pipi macht. Bei ihrer Rückkehr wiederholt sich das Zeremoniell. Die Pilgrimfathers haben statt Manieren Umständlichkeit aus der Alten Welt mitgebracht. Die amerikanische Gesellschaft: eine reichgewordene Verbrecherbande, die Café Society spielt. Während Adailes Abwesenheit versuchte ich die Uhr aufzupolken. Unmöglich ohne Fingernägel. Erst mit Hilfe des Obstmessers gelang es. Zur Belohnung drückte mir die zurückgekommene Freundin ihren frischbemalten Mund fettig auf die Backe. Sie hatte sich inzwischen telephonisch informiert, wer meinen Fall behandle. Meisterlich beherrschte sie die amerikanische Kunst, ohne Gesichtsausdruck zu sprechen: »Morgen nachmittag fährst du Downtown zum Justizpalast, fragst nach Judge Agelli und zeigst ihm unser Goldstück!« Spielend zauberte sie nochmals die Uhr aus der Münze und hielt sie mir unter die Nase: »Sobald His Honor das Diamantmonogramm F. C. auf der Rückseite der Uhr bewundert hat, sind wir deine Sorgen los.« Adaile war gekränkt, als ich nicht wußte, wer F. C. war: »Es gibt nur einen F. C. auf der Welt!« Während sie mir die Münze in die Hosentasche steckte, flüsterte sie verliebt: »F. C. is Frankie, my sugar daddy; poor old, he is in the pen (Gefängnis), he is sixty, youth had to take over, *ich* bin inzwischen *the head of the boys*. Jetzt kennst du alle meine Geheimnisse, und wenn du's Maul nicht halten kannst, hast du morgen einen Autounfall. Dies erinnert mich daran, ich hab dir schon mal das Leben gerettet: rememba, wie ich als dein Gal Friday zu deinem Ärger einen ganzen color run im Studio ruiniert hatte? Nach der Arbeit lief ich weinend auf die Straße, wo Frankie mich erwartete. Er ist allergisch auf Tränen und schrie: ›Hat dir dieser Trottel weh getan? Wenn ja, dann mach ich ihn heute nacht mit dem Wagen fertig!‹ Er war nicht leicht davon abzubringen, denn er war eifersüchtig, weil ich dich für ein Genie hielt. Als wir uns kennenlernten, war sein erstes Geschenk dies Restaurant. Die Goldgrube der Speak-easy-Tage ist heute ein Verlustgeschäft. Ich halte es aus sentimentalen Gründen. Jetzt komm mit mir nach Haus. Ich nehm dich mit aufs Zimmer. Leider liegt mein Mann mit einem Herzinfarkt im Sauerstoffzelt. O'Higgins ist ein leidenschaftlicher Plastik-Chirurg, er würde dir gleich neue Fingernägel einpflanzen, die er aus der Morgue bezieht, würde dir auch ein neues Gesicht anschmieren, damit man dir den Künstler besser ansieht. Du siehst zu bescheiden aus, nicht gut fürs Geschäft. Kunst wird tagtäglich ein größeres Racket. Ein Banknotenspezialist malt uns unter Kontrakt zwei waschechte Cézannes per Jahr, die gehn zu Riesenpreisen via Zürich an deutsche Museen. Am wichtigsten im Kunsthandel sind die Stammbäume, die er mit einwandfreien Stempeln, Expertisen und Briefen hervorzaubert. Dabei könntest du als künstlerischer Berater mitverdienen.« Erfüllte Träume: ein zweischneidiges Schwert! Einerseits wurde ich als Günstling einer Räuberbraut zum ersten Mal im Leben in einem Restaurant anständig empfangen, dafür sah ich mich bereits als kugeldurchsiebte Wasserleiche in Eastriver's Hell's Kitchen strudeln. Headline: *Fashion photog's final flop!* Mir war's nicht geheuer, ich wollte mich drücken, schützte eine Sitzung nach dem Lunch vor. »Feigling!« sagte sie und hatte recht. Ich durfte nicht schlappmachen, trank mir Mut zu und begleitete sie. Von Bezahlen keine Rede, alles ging aufs Haus, selbst das Trinkgeld. Monsieur Loui geleitete uns eigenhändig zur uns erwartenden riesenschwarzen, kugelgesicherten Begräbnislimousine mit Chauffeur. Der Jaguar war weggebracht worden. Wir hatten nur fünfhundert Meter zurückzulegen. Babes in NYC laufen keinen Schritt, sie lassen sich massieren. Außer deutschen Emigranten geht in USA niemand zu Fuß.

In Doctor O'Higgins' Wartezimmer saßen Männer mit dem Hut auf dem Kopf: hoodlums, henchmen, gangsters, bodyguards, underworld, die sich bei Adailes Kommen respektvoll erhoben. Dabei schielten sie mißtrauisch nach mir. Traurigerweise war ich angeheitert, bei verminderter Urteilskraft. Ein Fahrstuhl fuhr uns ins allerheiligste Boudoir. Adaile warf ihren Pelz über einen Stuhl, streifte ihre Schuhe ab, legte mir ihre Füße unter die Nase auf den Tisch (widerwärtige Landessitte) und knipste Lampen an: Superduper Cecil B. De Mille Hollywooddalischaufensterkitsch. In der Mitte hinter durchsichtigen schwarzen Spitzenvorhängen ein kreisrundes Riesenbett. Daneben packten mich zwei »onearmed bandits« (slot machines, machines à sous). Mein erster Nickel brachte mir Glück: lemon, lemon, lemon, achtzehn Nickel kamen rausgehopst. Während ich alles verspielte, verspielte Adaile ihre Zeit nicht, sondern telephonierte ihrem Stockbroker große Transaktionen und preßte dabei Knöpfe: Der Raum verdunkelte sich, und hoch über uns an der Wand leuchtete, frisch dem Swimmingpool entstiegen, in Ringkämpferstellung mit breitkurzem Hals und wildbehaarter Gorillabrust, auf der an dünnem Kettchen ein Diamantkreuz baumelte, la divinité du Styx, der Herr der Unterwelt, F. C. Ohne es selbst zu merken, war ich aufgestanden und lobte erschüttert: »Ausgezeichnetes Portrait!« Bescheiden antwortete Adaile: »Rollei, Tri X Pan mit Gelbfilter, available light, 1/250 sec, f:16. Howard Chandler Christie hat die Vergrößerung eigenhändig koloriert.« Animiert durch meinen Beifall, manipulierte sie weitere Hebel und ließ F. C. grünlich, bläulich, rötlich, gelblich aufstrahlen, wozu Sphärenmusik von Sibelius aus Lautsprechern donnerte. Adaile befahl mir, mich umzudrehn, wo Scheinwerfer auf der gegenüberliegenden Wand eine Riesenabstrusität von Jackson Pollock beleuchteten. »Nonsense, promoted by republican lesbian Jews, die wissen, was sie tun, ein Triumph amerikanischen Kunsthandels! Meine Investition von 10 Gees ($ 10 000) wird sich in drei Jahren vervierfachen!« (Es ist ihr gelungen!) Nun warf sie ein schwarzes Straußenfedernegligée über und schlug vor, intim zu werden (let our hair down). In meiner Todesangst sagte ich: »I have to go now!« Glücklicherweise war sie sowieso reif für ihr Nachmittagsschläfchen und fiel müde aufs Bett, ließ schnell noch einmal F. C. in Sonnenuntergangsfarben erscheinen und mich von einem Bodyguard lebend der Dezembernacht New Yorks zurückgeben. Wieder mal hatte ich einen Nachmittag meines Lebens vertrödelt.

Tags darauf zum Foley Square. Gerichtsgebäude machen mich kranker als Krankenhäuser. Stundenlanges Warten in feindlicher Atmosphäre, bis endlich Judge Agelli im Talar aus einer Sitzung kam: Daumier im Wolkenkratzer. Vor der Tür seines Büros vertrat ich dem pockennarbigen Richter den Weg und hielt ihm die längst geöffnete Uhr unter die Nase. Er hielt mich für einen entlaufenen Irren und rief um Hilfe. Ich stammelte: »Ich bin doch nur der Blumenfeld vom Case Codik contra Blumenfeld. Eine Freundin bat mich, Ihnen diese Uhr…« Unbeeindruckt sah er das Monogramm. Sein Gesicht schwoll vor Wut. Seltsame marineblaue Flecken erschienen auf seinen aufgedunsenen Wangen, wobei das Wort »crackpot« fiel. Er rief einen Gerichtsdiener: »Zeig diesem Imbecile den kürzesten Weg raus. Sollte er sich je unterstehen zurückzukommen, wird er verhaftet!« Der Mann schubste mich vor sich hin bis zur Freitreppe. Ein Wort des Widerstandes und ich wäre zweiundzwanzig Stufen runtergeflogen. Dies Wort blieb ungesagt. Wieder stand ich im nassen Schnee, dazu noch Downtown, dank der grandiosen Unterweltbeziehungen einer kleinen Aventurière, die eine große Rolle spielen wollte. Wütend fuhr ich zu meinem flowershop on 58th Street und ließ der Königin der Mafia ihre kostbare Uhr in Geschenkpapier mit vierundzwanzig langstieligen dunkelroten Rosen senden. Auf beigelegter Karte: *Thanks!* E.

Am nächsten Morgen rief mich Adaile mit Bettstimme an, um sich für die Rosen zu bedanken. Die Uhr hatte sie mir schenken wollen. Sie tat erstaunt, wie rasch ihr Einfluß gewirkt hatte. Das war zuviel: »Gewirkt?? Rausgeschmissen hat man mich!!!« Sie wollte nur wissen, ob Agelli das Monogramm gesehen hätte, und fand mich reichlich naiv. »Hätte er dich etwa umarmen sollen?? Der Judge wird tun, was *wir* von ihm erwarten, du Kindskopf!« Ärgerlich hängte ich das

Telephon ab. Eine Stunde danach rief mein Anwalt an, um mir mit vor verhaltenem Stolz zitternder Stimme mitzuteilen, er hätte den Fall Codik contra Blumenfeld außergerichtlich mit einer Zahlung von 750 $ beigelegt. Es sei übermenschlich schwer gewesen. Seine Rechnung war dementsprechend. Erst fünf Jahre nach dem glücklichen Ablauf dieses Angsttraums schnarrte wieder mal Adailes Sirenensingsang am Telephon: »Good news and bad news: last week my dear husband passed away, and I am a blonde since yesterday.« Beileidsvoll informierte ich mich nach dem Befinden der slot machines und nach F. C. »The machines are longing for you in my brandnew Loui Saaze bedroom, lavishly redecorated by French & Co., F.C. is a goner, poor man! I am holding the youngest senator now, first grade ladykiller. He is calling me: his Italian princess, you'll like his sophisticated guts. Auch er ist aus einer Rhumrunnerfamilie, liebt Damen, Dope and Dollars. Wir werden aus ihm einen Präsidenten machen, und dann garantiere ich dir Sexorgien im Weißen Haus.« Auch dies Versprechen hat Adaile gehalten.

68 Westwärts. Die Stadt New York, dies einzige lebendige Weltstadtwunder der Neuzeit, ist, wie die Pyramiden, eine gigantische Machtmanifestation, kein Kunstwerk; steht noch mit einem Fuß in Europa, schielt mit beiden Augen zurück und sieht sich verzweifelt nach neuen Reizen um. Westward Ho! Auf Kultursuche über fünftausend Kilometer unvorstellbar großartiger Autostradas durch fast leeres, nur von Tankstellen mit schreienden Reklamen verunstaltetes Urland, wochenlang ohne einen genießbaren Happen bis nach L. A. (Los Angeles), Symbol neuer Häßlichkeit, kein einziges Monument menschlichen Geistes weit und breit. Dafür hängen in jedem Motel Vincents (Wangoo) Sonnenblumen in allen Modefarben neben dem TV. Motorisiertes Menschenpack vegetiert qualitätslos mit Maximalgeschwindigkeit dem Ende entgegen: Popcorn, Hotdogs in Cellophan und eiskalte Coca-Cola-Automaten, die man »gracious living« nennt. Aus übervölkerten Station wagons strömen überall sich zusehends vermehrende unausstehliche

Kinderscharen. Waghalsig überholen rasende Fags, paarweise mit Pudel im offenen Sportwagen, tratschende Kleinstadthexen, die zu zweit und mit aufgehängter Garderobe in verkehrsstörenden alten Fords dahintorkeln. Memento mori!

Die Technokratie dieses Spießbürgertums trieb mich durch Nebenstraßen zu den Weltwundern von gestern, leider auch bereits zu Naturschutzparks degradiert. Geheimnisvoll in Felsennischen versteckt, zweitausendvierhundert Meter hoch in Colorados Rocky Mountains, das Adlernest der seit einem halben Jahrtausend verlassenen Indianerstadt Mesa Verde, Theaterkulisse zur Ewigkeit, ineinandergeschachtelte Giottotürme, frühkubistische Vorstudie zu New Yorks Rockefeller Center. Auf Kaliforniens Sierra Nevada Gipfeln 3500 Jahre alte Sequoias, rote Baumriesen, älter und lebendiger als wir Juden. Auch sie brauchen von Zeit zu Zeit ihre Pogrome in Form eines Waldbrandes, aus dem sie neugestärkt hervorgehen. Wie jung fühlt man sich erst angesichts der seit zweihundert Millionen Jahren versteinerten Baumstämme im Petrified Forst von Arizona.

69 O'Hole. Hoch über allen Verdächten strahlt am Sternenhimmel der Weltgeschichte die Konstellation der homosexuellen Genies: Sokrates, Christus, Michelangelo, Leonardo, Shakespeare, Kastor und Pollux. Tief unten im Abschaum der Großstädte lungert die Horde der Horst Wessels: Hafenpupen, Tanten, Warmebrüda, schwule Geigen, Arschficker. Als jahrhundertwendischen Knaben lehrte man mich, vor den Hundatfünwunsipzijan wegzurennen (Paragraph 175 des Deutschen Strafgesetzbuches bestrafte homosexuelle Handlungen zwischen Männern als Sittlichkeitsverbrechen mit Zuchthaus, Lesbierinnen blieben unbelästigt). Später, bei Oscar Wilde, Gide, Genet begriff ich etwas von den Problemen derer, die anders sind als die andern. Beruflich habe ich zuviel mit den unberechenbar weibischen Primadonnenlaunen der Lesbier fertig zu werden; eine freimaurerische Internationale: Arschdirektoren, Friseure, Psychoanale, Kunstgewerbler, Couturiers, Schaufensterdekorateure, Modephotographen und sonstige Begabungen. Allzu hilfsbereite

Freunde, die mir ebenso genützt wie geschadet haben. Ihr Charme täuscht zu leicht über ihre Verworfenheit hinweg. Vor ihren Klatschintrigen hat man auf der Hut zu sein. Hier folgt das Profil des vollendeten Prototyps dieser Gattung.

Schon über drei Jahrzehnte fungierte Dorian O'Hole, Esq. als schönste Tunte von New York City. Mit Fünfundvierzig – ungern gab er Mitte Dreißig zu – blieb er, wenn auch leicht abgenutzt, die Augenweide der älteren Damen dieser älteren Damenweltstadt. Erfahrenere Augen entdeckten unter seinen handgenähten Knizesuits sich abzeichnende Spitzenunterwäsche, bras und girdle. Monatsbinden machte er sich zur Regel. Wildlederschuhe trug er mit höheren Absätzen. Sein permanentondulierte Haar irisierte irisch rötlich. Da das Produkt des Beautykonzerns, für den er arbeitete, einen Stich ins Grünliche verlieh, bediente er sich mit Gewissensbissen eines konkurrierenden Haarfärbemittels.

Dorian O'Hole, in New York geboren, in Oxford britisch-international erzogen, hatte gelernt, mit unverschämt guten Manieren zu beleidigen. Im Anfang des Zweiten Weltkriegs eroberte er als junger Lieutenant der Irish Horse Guards London mit Busby (hoher Bärenmütze), lächelnden Katzenaugen und Sommersprossen und verscheuchte jeden Zweifel am Endsieg. Auf einer Cocktailparty der französischen Ambassade zu Beginn des Blitzkrieges jagte Fliegeralarm die Gäste in die Keller der Ambassade, wo Dorian nach fürchterlichem Bombardement in einem WC unter der nicht mehr ganz jungen Gesandtin zur Besinnung kam, nachdem dieselbe dem jungen Offizier die Unschuld geraubt und seine nagelneue Uniform zerknittert hatte. Seit jener Feuertaufe behauptet Dorian, nur noch Männer lieben zu können.

Nach dem Krieg wurde er Reklamechef, Privatsekretär und Girl Friday der neunzigjährigen Beautyqueen Aphrodite Karbunkelstein Incorporated. Diese aus Kiew emanzipierte Jüdin hatte in zweiter Ehe einen pleitegegangenen König und Backgammonspieler unter günstigsten Konditionen geheiratet und sich selbst zur Königin erhoben. Sie fand es eine »große Mezzie«. Ethel Boredom, ihre tödliche Konkurrentin und Altersgenossin, Beautyqueen der Puritaner, hatte es kaum zur geschiedenen Prinzessin gebracht. Diese beiden von Scheußlichkeit triefenden Harpyen, mittels Schweizer Affendrüsen, gemischt mit Kokain, am Leben gehalten, machten in Jugend, liefen in Kinderkleidchen rum, hatten kein Gedächtnis für die Namen ihrer Freunde – hatten keine –, aber vergaßen nie die Formeln von Tausenden Produkten, mit denen sie Millionen machten.

In langen Jahren schmarotzender Hörigkeit zu Aphrodite Karbunkelstein hatte O'Hole es zu nichts bringen können. So verfallen war dieser Gerontomane seiner alten Queen, daß es ihm an Kraft gebrach, für eigene Interessen einzutreten, was sie ihm dauernd unter die Nase rieb. Daß er es außerdem nicht nötig hatte, verübelte sie ihm doppelt. Sein Vermögen stammte von den Überbleibseln eines irischen Großvaters mütterlicherseits, der um die Jahrhundertwende als Emigrant in Texas auf Öl gestoßen war. Selbst eine Stadt trug seinen Namen. Kurz vor dem großen Börsenkrach von 1929 (der einen weit tieferen Eindruck auf Amerika hinterlassen hat als beide Weltkriege zusammen), remigrierte Großpapa mit seinen Millionen nach Europa, kaufte in Paris eine Villa am Bois, mauerte sein Gold in eine Nische derselben, heiratete eine rothaarige Demimondaine, »la Juive Jacob«, und starb. Nach französischem Gesetz erbte die Witwe die im Haus befindlichen Gold- und Wertsachen.

Dorian begleitete vierteljährlich seine Aphrodite (Rollstuhl im Jetplane) als Reisemarschall nach Paris, ohne je seiner Stiefgroßmama begegnet zu sein. Dies wurmte ihn. Im Frühjahr 1964 nahm er sich ein Herz und suchte hinterm Rücken seiner Queen die Juive Jacob auf. Diese, Mitte Siebzig, empfing ihn in tiefdekolletiertem violettem Velourskleid mit würdigem Charme und knallrotem Haar. Sie war Dorians Fall. Er, der gutaussehende Enkel aus Amerika, war ihr Traum. Cognac wurde genippt, sie umstrickte ihn mit Anekdoten. Er hatte bei seiner Queen gelernt, mit offenem Munde zu lauschen. Nach einer Stunde hielten sich Stiefgroßmama und Enkel warme Hände. Ihm wurde schwach in den Knien. Noch schwächer, nachdem sie hatte fallenlassen, daß von den neunundzwanzig großväterlichen Millionen immerhin noch über eine Million Dollar am Leben wären. Dorian fühlte sich verstanden und versuchte, stotternd vor Erregung,

Erbansprüche geltend zu machen. Großmama lachte sinnlich und bot dem erschrockenen Enkel ihre Hand an. Sie erwarte sein Jawort innerhalb von drei Tagen. Ein völlig verdatterter Fairy sah sich bereits, Chrysantheme im Knopfloch, unter den Klängen des Hochzeitsmarsches von Erich von Stroheim am Arm seiner Großmama Notre-Dame durchqueren. Himmelhochjauchzend rannte er zur Königin, sein Glück zu beichten. Diese ohrfeigte ihn und simulierte ihren Schlaganfall. Dorian hatte die Scheintote zu entkleiden, zu Bett zu bringen und Tag und Nacht ihre Hand zu halten, ohne daß sie ihn eines Wortes würdigte. Während sie dalag und rechnete, schmückte der alte Leichenschänder bereits im Geiste ihren Kadaver mit Pfirsichblüten für eine Farbseite in *Vogue*. In der dritten Nacht bewegten sich die verdorrten Lippen der Matrone, um zu lallen: »Wenn du dummer Goi unbedingt heiraten mußt, wirst du *mich* heiraten, mit einer monatlichen Zulage von 15% als garantierte Mitgift. Solltest du dich jedoch unterstehn, deine Großmutter, die Hure, noch einmal zu sehn, fliegst du in weitem Bogen raus bei Karbunkelstein Inc. und bei Karbunkelstein International und sitzt ohne was im Straßendreck. *Sie* oder *ich!* Wähle!«

Dorian griff, wie jeder Amerikaner in Verzweiflung, zum Telephon, um mich von Paris in New York per R-Gespräch um Rat zu fragen. Beinah hätt ich die Hauptsache vergessen: Dorian war mein Kunde. Von Zeit zu Zeit hatte ich, nach kleinlichstem Gefeilsche, unzähligen Luncheons und blödsinnigen Konferenzen Reklamen für die Karbunkelstein Konzerne zu produzieren. Er spielte sich dabei auf als kommandierender Kunstgeneral und störte die Arbeit, ohne etwas zu sagen zu haben, mit ununterbrochenem Gesabber. Schon vor einer Aufnahme drohte er mit Retakes. Dorian ließ sich freigebig freihalten. Einmal hat er es selbst für nötig befunden, sich zu revanchieren: In seinem saftgrünorangesatinierten Boudoir servierte er mir freshfrozen Urin im Champagnerglas als Vouvray nature, den ich in das Polster des Sessels goß. Selbst sein rosa Pudel – Fags halten Pudel wegen ihrer Gelehrigkeit – wandte sich dégoutiert ab. Es roch sauer in der Wohnung. Schwule B-Malerei an den Wänden: Bébé Bérard, Bernard Buffet, überm Bidet baumelte ein Beardsley-

Bishop im Spitzenornat, photomontiert als Damenbinden-annonce… because!

Dorian flehte mich telephonisch an, für ihn zwischen seinem fünfundsiebzigjährigen Stiefmütterlein mit anderthalb Millionen und seiner Beautyqueen Aphrodite, neunzig Jahre alt, mit zweihundertfünfzig Millionen zu wählen. Am Geld läge ihm nichts. Ich riet, sich an Großmama zu halten, aus der alten Karbunkel sei kein Cent rauszupressen. Doch Dorian, unfähig, sich von der Königin seines Lebens loszureißen, stellte Jungfräulichkeit und Finanzkraft seiner Großmama in Frage. Nach halbstündiger Telephonade ($ 100), in der er mich tröstend »Herr Professor« titulierte, wurde er unangenehm, als hätte ich ihn angerufen, er sei zu beschäftigt, seine Zeit mit mir am Telephon zu vertrödeln: Erst müsse er sich übermorgen (morgen sei eine wichtige Modenschau, »a must«) auf vierzehn Tage für seinen alljährlichen Nervenzusammenbruch ins Amerikanische Hospital in Neuilly einliefern, danach zur Nachkur einen jungen Berberhengst in Tanger heimsuchen, um genau in einem Monat den achtzigsten Geburtstag seines Vaters in New York zu feiern.

Leider sollte dies Freudenfest sich nicht ungetrübt vollziehn: Am Vorabend desselben schickte Dorians Mama sich an, mit allen Sakramenten versehen, das Zeitliche zu segnen. Nach langer Wacht hatten sich der Doktor mit dem geburtstagskindischen Greis gegen Mitternacht zurückgezogen, den sonnengebräunten Sohn allein bei der sterbenden Mutter lassend. Nötigenfalls solle er den Arzt telephonisch konsultieren. Hier war Dorian in seinem Element. Zahllose Geburtstagsblumenstücke, teilweise noch in Geschenkverpackung, füllten die Wohnung. Als die Sterbende nicht mehr auf seine Zärtlichkeiten einging, kam's über ihn. Jeder Homo ist in seiner Seele Schaufensterdekorateur. Vom Schönheitskult zum Beautymortician ist nur ein Schritt. Blumen drückten sich in Dorians erregte Hand, die Sterbende zu verschönen. Seine Leidenschaft fürs Lay-out nahm überhand. Mit jedem ihrer letzten Atemzüge legte er ihr eine Blume bald hierhin, bald dorthin, auf die Stirn, ins Haar, eine Knospe auf die Brust. Er konnte sich nicht enthalten, ihr eine lila Orchidee (Statussymbol der *rechts*liegenden Töchter der Revolution) in den röchelnden Mund zu stopfen. Als ein Topf mit gelben Chrysanthe*moms* der Todeskämpferin auf die Beine gefallen war, wurde es ihm zuviel. Er stürzte ans Telephon. Trotz Morgenfrühe – es war gegen vier – stieß er bei seinem geliebten Boob, Schaufensterdekorateur bei Bonwit, auf professionelles Verständnis. Er beschrieb ihm die Position jedes Blümchens und Blättchens, die Drapierung der Dentellen des Sterbehemdes, die Frisur (l'auréole), die Familienjuwelen, Aquamarine und Mondsteine, und wies dabei eine verrutschte Immortelle zurecht. Als Mama beim allerletzten Atemzug die Orchidee mit ihrem neuen Gebiß (vor vierzehn Tagen für $ 4000) vom Stiel knackte und der Aufforderung ihres Sohnes, endlich still zu liegen, gar zu übertrieben Folge leistete, begriff Dorian, daß er Halbwaise geworden war. Neben dem Sterbebett kniend, bat er Boob mit gezückter Stoppuhr, zehn Minuten seinem Weinen zu lauschen, wobei er Rosenblättchen in sortierten Modefarben über die Leiche streute. Er hatte von seiner Königin gelernt, immer mindestens zwei Dinge gleichzeitig zu tun. Die Telephonade endete mit der Litanei: *nomine patris filii spiritus sancti requiescat in pace!*, während er schnell noch zwei Dutzend Kerzen im Zimmer verteilte. Das schwerhörige Geburtstagskind schlief durch. Mamas Beerdigung wurde die vielbesprochenste Cocktailparty der Saison.

Bald danach ging auch die Beautyqueen ein in die ewigen Jagdgründe. In ihrem Testament hatte sie ihre linke Hand, wie sie Dorian oft nannte, mit $ 150 bedacht. Obendrein erlaubten ihm die lachenden Erben, ein Andenken auszusuchen. Seine Wahl fiel auf den violetten Samtsessel mit den Flecken auf dem Sitz, von dem aus die Verewigte ihre großen Geschäfte getätigt hatte. Man überließ ihm dies Museumsstück für $ 25. »Eine große Mezzie.«

Geheiratet hat Dorian noch nicht. Um das edle Geschlecht der O'Holes nicht aussterben zu lassen, adoptierte er einen schlanken elfjährigen Chinesenknaben aus Hongkong. *Pee Wee O'Hole.*

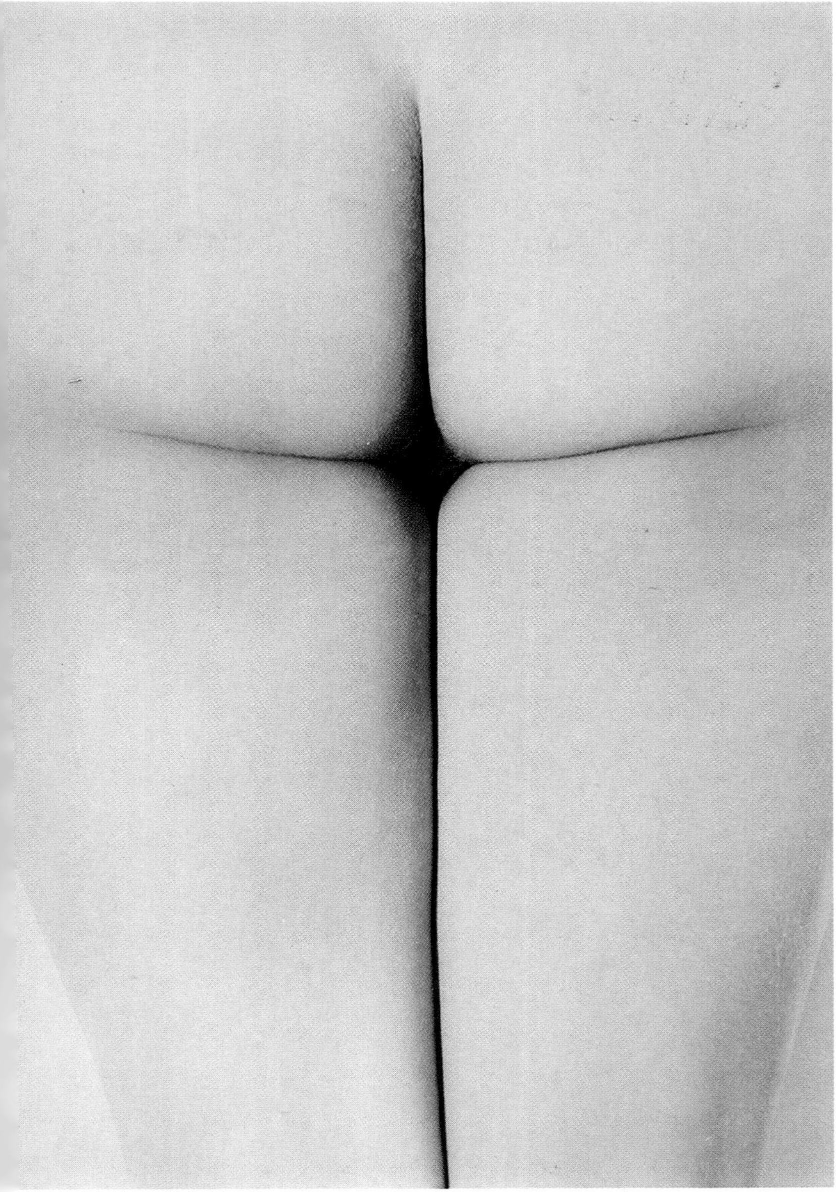

»In hoc signo vinces.«
New York, 1967.

70 Retake. Fifth Avenue and 57th Street, wo man zwischen zwölf und vier die schönsten Frauen der Welt sieht, mußte ich auf grünes Licht warten. Aus heiterem Himmel fuhr mich eine ältere gekrümmte Hexe an. In 57th Street gibt's die unwahrscheinlichsten Weibsbilder. »What about my pix?« Wenn man Tausende Frauen photographiert hat, die sich jeden Moment verändern, um sich gleich zu bleiben, hat man es längst aufgegeben, sich zu erinnern. Sie half mir: »La comtesse!« Der Titel war alles, was dieser Amerikanerin aus einer Ehe mit einem französischen Playboy geblieben war – außer einem idiotischen Sohn, den sie zu ernähren hatte. Als Editor von *Town and Country* war sie vor mehr als zwanzig Jahren mit einem Beau, den sie mir als ihren Bruder vorstellte, betrunken in meinem Pariser Studio aufgetaucht. Alles Amerikanische imponierte, ich ahnte nichts von ihrer Nebensächlichkeit. Sie versprach mir Seiten, ich hab sie photographieren müssen. Sie hat mir keine Arbeit gegeben, ich ihr keine Photos. Der Beau (ein Warenhaustycoon) fuhr mit ihr besoffen gegen einen Baum, tötete sich und brach ihr das Rückgrat; sonst hinterließ er ihr nichts. Dummerweise verriet ich der Comtesse, daß mir gerade vor ein paar Tagen jene Bilder in die Hände gefallen waren. Ihr diese jetzt zu zeigen, schien mir zu grausam. Zurück im Studio, legte ich die Serie aufs Sofa, um mich vor einem Autodafé ein letztes Mal an meinem Lieblingsthema, *avant et après,* zu weiden. Da klingelte es, die Comtesse, ungeduldig, ihre Vergangenheit wiederzusehn. Ich hatte befürchtet, ihr das Herz zu zerbrechen, sie hatte keins. Mit amerikanischer Sachlichkeit (gefühlstot) musterte sie Blatt für Blatt, wählte hin und her, wie Editors es tun, um Sachkenntnis vorzutäuschen. Sie stellte sich vor einen Spiegel, hielt ein Photo neben ihr Gesicht: »Wie dumm, wie leer ich damals war! Erst jetzt bin ich eine interessante Frau!« Und zerriß voll Verachtung ihre Portraits, eins nach dem andern. Triumphierend humpelte sie nach vollendeter Arbeit über die Papierschnitzel zur Tür: »You owe me a retake, for my son. When?« Und ward nicht mehr gesehn.

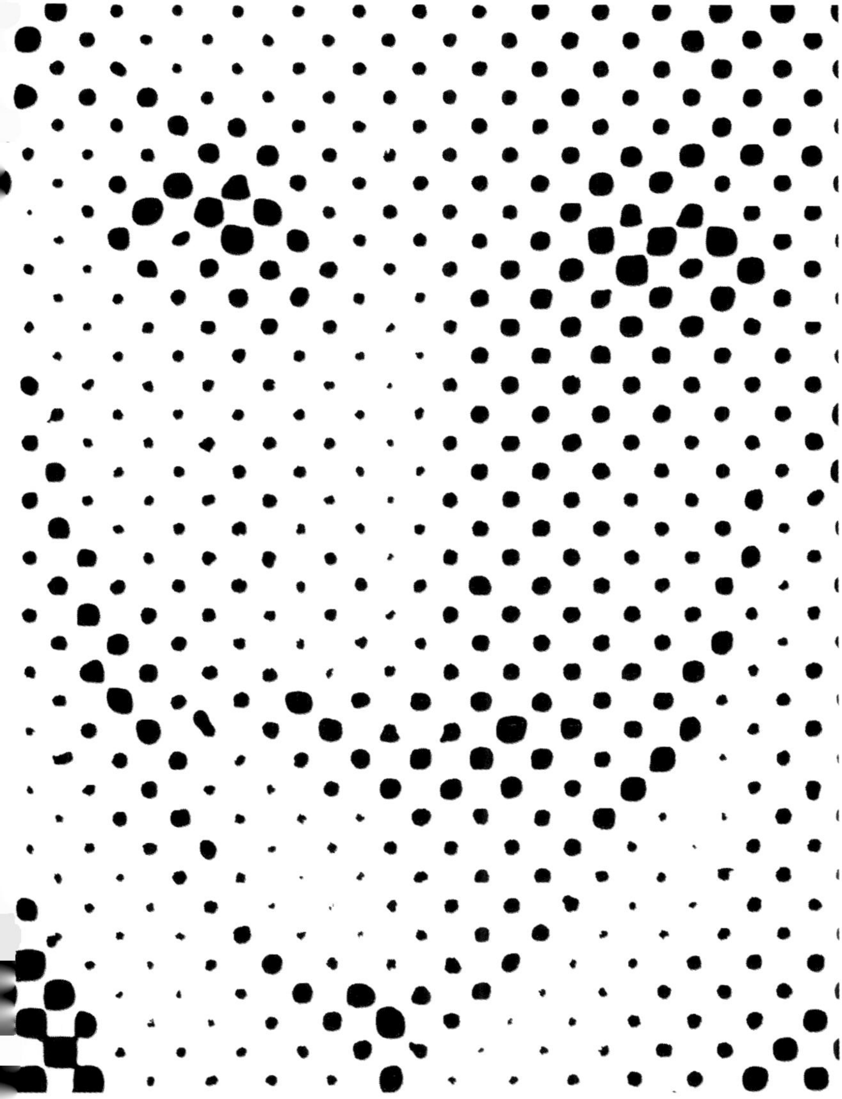

Portrait.
New York, 1954.

Die folgenden Zeilen fanden sich im Nachlaß von Erwin Blumenfeld. Sie beschreiben ahnungsvoll einen Herzinfarkt, an dem Blumenfeld wenige Tage später starb.

Mein Blut stach mit Nadeln, meine Augen starrten, mein Atem krächzte, ich drohte zu ersticken. Überall brachen kalte Schweißperlen aus, meine Knochen zerbröckelten, ich bewegte mich nicht mehr nach meinem Willen, ich schrumpfte, meine Zähne fielen aus und blieben wie schlechte Witze im Hals stecken, meine Eingeweide verließen mich, noch immer litt ich am Leben.

Meine Augen stachen, meine Zähne blieben wie faule Witze im Hals stecken, meine Knochen bröckelten, mein Atem stockte, ich drohte zu ersticken, überall fielen Schweißperlen vor die Säue, ich schrumpfte, bewegte mich nicht mehr nach meinem Willen, meine Eingeweide verließen mich allein. Dem ew'gen Beischlaf entgegen.

Meine Augen stachen ins Nirwana, Knochen knackten, Atem schlug mit Hammerschlägen ins Herz, Zähne blieben im Hals stecken, drohten mich zu ersticken, Schweißperlen fielen vor die Säue, verschleimte Eingeweide verließen mich abstoßend. Mein Wollen war mit der Zeit im Raum verflogen. Noch hing ich mit einem Fädchen am Leben.

Meine Augen stachen starr ins Nirwana, meine Knochen zerbröckelten, naßkalter Atem hämmerte Faustschläge ins Herz, Zähne drohten im Hals steckenzubleiben, Schweißperlen fielen vor die Säue, verschleimte Eingeweide verließen mich abstoßend. Mein Wollen war mit der Zeit im Raum verflogen, ich hing nur noch mit einem Fädchen am aussichtslosen Leben: Gegenwart war Vergangenheit. Vergangenheit: Ich war Kehricht.

Nasser Atem hämmerte mit Faustschlägen ins Herz, Zähne drohten im Hals steckenzubleiben, Knochen bröckelten, Schweißperlen fielen vor die Säue, verschleimte Eingeweide verließen mich abstoßend, meine Augen starrten machtlos ins Nirwana, das Fädchen riß, alles war Vergangenheit: Ich war tot.

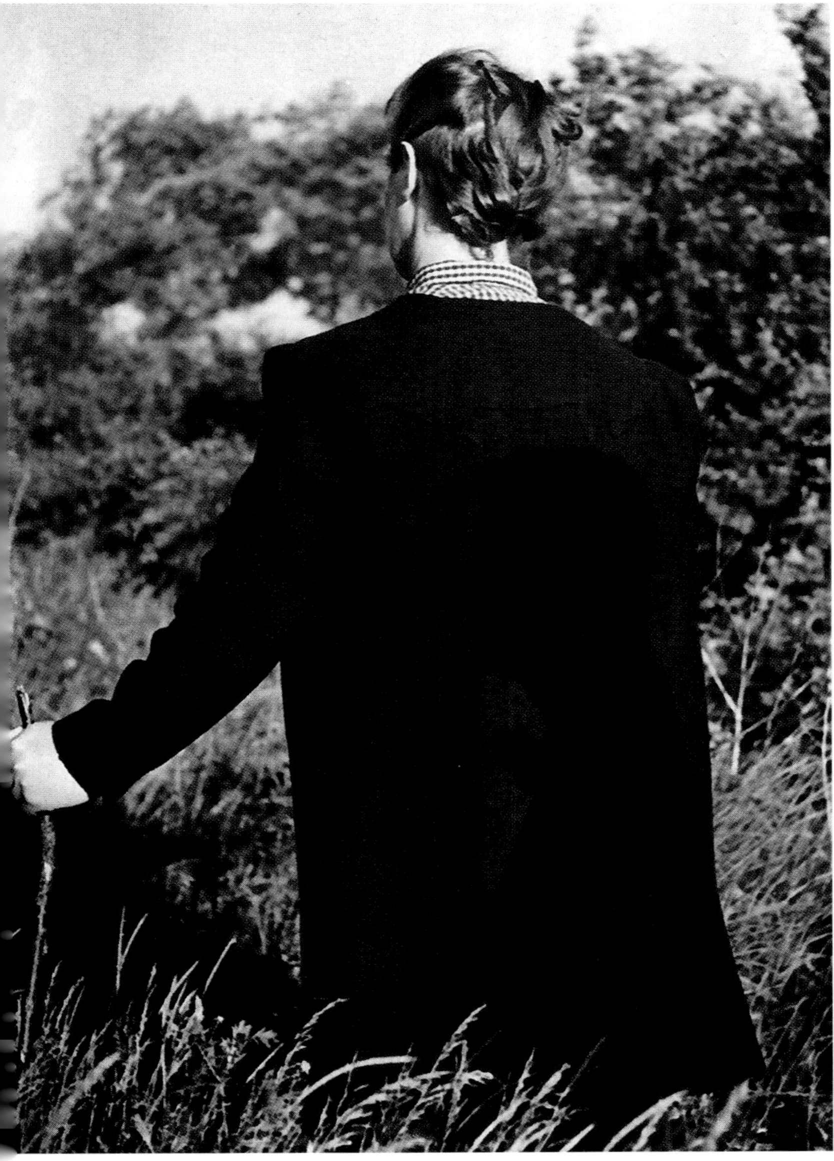

Lena Blumenfeld
mit Blumenfelds eigenem »Selbstportrait«.
Amsterdam, ca. 1932.

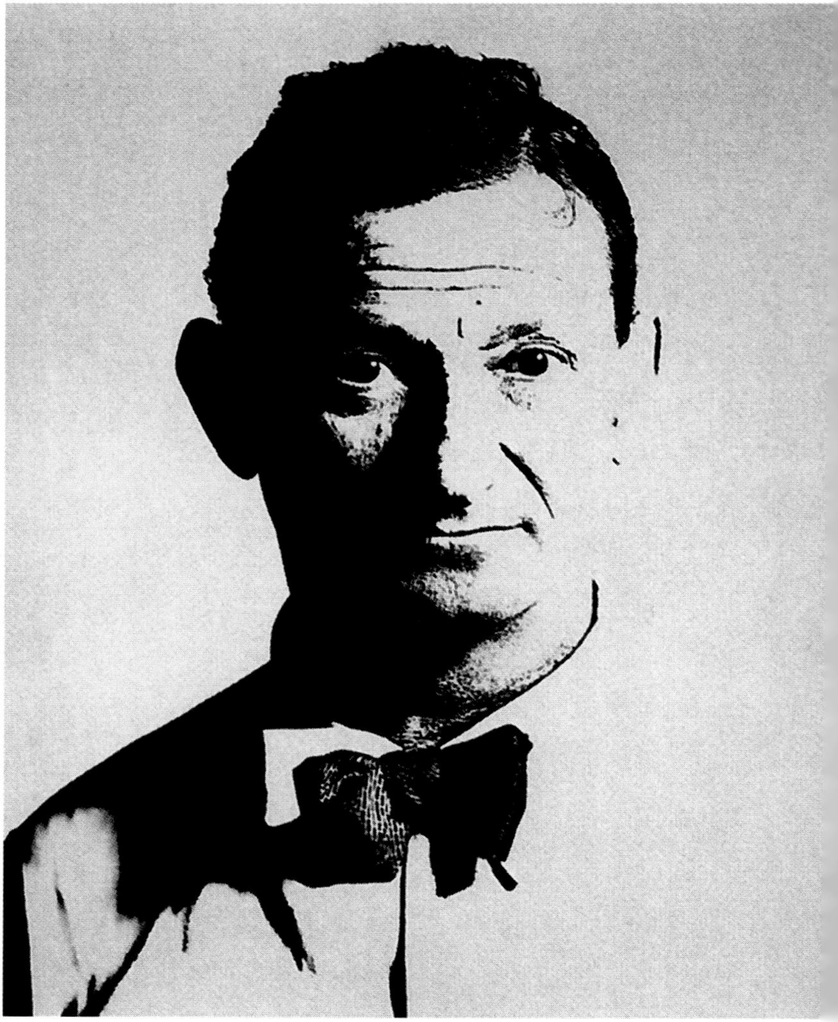

Selbstportrait mit dem Kodalith-Verfahren produziert.
New York, ca. 1950.

Ein Nachwort von Rudolf Trefzer

Erwin Blumenfelds Panoptikum des Lebens. »Mehr als irgendeinem andern bin ich dem Führer Schicklgruber zu Dank verpflichtet. Ohne ihn wär ich im holländischen Morast versumpft, ohne ihn hätte mir der Mut gefehlt, Photograph zu werden.« – So sarkastisch schreiben kann nur einer, der selbst einiges abbekommen und durchgemacht hat, einer, dessen Lebenswillen und Kraft ausgereicht haben, den Abgründen und Grotesken menschlichen Daseins mit Witz und Ironie zu begegnen. Mehrere Male stand Erwin Blumenfeld in seinem Leben vor dem Nichts. Aber immer tat sich ihm irgendwo ein Türchen auf, durch das er zu schlüpfen vermochte. Und immer gelang es ihm, das Nichts nicht nur als Bedrohung zu sehen, sondern auch als Chance zu nutzen. Der Aufmarsch der Hakenkreuze war es dann, der den deutschen Juden Blumenfeld zwang, den fatalen Wendungen der Weltgeschichte mit geschickten Hakensprüngen nach Holland, Paris und schließlich nach New York auszuweichen, wo er sich im Jahre 1941 für den Rest seines Lebens niederließ und als Mode- und Werbephotograph eine Bilderbuchkarriere machte. Um 1950 galt Erwin Blumenfeld als einer der bestbezahlten Photographen überhaupt.

Mitte der fünfziger Jahre, auf dem Gipfel seiner Laufbahn, beendete Blumenfeld nach einem heftigen Streit mit Alexander Liberman, dem Art-director von *Vogue*, seine langjährige Zusammenarbeit mit dem Magazin. Mehr und mehr zog er sich aus der Auftragsphotographie zurück und vertauschte die Kamera mit der Schreibmaschine, um seine turbulente Lebensgeschichte zu Papier zu bringen. Beim Schreiben fühlte er sich völlig frei. Hier redete ihm niemand drein, hier mußte er auf niemanden Rücksicht nehmen, hier gab es keine *deadlines*. »Und ich schreibe, im Gegensatz zu denen, die Gebrauchsartikel herstellen müssen, mit Freude«, gesteht Blumenfeld in einem Brief an die Journalistin und Verlegersgattin Inge Feltrinelli. »Ich schreibe nicht für Lectors, nicht für Editors, nicht für Leser. Ich schreibe, weil es mir Spaß macht. Fürs Buch selbst. L'art pour l'art.« – Doch Blumenfelds Erinnerungen sind weder selbstreferentielle Kunst noch verklärende Reminiszenzen eines Erfolgreichen, der sich selbst eine Aura von Einzig- und Großartigkeit zu verleihen sucht. Nicht Eitelkeit war die Triebfeder, die Blumenfeld sein Leben Revue passieren ließ (von der Photographie und seinen großen Erfolgen ist wenig die Rede), auch nicht Haß, wie Alfred Andersch vermutet hat, sondern das Verlangen, die eigene Vergangenheit mit all ihren unfaßbar abgründigen, aber auch komisch-grotesken Dimensionen noch einmal aufleben zu lassen. So sehr Blumenfeld als Photograph von der Schönheit und ihren mannigfaltigen Erscheinungsformen fasziniert war, als Schriftsteller führt er uns durch die *ungeschminkte* Wirklichkeit, »durch herrlichscheußliche Welten eines weltbürgerlichen Lebens, hin und her durch Sprachen, Länder, Kriege, Frauen, Labyrinthe, Abenteuer, Bücher, Schönheit, Dreck, Weisheiten, Dummheiten, Lügen, Wahrheiten, Schlüssellöcher«.

Einbildungsroman nannte Blumenfeld seine Autobiographie. Dieser Titel verhöhnt den deutschen Bildungsroman; er deutet an, daß Bildung nicht ausreicht, sondern daß es die Kraft der Einbildung braucht, um dem beizukommen, was er auf seiner Odyssee durch Geschichte und Alltag des 20. Jahrhunderts erlebt hat. Darin unterscheiden sich Blumenfelds Lebenserinnerungen nicht von anderen Emigrantengeschichten. Einmalig ist allerdings die virtuose Art, wie er die seine erzählt. In wenigen prägnanten, stakkatoartigen Sätzen vermag er eine Situation zu schildern, die Wesenszüge einer Person zu skizzieren. Sein Leben lang hat Erwin Blumenfeld die Erinnerungen an die unglaublichsten und bizarrsten Erlebnisse mit sich herumgetragen. Doch wann immer er eine dieser Episoden erzählte (Blumenfeld machte sich einen Spaß daraus, seine Zuhörer mit ihnen zu verblüffen), wollte ihm niemand glauben. Zu absurd, zu grauenvoll, zu komisch klang das alles, aber es war – seine Freunde und Familienmitglieder bezeugen es – gleichwohl alles wahr: *La realité dépasse la fiction!*

Man müßte lange suchen, um ein Sittenbild vom Berlin der Jahrhundertwende zu finden, das derart scharfe Konturen aufweist, wie das von Blumenfeld gezeichnete. Das gesamte Ensemble der wilhelminischen Gesellschaft betritt die Schaubühne, um einen schauerlich-komischen Reigen aufzuführen. Es sind Figuren wie aus dem expressionistischen Theater. Man zweifelt keinen Moment daran, daß die schlimmstmögliche Wendung die einzig denkbare ist. Mit falschem Heldenpathos und militärischem Pomp geht eine anachronistische Gesellschaft unter und reißt dabei weite Teile Europas mit ins Verderben. Blumenfeld mag den Lauf der Geschichte als einen gewaltigen Mahlstrom empfunden haben, dem er mehr als einmal nur knapp entkommen ist. Wo er sich auch befindet, für ihn als deutschen Juden ist es die falsche Seite. In Frankreich lernt er die Realität der französischen Konzentrationslager kennen. Aufatmen kann er erst, als er mit seiner Familie auf der anderen Seite des Atlantiks ankommt. Im New York der vierziger Jahre gelangt Blumenfeld endlich zu Ansehen, Anerkennung und Erfolg.

Wie viele Künstler lebte auch er »von einem einzigen Thema con variationes«. Sein Hauptthema war die Frau, ihr Gesicht, ihr Körper, ihre erotische Ausstrahlung, ihre geheimnisvolle Anziehungskraft. Mit respektvoller Neugier versuchte er, der sich selbtironisch als »platonischen Erotomanen« bezeichnete, in seinen Bildern das aufzudecken, was jede Frau schön macht. Im Studio verwendete er Spiegel und halbtransparente Materialien wie Schleier oder matte Glasscheiben, belichtete seine Aufnahmen mehrfach und manipulierte Kamera und Objektiv. In der Dunkelkammer arbeitete er mit geradezu alchemistischer Besessenheit, um Solarations- und Kristallisationseffekte (z. B. durch Tiefkühlen des Filmmaterials vor der Aufnahme) oder Simultandarstellungen aus verschiedenen Perspektiven zu erhalten.

Wiederholt sprach man von Blumenfeld als »der Welt berühmtestem Photographen von Frauen«. Kein leichtes Leben auch dies, brachte es doch unvermeidlich mit sich, daß er sich mit einer Reihe unerfreulicher Zeitgenossen herumschlagen mußte, »mit der rohen Pathologie des Arschdirektors« etwa: »Daß meine Ideen, meine Arbeit, meine Photos von fremden Händen, denen eines Artdirektors, manipuliert, kastriert, degeneriert, druckreif gemacht werden sollten, schien mir unfaßbar.« Doch das war *part of the game*, und Blumenfeld spielte mit. »Anfänglich machte ich Bilder, weil es mir gefiel«, kommentiert er 1950 in einem Interview seine Situation lakonisch. »Heute, viele Jahre später, bekomme ich interessante Honorare dafür, Bilder zu machen, die anderen Leuten gefallen.« Blumenfeld trennte zwar sein persönliches Werk von seinen kommerziellen Arbeiten, tatsächlich überlagerten sich jedoch diese beiden Bereiche. Auch bei seinen hochbezahlten Werbeaufträgen und Modeaufnahmen für *Vogue*, *Harper's Bazaar* und andere Zeitschriften bemühte er sich, seine photographische Handschrift in die Bilder hineinzuschmuggeln. Als in den fünfziger Jahren eine neue Generation von Art-directors nach oben drängelte (»ein Haufen zigarettenrauchender Robots in grauem Flanell unter hellgrauem Stetson«), zweifelte er an deren Kompetenz (»mißratene Kunstphotographen, die sich an jeder Seite dafür rächen wollen, daß sie kein Talent haben«) und behandelte sie auch entsprechend. Nach der Beendigung der engen Zusammenarbeit mit *Vogue* Mitte der fünfziger Jahre führte Blumenfeld zwar weiterhin Aufträge für *Cosmopolitan*, *Look* und andere Magazine aus, doch sein Stern am Modehimmel begann zu sinken. Die Zeiten waren schon damals schnelllebig, und in seinen letzten Lebensjahren, während er vorwiegend an seiner Autobiographie arbeitete, geriet sein Name in der Werbe- und Modewelt in Vergessenheit.

Mitte der sechziger Jahre lag das Rohmanuskript seines *Einbildungsromans* vor, und Blumenfeld begann es verschiedensten Verlagen im deutschen Sprachraum, aber auch in England und den USA anzubieten. Einer der ersten Verlage, denen er Teile seines Manuskripts zusandte, war Rowohlt. H. M. Ledig-Rowohlt setzte sich selbst an die Schreibmaschine (23. 3. 1965), um seinem »lieben Freund und Meister Blumenfeld« mitzuteilen, daß dem Manuskript »etwas literarisch Zwitterhaftes« anhafte: »Es bleibt Autobiographie, ohne wirklich das zu werden, was Sie versuchsweise *Einbildungs-*

roman nennen, mit anderen Worten, es fehlt einerseits eine letzte individuelle Zuspitzung, die die Behandlung des Themas geschlossen figurativ macht, und andererseits eine schlüssige Beziehung auf überindividuelle gesellschaftliche Wirklichkeiten.« Ferner gab Ledig-Rowohlt zu bedenken, daß deutsche Leser in Blumenfelds respektlos-ironischem Stil Nahrung für »latent fortbestehenden Antisemitismus« finden könnten. Das Manuskript bedürfe erst noch »erneuter durchgreifender Gestaltung, um öffentliche Literaratur zu werden«.

Blumenfeld ließ sich durch dieses gestelzt formulierte Verdikt, das – wie Ledig-Rowohlt einräumte – lediglich auf dem flüchtigen Durchschnuppern größerer Partien beruhte, nicht entmutigen. Die Suche nach einem Verleger ging weiter. So sandte Marina Schinz, Blumenfelds letzte Assistentin, das Manuskript auch dem schöngeistigen Literaturkritiker Hans Egon Holthusen, dem es freilich überhaupt nicht gelingen wollte, »sich mit dem Manuskript zu befreunden«. Holthusen moniert in seinem Antwortbrief vom 20.11.1967 vorab den Mangel an gutem Geschmack: »Was mich am meisten bedrückt hat«, schreibt er, »ist die fast monomanische Besessenheit des Autors durch das Obszöne und rundheraus Widerwärtige, ja Ekelerregende aus der Sphäre unterhalb des Nabels. (...) Ich grübele darüber nach, wie es möglich ist, daß ein doch offenbar begabter Mensch so hartnäckig und unbeirrbar konsequent gegen die einfachsten Gesetze des Geschmacks verstoßen kann.«

Wo es Blumenfeld auch versuchte, er erhielt nur abschlägige Antworten. Der Grundtenor dieser Briefe deckt sich weitgehend mit demjenigen des Paul Zsolnay Verlags (2.10. 1967): »Der *Einbildungsroman* wäre eine Publikation, die nur sehr schwer ihren Weg finden würde und die zudem Gefahr liefe, verschiedenen Leuten in die falsche Kehle zu geraten.« Blumenfeld war nicht um eine Antwort verlegen und kommentierte den Absagebrief drei Tage später mit folgenden Zeilen: »Bin jetzt dabei, die letzten 25 Seiten des *Einbildungsromans* zu schreiben und weiß, daß er, so oder so, veröffentlicht werden wird, rechne sogar damit, daß er dann verschiedenen Leuten ›in die falsche Kehle geraten wird‹. Es gibt zu viele falsche Kehlen!«

In seiner privaten Korrespondenz zeigte sich Blumenfeld allerdings enttäuscht von den ignoranten Reaktionen der Verleger. »La fabrication d'un bébé evidemment est plus amusante, que la peine ennuyeuse de le placer dans une bonne maison«, schrieb er seiner ehemaligen Assistentin Marella Agnelli. Blumenfeld weigerte sich indessen konsequent, das Manuskript nach den Vorstellungen der Verleger zu kürzen, umzuschreiben oder gar einem *ghostwriter*, wie es ihm Klaus Piper riet, zur Überarbeitung zu geben. »Das Buch ist gut, es kann warten«, ließ er verlauten.

Nur seiner Beharrlichkeit ist es zu verdanken, daß sein *bébé* nicht als Kastrat zur Welt kommen sollte. »Ich selbst bin nüchtern und kritisch genug, um zu wissen, daß mein Buch einmal sich durchsetzen wird, bin selbst ja nicht mehr so versessen auf Publikumserfolg. Wenn ich es gut finde, genügt es mir«, schrieb er nur wenige Monate vor seinem Tod in einem Brief an Inge Feltrinelli.

Da es eine schwierige, mehrere Jahre dauernde Zangengeburt war, erlebte Erwin Blumenfeld die *mise au monde* seines *bébé* nicht mehr. Er starb am 4. Juli 1969 in Rom. Sein *Einbildungsroman*, an dem er bis kurz vor seinem Tod gearbeitet hatte, erschien erstmals 1975 unter dem Titel *Jadis et Daguerre* in französischer Übersetzung bei Laffont (Neuauflage bei Éditions de la Martinière, 1996). Erst ein Jahr später kam dann auch die deutsche Originalausgabe unter dem nicht gerade glücklichen Titel *Durch tausendjährige Zeit* in kleiner Auflage auf den Markt, bezeichnenderweise nicht bei einem deutschen Verlag, sondern bei Huber im schweizerischen Frauenfeld. Das Buch fand dennoch in den deutschsprachigen Medien eine außergewöhnlich große Beachtung. Mit Verblüffung wurde konstatiert, daß Erwin Blumenfeld nicht nur ein großer Photograph gewesen war, sondern auch ein virtuoser Autor. Doch trotz überwiegend lobender Kritiken ging *Durch tausendjährige Zeit* in der Flut der Neuerscheinungen unter und blieb ein literarischer Geheimtip. Daran änderten auch die Neuauflagen bei dtv (1980) und Argon (1988) nichts, die bereits nach kurzer Zeit vergriffen waren, weil ein Großteil der Auflage verramscht wurde.

Alfred Andersch wundert sich in seiner Rezension, daß Blumenfelds fulminant geschriebene Erinnerungen »der Aufmerksamkeit der großen Verlage« entgehen konnte. Eher müßte man sich über Anderschs Verwunderung wundern, die auf der Annahme beruht, daß Lektoren und Verlagsleiter bereitwillig das Risiko eingehen, sich die Finger zu verbrennen – mit der Veröffentlichung eines Buches, in dem der Autor vorsätzlich und hemmungslos, mit Witz, Ironie und Sarkasmus über alle Kategorien von Erdenbewohnern herfällt, mit denen er es zu tun gehabt hat: Juden, Deutsche, Franzosen, Holländer, Amerikaner und nicht zuletzt sich selbst.

Erwin Blumenfeld bezeichnete die Welt ironisch-zweideutig als »Geltungsbedürfnisanstalt« und nahm damit das von Eitelkeit genährte Bestreben der Menschen aufs Korn, in irgendeiner Form bleibende Spuren zu hinterlassen. Zu Blumenfelds eigener Hinterlassenschaft gehört neben seinem photographischen Werk auch sein *Einbildungsroman.* Er ist kein lahmes Altersopus, keine eitle Selbstdarstellung, keine wehmütige Rückschau, sondern ein literarisches Feuerwerk: Zeugnis der explosiven Schaffenskraft eines rastlosen Menschen, der mit der Photographie längst nicht alles sagen konnte, was er zu sagen hatte.

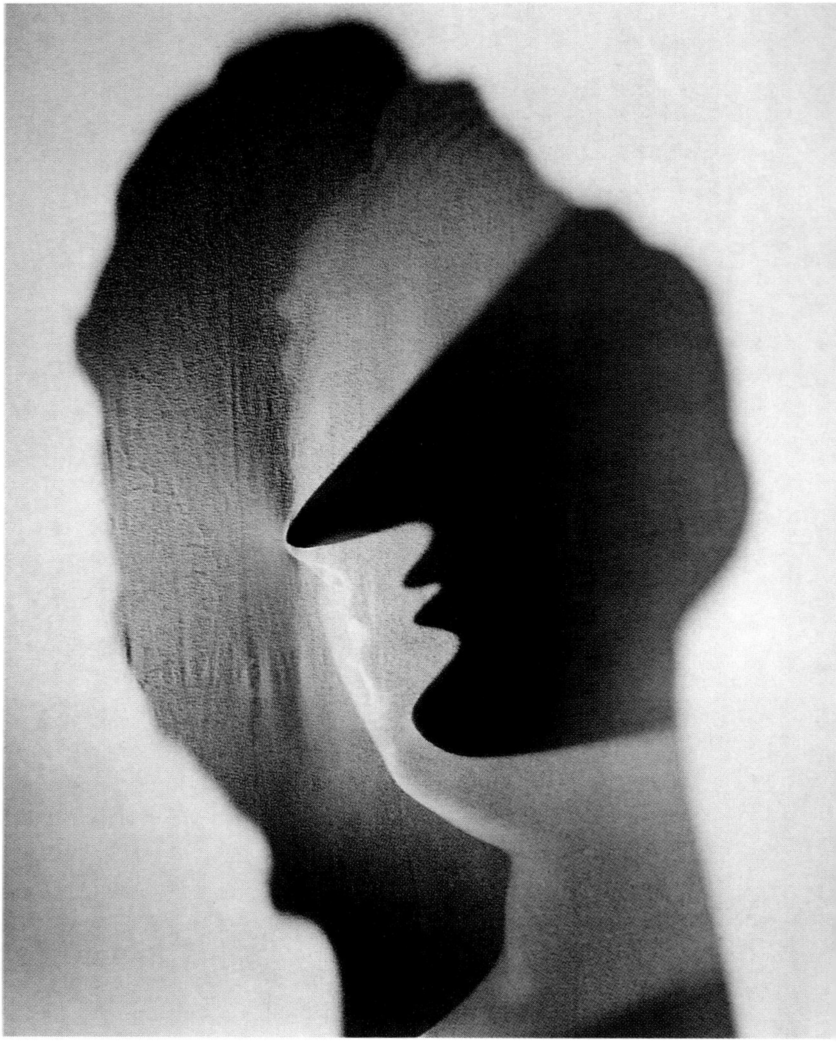

Ohne Titel.
New York, ca. 1945.

Biographie

1897
Geboren am 26. Januar in Berlin.
1903 bis 1913
Besuch des Askanischen Gymnasiums in Berlin.
1913 bis 1916
Nach dem plötzlichen Tod seines Vaters im April 1913 Beginn einer dreijährigen Lehre bei Moses & Schlochauer (Damenkonfektion), Berlin. Über Else Lasker-Schüler erste Kontakte zu den Dadaisten. Lernt George Grosz kennen, mit dem ihn eine lebenslange Freundschaft verbindet.
1916 bis 1918
Wird in die Armee eingezogen und 1917 als Sanitätskraftwagenführer an die Front geschickt.
1918
Bei Kriegsende kurze Rückkehr nach Berlin, dann Exil in Holland, wo seine Verlobte Lena Citroen lebt.
1919 bis 1922
Versucht sich mit Paul Citroen als Händler für moderne Kunst und beteiligt sich an der Dada-Bewegung unter dem Pseudonym Jan Bloomfield. Fertigt Collagen an, schreibt Gedichte und Kurzgeschichten, betätigt sich als »Sonntagsmaler«, photographiert Familienmitglieder und Freunde.
1921
Heirat mit Lena Citroen.
1922
Geburt der Tochter Lisette.
1923
Eröffnung der Lederwarenhandlung Fox & Co. an der Kalverstraat 116 in Amsterdam.
1925
Geburt des Sohnes Heinz.
1932
Umzug des Geschäfts an die Kalverstraat 151. Entdeckt dort eine gebrauchsfertige Dunkelkammer. Beginnt Kundinnen zu photographieren (Portraits und vereinzelte Akte). Geburt des Sohnes Yorick.

1935
Konkurs des Lederwarengeschäftes. Veröffentlichung von drei seiner Photos in der französischen Zeitschrift *Photographie.*
1936
Umzug nach Paris, mit dem Ziel, Berufsphotograph zu werden. Portraitaufnahmen und Werbeaufträge. Erste Ausstellung in der Galerie Billiet.
1937
Erstes Titelphoto für eine Zeitschrift: *Votre Beauté. Verve* veröffentlicht eine Auswahl seiner Photos.
1938
Erste Arbeiten für *Vogue.* Dank Cecil Beatons Hilfe Vertrag mit *Vogue*, der jedoch 1939 nicht erneuert wird.
1939
Reise nach New York. Unterzeichnung eines Vertrags mit *Harper's Bazaar.* Rückkehr nach Paris unmittelbar vor Ausbruch des Krieges.
1940 bis 1941
Internierung in verschiedenen französischen Lagern (Montbard-Marmagne, Vernet d'Ariège und Catus).
1941
Nach der Freilassung fluchtartige Auswanderung nach New York. Teilt das Studio mit Martin Munkacsi.
Ab 1943
Eröffnung des eigenen Studios: 222 Central Park South. Avanciert zu einem der bestbezahlten Modephotographen. Seine Arbeiten erscheinen in Zeitschriften wie *Vogue*, *Harper's Bazaar*, *Life*, *Look*, *Cosmopolitan*, *Popular Photography* u.v.a.
1955
Ende der Zusammenarbeit mit *Vogue.* Beginnt seine Autobiographie, an der er bis kurz vor seinem Tod arbeitet.
Ab 1964
Bietet das Manuskript unter dem Titel *Einbildungsroman* verschiedenen Verlagen (vor allem im deutschsprachigen Raum) zur Veröffentlichung an. Bekommt durchwegs Absagen.
1969
Stellt die Bilderauswahl für das geplante Buch *Meine 100 besten Fotos* zusammen. Nur vier Modephotos zählen dazu. Stirbt in Rom nach einem Herzanfall. Wird dort begraben.

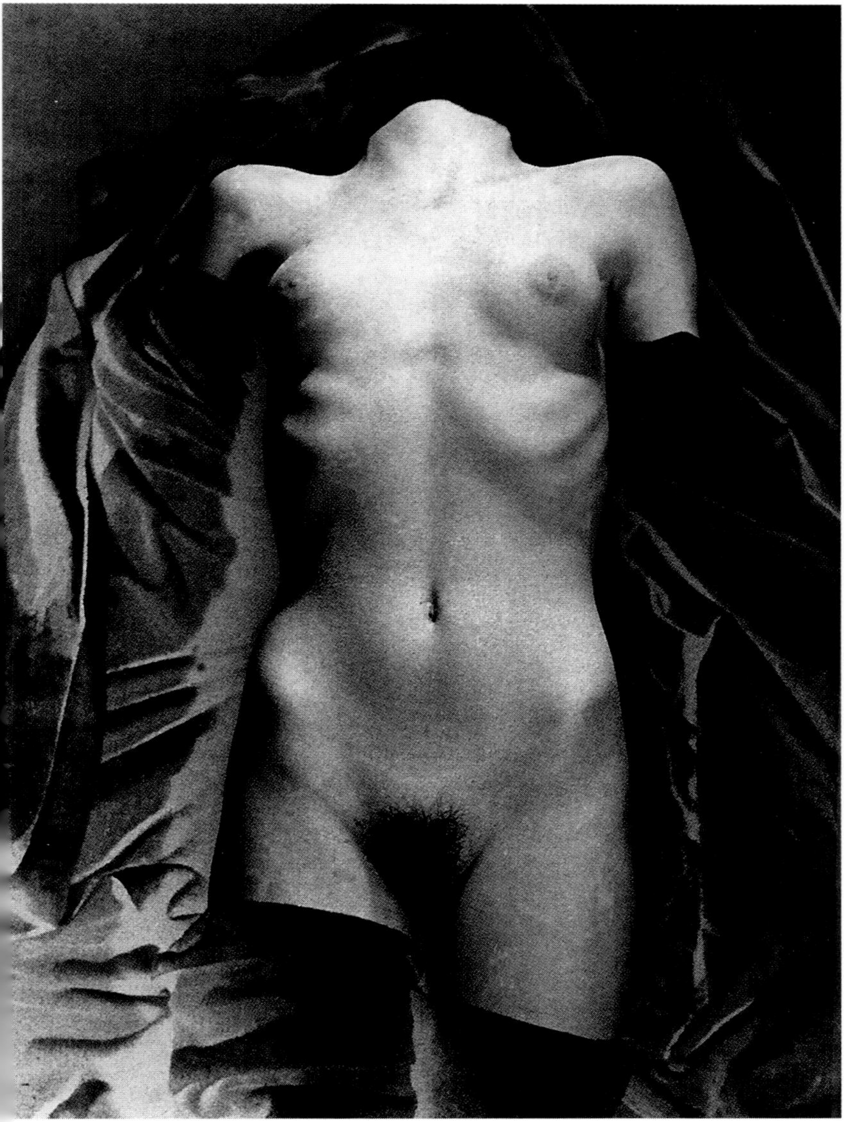

Ohne Titel.
Paris, ca. 1936.

Bibliographie

Photographie

MEINE 100 BESTEN FOTOS.
Mit einem Text von Hendel Teicher und einer Einführung von Maurice Besset, Bern 1979 (Benteli).
Englische Ausgabe: MY ONE HUNDRED BEST PHOTOS, New York 1981 (Rizzoli).

BLUMENFELD. A FETISH FOR BEAUTY.
Text und Bildauswahl von William A. Ewing in collaboration with Marina Schinz, London 1996 (Thames and Hudson).
Deutsche Ausgabe: Kilchberg/Zürich 1996 (Edition Stemmle).

Autobiographie

JADIS ET DAGUERRE.
Aus dem Deutschen übersetzt von Chantal Chadenson, Paris 1975 (Laffont). Neuauflage: Paris 1996 (Éditions de la Martinière).

DURCH TAUSENDJÄHRIGE ZEIT.
Frauenfeld 1976 (Huber).
Weitere Auflagen: München 1980 (dtv) und Berlin 1988 (Argon). Beide Auflagen mit einem Vorwort von Alfred Andersch.

Inhaltsverzeichnis

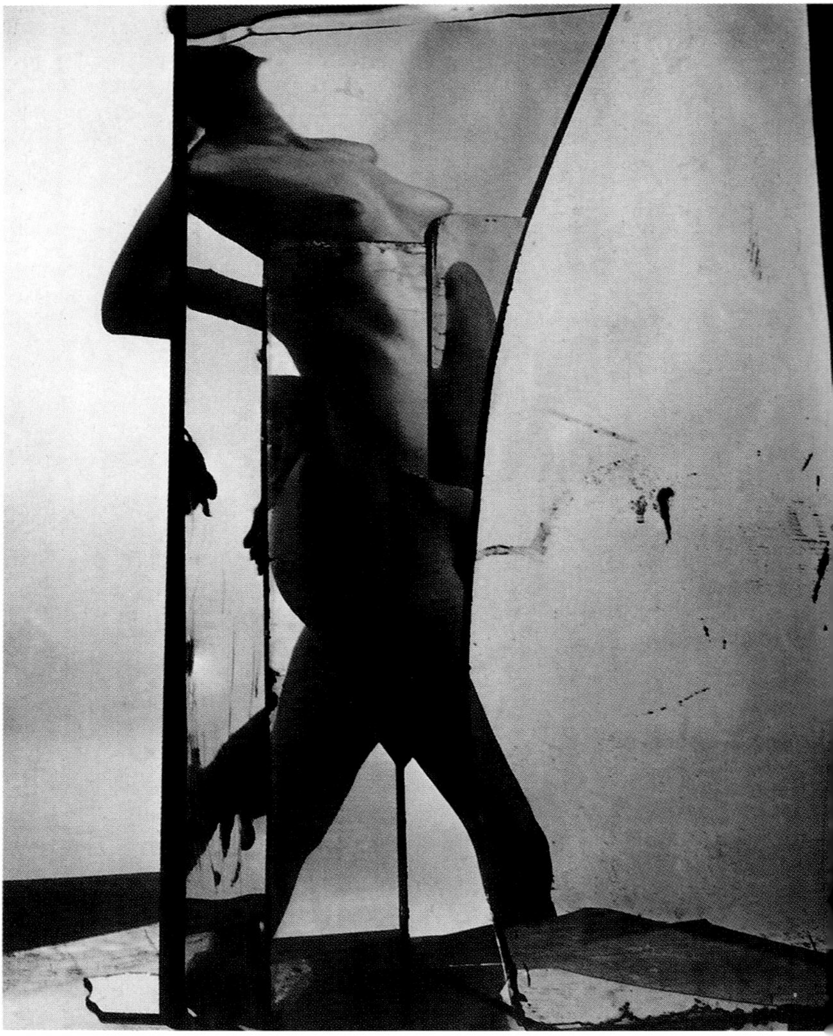

Ohne Titel.
New York, ca. 1955.

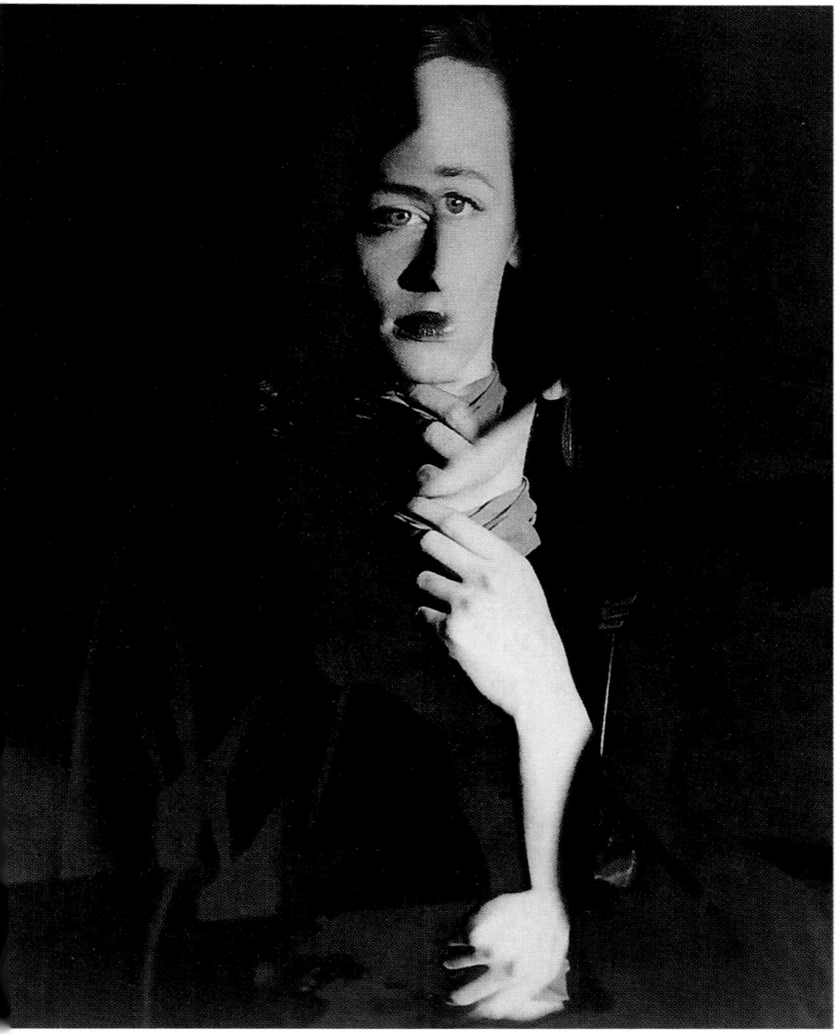

Ohne Titel.
New York, ca. 1950.

Erwin Blumenfelds Einbildungsroman ist im Mai 1998 als hundertzweiundsechzigster Band der Anderen Bibliothek im Eichborn Verlag, Frankfurt am Main, erschienen.

Eine französische Übersetzung dieses Buches wurde bereits 1975 von einem Pariser Verlag vorgelegt; sie trug den Titel Jadis et Daguerre. Erst ein Jahr später wagte der Frauenfelder Huber Verlag die Veröffentlichung des Originals. Eine verbesserte Fassung, durch einen Photo-Teil ergänzt, legte 1988 der Argon Verlag in Berlin vor. Beide Ausgaben nannten das Buch Durch tausendjährige Zeit und verzichteten damit auf den Titel, den der Autor gewählt hatte.

Für den vorliegenden Neudruck hat Rudolf Trefzer, von dem auch das Nachwort stammt, die Textgrundlagen überprüft und Kürzungen rückgängig gemacht. Maßgebend dafür war das Originalmanuskript, das sich im Besitz von Henry und Kathleen Blumenfeld (Paris) befindet. Die eigenwillige Orthographie und Interpunktion wurden nur in wenigen Ausnahmefällen behutsam heutiger Praxis angepaßt.

Erstmals sind hier alle von Blumenfeld selbst ausgewählten Abbildungen versammelt. Der Autor hatte bewußt darauf verzichtet, den *Einbildungsroman* als Vehikel zur Präsentation seines photographischen Schaffens zu benützen. Die Bilddokumente sollen in erster Linie Episoden aus seinem Leben und die Zeitumstände illustrieren. Die Photographien auf den Seiten 3, 417, 419, 420, 428, 431, 436 und 437 wurden von Franz Greno ausgewählt. Der Einband zeigt ein Selbstportrait im Pariser Studio, ca. 1937. Das Vorsatzpapier gibt einen Blick in das Wohnzimmer von Blumenfelds Haus in Zandvoort, ca. 1930. Das Nachsatzpapier ist mit einem Selbstportrait von Erwin Blumenfeld bedruckt, New York, ca. 1945.

Dieses Buch wurde in der Borgis Bembo von Wilfried Schmidberger in Nördlingen gesetzt und bei der Fuldaer Verlagsanstalt auf holz- und säurefreies halbmattes 115 g/m² Bücherpapier LuxoSatin der Papierfabrik Enso gedruckt. Die Reproduktionen fertigte G. Bergmann, Frankfurt/Main. Den Einband besorgte die Buchbinderei G. Lachenmaier in Reutlingen. Ausstattung & Typographie von Franz Greno, Mainz.

1. bis 9. Tausend, Juni 1998. – Von diesem Band der ANDEREN BIBLIOTHEK gibt es eine handgebundene Lederausgabe mit den Nummern 1–999; die folgenden Exemplare der limitierten Erstausgabe werden ab 1001 numeriert. Dieses Buch trägt die Nummer: 3635

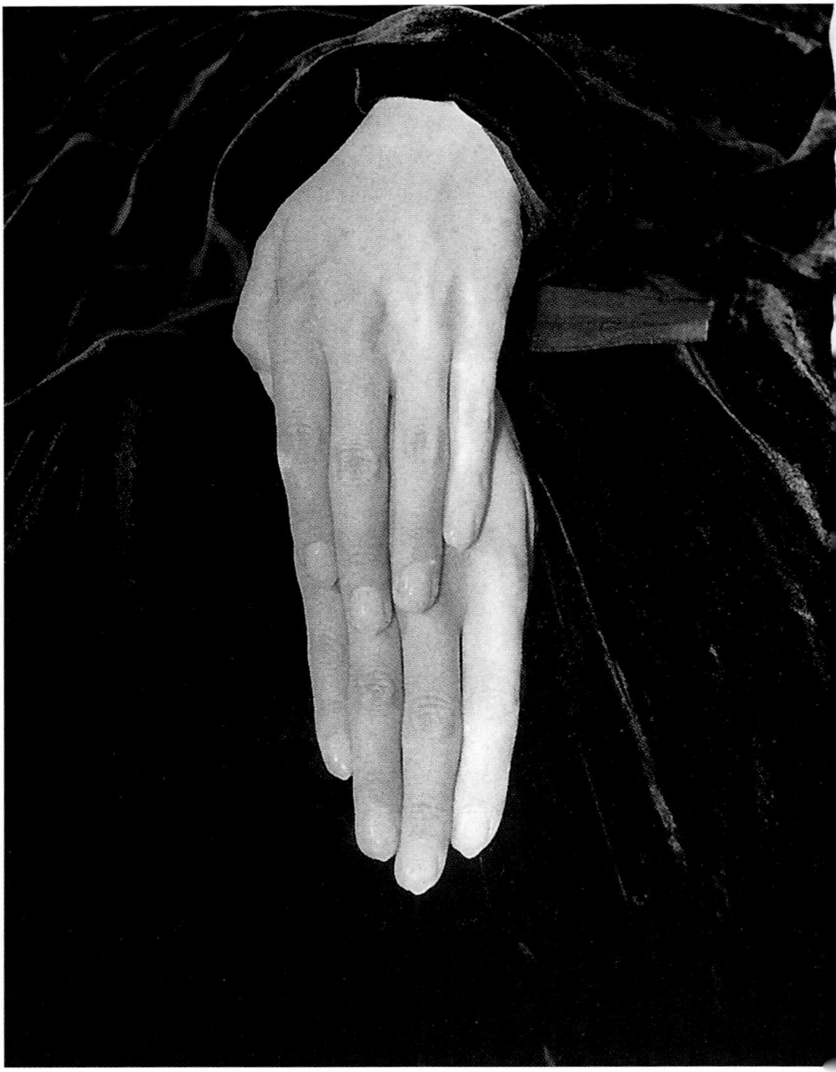

Ohne Titel.
Paris, ca. 1937.

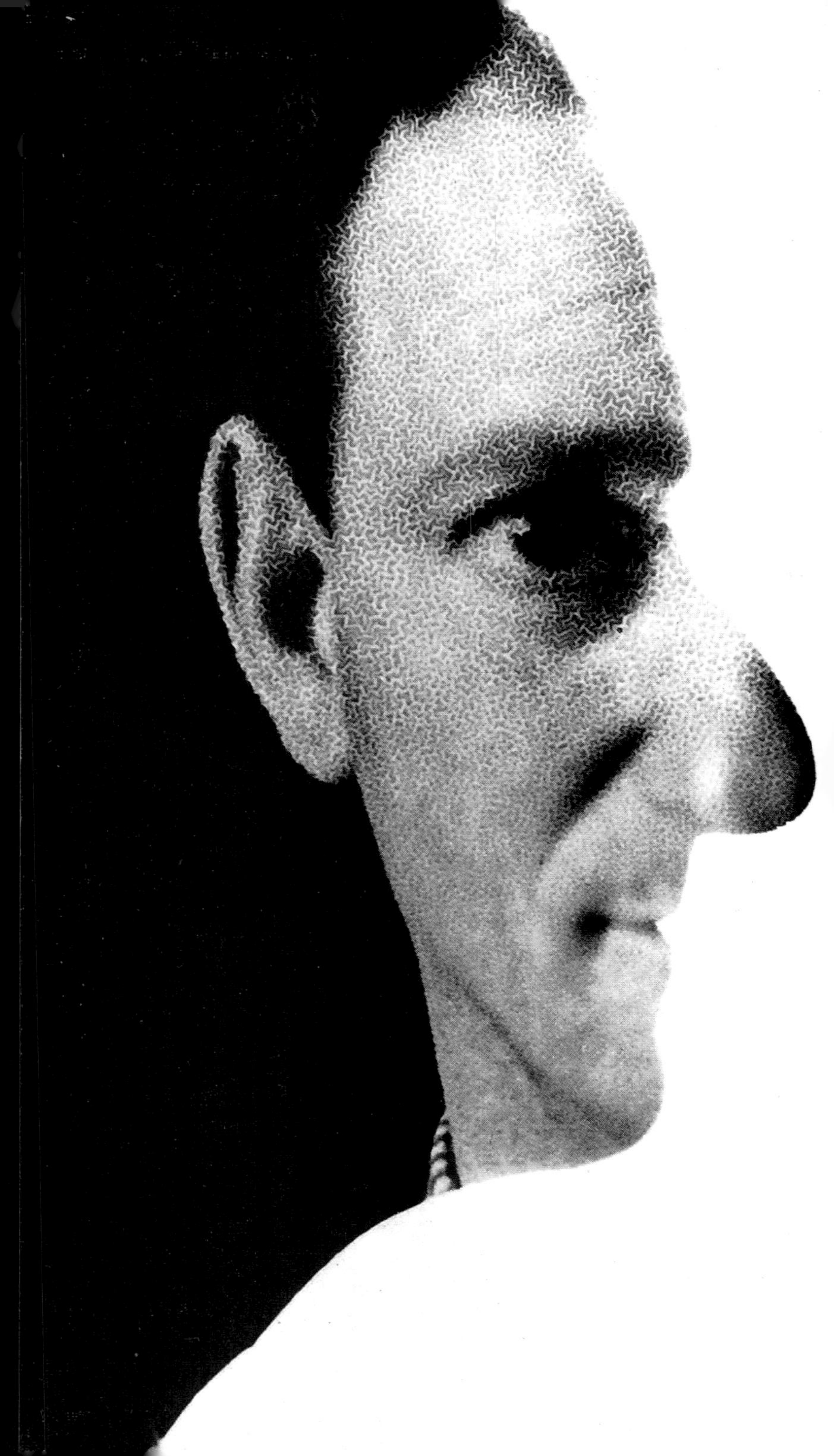